KB033453

근현대 유림 문집 해제 1
-영남편-

편찬책임 | 서정화
총론집필 | 서정화
자료해제 | 김건우, 백진우, 이대승, 김연주, 김명환, 이은영, 이연숙
목록작업 | 김정화

전주대 한국고전학연구소 HK+연구단 자료총서 08
근현대 유림 문집 해제 1 -영남편-

초판 1쇄 발행 2021년 1월 25일

편 자 | 서정화 외
발행인 | 윤관백
발행처 | 도서출판 선인

등 록 | 제5-77호(1998.11.4)
주 소 | 서울시 마포구 마포대로 4다길 4 곶마루 B/D 1층
전 화 | 02)718-6252/6257 팩 스 | 02)718-6253
E-mail | sunin72@chol.com

정 가 40,000원

ISBN 979-11-6068-447-6 94900
ISBN 979-11-6068-446-9 (세트)

·잘못된 책은 바꿔 드립니다.

※ 이 저서는 2018년 대한민국 교육부와 한국연구재단의 지원을 받아 수행된 연구임(NRF-2018SA6A3A01045347)

전주대 한국고전학연구소 HK+연구단 자료총서 08

근현대 유림 문집 해제 1
-영남편-

서정화 외 편

자료총서를 발간하며

우리는 현재 탈유교사회에 살고 있습니다. 유가 경전을 통해 심성 수양과 철리 탐색을 주로 하던 문·사·철의 영역을 넘어 이학과 공학, 또 학제간의 융복합을 시도하여 새로운 결과물을 산출하는 시대에 살고 있습니다. 뿐만 아니라 디지털 혁명에 기반하여 물리적·디지털적·생물학적 공간의 경계가 희석되는 기술융합의 시대, 4차 산업혁명의 시대를 마주하고 있습니다. 그럼에도 한 발짝 더 이면으로 들어가 보면 유교문화는 여전히 재코드화되어 가족, 학교, 직장 등 가장 낮은 단위에서 실체적 힘으로 작동하고 있음 또한 부인할 수 없습니다.

전주대학교 한국고전학연구소는 『여지도서』와 『추안급국안』의 역주 사업을 밑돌로 삼아 2010년에 출범했습니다. 한국고전번역원의 '권역별 거점연구소 협동번역사업'에 선정되어 10년간 조선시대 문집을 다수 번역했고, 2020년부터 다시 10년간의 사업을 시작합니다. 또한 한국학중앙연구원의 기초자료사업 지원으로 '근현대 유학자 사회관계망 분석 및 자료수집연구'를 9년째 수행하고 있으며, 2014년에는 한국연구재단 대학중점연구소 사업으로 '근현대 지역공동체 변화와 유교이데올로기' 연구도 진행했습니다.

본 연구소는 유교문화 연구에 특화된 연구소입니다. 2018년에는 그간의 연구 성과를 바탕으로 한국연구재단의 인문한국플러스 사업에 '유교문화의 탈영토화, 공존의 인간학과 미래공동체'라는 아젠다로 선정되어 본 연구소가 한 번 더 도약하는 계기를 마련했습니다.

이번에 간행하는 자료총서는 이 인문한국플러스 사업의 일환으로서 정전을 재해석하고 새로운 문화지형을 구축하고자 하는 연구과정에서 산출된 성과물입니다. 본 연구단의 근현대 유교문화 관련 자료아카이브 구축의 방향은 다음과 같이 세 분야를 대상으로 하고 있습니다. 첫째는 일제강점기 이후 전국 단위로 조직된 유교단체가 발간한 기관지 자료, 둘째는 오늘날 향교에서 소장하고 있는 근현대 문서 자료, 셋째는 근대 이후 유림들이 생산한 문집 자료입니다.

자료총서 8권 '근현대 유림 문집 해제 1 - 영남편'은 근현대 영남 지역 유림의 문집을 목록화하고 주요 문집을 해제해 수록한 자료입니다. 사람은 그 시대의 상황과 함께 호흡하며 살아가기 때문에 그 시대의 글쓰기에는 그 시대의 상황이 들어있고, 그 시대의 사안에 대처하는 사람들의 의식이 투영되어 있습니다. 근현대 영남 지역 유림 문집에도 그 시대를 살아가던 영남 유림들의 시대상이 담겨 있습니다. 유교를 존숭하던 전통적인 모습부터 외세와 일제에 치열하게 저항하던 항일 운동의 현장, 신 기술과 정치·종교·문화 등에 부단히 대처하던 정황, 해방과 한국전쟁을 겪으며 느낀 감회들이 수록되어 있습니다. 언뜻 고루하게 전통 유학에만 매몰되어 있을 것 같았던 유림 문집에 대한 편견을 넘어서면, 생생한 근현대사의 장(場)을 마주하게 됩니다.

이와 같이 본 연구단에서는 그간 학계에 많이 소개되지 않은 자료들을 포함하여 근현대 유교문화를 재가공하고 새롭게 해석할 수 있는 자료들을 꾸준히 발굴 소개할 것입니다. 이는 앞으로 우리의 근현대 유교문화를 보다 풍부하게 연구할 수 있는 토대로 기능할 것입니다. 본 연구단의 자료총서가 근현대 유교문화를 탐색하는 통로가 되고, 공존을 지향하는 우리의 미래공동체를 환하게 열 수 있는 든든한 디딤돌이 되기를 바랍니다.

본 자료총서가 나올 때까지 많은 분들의 도움을 받았습니다. 먼저 본 연구단을 물심양면으로 지원해주신 이호인 총장님을 비롯한 교직원들께 감사의 말씀을 올립니다. 출판 환경이 녹록치 않은 상황에서도 흔쾌히 본 총서를 출판해주신 윤관백 사장님 이하 직원들께도 사의를 표합니다. 무엇보다도 지속적으로 새로운 자료를 수집하고 자료총서를 기획 추진한 본 연구단의 자료팀 식구들, 특히 빼곡한 자료를 하나하나 들춰가며 궂은일을 감내한 연구보조원 선생님들께 심심한 감사를 전합니다. 아울러 옆에서 든든히 지원사격한 본 연구단의 모든 식구들에게도 고마움을 전합니다.

2021년 1월

한국고전학연구소 소장, 인문한국플러스연구단 단장 변주승

목 차

| 자료총서를 발간하며 5

| 총론 13

| 근현대 유림 문집 해제 -영남편- (저자 순)

곽종석(郭鍾錫) / 면우집(俛宇集) ······ 27

권도용(權道溶) / 추범문원(秋帆文苑) ······ 33

권명희(權命熙) / 삼외재집(三畏齋集) ······ 39

권상규(權相圭) / 인암집(忍菴集) ······ 44

권상익(權相翊) / 성재집(省齋集) ······ 50

권용현(權龍鉉) / 추연집(秋淵集) ······ 56

권재규(權載奎) / 이당집(而堂集) ······ 61

권재춘(權載春) / 악양집(岳陽集) ······ 66

김도화(金道和) / 척암집(拓菴集) ······ 71

김사진(金思鎭) / 서주집(西洲集) ······ 78

김성규(金星圭) / 초정집(草亭集) ······ 83

김창숙(金昌淑) / 심산유고(心山遺稿) ······ 89

김 황(金 榥) / 중재집(重齋集) ······ 95

남정우(南廷瑀) / 입암집(立巖集) ······ 102

노상직(盧相稷) / 소눌집(小訥集) ······ 108

박장현(朴章鉉) / 중산전서(中山全書) ······ 116

박재형(朴在馨) / 진계집(進溪集) ······ 121

서재승(徐在承) / 죽림집(竹林集) ······ 127

서찬규(徐贊奎) / 임재집(臨齋集) ······ 132

성재기(成在祺) / 정헌유집(定軒遺輯) ······ 138

손후익(孫厚翼) / 문암집(文巖集) ······ 142

송기식(宋基植) / 해창집(海窓集) ······ 146

송상도(宋相燾) / 기려수필(騎驢隨筆) ······ 150

송준필(宋浚弼) / 공산집(恭山集) ······ 155

신성규(申晟圭) / 손암집(遜庵集) ······ 160

예대희(芮大僖) / 이산집(伊山集) ······ 165
우성규(禹成圭) / 경재집(景齋集) ······ 171
유인식(柳寅植) / 동산문고(東山文稿) ······ 177
유필영(柳必永) / 서파집(西坡集) ······ 181
이능호(李能灝) / 상경헌집(常敬軒集) ······ 187
이도복(李道復) / 후산집(厚山集) ······ 193
이두훈(李斗勳) / 홍와집(弘窩集) ······ 199
이병헌(李炳憲) / 이병헌전집(李炳憲全集) ······ 206
이보림(李普林) / 월헌집(月軒集) ······ 212
이상규(李祥奎) / 혜산집(惠山集) ······ 218
이상룡(李相龍) / 석주유고(石洲遺稿) ······ 224
이승희(李承熙) / 대계집(大溪集) ······ 230
이인재(李寅梓) / 성와집(省窩集) ······ 236
이직현(李直鉉) / 시암집(是菴集) ······ 242
장석영(張錫英) / 회당집(晦堂集) ······ 248
장승택(張升澤) / 농산집(農山集) ······ 255
장지연(張志淵) / 위암문고(韋庵文稿) ······ 261
장화식(蔣華植) / 복암집(復庵集) ······ 268
정 기(鄭 琦) / 율계집(栗溪集) ······ 272
정기연(鄭璣淵) / 탁와집(琢窩集) ······ 277
정재규(鄭載圭) / 노백헌집(老柏軒集) ······ 284
정태진(丁泰鎭) / 외재집(畏齋集) ······ 291
정형규(鄭衡圭) / 창수집(蒼樹集) ······ 295
조긍섭(曺兢燮) / 암서집(巖棲集) ······ 300
조병규(趙昺奎) / 일산집(一山集) ······ 307
최곤술(崔坤述) / 고재집(古齋集) ······ 315
하겸진(河謙鎭) / 회봉집(晦峰集) ······ 320
허 유(許 愈) / 후산집(后山集) ······ 327
허 훈(許 薰) / 방산집(舫山集) ······ 334

Ⅰ 근현대 유림 문집 목록 -영남편- ······ 343

❙ 근현대 유림 문집 해제 -영남편- (문집 순)

경재집(景齋集) / 우성규(禹成圭) ···· 171
고재집(古齋集) / 최곤술(崔坤述) ···· 315
공산집(恭山集) / 송준필(宋浚弼) ···· 155
기려수필(騎驢隨筆) / 송상도(宋相燾) ···· 150
노백헌집(老柏軒集) / 정재규(鄭載圭) ···· 284
농산집(農山集) / 장승택(張升澤) ···· 255
대계집(大溪集) / 이승희(李承熙) ···· 230
동산문고(東山文稿) / 유인식(柳寅植) ···· 177
면우집(俛宇集) / 곽종석(郭鍾錫) ···· 27
문암집(文巖集) / 손후익(孫厚翼) ···· 142
방산집(舫山集) / 허훈(許薰) ···· 334
복암집(復庵集) / 장화식(蔣華植) ···· 268
삼외재집(三畏齋集) / 권명희(權命熙) ···· 39
상경헌집(常敬軒集) / 이능호(李能灝) ···· 187
서주집(西洲集) / 김사진(金思鎭) ···· 78
서파집(西坡集) / 유필영(柳必永) ···· 181
석주유고(石洲遺稿) / 이상룡(李相龍) ···· 224
성와집(省窩集) / 이인재(李寅梓) ···· 236
성재집(省齋集) / 권상익(權相翊) ···· 50
소눌집(小訥集) / 노상직(盧相稷) ···· 108
손암집(遜庵集) / 신성규(申晟圭) ···· 160
시암집(是菴集) / 이직현(李直鉉) ···· 242
심산유고(心山遺稿) / 김창숙(金昌淑) ···· 89
악양집(岳陽集) / 권재춘(權載春) ···· 66
암서집(巖棲集) / 조긍섭(曺兢燮) ···· 300
외재집(畏齋集) / 정태진(丁泰鎭) ···· 291
월헌집(月軒集) / 이보림(李普林) ···· 212
위암문고(韋庵文稿) / 장지연(張志淵) ···· 261
율계집(栗溪集) / 정 기(鄭 琦) ···· 272
이당집(而堂集) / 권재규(權載奎) ···· 61

이병헌전집(李炳憲全集) / 이병헌(李炳憲) ··· 206
이산집(伊山集) / 예대희(芮大僖) ··· 165
인암집(忍菴集) / 권상규(權相圭) ··· 44
일산집(一山集) / 조병규(趙昺奎) ··· 307
임재집(臨齋集) / 서찬규(徐贊奎) ··· 132
입암집(立巖集) / 남정우(南廷瑀) ··· 102
정헌유집(定軒遺輯) / 성재기(成在祺) ··· 138
죽림집(竹林集) / 서재승(徐在承) ··· 127
중산전서(中山全書) / 박장현(朴章鉉) ··· 116
중재집(重齋集) / 김황(金榥) ··· 95
진계집(進溪集) / 박재형(朴在馨) ··· 121
창수집(蒼樹集) / 정형규(鄭衡圭) ··· 295
척암집(拓菴集) / 김도화(金道和) ··· 71
초정집(草亭集) / 김성규(金星圭) ··· 83
추범문원(秋帆文苑) / 권도용(權道溶) ··· 33
추연집(秋淵集) / 권용현(權龍鉉) ··· 56
탁와집(琢窩集) / 정기연(鄭璣淵) ··· 277
해창집(海窓集) / 송기식(宋基植) ··· 146
혜산집(惠山集) / 이상규(李祥奎) ··· 218
홍와집(弘窩集) / 이두훈(李斗勳) ··· 199
회당집(晦堂集) / 장석영(張錫英) ··· 248
회봉집(晦峰集) / 하겸진(河謙鎭) ··· 320
후산집(厚山集) / 이도복(李道復) ··· 193
후산집(后山集) / 허유(許愈) ··· 327

| 근현대 유림 문집 목록 -영남편- ··· 343

【 일러두기 】

1. 본 해제집에 수록된 해제는 근현대의 실제 현장을 보여줄 수 있는 작품을 선별하여 소개했다. 주로 근현대 주요 인물들의 관계를 밝히는 자료, 역사적 사건에 대한 의견, 근현대 새로운 정치 질서와 근대 개념에 대한 의견, 주변국 및 세계 각국의 상황을 소개하거나 비평하는 자료, 외래 종교 및 유학관련 논쟁, 서양기술 및 근대의 새로운 문물·문화·사조에 대한 자료, 의병활동 및 독립운동 관련 자료 등을 중심으로 선별, 해제했다.

2. 해제는 형태서지, 정의, 저자사항, 구성 및 내용, 주요작품 및 문집의 특징, 참고문헌으로 구성했다. 형태서지는 국립중앙도서관에서 개별 문집의 형태서지 내용을 참고했다. 해제 끝에는 해제 대상 문집의 사진 자료를 첨부했고 하단에 자료 출처를 표기했다.

3. 근현대 유림 문집의 목록은 2012년 한국고전번역원 연구과제 ITKC-2012-RR-01(연구책임자: 황위주)를 토대로 기초 목록을 작성했다. 외부 자문 및 추가 조사를 통해 문집을 추가하는 한편, 소장처·총서사항·비고 등의 내용을 보완했다.

총 론

근현대 유림 문집의 현황과 영남 지역 문집의 특징

서정화[1)]

Ⅰ. 머리말

근현대 한국에서는 상이한 문명 간의 충돌 및 일본에 의한 개항과 병합, 독립운동과 해방 등 한국인의 삶과 사상 등을 통째로 변화시키는 굵직한 사건들이 연속해서 발생했다. 사람은 그 시대의 상황과 함께 호흡하며 살아간다. 그렇기 때문에 그 시대의 글쓰기에는 그 시대의 상황이 들어있고, 그 시대의 사안에 대처하는 사람들의 의식이 투영되어 있다.

1895년 조선 정부는 칙령 제86호로 「공문식(公文式)」을 재가하여 반포했다.[2)] 천여 년에 걸쳐 사용하던 한문이 종말을 고하던 순간이었고, 이때부터 한문은 사멸 단계에 진입하기 시작했다. 국가의 공문서는 한글을 기본으로 삼았기 때문에 공문서는 물론 신문, 잡지 등에서 한글쓰기와 한글한자섞어쓰기가 점차 확산되었고 현재는 '한글 전용'의 시대가 되었다.[3)]

그렇다면 「공문식」이 반포된 이후의 상황은 어땠을까. 한문은 말 그대로 종말을 고했을까. 「공문식」이 반포되었다고 해서 바로 한글의 시대로 진입한 것은 아니었다. 한문에서 한글로 넘어가는 이행기에 살던 사람들은 여전히 자신의 생각을 한문으로 표현했다. 한문을 주된 표기수단으로 사용하던 주축은 유림이었다.

해학(海鶴) 이기(李沂, 1848-1909)는 문맹률을 낮추기 위해 한글로 한문을 타파하자고 주장했으나,[4)] 기정진(奇正鎭), 최익현(崔益鉉), 송병선(宋秉璿)이 전수한 학문, 즉 도학(道學)

1) 전주대 한국고전학연구소 HK+연구단 조교수

2) 『고종실록』, 고종 32년(1895) 5월 8일 기사, "第九條. 法律命令은 다 國文으로써 本을 삼고 漢譯을 附ᄒᆞ며 혹 國漢文을 混用홈." 참고로 고종 31년(1894) 11월 21일에 발표된 「공문식」에서는 "第十四條. 法律·勅令總以國文爲本, 漢文附譯, 或混用國漢文."이라고 했다.

3) 현재에도 의미를 명확하기 위해 한글과 한자를 병기하거나, 머리기사에서 한자만을 노출하기도 한다. 이따금 한자로 한시를 짓거나 한문 문장을 작성하는 때도 있지만, 한글 전용의 시대라는 것을 부정하는 사람은 없을 것이다.

4) 이기는 갑오경장 때부터 시행된 한글한자섞어쓰기를 비방하는 것은 무지의 소치라고 주장하기까지 했다. 김진균, 「근대계몽기 해학(海鶴) 이기(李沂)의 한문 인식」, 『반교어문연구』 32, 반교어문학회,

을 익히고 전수하기 위해서는 고등교육에서 한문을 사용해야 한다고 주장하는 모순된 입장을 보이기도 했다.[5] 한글한자섞어쓰기를 주장하던 이기였지만, '중세 보편 문명'의 정수가 한문에 담겨 있다[6]는 의식을 하루아침에 바꾸기 어려웠을 것이다.

'한국고전적종합목록'에서 '문집'을 키워드로 검색하면, 일제강점기를 포함해 지난 100년 동안에 간행한 유림의 문집 규모는 17,000여 건으로, 신라시대~조선 말기까지 천 년이 넘는 시간 동안 간행되었던 문집 11,000여 건 보다 많다.[7] 이와 같이 한문 문집의 출판이 증가한 것은 전통적 인쇄방식인 목판이나 목활자 대신 석판이나 연활자 등을 활용하는 인쇄술로 전환한 점이 가장 큰 이유이다. 하지만 여기에서 주목할 점은「공문식」이 반포된 이후에도 여전히 한문으로 글을 쓰는 유림이 많았고, 또 한문 문집을 간행하는 일이 성행했다는 점이다.

「공문식」이 반포된 이후 공식 석상에서 한문의 사용은 점차 줄었으나, 유림을 주축으로 한문 글쓰기와 문집의 편찬이 계속되었음을 살펴보았다. 그렇다면 근현대 유림이 저작한 한문 문집의 규모는 어떠하며, 한문 문집에는 수록된 내용은 무엇이었을지 근현대 유림 문집의 현황과 그 특징에 대해 간략하게 살펴보도록 하겠다.

Ⅱ. 근현대 유림 문집의 현황

본 자료집은 근현대 지식인이었던 유림들의 시대 인식과 대응을 살피기 위해 근현대 유림의 문집을 목록화하고 주요 내용을 해제했다. 급변하는 시대를 살아갔던 유림의 시대 인식과 대응은 빠르게 변화하고 있는 현대사회를 살아가는 현대인에게 탈유교사회에서의 지향점과 대응을 시사해 줄 수 있을 것이다.

근현대 지식인 동향이나 사상을 살펴보기 위해서 당시에 발행한 신문이나 잡지 등 비한문 자료에 대한 접근은 비교적 용이한 반면, 한문자료는 언어적 장벽이 높고 양이 방대하여 접근하기 쉽지 않은 점이 있다. 본 자료집 역시 방대한 유림문집을 단권의 책으로 소화하는 것이 불가능하다고 판단하여, 근현대 유림을 지역별로 나누어 문집 목록을 작성하고, 주요자료를 선별하여 해제대상 서목을 정해 해제했다.

2012, 274~276쪽.

5) 李沂,「一斧劈破」,『호남학보』제1호, 1908년 06월 25일 13~14쪽, "吾觀諸公學問이 擧皆蘆沙 奇先生 勉菴 崔先生 淵齋 宋先生之所傳授者라. 則固善且美焉이나 然此可行於高等(大學己上)이오 不可行於普通(中學以下)矣라. 其如時之不合用에 何哉오."(김진균,「앞의 논문」, 279쪽 재인용.)

6) 김진균,「앞의 논문」, 270쪽.

7) 이 중 경인문화사의『한국역대문집총서』, 캉유웨이(康有爲) · 량치차오(梁啓超) · 나리타 세키나이(成田碩內) 등의 외국문집 및 중복되는 것은 제외하면, 일제강점기(1910~1945)에 간행된 문집의 수는 1,656건이다.(황위주,「일제강점기 문집편찬과 대구 · 경북지역의 상황」,『대동한문학』49, 대동한문학회, 2016, 13~15쪽.)

유림 문집을 파악함에 앞서, 근현대의 시기 비정을 가장 우선으로 삼았다. 인생에서 본격적으로 사회 활동을 하는 나이를 따지면 대략 20세 전후를 기준으로 삼을 수 있다. 근대 격동기의 시작을 병인양요(1866)로 잡으면,[8] 병인양요 때 20세인 사람들의 출생년은 1846년이 된다. 그러나 김윤식(金允植, 1835-1922)의 경우는 일제강점기까지 생존하며 왕성하게 활동했던 근현대의 주요 인물인데, 1846년을 기준으로 삼을 경우 김윤식은 본 자료집의 대상에 빠질 수 있다. 따라서 근현대 유림의 시작 시점을 조금 당겨서 1830년으로 잡았다.

한편, 일제강점기에 간행된 문집 1,656종을 10년 단위로 나누어 문집 간행 현황을 살펴보면,[9] 1910년대~1930년대에는 문집 간행 수가 점차 증가하지만, 1940년대가 되면 현격하게 줄어든다. 1940년대가 1940~1945년까지 5년이라는 요인도 있겠지만, 일제강점기 후반으로 갈수록 한문쓰기가 줄어들고, 더욱이 해방 이후 한글한자섞어쓰기의 시대로 접어든 것이 직접적인 요인으로 작용한 결과이다. 한문쓰기에 한해 근현대가 끝나는 시점을 1945년으로 잡는다면 이 때에 20세인 사람들의 출생년은 1925년이 된다. 이에 따라 근현대 유림의 대상을 정하자면, 대략 1830년~1925년 출생자로 정할 수 있다.

다음으로 근현대 유림의 분류 기준은 지역으로 정했다. 근현대 유림의 분류 기준은 학파, 시기, 지역 등으로 구분하는 것이 가능했으나, 각각의 장단점이 존재했다.

첫째, 학파로 분류하는 경우, 일맥요연하게 학맥을 살펴볼 수 있다는 이점이 있으나, 어디까지를 문인으로 볼 것이냐는 문제가 있다. 정형규(鄭衡圭, 1880-1957)는 부친의 벗인 권명희(權命熙, 1865-1923)에게 수학했는데, 권명희는 송병선(宋秉璿, 1836-1905)의 문인이다. 그는 20세 때인 1899년에 김천 직지사로 달려가 송병선의 제자가 되었다. 1905년 송병선이 을사늑약에 항거하여 음독자결하자 송병선의 아우인 송병순(宋秉珣, 1839-1912)의 문하에 들어갔다. 송병순은 일본이 은사금을 보내고 경학원의 강사로 나오도록 요구하자 이를 거부하고 음독자결했다. 두 스승이 잇달아 순절하자 정형규는 30세 때인 1909년에 친구 전

---

8) 송상도(宋相燾)의 『기려수필』은 병인양요부터 시작하고 있는데, "고종황제 병인년부터 기록한 이유는 나라가 망하기 시작한 재앙이 병인양요부터 시작되었기 때문이다."라고 했다. 금장태 역시 한말 유림의 사회적 지위와 시대적 역할을 논하면서 근대 격동기의 시작을 병인양요로 시작했다. 이에 대해서는 송상도 지음, 강원모 외 옮김, 『기려수필』 1, 문진, 2014, 23쪽; 금장태, 「Ⅴ. 종교를 통한 국권수호운동 · 유교」, 국사편찬위원회, 『한민족독립운동사』 2, 국사편찬위회, 1987, 496~498쪽 참조.

9) 일제강점기(1910~1945) 문집간행 현황을 살펴보면 다음과 같다.

연대	목판본	목활자	석판본	연활자	필사,기타	총계
1910년대	149종	183종	19종	25종	18종	394종
1920년대	118종	212종	43종	55종	28종	456종
1930년대	136종	175종	231종	64종	36종	642종
1940년대	12종	50종	80종	10종	12종	164종
총계	415종	620종	373종	154종	94종	1,656종

※황위주, 「앞의 논문」, 14쪽 재인용.

기진(田璣鎭, 1889-1963)과 함께 고군산도에 은거하며 학문에 전념하던 전우(田愚, 1841-1922)를 찾아가 제자가 되었다. 정형규를 간재학파로 보기도 하나, 논란의 여지가 있는 것도 사실이다.

한편 특정한 스승 없이 학문을 성취한 경우가 있는데, 조긍섭(曺兢燮, 1873-1933)이 이에 해당한다. 그는 당시 영남을 대표하는 학자인 곽종석(郭鍾錫, 1846-1919), 장복추(張福樞, 1815-1900), 김흥락(金興洛, 1827-1899) 문하에 출입하면서 학문의 폭을 넓혔다. 특정 학파로 분류한다면 조긍섭은 유림 문집 해제에서 제외될 수밖에 없다.

둘째, 시기로 분류하는 경우이다. 시기로 구분한다는 것은 특정한 사건을 중심으로 분류한다는 것을 의미한다. 그러나 단명한 경우가 아니라면 특정 시기로 귀속시킬 수 없는 경우가 허다하다. 김윤식은 병인양요, 갑오개혁, 청일전쟁, 러일전쟁, 을사늑약, 강제병합, 3·1운동 등 근대의 굵직한 사건들을 모두 겪었으며, 전우도 김윤식과 경우가 비슷하다. 역사서를 기술하는 방식 중에 기사본말체가 있다. 특정한 사건의 전말을 한눈에 파악하기에 유용한 기술 방식이다. 그러나 '근현대' 유림을 다루면서 특정한 시기로 구분하면 동일 인물이 중복해서 등장할 수 있고, 반대로 이에 포섭되지 않는 인물도 생기게 마련이다.

셋째, 지역으로 분류하는 경우이다. 대상 인물의 출신지를 기준으로 영남, 호남, 호서, 서울·경기, 강원, 제주, 평안·함경으로 나누는 것이다. 지역 간 이동이 현대에 비해 활발하지 않고, 지역마다 사승 관계가 강하며, 이에 따른 학문 분위기가 조성되어 있다는 점에서 나름 유용한 방식이다. 그럼에도 이상룡(李相龍, 1858-1932)처럼 1911년 1월 서간도 회인현(懷仁縣) 항도촌(恒道村)으로 망명을 떠나 항일 운동의 후반기를 간도에서 보낸 경우, 지역으로 분류하는데 한계점이 있다. 또한 서울·경기의 경우 문물을 수입하는 것이 빠르고 유행에 민감했다. 이들은 어릴 때부터 한학을 배우기는 했지만, 문집을 남긴 경우가 드물었다. 과연 현저하게 적은 양의 서울·경기 지역 유림 문집으로 근현대를 설명할 수 있는가 하는 의문이 있다.

이상의 사정을 고려할 때 특정한 기준으로 근현대 유림을 완벽하게 분류하는 것이 쉽지 않지만, 다른 기준에 비해 비교적 장점이 많은 '지역'을 분류 기준으로 삼았다.

그간 지역 유림을 대상으로 근현대 유림 문집을 목록화하고 해제한 성과가 있었다.[10] 특히

10) 근현대 유림 문집에 대한 해제는 주로 영남, 호남, 호서 지역 유림을 대상으로 이루어졌는데, 대표적인 성과를 소개하면 다음과 같다.
한국국학진흥원, 『문집해제』 1~27, 한국국학진흥원, 2003~2019; 김선기 외, 『격동의 근현대 대전·충남 한학가의 문헌 해제』, 역락, 2007; 박완식 외, 『전북 선현 문집 해제』 1~6, 민족문화추진회 부설 국역연수원 전주분원, 2003~2008; 박완식 외, 『전북 선현 문집 해제』 7~11, 호남고전문화연구원, 2009~2013; 전남대 호남한문고전연구실, 『20세기 호남 한문 문집 간명해제』, 경인문화사, 2007; 전남대 호남한문고전연구실, 『20세기 호남 주요 한문 문집 해제』, 전남대학교출판부, 2007; 전남대 호

한국고전번역원에서 발주한 연구과제의 보고서「일제강점기 전통지식인의 문집 간행 양상과 그 특성에 관한 연구」(2013)는 1910년 이후 사망한 근현대 인물의 문집 목록을 제시하고 주요 문집의 특징을 간략하게 부기했는데, 각 지역 단위로 이루어지던 목록화와 해제 작업을 종합하여 전국의 문집 간행 상황을 파악할 수 있게 했다.[11] 이 보고서에 의하면 근현대 유림의 문집은 총 1,800여 종으로 집계되었다. 본 연구단에서는 각 종류의 논문[12]과 별도의 자료조사를 통해 200여 종을 보충하여 2,000여 종의 문집 목록을 확보했으며, 주요 문집에 대한 해제 자료집을 기획했다.

본 연구단에서 확보한 자료를 바탕으로 근현대 유림과 문집수를 분류하면 다음과 같다.

〈표 1〉 근현대 유림 문집의 현황

지역	영남	호남	호서	서울·경기	기타	총계
저자수	857명	684명	364명	62명	39명	2,006명
문집수	892종	692종	384종	67종	43종	2,078종

전체 유림수는 1,961명이고, 2,078종의 문집을 확인했는데, 지역별로 분류할 때 2개 지역에 관계되는 인물이 45명이 존재해 전체 유림 수와는 약간 차이가 있다. 현재에도 미발굴 문집이 많고, 이 순간에도 새롭게 발굴되는 문집이 있을 가능성이 있으므로 현재 확보한 자료가 최종 자료라고 단언할 수 없다. 그러나 언어적 어려움과 방대한 양으로 인해 한문 자료 접근이 수월하지 않았던 점을 생각해 보면, 본 자료집과 같은 종합적 성격의 자료집은 근현대 유림에 대한 연구를 촉진하는 밑돌이 될 수 있을 듯하다.

Ⅲ. 근현대 영남 유림 문집의 특징

학통 또는 학풍을 중심으로 한말 유림의 동향을 살펴보면 도학파, 양명학파, 개화파로 분류할 수 있고, 또 개화파는 양무개혁론(洋務改革論), 변법개혁론(變法改革論), 문명개화론(文明開化論)으로 분류할 수 있다.[13] 이것은 개략을 살피는 데 도움이 되지만 실상을 따져보면 몇 개의 범주로 도식화할 수 없다. 도학파 중에도 개신론을 주장하는 인물이 있고, 양무

남한문고전연구실,『호남지역 간행본 한문문집 간명해제』上·下, 전남대학교출판부, 2010.

11) 본 자료집을 엮는 데에 큰 도움을 받았다. 이 자리를 빌려 고마움을 표한다.

12) 대동한문학회의 2016년 추계학술대회 자료집인『20세기 초 조선과 일본 지식인의 조선 문헌 수집과 연구 활동』을 토대로 평안도와 함경도, 간도 지역의 문집을 파악하여 추가할 수 있었다.

13) 이에 대해서는 금장태,『앞의 책』, 499~511쪽; 김도형,『근대 한국의 문명전환과 개혁론-유교비판과 변통-』, 지식산업사, 2014, 36~39쪽 참조.

개혁론을 지지하다가 문명개화론으로 옮겨가기도 한다. 일제강점기로 접어들면 더욱 다양한 양상이 전개된다. 일생동안 여러 차례의 부침을 겪으며 사상적 전환이 일어나는 경우도 허다하기 때문에 '중층적 인간'들을 몇 개의 범주로 묶기란 쉬운 일이 아니다.

유림은 보수 성향을 띠는 경우가 많고, 한문 문집을 남긴 경우는 이러한 성향이 더욱 뚜렷하다. 그러나 보수 유림이라고 해서 한결같은 모습을 가진 것도 아니다. 전우(田愚)는 망한 국가는 언제든지 다시 재건할 수 있지만 무너진 도는 다시 세울 수 없다며 도를 보존하는 것을 최우선했다. 그는 군산 앞바다에 있는 계화도(繼華島)에 입도한 뒤 일절 출입하지 않고 강학 활동에 전념했다. 한편 충남 홍성에 기반을 두고 활동한 유교부식회(儒教扶植會)는 항일운동가 김복한(金福漢)의 후손 및 제자들이 주축으로 활동한 유교 단체이다. 활동기간이 채 5년이 되지 않지만,[14] 강연 활동을 통해 유교의 가치를 선전하고 교양했다. 또 『인도(人道)』라는 잡지를 발행하여 유교의 현재화 및 민중화에 힘을 기울였으며, 회원들의 계몽에도 앞장섰다. 군산과 홍성은 지역적으로도 그리 멀지 않고, 호서 노론의 학풍이 지배하던 곳이었음에도 유교를 바라보는 시선 및 실행 방향이 상이했다.

본 자료집은 영남 지역 유림의 문집을 목록화하고 주요 문집을 해제했다. 영남 지역에 한정했다고 해서 타 지역 유림들과의 변별성이 뚜렷한 것은 아니다. 다만 '근현대'에 초점을 두면, 전근대와 결이 다른 모습들을 추출할 수 있고 일부분에서는 영남 지역의 특징을 발견할 수도 있다. 아래에서는 근현대 유림의 다양한 양상을 살펴보기 위해 ① 도학 중시 ② 유교 개혁 ③ 항일운동 ④ 신문물 ⑤ 해방 이후라는 주제어를 중심으로 삼되, 영남 지역 유림의 자료를 통해 사상적 편린과 활동 양상 몇 가지를 살펴보도록 하겠다.[15]

첫째, 전근대의 도학자들처럼 죽음으로써 도를 지키고자 노력하며, 도학의 본연에 심혈을 기울인 경우이다.

권재춘(權載春, 1882-1952)은 영남 출신이면서도 송병선의 문인이 되었는데, 송병선이

---

14) 유교부식회는 1927년 4월 15일에 결성하여 1931년 12월 16일에 해산했다.

15) 근현대 유림 문집이라고 해서 전통적인 도학과 예학, 문학적 시문이 없는 것이 아니라 도학과 한문학이 문집의 대부분을 차지하는 것이 일반적이다. 그럼에도 본 자료집은 근현대의 실제 현장을 오롯이 보여줄 수 있는 자료를 추출하고 소개하려고 노력했으며, 다음과 같은 기준에 의거하여 자료를 뽑고 설명했다. ① 근현대 주요 인물과의 관계를 밝힐 수 있는 자료 ② 역사적 사건을 목도하고 이에 대해 반응한 자료(병인양요, 개항, 임오군란, 청일전쟁과 러일전쟁, 을사늑약, 병합, 독립운동, 해방 등) ③ 개화/반개화에 대한 논의, 자유 · 평등에 대한 해석, 공화(共和)와 같은 정치체제 등을 논한 자료 ④ 서양 문물을 수입하여 발전시킨 일본, 부패와 무기력이 만연하여 서양에 잠식되던 중국, 패망한 폴란드나 월남 등 세계 각국의 상황을 소개하거나 비평하는 자료 ⑤ 천주교나 기독교에 대한 논의 또는 유교 개신(改新), 신학(新學)과 유학 논쟁 등과 관련된 자료 ⑥ 서양기술의 수용, 위원(魏源)의 『해국도지(海國圖志)』, 해방론(海防論) 등과 관련된 자료 ⑦ 전철 · 자동차 · 전기 등과 같은 신문물, 여성 교육이나 번성한 도회지 모습 등 신문화와 관련된 자료 ⑧ 의병활동이나 독립운동과 관련된 자료 ⑨ 서양의 철학/철학가, 새로운 문예사조와 관련된 자료 등등.

순국한 후에 전우의 문인이 되었던 인물이다. 서양의 문물이 유입되자 많은 지식인들이 앞장서서 신문물을 받아들이려 했으나 권재춘은 이에 동요되지 않았으며, 오히려 신학문을 배우는 박사과(博士科)에 추천되었음에도 오랑캐와 금수의 학문은 배우지 않겠다면서 사양했다. 또한 권재춘은 이이와 송시열의 학맥을 잇는 성리학자로서 성(性)에 관한 논변을 다수 남겼다. 「심성이기고증(心性理氣考證)」에서는 심(心)·성(性)·이(理)·기(氣)의 관계 및 분별에 대해 상세하게 고증했고, 「명덕시성변(明德是性辨)」에서는 명덕은 성(性)이 아니라 심(心)임을 여러 근거를 토대로 논변했다.

또한 조병규(趙昺奎, 1846-1931)는 함안 출신의 학자로, 가학적 전통을 계승하고 성호학의 현실주의정신을 전해 받았다. 「신독잠(愼獨箴)」과 「관선잠(觀善箴)」을 지어 좌우명(左右銘)으로 삼고 후진교육에 전념했다. 만년에는 제자들이 마을에 마련한 정자에 거처했는데, 이때 제자들을 지도하면서 말하기를 "도는 육경에 있고 이치는 자신의 마음속에 있는 것이니 힘써 구하면 구할 수 있고 탐구하여 밝게 알 수 있다."라고 했으며, 선현들이 밝힌 성리설을 그대로 익혀 자신의 것으로 만들어야 한다는 것을 강조했다. 그러면서 "주자 이후 여러 가지 설을 절충한 사람이 바로 퇴계 선생이다. 퇴계 선생을 종주로 삼으면 분분한 여러 가지 설이 한 가지로 귀착될 수 있다." 라고 하여 퇴계의 학문을 종주(宗主)로 삼아야 한다는 점도 아울러 강조했다. 이처럼 그는 퇴계학을 종주로 삼고 존양성찰을 통한 심성수양을 학문의 기본으로 삼아, 나라를 빼앗기고 유교의 도가 무너져가는 시대를 살면서 지주석처럼 굳건한 의지로 도를 부지하려 했다.

한편 영남 유림들 중에는 노사학파나 연재학파도 다수 분포하였다. 일례로 영남 지역의 노사학파는 영남 사림들이 기호학통 계통의 인물들과 활발히 교유하면서 형성되었다. 19세기 초중반 함양의 정여창(鄭汝昌) 가문과 장성의 김인후(金麟厚) 가문이 혼반관계로 연결되어 있어서 함양의 사림들이 기정진을 자주 찾아가기 시작했다. 이후 함양의 정여창 가문과 가까운 산청의 여흥민씨 가문을 비롯해서 진주의 조성가(趙性家), 최숙민(崔琡民)이 찾아가고, 합천에서 정재규(鄭載圭, 1843-1911) 등이 찾아가면서 노사학파가 형성되기 시작했다.[16] 정재규는 1864년 22세에 최유윤(崔惟允)의 인도로 기정진(奇正鎭)의 문하에 들어가서 1879년에 기정진이 죽기까지 15년간 수학했다. 기정진 사후 곧바로 강학에 나서지 않고 기정진의 유문(遺文)을 교감하면서 기정진의 학문을 계승하는데 힘을 기울였으며, 기정진의 위정척사사상을 실천적으로 계승하는데 노력을 기울여 영남지역 노사학파의 위상을 제고하

16) 김봉곤, 「嶺南地域에서의 蘆沙學派와 寒洲學派의 成立과 學說交流」, 『孔子學』 14, 韓國孔子學會, 2007, 68~69쪽.

는데 크게 기여했다.[17)]

둘째, 유교의 현재화를 추구하며 부단하게 유교의 개신을 추구한 경우이며, 유교 개신의 한 사례가 바로 공교(孔教) 운동이다.

권도용(權道溶, 1877-1963)은 유학의 종교화 방안을 모색하여, '공교'를 주장했다. 1917년 함양의 교궁(校宮)을 수리하며 쓴 축사인 「공교축사(孔教祝辭)」에서는 유교의 종교적 각성과 개혁을 추구했다. 「공교범위만세론(孔教範圍萬世論)」에서는 타 종교는 미신에서 비롯되어 허무한 것으로 귀결되지만, 공교는 그렇지 않다고 주장하며, 평화로운 미래에는 공교의 진리가 밝게 드러날 수 있을 것이라고 확신했다.

박장현(朴章鉉, 1908-1940)은 짧은 생애에도 불구하고 방대한 저술을 남겼다. 유교의 재건을 위해 안순환(安淳煥)이 세운 조선유교회(朝鮮儒教會)에 깊은 관심을 보였고, 중국 공교회(孔教會)의 진환장(陳煥章) 등과 학문적으로 교류했다. 그 과정에서 유교가 희망, 열성, 지혜, 담력을 지니고 자존(自尊)의식을 고취해야 함을 역설했다. 일제 치하의 현실에서 그가 지향한 것은 올바른 역사서 저술을 통해 한민족에게 자부심을 갖도록 해주는 한편, 유교 개혁을 통한 이상국가 건설을 실현시킨 국가의 재건에 있었다.

한편 이병헌(李炳憲, 1870-1940)의 「유교복원론(儒教復原論)」은 박은식(朴殷植)의 「유교구신론(儒教求新論)」과 함께 한국 근대 유교개혁론의 대표적 저술이다. 이외에도 그는 종교와 철학에 대한 그의 견해를 담은 「종교철학합일론」을 지었고, 「도해총담(蹈海叢談)」에서는 한·중·일 유교가 당면한 문제를 총 12장에 걸쳐 공교 입장에서 밝혔다. 아울러 「읍고조선십삼도유림동포(泣告朝鮮十三道儒林同抱)」에서는 공교에 비판을 가한 전국 보수 유림의 발언을 반박하기도 했다.

셋째, 일제의 침탈에 항거하며 항일 의식을 고취시킨 경우이다. 한말 의병의 주축이 유림이었던 것에서 알 수 있듯이 유림의 항일 의식은 줄곧 이어졌다.

이직현(李直鉉, 1850-1928)은 을미사변이 일어났을 때 벗들에게 거의(擧義)할 것을 촉구한 「고사우(告士友)」, 을사늑약이 체결되자 향교 유생들에게 각성을 촉구한 「고교중제공(告校中諸公)」, 일제가 내려준 은사금을 거부한 전말을 밝힌 「각금전말(却金顚末)」, 1911년 1월 1일 일본 관리가 호적(戶籍)에 입적할 것과 호별세(戶別稅) 문제로 그를 찾아와 힐난하자 그에 대해 책망하는 「일인이호적호세사래힐서이책지(日人以戶籍戶稅事來詰書以責之)」를 지어 일제에게 항거했다. 1914년에 조선총독 데라우치 마사타케에게 일본 사신이라 호칭하고, 왕실재산·토지조사사업 등과 관련해 자결로 사죄하라는 내용의 「저일사사내정의(抵日使寺內

17) 이외에도 송병선(宋秉璿)의 문인으로 청도의 예대희(芮大僖, 1868-1939)와 단성의 이도복(李道復, 1862-1938) 등이 있고, 전우(田愚)의 문인으로 이보림(李普林, 1903-1972)이 있다.

正毅)」를 보내고, 일본인 순사 가등환일랑(加藤歡一郎)이 묘적법(墓籍法)을 강제로 시행하려 하자 이에 반대하며 「시일사가등환일랑(示日査加藤歡一郎)」을 보내어 일제에게 저항의 의도를 직접적으로 표시했다.

송상도(宋相燾, 1871-1946)는 명나라가 망한 뒤 기려도사(騎驢道士)가 명말(明末) 충신의 사적을 수집했던 것을 따라, 자신도 스스로 호를 기려자(騎驢子)라고 이름한 뒤 우리나라 애국지사의 사적을 편찬했다. 전국 방방곡곡을 30여 년간 돌아다니며 애국자의 유가족 또는 친지를 방문하면서 사적을 기록하는 한편, 사건 당시의 신문과 기타 자료를 수집하여 1946년 75세 때, 『기려수필(騎驢隨筆)』 5책을 편찬했다. 『기려수필』는 1866년 병인양요 때 순절한 이시원(李是遠)의 사적을 시작으로 항일투사 239명의 행적을 기록하고, 대한민국임시정부, 공산당, 고려혁명당과 광주학생독립운동 등의 단체 및 사건에 대해서도 서술했다.

넷째, 신문명 또는 신문물에 대해 의견을 개진한 경우이다.

권상규(權相圭, 1874-1961)는 조선 학부 편집국에서 간행한 영국 역사가 로버트 멕켄지(Robert MacKenzie)의 서양사 역사서의 번역본인 『태서신사(泰西新史)』를 읽고 「서태서신사후서(書泰西新史後)」를 지었다. 특히 「공산(共産)」은 균전제(均田制) 등의 개념을 먼저 소개하고 서양에서 제시한 공산주의 이론의 대략적인 내용을 밝히고 공산주의의 우려되는 폐해에 대해 견해를 덧붙였다. 「민주국론(民主國論)」과 「대통령민선(大統領民選)」에서는 민주주의 제도와 대통령 민선제 등의 현대 정치제도에 대해 소개하고 자신의 견해를 밝혔다. 새로운 제도에 대한 거부감 없이 해당 체제에 대해 소개하는 반면에 민선제도 등의 폐단에 대해서도 지적했다. 한편 「계급타파(階級打破)」에서는 계급이라는 것은 자연의 이치라서 없을 수는 없는 것이지만, 우리나라의 계급이 잘못되었기 때문에 국민들이 모두 계급타파를 지지하는 것이라고 지적하며, 계급은 그대로 두되 문벌(文閥)을 타파하자고 주장했다.

하겸진(河謙鎭, 1870-1946)은 독일의 철학자 칸트의 영구평화론에 관한 일정한 지식을 가지고 있었다. 「필기(筆記)」에서는 칸트의 말에 따라 조금만 입장이 달라도 전쟁을 일삼는 풍조가 야만시대의 악습이라고 주장하여, 문명을 표방하고 있는 서양인들이 일으킨 1차 대전이 종결된 당시의 상황을 야만의 시대라고 평가했다. 또한 평화를 유지하는 방법으로 칸트가 제시한 것 중 국제연방의 가치를 인정하고, 국제연방론이 성공하기 위해서는 "반드시 공정한 마음과 곧은 도를 가져 총명예지하고 신무(神武)를 지녔으면서도 남을 죽이지 않는 사람을 얻어서 천하의 지혜와 꾀, 장점을 모아 통일된 법규를 만들어 행할 수 있어야 한다."라고 주장하기도 했다.

다섯째, 해방 이후에도 당대의 문제를 진단하고 견해를 피력한 경우이다.

본 자료집의 특성상 해방 이후까지 생존한 인물이 많지 않지만, 김창숙(金昌淑, 1879-1962)의 사례를 살펴보도록 하겠다. 김창숙은 한국전쟁이 발발했을 당시에 쓴 「자경인유월이십오일공비남침후미국칭이국제연합경찰군(自庚寅六月二十五日共匪南侵後美國稱以國際聯合警察軍)」과 「월야문비기폭격성(月夜聞飛機爆擊聲)」 등은 당시 전쟁의 상황을 핍진하게 묘사했다. 아울러 「술회(述懷)」 3수는 미국과 소련의 다툼에 휘말려 동족상잔의 비극이 벌어지는 전쟁에 대한 통탄스러운 심정을 노래한 것이고, 「사협박자(謝脅迫者)」는 전쟁 당시 북한이 남한의 저명인사들에게 자수성명서를 발표하고 선전에 동원하려고 협박하는 것을 거절하는 내용의 시이다.

김창숙은 정치활동에 직접적으로 참여하지 않았지만 만년까지 정치 세태에 대한 비판시를 다수 창작했다. 「문남북평화통일설근파대두(聞南北平和統一說近頗擡頭)」는 미국이 한국군 25만 명을 감축하고 군사원조비를 삭감하며, 이승만이 미국으로 건너갔다는 소문을 듣고는 분단된 채로 강국에 기대어 있는 한국의 모습을 안타까워한 작품이다. 「혁명특별법신성부정선거군흉다이특전백탈양가통탄(革命特別法新成不正選擧群兇多以特典白脫良可痛歎)」과 「혁명검찰부장취부정선거화금조달자팔명공개취하(革命檢察部長取不正選擧貨金調達者八名公開取下)」는 부정선거 등의 부정부패가 만연하던 당시 상황에 대해 강한 어조로 비판한 작품이다.

Ⅳ. 맺음말

갑오개혁 때 한글을 기본으로 삼고 한문 번역을 첨부한다는 「공문식」이 반포되면서 한문은 공식석상에서 점차 사멸되기 시작했다. 그러나 한문에서 한글로 넘어가는 이행기에 살던 사람들 중에는 여전히 자신의 생각을 한문으로 표현하는 사람이 많았고, 한문을 주된 표기수단으로 사용하던 주축은 유림이었다.

근현대 한국에서는 상이한 문명 간의 충돌 및 일본에 의한 개항과 병합, 독립운동과 해방 등 한국인의 삶과 사상 등을 통째로 변화시키는 굵직한 사건들이 연속해서 발생했다. 사람은 그 시대의 상황과 함께 호흡하며 살아간다. 그렇기 때문에 그 시대의 글쓰기에는 그 시대의 상황이 들어있고, 그 시대의 사안에 대처하는 사람들의 의식이 투영되어 있으며, 근현대 유림 문집에도 그 시대상이 담겨 있다.

근현대 유림은 도학을 중시하고 유교를 추숭하던 전근대 유림의 전통을 이어받았다. 우리 민족의 문화적 기원을 기자(箕子)에 두던 문명인으로서 자존의식도 계승했다. 이러한 문화적 전통이 근현대 유림과 만나서는 외세와 일제에 대한 저항으로 이어지고 한말 의병과 독립군을 배태(胚胎)했다. 구본신참(舊本新參) 혹은 유교를 개혁하여 유교의 현재화를 시도했고, 서양의 기술과 정치, 문화, 종교 등을 부단히 연구했으며, 이를 통해 문명국으로 다시 발돋움하고자 했다.

근현대 유림 문집에서 전근대 도학자들의 깊이 있는 철학적 탐색과 문학가들의 번득이고 다채로운 글을 얼마큼 길어 올릴 수 있을지 장담할 수 없다. 문집이 양적으로 늘었다고는 하나, 문집을 남긴 유림의 개별 수준이 전근대보다 높거나 비슷하다고 단언할 수 없기 때문이다. 그렇다면 근현대 유림 문집에서 우리는 무엇을 찾을 수 있을 것이며, 또 문집에 수록된 내용들은 어떤 의의를 지니고 있는가.

근현대 유림 문집의 가장 큰 특징은 시대상을 담고 있다는 것이다. 유림이 아니더라도 시대상을 파악할 수 있는 자료는 많다. 그러나 지금이 탈유교사회라고 하더라도 유교문화는 곳곳에서 재코드화되어 작동하고 있다. 이를 인정한다면 근현대 유림은 여전히 당대를 책임진 한 축으로 인정할 수밖에 없다. 시대사든 지역사든 유림의 시선과 대응을 간과하고는 전체가 아닌 부분만 볼 수 있을 뿐이다.

근현대 유림의 문집을 수집하고 해제하는 작업은 일찍부터 진행되었고, 진척도 많았다. 그러나 한국고전번역원의 보고서를 제외하면 전국적 규모의 문집을 수집하여 목록화하고 해제하는 작업은 아직 이루어지지 않았다. 본 자료집은 근현대 유림 문집 전체를 목록화하고 해제하는 것을 목표로 삼고 있다. 이에 따라 자연스럽게 근현대 유림 문집의 전체 규모와 수록 내용이 공유·확산될 것이며, 이를 통해 가려졌던 근현대의 또 다른 모습을 발견할 수 있을 것이다. 곧 본 자료집은 근현대 지식인의 동향, 대응 방식을 살필 수 있는 기초자료서의 역할도 할 수 있을 것이다.

[참고문헌]

한국국학진흥원, 『문집해제』 1~27, 한국국학진흥원, 2003~2019.

김선기 외, 『격동의 근현대 대전·충남 한학가의 문헌 해제』, 역락, 2007.

박완식 외, 『전북 선현 문집 해제』 1~6, 민족문화추진회 부설 국역연수원 전주분원, 2003~2008.

박완식 외, 『전북 선현 문집 해제』 7~11, 호남고전문화연구원, 2009~2013.

전남대 호남한문고전연구실, 『20세기 호남 한문 문집 간명해제』, 경인문화사, 2007.

전남대 호남한문고전연구실, 『20세기 호남 주요 한문 문집 해제』, 전남대학교출판부, 2007.

전남대 호남한문고전연구실, 『호남지역 간행본 한문문집 간명해제』 上·下, 전남대학교출판부, 2010.

금장태, 「Ⅴ. 종교를 통한 국권수호운동·유교」, 국사편찬위원회, 『한민족독립운동사』 2, 국사편찬위회, 1987.

김도형, 『근대 한국의 문명전환과 개혁론 - 유교비판과 변통-』, 지식산업사, 2014.

김봉곤, 「嶺南地域에서의 蘆沙學派와 寒洲學派의 成立과 學說交流」, 『孔子學』 14, 韓國孔子學會, 2007.

김진균, 「근대계몽기 해학(海鶴) 이기(李沂)의 한문 인식」, 『반교어문연구』 32, 반교어문학회, 2012.

대동한문학회, 『20세기 초 조선과 일본 지식인의 조선 문헌 수집과 연구 활동』(추계학술대회 발표집), 2016.

송상도 지음, 강원모 외 옮김, 『기려수필』 1, 문진, 2014.

한국고전번역원, 『(影印標點) 韓國文集叢刊 解題』 1~11, 한국고전번역원, 1991~2013.

황위주 외, 「일제강점기 전통지식인의 문집 간행 양상과 그 특성에 관한 연구」(연구과제 보고서), 한국고전번역원, 2013.

황위주, 「일제강점기 문집편찬과 대구·경북지역의 상황」, 『대동한문학』 49, 대동한문학회, 2016.

근현대 유림 문집 해제
-영남편-

〈영남-01〉 **면우집** 俛宇集

1. 형태서지

표제/권수제	면우집(俛宇集)
편저자	곽종석(郭鍾錫) 著 / 박봉호(朴鳳浩) 編
판사항	신연활자본
발행사항	경성 : 면우집발간소, 1925
형태사항	총 182권 63책 : 권수 1책, 목록 4권 2책, 본집 165권 56책, 속집 12권 4책 四周雙邊 半郭 21.1×15.2㎝, 有界, 半葉12行28字 註雙行, 上下向黑魚尾 ; 28.6×19.0㎝
소장처	국립중앙도서관, 경희대, 계명대, 고려대, 국회도서관, 단국대 율곡기념도서관, 동아대, 부산대, 서울대 규장각, 원광대, 전주대, 충남대

2. 정의

『면우집』은 곽종석(郭鍾錫, 1846-1919)의 시와 산문이 수록된 문집으로, 본집(本集) 165권, 속집(續集) 12권의 분량이다.

3. 저자사항

곽종석의 자는 명원(鳴遠)이고, 호는 면우(俛宇), 회와(晦窩), 유석(幼石)이며, 본관은 현풍(玄風)이다. 부친은 곽원조(郭源兆)이고, 모친은 해주 정씨(海州鄭氏)이다. 1846년(헌종 12) 6월 24일 단성현(丹城縣)[현 산청군(山淸郡) 단성면(丹城面)] 사월리(沙月里)에서 태어났다. 4세 때부터 글을 배우기 시작했고, 10세가 되기 이전에 『십팔사략(十八史略)』 및 사서(四書)와 『시경(詩經)』·『서경(書經)』을 다 읽고 이해하였다.

25세 때 한주(寒洲) 이진상(李震相)을 찾아뵙고 주리(主理)의 학설을 얻어, 이때부터 이진상의 가장 독실한 제자가 되어 그의 학설을 깊이 이해하고 전파하였으며 한말의 대표적인 유학자 중 한 사람으로 자리매김하였다. 50세 때 조정에서 곽종석의 학덕을 듣고 비안 현감(比安縣監)에 제수하였으나 부임하지 않았고, 이 해에 을미사변(乙未事變)이 일어나자 안동의 선비들이 곽종석을 부장(副將)으로 추대하였으나 사양하였다. 이후에 고종(高宗)이 곽종석의 학덕과 비상한 재주를 높이 사 중추원의관(中樞院議官)·비서원승(祕書院丞)·의정부참찬(議政府參贊) 등에 제수하였지만 사양하였다.

65세 때 국권이 침탈당하였는데, 이때 곽종석은 여러 날을 통곡하며 식사를 하지 않았다. 이듬해 망국의 통탄함을 견디기 어려워 이름을 '도(鋾)'로, 자를 '연길(淵吉)'로 바꾸었다. 74세가 되던 해인 1919년에 고종의 승하 소식을 듣고 문인을 한양으로 보내어 부곡(赴哭)하게 하였다. 이때 문인인 김창숙(金昌淑) 등이 파리 평화 회의에 유림의 독립청원서를 보낼 것을 발의하여, 곽종석의 견해를 들어 청원서를 보내기로 하였다. 이에 곽종석이 직접 청원서를 작성하였고, 김창숙이 이를 가지고 중국으로 갔으나 얼마 지나지 않아 계획이 드러나 곽종석 또한 대구의 감옥에 수감되었다. 이해 6월 병이 위독하여 보석으로 출옥하였으나, 8월 24일에 향년 74세의 나이로 세상을 떠났다. 거창 가조면(加祚面) 문대산(文載山)에 안장하였는데, 장례에 참석한 선비가 만여 명이었고, 상복을 입은 문인이 천여 명이었다고 한다. 저서로는 『면우집』이 있다. 곽종석을 기리기 위해 출생지인 단성에는 이동서당(尼東書堂)이 세워졌고, 장지인 가조면에는 다전서당(茶田書堂)이 세워졌으며, 1958년에는 호남 사림에 의해 곡성 산앙재(山仰齋)가 건립되었다. 1963년 건국훈장 국민장이 추서되었다.

4. 구성 및 내용

곽종석의 문집은 본집(本集) 165권, 속집(續集) 12권으로 모두 177권 63책으로 이루어져 있으며, 1925년 11월에 서울 관훈동(寬勳洞)의 한성도서주식회사(漢城圖書株式會社)에서 신연활자본(新鉛活字本)으로 간행되었다. 해당 본은 국립중앙도서관, 규장각, 하버드 옌칭 도서관, 고려대 중앙도서관 등에 소장되어 있다.

본집은 권수(卷首), 목록(目錄), 원집(原集)으로 이루어져 있는데, 가장 앞부분에는 고종(高宗)이 내린 돈유(敦諭) 3편이 실려 있다. 권수는 상소(上疏)와 차자(箚子), 일기(日記), 사장(辭狀)이 수록되어 있다. 소(疏)는 17편, 차(箚)는 4편이 수록되어 있으며, 일기(日記)로는 독대일기(獨對日記) 1편이 수록되어 있는데, 이는 고종을 독대했던 일을 기록한 것이다. 사장(辭狀)은 모두 3편으로, 비안 현감(比安縣監)과 중추원 의관(中樞院議官)을 사직하는 글이다.

원집(原集) 권1~9는 부(賦) 6편, 조(操) 1편, 시(詩) 1,078제, 악부(樂府) 3제이다. 권1 앞부분의 「부해(俯海)」부터 「만남자심(挽南子深)」까지는 『시경(詩經)』을 모방하여 부(賦)·비(比)·흥(興)으로 나누어 시를 수록하였고, 그 뒤부터는 연대순으로 작품을 수록하였다. 권1~4는 영물시(詠物詩)나 유람시(遊覽詩)의 비중이 높으며, 이 중 권4는 1883년(고종20) 금강산(金剛山)을 유람하며 쓴 「동유록(東遊錄)」이 수록되어 있다. 권5부터는 수창시(酬唱詩)·만시(挽詩) 등의 비중이 늘어난다. 「추화강국경증별삼절(追和姜國卿贈別三絕)」 등 주변 인물에게 준 증별시(贈別詩)가 다수 수록되어 있고, 말년으로 갈수록 주변 인물들에 대한 만시(挽詩)가 많다. 악부의 경우, 고향의 벗을 그리며 지은 「유회남향제공(有懷南鄕諸公)」, 조긍섭(曺兢燮)에게 차운한 「조중근청차기수친사(曺仲謹請次其壽親詞)」 등이 있다.

권10~127은 서(書) 3,019편이 수록되어 있다. 권10~11은 이진상에게 보낸 편지 21편이고, 권12는 박규상(朴奎祥)에게 보낸 편지 5편이 수록되어 있다. 이후 주변 인물과 주고받은 편지를 인물별로 묶어서 수록하였다. 주변 인물들과 주고받은 편지에서는 곽종석이 처한 상황에 대한 감회나 사단칠정(四端七情)·심즉리설(心卽理說) 등에 대한 곽종석의 학술적 견해를 밝힌 내용들을 다수 확인할 수 있다.

권128~132는 잡저(雜著) 118편이 수록되어 있다. 작가의 학문세계를 엿볼 수 있는 「회와삼도(晦窩三圖)」, 「사단칠정설(四端十情說)」, 「심출입집설(心出入集說)」, 「이결(理訣)」 등의 작품이 있고, 권131에는 주변 인물들에게 지어준 자설(字說)이 수록되어 있다. 권133~136은 서(序) 108편이 수록되어 있다. 문집서(文集序)로는 「손우집(遜愚集)」, 「팔송집(八松集)」, 「남고유고(南皐遺稿)」 등에 대한 것이 있다. 자서(字序)로는 하용제(河龍濟), 정규필(丁奎弼), 김성하(金聲夏) 등에게 지어 준 것이 있고, 송서(送序)로는 최숙민(崔琡民), 최해윤(崔海潤) 등을 전송하며 지어 준 것이 있다. 이외에 「고령이씨가승(高靈李氏家乘)」 등의 족보(族譜)와 「회헌실기(晦軒實紀)」, 「극재실기(克齋實紀)」 등의 실기(實紀)에 쓴 것이 있다.

권137~140은 기(記) 116편이 수록되어 있다. 주로 건축물에 대한 기문(記文)이다. 이 가운데 「삼봉서당기(三峯書堂記)」는 이진상이 노년을 보내기 위해 마련해 둔 땅에 후손과 문인들이 서당(書堂)을 짓자 이에 대해 쓴 기문이다. 이 외에도 「불기당기(不欺堂記)」·「춘래정기(春來亭記)」 등의 기문이 있다. 권141~142는 발(跋) 71편이 수록되어 있다. 문집의 발로는 「겸재집(謙齋集)」·「예암집(豫菴集)」 등에 쓴 것이 있고, 기타 저술에 쓴 발로는 「주자어류중간발(朱子語類重刊跋)」·「춘추집전발(春秋集傳跋」 등이 있다.

권143은 명(銘) 51편이 수록되어 있다. 곽종석이 머물렀던 망추정(望楸亭)을 두고 지은 「망추정팔명(望楸亭八銘)」, 이두훈(李斗勳)이 소장한 거문고를 두고 지은 「무성금명(無聲琴銘)」 등의 작품이 있다. 권144는 잠(箴) 17편, 찬(贊) 8편, 송(頌) 2편, 혼계(昏啓) 4편, 상량문(上樑文) 10편이 수록되어 있다. 잠(箴)으로는 「경연잠(經筵箴)」, 「계명잠(鷄鳴箴)」, 「오잠(五箴)」 등이 있다. 찬(贊)으로는 「퇴계선생십훈찬(退溪先生十訓贊)」, 「사우찬(四友贊)」 등이 있다. 송(頌)은 「천군송(天君頌)」과 「감우송(甘雨頌)」이며, 상량문은 굉정각(閎精閣), 연어정(鳶魚亭) 등에 대한 상량문이 있다.

권145~146은 축문(祝文) 12편, 제문(祭文) 44편, 애사(哀辭) 11편이 수록되어 있다. 축문으로는 「고망실최씨묘문(告亡室崔氏墓文)」 등이 있고, 제문은 이진상(李震相), 최익현(崔益鉉), 정재규(鄭載圭) 등의 인물에게 지어준 것이 있으며, 애사는 권유연(權有淵), 정규필(丁奎弼) 등의 인물에 대한 것이 있다. 권147~151은 비(碑) 34편, 묘지명(墓誌銘) 42편, 광지(壙誌) 5편이 수록되어 있다. 권147에는 강민첨(姜民瞻), 이달충(李達衷) 등 11인의 신도비

(神道碑)가 수록되어 있고, 권148에는 이석문(李碩文), 하겸락(河兼洛) 등 12인의 묘비(墓碑)가 수록되어 있다. 권149에는 「성산이씨육현유허비(星山李氏六賢遺墟碑)」 등 11편의 비문(碑文)과 조식(曺植), 이흘(李屹) 등 5인의 묘지명이 수록되어 있다. 권150에는 김태홍(金泰鴻), 권중연(權重淵) 등 21인의 묘지명이 수록되어 있다. 권151에는 이종영(李宗榮), 박주대(朴周大) 등 16인의 묘지명과 김화도(金道和), 윤주하(尹胄夏) 등 5인의 광지가 수록되어 있다.

권152~154는 묘표(墓表) 107편이고, 권155~161은 묘갈명(墓碣銘) 168편이다. 신경하(辛景夏), 이명윤(李命允), 박명수(朴明壽), 하필정(河必淸) 백기동(白基東) 등의 인물에 대한 묘갈명이 수록되어 있다. 권162~165는 행장(行狀) 19편, 유사(遺事) 3편, 전(傳) 6편이다. 권162에는 이진상의 행장이 있고, 이 외에 이동급(李東汲), 최호문(崔虎文) 등의 인물에 대한 행장이 있으며, 정택수(鄭宅秀), 임세필(林世弼), 이규대(李奎大) 3인의 유사, 「홍열부전(洪烈婦傳)」, 「김효자전(金孝子傳)」 등의 전이 있다.

속집(續集) 권1은 시(詩) 13제와 서(書) 38편이다. 이 중 「옥중단양유감(獄中端陽有感)」은 파리장서 사건으로 구속되어 있을 당시 단오절을 맞아 쓴 시이다. 서(書)는 허윤(許奫), 서영곤(徐泳坤) 등 12인에게 보낸 편지이다. 권2~11은 서(書) 516편이다. 권2에 정재선에게 답한 편지는 국가에 변란이 있을 때 각자의 처지에서 의리에 맞게 행동해야 한다는 내용을 담고 있다. 권3에는 박승진(朴勝振), 윤평하(尹坪夏) 등 16인에게 보낸 편지 53편이 수록되어 있다. 권4에는 장석영(張錫英), 김재명(金在明) 등 19인에게 보낸 편지 40편이 수록되어 있다. 권5에는 유봉희(柳鳳熙), 이광용(李光龍) 등 26인에게 보낸 편지 63편이 수록되어 있다. 권6에는 유원중(柳遠重) 등 35인에게 보낸 편지 70편이 수록되어 있다. 권7에는 허숙(許埱) 등 38인에게 보낸 편지 69편이 수록되어 있다. 권8에는 권철연(權喆淵) 등 23인에게 보낸 편지 38편이 수록되어 있다. 권9에는 정태진(丁泰鎭) 등 19인에게 보낸 편지 40편이 수록되어 있다. 권10에는 황운하(黃雲河) 등 48인에게 보낸 편지 66편이 수록되어 있다. 권11에는 이태하(李泰夏) 등 23인에게 보낸 편지 32편이 수록되어 있다.

권12는 잡저(雜著) 15편, 서(序) 2편, 기(記) 1편, 발(跋) 2편, 명(銘) 1편, 축문(祝文) 3편이다. 잡저 가운데 「오륜소설(五倫小說)」은 오륜(五倫)의 개념과 이에 대한 곽종석의 견해를 기록한 글이다. 서(序)는 윤사진(尹思進)의 『황림집(篁林集)』과 「정관치설(井觀癡說)」에 대한 것이다. 기(記)는 덕양재(德陽齋)에 쓴 것이고, 발(跋)은 『우암집(憂庵集)』과 허윤의 수진시(晬辰詩)에 쓴 것이다. 명(銘)은 조호래(趙鎬來)에게 써 준 「운재명(運齋銘)」이고, 축문은 남전서당(藍田書堂)의 고유문(告由文)·상향문(常享文)과 양호서당(陽湖書堂)의 상향문이다.

5. 주요 작품 및 문집의 특징

『면우집』은 방대한 분량에 많은 작품을 수록하고 있는 만큼, 곽종석과 주변 인물들과의 관계를 비롯하여 그의 학문관에 대해 소상히 파악할 수 있다. 이 뿐만 아니라 곽종석의 명망이 당대에 널리 알려져 있었기 때문에 구한말 급변하는 정세 속에서 곽종석과 관련된 사건들의 전말 및 이에 대한 곽종석의 인식 또한 확인해 볼 수 있다. 본집(本集) 권수(卷首)에는 고종의 부름과 이에 대한 곽종석의 응대, 상소 등이 따로 수록되어 있는데, 「도경청대소(到京請對疏)」는 직접 고종을 대면하여 을사조약의 부당성을 토론한 것이다. 1903년(광무7) 9월에 올린 「밀진차자(密進箚子)」는 러시아·일본과의 외교나 을미사변에 대한 복수 등을 건의하였다.

한편 구한말 활발하게 이루어졌던 의병운동과 관련된 곽종석의 행적 및 의병에 대한 인식 또한 주변 인물과 주고받은 편지에서 확인할 수 있다. 권21에 수록된 「여권조원(與權祖源)」은 1895년(고종32) 권세연(權世淵)에게 보낸 편지로, 유림(儒林)들이 을미사변(乙未事變)에 의병운동을 전개하고자 하며 곽종석을 아장(亞將)으로 추대하자, 이를 사양하기 위해 쓴 것이다. 권24의 「답송치거(答宋致車)」는 1896년(고종33) 송진익(宋晉翼)에게 쓴 편지로, 아장으로 추대된 것을 거절한 이후 일어난 곽종석에 대한 비난과 소문에 대해 해명하였다. 권19의 「답최찬정(答崔贊政)」은 1906년(광무10) 의병을 일으키자는 최익현의 요청을 거절하는 편지이다. 곽종석은 거절의 이유로, 일제가 의병운동을 빌미로 전쟁을 벌일 수 있다는 점, 임금의 뜻과 맞지 않아 역적(逆賊)으로 몰릴 수 있는 점, 간악한 자들이 의병을 빙자하여 반역을 꾀할 수 있는 점, 향촌이 의병의 비용을 대느라 피폐해질 수 있다는 점 등을 들었다. 이외에 속집 권2의 「답정공후(答鄭孔厚)」 등에서도 나라의 변고가 있을 때에 목숨을 바치는 것만이 능사가 아니라 각자의 자리에서 의리에 따라 행동해야한다고 주장하는데, 이를 통해 당시의 정세에 대한 대응 방안을 확인할 수 있다.

6. 참고문헌

양기정, 『면우집』, 『한국문집총간해제』, 한국고전번역원, 2005.
허권수 외, 『면우(俛宇) 곽종석(郭鍾錫)의 학문(學問)과 사상(思想)』, 술이, 2010.

俛宇先生文集

二

俛宇先生文集目錄卷之一

卷第一

賦

入德門賦　村鄰賦

春雨賦　神明舍賦

沙上賦　泰伯至德賦

操

伽山操 并序

詩

俯海　省墓于昆陽作

壬午七月有感而作　携家北上途中有作

卜居于烏峴作　寄金致受 鎭祜 二篇

俛宇先生文集目錄卷之一　一

俛宇先生文集卷之一

賦

入德門賦

閼逢閹茂之歲攝提建杓人日載臨靑陽晅軟衆蟄微吟於是晦屋穌生穿絲袍躡㰁屝感時韻乘醉興賸摹星斗之霄徜徉泉石之徑瀏西風而迅邁忽飄飆而靡定愀金湖之細澌慄陶臺之危磴迺有洞門如束條路頗長危巖崩倒松檜摧戕幽禽悲號行客徊徨余亦不自知其兩肩乍聳遐憂蘊發悵乎盤桓有情未達遵空洲而下上揖漁父而進前問此地之謂何伊使余而慘然惠一言之霶霈俾撥霧而覩天漁父喟然太息而起瞿然良久而言其言若有所不忍始囁嚅而終諄諄擧手而指曰視彼懸崖不涅不磷煒煌三字入德之門彼崒嵂者頭流之崔彼巋然者山天之齋子獨不聞夫昔者斯文之未喪也有若陶山夫子天降於江之左南冥

俛宇先生文集卷之一　二

衣服飮食佳者不近口軆曰是不能於吾親者也

外史氏曰余觀河孝子之行雖其至愛根性亦由孝經一部爲之指引也人苟志於道讀一卷書足用一生世有淹博五車而父母戚戚鄉里咸睨叱者誠何哉虎孝獸也烏孝鳥也其相感宜也不乘時以徼利捐己有以成人之孝牌頭亦賢矣哉粱老人之老不勤于庭除者而昏夜送行于十里孝之動人如是哉主風化以勸民俗者獨漠然不及聞聞亦略不爲意嗟哉孝子盖襄靖公敬復之後公以孝著于我　世宗朝

俛宇先生文集卷之百六十五

〈영남-02〉 **추범문원** 秋帆文苑

1. 형태서지

표제/권수제	추범문원(秋帆文苑)
편저자	권도용(權道溶) 著 / 김명석(金明錫) 抄
판사항	신연활자본
발행사항	晉州 : 東光印刷所, 1956
형태사항	총 50권 14책 : 원집 20권 5책, 원집 보유 1권 1책, 속집 上 10권 및 별집 2권 合 3책, 속집 하 6권 및 부록 2권 合 2책, 외집 4권 1책, 후집 4권 및 후집 부록보유 1권 合 2책 四周雙邊 半郭 20.6×16.5㎝, 有界, 18行44字 註雙行, 上下向2葉花紋魚尾 ; 28.7×21.1㎝
소장처	국립중앙도서관, 경상대, 고려대, 단국대 퇴계기념도서관, 성균관대, 춘호재

2. 정의

근대 개항기부터 현대까지 활동한 유학자이자 언론인인 권도용(權道溶, 1877-1963)의 시가와 산문을 엮은 시문집이다.

3. 저자사항

권도용의 자는 호중(浩仲)이고, 호는 추범(秋帆)이며, 본관은 안동(安東)이다. 부친은 권재모(權在模)이고 모친은 진양(晉陽) 하석문(河錫文)의 따님이다. 조부까지는 산청군 단성에서 세거하다가 부친이 함양으로 거처를 옮겨, 권도용은 단성과 함양을 왕래하였다. 8세에 만형 권정용(權正容)에게 훈몽서를 배우기 시작하여 19세에는 삼경(三經)을 공부하고, 25세에는 성리서에 대해 공부하였다. 위암(韋庵) 장지연(張志淵)과 교분을 맺었는데, 장지연이 경남일보 초대 주필직을 그만두며 권도용을 천거하여 1913년 5월 1일자로 2대 주필에 취임하여 이듬해 3월까지 재직하였다.

이후로는 산청군 단성면에 오은정사(吳隱精舍)를 짓고 학업에 힘쓰다가 1919년 3·1운동이 일어나자 함양에서 박재룡(朴在龍) 등과 함께 경남 유림대회를 조직하여 활동하다가 체포되어 옥고를 치렀다. 3·1운동 전후로 활발히 독립운동을 전개한 권도용은 이후 학문연구와 후진 양성에 매진하였고, 공교(孔敎)를 주장하는 등 당시 처한 현실에서 유학자로서 나아갈 길을 활발히 모색하였다. 만년에는 오은정사에서 저술한 작품들을 모아 스스로『추범문원』을 편찬하였다. 사후 독립운동의 공을 인정받아 1986년 대통령 표창을 받고, 1990년 건국훈장 애족장에 추서되었다.

권도용은 20세가 넘도록 스승을 섬기지 못하다가, 면우(俛宇) 곽종석(郭鍾錫)의 명망을 듣고 찾아가 그의 문하에 들었다. 권도용은 심통성정(心統性情)을 바탕으로 한 곽종석의 심설(心說)을 계승하여 자신의 학문 세계를 구축하였다. 한편, 국권이 침탈될 무렵 신구(新舊) 서적을 두루 읽으며 당시 시무에 실질적으로 적용할 방안을 궁구하였으며, 이때 세계사를 다룬 서적들을 읽으며 그 흐름 속에서 조선의 위치와 현실을 확인하였다. 장지연과의 교류가 있었을 뿐만 아니라 김형권(金亨權)·류인수(柳仁秀)·이교재(李敎載) 등 독립운동에 앞장섰던 유림들과 함께 교유하였으며, 투옥될 당시에도 이들과 서로 시문을 수창하며 격려하였다.

4. 구성 및 내용

『추범문원』은 원집 20권, 원집보유(原集補遺), 속집 16권, 별집 2권, 부록, 외집 4권, 후집 4권 등 모두 48권 등 모두 48권 14책으로 되어 있으며, 연활자본이다. 권도용이 자신의 저술을 손수 편정(編定)하였다. 이를 오은정사(吳隱精舍) 동귀계(同歸契)가 1956년 7월에 원집을 간행하였고, 원집의 미비점을 보완하여 1957년 3월에 속집·별집·부록을 간행하였다. 국립중앙도서관에 권1~4까지 소장되어 있고, 고려대학교 도서관, 단국대학교 도서관, 경상대학교 도서관, 성균관대 도서관 등에 영본(零本)이 소장되어 있다. 해당 문집은 경문(經門)·사림(史林)·기고(寄稿)·수첩(酬帖)·종술(綜述)·잡저(雜著)·시보(時報)·정력(程曆)·행품(行品)·세류(世類) 등 주제 및 성격에 따라 총 10부(部)로 나누고, 각 부 안에서 문체에 따라 운문(韻文)·총문(叢文)·여문(儷文)으로 나누어 작품들을 수록하였다.

권1은 경문(經文) 상(上)으로, 부(賦), 가(歌), 시(詩), 명(銘), 잠(箴) 등의 운문(韻文) 26제가 수록되어 있고, 권2는 경문(經文) 하(下)로, 서(序)·발(跋)·서(書)·논(論)·의(議) 등의 총문(叢文) 46편, 려문(儷文) 3편이 수록되어 있다. 경문은 경학(經學)에 관한 내용을 다룬 작품들로, 시에는 송준필(宋浚弼)에게 성리학의 주리설(主理說)을 주제로 지어 보낸「논심주리시송공산(論心主理示宋恭山)」5수가 있고,「동이이부(同而異賦)」·「주관부(周官賦)」등『주역(周易)』·『예기(禮記)』등의 경서에 대한 부(賦)도 수록되어 있다. 한편 총문류에는 박은식(朴殷植)·하재구(河在九)·유원중(柳遠重)·송순좌(宋舜佐)·이병헌(李炳憲)·하겸진(河謙鎭) 등의 인물과 경서에 대해 논의하거나 심학(心學)에 대하여 토론한 내용을 담은 서(書)가 있고,「논묵자복설(論墨子腹說)」·「유불상달일치변(儒佛上達一致辨)」등 제가(諸家)의 학설에 대한 논변류가 있다.

권3·권4는「사림(史林)」상·하인데 역사에 관한 내용을 다룬 작품들이다. 권3은 운문이고, 권4는 총문이며, 말미에 려문이 있다. 운문은 부·가·요(謠)·시·찬 등의 글 29제이고, 총문은 서(書)·서(序)·기(記)·논 등의 글 30편, 려문은 7편이다. 「동정부(東征賦)」를 비롯하여 역사서를 읽고 심회를 읊은 「독동사(讀東史)」·「독송사(讀宋史)」 등의 작품과 우리나라의 역사적 인물을 주제로 웅장한 어조로 읊은 「여중요순가(女中堯舜歌)」·「서내원(西內怨)」 등이 있다. 총문류로는 「대동사문고서(大東史文考序)」 등의 역사서에 쓴 서문과 「태사공론(太史公論)」·「신라삼성상계론(新羅三姓相繼論)」 등의 사론 산문들이 다수 수록되어 있다.

권5·권6은 「기고(寄稿)」 상·하이며, 권5는 시 26제이고, 권6은 서(書) 46편과 려문으로 첩(帖) 1편이 있다. 「기고」는 권도용이 먼저 보낸 시나 편지 등을 모아서 수록해 둔 것으로, 「정김창강이십육운(呈金滄江二十六韻)」 등의 작품이 있다. 권7·권8은 「수첩(酬帖)」 상·하로, 권7은 부·시 등의 운문 33제이고, 권8은 서(書) 37편과 려문 1편이다. 「수첩」은 권도용이 차운한 시와 답장한 편지들을 모아둔 것이다. 송하섭(宋夏燮)이 쓴 시에 화운한 「화송자행견기(和宋子行見寄)」· 「근차물천서당운(謹次勿川書堂韻)」 등 주변 인물 등과 주고받은 수창시를 수록해 놓았고, 서는 「답하숙형서(答夏叔亨書)」 등 모두 주변 인물들로 받은 편지에 대해 답변한 편지들을 모아서 수록했다.

권9·권10은 「종술(綜述)」 상·하이며, 권9는 시·부 등의 운문 16제이고, 권10은 서(序)·기(記)·발(跋) 등의 총문 52편과 려문으로 분류된 상량문(上樑文) 1편이 있다. 스승 곽종석의 문집을 읽고 감회를 읊은 「배독면우선생문집(拜讀俛宇先生文集)」, 도연명의 시에 화운한 「화도연명시운(和陶淵明時運)」 등이 있고, 1919년에 새로 지은 배산서당(培山書堂)」에 대한 「배산서당상량문(培山書堂上樑文)」이 있다. 권11·권12는 「잡저(雜著)」 상·하이며, 권11은 부·시·명 등의 운문 32제, 권12는 기(記)·서(序)·발(跋)·고유문(告由文)·설(說)·전(傳) 등의 총문 39편과 상량문 4편이다. 「연소부(燕巢賦)」 등 영물(詠物) 작품을 비롯하여, 「중복일회화(中伏日會話)」 등 일상생활의 풍경이나 감회를 담은 작품들이 다수 수록되어 있다.

권13·권14는 「시보(時報)」 상·하이며, 권13은 부·가·행(行)·시 등의 운문 31제가 수록되어 있고, 권14는 서(書)·설·논 등의 총문 33편과 려문으로 성토문(聲討文)과 첩(帖) 각 1편이 있다. 해당 작품들은 권도용이 정세에 대해 읊은 것으로, 광복의 기쁨을 노래한 「광복부(光復賦)」를 비롯하여 「혈죽가(血竹歌)」·「비행기(飛行機)」·「세계대전쟁(世界大戰爭)」·「문양력팔월십오일지보(聞陽歷八月十五日之報)」 등 근현대사의 사건 및 문물 체험에 대한 작품이 있다. 또한 곽종석의 만사는 정세와 연관이 있다고 보아 권13에 수록해두었다. 권14에 수록된 편지들은 「상면우선생논시사서(上俛宇先生論時事書)」 등 정세에 대해 의논한 작품들이며, 이외에도 「경남일보사시사기(慶南日報社視事記)」, 「동양평화설(東洋平和說)」, 「유교대동론(儒敎大同論)」 등의 작품이 있다. 권15·16은 「정력(程曆)」 상·하이며, 권15는 부·시·명 등의 운문 48제, 권16은 서(書)·서(序)·기(記)등의 총문 14편과 첩 1편이 있다. 「방장산부(方丈山賦)」·「유동도(遊東都)」·「지리산지서(智異山誌序)」·「유백운동기(遊白雲洞記)」 등 기행을 다녀오고 쓴 시문들이 다수 수록되어 있다.

권17·권18은 「행품(行品)」 상·하이며, 권17에는 만시(挽詩) 등 운문 49제이고, 권18은 제문(祭文)·수서(壽序)·뇌사(誄辭)·묘지명(墓誌銘)·묘갈명(墓碣銘)·행장(行狀) 등의 총문 36편과 려문 1편이다. 이는 권도용이 인물들의 행실에 대해 기록한 작품들을 모아둔 것인데, 그렇기 때문에 대체로 묘도문이 많다. 「만박성운(挽朴聲雲)」·「하교원뇌사(河敎員誄辭)」·「제정경순문(祭鄭敬舜文)」 등의 작품이 수록되어 있다. 권19·권20은 세류(世類) 상·하이며, 권19은 시·명 등의 운문 38제이고, 권20은 서(序)·서(書)·기(記)·발(跋) 등의 총문 43편과 상량문 등의 려문 3편이다. 대체로 선대(先代)의 사적에 대한 내용이나 가까운 친척의 묘도문을 수록해두었는데, 수록된 작품으로는 「수모육십일세생조(壽母六十一歲生朝)」·「선형춘파공행장(先兄春坡公行狀)」 등이 있다.

원집보유는 원집의 체제를 그대로 따라 빠진 작품들을 보충해 넣었고, 속집 상 10권과 하 6권은 원집의 체제를 따르되 애제류와 묘도문은 운이 있더라도 총문에 포함하였다. 별집 2권은 악부(樂府)와 유기(遊記) 등의 작품이 수록되어 있고, 외집 4권은 한만(閑漫)한 작품 가운데 제외하기 아까운 작품들을 모아서 수록하였다. 주요 작품으로는 「동양문화서류기(東洋文化西流記)」(원집보유)·「독한국통사제삼절(讀韓國通史題三絕)」(속집 권7)·「조선독립경포서(朝鮮獨立警布書)」(별집 하) 등이 있다.

5. 주요 작품 및 문집의 특징

『추범문원』은 저자가 직접 편찬하였다는 점과 문집의 편차 방식이 특징적이다. 분문찬류(分門纂類) 형식은 이전 시기의 문집에서도 간혹 확인할 수 있는 편차 방식이기는 하지만, 근대에 간행된 문집 가운데에는 분문찬류 형식의 문집이 많지 않고 또한 주제별 분류 방식 및 세부 문체 분류 방식이 전근대의 분문찬류서와 차이가 있어 주목할 만하다.

한편, 권도용은 유림 독립운동에 활발히 참여하고 경남일보 주필을 역임하는 등의 활발한 사회활동을 기반으로 당시 정세에 대한 심회나 견해를 밝힌 글을 다수 창작하였다. 「혈죽가(血竹歌)」(원집 권4)는 을사조약 체결에 반발하여 순절(殉節)한 민영환의 방에 핀 대나무에 대한 이야기를 듣고 그의 충절을 읊었고, 「안해주가(安海州歌)」(원집 권4)는 안중근의 의거를 장엄한 어조로 노래한 작품이다.

1919년 3·1운동 당시에는 「조선독립선언서(朝鮮獨立宣言書)」(속집 권8)를 작성하여 지방

유림들의 독립운동 참여를 독려하고, 당시 천도교와 기독교가 독립운동을 주도하던 상황에서 유림의 입장을 밝혔다. 권도용은 이 글에서 남녀노소 할 것 없이 독립을 외치는 상황에서 유림들이 소극적으로 침묵하고 있는 것을 지적하며, 성현의 글을 읽고서 그 도리를 현실에서 시행하지 않아서는 안된다고 하였다. 또한 「조선독립책선문(朝鮮獨立責善文)」(속집 권8)에서는 국내외의 동포들이 몸을 바쳐 조선의 독립과 국권회복을 추구하고 있는 상황에서 자신은 참여하지 않고 편승하거나 오히려 일제에 기대어 생명과 재산을 보호하려는 사람들을 비판하며, 국가가 없다면 재산 또한 없는 것이라고 지적하였다.

이후 권도용은 유학의 종교화 방안을 모색하여, '공교(孔教)'를 주장하였다. 1917년 함양의 교궁(校宮)을 수리하며 쓴 축사인 「공교축사」(속집 권7)는 제목에서부터 유교의 종교적 각성과 개혁을 추구한 권도용의 의식을 확인할 수 있다. 「공교범위만세론(孔教範圍萬世論)」(원집 권1)에서는 타 종교는 미신에서 비롯되어 허무한 것으로 귀결되지만, 공교는 그렇지 않다고 주장하며, 평화로운 미래에는 공교의 진리가 밝게 드러날 수 있을 것이라고 확신하였다. 이러한 작품들은 일제강점기 시기 유림의 위치와 사상의 일면을 고찰할 수 있다는 점에서 의의가 있다.

6. 참고문헌

진재교, 「秋帆 權道溶의 민족운동과 현실 대응의 양상」, 『한문교육연구』 32, 한국한문교육학회, 2009.

윤호진, 「秋帆 權道溶의 憂國 漢詩에 나타난 작가의식의 지향」, 『동방한문학』 81, 동방한문학회, 2019.

강혜종, 「秋帆 權道溶의 학문적 특징과 경세론」, 『대동한문학』 62, 대동한문학회, 2020.

秋帆集 乾

秋帆文苑原集目錄

卷一

經門上

韻文

謹賡周詩皇矣篇　周官賦
同而異賦　持志無暴氣賦
大樂歌　舟中勸讀大學歌
召陵師　六經押韻
益州九經校　標題禮疑問答類編
大成經圖詩八首　袖珍近思錄

秋帆文苑原集卷一

永嘉權道溶浩仲 著　慶州金明錫伯彦 鈔

經門上

凡經義問答及性理之說不拘韻文叢文而總錄之至於瑣瑣學說以其演聖經之旨故亦係爲一類

韻文二十四

謹賡周詩皇矣篇 並序○丁酉

余間嘗讀毛詩於三百篇中國之興亾世之治亂王侯將相言政之得失后妃臣妾識見之高下莫不瞭然

蓋伏遇皇帝陛下以睿聖之稟兼煥郁之文重道崇儒軒圖廣耀制禮作樂堯鏡增輝甚得黎元之和爰有臣隣之頌雖然生憂死樂聖人之至言居安念危時君之大戒方當春秋鼎盛誠宜學問益勤一念不存萬事必廢伏望毋惰聖體特留睿情豈自爲私宗社之福非臣言耄聖賢之謨臣無任激切屛營之至

韓朝五百年大事表 壬子

太祖

人厭麗德天開韓運辛氏承統之事祿已去矣木子爲王之讖兆亦異哉建衛鐵嶺知天子於雷霆之下回軍鴨江

〈영남-03〉 **삼외재집** 三畏齋集

1. 형태서지

표제/권수제	삼외재집(三畏齋集)
편저자	권명희(權命熙) 著
판사항	목활자본
발행사항	[刊寫地未詳] : [刊寫者未詳], [刊寫年未詳]
형태사항	총 21권 10책 : 목록 1책, 본집 21권 9책 四周雙邊 半郭 21.7×16.6㎝, 界線, 10行20字 註雙行, 內向二葉花紋魚尾 ; 31.0×20.5㎝
소장처	국립중앙도서관, 고려대, 성균관대 존경각, 연세대

2. 정의

『삼외재집』은 구한말부터 일제강점기까지 생존한 경남지방 유학자 권명희(權命熙, 1865-1923)의 시와 산문을 수록한 시문집이다.

3. 저자사항

권명희의 자는 공립(公立)이고, 호는 삼외재(三畏齋)·율산(栗山)이며, 본관은 안동이다. 아버지는 권병직(權秉直)이고 어머니는 하동정씨(河東鄭氏) 정동신(鄭東藎)의 따님이다. 함양군 갈천리에서 태어났다. 어려서부터 인물이 출중하였으며, 15세에 이미 경사(經史)와 『주자대전(朱子大全)』 등을 섭렵하였다. 18세에 송병선(宋秉璿)을 찾아가 그의 문하에서 성리학에 대해 깊이 공부하였다. 1905년(광무9) 을사늑약이 체결되고 송병선과 함께 고종을 만나려고 상경하였으나 일본 헌병의 방해로 뜻을 이루지 못하고 고향으로 압송되었다. 나라의 주권을 일본에 빼앗긴 데 통분하여 스승 송병선이 자결하자, 진영(眞影)을 봉안하고 극진히 모시는 등 사제의 도리를 극진하게 실천하였다.

1910년(융희4) 경술국치 이후 고향에 은거하면서 후진양성에 힘쓰는 한편, 극단적인 주관에 입각한 논지를 배격하고 절충적 입장에서 성리학의 연구에 전력하였으며, 망국의 회한을 읊은 시를 많이 지었다. 저서로는 『삼외재집』 21권 10책이 있다.

4. 구성 및 내용

『삼외재집』은 21권 10책이며, 목활자본(木活字本)이다. 권1~2는 시(詩), 권3~10은 서

(書), 권11~15는 잡저(雜著)가 수록되어 있으며, 권16은 서(序)와 기(記), 권17은 발(跋), 권18은 명(銘)·상량문(上樑文)·축문(祝文)·제문(祭文), 권19는 묘갈명(墓碣銘)·묘표(墓表)·유사(遺事)·행장(行狀)이 수록되어 있다. 권20~21은 부록으로, 행장이 상·하로 나뉘어 있다. 1925년 권명희의 종질(從姪)인 권재춘(權載春) 등이 편집·간행한 것으로 추정되며, 국립중앙도서관, 고려대학교 도서관, 연세대학교 학술정보원, 성균관대학교 존경각 등에 소장되어 있다.

권1~2는 시 400여 제가 수록되어 있다. 가장 앞부분에는 스승인 송병선의 시에 차운한 「경차연재선생산거술회운(敬次淵齋先生山居述懷韻)」과 송병순(宋秉珣)의 시에 차운한 「경차심석재선생을미동운(敬次心石齋先生乙未冬韻)」이 수록되어 있는데, 특히 송병순의 시에 차운한 시는 일제의 침략이 가시화되는 상황에서 저자가 느낀 혼란스러움이 드러나 있다. 이외에 「서상재잡영(西上齋雜咏)」·「창계정사잡영(滄溪精舍雜咏)」·「차권석오가산잡영운(次權石梧可山雜詠韻)」 등의 연작시가 수록되어 있으며, 「한양유감(漢陽有感)」·「비완(悲惋)」·「독탄(獨歎)」 등의 작품은 망국의 회한과 슬픔을 묘사하고 있다.

권3~10은 서(書) 229편이 수록되어 있다. 송근수(宋近洙)에게 보낸 「상입재송상공(上立齋宋相公)」 2편이 가장 처음에 실려 있으며, 저자의 스승인 송병선에게 보낸 여러 편의 서간과 품목(稟目)을 비롯하여 송병순, 전우(田愚)에게 보낸 편지도 수록되어 있다. 주로 저자가 깊이 관심을 기울인 성리학의 이기론(理氣論)에 대해 질문하거나 자신의 주장을 피력한 것이다. 「여정평언(與鄭平彦)」에는 당시 을사조약의 체결에 반대해 의병을 규합해 항전하다가 붙잡혀 순절한 배일파의 거두인 최익현(崔益鉉)의 죽음을 몹시 애통해하는 내용이 실려 있다.

권11~15는 잡저 44편이 수록되어 있다. 『맹자(孟子)』「양혜왕(梁惠王)」을 인용하며 이(利)와 인의(仁義)를 바탕으로 당시 서양 열강들이 침범하는 세태와 기독교를 비판한 「서상만록(西上謾錄)」이 있으며, 성리학의 여러 가지 요목에 대한 논의인 「이기변(理氣辨)」·「사칠설(四七說)」·「이통기국설(理通氣局說)」 등의 작품들이 수록되어 있다. 「중용기의(中庸記疑)」·「동몽의략(童蒙儀略)」 등은 하나의 독립된 저서로 분리시켜도 손색이 없을 만한 내용과 체재를 갖춘 글이다. 이외에 「삼종제자집자설(三從弟子緝字說)」 등 주변 인물들에게 지어준 자설(字說) 및 「유화양기(遊華陽記)」 등의 유기(遊記)가 수록되어 있다.

권16은 서(序) 9편과 기(記) 39편이 수록되어 있다. 서(序)는 저자의 학문관을 엿볼 수 있는 「춘추사의서(春秋私議序)」·「주서절략서(朱書節略序)」 등을 비롯하여, 「수성계서(須成契序)」 등의 계서(契序)와 「송정평언서(送鄭平彦序)」 등의 송서(送序)가 수록되어 있다. 기(記)는 「연정기(蓮汀記)」·「만만재기(萬萬齋記)」·「중산정사기(中山精舍記)」 등 건축물에 대한 기문이 많고, 이 외에 소나무를 애호하여 쓴 「분송기(盆松記)」 등이 있다.

권17에는 발(跋) 13편이 실려 있다. 고려 의종(毅宗)의 어묵첩(御黙帖)에 쓴 「근서의종황제어묵첩후(謹書毅宗皇帝御墨帖後)」를 비롯하여, 「화산세고발(花山世稿跋)」 등의 작품이 수록되어 있다. 아울러 『주공서(周公書)』를 읽고 감회가 있어 쓴 「서주공서후(書周公書後)」 등의 작품과 자신이 쓴 「동몽의략(童蒙儀略)」에 대한 발문인 「동몽의략발(童蒙儀略跋)」도 수록이 되어 있다.

권18은 명(銘) 2편, 상량문(上樑文) 4편, 축문(祝文) 4편 제문(祭文) 18편으로 구성되었다. 명은 「자경명(自警銘)」과 「활암명(活菴銘)」 두 편이 수록되어 있으며, 상량문은 스승 송병선의 정사(精舍)에 쓴 「창계정사이건상량문(滄溪精舍移建上梁文)」 등이 있다. 축문은 「장판각개기축문(藏板閣開基祝文)」 등 3편이 개기축문(開基祝文)이고, 영남지방에서 행해지던 산신제인 동산제(洞山祭)의 축문이 1편 수록되어 있다. 제문은 스승인 송병순·송병선 형제에 대한 제문이 가장 앞에 수록되어 있으며, 「제연재송선생문(祭淵齋宋先生文)」은 4편, 「제심석재송선생문(祭心石齋宋先生文)」은 2편으로 분량 또한 많다.

권19에는 묘갈명(墓碣銘)·묘표(墓表) 각 4편, 유사(遺事) 2편, 행장(行狀) 9편이 수록되었다. 묘갈명과 묘표는 「학생전공묘갈명(學生田公墓碣銘)」·「선조호군부군묘표(先祖護軍府君墓表)」 등 주변 인물들에게 써준 것이다. 유사 2편은 「심석재송선생유사(心石齋宋先生遺事)」와 「교리정공유사(校理鄭公遺事)」인데, 이 중 「심석재송선생유사」는 스승인 송병순의 행적을 자세히 기록한 작품이다. 권20~21은 부록으로, 저자의 행장이 상·하로 나뉘어 있다.

5. 주요 작품 및 문집의 특징

본 문집은 경술국치 이후에 은거하며 학문에 몰두하며, 망국의 회한을 시로 읊었다는 권희명의 행적에 걸맞게 수록된 서(書)에서는 작가의 학문적 지향을 확인할 수 있으며, 시(詩)에서 망국의 슬픔을 직접적으로 묘사한 작품은 물론이고, 자연경관을 읊은 시 또한 국운이 쇠퇴한 시대적 상황을 비유하는 작품들이 다수 존재한다.

대표적인 작품으로는 「비완(悲惋)」·「감음(感吟)」·「한양유감(漢陽有感)」 등의 작품이 있다. 「비완」은 중국도 이미 서양 세력의 침입에 의해 무력해진 상황 당도하여 동방의 상황에 대해 통탄스러움을 읊은 시이며, 「감음」 또한 혼란스러운 세태 속에서 인륜과 강상이 어그러진 것에 대하여 한탄하였다. 「한양유감」은 저자가 한양을 방문했을 당시에 본 삼각산과 한강, 그리고 궁궐의 경치는 그대로 볼 수 있으나 예악(禮樂) 문장(文章)이 사라져버린 현실에 대해 안타까워한 작품이다. 이외에 「자면(自勉)」과 같은 스스로를 권면하는 시에서도 어지러운 세상 속에서 자신 또한 혼란스러워 이에 문을 닫고 학문에 몰두하겠다는 다짐을 드러내는 등

구한말 국권이 침탈당할 당시를 살아간 도학자의 혼란스러움이 작품 곳곳에 드러나 있다.

「을사일기(乙巳日記)」는 1905년(광무9) 을사조약의 체결을 전후해 송병선이 순절할 때까지 겪은 일과 의병 활동 등이 기록되어 있는 작품이다. 앞부분에는 을사조약이 체결된 경위와 조약을 체결한 이토 히로부미(伊藤博文) 및 을사조약에 협조한 인물들의 이름을 밝혀두었다. 이후 일기체 형식으로 조약 체결 소식을 듣고 곧장 떠난 스승 송병선을 뒤따라가는 여정 중에 만난 인물들과의 대화는 물론 송병선을 만나 한양으로 가면서 주고받은 대화도 자세히 기록되어 있다. 이뿐만 아니라 송병선이 서울에 가서 고종을 다시 면대하기를 기다리는 동안의 내용과 윤철규(尹喆圭)가 송병선을 유인하여 대전으로 압송한 내용 등도 담겨 있으며, 송병선이 음독을 한 이후로 곁에서 모신 상황과 스승을 만류하지 못했다는 죄책감 등도 일기에서 확인할 수 있다. 이러한 작품들은 일제가 국권을 침탈하는 과정에서 유학자들이 행한 국권회복운동의 자세한 행적을 확인할 수 있다는 점에서 사료적 가치 또한 높다.

6. 참고문헌

이민식, 『삼외재문집』, 『한국민족문화대백과사전』, 1995.

공광성, 『삼외재집』, 『향토문화전자대전』.

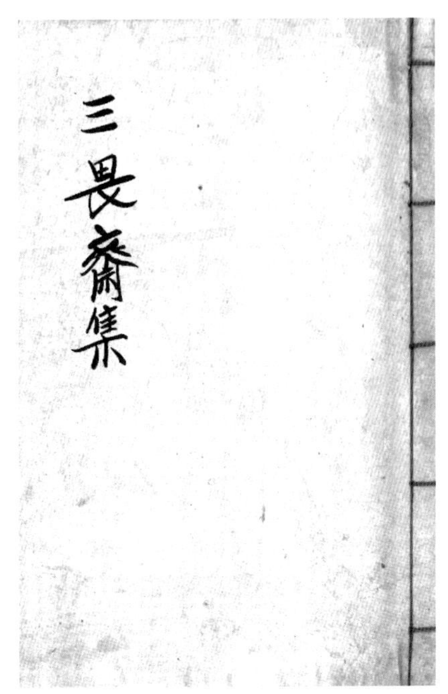
三畏齋集

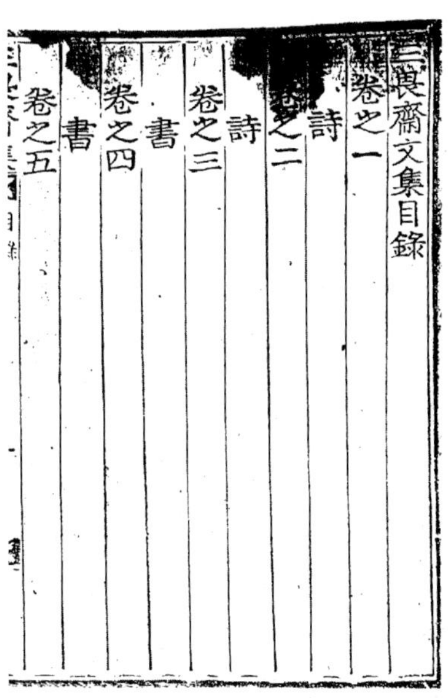
三畏齋文集目錄

卷之一
詩
卷之二
詩
卷之三
書
卷之四
書
卷之五

三畏齋文集卷之一

詩

敬次淵齋先生山居述懷韻

長途盤在前日落西岑暮眼迷千樹中莫辨岐與路
拄杖無所進留間纏百憂何人將膩燭此際吾與儔
朝日俄更瞰蒼然西山遙八字同照徹歌吟起漁樵
可信千秋返魑魅不足驚青螢且見納盛德實難名

敬次心石齋先生乙未冬韻

頭髮當年孰重輕欲知人獸直宜明莫就一身分內
外此心差錯易因名

三畏齋集 卷一

三畏齋文集卷之二

詩

毅宗皇帝殉正日瞻拜 萬東廟有感

一片華陽地感懷千古潑況今當此日洌水解人心

夢見先師

夢余滿抱書冊貯於書堂及高欲頹先生曰新冊甚滑易頹別貯一行有一喪人與余共事隨余以行先生爲其喪引而慰問拜跪路傍余陪先生往于一處東南砲聲大作先生戒勿輕往余與秀卿先生從子有所唱酬先生請

※ 경상대 문천각 소장

〈영남-04〉 **인암집** 忍菴集

1. 형태서지

표제/권수제	인암집(忍菴集)
편저자	권상규(權相圭) 著
판사항	석판본
발행사항	[刊寫地未詳] : [刊寫者未詳], 1967
형태사항	총 24권 12책 四周雙邊 半郭 21.8×16.1㎝, 界線, 11行24字 註雙行, 內向二葉花紋魚尾 ; 29.8×20.0㎝
소장처	국립중앙도서관, 계명대, 국민대, 성균관대존경각, 안동대, 영남대, 원광대, 한국국학진흥원

2. 정의

구한말부터 해방 이후까지 생존한 의병이자 학자인 권상규(權相圭, 1874-1961)의 시(詩)·서(書)·전(傳)·잡저(雜著) 등을 수록한 문집이다.

3. 저자사항

권상규의 자는 치삼(致三)이고, 호는 채산(蔡山)·인암(忍庵)이며, 본관은 안동(安東)이다. 충재(沖齋) 권벌(權橃)의 후손이며, 부친은 의병장 권세연(權世淵)이며, 모친은 이문직(李文稷)의 따님이다. 1874년(고종11) 8월 25일에 경상북도 봉화군 봉화읍 유곡리에서 태어났다. 10세가 될 무렵 『소미통감』을 배우기 시작해서 13세에 서서를 통독하였다. 14세에는 왼쪽 다리가 심하게 굽을 정도로 병을 심하게 앓았다. 15세에는 박심수(朴尋洙)의 따님에게 장가들었다. 1895년(고종32) 을미사변이 일어나고 단발령이 내려지자 거의(擧義)를 준비하였으나 발각되어 실패로 돌아갔고, 1896년(고종33)에 부친 권세연이 일으킨 의병운동에 참여하여 활동하였다. 경술국치 이후로는 문을 걸어 잠그고 자신의 학문과 집안의 자손들을 가르치는 것에 매진하였는데, 이때 동서양의 역사서를 탐독하여 열국의 형세 및 정치체제 등에 대해 파악하였고 한국의 신사(新史)를 자식과 조카들에게 가르쳤다. 1961년 7월 23일, 향년 88세의 나이로 별세하였으며, 장지(葬地)는 경북 봉화군 물야면(物野面) 동막(東幕)에 있다. 문집으로 『인암집(忍庵集)』 24권 12책이 있다.

권상규는 나라를 잃은 상황 속에서 역사서에 깊은 관심을 보였는데, 이를 바탕으로 정세를 파악하고자 했던 것을 보이며, 석주(石洲) 이상룡(李相龍)과 국내외의 정세에 대해 깊이 논의하였다. 또 근세의 학자들이 중국사만 공부할 줄 알고 조선의 역사를 등한시하는 것을 늘 안타까워했다. 면우(俛宇) 곽종석(郭鍾錫), 문좌(文佐) 김창숙(金昌淑), 가산(柯山) 김형모(金瀅模) 등과 교류하였다.

4. 구성 및 내용

『인암집』은 24권 12책이며, 석판본이다. 문체별로 수록이 되어 있으며, 권1·권2은 시(詩), 권3은 시와 서(書), 권4·권5는 서(書), 권6은 서(書)와 제문(祭文), 권7~9는 기(記)가 수록되어 있다. 권10·권11은 서(序), 권12는 서(序)와 발(跋), 권13~18은 묘갈명(墓碣銘), 권19·권20은 행장(行狀), 권21은 묘지명(墓誌銘)과 비명(碑銘), 권22는 비명과 비음기(碑陰記), 취지(箞誌), 뇌문(誄文), 유사(遺事), 권23은 상량문(上樑文), 찬(贊), 명(銘), 고유문(告由文), 축문(祝文), 봉안문(奉安文), 전(傳), 권24는 잡저(雜著)가 수록되어 있고, 부록으로 권상규의 유사(遺事)가 수록되어 있다. 1967년경에 간행되었으며, 국립중앙도서관, 고려대학교 도서관, 영남대학교 도서관, 원광대학교 도서관, 성균관대학교 존경각 등에 소장되어 있다.

권1~3에는 시(詩) 624제가 1910년 전후에 창작된 시부터 창작시기에 따라 수록되어 있다. 망국(亡國) 이후 은거하며 쓴 작품들이 다수를 차지하고 있어, 전반적으로 쓸쓸한 정감의 시가 많다. 권상규가 35세 무렵 쓴 악부시 「장가행(長歌行)」에는 국운이 쇠퇴하던 시기의 한탄이 담겨 있고, 「상원조대주유감(上元朝對酒有感)」에서는 40년의 삶에서 이룬 것이 없음을 한스러워 하였다. 한편 권상규는 중년 무렵 주변 인물들과 산수를 유람하며 많은 시를 남겼다. 1932년 속리산을 유람하며 지은 「세임신소춘동박시보작속리유도중기행(歲壬申小春同朴時甫作俗離遊道中紀行)」 24수 등의 연작시가 있으며, 경주 지역을 다녀오고서 망국의 회한을 읊은 「동도유감(東都有感)」·「동경회고(東京懷古)」 등의 시도 주목할 만하다. 시 후반부에는 김형모 등에 대해 지은 만시(挽詩)가 다수 실려있다.

권3~6에는 서(書) 242편이 수록되어 있다. 서(書)에는 경의(經義)와 예설(禮說) 및 성리학에 관해 질문하거나 자신의 의견을 개진한 작품들이 많다. 가장 처음 수록된 작품은 1912년에 곽종석에게 보낸 「상면우곽선생(上俛宇郭先生)」으로 국운이 기우는 상황에서의 거취를 물은 작품이다. 또 김형모에게 보낸 「상가산김공(上柯山金公)」 5편이 있으며, 송준필(宋浚弼)에게 준 「여송순좌(與宋舜佐)」 2편과 「답송순좌(答宋舜佐)」 2편이 수록되어 있는데, 여기에서는 송준필이 질의한 『맹자(孟子)』의 야기설(夜氣說)에 대한 자신의 견해를 밝혔다. 권6에는 친척 및 동생, 손자에게 쓴 편지가 수록되어 있으며, 후반부에는 제문(祭文) 29편이 수록되어 있는데, 곽종석, 이상룡, 김형모 등의 인물에 쓴 제문 등이 있다.

권7~9는 기(記) 164편이 수록되어 있다. 기는 대부분 건축물에 대해 쓴 작품들이며, 「양진암중수기(養眞庵重修記)」 등의 중수기(重修記)와 「구사재이건기(九思齋移建記)」 등의 이건기(移建記)를 다수 창작하였다. 권10~12에는 서(序) 131편과 발(跋) 27편이 수록되어 있는데, 서와 발은 문집·실기(實紀) 등에 대한 작품들이다. 서로는 하위지(河緯地)의 연보에 쓴 「단계하선생연보서(丹溪河先生年譜序)」, 이천상(李天相)의 「성리지남(性理指南)」에 쓴 「성리지남서」, 김장환(金章煥)의 「사례초요(四禮抄要)」에 쓴 「사례초요서」 등이 있다. 발으로는 이종준(李宗準)·이홍준(李弘準) 형제의 문집에 대한 발인 「용재눌재이선생문집중간발(慵齋訥齋二先生文集重刊跋)」과 조선 학부 편집국에서 간행한 영국 역사가 로버트 멕켄지(Robert MacKenzie)의 서양사 역사서의 번역본인 「태서신사(泰西新史)」를 읽고 쓴 「서태서신사후서(書泰西新史後)」도 실려있다.

권13~18에는 묘갈명(墓碣銘) 294편이 수록되어 있다. 묘갈명을 쓴 인물로는 삼포왜란에서 의병으로 활약한 이인석(李仁碩), 갈천(葛川) 김희주(金熙周) 등의 인물을 비롯하여, 니주바시 투탄 의거를 거행한 독립운동가 김지섭(金祉燮)에 대한 묘갈명도 존재한다. 권19·20은 행장(行狀) 41편이 수록되어 있다. 행장은 긍재(兢齋) 권상룡(權相龍), 우졸재(迂拙齋) 정몽양(鄭夢陽) 등에 대한 작품이 있다.

권21·22에는 묘지명(墓誌銘) 25편, 비명(碑銘) 29편, 비음기(碑陰記) 5편, 취지(竁誌) 5편, 뇌문(誄文) 26편, 유사(遺事) 2편이 수록되어 있다. 갈암(葛庵) 이현일(李玄逸)의 유허비명(遺墟碑銘)인 「갈암선생금양유허비명(葛庵先生錦陽遺墟碑銘)」, 고려 개국공신 중 하나인 전이갑(全以甲)의 순절비명(殉節碑銘)인 「삼충신전공순절비명(三忠臣全公殉節碑銘)」 등이 있고, 유사 2편은 부친과 모친의 유사이다. 권23은 상량문(上樑文) 21편, 찬(贊) 5편, 명(銘) 4편, 고유문(告由文) 14편, 축문(祝文) 3편, 봉안문(奉安文) 7편, 전(傳) 9편이 수록되어 있다. 이성택(李聖宅)의 효행을 듣고 쓴 「효행찬(孝行贊)」 등의 작품이 있고, 「인암명(忍庵銘)」에서는 부모를 잃고 나라를 잃는 상황에서 '참는다[忍]'는 것에 대해 말하였다. 전은 「열부함양박씨전(烈婦咸陽朴氏傳)」 등의 열녀전 4편과 「박효자전(朴孝子傳)」 등의 효자전 3편 등이 있고, 이 가운데 「안중근전(安重根傳)」은 안중근 열사의 일대기를 쓴 작품으로, 주목할 만하다.

권24에는 잡저(雜著) 15편이 수록되어 있다. 잡저에는 「우인설(偶人說)」 등의 설과 속리산을 기행한 뒤 쓴 「서유일록(西遊日錄)」 등의 작품을 비롯하여, 권상규가 현대 정치체제에 대한 자신의 견해를 밝힌 작품도 다수 수록되어 있다. 「민주국론(民主國論)」은 민주주의에 대한 권상규의 지식과 견해를 밝히고 있으며, 「공산(共產)」은 균전제(均田制) 등의 개념을 먼저 소개하고 서양에서 제시한 공산주의 이론의 대략적인 내용을 밝히고 공산주의의 우려되는 폐해 등 이에 대한 권상규의 견해를 덧붙였다.

5. 주요 작품 및 문집의 특징

권상규의 문집에 수록된 작품들은 사육신(死六臣) 하위지의 연보에 대한 서에서부터 현대의 대통령 민선에 대한 내용까지 다양한 시기를 다루고 있다. 특히 구한말 나라가 국권을 잃어가는 과정 속에서 인생의 지향점과 가치관에 혼란을 겪었던 학자가 은거하며 성리학 등의 전통학문에만 매진한 것이 아니라 서양사나 현대의 정치체제 등에 대해 궁구하고 이에 대한 견해를 밝힌 작품을 다수 창작했다는 사실에 주목할 만한데, 이를 통해 현대 정치체제를 구한말 지식인이 받아들이는 과정을 살필 수 있다.

「민주국론」과 「대통령민선(大統領民選)」에서는 민주주의 제도와 대통령 민선제 등의 현대 정치제도에 대해 소개하고 자신의 견해를 밝혔다. 새로운 제도에 대한 거부감 없이 해당 체제에 대해 소개하는 반면에 민선제도 등의 폐단에 대해서도 지적하였다. 한편 「계급타파(階級打破)」라는 작품에서는 국민들이 계급을 타파를 지지하는 것에 대해, 계급이라는 것은 자연의 이치라서 없을 수는 없는 것이지만 우리나라의 계급이 잘못되었기 때문에 국민들이 모두 계급타파를 지지하는 것이라고 지적하며, 계급은 그대로 두되 문벌(文閥)을 타파하자고 주장하였다.

현대 경제체제에 대한 작품 또한 존재한다. 「경제사의(經濟私議)」는 경제와 교육제도 전반에 대한 권상규의 견해를 개진한 작품이다. 공업을 국책사업으로 삼아 육성하고, 상업을 적정하게 배치하여 물가를 안정시키며, 교육제도를 개선하여 어린이들을 위한 이숙(里塾)을 설치하는 한편, 재능은 뛰어나지만 집이 가난해서 학업을 수행할 수 없는 사람은 국가에서 비용을 부담하여야 한다고 하였다.

「구폐만록(救弊謾錄)」은 '폐민선(廢民選)', '합당파(合黨派)', '생관리(省官吏)', '감학교(減學校)', '금회뢰(禁賄賂)', '억사치(抑奢侈)' 등 여섯 개의 조목으로 나누어 현대의 정치 및 교육에 대한 권상규의 주장을 펼친 것이다. '폐민선'은 부정선거 등 선거제도의 폐해를 지적하였고, '합당파'에서는 국정이나 민생보다는 각 당의 이익만을 추구하며 원수처럼 싸우는 정치인들을 비판하며 당파를 없앨 것을 주장하였다. '생관리'에서는 이전과 비교하여 관리가 너무 많은데, 관리의 녹이 결국은 백성에게서 나오는 것이기 때문에 불필요한 관직은 줄이자고 하였으며, '감학교'에서는 초등학교 등 기초 교육기관은 필요하지만 대학교 등의 고등교육 기관은 너무 많을 필요가 없다고 주장하였다. '금회뢰'는 뇌물의 폐단을 지적하였고, '억

사치'는 국가가 부강해지기 위해서는 절약을 해야 하는데 개개인이 옷이나 일상생활에 사용하는 기물을 너무 사치스럽게 하는 세태를 비판하였다.

6. 참고문헌

권상규(權相圭), 『인암집(忍菴集)』

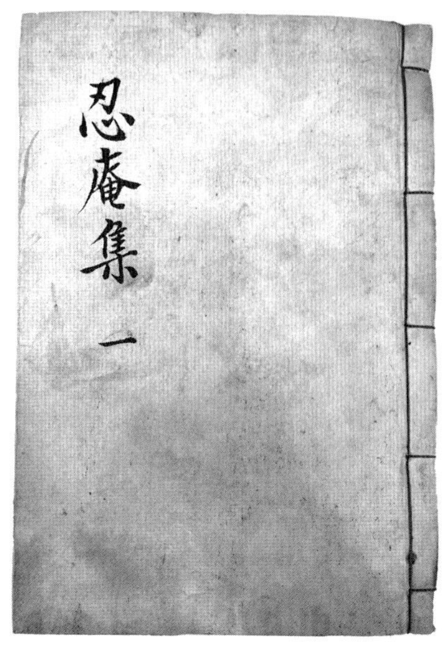

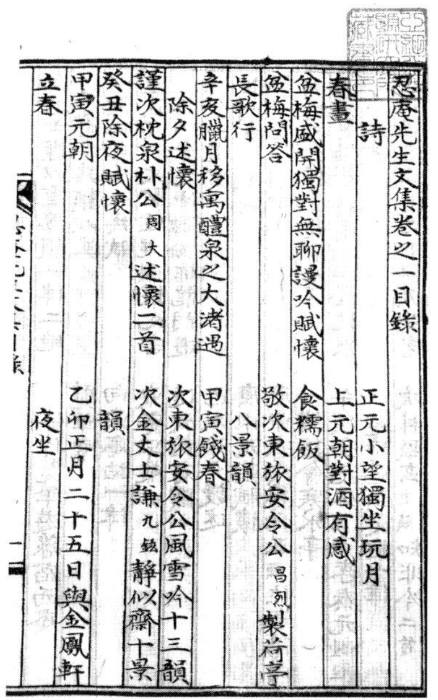

忍庵先生文集卷之一目錄

詩

春晝　正元小望獨坐玩月
盆梅感開獨對無聊謾吟賦懷　上元朝對酒有感
盆梅問答　食糯飯
長歌行　敬次東旅安令公昌烈製荷亭
辛亥臘月移寓醴泉之大渚過　八景韻
除夕述懷　甲寅餞春
謹次枕泉朴公周大述懷二首　次東旅安令公風雪吟十三韻
癸丑除夜賦懷　次金丈士謙九鉉靜似齋十景
甲寅元朝　韻
立春　乙卯正月二十五日與金鳳軒
夜坐

忍庵先生文集卷之一

詩

春晝
春晝正昏昏無人問苦樂有時風動簾滿地桃花落
盆梅感開獨對無聊謾吟賦懷
苦無適俗韻時向梅花笑滿地風霜凜春心誰得保
盆梅問答
栽汝盆中意爲看臘月花冬令行且盡何事尚無華
貞心自不變期欲順天時留俟陽春日開花將滿枝
長歌行
出門無適獨長歌蓬華蕭然風雨斜三十五年多感慨此生

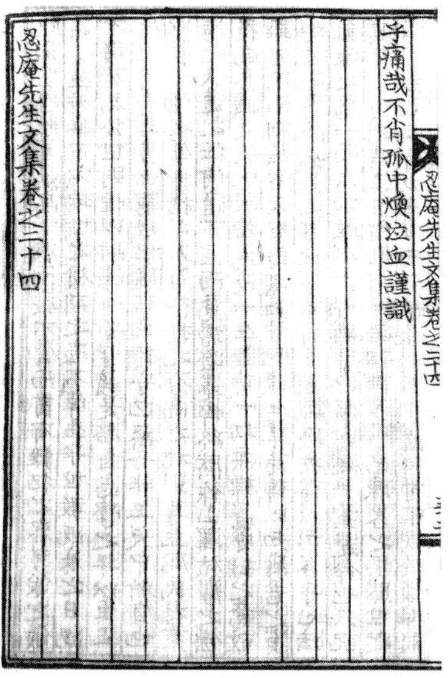

子痛哉不肖孤中煥泣血謹識

忍庵先生文集卷之二十四

※ 고려대 소장

〈영남-05〉 성재집 省齋集

1. 형태서지

표제/권수제	성재집(省齋集)
편저자	권상익(權相翊) 著
판사항	신연활자본
발행사항	본집 : [刊寫地未詳] : 德谷精舍, 1938 속집 : [刊寫地未詳] : [刊寫者未詳], 1959
형태사항	총 28권 15책 : 본집 16권 8책, 속집 12권 6책, 『덕곡답문록』 1책 四周雙邊 半郭 18.5×13.5㎝, 界線, 11行24字 註雙行, 內向黑魚尾 ; 28.8×17.7㎝
소장처	국립중앙도서관, 고려대, 동아대, 성균관대, 성암고서박물관, 안동대, 한국국학진흥원

2. 정의

『성재집』은 조선 후기부터 일제강점기까지 활동한 독립운동가이자 유학자인 권상익(權相翊, 1863-1935)의 시와 산문으로 구성된 문집이다.

3. 저자사항

권상익의 자는 찬수(贊粹)이고, 호는 성재(省齋)이며, 본관은 안동(安東)이다. 부친은 권기연(權祺淵)이고, 어머니는 함안 조씨(咸安趙氏) 조성옥(趙性玉)의 따님이다. 경상북도 봉화군에서 출생하였다. 어려서부터 예의가 바르고 총기가 있어 주변 어른들의 칭찬을 받았고, 조부와 부친이 경서를 강독할 때에 곁에서 함께 공부하였다. 1882년(고종19)에 서산(西山) 김흥락(金興洛)의 문하에 나아가 경전의 심오한 뜻과 예법에 대해 가르침을 받았다. 1892년(고종29)에 부친이 병상에 눕자 극진히 간호하였으나, 이듬해 부친상을 당하였는데 이때 피를 토할 정도로 애통해하였다.

1895년(고종32) 을미사변이 일어나고 일제가 단발령을 내리자 권상익은 의병을 일으키려는 모의를 하기도 하였고, 1905년(광무9) 을사조약이 체결되었을 당시에 만국공관(萬國公館)에 보낼 호소문을 작성하였으나 뜻을 이루지 못하였다. 1910년 국권이 침탈당하자 권상익은 상심하여 유림 회의에도 나가지 않고 칩거하며 학문에 매진하였다. 1918년 고종이 승하하자 상복을 입고 가서 곡을 하고 돌아왔고, 1919년 김창숙(金昌淑)·곽종석(郭鍾錫) 등이 주도한 파리강화회의에 독립을 청원하는 장서에 서명하였다가 투옥되었다. 이 당시 대구 형무소에서 고초를 겪으면서도 자세가 흐트러지지 않아 간수들조차 탄복할 정도였다. 이후로도 독립운동에 참여하였는데, 1925년 김창숙이 중국으로부터 비밀리에 입국하여 내몽고(內

蒙古) 지방에 독립군기지를 건설할 자금을 모금할 때, 이에 찬동하여 자진해서 군자금을 제공하였으며, 이를 적극 지원하다가 일본경찰에 붙잡혔다. 1929년 3월에 대구지방법원에서 징역 1년에 집행유예 2년을 언도받았다. 사인(舍人) 박세익(朴世翼)의 따님 무안 박씨(務安朴氏)와 결혼하여 사이에 1남 3녀를 두었다. 1968년 대통령표창, 1990년 애족장이 추서되었다. 문집으로 『성재집』 28권이 있다.

4. 구성 및 내용

『성재집』은 본집 16권 8책, 속집 12권 6책, 『덕곡답문록』 1책으로, 총 28권 15책이며, 활자본이다. 본집의 권1·2는 시(詩), 권2~6은 서(書), 권7~9는 잡저(雜著)·서(序)·기(記)이며, 권10·11은 발(跋)·잠명(箴銘)·상량문(上樑文)·축문(祝文)·제문(祭文)·애뢰문(哀誄文)·묘지명(墓誌銘)이고, 권12~14는 비명(碑銘)·묘갈명(墓碣銘)·묘표(墓表), 권15·16은 행장(行狀)·유사(遺事)이다. 속집은 권1~4는 시·서(書)·소(疏), 권5~7에 잡저·제문·애뢰·서(序)·기·발 이고, 권8~10은 묘지명·묘표·묘갈명·갈명(碣銘)·행장·명·상량문·축문·전·유사이며, 권11·12에 부록으로 유사·존사록(存師錄)·행장·묘표·묘갈명·묘지명·묘도수갈고유문(墓道竪碣告由文) 및 덕곡잡영(德谷雜詠)·잡영발문(雜詠跋文) 등이 수록되어있다. 본집은 1938년 권상익의 족질 권명섭(權明燮)이 편집·간행하였고, 속집은 1959년 족질 권중환(權中煥)이 편집·간행하였다. 국립중앙도서관·성균관대학교 도서관·고려대학교 도서관 등에 있다.

본집의 권1·2는 시 약 190제이다. 바다의 드넓은 모습을 읊은 「관해(觀海)」를 비롯하여 「봉황천(鳳凰川)」·「허직봉(虛直峰)」 등 자연 경물을 노래한 작품이 다수 수록되어 있다. 「남한산성회고(南漢山城懷古)」는 남한산성에서 병자호란 당시의 일을 떠올린 작품이고, 「경저지감(京邸志感)」은 경성의 번화함과 대비시켜 쓸쓸한 민영환의 집을 제시하며 안타까움을 나타낸 시이다. 「석천잡영이십이절(石泉雜咏二十二絕)」은 권상익이 조용히 조섭(調攝)하기 위하여 1918년 석천(石泉)으로 들어갔을 당시에 쓴 오언절구의 연작시이다. 「병중우음(病中偶吟)」은 권상익이 만년에 지은 쓸쓸한 정감의 작품이다. 이외에 「곽회와선생만(郭晦窩先生挽)」 등 주변 인물들에게 써준 만시(挽詩)가 다수 수록되어 있다.

권2~6은 서(書) 175편이다. 서는 심성론(心性論)·이기설(理氣說)·예설(禮說) 등의 학설과 경전에 대한 질의 및 권상익의 견해를 밝힌 것이 다수로, 권상익의 학문 세계를 엿볼 수 있다. 앞부분에는 스승 김흥락에게 보낸 「상서산선생(上西山先生)」 등의 편지가 7편 수록되어 있고, 유필영(柳必永)·곽종석(郭鍾錫) 등의 인물과도 편지를 주고받았다. 한편, 「여김국경(與金國卿)」에서는 투옥되었던 상대방에 대해 위로하였고, 「답이응청(答李應淸)」에서는 권상익이 투옥되어 있으면서 벗에게 심정을 토로하였는데 이를 통해 독립운동에 참여할 당시 권상익의 상황과 인식 등을 확인할 수 있다.

권7~9는 잡저 27편, 서(序) 21편, 기(記) 29편이다. 잡저에도 경학과 성리학, 그리고 예제(禮制)에 관한 권상익의 견해가 담긴 작품이 다수 수록되어 있다. 「심설대(心說對)」는 문답의 형식으로 심설(心說)에 대한 권상익의 생각을 편 것이고, 「상중담제행불행변(喪中禫祭行不行辨)」은 상제(喪制)에 관련된 내용을 자세히 정리한 작품이다. 이 외에 「종질양섭양극자설(從姪良燮養克字說)」 등의 자설(字說)과 「계해이월서시동환(癸亥二月書示東煥」 등 자제들을 권면하는 작품도 수록되어 있다. 서는 대체로 문집에 대한 서문으로 「낙촌집서(駱村集序)」 등의 작품이 있고, 기는 주로 건축물에 대한 기문으로, 「다천서당기(茶川書堂記)」 등의 작품이 있다.

권10·11에 발(跋) 20편, 잠명(箴銘) 7편, 상량문 2편, 축문 6편, 제문 19편, 애뢰문(哀誄文) 3편, 묘지명 20편이 수록되어 있고, 권12~14는 비명 6편, 묘갈명 61편, 묘표 1편, 권15·16에 행장 20편, 유사 6편이 수록되어 있다. 발은 「관례의초발(冠禮儀抄跋)」 등의 작품이 있고, 잠명은 과실을 반성할 것을 스스로 경계한 「지일잠(至日箴)」과 재(齋)의 이름을 '성(省)'으로 지은 연유를 언급하고 스스로를 경계하는 내용의 「성재명(省齋銘)」 등이 있다. 제문은 겸암(謙庵) 유운룡(柳雲龍)의 면례(緬禮)를 지내면서 쓴 「제겸암유선생문권(祭謙庵柳先生文)」 등을 비롯하여 스승 김흥락 등에게 쓴 작품들이 수록되어 있다. 이 외에 묘갈명, 행장 등을 통해 당대 인물의 행적과 교유관계를 확인해 볼 수 있다.

속집 권1~4는 시 97제, 서(書) 231편, 소(疏) 1편이다. 시에는 1892년 임진년을 맞아 임진왜란을 떠올린 「유감(有感)」 등의 작품이 대표적이고, 정경(情景)을 읊은 「추야즉사(秋夜卽事)」·「야심독좌문계성(夜深獨坐聞溪聲)」 등의 작품도 다수 있다. 편지는 스승 김흥락에게 올린 「상서산선생」을 비롯하여, 향산(響山) 이만도(李晩燾)에게 올린 편지 등이 수록되어 있고, 소(疏)는 1909년에 경상북도 봉화군에 있는 삼계서원(三溪書院)을 복원할 것을 청하는 작품 1편이 있다.

권5~7은 잡저 20편, 제문 20편, 애뢰 10편, 서(序) 18편, 기 20편, 발 21편이다. 잡저에는 「인심도설(仁心圖說)」·「신정오복도(新定五服圖)」 등 권상익의 학문세계를 집약적으로 보여주는 작품이 있고, 이 외에 「김장군유신참마찬(金將君庾信斬馬贊)」 등 역사적 사건에 대해 권상익의 견해를 밝힌 작품도 있다. 제문은 김흥락·이만도 등의 인물에게 쓴 작품들이 있고, 서·기·발은 본집에 수록되지 못한 작품들을 모아 수록한 것으로, 작품으로는 「현포일고서(玄圃逸稿序)」·「애일당기(愛日堂記)」·「눌재김공문집발(訥齋金公文集跋)」 등이 있다.

권8~10은 묘지명 11편, 묘표 2편, 묘갈명 2편, 갈명(碣銘) 21편, 행장 16편, 명 2편, 상량문 4편, 축문 13편, 전 7편, 유사 1편이고, 권11·12은 부록으로 유사·존사록(存師錄)·행장·묘표·묘갈명·묘지명·묘도수갈고유문(墓道竪碣告由文) 각 1편, 덕곡잡영(德谷雜詠) 10여 편, 잡영발문(雜詠跋文)·이정재기(履貞齋記)·경서청산가장공주양부자묵판후(敬書晴山家藏孔朱兩夫子墨板後) 등 각 1편이 수록되어 있다.

5. 주요 작품 및 문집의 특징

『성재집』은 경학 및 예학·성리학에 대한 권상익의 깊이 있는 저술들이 많이 수록되어 있다. 「주자여남헌논인서오자증변(朱子與南軒論仁書誤字證辨)」(본집 권7)은 『주자집(朱子集)』이나 『주서절요(朱書節要)』 등을 『주자대전(朱子大全)』과 하나하나 대조하여 오자(誤字)와 궐자(闕字)를 찾아 바로잡았다. 이 중 논란이 되어온 대목에 대해 오자를 바로잡음으로써 해명한 부분도 있어 권상익의 세심한 학문 태도를 확인하 수 있다. 「예의수록(禮疑隨錄)」(본집 권7)은 예에 대한 다양한 문제들을 조목별로 수록한 것으로, 이를 간단하게 정리함을 통해 후인들에게 도움이 되고자 한 저술이고, 「중용육대절도(中庸六大節圖)」(본집 권7)는 『중용』을 여섯 대절로 정리하여 『중용』을 공부하려는 후학들의 이해를 돕고자 한 것이다.

한편, 일제와 당시 정세에 대한 감회를 읊은 작품은 물론, 직접 독립운동에 참여하는 과정에서 남긴 작품들도 수록되어 있다. 시로는 국권침탈과 민영환(閔泳煥)의 순국을 가슴 아파하고, 을사조약 체결에 가담한 신하들을 비판하는 내용을 담은 「장한가(長恨歌)」(속집 권1)등과 곽종석이 옥중에서 쓴 시에 차운한 「면우곽공재수중유작근차기운(俛宇郭公在囚中有作謹次其韻)」 등의 작품이 대표적이다. 또 서(書) 중에는 1920년 이중업(李中業)의 요청으로 임시정부를 대신해서 쓴 「상중국대통령(上中國大統領)」·「여중국제집정(與中國諸執政)」(이상 속집 권4) 등의 작품이 있다. 이 두 편지는 일제가 보호를 핑계로 거짓으로 회유하여 조선의 국권을 침탈한 상황이고, 일제가 대외적으로 한국의 국민들이 원해서 한국에 주둔하고 있다고 하는 것이 사실이 아니며, 이준(李儁)·안중근(安重根) 등의 열사가 독립을 위하여 거사를 일으키는 등 독립에 여러 방향으로 힘을 쓰고 있다는 내용을 전하였다. 아울러 한국과 중국은 국경을 접한 나라이기 때문에 한국의 국권이 상실되면 중국 또한 안전할 수 없음을 시사하며 도움을 청하였다. 권상익은 이 편지를 쓴 것이 발각되어 대구경찰서에 수십일 동안 구류(拘留)되었고, 편지를 요청하였던 이중업도 세상을 뜨면서 실제로는 전달이 되지 못했다는 일화를 편지 뒤에 덧붙였다.

6. 참고문헌

한여우, 『성재문집』, 『한국민족문화대백과사전』, 1995.

정의우, 『성재집』, 『한국국학진흥원 소장 문집해제』 8, 한국국학진흥원, 2010.

강전섭, 「성제 권상익의 백결선생유사에 대하여」, 『어문연구』 28, 어문연구학회, 1996.

省齋先生文集

省齋先生文集目錄

宿江樹　周王山歌
次李廣初中業記夢詩　訪邊國衡台均分韻
廣初有臺寺止以叙懷　余宿有心痞止初一日也
義相臺　觀海
上望洋亭　日本漁船七艘止其意
仙槎感懷　十月五日止得一絕
南漢山城懷古　忠州道中
鳳凰川　紀行

省齋集目錄　二

省齋先生文集卷一

詩

宿江樹

江聲一枕曉樓氣滿簾秋灑落烟塵逈前汀有白鷗

周王山歌

周王之山何奇壯天然石立三千丈眞精磅礴道韻秘直與元氣相終始芙蓉萬朶天中開銅盤仙掌雲徘徊金門少年玉爲骨兩兩拱手端帽笏將軍出塞擁幡幢千騎萬騎如雲從又有峭人介士苦與世俗相弦鉤孤行獨立無朋儔崩湍飛瀑落天來下與長江巨壑噴薄生霆雷荒荒不測淵白日龍吟哀抱犢之洞何幽幽懸厓絕磴愁猿猴上有長蛇猛虎礪齒而彎瞳下

省齋集卷一　詩　一

泉公次子諱祺淵爲嗣實我先君先君又齎志以歿今相翊孤露終鮮恤恤焉無以爲命而並與其才志之傳承者而嗇焉是將愚其衷頑蠢其心腸以福履其來後也耶於乎痛哉

省齋集卷十六　遺事　三十九

〈영남-06〉 **추연집** 秋淵集

1. 형태서지

표제/권수제	추연집(秋淵集)
편저자	권용현(權龍鉉) 著
판사항	신연활자본
발행사항	[陜川] : 泰東書舍, 1990
형태사항	총 44권 15책 四周雙邊 半郭 22.7×16.1㎝, 有界, 14行32字 註雙行, 花口, 上下向2葉花紋魚尾 ; 29.1×19.5㎝
소장처	국립중앙도서관, 경상대, 계명대, 고려대, 단국대 퇴계기념도서관, 대구가톨릭대, 부산대, 성균관대존경각, 전남대, 조선대

2. 정의

『추연집』은 권용현(權龍鉉, 1899-1988)의 시와 산문이 수록된 문집으로, 총 44권으로 구성되어 있다.

3. 저자사항

권용현의 자는 문현(文見)이고, 호는 추연(秋淵)이며, 본관은 안동(安東)이다. 부친은 권재직(權載直)이고, 모친은 초계 정씨(草溪鄭氏) 정방윤(鄭邦潤)의 따님이다. 1899년(광무3) 11월 23일, 경상남도(慶尙南道) 합천군(陜川郡) 초계면(草溪面) 유하리(柳下里)에서 2남 1녀 중 장남으로 태어났다. 어린 시절부터 영특해서 부친이 공부에 힘쓰도록 했으며 열 살 무렵 이미 다양한 사서(史書)와 제자서(諸子書)를 읽었고, 시문(詩文)을 지을 줄 알았다. 부친이 예서(禮書)를 읽을 때 함께 공부하여 10대에 『상례쇄록(喪禮鎖錄)』을 엮었다.

20세(1918)에 계화도(界火島)에 있었던 간재(艮齋) 전우(田愚)를 찾아가 수학했고, 3·1운동의 함성이 울려 퍼질 무렵 국권회복에 대한 강한 의지가 있었으나 삼엄한 정세에 두문불출(杜門不出)하며 학문에 힘썼다. 일제에 대한 비분강개함을 늘 간직하고 있었으며, 일제의 체발령(剃髮令)에 대해 울분을 토로하고 긴 머리에 상투를 고수하였다. 광복이 될 때까지는 근처의 산을 유람하거나 선현의 유적을 답사하는 등을 통해 회포를 풀면서 조용히 지냈고, 광복을 맞이하여서는 외세의 힘으로 국권을 되찾은 것에 대해 통탄하였다. 6·25전쟁이 발발하자 같은 민족끼리 총칼을 겨누는 것에 대해 한스럽게 생각하였다.

학문은 율곡(栗谷) 이이(李珥)를 존숭했고, 우암(尤庵) 송시열(宋時烈)의 학맥을 이어받아 송시열의 9대손인 연재(淵齋) 송병준(宋秉畯)에게 수학한 각재(覺齋) 권삼현(權參鉉)에게서 학문을 배우기도 하였다. 문인들이 서사(書舍)를 지어 수양할 곳을 마련해주자 '태동(泰東)'이라고 이름하고 여기에서 후학 양성에 힘썼다. 1988년 11월 19일, 향년 90세로 세상을 떠났는데 유월장(踰月葬)을 치르고, 뒷산 임좌(壬坐)의 언덕에 묘소를 마련하였다. 저서로는 『추연집』이 있다.

4. 구성 및 내용

권용현의 문집은 44권으로 구성되어 있으며, 신연활자본(新鉛活字本)이다. 작품은 저작 시기와 관계없이 문체별로 편차하였는데, 시(詩)－서(書)－잡저(雜著)－서(序)－기(記)－발(跋)－묘도문(墓道文)의 일반적인 문집의 편차 순서를 따랐다. 그의 문집은 1990년 생전에 권용현이 후학 양성을 하던 태동서사(泰東書舍)에서 간행되었으며, 1997년에 경인문화사에서 영인본으로도 발간하였다. 신연활자본은 경상대학교 도서관, 계명대학교 도서관, 고려대학교 도서관, 국립중앙도서관, 성균관대학교 존경각, 전남대학교 도서관 등에 소장되어 있다.

권1 첫머리에는 「화양동(華陽洞)」이라는 제목의 부(賦) 1수가 수록되어 있는데, 이 작품에는 송시열에 대한 존숭이 드러나 있다. 다음으로는 시(詩) 217제가 수록되어 있다. 시 작품의 수록 순서도 「자경(自警)」과 관련된 3수의 시가 가장 앞에 배치되어 있어 권용현의 학맥과 사상이 잘 드러나 있다. 한편 국권침탈에 대한 울분을 산수를 유람하며 달랬다는 전언처럼, 「자홍류동입해인사(自紅流洞入海印寺)」·「등천왕봉(登天王峯)」 등 산수나 유적지를 유람한 시 작품들도 상당수 수록되어 있다. 이 중에는 일반적인 유람시는 물론 「신유초하여족군휘원급진여경안덕민작제주유기행(辛酉初夏與族君輝遠及秦汝敬安德旻作濟州遊記行)」과 같은 현대적 의미의 관광 체험을 담은 시 작품들도 존재한다.

권2~8에는 서(書) 261편이 수록되어 있다. 이 중 「상전간재선생(上田艮齋先生)」이라는 제목의 간재(艮齋) 전우(田愚)에게 올린 편지가 두 편 수록되어 있는데, 여기에 권용현의 학문적 지향이 잘 나타나 있다. 이 외에 영남지역의 만동묘 제향 투쟁을 주도하였던 시암(是菴) 이직현(李直鉉)에게 보낸 「상이시암(上李是菴)」, 송산(松山) 권재규(權載奎)에게 보낸 「상권송산(上權松山)」 등의 편지에서는 국권이 침탈되는 과정에서 느낀 통탄스러움과 혼란함, 불안감 등이 잘 드러나 있다. 만년의 작품은 제자들의 질문에 대한 답변 등 후학 양성에 힘쓴 흔적들을 확인할 수 있으며, 권8 말미에는 「기자순도(寄子淳道)」·「기자순의(寄子淳義)」·「시제자(示諸子)」·「기증손상(寄孫曾相)」 등 자손에게 쓴 편지가 수록되어 있다.

권9~11은 잡저(雜著)로 묶여 있는데, 여기에는 설(說) 17편, 의(義) 11편, 논(論) 6편, 해(解) 1편, 록(錄) 2편, 기(紀) 2편, 도(圖) 2편, 난(難) 4편, 칙(則) 2편, 의(疑) 2편, 일기(日記) 2편이 수록되어있다. 신라의 역사에 대한 논평을 담은 「신라사수론(新羅史隨論)」, 서양 문물에 대한 적대감이 드러나는 「사탄이칙(私嘆二則)」, 무오복제(戊午服制)에 대한 의견을 피력한 「변의(辨義)」 등의 작품을 통해 권용현의 의식세계를 엿볼 수 있다.

권12~15에는 서(序) 257편이 수록되어 있는데, 이 중 상당수가 다른 인물의 문집에 대한 서문이며, 그 외에 족보서(族譜序) 13편, 수서(壽序) 11편, 송서(送序) 1편 등이 남아있다. 권16~21는 기(記) 351편이 수록 되어 있다. 대부분은 지인에게 부탁을 받아 쓴 건축물에 대한 기문이며, 「유입덕문기(遊入德門記)」라는 제목의 유기(遊記)가 1편 있으며, 12편의 편기(扁記)가 전해진다.

권22에는 발(跋) 17편, 명(銘) 40편, 잠(箴) 6편, 찬(贊) 14편, 송(頌) 1편, 사(辭) 8편 등이 있다. 조광조, 이황, 이이, 김장생, 송시열에 대해 쓴 「오선생찬(五先生贊)」과 박은식의 한국통사를 읽고 쓴 「서한국통사후(書韓國痛史後)」, 광복을 맞이한 기쁨을 표현한 「대동광복송(大東光復頌)」 등의 작품이 수록되어 있다.

권23에는 「운곡서원중건상량문(雲谷書院重建上梁文)」 등의 상량문(上梁文)이 54편 수록되어 있고, 권24에는 축문(祝文) 22편, 제문(祭文) 52편, 뇌사(誄詞) 1편, 애사(哀辭) 4편이 수록되어 있다. 권25에는 신도비(神道碑) 12편, 비(碑) 26편, 권26~28에는 비(碑) 160편, 권29에는 묘지명(墓誌銘) 24편, 권30~34에는 묘표(墓表) 347편, 권35~43에는 묘갈명(墓碣銘) 484편 등이 수록되어 있어, 권용현이 생전에 상당수의 묘도문(墓道文)을 작성했음을 확인할 수 있다.

권44에는 행장(行狀) 13편이 수록되어 있고, 부모의 언행에 대해 기록한 「선고만송부군언행술(先考晩松府君言行述)」·「선비사략(先妣事略)」 등의 언행술(言行述) 2편이 전해지며, 전(傳) 10편이 있다. 그리고 부록(附錄)으로 권용현의 행장과 묘갈명이 수록되어 있다.

5. 주요 작품 및 문집의 특징

권용현의 220여 제의 시 중에는 「우감(偶感)」 등의 도학적 천리시가 수록되어 있어 작가의 지향과 도학관을 엿볼 수 있다. 한편, 항일운동 전면에 나서지는 않았지만, 일제강점기 역사적 사건에 대한 작가의 술회를 읊은 시도 수록되어 있다. 단발령에 대한 심회를 서술한 「체화기일헌기시감음시오절사지비장유족감인자인보운봉화(剃禍起一軒寄示感吟詩五絶辭旨悲壯有足感人者因步韻奉和)」, 일제 치하의 현실과 항일운동에 대한 지지를 담은 「가군위옥중

항의자유시근보기운족기의(家君爲獄中抗義者有詩謹步其韻足其意)」, 광복절을 맞이한 심회를 쓴 「광복절유감(光復節有感)」 등의 작품이 대표적이다.

이뿐만 아니라 현대 문물 체험에 대한 기록도 존재한다. 「동정일기(東征日記)」에는 시외버스를 탑승한 기록이 남아있고, 경주 관광을 다녀온 뒤 남긴 「불국사(佛國寺)」·「석굴암(石窟庵)」 등의 시 작품들을 보면 1900년대 초반 관광지 조성사업 이후 정해진 코스대로 관광을 다녀온 것을 확인할 수 있다. 또한 제주여행이 시작된 이후 제주에 다녀온 기록을 「신유초하여족군휘원급진여경안덕민작제주유기행(辛酉初夏與族君輝遠及秦汝敬安德旻作濟州遊記行)」이라는 12수의 연작시를 남겼다. 해당 작품 가운데에는 제주 해녀를 만난 경험을 담은 「봉해녀(逢海女)」와 비행기를 탄 경험을 기록한 「승비기(乘飛機)」, 집중호우로 인해 돌아가는 비행기가 연착되자 불안감을 토로한 「객관대우(客館滯雨)」 등의 시가 있다. 이들 작품에서는 현대적인 문물을 체험하되, 이에 대한 묘사나 서술은 『장자(莊子)』나 『전국책(戰國策)』에 나오는 고사를 활용한다는 점에서 특징적인 면모를 발견할 수 있다.

권용현의 문집은 전통적인 문집 간행이 일반적이지 않은 1990년대에 간행이 되었음에도 불구하고 44권 분량에 2,440여 작품이 수록되어 있다. 방대한 분량만큼이나 성(性), 리(理) 등에 대한 권용현의 심도있는 논의부터 급변하는 정세로 인한 혼란함과 안타까움을 담은 작품, 현대의 문물을 체험한 기록 등 다양한 주제의 작품들이 수록되어 있다. 특히나 문집 말미에 수록된 묘도문 가운데 묘표와 묘갈명의 작품수가 많고, 작품 창작시기도 현대까지 이어져 내려오고 있다는 점에서 권용현 주변의 사회상을 파악할 수 있다.

6. 참고문헌

강동석, 「秋淵 權龍鉉의 삶과 시문학」, 『한국시가연구』 43, 한국시가학회, 2017.

김연주. 「秋淵 權龍鉉의 『秋淵集』을 통해 본 근현대 한문 작품의 素材와 서술 양상」, 『동양한문학연구』 55, 동양한문학회, 2020.

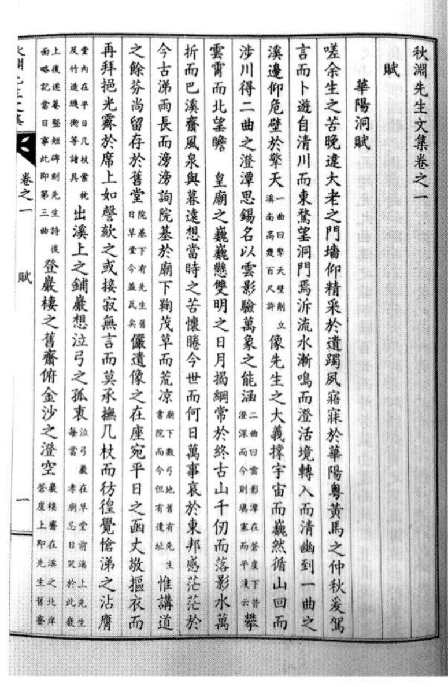

※ 고려대 소장

〈영남-07〉 이당집 而堂集

1. 형태서지

표제/권수제	이당집(而堂集)
편저자	권재규(權載奎) 著
판사항	목활자본
발행사항	[刊寫地未詳] : [刊寫者未詳], [刊寫年未詳]
형태사항	총 46권 24책 : 목록 1책, 본집 46권 23책 四周雙邊 半郭 20.4×16.5㎝, 有界, 10行20字 註單行, 上下向2葉花紋魚尾 ; 30.0×20.7㎝
소장처	국립중앙도서관, 경기대, 경상대, 계명대, 고려대, 국민대, 동국대 경주캠퍼스, 모덕사, 성균관대존경각, 연세대, 영남대, 용인대, 원광대, 전남대, 전북대

2. 정의

『이당집』은 권재규(權載奎, 1870-1952)의 시와 산문 등이 수록된 문집으로, 총 46권이다.

3. 저자사항

권재규의 자는 군오(君五)이고, 호는 송산(松山)·이당(而堂)이며, 본관은 안동(安東)이다. 부친은 수봉관(守奉官)을 지낸 권장환(權章煥)이고, 모친은 진양 하씨(晉陽河氏) 하경진(河慶縉)의 따님이다. 1870년 5월 27일 진주(晉州) 인근의 단성(丹城) 강루리(江樓里) 교동(校洞) 본가에서 태어났다. 어려서부터 용모가 단정하고 빼어났으며 재사(才思)가 명료하고 기억력이 좋았다. 아버지의 명으로 계남(溪南) 최숙민(崔淑民)에게 나아가 수학하였는데, 권재규가 대성할 것을 알고는 최숙민이 정성껏 학문을 가르쳤다. 18세에 해주 정씨(海州鄭氏) 정홍교(鄭鴻敎)의 따님과 혼인하였다.

애당초 과거에 폐단이 많다는 이유로 뜻을 품지 않았고, 1889년(고종26)에 20세의 나이로 폐백을 가지고 노백헌(老栢軒) 정재규(鄭載圭)를 배알한 뒤로 평생토록 스승으로 모셨다. 정재규는 노사(蘆沙) 기정진(奇正鎭)의 3대 제자 중 한 사람이었기 때문에 권재규는 자연스레 노사학(蘆沙學)을 계승하게 되었고, 이후 『노사집(蘆沙集)』 간행에도 참여하는 등 영남지역의 노사학파 인물로서 핵심적인 역할을 수행하였다. 1899년(고종36)에는 면암(勉菴) 최익현(崔益鉉)을 배알하고서 천인성명(天人性命)의 심오함과 화이인수(華夷人獸)의 구분을 강론하기도 하였다.

1895년(고종32)에 을미사변이 있은 후부터 1910년(융희4)에 국권을 상실하여 나라가 망하게 되기까지 침식(寢食)을 폐한 것이 여러 번이었으며, 나라가 망하고 서양 문명에 점점 물들어가는 것을 보며 우려와 탄식을 그치지 않았다. 단발령과 창씨개명에 대해서는 집안사람들에게 죽음으로써 거절하고, 심지어는 독약을 몰래 품고 있다가 위급한 상황에 사용하라고 명하기도 하였다. 이와 같은 국난을 극복하는 길은 유학에 있다고 여겨 평생토록 유학의 맥을 잇고 후학을 양성하는 데 주력하였다. 제자 중에는 행장을 지은 소당(笑堂) 박태곤(朴泰坤)과 묘갈명을 지은 추연(秋淵) 권용현(權龍鉉) 등이 잘 알려져 있다.

1945년에 해방의 기쁨을 느끼기도 하고, 1950년에 북한군의 침입에 피난을 겪기도 하였다. 노년에 오랫동안 병중에 있었음에도 위의(威儀)를 갖추고 붕우와 제자들이 찾아오면 강론을 그치지 않았으며 조금도 흐트러지는 모습이 없었다. 병환이 심해져서 1952년 3월 20일 향년 83세로 세상을 떠났다. 1남 3녀를 두었는데, 아들은 권창현(權昌鉉)이고, 딸들은 각각 민치재(閔致宰), 정원영(鄭元永), 노병근(盧炳謹)에게 시집갔다. 저서에 『이당집』이 있다.

4. 구성 및 내용

권재규의 행장에 의하면 48권의 글을 남겼고 사후 2년에 영인하여 세상에 반포하였다고 되어 있는데, 현존하는 『이당집』은 총 46권이다. 현재 국립중앙도서관, 경상대학교 도서관, 국민대학교 도서관, 성균관대학교 존경각, 연세대학교 학술정보원, 전남대학교 도서관, 전북대학교 도서관, 원광대학교 도서관 등에 소장되어 있다.

권1~5에는 부(賦) 1수, 가(歌) 2수, 그리고 시(詩) 1,000여 제(題)가 수록되어 있는데, 특히 시는 1895년(고종32)에 지은 작품으로부터 해방 이후 6·25전쟁으로 피난을 갔던 1950년 7월까지의 시가 시기별로 편차되어 있다. 그중에는 만시(輓詩)가 가장 많은 수를 차지하고 있으며, 「서유잡영(西遊雜詠)」·「천은사기행(泉隱寺紀行)」·「금산기행(錦山紀行)」과 같은 기행시와 「신안정사팔경(新安精舍八景)」·「신안정사잡영(新安精舍雜詠)」과 같은 산수시도 상당수 수록되어 있다. 이뿐만 아니라 당시 외세의 침탈에 대한 저항의식과 망국인으로서의 울분을 엿볼 수 있는 작품도 다수 존재하며, 「문을유칠월팔일지보지희오절(聞乙酉七月八日之報志喜五絕)」과 같이 일제로부터 해방 소식을 듣고 즐거운 마음을 드러낸 시도 있다.

권6~22에는 886작품의 서(書)가 수록되어 있다. 그중 「상노백헌정선생(上老柏軒鄭先生)」이란 제목의 노백헌 정재규에게 올린 편지가 제일 많이 숫자를 차지하는데, 을미왜변이라는 국난(國難)을 겪게된 상황에 대한 한탄과 울분을 토로하거나 전통의 유학에 힘쓰는 것이야 말로 당면한 국난을 극복하고 헤쳐나가는 길이라고 주장하는 내용 등이 담겨 있다. 아울러 친밀하게 교유하였던 문인들과 제자들에게 보낸 편지에서도 유학에 마음을 기울이고 힘을 써야하며 유학으로써 후학을 양성해야 한다는 내용을 쉽게 확인할 수 있다.

권23·24는 잡저(雜著)로 논(論)·변(辨)·제(題)·계(戒) 등의 여러 문체 및 독서록, 좌우명 등의 작품들이 묶여 수록되어 있다. 또한 서당의 절목을 기록한 「천정절목(泉亭節目)」, 제자들과의 문답을 기록한 「천상문답(泉上問答)」, 그리고 아들 권창현(權昌鉉)에게 유학을 계승하고 전념할 것을 당부한 「제아자소거벽(題兒子所居壁)」 등이 눈여겨볼 만하다.

권25~27의 서(序) 82편 중에는 다른 문인의 문집 서문이 다수를 차지하는데, 이를 통하여 권재규의 교유 관계가 방대하였음을 짐작할 수 있다. 이외에 송서(送序)와 족보서(族譜序) 등도 보인다. 권28~30에는 기(記) 118편이 수록되어 있는데, 대부분이 누정기(樓亭記)와 중건기(重建記)기이다. 권31에는 발(跋) 41편이 수록되어 있다.

권32에는 잠(箴) 1편, 명(銘) 17편, 찬(贊) 3편, 사(辭) 6편, 상량문(上梁文) 7편, 축문(祝文) 17편이 수록되어 있다. 「주경잠(主敬箴)」에서는 경공부를 중시하는 유학자로서의 면모를, 「왜퇴후고성묘문(倭退後告聖廟文)」에서는 우국충정(憂國衷情)하는 애국지사(愛國志士)로서의 모습을 파악할 수 있다.

권33·34에는 80편의 제문(祭文)이 수록되어 있다. 주로 권재규의 지인들에 대한 제문, 즉 스승, 제자, 친족, 교유 문인 등의 제문이 실려 있는데, 영남 지역의 문인들에 대한 이력 및 정보를 알 수 있다.

권35에는 묘지명(墓誌銘) 25편, 권36·37에는 비(碑) 9편과 묘표(墓表) 59편, 권38~43에는 묘갈명(墓碣銘) 140여 편, 권44~46에 행장(行狀) 20편, 유사(遺事) 2편, 전(傳) 1편이 수록되어 있다.

5. 주요 작품 및 문집의 특징

권재규의 시 중에는 당대의 암울한 현실에 놓인 망국인(亡國人)으로서의 울분이 드러난 시가 많다. 「유란(有蘭)」은 을미년에 지은 시로, 시들어가는 난초에 자신의 모습을 투영하여 외세(外勢)에 굴복하지 않으려는 의지를 읊었다. 「칠절시봉독노백함장전정명호농산양공급동역제붕우(七絕詩奉瀆老柏函丈轉呈明湖農山兩公及同役諸朋友)」(이상 권1)에는 의병을 일으켜 국권 회복에 힘쓰고자 하였으나 결국에는 실패한 전통 유학자의 착잡한 심경이 잘 드러나 있다. 또한 「유루(有淚)」(권2)는 경술년에 나라가 일본에 합병되자 그 비통함과 울분을 표출한 시로, 망국의 슬픔을 물론이고 유학을 통해 국난을 극복하려는 의지도 함께 엿볼 수 있다. 다행히 을유년에 해방 소식을 듣고 즐거운 마음을 노래한 「문을유칠월팔일지보지희오절

(聞乙酉七月八日之報志喜五絕)」(권5)과 같은 시도 남아있다.

권재규는 영남 지역의 노론계 유학자로서 세부적으로는 노사학파로 분류할 수 있지만, 유림의 결속을 다지기 위하여 부단히 노력하였다. 특히 학파와 당색을 초월하여 7회에 걸쳐 100여 명의 인원이 참여한 대규모의 '소사동류(蕭寺同遊)'라는 회합을 주도하였는데, 이때 지은 시와 강록을 기록한 것이 『소사동류록(蕭寺同遊錄)』이다. 이 책의 서문을 권재규가 작성하였고, 문집에는 「소사동류록서(蕭寺同遊錄序)」(권26)란 제목으로 실려 있다.

아울러 서당을 세워 후학 양성에 힘을 쏟으면서 제자들이 이른바 '유교종자(儒敎宗子)'가 되기를 바랐는데, 서당의 절목을 기록한 「천정절목(泉亭節目)」, 제자들과의 문답을 기록한 「천상문답(泉上問答)」, 그리고 아들 권창현(權昌鉉)에게 유학을 계승하고 전념할 것을 당부한 「제아자소거벽(題兒子所居壁)」(이상 권24) 등에서 권재규의 강학 활동 및 후학 양성에 힘쓴 흔적을 엿볼 수 있다.

현존하는 『이당집』은 총 46권의 방대한 분량으로, 문집의 서간문, 묘지명, 묘갈명, 제문 및 서발문 등의 대상이 된 문인을 헤아려보면 그 수가 상당하다. 권재규가 유학의 결속을 위해 수많은 유학자들과 학파와 당색을 넘어서 교유하였음을 미루어 본다면, 권재규가 남긴 작품들을 통해 당시의 잘 알려지지 않은 유학자 및 전통 지식인들의 흔적을 조금이나마 찾아볼 수 있을 것이다.

6. 참고문헌

정기민, 「松山 權載奎의 學問性向과 蕭寺同遊에 대한 硏究」, 경상대학교 석사학위논문, 2006.

김준형 외 6인, 『송산 권재규의 학문과 사상』, 술이, 2012.

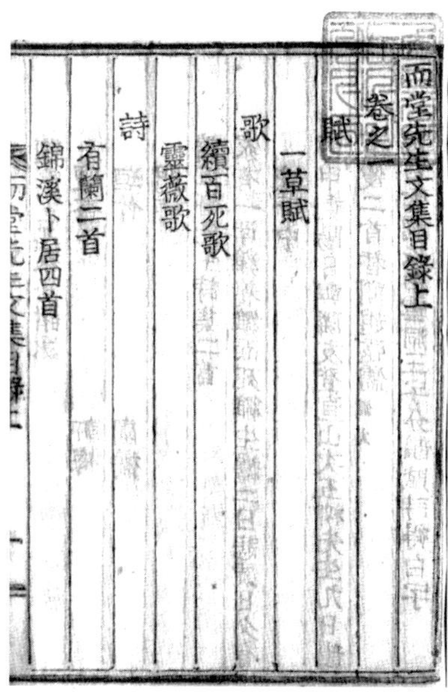
而堂先生文集目錄上
卷之一
賦
一草賦
歌
續百死歌
靈薇歌
詩
有蘭二首
錦溪卜居四首

而堂先生文集卷之一
賦
一草賦 丙申
嘗讀近思錄程子說一草一木皆有理須是察一條因起步庭中見一草夫夫當前聊爲賦此
山庭寂兮佇立攬一草而默察於天道之流行爾於是焉有物資其氣而爲體得其理而爲性惟爾氣之偏塞不能全夫性命斯吾爾之所分推所自兮一原非因氣而分生實源頭之已然雖爾性之得偏亦未

仁谷山人曰草芽寒士倡起義旅人或有議焉蓋位無責也勢無藉也徙焉殺身而已然殊不知我韓光武之難不獨一國之社稷係焉千古道脈從此永斬矣則凡我學道之士咸有責焉茍有責焉則勢之有無不須較也身之死生不足恤也當盡吾之道而已杏史梁公之心斷斷乎其如是也已嗚呼義愈高而事愈難心愈烈而節愈苦者非斯人也歟
而堂先生文集卷之四十六

〈영남-08〉 **악양집** 岳陽集

1. 형태서지

표제/권수제	악양집(岳陽集)
편저자	권재춘(權載春) 著
판사항	목판본
발행사항	[刊寫地未詳] : [刊寫者未詳], 1958
형태사항	총 13권 7책 : 목록 1책 본집 13권 6책 四周雙邊 半郭 18.3×14.6㎝, 界線, 10行20字 註雙行, 上下向2葉花紋魚尾 ; 28.5×19.3㎝
소장처	국립중앙도서관, 경상대, 계명대, 고려대, 국민대, 대구가톨릭대, 성균관대, 연세대, 용인대, 전남대, 조선대

2. 정의

『악양집』은 권재춘(權載春, 1882-1952)의 시와 산문 등이 수록된 문집으로, 총 13권이다. 1958년에 간행되었다.

3. 저자사항

권재춘의 자는 자정(字正)이고, 호는 악양(岳陽)·만재(萬齋)이며, 본관은 안동(安東)이다. 증조부는 권황(權璜), 조부는 용포(龍圃) 권덕기(權德基)이다. 부친은 하죽(荷竹) 권석봉(權錫鳳)이고, 모친는 강양 이씨(江陽李氏) 이증기(李增基)의 따님이다. 그러나 백부(伯父) 하당(荷塘) 권석로(權錫魯)의 양자로 들어가 후사를 이었다. 초계 정씨(草溪鄭氏) 정두민(鄭斗民)의 따님과 혼인하였다. 1882년(고종19) 9월 27일에 태어났고, 1952년 11월 28일에 향년 71세의 나이로 악양서당에서 세상을 떠났다. 5남 3녀를 두었는데, 아들은 권택현(權澤鉉), 권인현(權麟鉉), 권청현(權淸鉉), 권융현(權隆鉉), 권강현(權扛鉉)이고, 딸들은 각각 심길수(沈吉洙), 김갑렬(金甲烈), 염몽성(廉夢星)에게 시집갔다. 저서로는『악양집』이 있다.

어려서부터 총명하여 책을 읽으면 핵심을 잘 파악하여 약관의 나이에 이미 수많은 책들에 대략 통달하였다. 연재(淵齋) 송병선(宋秉璿)의 문인인 족숙(族叔) 삼외재(三畏齋) 권명희(權命熙)에게서 가학을 익히기 시작하였는데, 이후 송병선과 심석(心石) 송병순(宋秉珣)을 찾아가 학문을 익혔다. 권재춘의 학문은 신심(身心)과 성명(性命)에서부터 천지조화(天地造化)·음양소장(陰陽消長)·고금치란(古今治亂) 등에 이르기까지 하나도 빠짐없이 자세하게 구명하고자 하였다. 아울러 학문에 있어서는 율곡(栗谷) 이이(李珥)를 종주로 여기고 의리에 있어서는 우암(尤菴) 송시열(宋時烈)을 종주로 여겨, 이들과 배척되는 것은 사설(邪說)이라 여겼다. 만년에는 간재(艮齋) 전우(田愚)에게 의심나는 것을 묻고 가르침을 청하였다. 이에 권재춘은 간재학파(艮齋學派)로 분류된다.

시대가 변하여 서양의 문물이 유입되자 많은 지식인들이 앞장서서 신문물을 받아들이려 하였으나 권재춘은 이에 동요되지 않았으며, 오히려 신학문을 배우는 박사과(博士科)에 추천되었음에도 오랑캐와 금수의 학문은 배우지 않겠다면서 사양하였다. 1910년(융희4)에 국권을 잃게 되었을 때에는 비통해하면서 구차하게 목숨을 부지하고 있는 것을 부끄럽게 여겼다. 단발령과 같은 제도에 대해서도 강력하게 부정하며 따르지 않았다. 이처럼 평생 전통적인 유학자의 도리를 지켰으며 고종(高宗)이 별세하자 의병을 일으키고자 하였으나, 따르지 않는 선비들이 많은 것에 애석해하며 이후로는 세상과의 인연을 끊고 두문불출하였다.

4. 구성 및 내용

권재춘의 문집은 총 13권으로 구성되어 있으며, 1958년에 간행되었다. 족제(族弟)인 권재도(權載道)가 지은 『악양집』 발문에 의하면, 『악양집』의 간행은 이문해(李文海)의 주도로 이루어졌으며 『악양집』의 명칭은 권재춘이 만년에 주로 머물던 악양서당의 이름에서 비롯하였음을 알 수 있다. 현재 국립중앙도서관, 용인대학교 도서관, 조선대학교 도서관 등에 소장되어 있으며, 고려대학교 도서관, 전남대학교 도서관 등에도 일부가 소장되어 있다.

권1·2는 스승이었던 심석재 송병순을 모시고 용문강(龍門江)에서 유람하며 지은 「배심석재송선생유용문강(陪心石齋宋先生遊龍門江)」을 시작으로, 약 400여 제(題)의 시(詩)가 시기별로 차례로 편차되어 있다. 만시(挽詩)를 제외하면 「금강잡영(金剛雜咏)」, 「방장제영(方丈諸咏)」, 「금산제영(錦山諸咏)」, 「서유기행(西遊記行)」 등의 산수를 유람하거나 다른 지역을 기행하고서 지은 연작시가 상당수를 차지한다. 이외에도 경술년에 국권을 빼앗긴 유학자의 비통을 읊은 「문국변통음(聞國變痛吟)과 먼저 죽은 아내를 슬퍼하면서 지은 도망시(悼亡詩) 9수 등이 눈여겨볼 만하다.

권3~5에는 서(書) 130여 편이 수록되어 있다. 이 중 심석재 송병순, 삼외재 권명희, 간재 전우에게 올린 편지만이 앞에 '상(上)' 자를 붙여 「상심석재송선생(上心石齋宋先生)」, 「상삼외재권선생(上三畏齋權先生)」, 「상간재전선생(上艮齋田先生)」이라는 제목으로 수록되어 있는데, 여기에서 이 세 명의 스승으로부터 많은 학문적 영향력이 상당하였음을 짐작할 수 있다. 아울러 위의 편지의 내용에서도 권재춘이 지향하였던 학문 경향 등을 파악할 수 있다.

이밖에 송산(松山) 권재규(權在奎)에게 보낸 편지인 「여권송산(與權松山)」에서는 국난을 당한 비통한 심정과 단발령에 대한 강한 거부 의사를 확인할 수 있다.

권6·7에는 21편의 글이 잡저(雜著)로 수록되어 있다. 「정시제사우(呈示諸士友)」, 「포고제동지(布告諸同志)」에는 일제의 토지조사사업과 단발령에 대한 거부감이 잘 드러나있다. 「심성이기고증(心性理氣考證)」, 「성불가독당태극변(性不可獨當太極辨)」, 「명덕시성변(明德是性辨)」, 「독어류절록(讀語類節錄)」 등의 작품에서 성리학자로서의 면모와 그 학문의 깊이를 알 수 있다. 또한 「동감기의(東鑑記疑)」, 「간조선사(看朝鮮史)」과 같은 작품에서는 권재춘의 역사의식에 대해서도 살펴볼 수 있다.

권8에는 서(序) 21편, 기(記) 21편이 수록되어 있다. 권9에는 발(跋) 6편, 잠명(箴銘) 7편, 찬(贊) 1편, 혼서(婚書) 2편, 상량문(上梁文) 12편, 축문(祝文) 9편이 수록되어 있다. 권10에는 제문(祭文) 23편, 애사(哀辭) 1편, 비(碑) 5편이 수록되어 있다. 권11에는 묘지명(墓誌銘) 6편, 묘표(墓表) 9편, 묘갈명(墓碣銘) 26편이 수록되어 있다. 권12에는 행장(行狀) 16편, 사실(事實) 1편, 유사(遺事) 1편, 전(傳) 2편이 수록되어 있다. 이상의 작품에서는 권재춘의 폭넓은 교유 관계는 물론이고, 동시대의 잘 알려지지 않은 인물들에 대해서도 자세히 알 수 있다.

권13은 부록으로써 권재춘의 유사·행장·묘지명·묘갈명과 『악양집』의 발문이 수록되어 있다. 유사는 동생 권재성(權載性)이, 행장은 족질(族姪)인 권용현(權龍鉉)이, 묘지명은 청천(菁川) 류원수(柳遠洙)가, 묘갈명은 각재(覺齋) 권삼현(權參鉉)이, 『악양집』의 발문은 족제(族弟)인 권재도(權載道)가 지었다.

5. 주요 작품 및 문집의 특징

권재춘은 심석재 송병순의 문하에서 많은 가르침을 받았다. 송병순은 일본에게 국권이 빼앗기자 을사오적의 처단과 유림의 궐기를 호소하는 내용의 토역문을 지어 반포하고, 한일합병 이후에는 투신자결까지 시도한 인물이다. 이에 권재춘 역시 일본의 통치는 물론이고 서양 문물이 유입되는 것에도 강하게 거부감을 드러내었는데, 그의 문집에서 이와 관련된 작품들을 찾아볼 수 있다. 「상심석재송선생(上心石齋宋先生)」(권3) 중에는 권재춘이 암담한 현실 속에서 어떻게 살아가야 할지에 대한 가르침을 구하는 내용도 있으며, 국권을 빼앗긴 상황에서 백이(伯夷)·숙제(叔齊)처럼 굶어 죽지도 못하고 노중련(魯仲連)처럼 바다에 빠져 죽으려 하지도 못하는 처지에 대해 고민하는 내용도 있다. 「정시제사우(呈示諸士友)」에는 일제의 토지조사사업에 응하는 것은 조상을 저버리는 것이며 나라를 저버리는 것이라고 하며 사우들에게 자신과 뜻을 함께할 것을 당부하는 내용이 담겨 있다. 「포고제동지(布告諸同志)」

(이상 권6)에는 단발령에 대한 거부 의사가 뚜렷하게 드러나는데, 머리카락을 보존하는 것이 의를 보존하는 것이라고 주장하였다. 권재춘이 권재규에게 보낸 편지 중에도 단발령에 대한 거부 의사를 피력한 내용이 보인다.

한편 권재춘은 율곡 이이와 우암 송시열의 학맥을 잇는 성리학자로서 성(性)에 관한 논변을 다수 남겼다. 「심성이기고증(心性理氣考證)」에서는 심(心)·성(性)·이(理)·기(氣)의 관계 및 분별에 대해 상세하게 고증하였고, 「명덕시성변(明德是性辨)」에서는 명덕은 성(性)이 아니라 심(心)임을 여러 근거를 토대로 논변하였다. 「성불가독당태극변(性不可獨當太極辨)」(이상 권6)에서는 성이 곧 태극이고 태극이 곧 성이므로 성이 태극을 혼자 감당할 수 없다고 할 수 없다는 식의 논의를 보였는데, 이는 한주(寒洲) 이진상(李震相)이 성은 태극을 감당할 수 없고 주장한 데 대한 반론이자 간재 전우가 이진상의 주장을 여러 차례 비판한 것과 비슷한 맥락으로 볼 수 있다.

권재춘은 우리나라 역사에 대해서도 깊은 관심을 보였는데, 역사서를 읽고 자신의 견해를 약술한 작품들이 남아있다. 「동감기의(東鑑記疑)」는 『동국통감(東國通鑑)』을 읽고서 의심이 나는 부분이나 지적할 만한 내용을 기록한 것이고, 「간조선사(看朝鮮史)」(이상 권7)는 1936년에 김경중(金暻中)이 편찬한 『조선사(朝鮮史)』를 읽고서 특별히 기록할 만한 몇몇 사건들에 대해 사실관계를 바로잡거나 자신의 견해를 기술한 것이다. 단순한 오류에 대해 언급하기도 하고 논리적인 근거를 들어서 의도적으로 왜곡된 사실임을 보이기도 하며, 특정 사건들에 대하여 안타까운 마음을 표출하거나 분개하는 내용을 확인할 수 있다. 이를 통해 권재춘이 우리나라의 역사에 관한 깊은 관심과 해박한 지식이 있었음을 알 수 있다.

6. 참고문헌

권재춘(權載春), 『악양집(岳陽集)』

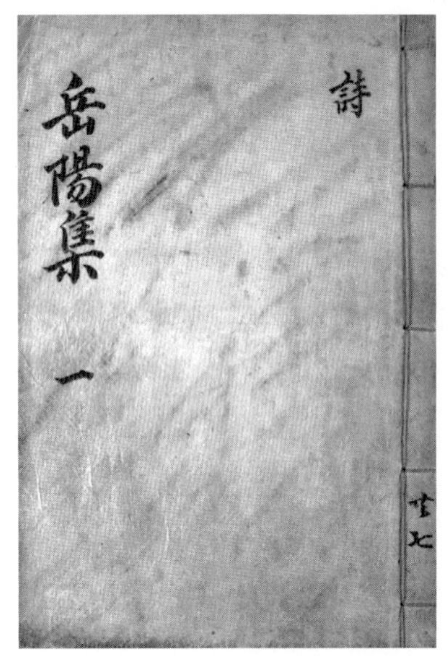

詩

岳陽集 一

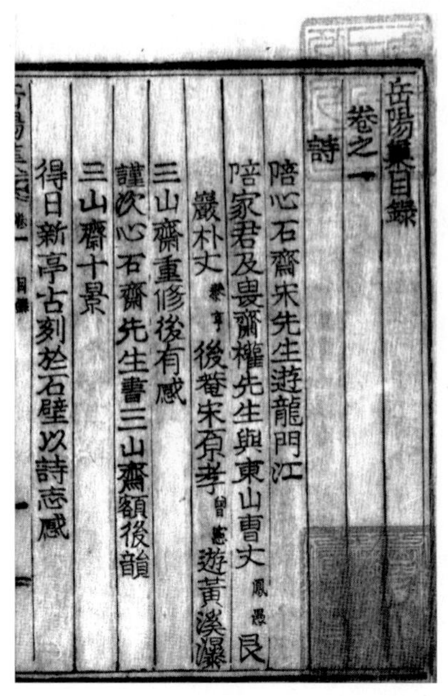

岳陽集目錄

卷之一

詩

陪心石齋宋先生遊龍門江
陪家君及畏齋權先生與東山曺丈 鳳愚 艮巖朴丈 泰亨 後菴宋康孝 曾憲 遊黃溪瀑
三山齋重修後有感
謹次心石齋先生書三山齋額後韻
三山齋十景
得日新亭古刻於石壁以詩志感

岳陽集卷之一

詩

陪心石齋宋先生遊龍門江

龍門水石畫難傳物外仙區不俗烟况得先生留彩
重洞天從此倍光鮮

陪家君及畏齋權先生與東山曺丈 鳳愚 艮巖
朴丈 泰亨 後菴宋康孝 曾憲 遊黃溪瀑布

來自山間落自天飛湍無復暫留連㶑驚壑裂轟霆
靂斜披風牽幻雨烟可與廬山看一樣莫教佛積語
同年陪隨杖屨遊靈境淸悽心胷絶俗緣

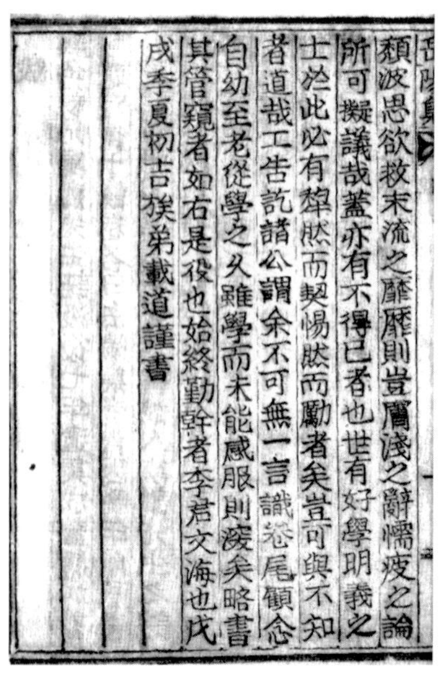

頹波愚欲救末流之靡靡則豈膚淺之辭懦疲之論
所可擬議哉蓋亦有不得已者也世有好學明義之
士於此必有犂然而契惕然而勵者矣豈可與不知
者道哉工告訖請公謂余不可無一言識卷尾顧念
自幼至老從學之久雖學而未能感服則深矣略書
其管窺者如右是役也始終勤幹者李君文海也戊
戌季夏初吉族弟載道謹書

〈영남-09〉 **척암집** 拓菴集

1. 형태서지

표제/권수제	척암집(拓菴集)
편저자	김도화(金道和) 著
판사항	목판본(원집, 속집)/신연활자본(별집)/석판본(부록)
발행사항	[刊寫地未詳] : [刊寫者未詳], [刊寫年未詳]
형태사항	총 55권 29책 - 원집 36권 19책 : 四周雙邊 半郭 19.3×15.6㎝, 有界, 10行19字, 內向2葉花紋魚尾 ; 29.0×20.2㎝ - 속집 13권 6책 : 四周雙邊 半郭 21.5×17.4㎝, 有界, 10行20字 註雙行, 上下2葉花紋魚尾 ; 28.5×20.2㎝ - 부록 4권 2책 : 四周雙邊 半郭 19.3×16.3㎝, 有界, 10行19字, 上下向2葉花紋魚尾 ; 31.2×20.9㎝ - 별집 2권 2책 : 四周雙邊 半郭 23.1×16.1㎝, 有界, 10行20字 註雙行, 上下向黑魚尾 ; 29.1×19.9㎝
소장처	국립중앙도서관, 계명대, 동국대 경주캠퍼스, 부산대, 장서각, 성균관대 존경각, 연세대, 전남대, 충남대, 한국학중앙연구원

2. 정의

『척암집』은 김도화(金道和, 1825-1912)의 시문집으로, 원집 36권 19책, 속집 13권 6책, 부록 4권 2책, 별집 2권 2책으로 구성되어 있다.

3. 저자사항

김도화의 자는 달민(達民)이고, 호는 척암(拓菴)이며, 본관은 의성(義城)이다. 부친은 김약수(金若洙)이고, 모친은 진양 정씨(晉陽鄭氏) 정상관(鄭象觀)의 따님이다. 고성 이씨(固城李氏) 이찬(李瓚)의 따님과 혼인하였다. 1825년(순조 25) 9월 1일에 태어나 1912년 8월 7일에 향년 88세의 나이로 세상을 떠났다. 6남 3녀를 두었는데, 아들은 김경휘(金絅輝), 김현휘(金絢輝), 김진휘(金縉輝), 김기휘(金紀輝), 김학휘(金鶴輝), 김한휘(金漢輝)이고, 딸들은 각각 류봉희(柳鳳熙), 권성한(權聲漢), 정연창(鄭淵昌)에게 시집갔다. 저서에 『척암집』이 있다.

태어날 때부터 총명함이 사람들을 놀라게 하였고, 7세에 이미 문장을 지을 수 있었으며, 8세에 『소학(小學)』과 『통감절요(通鑑節要)』 등을 배웠다. 25세에 비로소 정재(定齋) 유치명(柳致明)의 문하에 들어가 수학하였는데, 이로써 김도화는 퇴계(退溪) 이황(李滉)·대산(大

山) 이상정(李象靖)·유치명으로 이어지는 학맥을 계승하였다.

1895년(고종32) 12월에 을미사변이 일어나고 단발령이 시행되자, 이에 항거하여 김흥락(金興洛), 류지호(柳止鎬) 등과 더불어 안동의진(安東義陣) 결성을 결의하고 거의통문(擧義通文)을 발표하였고, 이듬해에 의병장으로 추대되었다. 1905년(광무9)에 을사늑약이 체결되자 수천 자가 넘는 상소을 지었으나 결국 올리지는 못하였고, 1910년(융희4)에 국권을 잃고 나라가 합병되자, 수일 동안 미친 듯이 울다가 통감부(統監府)에 격문을 보냈다. 1911년에는 일본의 문학사(文學士) 다카하시 도루(高橋亨)가 김도화에게 흥학진유(興學振儒)를 권면하자 애군우국(愛君憂國)의 시를 지어 답하기도 하였다. 이처럼 김도화는 직접 의병대를 지휘하며 이끌기도 하고 시문(詩文)으로써 일제에 저항하거나 국민들의 애국심을 고취시키기도 하였다. 이러한 의병 및 애국 활동이 인정되어 1983년에는 대한민국 건국포장이, 1990년에는 대한민국 건국훈장 애국장이 추서되었다.

4. 구성 및 내용

김도화의 문집은 원집 36권 19책, 속집 13권 6책, 부록 4권 2책, 별집 2권 2책으로 구성되어 있다. 원집은 현재 부산대학교 도서관, 연세대학교 도서관, 성균관대학교 존경각 등에 소장되어 있고, 속집은 현재 국립중앙도서관, 부산대학교 도서관, 장서각 등에 소장되어 있으며, 부록과 별집은 부산대학교 도서관, 성균관대학교 존경각 등에 소장되어 있다.

권1에는 사(詞) 1편과 시(詩) 122제(題)가 수록되어 있는데, 대체로 저작 시기 순으로 편차되어 있다. 권2에는 응와(凝窩) 이원조(李源祚)와 하재(下齋) 김우수(金遇洙)에 대한 만시(輓詩) 등 총 97제의 만시가 수록되어 있다.

권3~8에는 소(疏) 2편과 서(書) 290편이 수록되어 있다. 2편의 상소 가운데 「도산서원묘변후청복소(陶山書院廟變後請復疏)」는 도산서원에서 퇴계의 위판이 도난당하자 다시 만들 것을 청하는 상소이고, 「청학봉선생승무소(請鶴峯先生陞廡疏)」는 학봉(鶴峯) 김성일(金誠一)을 문묘(文廟)에 합사(合祀)할 것을 청하는 상소이다. 서는 대체로 스승인 유치명을 비롯한 여러 교유 문인들에게 쓴 편지인데, 다만 권8에는 주로 가족 및 친족들에게 쓴 편지가 수록되어 있다.

권9에는 잡저(雜著) 4편이 수록되어 있는데, 이 중에 「기문록(記聞錄)」은 스승 유치명에게 나아가 수학하기 시작한 1849년부터 스승과의 문답 등 보고 들은 내용을 기록한 것이다. 「태극도설(太極圖說)」, 「서명(西銘)」, 「옥산강의(玉山講義)」는 각각 주돈이(周敦頤)의 「태극도설」, 장재(張載)의 「서명」, 주희(朱熹)의 「옥산강의」를 탐독하고서 자신의 견해를 덧붙인 글이다.

권10에는 책(策) 1편, 설(說) 8편, 변(辨) 4편, 잠(箴) 4편, 명(銘) 5편, 사(辭) 10편이 수록되어 있다. 이 가운데 「존덕성도문학설(尊德性道問學說)」, 「사칠이발기발설(四七理發氣發說)」, 「천군설(天君說)」과 같은 작품에서는 김도화의 성리학적 견해를 살펴볼 수 있고, 「부재모상재기행부의변(父在母喪再朞行祔疑辨)」, 「처상십오월담후입사자추복유무변(妻喪十五月禫後立嗣子追服有無辨)」, 「장후신혼곡배례유무변(葬後晨昏哭拜禮有無辨)」과 같은 작품에서는 김도화가 예학(禮學)에도 밝았음을 알 수 있다.

권11~14에는 서(序) 149편, 권15·16에는 기(記) 72편, 권17에는 발(跋) 22편과 상량문(上樑文) 12편이 수록되어 있다. 서와 발의 경우 대부분 영남지역 문인의 문집 및 족보 등에 대해 지은 것이다. 기는 대체로 건축물에 대한 기문이어서 상량문과 더불어 영남지역의 건축물들의 내력을 파악하는 데 도움이 된다.

권18에는 애사(哀辭) 4편, 뇌문(誄文) 3편, 고유문(告由文) 16편, 제문(祭文) 18편, 전(傳) 5편, 권19에는 비명(碑銘) 17편, 권20에는 묘지명(墓誌銘) 20편, 권21~30에는 묘갈명 191편, 권31~35에는 행장(行狀) 63편이 수록되어 있다. 이 역시 대부분 영남지역의 문인들을 대상으로 한 작품들이어서, 김도화의 교유 관계는 물론이고 상대적으로 잘 알려지지 않은 영남지역 문인들에 대한 정보와 이력을 파악 수 있다. 권36에 수록된 6편의 유사(遺事)는 스승인 유치명, 부친인 김약수, 모친인 진양 정씨 등에 관한 것이다.

권36에 수록된 6편의 유사(遺事)는 스승인 유치명, 부친인 김약수, 모친인 진양 정씨 등에 관한 것이다.

속집의 권1에는 시(詩) 67제가 수록되어 있는데, 시기순으로 편차되어 있다. 권2에는 2편의 소(疏)가 수록되어 있는데, 그 중 「청의제물변소(請衣制勿變疏)」는 1884년에 옛 의장 제도를 변경한다는 내용의 예조 절목을 보고 원래대로 되돌릴 것을 청한 상소이다. 권3~5에는 서(書) 151편, 서(序) 4편이 수록되어 있다. 편지의 경우 당대에 영남지역에서 명망이 있던 곽종석(郭鍾錫), 이종기(李種杞) 등에게 보낸 것인데, 단 권5에는 아들, 손자, 친족 등에게 보낸 것으로 구성되어 있다.

권6에는 서(序) 26편, 설(說) 6편, 기(記) 23편, 권7에는 발(跋) 8편, 명(銘) 4편, 상량문(上樑文) 3편, 애사(哀辭) 2편, 축문(祝文) 14편, 제문(祭文) 9편, 뇌문(誄文) 2편, 전(傳) 3편, 권8에는 비(碑) 2편, 묘지명(墓誌銘) 12편, 권9·10에는 묘갈명(墓碣銘) 27편, 권11·12에는 행장(行狀) 24편, 권13에는 유사(遺事) 6편이 수록되어 있다. 이 역시 대부분이 영남지역의 명사(名士)와 명승(名勝)에 관련된 작품들이다.

부록은 다른 문인들이 김도화에 대해 지은 작품이 수록되어 있다. 부록의 권1에는 곽종석 등이 지은 만사(輓詞) 99편이, 권2에는 이찬화(李燦和) 등이 지은 제문 36편이 수록되어 있다. 권3에는 곽종석이 지은 광지(壙誌)와 김홍락(金鴻洛)이 지은 묘갈명(墓碣銘)이, 권4에는 홍희흠(洪羲欽)이 지은 서전(敍傳), 김용희(金容禧)가 지은 언행총서(言行總敍), 유봉희(柳鳳熙) 등이 지은 서술(敍述)이 수록되어 있다. 권말은 급문록(及門錄)으로, 김도화의 문인 216인에 대한 기록이 담겨 있다.

별집의 권1에는 사(詞) 1제, 시(詩) 27제, 조(詔) 2편, 소(疏) 4편, 서(書) 9편, 격문(檄文) 8편, 비(碑) 2편, 지(誌) 1편, 잡저(雜著) 2편, 고유문(告由文) 2편, 전(傳) 4편이 수록되어 있다. 「통곡사(慟哭詞)」는 1910년(융희4) 한일합방이 체결되었다는 소식을 듣고 비통한 심정을 읊은 작품이다. 시는 원집 및 속집에 수록된 시와 중복되는 것이 많다. 「청파오조약소(請罷五條約疏)」와 「청물합방소(請勿合邦疏)」는 각각 을사조약의 파기와 한일합방의 무효를 청하는 상소이다. 「격고통감문(檄告統監文)」, 「재격통감문(再檄統監文)」, 「포고각국공사문(布告各國公司文)」, 「포고만국문(布告萬國文)」은 모두 한일합방 체결 이후 통감부와 각국 공사 및 여러 나라들에 본 체결의 부당함을 호소한 글이다. 잡저의 「여일본고교향문답(與日國高橋亨問答)」은 일본의 다카하시 도루(高橋亨)와의 문답 및 시를 기록한 것이다. 전 4편에는 일제 침략에 항거한 인물 6인의 행적이 남겨져 있는데, 대상 인물은 최익현(崔益鉉), 민영환(閔永煥), 이재명(李在明), 안중근(安重根), 이준(李儁), 김순흠(金舜欽)이다.

권2에는 서(書) 12편, 잡저(雜著) 2편, 서(序) 1편, 기(記) 5편, 상량문(上樑文) 2편, 제문(祭文) 2편, 지(誌) 7편, 행장(行狀) 4편, 전(傳) 1편이 수록되어 있다. 말미에는 부록으로 김동석(金東碩)과 김익상(金翊祥)이 지은 제문과 채헌기(蔡憲基)가 지은 별집의 발문이 수록되어 있다.

5. 주요 작품 및 문집의 특징

김도화의 의병 활동을 통한 무력항쟁으로 애국을 실천함과 동시에 국권 상실의 비통함을 읊거나 일제의 만행을 만국에 알리고 불합리한 조약 등에 대해 반발하는 등 문필을 통해 항쟁의 의지를 보인 인물이다. 『척암집』에는 김도화가 실제로 구국 항쟁의 의지를 드러낸 작품을 찾아볼 수도 있고, 몸소 의병 활동을 하였던 사실에 대한 기록도 확인할 수 있다.

먼저 「우성(偶成)」, 「우감(偶感)」(이상 권1), 「감탄(感歎)」, 「상시(傷時)」(이상 속집 권1)와 같은 시들에서는 참담한 시대적 상황을 슬퍼하고 비통해하는 지식인으로서의 면모를 느낄 수 있다. 아울러 정의로운 무력에 대한 염원을 엿볼 수 있어서, 향후 의병 대장으로서 무력 항쟁을 실천하는 모습과 연관 지을 수 있다. 「통곡사(慟哭詞)」(별집 권1) 역시 일제의 강제 침략에 대한 비분강개한 정서를 주제로 삼고 있는데, 개인적인 감정의 술회하는 것을 넘어서

서 민족적 정서를 반영한 공식적인 제문과도 같다는 평가를 받는다.

김도화의 애국충신지사로서의 모습이 잘 드러난 것은 상소와 격문이다. 「창의진정소(倡義陳情疏)」는 의병을 일으키는 당위성에 대해 왕에게 상주한 것이고, 「파병후자명소(破兵後自明疏)」는 왕의 명령에 의하여 어쩔 수 없이 의병이 해산되자 그 비통한 소회를 밝힌 글이다. 「청파오조약소(請破五條約疏)」는 을사조약의 폐기를 주장하는 것으로, 해당 조약은 강제로 체결한 것이기 때문에 효력이 없음을 말하였고 특히 조약에 서명한 을사오적에 대해 '이리나 호랑이조차도 잡아먹지 않을 더러운 놈들'이라고 격렬한 논조로 규탄하기도 하였다. 「청물합방소(請勿合邦疏)」(이상 별집 권1)는 한일합방의 무효를 주장한 글인데, 왕에게 망국의 책임을 묻기도 할 정도로 극도의 상실감과 비애를 강하게 표출하였다. 별집 권1에 수록된 「격고통감문(檄告統監文)」, 「재격통감문(再檄統監文)」, 「포고각국공사문(布告各國公司文)」, 「포고만국문(布告萬國文)」은 합일합방 이후에 통감부에 부당함을 성토하고, 각국 공사와 만국에 일본의 만행과 우리나라의 항거 의지를 밝힌 포고문이다.

이외에도 속집 권1에 수록되어 있는 4편의 전을 주목할 필요가 있다. 이 전의 대상 인물은 최익현(崔益鉉), 민영환(閔泳煥), 이재명(李在明), 안중근(安重根), 이준(李儁), 김순흠(金舜欽)으로, 나라를 위해 목숨을 바친 의사(義士) 및 열사(烈士)들의 행적을 전하여 이들의 공렬을 높이고 후세의 사람들의 귀감이 되게 하고자 하였다. 이상에서 보이듯 적극적으로 일제에 항거하는 모습을 보인 작품들은 대체로 별집에 수록되어 있다. 이는 별집의 발문에서 '이미 원집 및 속집이 간행되어 전해지고 있음에도 다시 별집을 간행하는 것은 일제 치하의 시기적 특수성으로 인하여 항일 관련 작품들이 원집 및 속집에 누락되어 있기 때문이다.'라고 한 데서 그 이유를 찾을 수 있다.

김도화가 만년에 적극적인 항일 활동으로 인하여 애국지사로서의 모습이 부각되어 보이는 것은 사실이지만, 김도화의 학문은 성리학에 기초하고 있으며 이황·이상정·유치명으로 이어지는 퇴계학파의 학맥을 계승한 대학자이기도 하다. 「기문록(記聞錄)」(권9)은 김도화가 유치명에게서 수학하면서 보고 들은 것을 79조의 항목으로 기록한 것으로, "경전의 의미는 이미 주자가 서술하였고, 퇴계(退溪)가 부연하였으며, 대산(大山)이 다시 발명하였다."라고 하여 자신의 학문의 연원을 밝히기도 하였다.

이외에 주돈이, 장재, 주희의 글을 읽고 자신의 견해를 밝힌 「태극도설(太極圖說)」, 「서명(西銘)」, 「옥산강의(玉山講義)」(이상 권9), 성리학 논제에 대한 견해를 논리정연하게 밝힌 「존덕성도문학설(尊德性道問學說)」, 「사칠이발기발설(四七理發氣發說)」, 「천군설(天君說)」(이상 권10), 주자 및 퇴계의 글을 읽고 소회를 남긴 「주자어절요발(朱子語節要跋)」, 「근서주전집람후(謹書朱全集覽後)」, 「퇴도서절요차의발(退陶書節要箚疑跋)」(이상 권17) 등에서도 성리학자료서의 깊이 있는 모습을 볼 수 있으며, 이는 구한말 유학사에서 크게 다루어질 만하다.

6. 참고문헌

서석홍, 「拓菴 金道和 硏究 : 憂國意識을 中心으로」, 안동대학교 석사학위논문, 1993.

임노직, 「척암 김도화의 현실인식」, 『국학연구』 4, 한국국학진흥원, 2004.

김윤규, 「19세기 말~20세기 초 전통 지식인 한시의 문학사적 성격 검토 -拓菴 金道和의 경우-」, 『東方漢文學』 53, 동방한문학회, 2012.

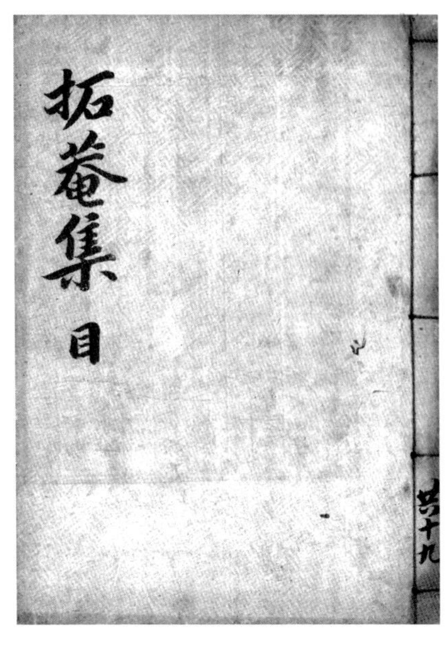

拓菴集 目

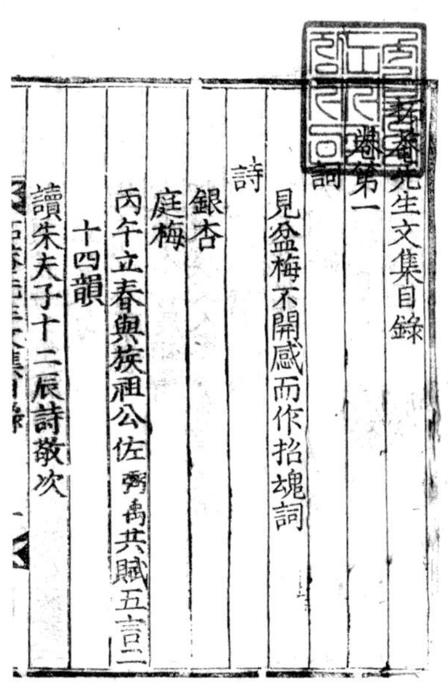

拓菴先生文集目錄

卷第一

詞

見盆梅不開感而作招魂詞

詩

銀杏

庭梅

丙午立春與族祖公佐(秀禹)共賦五言二十四韻

讀朱夫子十二辰詩敬次

拓菴先生文集卷之七

書

上柳建一(萬植○乙巳)

昔者縲絏之厄公冶所不免今日雞竿之命天日所照臨一則寢可驚而夢可愕一則手之舞而足之蹈矣顧此癃病之物跧伏窮荄尺紙修敬幷闕於前後有時循省安得不惄然而汗悚哉反省有日伏惟上閤壽體神相省餘婉愉之節莫無積苦之餘毒否君子行患之道無入而不自得此是執事家相傳旨訣而有辭於天下矣忝在朋友之末

肖也娶僉樞固城李璞之女生男女若干人具載府君狀中嗚呼尚忍言哉不肖囚狀晚生膝下但知狎恩恃愛而不能力學成名以仰體慈念之萬一居然歲月荏苒髻髮如而痛纏蓼莪穹壤莫逮悠悠蒼天此何爲哉竊伏念夫人之淑行懿範宜不止此而晨夕擗號之餘精魄遁盡萬不記一玆以平日耳目之所逮者略錄如右爲後世子孫不忘之資云爾

拓菴先生文集卷之三 十六

※ 국립중앙도서관 소장

〈영남-10〉 서주집 西洲集

1. 형태서지

표제/권수제	서주집(西洲集)
편저자	김사진(金思鎭) 著
판사항	석판본
발행사항	[刊寫地未詳] : [刊寫者未詳], 1962
형태사항	총 12권 6책 四周雙邊 半郭 21.5×15.5㎝, 有界, 11行24字 註雙行, 上下向黑魚尾 ; 29.6×19.8㎝
소장처	국립중앙도서관, 국회도서관, 단국대 율곡기념도서관, 단국대 퇴계기념도서관, 성균관 대존경각, 소수박물관, 안동대, 연세대, 영남대, 한국학중앙연구원

2. 정의

『서주집』은 독립운동가이자 유학자인 김사진(金思鎭, 1878-1953)의 시가와 산문을 엮은 문집이다.

3. 저자사항

김사진의 자는 근보(謹夫)이고, 호는 서주(西洲)이며, 예안(禮安, 현 경상북도 안동) 사람이다. 부친은 김용규(金龍奎)이고, 모친은 한양 조씨(漢陽趙氏) 통정대부(通政大夫) 조태익(趙泰翼)의 따님이다. 첫 번째 부인 안동 권씨(安東權氏)와는 금슬이 좋아 부인을 '규문(閨門)의 지기(知己)'라고 칭하였으며, 슬하에 1녀가 있고, 두 번째 부인 금성 박씨(錦城朴氏)와의 사이에는 2녀 2남을 낳았다.

어려서는 활달한 성격으로 학문에 흥미가 없었으나, 어느 날 학문의 필요성을 깨닫고 『소학(小學)』을 깊이 공부하고, 부친의 추천으로 족대부(族大父)인 김휘철(金輝轍)에게 『소학』·『대학(大學)』·『주자서절요(朱子書節要)』 등을 배웠다. 24세에 동정(東亭) 이정호(李正鎬)에게서 성리설(性理說)에 대해 수학하였고, 이후 면우(俛宇) 곽종석(郭鍾錫)에게 수학하였다. 정돈섭(丁敦燮)·이승희(李承熙)·김재경(金在敬)·박세화(朴世和) 등의 인물과 교유하며 학문에 몰두하였으며, 문하에 김훈(金熏)·이가원(李家源) 등의 제자를 두었다.

1917년에는 이승희과 정돈섭 등의 인물과 함께 서간도로 가서 덕흥보(德興堡)를 개간하고 돌아왔으며, 파리장서에 서명한 화가 미쳐오자 다시 서간도로 가서 개척활동을 하였다. 이후 곽종석이 세상을 뜨는 등의 여러 일을 겪고는 3년 동안 병을 앓았다. 그 뒤 하겸진(河謙

鎭) 등의 인물과도 교유하며 성리학 등의 학문에 침잠하였다. 1950년에 한국전쟁이 발발하자 동포(東浦)로 피난을 갔는데, 그 무렵에 이미 노환을 앓고 있었으나 자신을 찾아오는 사람들과 학문에 대해 활발히 토론하는 등 학업에 대한 열의를 이어갔다. 그러나 병환이 깊어져 1954년에 별세하였다. 장지(葬地)는 경상북도 영주시에 소재했던 구강서원(龜江書院)의 좌록(左麓)에 있다.

4. 구성 및 내용

『서주집』은 12권 6책이며, 석판본이다. 6책은 예(禮)·악(樂)·사(射)·어(御)·서(書)·수(數)로 구분되어 있고, 예(禮)는 총목(總目)과 권1·2, 악(樂)은 권3·4, 사(射)는 권5·6, 어(御)는 권7·8, 서(書)는 권9·10, 수(數)는 권11·12로 되어있다. 권1·2는 시(詩), 권3~7은 서(書), 권8은 서(序)·기(記)·발(跋)·상량문(上樑文)·고유문(告由文)·제문(祭文)이 수록되어 있다. 권9는 잡저(雜著), 권10은 잡저·명(銘)·찬(贊)이 수록되어 있으며, 권11은 애사(哀辭)·묘갈명(墓碣銘)·묘지명(墓誌銘)·광지(壙誌)가 수록되어 있고, 권12는 비(碑)·묘표(墓表)·행장(行狀)·전(傳)이 수록되어 있다. 부록으로 김사진의 행장(行狀)과 묘갈명(墓碣銘)·발(跋)이 있다. 『서주집』은 1962년 조카와 후학들에 의해 간행되었으며, 국립중앙도서관, 한국국학진흥원 도서관, 소수박물관, 연세대학교 도서관 등에 소장되어 있다.

권1·2는 시(詩) 370여 제이다. 「매(梅)」 등의 영물시도 있으며, 「궁거(窮居)」 등 자신의 술회를 읊은 차분하고 고요한 정감의 시도 다수 수록되어 있다. 한편, 학문에 관련된 시들도 보이는데, 「시동사제군(示同社諸君)」은 위학(爲學)·입지(立志)·거경(居敬)·독서(讀書) 등의 조목으로 주변 인물들을 권면한 작품이고, 「독정우담사칠설유감(讀丁愚潭四七說有感)」 3수는 우담 정시한(丁時翰)의 사칠설에 대해 김사진의 견해를 밝힌 시이다. 「동도회고(東都懷古)」는 경주를 방문한 뒤 옛 신라의 모습을 떠올린 작품이다.

권3~7은 서(書) 120여 편이다. 상당수의 작품이 기질지성(氣質之性), 심즉리(心卽理) 등 학술적인 내용에 대해 자신의 견해를 밝히고 질문을 하는 것으로, 작가의 학문세계를 엿볼 수 있다. 서의 앞부분에는 신축년에 이정호에게 가르침을 받고자 청하는 「상동정이선생(上東亭李先生)」이 수록되어 있고, 이어 이정호에게 보낸 서간 5편이 시간 순서대로 배열되어 있다. 다음으로는 곽종석에게 올린 편지 4편이 실려 있는데, 기질지성(氣質之性) 등 성리학에 대한 의문점을 질문한 내용들이다. 한편, 정돈섭에게 쓴 편지인 「여정백숭(與丁伯崇)」(권3)은 서간도 지역에 가있는 정돈섭에게 노고를 위로하고 안전을 당부한 것이다. 권6은 모두 김황(金榥)과 주고받은 편지로, 학문에 임하는 자세뿐만 아니라 성리학의 내용과 관련해서도 김사진의 의견을 밝히고 있다.

권8은 서(序) 4편, 기(記) 3편, 발(跋) 13편, 상량문(上樑文) 2편, 고유문(告由文) 1편, 제문(祭文) 15편이 수록되어 있다. 서(序)는 벗 권도원(權道源)이 일본을 다녀오고 기록한 동유록(東遊綠)에 대한 서문인 「동유록서」 등이 있고, 기(記)는 「문엄정중수기(文巖亭重修記)」 등이 있으며, 발(跋)은 김사진의 스승인 동정의 문집에 쓴 「동정선생문집발(東亭先生文集跋)」 등이 있다. 제문은 곽종석에게 쓴 제문부터 수록되어 있는데, 「제면우선생문(祭俛宇先生文)」은 스승 곽종석의 학식과 명망 등을 찬양하고 그가 세상을 떠난 것을 안타까워 한 작품이다. 권9·권10은 잡저 5편, 명(銘) 2편, 찬(贊) 1편이 수록되어 있다. 「시찬(蓍贊)」은 주역점을 칠 때 사용한 시초의 영험함을 읊은 작품이다.

권11은 애사(哀辭) 3편, 묘갈명(墓碣銘) 9편, 묘지명(墓誌銘) 10편, 광지(壙誌)가 수록되어 있는데, 작품으로는 곽종석의 문하에서 함께 수학했던 정규필(丁奎弼)에게 쓴 「강와정공묘갈명(剛窩丁公墓碣銘)」 등이 있다. 권12는 비(碑) 1편, 묘표(墓表) 1편, 행장(行狀) 6편, 전(傳) 1편이 수록되어 있다. 이상의 작품을 통해서 김사진의 교유관계를 확인할 수 있을 뿐만 아니라 당시 인물들의 행적을 살펴볼 수 있다. 이 중 「선정선생전(禪亭先生傳)」은 화암서원(華巖書院)에 배향된 여말(麗末) 문신 백인관(白仁寬)의 행적을 기록한 작품이다. 부록으로 김사진의 행장(行狀)과 묘갈명(墓碣銘)·발(跋)이 있다.

5. 주요 작품 및 문집의 특징

김사진이 여러 인물들과 교유하며 성리학에 대해 일생토록 연구한 인물인 만큼 『서주집』에 수록된 작품들 중에는 그의 학문세계를 확인할 수 있는 작품이 많다. 특히 권9 잡저(雜著)에 수록된 「심리구원(心理究源)」과 「심즉리고증(心卽理考證)」은 방대한 분량으로 작가의 심학(心學)에 대한 견해를 밝힌 작품이라는 점에서 주목할 만하다. 「심리구원」은 주자(朱子)의 심설(心說)에 대하여 여러 조목으로 정리한 작품으로, 원형이정설(元亨利貞說)부터 심설(心說)까지 주자와 정자(程子)가 주변 인물들과 문답을 주고받은 내용들을 정리하여 제시하고, 자신의 견해를 덧붙였다. 「심즉리고증」은 양명학의 심즉리설(心卽理說)을 먼저 소개하고, 이에 대한 퇴계의 논변을 함께 제시하며, 그 뒤에 김사진의 견해를 밝힌 작품이다.

권10의 「독사비유(讀史備遺)」는 김사진이 역사서를 읽고 난 뒤 그 내용을 잊어버리는 것에 대비하여 논할만한 중요한 역사적 사실들을 기록한 작품이다. 지과(知果)가 보씨(輔氏)로 성을 바꾸고 목숨을 보전한 일화, 지백(知伯)과 조양자(趙襄子)의 일화, 위문후(魏文侯)와 전자방(田子方)의 일화, 이극(李克)이 위문후에게 재상을 추천한 일화, 오기(吳起)의 일화, 신불해(申不害)의 일화, 공손연(公孫衍)·장의(張儀)·소진(蘇秦)의 일화, 맹상군(孟嘗君)과 평원군(平原君)의 일화 등이 수록되어 있어 김사진이 주목한 역사적 사건을 일람할 수 있다.

한편, 김사진은 이승희와 정돈섭 등의 인물과 함께 서간도 개간에 참여하였는데, 이러한 활동을 하며 남긴 작품들도 문집에 수록되어 있다. 그 중 대표적인 작품은 1917년 정돈섭과 함께 서간도로 다녀온 뒤 남긴 『요행일기(遼行日記)』이다. 『요행일기』는 요동지역으로 가는 여정에 따라 작품이 순서대로 수록되어 있는데, 가는 길에 남긴 작품으로는 한양(漢陽)에서의 감회를 읊은 「한양남문감사(漢陽南門感事)」, 개성(開城) 만월대(滿月臺)를 보고 고려의 쇠락을 안타까워한 「만월대」 등의 작품이 있다. 「봉황성감사(鳳凰城感事)」는 선조의 연행록에서 본 지명에 직접 당도하고서 대비되는 상황에 안타까워하는 내용이다. 요동벌판에 이르러서는 그 모습을 「요야(遼野)」에 담았다. 마지막에 수록된 「도심서투신달주숙(到瀋西投申達周宿)」은 요동에서의 간략한 행적과 요동인들의 대우, 처한 현실에 대한 안타까운 심정을 읊은 작품이다.

6. 참고문헌

김사진(金思鎭), 『서주문집(西洲文集)』, 1962

西洲文集 禮

西洲文集總目

卷之一
詩
卷之二
詩
卷之三
書
卷之四
書
卷之五
書

西洲文集卷之一

詩

懷友用朱子韻

嚶嚶鳥在樹藹藹雲歸阡靑靑野中草落日迷荒烟悵望情懷結誰與細言言昔我二三子共此溪堂眠經營抱千載孜孜惜流年苟其忽分寸逝者難推還此意良已苦悄悄知者鮮如何風雨惡狂濤忽翻川栖栖一散之淚落山陽篇塵埋架上書月隱松間軒辜負好心期晤嘆諒不誠長歌復長歌獨對南山巓

步月

皎皎江上月娟娟照我裳宇宙何遼濶充滿一淸光有心本如玆澄治愧迷方云何爲物役飛淪忽參商古今幾久者頑肉坐

伯氏之學所以不見知於當日也今此殘膏賸馥將傳布一世倘或有遇於後來之子雲耶方伯氏病亟諸徒弟發箱篋謄出十一卷洎沒旣祥更考誤落從約刪節爲若干卷付諸印版是役也更番監梳者金君熹李君家源族侄承學也抵終勾當者丁君學鎭宋君泰翼權君丙極也鑛貲而經始者金友稙榮族弟台鉉宗姪濟東及鄕士友也以興鎭之愚不解事而幸隨諸公後趂於未死之前得此一事見就志願已畢有辭可歸報矣旣叙所感且識集事之端由如右

舍弟興鎭謹識

西洲文集附錄 終

〈영남-11〉 **초정집** 草亭集

1. 형태서지

표제/권수제	초정집(草亭集)
편저자	김성규(金星圭) 著
판사항	연활자본
발행사항	木甫 : 成趣園, 1937
형태사항	총 12권 6책 四周雙邊, 半郭 17.8×12.8㎝, 有界, 13行29字, 上向黑魚尾 ; 24.5×17.8㎝
소장처	국립중앙도서관, 고려대, 대구가톨릭대, 성균관대 존경각, 영남대, 전남대, 전주대

2. 정의

『초정집』은 조선후기 학자 김성규(金星圭, 1863-1936)의 시가와 산문 및 공문서를 엮어 1937년에 간행한 시문집이다.

3. 저자사항

김성규의 자는 보형(寶衡)이고, 호는 초정(草亭)이며, 연풍(延豊, 현 충청북도 괴산)에서 태어났다. 부친은 현감 김병욱(金炳昱)이고, 모친은 순흥(順興) 안씨(安氏)이다. 3세 이후에는 경상북도 문경으로 이사를 갔고, 어린 시절 모친에게 『천자문(千字文)』·『동몽선습(童蒙先習)』 등을 배웠다. 15세에는 부친에게 사서(四書) 등을 배웠으며, 17세에 상경(上京) 해서는 사촌인 김승규(金昇圭)의 집에 머무르며 신구(新舊)의 서적을 탐독하였다. 특히 수리(數理)와 역상(曆象)에 밝아 미국인이나 일본인과 더불어 난해한 부분에 대해 논의할 수 있을 정도였다. 22세에는 병을 얻어 다시 귀향하여 지내다가 25세가 되던 1887년(고종24)에 광무국주사(礦務局主事)에 제수되었고, 같은 해 친군우영문안(親軍右營文案)에 올라 주차영덕아의법오국 전권공사(駐箚英德俄義法五國全權公使)의 서기관(書記官)으로 출국하였다.

그 뒤 승정원급분(承政院給分)·상의원주부(尙衣院主簿) 등을 역임하고, 1894년(고종31) 갑오경장 이후에는 외직으로 고창군수·장성군수 등을 거쳤다. 1903년(광무7)에는 목포의 개항장(開港場)을 관리하기 위해 창설된 무안감리서(務安監理署)의 6대 감리를 맡았는데, 관련 분쟁이 있을 때에 일제의 압박에도 굴하지 않고 조선 노동자의 편에 서는 등의 자주적인 태도를 보였다. 이후 강원도 순찰사가 되어 선정을 베풀었으나, 조정 권신들의 모함으로 1905년(광무9) 파직되었다.

김성규는 고창현감에 부임했을 무렵 가족들을 문경에서 장성으로 이주시켰고, 모친의 묘소 또한 장성으로 이장하고, 그 아래에 초심정(草心亭)을 지었다. 관직에서 물러난 이후에는 목포와 장흥 등지에 그 시기에 설립된 민족 기업에 투자하여 자본가로 거듭났고, 학교를 세우는 등 교육 사업을 활발히 전개하였다. 저서로는 『초정집(草亭集)』 12권이 있다.

교유한 인물로는 민영익(閔泳翊)과 한치유(韓致愈) 등의 인물이 있다. 김성규의 후손인 세 아들 또한 활발한 활동을 벌였다. 장남은 한국 현대 극작가의 효시라고 불리는 김우진(金祐鎭)이고, 차남은 김철진(金哲鎭)은 목포신간회 운동에 참여하고 1936년 발간한 『호남평론』의 책임자였다. 삼남 김익진(金益鎭)은 장성에서 신앙생활을 하며 해방 이후 자신의 토지를 광주교구에 헌납하고 이후 경상북도 등지에서 교육에 힘쓴 인물이다.

4. 구성 및 내용

『초정집』은 12권 6책이며, 연활자본이다. 권1·2는 사(辭) 1편, 시 510제, 권3은 유언서(遺言書), 정관(定款), 권4는 서독(書牘)이 수록되어 있고, 권5는 묘지(墓誌), 묘표(墓表), 묘갈명(墓碣銘), 고유문(告由文), 제문(祭文), 기(記), 발(跋), 서(序), 명(銘)이 수록되어 있으며, 권6은 상량문(上樑文), 논설(論說), 잡저(雜著), 권7은 주문(奏文), 공문(公文), 권8~10은 공문 200여 편, 권11은 종중공적(宗中公蹟)·기사류(記事類)가 수록되어 있다. 권12에 부록(付祿)으로 김성규의 행장·종환록(從宦錄)·이력서 등이 수록되어 있다. 1937년 아들 김철진이 편집 및 간행하였다. 권두에 정순묵(鄭淳默)의 서문, 권말에 홍석희(洪錫熹)의 발문이 있다. 성균관대학교 도서관 등에 소장되어 있다.

권1·2에 사(辭) 1편, 시 510제이다. 사(辭)는 솔개를 잡은 일화에 대해 쓴 「착연사(捉鳶辭)」 1편이고, 시는 문경 양산사(陽山寺)에서 공부할 당시에 쓴 「양산창과(陽山窓課)」 59수부터 창작연대 순으로 수록되어 있다. 나병을 앓을 당시 부모의 마음을 위로하기 위해 지어 올린 「병오사(病烏詞)」와 환갑에 부모의 묘소에서 지은 「기애시오십육구(紀哀詩五十六句)」 등의 작품에서 김성규의 효심을 엿볼 수 있다. 한편, 김성규가 구한말 여러 관직을 역임한 만큼 관련된 작품도 수록되어 있다. 「서사소집(西槎小集)」은 김성규가 주차영덕아의법오국 전권공사(駐箚英德俄義法五國全權公使)의 서기관(書記官)으로서 영국, 독일, 러시아, 이탈리아, 프랑스 5개국에 가려다 청나라의 견제에 의해 돌아오게 된 상황을 담고 있는 시이다. 장편의 가행체인 「초용가(初茸歌)」는 밀려오는 서구 문명에 대한 대응과 전통 수호의 의지를 보여주고 있다.

권3은 유언서(遺言書) 5편과 정관(定款) 2편이 수록되어 있다. 유언서는 1호에서 5호까지 있는데, 장례 방식, 부고(訃告) 방식 등에 대해서 자세하게 정해주었을 뿐만 아니라, 집안의 흥망(興亡)에 관한 경계, 재산 분배, 분묘 안장 등에 대해 자세히 기록되어 있다. 정관은 「상성합명회사정관(祥星合名會社定欵)」과 이에 대한 개정안과 부칙(附則) 및 「초정김씨종중재단보은사정관(草亭金氏宗中財團報恩社定欵)」, 「초정김씨종중정관(草亭金氏宗中定欵)이다.

권4는 서독(書牘) 71편이다. 서독은 「상친군우영사겸광무국총판민공영익서(上親軍右營使兼礦務局總辦閔公泳翊書)」 등 민영익에게 보낸 편지가 3편 수록되어 있으며, 「상주찰영덕아의법전권대신조공신희서(上駐紮英德俄義法全權大臣趙公臣熙書)」 등 조신희(趙臣熙)에게 보낸 편지와 「답주구공사관서기관남궁억서(答駐歐公使舘書記官南宮檍書)」 등 남궁억에게 보낸 편지가 수록되어 있어 교유 관계와 당시 정세에 대한 김성규의 인식을 확인할 수 있다. 한편 김성규는 장남인 김우진과의 갈등을 겪었는데, 이로 인해 가출하여 일본으로 간 김우진에게 보낸 「기우진서(寄祐鎭書)」는 아들에 대한 염려와 건강에 대한 당부 등이 담겨있다.

권5에는 묘지 7편, 묘표 2편, 묘갈명 4편, 고유문 9편, 제문 20편, 기(記) 2편, 발(跋) 1편, 서(序) 12편, 명(銘) 1편이 수록되어 있다. 묘지는 모친의 묘지명인 「선비태숙부인순흥안씨묘지(先妣太淑夫人順興安氏墓誌)」와 두 부인에게 쓴 「망실증숙부인풍산홍씨묘지(亡室贈淑夫人豊山洪氏墓誌)」·「망실숙부인순천박씨묘지(亡室贈淑夫人豊山洪氏墓誌)」 등이 있고, 자신이 직접 쓴 「초정거사묘자지(草亭居士墓自誌)」가 있고, 묘표에는 자신보다 먼저 세상을 떠난 장남 우진의 묘표인 「망아우진묘표(亡兒祐鎭墓表)」가 있다. 고유문은 김성규가 설립한 상성회사에 대해 쓴 「상성회사성립고묘문(祥星會社成立告廟文)」 등이 있다. 서(序)로는 일본인이 저술한 『산술촬요(算術撮要)』에 대해 쓴 「산술촬요서(算術撮要序)」, 양유형(梁裕衡)이 쓴 오사카 기행문에 대해 쓴 「대판행기서(大阪行記序)」 등이 있다.

권6에는 상량문 3편, 논설 15편, 잡저 36편이 수록되어 있다. 논설은 「논유민(論遊民)」, 「논개척(論開拓), 「논수리(論水利)」, 「논기기(論機器)」, 「논잠상(論蠶桑)」, 「논종저(論種藷)」 등 여섯가지 조목으로 농정(農政)에 대한 김성규의 의견을 개진한 작품이 있다. 또 「의제설(衣制說)」은 서양 복식이 유입된 상황에서, 습속이 다른 서양의 복식을 바로 따르는 것도 문제가 있지만 우리의 옛 복식이 다소 불편한 점이 있기도 하다는 것을 지적하며 양쪽의 장점을 취하여 백성들이 편안히 따를 수 있는 규정을 제정할 것을 주장하였다. 「예죽설증민시랑영익(禮竹說贈閔侍郎泳翊)」은 순조가 민영익에게 대나무를 하사한 것을 바탕으로 대나무의 곧은 특성과 민영익의 성품을 칭송하였다. 잡저에는 「김우진자원강자사(金祐鎭字元剛字辭)」 등 아들들의 자(字)에 대한 자사(字辭) 등이 있고, 이 외에 공문서의 성격을 가진 글도 잡저에 다수 포함되어 있다.

권7에는 주문(奏文) 2편, 공문(公文) 30편, 권8~10에 공문 200여 편이 수록되어 있다.

주문은 강원도(江原道) 순찰사(巡察使) 시절에 쓴 「홍천군수봉고파출상주문(洪川郡守封庫罷黜上奏文)」과 「강원도순찰사복명상주문(江原道巡察使復命上奏文)」 두 편이다. 공문은 전라감영총서(全羅監營總書), 고창현감 겸임전라도위무영종사관(高敞縣監兼任全羅道慰撫營從事官), 고폐군수(高敞郡守), 장성군수(長城郡守), 전라남도양무감리(全羅南道量務監理), 무안항감리(務安港監理), 강원도순찰사 등 역임한 관직으로 나누어 관련 공문을 수록하였다.

권11은 종중공적(宗中公蹟) 10편과 기사류(記事類) 11편이 수록되어 있다. 종중공적은 「안동김씨현감부군고종중원총회결의록(安東金氏縣監府君孤宗中員總會決議錄)」 등 종중의 공적인 총회 등에서 협의한 공적인 서류들이다. 기사류는 김성규가 모친의 묘소를 경북에서 본인이 이주해 온 고창으로 이장하면서 기록한 「선비묘면례일기(先妣墓緬禮日記)」 등과 꿈에서 부친을 뵙고 쓴 「기몽(記夢)」 등의 작품이 있다. 또 후손들의 이름을 미리 기록한 「후생명자예정기(後生名字豫定記)」 등이 있고, 「계자손혼례불용악교훈기(戒子孫婚禮不用樂教訓記)」는 현대식 혼례에서 음악을 연주하는 것을 보고 자손들에게 혼례에 음악을 사용하지 말 것을 당부하는 내용이다.

권12에는 부록으로 김성규의 실기(實記)·종환록(從宦錄)·이력서·관고보존건기록(官誥保存件記錄) 및 여러 읍지 등에 수록된 김성규 관련 기사 등을 모아두었다. 김성규의 실기는 장남 김우진이 작성하였으며, 「종환록」과 「관고보존건기록」 등을 통해서 상세한 이력을 확인할 수 있다. 한편 『무안읍지(務安邑誌)』·『면성지(綿城誌)』·『장성읍지(長城邑誌)』 등에서 김성규를 기록한 내용들을 발췌하여 수록해두었는데, 다수의 읍지에서 '효행' 조목으로 기록한 것을 통해 그의 효성이 당대에 인정받았음을 확인할 수 있다.

5. 주요 작품 및 문집의 특징

김성규는 대한제국기에 목포와 장성 등지에서 관직활동을 활발히 하였고, 이후 일제강점기 시기에도 회사 설립, 학교 설립 등의 다양한 활동을 전개하였는데, 전통적인 한문 작품 외에 이러한 사회 활동과 관련된 공문서 등이 문집에 다수 수록되어 있다는 점이 특징적이다.

잡저(雜著)에 수록된 「무안부목포항사립여학교취지서(務安府木浦港私立女學校趣旨書)」는 여성교육의 중요성을 역설하며 여학교 설립의 정당성을 개진한 작품이다. 또 일본인 교사가 부임한 것에 대해 훌륭하기는 하지만 같은 정의(情義)를 가진 우리 민족이 교육자가 될 필요가 있다고 주장하였다. 「장성군장남학교발기문(長城郡長南學校發起文)」(이상 권6)에서는 장성지역의 유학자들이 설립한 학교에 대한 발기문(發起文)으로, 유학(儒學)이 옛것이라 실정에 맞지 않다고 비판하는 사람들에 대해 반박하며, 공자의 왕도(王道) 사상을 바탕으로 한

교육의 필요성을 주장하였다. 이러한 작품들을 통해 당시 교육활동에 힘썼던 김성규의 교육 사상의 일면을 엿볼 수 있다.

한편, 권7부터 권10에 수록된 주문 및 공문은 모두 전라도 내 행정 관계 서류로 당시 정세 및 지방사 연구의 참고자료가 된다. 김성규가 전라감영의 총서(總書)로 재직할 시절 관찰사를 대신하여 쓴 「효유도내난민문(曉諭道內亂民文)」(권7) 등 4차례에 걸쳐 작성한 효유문(曉諭文)은 임오군란에 대한 정부의 대응을 확인할 수 있는 작품이다. 「조회대영제국흠명주차한성대리판사공사대신주이전(照會大英帝國欽命駐箚漢城代理辦事公使大臣朱邇典)」(권9)은 무안항(務安港) 감리(監理) 시절 영국의 John Newell Jordan(朱邇典)을 비롯한 각국의 공사(公使)들과 무역(貿易) 조회(照會)를 시행한 내용에 대한 공문서이다.

6. 참고문헌

김능하, 『초정집』, 『한국민족문화대백과사전』, 1996.

김용섭, 「光武量田의 思想基盤 : 量務監理 金星圭의 社會經濟論」, 『아세아연구』 15권, 고려대 아세아문제연구소, 1972.

장선희, 「근대전환기 新·舊 文化의 衝突과 受容에 관한 연구 : 목포지역 金星圭와 金祐鎭의 경우」, 『한국시가문화연구』 16권, 한국시가문화학회, 2005.

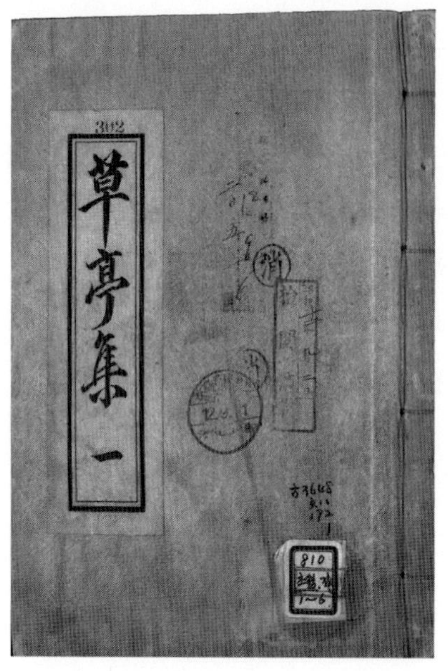

草亭集序

昔管夷吾以事功顯而所著弟子職全似曲禮諸葛孔明不以文章自名而出師表與伊訓說命相表裏是二子曷嘗有意於著書而有是哉盖其高明之稟於天者自發於文章余嘗讀草亭居士金先生之文其忠孝惻怛之性濟世匡時之志發於文辭有如二子也先生以王佐之才早抱遠圖已自童丱慨然慕管葛事業凡星曆算數之術陰陽奇耦之學靡不鑽研旣而棄之又以俗士詩文無補於事專心用工於內治外交用兵理財之學若將弘濟時艱於朝暮之間由是盛名冠世人皆以公輔期之二十五歲出仕以親軍營礦務局要職兼駐歐公使館之書記官盖特選也及奉 命出疆察天下大勢且念政府事情洞見國事之必不可爲未及歸而遽遭內艱於國於家俱抱至痛遂有自斷其一生其意乃在於不居樞要低回下邑營葬親墓仍爲守墓終身之計也甲午更張出爲高敞縣監葬其先妣於長城郡地爲瞻

草亭集卷之一

安東 金星圭 寶衡 著

男 哲鎭 益鎭 謹輯

從弟 世圭 全州李炳夏 校正

辭

捉鳶辭 壬辰正月

國俗歲時士女皆新衣且放紙鳶爲戱都下兒童爲尤甚旬日之頃奔走如狂歲壬辰正月四日余適光熙門外道見一鳶絲斷颺風而下群童望之以先捉爲快躁而逐之鞋屐之響如殷雷然旣而跌者顚者撲氷而仰臥者遇棘而鉤其手腕者啼號之聲不絕中有多力而趫捷者蹶而復起再逐十餘步竟陷糞澗中沒足至脛瀸汚衣袴臭穢不可近傍有一丈人䠷褎帶索牽牛而過招童子而詔之曰觀若之衣美矣而胡爲乎糞澗中也童子仰首嚧

卷之一 一

立碣石安床石

○木浦府史第一編第一章第四節第三의七（五十七頁第十四行（의「人夫鑑札濫設問題」中記事譯文神藏昌平所作昭和五年十二月三十一日發行

當時剛直하고社稷을念하난監理金星圭

草亭集卷之十二終

※ 국립중앙도서관 소장

〈영남-12〉 **심산유고** 心山遺稿

1. 형태서지

표제/권수제	심산유고(心山遺稿)
편저자	김창숙(金昌淑) 著 / 국사편찬위원회 編
판사항	활판본
발행사항	서울 : 국사편찬위원회, 1973
형태사항	5권 1책 / 22.0㎝
소장처	국립중앙도서관, 경상대, 고려대, 국민대, 서울대, 성균관대, 전북대, 전주대

2. 정의

『심산유고』는 조선후기부터 현대까지 활동한 유학자이자 독립운동가·정치가인 김창숙(金昌淑, 1879-1962)의 시와 산문을 엮어 간행한 시문집이다.

3. 저자사항

김창숙의 자는 문좌(文佐)이고, 호는 심산(心山)이며, 본관은 의성(義城)이다. 1879년(고종 16) 경상북도 성주군 대시면에서 태어났다. 일제의 감시로 김우(金愚)로 개명한 적이 있고, 일제의 고문으로 다친 뒤에는 벽옹(躄翁)이라는 별호를 사용하기도 하였다. 부친은 김호림(金頀林)이며, 모친은 인동 장씨(仁同張氏)이다. 곽종석(郭鍾錫)과 이승희(李承熙)의 문인이다.

어려서부터 성품이 강인하고 호방하였으며, 학업에는 큰 뜻을 두지 않았다. 1905년(광무 9)에 을사조약이 체결되자 이승희(李承熙)를 따라 상경하여 「청참오적소(請斬五賊疏)」를 올렸고, 1908년(융희2)에는 대한협회 성주지부를 결성하였다. 나아가 단연회(斷煙會)를 조직하고, 그 기금으로 1909년(융희3) 성주에 사립 성명학교(星明學校)를 설립하여 신교육을 가르쳤다. 1910년(융희4) 경술국치 이후에는 상심하여 폭음으로 세월을 보내다가 모친의 가르침에 따라 마음을 다잡고 유학에 정진하였다.

1919년 3·1운동이 전개될 당시 김창숙은 모친을 간병하느라 「독립선언서」 선포에 참여하지 못하였는데, 이때 유림이 참여하지 못한 것을 안타까워하며 파리장서 사건(1차 유림단 사건)으로 알려진 유림 주도의 독립운동을 도모하였다. 이후에는 중국에서 망명생활을 하며 만주 등지에 새로운 독립운동기지 건설계획을 추진하였고, 독립 전쟁을 대비한 군정학교 설립을 위해 2차 유림단사건으로 알려진 모금운동을 전개하였다. 아울러 신채호(申采浩) 등과 함께 독립운동지인 『천고(天鼓)』를 발행하고, 박은식(朴殷植) 등과 협력하여 『사민일보(四民日報)』도 발간하였다. 서로군정서(西路軍政署)를 조직해 군사선전위원장으로 활약하였으며, 1925년 임시정부 의정원 부의장에 선출되었다. 1927년 밀정에 의해 상해의 영국인 병원에서 일본 영사관원에게 붙잡혀 본국으로 압송되었고, 그 뒤 14년의 형을 선고받아 대전형무소에서 복역하다가 일본경찰의 고문에 의해 두 다리가 마비되어 형집행정지를 받고 출옥하였다. 1945년에는 조선건국동맹의 남한 책임자로 추대되었다가 광복 직전에 발각되어 구속되었으며, 왜관경찰서에서 광복을 맞이하였다.

김창숙은 광복 이후에도 활발한 정치 활동 및 육영 사업을 전개했다. 남한 단독정부 수립에 반대하고, 김구(金九)와 함께 민족분열을 막기 위해 노력했으며, 이승만 정권 당시에는 독재와 부패 등에 반발하였다. 전쟁 이후 이승만하야경고문사건으로 부산형무소에 40일간 수감되었고, 1952년 부산의 정치파동 때에는 이시영(李始榮)·조병옥(趙炳玉) 등과 반독재호헌구국선언문을 발표하였다. 민주의원(民主議院)의 의원으로 선출되었으나, 신탁통치나 미소공동위원회 등에 여러 정치적 문제에 대한 견해 차이를 절감하고 육영사업에 매진하였다. 김창숙은 1946년에 유도회총본부(儒道會總本部) 위원장으로 선출되어 성균관장을 겸임하고 있었는데, 이 해 이석구(李錫九)로부터 토지재산을 기부받고 명륜전문학교(明倫專門學校)를 병합하여 성균관대학의 설립을 인가 받고 초대학장으로 취임하였다. 1953년에는 전국에 있는 향교재단을 규합하여 성균관대학의 종합대학 승격을 인가받고 초대 총장에 부임하였다가 1955년 정치적 보복으로 사임하였다. 1962년 서울 중앙의료원에서 84세의 나이로 세상을 떠나자 사회장으로 장례가 치러졌으며, 수유리 산 127-4 묘지에 안장하였다. 건국훈장 대한민국장이 수여되었다. 슬하에 3남 2녀를 두었는데, 장남과 차남은 모두 독립운동에 투신(投身)하였고, 사돈관계도 독립운동가와 맺어 둘째 딸을 이재락(李在洛)의 집안에 시집 보냈으며, 둘째 며느리도 손후익(孫厚翼)의 딸이었다. 저서로는 시문집인 『심산만초(心山謾草)』와 『벽옹만초(躄翁謾草)』와 자서전인 『벽옹칠십삼년회상기(躄翁七十三年回想記)』가 있고, 이를 엮어 간행한 시문집 『심산유고(心山遺稿)』가 있다.

4. 구성 및 내용

『심산유고』는 5권 1책이며 활판본이다. 권1은 사(詞)와 시(詩), 권2는 서(書), 권3은 서(序), 발(跋), 기(記), 상량문(上樑文), 송(頌), 명(銘), 고문(告文), 제문(祭文)이며, 권4에 비(碑), 묘지명(墓誌銘), 묘표(墓表), 묘갈명(墓碣銘), 행장(行狀), 유사(遺事), 권5에 잡기(雜記), 잡저(雜著), 부록으로 심산옹약전(心山翁略傳)이 있다. 1973년 김황(金榥) 등이 편집,

간행하였고, 성균관대학교 도서관과 국민대학교 도서관 등에 소장되어 있다.

권1은 사(詞) 3편, 시(詩) 316수이다. 사로는 옥고를 치르던 중 광복을 맞이한 일 등에 대한 감회를 읊은 작품인 「반귀거래사(反歸去來辭)」가 있다. 시에는 당시 정세에 대한 김창숙의 견해를 서술한 작품이 많다. 1927년 투옥되었을 당시의 심회를 읊은 「옥중작(獄中作)」과 함께 수감된 안창호(安昌浩)와 여운형(呂運亨)을 생각하며 쓴 「옥중감억동수인(獄中感憶同囚人)」 등이 있다. 한편, 태평양전쟁 시기에 쓴 「관군용비행기연습유감이음(觀軍用飛行機鍊習有感而吟)」과 「성전탄(聖戰歎)」 등의 작품은 전쟁의 비극을 노래하고 태평양전쟁을 '성전(聖戰)'이라고 자칭하는 일제를 비판하였고, 창씨개명에 대해 성토하는 「문자당국신제조선민법(聞自當局新制朝鮮民法)」 등의 작품을 남겼다. 해방 이후에 창작한 작품으로는 김구를 암살한 안두희에 대해 비판한 「문흉인안두희백주활보어종로가상(聞兇人安斗熙白晝濶步於鍾路街上)」과 독립운동 당시부터 사이가 좋지 않았고 해방 이후로 다른 길을 걷고 김창숙에게 여러 정치적 보복을 가했던 이승만을 비판하는 「조이박사(吊李博士)」 등의 작품이 수록되어 있다.

권2은 서(書) 83편이다. 권2의 서는 스승 곽종석에게 올린 것을 비롯하여 약 50인에게 보낸 편지가 수록되어있다. 「상면우곽선생(上俛宇郭先生)」(1916)은 곽종석에게 가르침을 청한 내용이 담겨있고, 「여송공산순좌(與宋恭山舜佐)」(1916)는 대한(大韓)과 조선(朝鮮)이라는 두 국호에 대한 김창숙의 견해를 서술한 것이다. 「답손덕부(答孫德夫)」(1940)는 창씨개명을 거절한 후 일제의 탄압을 받는 김창숙의 처지를 토로하였다. 「답조국현(答曺國鉉)」은 파리장서(巴里長書) 사건과 3·1운동의 민족 대표 33인 문제에 대한 내용이 담겨있다. 마지막으로 세 아들에게 쓴 편지가 수록되어 있는데, 장남에게 보낸 「기아환기(寄兒煥基)」는 북경에 올 것을 요구하며 주선해주는 인물과 노정에 대해 설명해준 작품이고, 「기아승우(寄兒承宇)」는 투옥된 차남에게 보낸 편지이며, 「기아승로(寄兒承老)」는 막내아들에 대한 애정어린 마음을 표한 작품이다.

권3은 서(序) 9편, 발(跋) 5편, 기(記) 8편, 상량문 3편, 송(頌) 1편, 명(銘) 2편, 고문(告文) 9편, 제문 26편, 권4에 비(碑) 10편, 묘지명 2편, 묘표 8편, 묘갈명 19편, 행장 2편, 유사 1편이다. 서는 「와룡집서(臥龍集序)」 등 문집에 대한 서문이 있고, 발은 「간취당정공유고발(澗翠堂鄭公遺稿跋)」 등 문집에 대한 작품과 「서일성이공준유묵후(書一醒李公儁遺墨後)」 독립투사 이준의 유묵에 쓴 작품 등이 있다. 기는 「서계정기(西溪亭記)」 등 건축물에 대한 기문이 다수 수록되어 있다. 제문·묘표·묘갈명은 주변 인물과 친척들에게 쓴 작품들로, 「제송공산문(祭宋恭山文)」·「제손덕부(祭孫德夫)」·「영모암김공묘갈명(永慕庵金公墓碣銘)」 등이 있고, 비문은 「면우곽선생신도비명(俛宇郭先生神道碑銘)」·「안의사중근숭모비(安義士重根崇慕碑)」 등이 있다.

권5에 잡기(雜記) 3편, 잡저 4편, 부록으로 심산옹약전(心山翁略傳) 1편 등이 수록되어 있다. 잡기 3편은 「벽옹칠십삼년회상기(躄翁七十三年回想記)」 상(上)·중(中)·하(下)로 이루어져 있는데, 이는 김창숙이 일생을 돌아보며 겪은 일을 저술한 작품으로, 성장기부터 시작해서 독립운동, 전쟁, 해방 이후의 정치 활동까지 김창숙의 활동과 경험을 연대순으로 상세하게 기술하였다. 잡저로는 「소옹전(疎翁傳)」·「화상자찬(畵像自贊)」·「벽옹자명(躄翁自銘)」·「계자승로혼계(季子承老婚啓)」가 있다.

5. 주요 작품 및 문집의 특징

김창숙이 독립운동에 활발히 참여하였고 해방 이후에도 정치 활동 및 교육 활동을 전개한 만큼 『심산유고』에는 당시의 정세와 이에 대한 유림의 인식을 확인할 수 있는 작품들이 다수 수록되어 있다. 특히 김창숙은 경상북도 지역의 유림이었으나 독립운동을 위해 서울은 물론 만주, 상해 등지를 활발히 오갔기 때문에 폭넓은 교유관계를 구축하였다. 이를 확인할 수 있는 작품으로는 단재(丹齋) 신채호(申采浩)가 여순 감옥에서 순국하였다는 소식을 듣고 쓴 「도신단재(悼申丹齋)」, 이튿날 도산(島山) 안창호(安昌浩)를 만난 뒤 함께 슬퍼한 내용을 담은 「안도산견방(安島山見訪)」 등이 있다.

6·25전쟁이 발발했을 당시 쓴 「자경인유월이십오일공비남침후미국칭이국제연합경찰군(自庚寅六月二十五日共匪南侵後美國稱以國際聯合警察軍)…」, 「월야문비기폭격성(月夜聞飛機爆擊聲)」 등의 작품은 당시 전쟁의 상황을 핍진하게 묘사하였다. 아울러 「술회(述懷)」 3수는 미국과 소련의 다툼에 휘말려 동족상잔의 비극이 벌어지는 전쟁에 대한 통탄스러운 심정을 노래한 것이고, 「사협박자(謝脅迫者)」는 전쟁 당시 북한이 남한의 저명인사들에게 자수성명서를 발표하고 선전에 동원하려고 협박하는 것을 거절하는 내용의 시이다.

전쟁 이후로는 집권세력과 정치적 견해가 맞지 않았기에 정치를 그만두고 후학 양성에 힘쓰려고 하였으나, 정치적 보복으로 유도회 위원장 등에서 물러나고 성균관 총장에서 해임되는 등 일련의 사건을 겪으면서 김창숙은 「탄경성지방법원불법처사(歎京城地方法院不法處事)」, 「탄성균관명륜당위친일파민족반역자점거(歎成均館明倫堂爲親日派民族反逆者占據)」 등의 시를 남겼다. 여러 좌절을 겪고 뜻하던 교육 활동마저 할 수 없게 되자, 김창숙은 지난 삶을 돌아보며 「자조(自嘲)」라는 작품을 남기며 자신의 한스러운 심회를 토로하였다.

한편, 김창숙은 정치활동에 직접적으로 참여하지는 않았지만 만년까지 정치 세태에 대한 비판시를 다수 창작하였다. 「문남북평화통일설근파대두(聞南北平和統一說近頗擡頭)…」는 미국이 한국군 25만 명을 감축하고 군사원조비를 삭감하고 이승만이 미국으로 건너갔다는 소문을 듣고는 분단된 채로 강국에 기대어 있는 한국의 모습을 안타까워한 작품이고, 「혁명특별법신성부정선거군흉다이특전백탈양가통탄(革命特別法新成不正選擧群兇多以特典白脫良可痛歎)」·「혁명검찰부장취부정선거화금조달자팔명공개취하(革命檢察部長取不正選擧貨金調達者八名公開取下)」는 부정선거 등의 부정부패가 만연하던 당시 상황에 대해 강한 어조로 비판한 작품이다.

6. 참고문헌

이동술, 『심산유고』, 『한국민족문화대백과사전』, 1995.
김상웅, 『심산 김창숙 평전』, 시대의 창, 2006.
권기훈, 『심산 김창숙 연구』, 선인, 2007.

心汕遺藁

乾

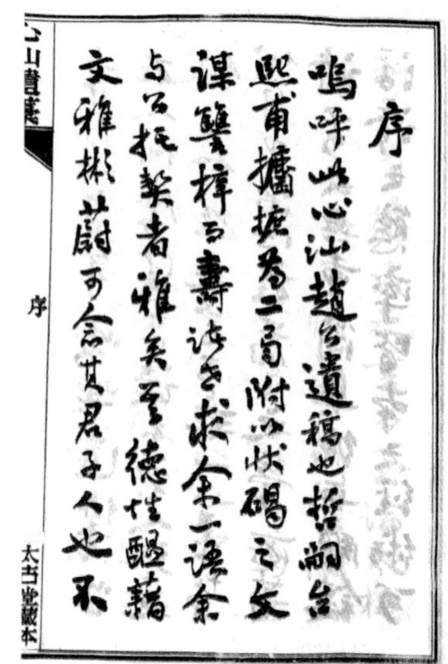

序

嗚呼此心汕趙公遺稿也哲嗣台

心汕遺藁 序 太古堂藏本

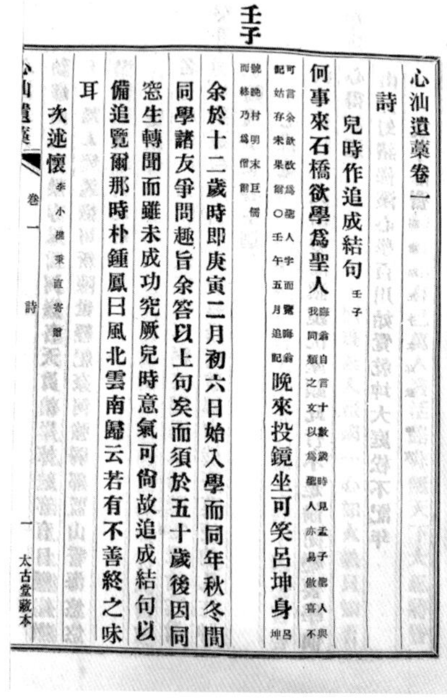

壬子

心汕遺藁卷一

詩

兒時作追成結句 壬子

何事來石橋欲學爲聖人 晦翁自言十數歲時見孟子聖人與我同類之文以爲聖人亦易做喜不可言余欲改爲聖人字而驚晦翁記姑存余果留○壬午五月追記 晚來投鏡坐可笑呂坤身 呂坤號晚村明末巨儒而終乃爲僧尉

余於十二歲時卽庚寅二月初六日始入學而同年秋冬間同學諸友爭問趣旨余答以上句矣而須於五十歲後因同窓生轉聞而雖未成功究厥兒時意氣可尙故追成結句以備追覽爾那時朴鍾鳳日風北雲南歸云若有不善終之味耳

次述懷 李小楼秉直寄贈

心汕遺藁 卷一 詩 一 太古堂藏本

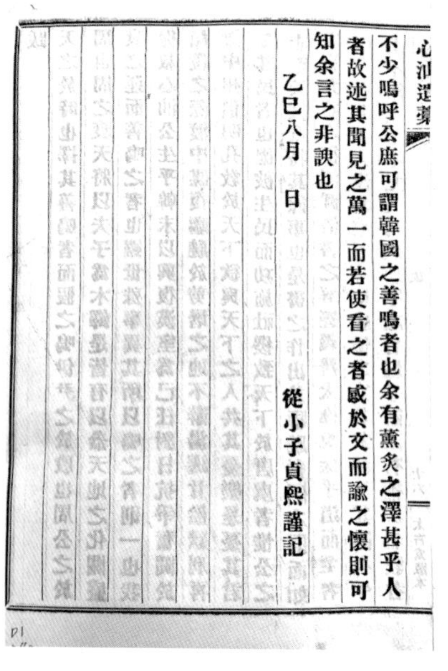

心汕遺藁

不少嗚呼公庶可謂韓國之善鳴者也余有薰炙之澤甚乎人者故述其聞見之萬一而若使看之者感於文而諭之懷則可知余言之非訣也

乙巳八月 日 從小子貞熙謹記

太古堂藏本

※ 고려대 소장

〈영남-13〉 중재집 重齋集

1. 형태서지

표제/권수제	중재집(重齋集)
편저자	김황(金榥) 著 / 중재선생문집간행회 編
판사항	양장국판본
발행사항	山淸 : 內塘書舍, 1988
형태사항	총 106권 12책 : 전집 67권, 후집 33권, 별집 및 부록 / 23.0㎝
소장처	경북대, 경상대, 부산대, 성균관대, 연세대, 한국학중앙연구원

2. 정의

『중재집』은 대한제국기부터 현대까지 활동한 유학자 김황(金榥, 1897-1978)의 시와 산문을 엮어 간행한 문집이다.

3. 저자사항

김황의 자는 이회(而晦)이고, 호는 중재(重齋)이며, 본관은 의성(義城)이다. 부친은 도산서원(陶山書院) 원장을 지낸 김극영(金克永)이며, 모친은 청송 심씨(靑松沈氏)로 심구택(沈龜澤)의 따님이다. 1896년(고종33) 5월 26일 경남 의령군 궁류면 운계리에서 태어났다. 부친이 동학(東學)을 배척하여 동학도(東學徒)들의 원망을 샀기 때문에 그들을 피해 우거(寓居)하고 있던 곳이었다. 김황은 어려서부터 용모가 준수하고 총명하여 주변 어른들의 큰 기대를 받았다. 아명(兒名)은 우문(寓文)이었고, 다섯 살 때 우림(佑林)으로 이름을 지었다가 관례를 행한 뒤 이름을 황(榥)이라 하고, 자를 이회(尼晦)라고 하였다. 이후에 자를 이회(而晦)로 바꾸었다.

1909년(순종3) 의령 남씨(宜寧南氏) 참봉(參奉) 남태희(南泰熙)의 따님과 혼인하였고, 1910년(융희4) 나라가 망하자 부친을 따라 경상남도 산청의 황매산(黃梅山) 서쪽 만암(晩巖)이라는 깊은 산골로 이사하여 학문에만 몰두하였다. 당시 한주학파(寒洲學派)의 주리학(主理學)을 대표하던 곽종석의 문하에 들어가 수학하면서 그 학통을 계승하였다.

1919년에 스승 곽종석의 명으로 그의 조카인 곽윤(郭奫)과 함께 상경하여 고종의 장례식에 참여하였고, 이때에 김창숙(金昌淑)과 만나 파리강화회의에 파리장서(巴里長書)를 보내기로 결의하였다. 이후 거창에 내려와서 스승의 명을 받들어 진주와 산청 등지의 유림을 찾아다니며 장서의 취지를 설명하고 서명을 받았다. 파리장서 계획이 발각되어 제1차 유림단 사건(儒林團事件)이 일어나자 옥고를 치렀다. 병보석으로 풀려난 뒤 스승의 상을 당했고, 이때 24세의 젊은 나이로 상례(喪禮)의 중책을 완수하였다. 1926년에는 여러 동문과 더불어 서울에서 『면우집(俛宇集)』을 간행하였다.

상해에 망명 중이던 김창숙이 이 소식을 듣고 독립운동의 자금을 모집하기 위해 비밀리에 입국하였다. 김황은 김창숙의 은신처로 몰래 연락하면서 『면우집(俛宇集)』 간행소에서 유림조직을 이용하여 모금 운동에 적극 앞장섰다. 김창숙이 가지고 간 거액의 자금이 뒤에 나석주(羅錫疇)의 동양척식주식회사투폭(東洋拓殖株式會社投爆) 등 독립운동에 사용되었음이 알려져 제2차 유림단사건이 일어나자 9개월의 옥고를 겪었다.

1928년 산청군 신등면 내당촌으로 이사하여 강학(講學)을 시작했는데, 약 50년 동안 1천여 명의 문도(門徒)를 길러냈다. 해방 이후까지도 전국 각지에서 글을 배우러 오는 사람들이 많아 한 때 내당서사(內塘書舍)는 전국 유학의 중심지로 일컬어졌다. 이후 63세 때에는 경남 진주시 망하동에 섭천정사(涉川精舍)를 새로 지어 진주지역의 유림들과 교유하며, 후학을 양성하였다.

1978년 11월 15일 내당서사에서 향년 83세의 나이로 별세하였다. 김황이 지은 「사례수용(四禮受用)」에 따라 유월장(踰月葬)을 거행하였는데, 장례에 참석한 유림이 3,000여 명이었고, 문인(門人)으로서 복(服)을 입은 사람이 300여 명이었고, 만사(挽詞)와 제문(祭文)이 700여 편에 이르렀다. 또한 신문사 등에서 특집으로 기사를 다루고, 방송사에서는 장례장면을 중계하였다. 1995년 애족장이 추서되었다.

4. 구성 및 내용

『중재집』은 106권 12책이며, 양장 국판본이다. 전집(前集)과 후집(後集)으로 구분되어 있다. 전집의 권1~4는 시(詩)·연(聯)·사(詞)·부(賦)이고, 권5~20은 서(書)이고, 권21~38은 쇄기(瑣記)이다. 권39~47은 잡저(雜著)이고, 권48~54는 서(序)·발(跋)·기(記)이고, 권55는 상량문(上樑文), 권56은 명(銘)·잠(箴)·찬(贊)·송(頌)·고축(告祝)이며, 권57~64는 제문(祭文)·애사(哀辭)·비(碑)·갈표(碣表)·지(誌) 등의 묘도문이다. 권65는 행장(行狀)·유사(遺事)·전(傳)이고, 권66은 가술(家述)이며, 권67은 표호(標號)·증면(贈勉)·자제(自題)로 구성되어 있다.

후집의 권1·2는 시와 영련(楹聯), 권3~9는 서(書)이며, 권10~17은 서(序)·기(記)·발(跋)이고, 권18은 상량문·명(銘)·잠(箴)·찬(贊)·송(頌)·제문(祭文)·애사(哀辭) 등의 문체가 수록되어 있다. 권19~31은 묘표(墓表)·묘갈(墓碣)·지(誌) 등의 묘도문이고, 권32는 행록(行錄)과 서사(書事)이며, 권33은 가술(家述)·호설(號說)·증면(贈勉)이다.

별집으로 『효경장구(孝經章句)』·『효경외전(孝經外傳)』·『사례수용(四禮受用)』·『동사략(東史略)』·『동국역년도첩록(東國歷年圖捷錄)』·『독립제강(獨立提綱)』·『역대기년(歷代紀年)』·『환영대조(寰瀛對照)』 등이 있다. 부록으로는 김황의 일기(日記)와 연보(年譜)·행장(行狀)·묘지명(墓誌銘), 그리고 김황에 대한 만사(挽詞)와 제문(祭文)이 있으며 발문(跋文)과 급문록(及門錄), 일기중기록인사명단(日記中記錄人士名單)·「신문기사제목(新聞記事題目)」과 해제도 수록되어 있다. 1988년에 내당서사(內塘書舍)에서 간행하였으며, 경상대학교 도서관에 소장되어 있다.

문체별 작품 수는 운문의 경우 시(詩) 약 1,650제, 영련(楹聯) 18수, 사(詞) 13편, 조(操) 1편, 부(賦) 3편이다. 산문은 서(書) 1,404편, 잡저(雜著) 91편, 서(序) 323편, 발(跋) 85편, 기(記) 452편, 상량문(上樑文) 79편, 잠명(箴銘) 89편, 찬송(贊頌) 21편, 고축(告祝) 63편, 제문(祭文) 108편, 애사(哀辭) 18편, 비지(碑誌) 1056편, 행장(行狀) 46편, 유사(遺事) 32편, 호설(號說) 70편, 증면(贈勉) 102편, 자제(自題) 12편이다.

권1~4는 시(詩)·련(聯)·사(詞)·부(賦) 등의 운문 작품들이 수록되어 있다. 부친 김극영이 정사를 새로 지을 당시 김황이 쓴 고체시(古體詩)인 「매서정사시장삼편(梅西精舍詩章三篇)」이 가장 처음 수록되어 있으며, 다음으로는 스승 곽종석에 대한 만시인 「면우선생만가(俛宇先生挽歌)」가 있다. 그 이후로는 창작시기에 따라 작품이 수록되어 있는데, 1919년 파리장서 사건과 관련하여 상경했을 당시 쓴 작품인 「술이(述餌)」, 스승 곽종석이 체포되었을 당시 쓴 「기미오월십이일이곽선생파리장서사주련피체구유단성유치장칠일시득석구중유작(己未五月十二日以郭先生巴黎長書事株連被逮拘幽丹城留置場七日始得釋拘中有作)」, 김황이 체포되어 투옥되었을 당시의 작품인 「병인춘좌유림단사견련피체우대구부사월십사일시입형감감관거여관모륵가고립병좌대경우념득일절(丙寅春坐儒林團事牽連被逮于大邱府四月十四日始入刑監監官去余冠帽勒加藁笠屛坐對鏡偶念得一絕)」, 「감방즉성(監房即成)」(이상 권1) 등이 있다.

이외에도 1929년 대구 형무소에 수감되어 있던 김창숙에게 보낸 「심산재달폐기서래문차기회여소작고시일편기의가감료이앙사(心山在達狴寄書來問且其懷余所作古詩一篇其意可感聊以仰謝)」(권1), 6·25 전쟁 당시의 피난 상황을 서술한 「유월십오일자진양성중조난출피우냉정외택용방옹운자서(六月十五日自晉陽城中遭亂出避于冷井外宅用放翁韻自叙)」(권3) 등의 작품들을 통해 김황이 겪은 근현대사의 사건들을 확인해 볼 수 있다. 아울러 「대구부동제공창수(大邱府同諸公唱酬)」(권2) 등의 수창시(酬唱詩)와 「만정덕여(挽鄭德汝)」 등의 만시도 다시 창작하였다.

권5~20은 서(書)로, 권5는 「상면우곽선생(上俛宇郭先生)」 등 스승 곽종석에게 올린 편지 13편이 수록되어 있다. 또 회당(晦堂) 장석영(張錫英)·공산(恭山) 송준필(宋浚弼)·입암(立巖) 남정우(南廷瑀)·회봉(晦峯) 하겸진(河謙鎭)·송산(松山) 권재규(權載奎)·겸와(謙窩) 곽윤(郭奫) 등의 인물과 주고받은 편지가 있는데, 이를 통해 당시 정세에 대한 김황의 의식과 심학(心學) 등 학문에 대한 김황의 견해를 확인할 수 있다. 한편, 권12는 중화(中華)와 종족(宗族)으로 나누어 주고 받은 서(書)를 수록하였다. 중화는 중국의 인물들과 주고받은 편지로, 당시 북경대학에서 강의하며 우리나라의 학자들과 서신을 주고받았던 진무(震武) 하영봉(夏靈峯)에게 도학(道學)의 전수를 묻고, 스승 곽종석의 문집을 올린 「여하영봉(與夏靈峯)」 2편 등이 있다. 종족에는 김창숙(金昌淑)과 주고받은 편지을 비롯해 가족 및 친척에게 보낸 편지가 수록되어 있다.

권21~38은 쇄기(瑣記)로, 오경(五經)과 사서(四書)에 대한 착실한 정리와 치밀한 고증이 담긴 작품들을 수록해두었다. 권39~47은 잡저(雜著)로 김황의 학맥과 견해를 확인할 수 있는 작품이 다수 수록되어 있다. 「다상소문(茶上所聞)」은 스승 곽종석을 모시면서 들은 내용들을 기록한 것이며, 「대학경전신도(大學經傳新圖)」 등 김황의 관점을 바탕으로 경서의 내용을 정리한 작품이 있고, 「신정투호례홀기(新定投壺禮笏記)」와 「혼례친영의(昏禮親迎儀)」 등 의례(儀禮)에 대해 정의한 작품과 실제 혼례에서 사용한 「회송씨정서(回宋氏定書)」 등을 통해 당시의 의례를 확인할 수 있다.

권48~54는 서(序), 발(跋), 기(記)이다. 서는 「송곽봉현서(送郭奉玄序)」 등의 송서(送序)와 「입암옹육십삼수서(立巖翁六十三壽序)」 등의 수서(壽序)를 비롯하여, 「극재유고서(克齋遺稿序)」 등 작품에 대한 서문 등이 다수 수록되어 있다. 발은 「다산급문제자록부식(茶山及門諸子錄附識)」·「긍암유고발(兢庵遺稿跋)」·「한주선생문집중간발(寒洲先生文集重刊跋)」 등이 있고, 기는 「여재기(如齋記)」 등 건축물에 대한 기문과 「물천서당중건기(勿川書堂重建記)」 등의 중건기(重建記)가 다수 수록되어 있다.

권55는 상량문(上樑文), 권56은 명(銘)·잠(箴)·찬(贊)·송(頌)·고축(告祝)이며, 권57~64는 제문(祭文)·애사(哀辭)·비(碑)·갈표(碣表)·지(誌) 등의 묘도문이다. 작품으로는 부친의 서당에 쓴 「매서서당협실오명(梅西書堂夾室五銘)」, 하영봉의 상에 쓴 「중화하영봉선생상찬(中華夏靈峯先生像贊)」, 다천서당에 쓴 「면우선생문집성후다천서당설위고유문(俛宇先生文集成後茶川書堂設位告由文)」 등이 있다. 제문은 창작시기별로 수록되어 있는데 곽종석·곽윤·하영봉·남정우 등의 주변 인물에 대한 제문들이 있다. 권65는 행장(行狀)·유사(遺事)·전(傳)으로, 당대 인물들의 행적을 확인해 볼 수 있다. 권66 가술(家述) 및 권67 표호(標號)·증면(贈勉)·자제(自題)를 통해 김황 집안의 내력을 알 수 있고, 김황이 집안 자제를 권면하고 가르친 내용을 알 수 있다.

후집의 권1·2는 시와 영련(楹聯)으로 주로 말년에 지은 작품이 수록되어 있는데, 대부분의 작품이 만시(挽詩)이고 「팔십삼세무오제신식감잉이자경(八十三歲戊午除新識感仍以自警)」 등 만년의 김황의 술회를 읊은 시도 있다. 권3~9는 서(書)인데, 「답이자건(答李子乾)」·「답변윤택(答邊允宅)」 등 제자들의 안부 편지 및 질문에 답한 편지가 주를 이루고 있다. 권10~17은 서(序)·기(記)·발(跋)으로, 작품으로는 「모헌유고서(慕軒遺藁序)」·「만산유권후(晩山遺卷後)」·「삼락재기(三樂齋記)」 등이 있다. 권19~31은 묘표(墓表)·묘갈(墓碣)·지(誌) 등의 묘도문이고, 권32는 행록(行錄)과 서사(書事)이며, 권33은 가술(家述)·호설(號說)·증면(贈勉)이다. 이를 통해 김황의 교유 관계 및 주변 인물들의 행적을 확인할 수 있으며, 작품으로는 「심산옹사략(心山翁事略)」·「지지설(知知說)」 등이 있다.

5. 주요 작품 및 문집의 특징

김황의 문집은 2,460여 수의 시와 4,051편의 산문을 수록하여 분량이 방대하고, 그만큼 다루고 있는 내용도 많다. 경학에 대한 『쇄기』·『효경장구(孝經章句)』·『사례수용(四禮受用)』(이상 별집) 등의 작품은 구한말부터 현대까지 이어져 내려오는 경학의 흐름을 확인할 수 있고, 『동사략(東史略)』·『동국역년도첩록(東國歷年圖捷錄)』(별집) 등 역사에 관련된 저술들 또한 다수 수록되어 있어서 그 내용을 확인할 수 있다. 또한 이진상(李震相)–곽종석(郭鍾錫)으로 이어지는 학맥을 이어 심즉리설(心卽理說)을 옹호하였는데, 김황은 특히 전우가 이진상의 학설을 비판한 것에 대해 재반박을 하는 「전간재서쇄변(田艮齋書瑣辨)」(전집 권40)·「한주심즉리설전간재조변(寒洲心卽理說田艮齋條辨)」·「변전간재답학자서(辨田艮齋答學者書)」(이상 전집 권44) 등을 저술하여 한주학파의 학설을 공고히 하였다.

한편 초년에는 대한제국기, 일제강점기 등을 겪고 중년에는 6·25전쟁을 경험하였으며, 말년은 현대를 살아간 만큼 격변하는 근현대사의 곡절을 김황의 저술에서 확인해 볼 수 있다. 그 가운데 『독립제강(獨立提綱)』(별집)은 1894년(고종31) 갑오개혁 전후부터 1910년(융희4) 경술국치 이전까지의 17년 동안의 주요한 사건들을 강목(綱目)으로 정리한 작품으로, 동학농민운동을 비롯해 주요 관리의 선발과 해임, 수호통상조약 체결, 일본의 국권침탈 과정, 의병활동 등에 대해 기록하였다. 특히 을사조약을 체결한 경위와 상황에 대해 자세히 서술하고, 이에 대해 안타까워하는 창강(滄江) 김택영(金澤榮)의 논(論)을 부기(附記)한 것과 안중근 열사의 재판 내용과 상황에 대해 기록한 것 등이 주목할 만하다.

또 『기미일기(己未日記)』(별집)은 김황이 1919년 2월부터 5월까지 스승 곽종석의 명에 따라 거창과 경성을 오가며 독립운동에 참여한 내용을 상세히 기술한 것이다. 해당 작품은 고종의 승하와 상복에 대한 견해, 고종 인산(因山)에 앞서 항간에 떠돌던 소문, 상경한 유학생들의 근황, 독립선언의 상황과 내용, 만세시위 현장의 모습과 일본 군경의 탄압, 고종독살설 등에 대해 상세하게 기술하였다. 아울러 함께 곽종석의 문하에 있다가 경성으로 올라가 신학문을 배운 임유동과의 논쟁을 자세히 기록하였는데, 이를 통해 당시 신학문을 배운 지식인들과 유림 사이의 견해 차이 및 독립(獨立)에 대한 유림들의 인식을 확인할 수 있다.

6. 참고문헌

허선도, 「김황」, 『한국민족문화대백과사전』, 1995.

허권수, 「重齋 金榥의 生涯와 學問」, 『한국인물사연구』 7, 한국인물사연구소, 2007.

서동일, 「김황의 일기에 나타난 유림의 3·1운동 경험과 독립운동 이해」, 『한국독립운동사연구』 64, 독립기념관 한국독립운동사연구소, 2018.

義城 金榥 著

重齋先生文集 一

重齋先生文集刊行會

重齋先生文集 總目次

第一冊

卷之一 前集

詩

梅西精舍詩章三篇 精舍新成家君命賦所有爲古體詩使兒童暇日誦而驗之 …… 八五
俛宇先生挽歌 …… 八六
東田李進士丈中均挽章 …… 八六
命子擬陶靖節體十首 …… 八七
詠懷 壬子 …… 八九
伏次家大人酬梅湖李丈壽安氏別號有感韵 丙辰 …… 八九
如齋鄕飮禮罷分韻得更字 …… 八九
丁巳八月遊方丈夜宿天王絶頂同遊李尙實能華呂實紆華許乃御鏵金直哉儆及余兄弟 …… 八九
先墓誌碣經營有感 戊午秋 …… 八九
述餌己未春自京城還賦此用陶詩述酒十五韵 …… 九〇
暮春望爲山舍會飮因賦以謝同人 …… 九〇
己未五月十二日以郭先生巴黎長書事株連被逮拘幽丹城留置場七日始得釋拘中有作 …… 九〇
如齋寫懷戱呈郭大淵兪權正夫相經求和 …… 九一
次韻贈別正夫二絶 …… 九一
夢見崔雲擧益翰說世間萬事皆是草草語聞不禁激昂之氣余因問丈夫當何所志笑而不荅覺而異之爲之一噫援筆書此七月晦望也二絶 …… 九一
俛宇先生之在囚也有著感傷錄一詩謹步本韵 …… 九一
追次李達三鍾德見贈 丙申 …… 九一
湖南金丈元淑東斐見訪仍留抄茶上遺文聞以唱和 …… 九二
挽河格浦令公謙濟 …… 九二
展拜文載山阡下二首 …… 九二

重齋先生文集卷之一 前集

詩

梅西精舍詩章三篇 精舍新成家君命賦所有爲古體詩使兒童暇日誦而驗之

喬木其枝之樛凹有寒屋碩人之攸爰居爰處于胥優兮
山有喬木有竦其枝凹有寒屋有閒其宧永矢弗求于胥歌 叶居支切 兮
蔽兮芾兮有鳩依止惠兮好兮之子歸止流之駛矣寧或追之心之憂矣無然弛之

喬木三章二章章六句一章八句

小塘有瀩在彼堂左其方如斗活水之潟自彼原頭其來如趣
小塘如斗在彼堂左其貯有徹是盥是頮以滌以浴其新無斁
盈盈小塘寒月之照淵淵君子坦坦維操爾之盧矣夫孰不告爾無失矣氷炭其到

小塘三章二章章六句一章八句

爰有寒泉智山之下无喪无得飮我餐我
智山之陽有洌源泉匪瓶匪繘居然我餐
我飮我泉于以樂飢此世之人莫我肯偕言歸思復復我素履俾爾清而澹俾爾黙而凝俾爾卒歲無顚躓
泉源混混其進盈科君子邁邁厥修孔嘉先民有言果行育德勉哉不舍聖賢可學

寰瀛對照

〈영남-14〉 **입암집** 立巖集

1. 형태서지

표제/권수제	입암집(立巖集)
편저자	남정우(南廷瑀) 著
판사항	목활자본/석판본(속집, 부록)
발행사항	– 원집 : [刊寫地未詳] : [刊寫者未詳], 1955 – 속집 및 부록 : [刊寫地未詳] : [刊寫者未詳], 1966
형태사항	총 30권 16책 – 원집 21권 11책 : 四周雙邊 半郭 19.2×15.8㎝, 有界, 10行20字 註雙行, 上下向2葉花紋魚尾 28.8×19.2㎝ – 속집 7卷 4책 및 부록 2권 1책 : 四周雙邊, 半廓, 19.8×15.8㎝, 有界, 10行20字, 注雙行, 上下向二葉花紋魚尾 ; 29.0×19.4㎝
소장처	국립중앙도서관, 경상대, 계명대, 고려대, 성균관대 존경각, 원광대

2. 정의

『입암집』은 조선후기부터 일제강점기까지 활동한 남정우(南廷瑀, 1869-1947)의 시와 산문으로 구성된 문집이다.

3. 저자사항

남정우의 자는 사형(士珩)이고, 호는 입암(立巖)이며, 본관은 의령(宜寧)이다. 부친은 남구원(南龜元)이고, 모친은 청주 한씨(清州韓氏) 한천손(韓千遜)의 따님이다. 1869년(고종6) 의령군 유곡면(儒谷面) 판곡리(板谷里)에서 태어났다. 1886년(고종23) 둘째 형님인 소와(素窩) 남정섭(南廷燮)이 농산(農山) 정면규(鄭冕圭)에게 수학하는 것을 따라 남정우도 정면규에게서 수학하였다. 이후 1892년(고종29) 노백헌(老栢軒) 정재규(鄭載圭)의 문하생이 되어, 그로부터 인정받았다.

1901년(광무5) 정재규가 『노사집(蘆沙集)』을 간행하는 것에 참여하였고 1902년(광무6)에는 면암(勉菴) 최익현(崔益鉉)을 배종(陪從)하였다. 1905년(광무9) 을사조약이 체결되자, 남정우는 스승 정재규를 따라 의병운동을 일으키고자 하였고, 1910년(융희4) 국권이 침탈되자 만주로 망명하려는 뜻을 품었으나 노모(老母)를 봉양하고자 국내에 남아 학문에 매진하였다. 1911년 스승 정재규가 세상을 뜨자 문하의 제자들과 함께 상을 거행하였고, 이후 스승의 문집 간행을 위해 노력하였다.

1942년에는 만주에서 독립운동을 하였던 수파(守坡) 안효제(安孝濟)의 문집을 간행하는 작업에 참여하였는데, 문집 간행 사실이 발각되어 권재묵(權載黙) 등 두 명이 죽고 여러 명이 투옥되었음에도 불구하고 문집 간행을 멈추지 않았다. 1947년 고향에서 향년 79세의 나이로 하세(下世)하였다. 장지는 유곡면 동쪽의 옥녀산(玉女山) 기슭이다. 슬하에 2남 1녀가 있다.

한편 남정우는 한주(寒州) 이진상(李震相)의 학맥을 이은 문인들과도 교유하였다. 남정우의 자인 사형은 면우(俛宇) 곽종석(郭鍾錫)이 붙여준 것이다. 특히 곽종석의 문인이었던 중재(重齋) 김황(金榥)과 깊은 교분을 유지하였다. 김황과 주고받은 편지가 다수 남아있으며, 김황은 남정우의 묘지명을 찬술하기도 하였다. 그는 이외에도 면우 문인과 학문적인 교류를 활발히 전개하였는데, 이러한 교유관계가 남정우의 학문세계에 상당한 영향을 주었던 것으로 보인다.

4. 구성 및 내용

『입암집』은 원집 21권 11책, 속집 7권 4책, 부록 2권 1책으로 총 30권 16책이며, 목활자본이다. 원집의 권1~3은 시(詩), 권4~13은 서(書)이며, 권14는 잡저(雜著), 권15는 서(序)와 기(記), 권16은 발(跋)·잠(箴)·명(銘)·찬(贊)·사(辭)·상량문(上樑文)·축문(祝文)이며, 권17~19는 제문(祭文)·묘갈명(墓碣銘)·묘비명(墓碑銘) 등의 묘도문이다. 권20~21은 행장(行狀) 및 유사(遺事)·전(傳)이고, 마지막에는 조카 남적희(南迪熙)가 쓴 발문이 수록되어 있다. 속집의 권1은 시, 권2~6은 서(書)이며, 권7은 잡저·서(序)·기·발·잠·사·제문·묘갈명·행장이고 마지막에 손자 남상발(南相發)의 발문이 있다. 원집은 1955년에, 속집과 부록은 1966년에 간행되었으며 국립중앙도서관, 고려대학교 도서관, 성균관대학교 존경각 등에 소장되어 있다.

권1~권4는 시 500여 제이다. 자신을 스스로 권면하는 「자경(自警)」을 가장 처음에 수록해 두었고, 「해유편(海遊篇)」 등의 기행시도 있다. 「물계정배최면암선생공부(勿溪亭陪崔勉菴先生共賦)」는 최익현을 배종(陪從)한 경험을 기록한 시이다. 상당수의 시들이 다른 인물들의 시에 차운하거나, 수창한 시이거나 만시이므로 남정우의 교유관계를 파악할 수 있다. 「갑자제석술회(甲子除夕述懷)」는 도(道)가 쇠해버린 상황에 대해 아쉬움을 토로하고 있다. 「기묘유월이십사일가옥화(己卯六月二十四日家屋火)」는 남정우의 집에 불이 난 일에 대해 기록한 것이다.

권4~13은 서(書) 339편으로, 226명에게 보낸 편지가 수록되어 있다. 1899년(광무3) 올린

「상노백헌정선생(上老柏軒鄭先生)」 등 스승 정재규에게 보낸 편지 7편이 가장 먼저 수록이 되어 있고, 최익현과 곽종석에게 보낸 편지도 있다. 남정우가 다수의 편지를 주고받은 인물을 살펴보면, 홍와(弘窩) 이두훈(李斗勳)에게 보낸 편지가 5편, 중양(仲陽) 안창제(安昌濟)에게 보낸 편지가 7편, 송산 권재규에게 보낸 편지가 13편, 율계 정기에게 보낸 편지가 13편, 자상(子尙) 신갑수(申甲秀)에게 보낸 편지가 10편, 중재(重齋) 김황(金榥)에게 보낸 편지가 12편, 사인(士仁) 권우현(權友鉉)에게 보낸 편지가 18편 등이 있다. 이를 통해 남정우가 노사학맥의 인물들과 활발한 교류를 이어갔음은 물론, 이두훈·김황과 같은 한주학맥의 인물들과의 교분도 깊었음을 확인할 수 있다. 이 중 만주로 넘어가 독립운동에 참여하였던 안창제와 주고받은 「답안중양(答安仲陽)」 등의 편지는 당시 만주로 넘어간 한인들의 생활과 고초를 확인할 수 있다.

권14는 잡저(雜著) 16편이다. 「자굴산유록(闍崛山遊錄)」은 지인들과 의령의 자굴산을 유람한 기록을 실감나게 저술한 것이며, 「면문대학강의절변(俛門大學講義節辨)」은 김황이 곽종석 문하 제자들의 『대학(大學)』을 강한 내용을 보여주자 이에 조목마다 남정우의 견해를 밝힌 것이다. 이외에 「가례증해차의(家禮增解箚疑)」·「복제설고증(服制說攷證)」 등 예(禮)에 관한 저술 및 「이여직자설(李汝直字說)」 등의 자설(字說), 자신을 권면하는 글인 「자경시동지(自警示同志)」 등의 작품이 수록되어 있다.

권15는 서(序) 11편, 기(記) 23편이고, 권16은 발(跋) 21편, 잠(箴) 1편, 명(銘) 6편, 찬(贊) 3편, 사(辭) 9편, 상량문(上樑文) 5편, 축문(祝文) 4편이다. 서는 「암서계안서(巖棲契案序)」·「이이계서(二以契序)」 등 계안(契案)에 대한 서문의 비중이 크다. 기는 「성암기(惺菴記)」·「성모재기(誠慕齋記)」·「자산정기(紫山亭記)」 등 대부분 건축물에 대한 기문이고, 발은 「과재유고발(果齋遺稿跋)」 등 문집에 대한 발이 다수를 차지한다. 찬은 평소 교분이 깊었던 인물들의 초상화에 대한 찬으로, 「권송산화상찬(權松山畫像贊)」·「김매서유상찬(金梅西遺像贊)」 등이 있다. 사는 「권공겸자사(權孔兼字辭)」 등 자사(字辭)가 많으며, 「질녀노씨부애사(姪女盧氏婦哀辭)」 등 애사(哀辭)도 한 편 수록되어 있다.

권17~19는 제문(祭文) 45편, 비(碑) 6편, 묘지명(墓誌銘) 11편, 묘표(墓表) 8편, 묘갈명(墓碣銘) 33편이고, 권20~21은 행장(行狀) 11편, 유사(遺事) 11편, 전(傳) 1편이다. 제문 역시도 스승 정재규의 제문 두 편이 가장 먼저 수록되어 있으며, 이 외에 최익현·이두훈·안창제 등에 대한 제문이 있고 마지막으로 먼저 세상을 뜬 아들에 대해 쓴 「제망자숙희문(祭亾子驌熙文)」이 있다. 비문으로는 「안악이씨사세단향비음기(安岳李氏四世壇享碑陰記)」 등의 비음기(碑陰記)와 「전유인정씨표효비(田孺人鄭氏表孝碑)」·「박부강씨순렬비(朴婦姜氏殉烈碑)」 등 표효비와 열녀비에 대한 비문이 있다. 또 행장 가운데는 남정우가 어렸을 때부터 유독 따랐던 중형(仲兄)에 대해 쓴 「중형소와선생가장(仲兄素窩先生家狀)」이 있고, 전으로 「열부남씨전(烈婦南氏傳)」 1편이 수록되어 있다.

속집의 권1은 시 256제로, 원집에 수록되지 않은 시들을 모은 것이다. 원집 권1 첫머리에 수록된 시와 동일한 제목의 「자경(自警)」이 가장 처음 수록되어 있으며, 「몽견곽면우(夢見郭俛宇)」·「독역(讀易)」·「학술(學術)」 등의 작품이 있다. 권2~6은 서(書) 174편으로, 스승 정재규를 비롯해 남정우가 주변 인물들과 주고받은 편지 가운데 원집에 수록되지 못한 편지를 모아서 수록한 것이다. 권7은 잡저 9편, 서(序) 1편, 기 6편, 발 10편, 잠 1편, 사 2편, 제문 5편, 묘갈명 1편, 행장 2편이다. 작품으로는 「만오설(晩悟說)」·「주산설(住汕說)」·「일수헌기(日壽軒記)」·「서효자오공유사후(書孝子吳公遺事後)」 등이 있고, 만주에서 화를 입은 안창제에 대한 세 번째 제문인 「삼제안중양문(三祭安仲陽文)」도 수록되어 있다. 부록은 남정우에 대한 만장(挽章)과 제문(祭文), 그리고 사장(事狀)·묘지명(墓誌銘)·묘갈명(墓碣銘) 등이다.

5. 주요 작품 및 문집의 특징

남정우의 문집은 주변 인물들과 서로 주고받거나, 혹은 보여주는 성격의 작품의 비중이 높다. 서(書)나 제문(祭文) 등이 많이 수록되어 있는 것은 물론이고, 남정우가 남긴 시들도 차운하거나 수창한 작품이 많다. 특히 돌아가면서 한 구씩 쓰는 연구(聯句) 형식의 시를 많이 수록한 점도 주목할 만하다.

「화개노중연구(花開路中聯句)」(권1)는 시암(是庵) 이직현(李直鉉)·단암(丹巖) 하성헌(河聖憲)·항재(恒齋) 조진규(趙縉奎)·송산(松山) 권재규(權載奎)·용호(龍湖) 전태수(田兌秀)·율계(栗溪) 정기(鄭琦)와 함께 지은 연구(聯句)이고, 「길경령연구(吉更嶺聯句)」(권1)는 권재규와 함께 지은 작품이다. 이외에도 「고루암연구(鼓樓岩聯句)」·「소무이연구(小武夷聯句)」(이상 권1) 등의 작품이 있다. 아울러 「독소대창수(獨嘯臺唱酬)」·「경모정여강만산춘여창수(敬慕亭與姜晩山春汝唱酬)」(이상 권1)·「창강정여구이즙제공창수(滄江亭與具而楫諸公唱酬)」(권3) 주변 인물들과 유람하며 함께 지은 수창시들도 다수 수록되어 있다.

한편, 남정우와 교유한 인물들 가운데에는 독립운동에 활발히 참여한 인물들도 존재했는데, 그중 안창제와의 교유가 주목할 만하다. 원집과 속집에 수록된 안창제에게 쓴 편지는 총 9편으로 그가 만주에 있었던 것을 감안하면 교분이 상당히 깊었음을 알 수 있다. 신해년(1911)에 쓴 「답안중양(答安仲陽)」(권4) 등의 편지에는 만주로 간 유민들의 생활과 이에 대한 남정우의 안타까운 심정이 담겨있다. 안창제 일가는 만주에서 생활하던 중 만보산사건(萬寶山事件)으로 인해 일가족이 모두 학살되는 화를 입었는데, 「문요동우안중양여기처자친속급

기서정사숙칠인구우해어봉천난병경탄부차이수(聞遼東寓安仲陽與其妻子親屬及其壻鄭思叔七人俱遇害於奉天亂兵驚歎賦此二首)」(권2)는 남정우가 그 비보(悲報)를 듣고 쓴 작품이다. 남정우는 이후로 안창제에 대한 세 편의 제문을 써서 안타까운 마음을 토로하고 그의 넋을 기렸다.

6. 참고문헌

김봉곤, 「立巖 南廷瑀의 交遊關係와 學問世界」, 『남명학연구』 37, 남명학회, 2013.

立巖集 一

立巖先生文集目錄

卷之一

詩

自警　敬次伯兄悠然亭韻

海遊篇　鸒子樓

鳴旨島

石愚權丈 載斗 生朝醉吟

陶丘臺　洗心亭

山天齋

新安精舍與諸友唱酬

立巖集目錄　一

立巖先生文集卷之一

詩

自警 癸巳

欺人先自欺自欺無不欺所以賢愚分只由欺不欺

敬次伯兄悠然亭韻

憶曾棲息地有屋但歸然寒澗鳴軒外碧峯住案前琴亾空寶匣菊老柰荒田纖述後人事戰兢若墜淵

海遊篇 戊戌

閼茂歲暮春遠遊理雙屐遠遊何所之遙望海天碧有友自三山共抱烟霞癖 宋友 獨若直夫見訪同往

立巖集卷之一　詩　一

未夏始招工活印于汝山舊齋士林之前後捐助者往來董視者不可一二指而族親敬祐九旋斡之勤不肖之感激爲如何哉嗚呼府君之心法行誼學術文章自應有百世之公評非不肖所敢私言惟此文集開刊不委不可無表識故役既訖輒敢略叙如此其或時訕勢迫容有未盡整頓者亦願垂覽之諒察焉府君下世九年季秋下浣從子迪熙敬識

立巖集跋

〈영남-15〉 **소눌집** 小訥集

1. 형태서지

표제/권수제	소눌집(小訥集)
편저자	노상직(盧相稷) 著
판사항	목판본
발행사항	[刊寫地未詳] : [刊寫者未詳], 1934
형태사항	총 48권 25책 : 목록 1책, 본집 48권 24책 四周雙邊 半郭 20.3×14.9㎝, 10行20字, 註雙行, 上一葉花紋 魚尾 ; 20.8×20.1㎝
소장처	국립중앙도서관, 동국대, 부산대, 전남대, 전주대, 충남대

2. 정의

『소눌집』은 노상직(盧相稷, 1855-1931)의 시문집이다.

3. 저자사항

노상직의 자는 치팔(致八), 호는 소눌(小訥), 눌인(訥人), 자암병수(紫巖病叟) 등이 있으며, 본관은 광주(光州)이다. 부친은 노호연(盧浩淵)이고 모친은 전주(全州) 이정우(李鋌宇)의 따님이며, 생부는 필연(佖淵)이고, 생모는 창녕(昌寧) 성욱호(成郁鎬)의 따님이다. 1855년(철종6) 11월 21일에 김해 생림면(生林面) 금곡리(金谷里)에서 태어났다. 5세에 『효경(孝經)』을 배우기 시작해서, 10세에 생부 노필연에게 『대학』과 『중용』을 배웠고, 11세에 『논어』와 『맹자』를 읽었다. 12세에 『시전(詩傳)』을 읽고 13세에 『주역(周易)』을 읽었는데, 12세에 공여당(公餘堂)에서 처음으로 김해(金海) 부사(府使)로 온 성재(性齋) 허전(許傳)을 만나서 스승으로 모시고 평생토록 따랐다.

1869년(고종6) 15세에 향시에 응시하였고, 17세에 장수(長水) 황씨(黃氏) 황계(黃棨)의 딸과 혼인하였다. 19세에 형 노상익(盧相益)과 함께 서울 새문 밖에 있던 허전을 찾아뵈었다.

21세에 대구와 거창의 도회(都會)에 참가하고, 24세에 축동(畜洞)으로 허전을 찾아가 『대학』을 배웠다. 25세에 창령(昌寧) 국동(菊洞)으로 이주(移住)하고 당호(堂號)를 '추원재(追遠齋)'라고 하였다. 26세에 다시 안산(安山)의 불권당(不倦堂)으로 허전을 찾아가 『논어』를 배우고, 1880년(고종17)에 28세의 나이로 동당시(東堂試)에 합격하였으며, 29세에 추원재에서 학도(學徒) 30여 명을 모아 하과(夏課)를 개설하였다.

1885년(고종22) 31세에 생부의 상을 당하였고, 1886년(고종23)에 생모의 상과 부인상을 만나고, 그해 9월에 스승 허전의 상을 당하였다. 이후로는 과거에 응시하지 않고, 학문에 전념하였다. 34세에 극기재학약(克己齋學約), 훈몽첩(訓蒙帖), 정읍례도(庭揖禮圖), 홀기(笏記) 등을 만들어 극기재(克己齋)에서 강학을 다시 열었다. 이해에 모친상을 당하였다.

36세에 진양(晉陽) 하씨(河氏) 하태긍(河泰兢)의 딸과 혼인하고, 동문 박치복(朴致馥) 등과 단성(丹城)에서 허전의 문집 간행을 시작하였다. 37세인 1891년에는 극기재에서 학약(學約)을 실시하고, 1892년에는 숙야실(夙夜室)을 건설하고 매월 향약을 시행하고, 추원재에서 『광주세고(光州世稿)』를 강행하였다. 40세인 1994년(고종31)에 동학난이 일어나자, 가족을 이끌고 김해(金海)로 돌아가서, 41세에 금곡에 금산서당(錦山書堂)을 건립하였고, 42세에 노곡(蘆谷)으로 옮겨 자암초려(紫巖草廬)를 짓고 강학을 확대하고, 부친의 문집 『극재집(克齋集)』을 간행하였다. 43세에 김해 모정강(慕禎江) 가에 이이정(怡怡亭)을 건립하고, '대눌(大訥)', '소눌(小訥)'로 편액 하였고, 45세에 허훈(許薰), 김진호(金鎭祜), 조병규(趙昺奎), 허채(許埰) 등과 함께 『성재선생속집(性齋先生續集)』을 간행하였다.

56세인 1910년(순종3)에 합일병합으로 자암서당에서 강학을 중단하고, 57세에 11월 만주로 망명한 형 노상익(盧相益)을 따라 가족을 이끌고 중국 안동현(安東縣)으로 이주하였다. 58세에 아들 노식용(盧寔容)이 죽자 그곳에 장사 지냈고, 59세인 1913년 1월에 일가를 데리고 밀양의 노곡으로 돌아왔다. 60세에 자암서당(紫岩書堂)을 짓고 강학을 다시 시작하였고, 서당 내에 '傳心閣'이라는 방을 두고 선현의 문헌 간행에 착수하였다. 여기에서 순암(順庵) 안정복(安鼎福), 하려(下廬) 황덕길(黃德吉) 등 여러 선유의 문집과 『동현학칙(東賢學則)』 등 수많은 서적을 간행 보급하였다.

65세인 1919년에는 파리 강화회의에 한국의 독립을 청원하기 위해 보낸 장서[巴里長書]에 제자들과 서명했다가 옥고를 치렀다. 그 후에 사남서장(泗南書莊), 자암서당 등에서 강학을 계속하다가, 1931년 1월 30일에 77세의 나이로 마산(馬山) 합포(合浦)에서 세상을 떠났다. 장지(葬地)는 생마방(生林坊) 신안리(新安里) 오산(鰲山)이며, 저서는 1933년 문인들이 간행한 『소눌집(小訥集)』이 있다.

노상직은 성호 이익, 순암 안정복, 하려 노덕길, 성재 허전으로 이어지는 성호 실학 학맥을 이었다. 그가 『성호선생문집(星湖先生文集)』, 『이자수어(李子粹語)』(이익 편찬서), 『순암선생문집(順庵先生文集)』, 『하려선생문집(下廬先生文集)』, 『동현학칙(東賢學則)』(황덕길 편찬서), 『성재선생문집(性齋先生文集)』 등을 간행 보급한 사실에서도 이를 방증할 수 있다.

그는 선현(先賢)의 문집 간행에 주력하면서 한편으로는 스스로 많은 저술을 짓고 간행해서, 후학에게 학문을 권면하는 데 힘썼다. 대표적인 간행물로는 『소학절요(小學節要)』, 『여사수지(女士須知)』, 『상체편람(常體便覽)』, 『동국유현편년(東國儒賢編年)』, 『동국씨족고(東國氏

族攷)』, 『주자성리설절요(朱子性理說節要)』 등이 있다.

4. 구성 및 내용

『소눌집』은 목록 3권 1책과 원집 48권 24책으로, 도합 25책이며 목판본이다.

이 문집은, 권1~4는 시(詩), 권5~18은 소(疏)와 서(書), 권19~24는 잡저(雜著), 권25~26은 서(序), 권27~30은 기(記), 권31은 발(跋), 권32는 명(銘), 잠(箴), 상량문(上樑文), 축문(祝文), 권33은 제문(祭文), 뇌사(誄詞), 권34는 비(碑), 권35는 묘지명(墓誌銘), 권36~41은 묘갈명(墓碣銘), 권42는 묘표(墓表), 권43~46은 행장(行狀)이다. 권47은 연보(年譜), 권48은 유사(遺事), 전(傳) 등으로 구성되어 있다.

권1~4에 실린 시는 모두 406제(題)이며, 저작 연도순으로 편차 되어 있다. 권1에는 26세부터 40대 초반까지 지은 시들이 실려 있다. 스승 성재 허전과의 관계를 말해 주는 시들이 여러 편 보이는데, 특히 「경차성재허선생함허정강회운(敬次性齋許先生涵虛亭講會韻)」에는 12세 때 처음 허전을 만나서 배우게 되었다는 내용을 약술한 서(序)가 실려 있어 허전과 사제 관계를 맺었음을 알 수 있다. 그 밖에도 허전 사후 문집 강행소에서 여러 유생과 화운한 시인 「성재선생문집간소화조효언김치수윤충여박서장하원가김문칠허덕후박성무(性齋先生文集刊所趙孝彦金致受尹忠汝朴瑞長河元可金文七許德厚朴聖武)」 등이 있다. 권2는 50대 중반까지 지은 시로 만시(挽詩)가 대부분을 차지하고 있다. 그 외에 여러 학생에게 학문을 권면하는 시들이 보이는데, 자암서당(紫巖書堂)의 동강록(同講錄)을 완성하고 여러 학생에게 권면한 시인 「자암동강록성시이면지(紫巖同講錄成詩以勉之)」, 「시제생(示諸生)」, 「구월강회시제생(九月講會示諸生)」 등이 있다. 권3에도 다양한 종류의 시가 보이지만, 「신해기행(辛亥記行)」과 「자암서당잡영(紫巖書堂雜詠)」이 눈에 띤다. 「신해기행」은 한일병합 후 먼저 만주로 이주한 형 노상익의 뒤를 따라 1911년 만주(滿洲) 안동(安東)으로 가면서 읊은 시이다. 향리인 노산(蘆山)에서 출발하여 만주 안동현에 이르러 흥륭가(興隆街)에 가옥을 임대한 내용까지의 여정이 자세히 그려져 있다. 「자암서당잡영」은 다시 노산으로 돌아와 만년까지 강학을 했던 자암서당을 건립하고 서당의 각 건물과 주변 풍광을 읊은 시로서, 구사재(九思齋), 고경중마실(古鏡重磨室), 운엽루(雲葉樓), 박약문(博約門) 등의 제목에서 당시 자암서당의 규모를 짐작할 수 있게 한다. 권4에는 만년의 시들이 실려 있는데, 대부분 만시로 당시의 교유관계를 짐작할 수 있다. 이 중 주목할 만한 시는 「장산재잡영(長山齋雜詠)」와 「제가세십천도병(題家世十遷圖屏)」이다. 「장산재잡영」은 지금의 창원시 장복산(長福山)에 있는 장산재(長山齋) 주변의 풍광과 유적지 등을 읊은 시로 39수이다. 「제가세십천도병」은 송도(松都)에 살았던 선대가 고성(固城), 초계(草溪), 창녕의 국동(菊洞), 김해의 금곡(金谷), 청송의 국동(菊洞), 안동현(安東縣)을 거쳐 사남서장이 있는 밀양 말방(秣方)에 거주하기까지, 일가의 역대 거주지를 변천사를 읊은 시이다. 그 밖에는 집안의 어른들에 대해 읊은 「귀가익일회보소제공(歸家翌日懷譜所諸公)」와 졸년인 1931년 원조(元朝)에 83세 된 형을 위해 축수(祝壽)한 시가 실려 있다.

권5~18에는 소(疏) 1편과, 서(書) 737편이 실려 있다. 소는 허전의 시주(諡註, 諡號의 의미) 중 '권학호문(勸學好文)' 4자를 '도덕박문(道德博文)'으로 고쳐줄 것을 청한 것이다. 서는 문집에서 가장 많은 분량을 차지하며, 이를 통해 교유 관계 및 활동 사항을 파악할 수 있다. 이 가운데 「상성재선생(上性齋先生)」은 허전이 부친의 묘명(墓銘)을 지어 준 데에 감사해 하며, 내용을 수정하기를 요청하는 내용이다. 손병현(孫柄鉉)에게는 『예기(禮記)』와 인의예지(仁義禮智), 성리(性理), 이기선후(理氣先後)에 관한 질의에 응답하는 편지를 보냈고, 박재연(朴在淵)에게는 『가례(家禮)』에 대한 우리나라 선유의 학설을 중심으로 논의한 내용의 편지를 보냈다. 이병기(李炳祺)에게 보낸 편지에는 예송(禮訟)이나 역사, 경학 등에 관한 논의가 실려 있다. 그 외에 김흥락(金興洛), 허익(許翼), 유도성(柳道性), 이만도(李晩燾) 등 당대의 학자나 제자에게 보낸 편지에는, 경학, 성리학, 예학 등 여러 분야에 대한 저자의 학문적 관심과 태도가 드러나 있다.

권19~24에는 잡저(雜著) 53편이 실려 있다. 권19는 「극기재학약(克己齋學約)」, 「옥야면강약계입의(沃野面講約契立議)」, 「옥야면강약계약조(沃野面講約契約條)」, 「문당약속(門黨約束)」, 「의계약(儀契約)」, 등 주로 학약(學約)과 자질(子姪) 및 문하생들에게 준 글로서, 학문을 대하는 태도와 학문을 하는 이의 구체적인 행동 강령을 제시한 글들이 주로 실렸다. 권20에는 「예림단향의(禮林壇享儀)」, 「강림재지패분황희(江林齋紙牌焚黃儀)」, 「정읍예홀(庭揖禮笏)」, 「성묘급종사위패척도분서묵서고(聖廟及從祀位牌尺度粉書墨書考)」, 「사복고(師服考」 등 위패 만드는 법, 헌관(獻官)의 배정, 분향(焚香), 홀기 낭독[唱笏], 위패의 크기 등 주로 예(禮)와 관련된 내용의 글들이 실려 있다. 권21에는 「몽재소학강록(蒙齋小學講錄)」이 실려 있는데, 『소학(小學)』에 관해 제자들과 문답한 내용이다. 권22의 「육관사의목록(六官私議目錄)」과 「역고(曆考)」가 실려 있는데, 각각 조정 육관의 벼슬아치의 수효와 역대의 역법 등에 대해 고증한 내용이다. 권23에는 「심의고증(深衣考證)」이 실려 있는데, 심의전도(深衣前圖)와 심의후도(深衣後圖)로 나누어 심의 제도에 관한 중국 학자의 학설과 함께 이황 등 조선 학자의 설까지 고증하였다. 권24에는 「역대국계고(歷代國界考)」가 실렸는데, 단군조선부터 고려까지의 역대 강역(疆域)을 고증하였다.

권25~26에는 서(序) 72편이 실려 있다. 김여진(金汝振)의 『상재헌집(相在軒集)』, 하응도(河

應圖)의 『영무성재일고(寧無成齋逸稿)』, 유문룡(柳汶龍)의 『괴천집(槐泉集)』, 최치원(崔致遠)의 『계원필경집(桂苑筆耕集)』 등 문집에 쓴 서(序), 「訓蒙帖」 등 첩(帖)에 붙인 서, 여러 계(契)에 붙인 서, 「실기(實記)」에 붙인 서, 여성 교육서인 「여사필지(女士須知)」에 쓴 서(序) 등이 있다.

권27~30에는 기(記) 130편이 실려 있는데, 대부분이 누대, 정자, 재실, 서실 등 건물에 대해 지은 것이다. 그 외에 형 노상익의 생김새를 자세히 묘사한 「가형사진기(家兄寫眞記)」와, 남편을 잃고도 시부모를 모신 김원진(金源鎭) 처 남양홍씨(南陽洪氏)를 기린 「열부유인홍씨정려기(烈婦孺人洪氏旌閭記)」 등이 있다.

권31에는 발(跋)이 42편 실려 있다. 「고경중마방중간후지(古鏡重磨方重刊後識)」, 「지지당시집중간발(止止堂詩集重刊跋)」, 등 간행을 주도한 선현의 저서에 대해 쓴 발과, 「발상체편람(跋常體便覽)」, 「주자성리설절요발(朱子性理說節要跋)」 등 자신의 편저에 붙인 발이 있다.

권32에는 명(銘) 5편, 잠(箴) 3편, 상량문(上樑文) 15편, 축문(祝文) 23편이 실려 있고, 권33에는 제문(祭文) 40편, 뇌사(誄詞) 4편이 실려 있다.

권34는 비(碑) 21편이 실려 있는데, 대원군 때 훼철된 창녕 연암서원(燕巖書院)의 유적비(遺墟碑), 임진왜란 때 동래성에서 전사한 노개방(盧蓋邦, 1563-1592)의 제단비(祭壇碑) 등의 유허비명과 안동김씨(安東金氏)의 삼세순충비명(三世殉忠碑銘) 등의 여성 사적을 기록한 비명 등이 실려 있다.

권35에는 묘지명(墓誌銘) 29편이 실려 있고, 권36~41에는 묘갈명(墓碣銘)이 150편 실려 있으며, 권42에는 묘표(墓表) 30편이 실려 있다.

권43~46에는 행장(行狀) 46편이 실려 있다. 이 중 권43에는 오로지 「성재선생행장(性齋先生【許傳】行狀)」만이 실려 있고, 권44에는 김대유(金大有, 1479-1551), 김맹성(金孟性, 1437-1487) 등의 행장이, 권45에는 손휘수(孫彙秀), 안종덕(安鍾悳(1841-?) 등의 행장이, 권46은 박규찬(朴奎燦, 1838-?), 박재형(朴在馨, 1838-1900) 등의 행장이 실려 있다.

권47에는 오로지 「성재선생년보(性齋先生年譜)」만 실려 있어, 저자의 스승에 대한 존모의 마음을 엿볼 수 있다. 권48에는 유사(遺事) 13편과, 전(傳) 7편이 실려 있다. 유사는 최영경(崔永慶, 1529-1590), 박위(朴葳, ?-1398) 등과, 노대하(盧大河)의 처 열부 김씨(金氏), 이안세(李安世)의 처 열부 광주노씨(光州盧氏) 등 열부에 대한 유사가 실려 있고, 전(傳)에는 이식(李軾), 이사경(李獅慶) 등의 전이 실려 있다.

5. 주요 작품 및 문집의 특징

노상직은 19세기 말기와 20세기 초기에 활동한 대표적인 영남지역의 지식인이었고, 그의 문집인 『소눌집』은 원집 분량이 48권 24책이나 될 만큼이나 다양한 내용을 담고 있다. 따라서 『소눌집』을 통해, 조선 후기에서 일제 강점기까지의 영남지역 지식인의 사상과 처세관, 당시 저자가 인식하고 있는 시대 상황과 그에 대한 현실 대응 방식 등의 일면모를 볼 수 있다.

『소눌집』에서 주목할 수 있는 자료는 먼저 스승인 성재 허전(許傳)과 관련된 자료가 많고 또 많은 분량을 할애하고 있다는 것이다. 「경차성재허선생함허정강회운(敬次性齋許先生涵虛亭講會韻)」에 12세 처음 만나 배웠다는 내용을 필두로 해서 많은 글이 실려 있고, 또 권43의 「성재선생행장」과 권47의 「성재선생년보」 등에 1권 전체를 할애할 만큼 많은 내용이 담겨 있다는 것에서 저자의 스승에 대한 존경심을 알 수 있다.

허전(許傳, 1797-1886)은 성호 이익, 순암 안정복, 하려 노덕길로 이어지는 근기남인의 실학 학맥을 잇는 인물로서, 경학자이자 경세가였다. 저자는 이러한 학맥을 확정하기 위해, 이익의 문집인 『성호선생문집』에서 『성재선생문집』까지 학맥을 잇는 선현의 문집을 간행 보급하였고, 손병현, 박재연, 이병기 등에게 보낸 편지에서는 예설 등에 대한 자신의 견해를 드러내었다. 따라서 『소눌집』은 저자의 허전이후 근기남인 학문의 전개 과정과, 경세론으로의 당대 적용 양상 등을 살펴볼 수 있는 자료로서 가치를 지닌다고 할 수 있다.

다음으로는 당대의 시대 상황을 알 수 있는 자료이다. 이 중 특히 눈에 띄는 자료는 권3의 「신해기행」이다. 이 시는 한일병합 후 만주로 거주지를 옮기면서 읊은 시로서, 여정과 견문이 자세히 언급되어 있어 당시 영남인의 만주 이동 경로와 감회를 파악할 수 있다. 기타 여러 편지에서도 당대의 시대 상황을 살펴볼 수 있다.

다음으로 저자가 직면한 시대 상황에 대한 현실 대응 방식의 일면을 살펴볼 수 있다. 저자의 현실 대응 방안은 크게 두 가지로 나눠진다. 하나는 정체성 확립을 위한 노력이고, 다른 하나는 후진양성이다.

이 중 저자의 정체성 확립을 위한 노력은, 개인과 지역, 민족의 역사 등을 보존하는 방식으로 전개되었다. 이러한 양상은, 일가의 변천사를 읊은 「제가세십천도병」, 집안 어른들에 대해 읊은 「귀가익일회보소제공」, 자신의 주변 경치와 유적지 등을 읊은 「장산재잡영」, 역대 우리나라의 강역을 읊은 「역대국계고」 등 글에서 확인할 수 있다. 그 외의 「육관사의목록」과 「역고」 등 여러 역사적 자료나 사실을 기록한 글에서 살펴볼 수 있다. 또한 이러한 성향은 선현의 문집을 간행보급하고, 누정, 정자, 서원 등을 창건, 중건하면서 지은 글에도 잘 나타난다.

저자의 후진양성에 대한 노력은 1883년 29살의 나이로 30여 명의 학생을 모아 추원재에서 강학하면서 시작해서, 죽을 때까지 계속 진행하였다. 특히 1913년 만주에서 다시 노산으로 돌아온 후 자암서당에서의 강학은, 서당의 규모가 방대했고 또 저자가 평생토록 힘 쏟았던 만큼 그 지역에 미치는 영향 또한 지대했을 것으로 추측할 수 있다. 그는 학생들에게 소학(小學)을 강조하면서, 선악적(善惡籍), 학칙(學則) 류의 글을 지어서 학생들에게 엄정한 학문 태도와 구체적인 행동을 요구하였는데, 이러한 양상은 「극기재학약」 등과 글과 자제에게 보낸 편지에서 볼 수 있다. 그 외에 여성을 교육에 대한 논한 「여사필지(女士須知)」와 여성 관련의 여러 글들을 통해, 당시 여성에 대한 인식과 저자의 여성관을 살필 수 있다는 것도 『소눌집』의 특징이라 하겠다.

6. 참고문헌

노근용(盧根容), 『성암집(誠庵集)』

허전(許傳), 『성재집(性齋集)』 권 24, 「僉樞盧君墓碣銘」, 1903.

김성재, 『소눌집』, 『한국문집총간 해제』, 2013.

정우락, 「영남유학(嶺南儒學)의 전통(傳統)에서 본 소눌(小訥) 노상직(盧相稷) 학문(學問)의 실천적(實踐的) 국면(局面)들」, 『남명학연구』 24, 경상대학교 남명학연구소, 2007.

이희목, 「소눌(小訥) 노상직(盧相稷) 한시(漢詩) 연구(研究) -「신해기행(辛亥記行)」을 중심(中心)으로-」, 『한문학보』 17, 우리한문학회, 2007.

이규필, 「『자암일록(紫巖日錄)』으로 살펴본 소눌(小訥) 노상직(盧相稷)의 교육활동과 의미」, 『한문학보』 41, 우리한문학회, 2019.

송정숙, 「소눌 노상직의 「女士須知」 분석 -서문과 입교(入敎)편을 중심으로-」, 서지학연구 32, 서지학회, 2005.

小訥先生文集

小訥先生文集 一

一二

小訥先生文集目錄上

卷第一

詩

敬次性齋許先生涵虛亭講會韻 幷敘

題許拾遺 元栻 時弊疏後三首 幷敘

七月二十五日趙使君 顯永 邀鄉之父老及
諸生讌飲于夏山館蓋以 聖上誕辰也
使君拈韻求和

偕趙使君泛舟登林江

壽性齋先生八十四歲生朝

小訥先生文集卷之一

詩

敬次性齋許先生涵虛亭講會韻 幷敘

相稷年十一二隨家大人謁先生于金陵衙舍後於趨庭考業之際見涵虛亭講會時詩帖蓋先生以倡明性理爲己任公退之暇與羣弟子講禮論道俾遐陬之齒逢掖者得以興起焉斯會也寔南州盛事也今歲重拜先生于不倦堂其於動靜語默之間審視而體認之又從而受會論於古

天故使之窮餓而驅而納之市井之中汩汩慾海若將不遑爲仁孳孳不休猶能伸其素志者蓋欲令逸居不讀富不行德之流觀處士而知戒也吾嘗聞積之厚者其發必遲後百年處士之裔有興之者矣乎

小訥先生文集卷之四十八

〈영남-16〉 중산전서 中山全書

1. 형태서지

표제/권수제	중산전서(中山全書)
편저자	박장현(朴章鉉) 著
판사항	영인본
발행사항	서울 : 中山全書刊行會, 1983
형태사항	총 2책 / 31㎝
소장처	국립중앙도서관, 경상대, 계명대, 단국대 율곡기념도서관, 서울대, 성균관대, 전남대, 전주대, 한국학중앙연구원

2. 정의

『중산전서』는 근대 유학자인 박장현(朴章鉉, 1908-1940)의 『삼경수록(三經隨錄)』, 『사서유집(四書遺集)』, 『해동춘추(海東春秋)』, 『반도서경(半島書經)』 등을 모아 수록한 문집이다.

3. 저자사항

박장현은 자가 문경(文卿)이고, 호가 중산(中山)이며, 본관은 밀양(密陽)이다. 아버지는 박재범(朴在範)이며, 어머니는 창녕 성씨(昌寧成氏)이다. 부인은 재령 이씨(載寧李氏)이다. 경상북도 청도군 출신으로, 8세 때 백부 박재시에게 글을 배웠으며, 14세 때 청도의 보성학원(普成學院)에서 신학문을 배웠다. 18세 때부터는 심재(深齋) 조긍섭(曺兢燮)의 문하에서 도학(道學)에 정진하였다. 청년 시절에는 송준필(宋浚弼)과 하겸진(河謙鎭) 등 당시의 명망 있는 유학자들을 방문하여 수학하였다. 시흥(始興)의 녹동서원(鹿洞書院)에서 열린 학술 강습회에 참여한 이후 유교의 재건에 깊은 관심을 가지게 되었다.

1932년 25세에 『삼경수록(三經隨錄)』 3권을 찬술하였으며, 1935년 28세에 『이전(彝傳)』을 저술하였고, 29세에 『해동춘추(海東春秋)』와 『사서유집(四書遺集)』을 저술하였다. 1937년 30세에 고향에 문화당을 세우고 당규를 만들어 과업을 정하여 후학들을 양성하였다. 1938년에 『반도서경(半島書經)』과 『경장첩(瓊章帖)』을 편찬하였다. 1939년 일본으로 건너가 이송학사전문학교(二松學舍專門學校)에 유학하면서 양명학자 야마다[山田準]와 이노우에[井上哲次郎], 주자학자 우찌다[內田周平] 등 당대 일본 학계의 석학들과 교류했다. 그러나 1939년 11월에 질병으로 이송학사 전문학교를 그만두고 귀국하였으며 이듬해인 1940년 33세의 젊은 나이로 세상을 떠났다.

박장현은 짧은 생애에도 불구하고 방대한 저술을 남겼다. 또한 유교의 재건을 위해 안순환(安淳煥)이 세운 조선유교회(朝鮮儒教會)에 깊은 관심을 보였고, 중국 공교회(孔教會)의 진환장(陳煥章) 등과 학문적으로 교류하였다. 그 과정에서 유교가 희망, 열성, 지혜, 담력을 지니고 자존(自尊)의식을 고취해야 함을 역설하였다. 일제 치하의 현실에서 그가 지향한 것은 올바른 역사서 저술을 통해 한민족에게 자부심을 갖도록 해주는 한편, 유교 개혁을 통한 이상국가 건설을 실현시킨 국가 재건에 있었다.

4. 구성 및 내용

『중산전서』는 박장현의 저작을 모아놓은 전집으로 1983년 박장현의 아들 박영식(朴永錫)이 유고를 모아 편찬 및 간행한 책이다. 책머리에 이가원(李家源)의 서문과 정재각(鄭在覺)의 해제(解題)를 붙였으며, 박기현(朴紀鉉)의 「가전(家傳)」과 박영석의 「유사(遺事)」를 뒤에 붙여서, 상·하 2책으로 영인 및 간행하였다.

상(上) 책은 『해동춘추(海東春秋)』 47권, 『해동서경(海東書經)』 12권, 『동국사안(東國史案)』 6권, 『조선사초(朝鮮史抄)』, 『야사(野史)』, 『동서현세론(東西現勢論)』으로 구성되었다.

『해동춘추(海東春秋)』 47권은 단군조선부터 대한제국까지의 우리 역사를 춘추필법(春秋筆法)의 체제에 맞추어 편찬하였다. 우리의 민족사에 대하여 경학과 사학을 일치시키고 하나의 경전화를 시도하였다. 기자조선과 고구려를 역사의 무대로 포함하여 만주 일대의 역사를 강조하였고, 중국의 연호를 일체 배제하는 등 독창적인 역사 인식을 보여주는 저술이다.

『해동서경(海東書經)』 12권은 『상서(尙書)』를 본 따 우리나라의 역사를 편술한 것이다. 시대구분을 살펴보면 단군시대는 원시시대, 기자시대는 교화가 동점(東漸)하고 예의가 밝아지는 시대, 삼국시대는 군웅(群雄)이 할거(割據)한 시대, 신라시대는 문장과 문물이 빛나고 미술이 발달한 시대, 고려시대는 치란(治亂)이 번갈아 오고 국맥을 겨우 보존한 시대, 조선시대는 유학이 밝아졌으나 무(武)를 천대하여 국세가 약해진 시대로 규정하였다.

『동국사안(東國史案)』은 미완으로, 총 6권을 성군(聖君), 패왕(霸王), 현군(賢君), 명신(名臣), 간웅(姦雄), 빈리(貧吏), 문장(文章) 등의 주제별로 구분하여 고대부터 구한말까지 역대의 인물들을 그 행적에 따라 열전(列傳)의 방식으로 기술하였다. 구체적인 내용이 없이 인물의 목록만 정리되어 있다.

『조선역대사략초(朝鮮歷代史略抄)』는 조선의 역사를 기사본말체(紀事本末體)로 기술하였다. 연산군이 폐위되는 시점에 기술이 끝나는 미완본이다. 여기에는 『고금시문수록(古今詩文隨錄)』, 『어록해(語錄解)』, 『백가어(百家語)』 등의 잡록이 포함되어 있다. 『고금시문수록』은 국내 학자들의 시문(詩文)과 만사(挽詞), 수상문(隨想文)을 모았고, 외국 인물로는 예수의「산상수훈(山上垂訓)」, 나폴레옹, 콜럼버스 등의 경구(警句)를 잡다하게 모아놓았다.『어록해(語錄解)』는 저자가 중국어로 된 서적을 읽다가 이해되지 않는 구절을 간략하게 정리한 해석집(解釋集)이다.『백가어(百家語)』는 처세(處世)의 지혜를 담은 글귀를 모은 어구집(語句集)이다.

『야사(野史)』는 민속의 가요를 수집하여 정치에 참고로 삼았다는『시경』의 뜻을 본받아 역대의 민속, 민간의 설화(說話) 등을 정리한 내용이다.

『동서현세론(東西現勢論)』은 저자 30세(1937) 때의 저술로, 세계 50개 국가의 약사(略史)를 개괄한 것이다. 세계를 아세아·구라파·대양주·아프리카·북아메리카·남아메리카로 나눈 뒤, 각 주의 지리와 역사를 개괄하고 소속되어 있는 나라의 대략적인 역사를 소개하였다. 저자의 국제정세에 대한 열린 관심을 알 수 있다.

하(下) 책에는『이전(彝傳)』상하편,『경학독본(經學讀本)』,『삼경수록(三經隨錄)』,『동경유기(東京遊記)』,『문경상초(文卿常草)』,『경장수록(瓊章隨錄)』,『경장첩(瓊章帖)』,『문경필첩(文卿筆帖)』,『사우명고(師友名考)』,『부록(附錄)』으로 구성되어 있다.

『이전(彝傳)』상하편은 식지(植志), 치경(致敬), 강학(講學), 명세(明世) 등 9부문으로 저자가 자강(自强)의 요체(要諦)라 생각되는 내용을 뽑아 서술한 것이다. 동서 고금의 사례를 들어 학문에 대한 통찰과 격언을 제시하였다.

『경학독본(經學讀本)』은『대학』,『중용』,『논어』,『맹자』에서 글을 뽑아 경전 본문을 주제별로 분류, 정리하려는 시도이다. 후학을 위하여 이들 책의 정수(精髓)를 적시하려는 것이 목적이다.

『삼경수록(三經隨錄)』은『시경』,『서경』,『역경』의 내용에서 의심되는 내용과 자득한 점을 수록한 것이다. 고인이 말하지 못한 것을 자신이 찾을 수 있다고 밝힌 점에서 그의 학문적 자존심을 잘 보여주고 있다.

『동경유기(東京遊記)』는 1927년 2월 일본으로 떠나 같은 해 7월에 귀국할 때까지의 기행문이다. 당시 일본의 저명한 학자인 우찌다 등과의 편지 필담 내용, 오사카성을 관광한 기록 등이 있다. 또한 박장현이 일본 유학자들과 심도 깊은 대화를 나누기 위해 일본 유학을 택하였음을 확인할 수 있다.

『문경상초(文卿常草)』는 저자의 시문집으로 시(詩)·문록(文錄)·서독(書牘)으로 구성되어 있는데 32세 때에 정리한 것이다. 시는 총 129제가 수록되어 있으며 역사와 유교에 대한 내용이 주를 이룬다. 역사에 대한 시는 역사서를 저술할 때 포폄을 가한 춘추필법의 사체(史體)를 중시하며 대의명분을 드러내고자 하였다. 유교에 대한 시에는 유교 개혁을 통해 이상국가를 실현시키고자 하였다. 문록에는「구사학론(舊史學論)」,「세계지리설(世界地理說)」,「동서철학설고증(東西哲學說考證)」등이 있다.「구사학론」은 개화기 한국인의 애독서였던 양계초(梁啓超)의 역사인식의 영향이 보인다. 「동서철학설고증」은 탈레스·아리스토텔레스에서 마르크스·레닌에 이르는 서양철학사를 유교이념과 연관시켜 해석하고 있어 주목할 만하다. 서독에서 『경장수초』는 스승인 조심재와 하동문을 비롯한 문하 동문과의 편지, 명교학원 동기생들과의 편지, 일본학자들과의 편지, 중국교류학자들과의 편지 등이 있다. 그중 송준필, 하겸진과의 편지에서 박장현의 저술 과정에서의 의도와 고심을 확인할 수 있다.

5. 주요 작품 및 문집의 특징

박장현은 경학을 통한 민족사 재인식을 모색하였는데, 익숙하게 읽고, 정밀하게 생각하고, 얻은 바를 기록하고, 살펴서 반성하는 경학의 방법 4단계를 제시하였다. 또한 경전 주석은 누구나 의심난 점과 깨달은 점을 기록함으로써 발전할 수 있음을 강조했다. 33세라는 젊은 나이에 세상을 떠났지만 방대한 저술을 남겼다. 일부는 완결을 짓지 못하거나 목록만 남아있는 것도 있다.

그의 대표적 저작인 『해동춘추(海東春秋)』와 『해동서경(海東書經)』은 춘추필법과 『서경』의 체제에 따라 경학과 사학을 일치시켜 단군조선부터 대한제국까지의 민족사를 경전으로 끌어올리고자 하였다. 『경학독본(經學讀本)』은 박장현의 유교적 이상 국가를 만들고자 하는 의지가 드러나 있다. 기존의 『논어』 구성이 아닌 자신만의 구성을 취하여 주제에 따라 정리한 특징을 지닌다. 이러한 학문적 경향은 다른 저술에서도 많이 나타나고 있다.

특히 『해동춘추』는 기자조선과 고구려를 역사의 무대로 포함하여 만주 일대의 역사를 강조하였고, 중국의 연호를 일체 배제하는 등 독창적인 역사 인식을 보여주는 저술이다. 또한 마지막 장에 일본침탈 관계기록을 다루었는데 일본의 간계(姦計)와 민족 반역자들의 소행을 기록하였고 나라가 망하자 25인의 지사(志士)들이 장렬하게 자결하는 기록을 열거하였다. 이것이 일제강점기에 저술된 저작임을 감안하면, 박장현의 준엄한 사관(史官)의 자세를 짐작할 수 있다.

6. 참고문헌

금장태, 『중산전서』, 『한국민족문화대백과사전』, 1998.
박홍갑, 『박장현』, 『한국향토문화전자대전』, 2013.
박장현·박영석·박환 공편, 김영덕·박정양·장석현·조희천 공역, 『국역 중산전서』, 선인, 2014.
박환, 「식민지시대 역사학자 박장현의 『중산전서』」, 『한국민족사연구』, 2014.
이은영, 「중산 박장현의 한시 연구」, 『한문학논집』 44집, 2016.

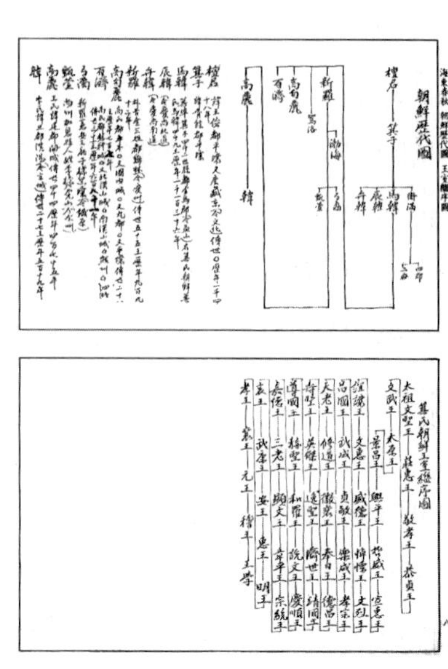

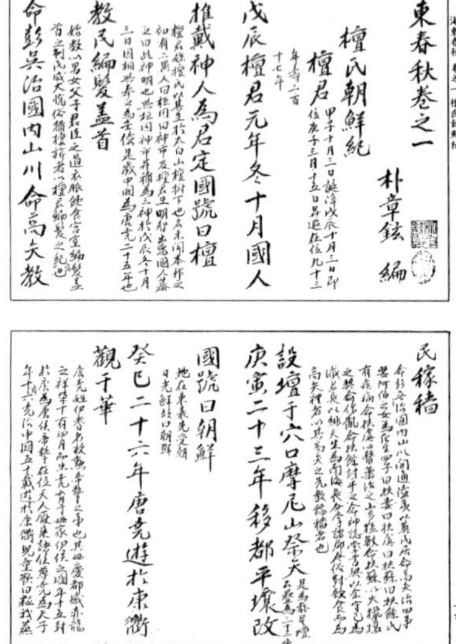

東春秋卷之一

檀氏朝鮮紀

朴章鉉 編

檀君

戊辰檀君元年冬十月國人推戴神人為君定國號曰檀

教民編髮蓋首

命彭吳治國內山川命高矢教民稼穡

設壇于穴口摩尼山祭天

國號曰朝鮮

庚寅二十三年移都平壤改

癸巳二十六年唐堯遊於東衛

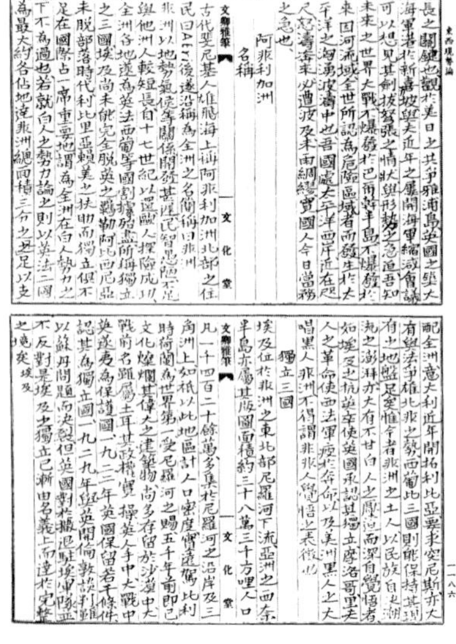

※ 국립중앙도서관 소장

〈영남-17〉 **진계집** 進溪集

1. 형태서지

표제/권수제	진계집(進溪集)
편저자	박재형(朴在馨) 著
판사항	목판본
발행사항	淸道 : 萬和亭, 1925
형태사항	총 9권 4책 : 본집 8권 4책, 부록 1책 四周雙邊 半郭 19.9×16.2㎝, 有界, 10行18字, 上下向2葉花紋魚尾 ; 27.5×19.0㎝
소장처	국립중앙도서관, 계명대, 고려대, 동국대, 동국대 경주캠퍼스, 동양대, 성균관대존경각, 안동대, 연세대, 전주대, 한국학중앙연구원

2. 정의

『진계집』은 박재형(朴在馨, 1838-1900)의 문집으로 그의 시와 편지, 잡저(雜著), 서(序), 기(記), 발(跋) 등의 글을 모아 편찬하였다.

3. 저자사항

박재형은 본관은 밀성(密城), 자는 백옹(伯翁), 호는 진계(進溪)이다. 초명은 박재성(朴在誠)이다. 할아버지는 박정주(朴廷周)이고, 아버지는 좌승지에 추증된 박시묵(朴時默)이며, 어머니는 성주이씨(星州李氏) 이병영(李秉瑩)의 딸이다. 부인은 군수 이박상(李博祥)의 딸 여강 이씨(驪江李氏)이다.

그는 경상북도 청도 금천면에서 태어났으며 어릴 때는 정재(定齋) 유치명(柳致明)을 스승으로 모셨고, 커서는 성재(性齋) 허전(許傳), 응와(凝窩) 이원조(李源祚)의 문하에서 성리학과 퇴계학을 수학하였다. 또한 이종상(李鍾祥), 정교(鄭墧), 유주목(柳疇睦), 이돈우(李敦禹), 장복추(張福樞), 김흥락(金興洛) 등의 학자에게 직접 찾아가 배우거나 편지를 통해 학문에 대한 문답을 나누며 큰 기대를 받았다.

33세 되던 1870년(고종7)에는 식년시 생원 3등 84위로 합격하였으나, 관직에 나아가지 않고 오로지 학문에만 전념하였다. 이후로는 저술 활동과 후학 양성에 매진하여, 선암서원(仙巖書院)을 중창하고 문간계(文簡契)를 확충하여 학문을 장려하였다. 또한 재산을 헐어 자력으로 의창(義倉)을 설치하여 살아가기 어려운 이들을 구휼하는 데 힘썼다.

말년에는 도백(道伯, 관찰사의 이칭)과 직지(直指, 암행어사의 이칭)가 박재형의 훌륭한 행실에 대하여 포상할 것을 여러 차례 임금에게 건의하였으며, 1898년에는 의령원참봉(懿寧園參奉)에 제수되었으나 나아가지 않았다. 1900년 8월, 적당(賊黨)의 변란으로 거제도(巨濟島)의 부인당포(夫人堂浦)에서 세상을 떠나자, 남녀노소를 불문하고 원근사우(遠近士友)들까지 박재형의 죽음을 애통해하였다.

4. 구성 및 내용

저자의 문집은 9권 4책의 목판본『진계집(進溪集)』이 전하는데, 명확한 편찬 경위는 불분명하다. 다만 소눌(小訥) 노상직(盧相稷)의 행장에 1922년 저자의 손자 박순열(朴淳烈)이 행장을 부탁했다고 하였다. 또한 권말의 판권지(板權紙)에는 1925년 10월 9일 청도군(淸道郡) 만화정(萬和亭)에서 저자의 장손인 박순병(朴淳炳)이 발행하였다고 하였으므로 손자들에 의해 간행된 것으로 확인된다.

초간본은 현재 연세대학교 학술정보원(811.98, 박재형, 진), 고려대학교 중앙도서관(만송 D1-A1895) 등에 소장되어 있다. 또한 국립중앙도서관에는 초간본과 형태와 내용은 동일하나 권9의 가장(家狀)이 누락된 채 결책되어 있는 8권 4책본(古3648-文25-172, 한46-가741) 2종이 소장되어 있다.

권수에 목록이 들어있으며, 권1은 시(詩) 74제이다. 시체(詩體)에 관계없이 저작 연도별로 편차 되어 있다. 자신이 거처하는 곳에 대한「제성성지실(題惺惺之室)」과「백류원(百榴園)」,「간수(澗水)」, 송(松), 죽(竹), 회(檜), 난(蘭), 국(菊), 매(梅) 등을 읊은 시를 통해 그의 취향(趨向)을 확인할 수 있다. 35세 정조(正朝)에 읊은「임신원조(壬申元朝)」에서는 전년에 비해 나아진 게 없는 자신에 대한 반성이고, 죽은 부인을 애도(哀悼)하는「도망실(悼亡室)」4수, 통제영(統制營)에서 충무공을 추모한「충열사(忠烈祠)」, 1896년 여름 여질(癘疾)을 피해 운천정(雲泉亭)에 머물면서 읊은 시 등이 있다. 또한 청도에 있는 운문사(雲門寺)를 비롯하여 송경(松京), 박연폭포(朴淵瀑布)와 연자루(燕子樓), 장유암(長遊菴), 만화정(萬和亭) 등의 여러 정자를 유람하면서 지은 시가 있다.

권2~5는 서(書) 194편이다. 편지의 내용은 대부분 시국을 우려하거나 선친과 선현들의 문집에 관련된 일, 아우와 아들의 죽음 등 잇따른 상사를 겪은 뒤의 심사 등을 전하는 내용으로 수신인별로 묶어 편차 하였다. 스승인 허전(許傳)을 비롯하여 이원조(李源祚), 이종상(李鍾祥), 정교(鄭墧), 유주목(柳疇睦), 이돈우(李敦禹), 장복추(張福樞), 김흥락(金興洛) 등의 학자에게 질정한 내용이 담겨있다.

권2의 장복추(張福樞)에게 보낸 편지의 별지에서는 서양에서 들어온 지동설(地動說)은 이치에 맞지 않는다는 견해를 피력하였고, 이삼현(李參鉉), 장석룡(張錫龍) 등에게 보낸 편지에서는 서양 세력의 침입을 걱정하며 이에 대처하기 위해서는 오직 사학(斯學)을 강명(講明)하여 세교(世敎)를 부수(扶竪)해야 한다는 견해를 밝혔다. 또 유주목(柳疇睦)에게 보낸 편지의 별지에서는 후사(後嗣)가 없이 죽은 동생 내외의 상제(喪制)에 관해, 김흥락(金興洛)에게 보낸 편지의 별지에서는 장자(長子)의 상제에 관해 다루었다.

권4의 김규복(金圭復)에게 보낸 편지의 별지에서는 삼년상을 지내야 하는데 집안에 다른 사고(事故)가 있다면 어떻게 해야 하는지에 대해 문의하는 내용이 보인다. 또 이진상(李震相)의 아들 이승희(李承熙)에게는 집에 보관되어 있던 이진상의 「소요당중건상량문(逍遙堂重建上樑文)」을 보낸다는 내용이 보이는데, 이 글은 『한주집(寒洲集)』 권35에 수록되어 있다.

권5에는 동생 박재성(朴在聲) 및 장자(長子) 박래현(朴來鉉)과 차자(次子) 박병현(朴秉鉉)을 비롯한 내외 친인척에게 보낸 편지가 실려있다. 박재성이 과거를 보러 서울에 갔을 때 보낸 편지에는 행로(行路)에서의 처신, 성균관과 과장(科場)에서 갖추어야 할 태도에서부터 식견을 넓히기 위해 서울에서 어디를 둘러보라는 것까지 매우 세밀하게 타이르고 있다. 또 아들 박내현이 신행(新行) 갔을 때 보낸 편지에는 처가에서의 행동거지와 처가 권속을 대하는 태도까지 자세히 일러 주고 있다.

권6은 잡저(雜著) 1편, 서(序) 8편, 기(記) 10편이다. 잡저는 태극(太極), 음양(陰陽), 춘하추동(春夏秋冬), 오행(五行), 사단칠정(四端七情), 인심(人心), 도심(道心) 등에 대해 논한 「성리유설(性理類說)」이고, 서는 진계(進溪)라는 자호(自號)의 의미를 서술한 「진계자서(進溪自敍)」 및 저자의 편서 「해동시선(海東詩選)」, 「섭생요결(攝生要訣)」, 「교자요언(敎子要言)」 등에 대한 것이다. 기는 주로 정민도(丁敏道)의 눌연정(訥淵亭), 이유인(李裕寅)의 거처인 희재(希齋), 김규복(金圭復)의 눌산재(訥山齋), 족인이 수축한 입운재(立云齋), 일강재(日强齋) 등에 대한 건물기이다.

권7은 발(跋) 20편, 명(銘) 2편, 축문(祝文) 3편, 제문(祭文) 11편이다. 발은 저자가 찬집한 「주문정관(朱文井觀)」, 「해동속소학(海東續小學)」, 「해동속고경중마방(海東續古鏡重磨方)」, 「도산지언(陶山至言)」, 「팔가골수(八家骨髓)」 및 부친 박시묵(朴時默)의 「운강집(雲岡集)」 등에 붙인 것이다. 명은 「좌우명(座右銘)」과 「안경명(眼鏡銘)」이고, 축문은 탁영(濯纓) 김일손(金馹孫)의 사우를 이건할 때, 가묘(家廟)를 수리하면서 이안(移安)과 환안(還安)할 때 지은 것이다. 제문은 유치명, 이원조(李源祚), 유주목, 김진규(金鎭奎), 최학승(崔鶴昇), 이근필(李根弼), 최기일(崔基一), 종숙부(從叔父) 박성묵(朴星默), 누이와 두 아우에 대한 것이다.

권8은 묘지(墓誌) 5편, 묘갈명(墓碣銘) 1편, 행장(行狀) 6편이다. 묘지는 박시예(朴時乂), 김창윤(金昌潤), 부친 박시묵과 모친 성주 이씨(星州李氏), 부인 여주 이씨(驪州李氏), 동생 박재충(朴在忠)에 대한 것이고, 묘갈명은 족선조(族先祖) 박이화(朴而華)에 대한 것이다. 행장은 이징석(李澄石), 족선조인 박경찬(朴慶纘)과 박문부(朴文富), 조부 박정주(朴廷周), 종숙부 박성묵, 부친 박시묵에 대한 것이다.

권9는 부록(附錄)으로 셋째 아들 박창현(朴昌鉉)이 쓴 가장(家狀)이 실려있다.

5. 주요 작품 및 문집의 특징

진계 박재형은 유지하려는 전통과 물밀듯 들어오는 개화의 소용돌이 속에 휩쓸려있던 19세기 말이라는 시대 상황 속에서 활동하였던 유학자였다. 저자가 1894년에 쓴 「서찬집서책목록후(書纂輯書册目錄後)」에 따르면 당시 「해동속소학(海東續小學)」 6권, 「해동속고경중마방(海東續古鏡重磨方)」 1권, 「해동명인성휘(海東名人姓彙)」 3권, 「해동시선(海東詩選)」 1권, 「해동기어(海東奇語)」 2권, 「동문작해(東文酌海)」 5권, 「주문정관(朱文井觀)」 3권, 「도산지언(陶山至言)」 2권, 「팔가골수(八家骨髓)」 2권, 「금부록(金缶錄)」 2권, 「섭생요결(攝生要訣)」 1권, 「교자요언(敎子要言)」 1권, 「공문편(恐聞篇)」 1권, 「술선지(述先志)」 1권, 「백류원지(百榴園志)」 5권 등 총 15종 36권의 저술이 있었다. 그리고 아들 박창현(朴昌鉉)의 가장(家狀)을 살펴보면 이외에 「성리유설(性理類說)」 1권, 「시문체법(詩文體法)」 1권, 「척독류편(尺牘類編)」 14권이 가장(家藏)되어 있었던 것으로 생각되며, 노상직의 행장에는 「집경요람(集敬要覽)」과 「진계만록(進溪漫錄)」 4권에 대한 언급이 보인다. 현재 위의 편서 중 상당수가 장서각에 필사본(筆寫本)의 형태로 전하고 있다.

그는 학문이란 '경(敬)'자 하나에 달려 있다고 주장하였고 선유(先儒)들이 '경(敬)'자를 의론한 글을 모아 한 권의 책으로 만들어 제목을 『집경요람(執敬要覽)』이라 하였다. 또한 신라·고려·조선시대 유현(儒賢)들의 서론(緖論)과 현인군자(賢人君子)·절부(節婦)·의사(義士) 들의 사행(事行)으로서 세상에 모범이 될 만한 것들을 수집하여 『해동속소학(海東續小學)』 6권을 편찬하였다. 선대의 유문(遺文)이나 필찰(筆札), 사우(師友)들의 수필(手筆) 등을 편집하여 14권으로 만들고, 『척독유편(尺牘類編)』이라 편제(編題)하기도 하였다. 이와 같은 내용은 『진계집』에는 포함되지 않으나 그의 학문 성향을 파악할 수 있는 기반이 된다.

이를 통해 볼 때, 박재형은 선배 학자들의 글과 성리학 관련 책을 착실하게 수집하고 그 핵심을 요약하고 정리하는데 역점을 두었다. 그러한 내용을 바탕으로 '해동(海東)', 또는 '속(續)'이라는 표제의 책을 편찬하였는데, 중국의 수준에까지 오른 조선 학문의 특질을 보이려는 생각에서 나온 것이다. '동학(東學)'과 '서학(西學)'과 같은 대내외적인 새로운 도전에 대응하고자 내적인 혁신을 시도하면서 전통적으로 내려오는 도덕적인 학문과 교육을 굳건하게 지켜나갔다. 그는 제국주의 세력의 도전에 대한 대응 방략으로 유교의 정통론적, 위정척사적 사상을 기반으로 행동하였다.

6. 참고문헌

박문현, 「박재형(朴在馨)의 「해동속소학(海東續小學)」연구」, 영남대학교 대학원 석사학위논문, 1979.

박인호, 「진계 박재형의 저술과 학문사적 위상」, 『청도 밀양박씨 소고공파(嘯皐公派)와 박시묵(朴時默)·박재형(朴在馨)』, 경인문화사, 2019.

박홍갑, 『박재형』, 『한국향토문화전자대전』, 2013.

박홍갑, 「박재형의 해동속소학 편찬과 의의」, 『청도 밀양박씨 소고공파(嘯皐公派)와 박시묵(朴時默)·박재형(朴在馨)』, 경인문화사, 2019.

이난수, 『박재형』, 『한국민족문화대백과사전』, 1998.

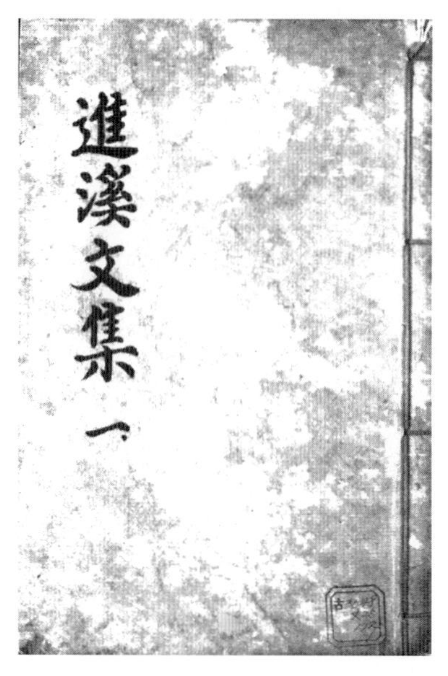
進溪文集 一

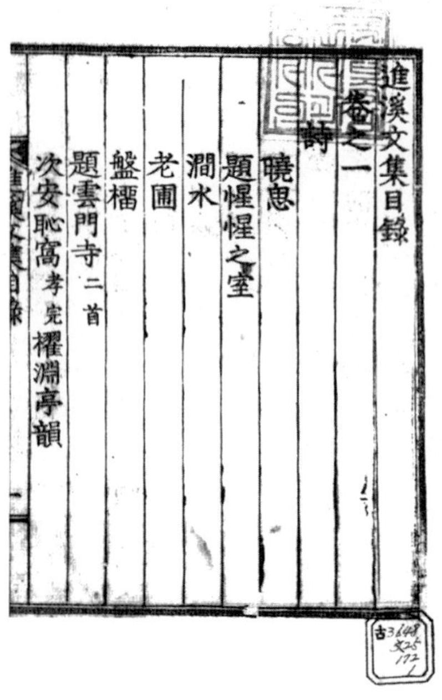
進溪文集目錄

卷之一

詩

曉息

題惺惺之室

澗水

老圃

盤穚

題雲門寺二首

次安恥窩孝完擢淵亭韻

進溪文集卷之一

詩

曉息

眞工須下學惕若日乾乾人事修能盡自然上達天

題惺惺之室所居之室

走作雖無常操存卻有方固持惺惺法心地自明光

澗水

雲門山下水混混去何之不曾舍晝夜爲有滄

善也不肖常懷簡而服膺之者久矣今於府君始終履行之蹟苟有一語溢美浮實之端則是違府君之志而重不孝之罪也是以於摭實之際寧質無矯寧約無濫庶幾乎大人君子有以哀其志而恵之言俾不肖得以少伸罔極之痛也

※ 국립중앙도서관 소장

〈영남-18〉 **죽림집** 竹林集

1. 형태서지

표제/권수제	죽림집(竹林集)
편저자	서재승(徐在承) 著
판사항	석판본
발행사항	서울 : 徐丙極, 1995
형태사항	총 21권 14책 四周雙邊 半郭 22.7×15.8㎝, 有界, 12行24字, 上2葉花紋魚尾 ; 30.0×21.3㎝
소장처	국립중앙도서관, 경상대, 고려대

2. 정의

조선 말기에 의병을 통해 일제에 저항한 항일운동가이자 유학자인 서재승(徐在承, 1876-1915)의 문집이다.

3. 저자 사항

서재승은 자가 성서(聖瑞)이며, 호는 죽림(竹林)이다. 사시(私諡)는 충의(忠義)이다. 본관은 달성(達城)이며, 경상북도 영주시 단산면 사천리에서 태어났다. 부친은 서목렬(徐穆烈)이다.

어릴 적에는 동강서숙(東岡書塾)에서 한학을 공부하였다. 1905년 을사조약이 체결되자 분노하며 탁지부 주사(度支部 主事)의 직을 사퇴하고 의병활동을 시작하여 군량모집 등으로 활약하였다. 1907년 정미의병 때를 비롯하여 수년간에 걸쳐 항일 투쟁을 하였으나 전세(戰勢)가 불리해지자 영주로 피신하였다. 1915년 친일첩자의 밀고로 일본 관헌에게 붙잡혀 서울로 압송해가던 중 심한 고문을 받았다. 그해 7월 22일 지금의 풍기(豊基)에 해당하는 기주(基州) 지역에서 총살당하였다. 1980년 건국포장, 1990년 애국장이 추서되었다. 1983년에는 서재승을 추모하기 위해 백산서원(白山書院)을 건립하였다. 백산서원은 현재 영주시 단산면에 있다.

4. 구성 및 내용

총 21권 14책 으로 이루어졌다. 1책 1권에는 2개의 서문과 저자의 근영이 실려있다. 서문은 노태우(盧泰愚)와 장태영(張泰榮)이 각각 썼다. 문체별로 분류되어 있다. 1책에서 시권

(詩卷) 1권과 권2는 총 86제의 시로 이루어졌다. 「회문체(回文體)」, 「연성체(年聲體)」, 「상성체(上聲體)」, 「측성체(側聲體)」 등의 잡체시가 있다.

2책 권3~4도 모두 시로 이루어졌으며, 대부분 장편 고시이다. 「견맹자(見孟子)」, 「맹자지언정여인재당상(孟子知言正如人在堂上)」와 같은 작품이 있어 서재승의 경서에 대한 이해와 생각을 확인할 수 있다.

3책부터 8책까지 모두 시로 이루어졌으며 시체와는 상관없이 시간순으로 배열된 것으로 보인다. 마찬가지로 장편 고시가 주를 이룬다. 권8에는 총 9제의 장편 고시가 실려있다. 장편 고시들은 일상생활을 엿볼 수 있는 작품이 많은 편이다.

시 8권이 끝난 뒤 바로 권3과 이어지는데 이는 앞선 1책의 2권에서 이어지는 것으로 추정된다. 권3에는 9편의 만시와 「억화주자무이구곡십운십수(抑和朱子武夷九曲十韻十首)」, 제문(祭文) 5편이 실려있다.

권4는 2편의 서(書)와 2편의 소(疏), 「대개산진우지침기몽채택지은사(大槪散陳憂愛之忱冀蒙采擇之恩事)」 1편으로 구성되었다.

8책 권5는 13편의 논설류 및 기(記), 서(序), 잡저가 실려있다. 「한무제구선론(漢武帝求仙論)」, 「농가설(農家說)」, 「유단산일록(遊丹山日錄)」 등을 주요 작품으로 손꼽을 수 있다.

9책 권6은 '정자왈(程子曰)~'로 시작하는 산문 1편과 「간찰양식(簡札樣式)」 1편이 있다.

9책 권7은 「척독요람(尺牘要覽)」 권1이라 하여 별도의 권수로 구분되었다. 편지글 35편이 있다. 「내편가간문답(內篇家間問答)」으로 「답손아서(答孫兒書)」, 「모영당아(某營堂衙)」, 「기가아서(寄家兒書)」, 「기사질서(寄舍姪書)」 등 집안의 사람들에게 보낸 편지가 주를 이루고 있다.

9책의 「척독요람」 권2는 「외편방국경애(外篇邦國慶哀)」로 외부 인사들에게 보낸 편지 및 시가 있다.

9책의 「척독요람」 권3은 6편의 척독으로 손자와 고을 수령에게 보낸 하례 인사가 주를 이룬다.

9책의 「척독요람」 권4는 13편의 척독문으로 이루어졌다. 10책은 다시 권8로 이루어졌다.

10책 권8은 「간식유편(簡式類篇)」으로 「봉함류(封緘類)」, 「구명류(具名類)」를 비롯한 40편의 간찰 서식을 모아두었다.

10책 권9는 장류(狀類)의 글이 「논양하급회서이해장(論兩河及淮西利害狀)」, 「논관중사의장(論關中事宜狀)」를 포함하여 총 30편이 있다.

11책의 권10은 「대루완기(待漏院記)」, 「출사표(出師表)」, 「후출사표(後出師表)」, 「등왕각서(滕王閣序)」 등을 포함한 고문(古文) 116편으로 구성되어 있다. 모두 우리말 토를 달아 문법에 충실하게 고문을 쉽게 익힐 수 있도록 하였다.

11책 권11은 「잡법(雜法)」과 「잡저(雜著)」로 구성되어 있다. 「잡법」은 「구종법(區種法)」, 「아종법(芽種法)」 등의 농사법에 대해 기술한 것이다. 채소의 명칭을 한자 아래 한글 주를 달아 표기한 것이 특징이다. 「잡저」는 「향약위차도(鄕約位次圖)」와 「기삼백윤법계해(朞三百閏法筭解)」가 있다.

12책 권12는 부록이다. 「제창의정(題彰義亭)」과 여러 사람이 보내온 차운시로 구성되었다. 각 제목 아래 본관과 이름을 기재하였으며, 보낸 곳의 지명을 제목 아래 세주로 달아놓아, 누가 보낸 작품인지 확인이 가능하다. 차운시의 구체적인 창작 배경은 확인되지는 않지만 구례, 원주, 장성 등 다양한 지명에서 온 것으로 보아 공고를 내고 투고를 받은 작품들로 추정된다. 작품은 같은 지명끼리 묶여 게재하였다.

13책은 권13, 14로 구성되었다. 마찬가지로 다른 문인들에게 받은 차운시를 실었다. 족손(族孫)인 정계(庭桂)가 보낸 차운시는 「근차(謹次)」라는 제목으로 실려있다.

14책은 권15에서 권21까지이다. 권15는 마찬가지로 다른 사람이 서재승에게 보내 준 시를 모은 것이다.

권16은 「창의정실기서(彰義亭實記序)」를 비롯하여 다른 이들이 보낸 서와 기, 명이 각 1편씩 총 4편이 있다.

권17은 「백산서원창건기(白山書院創建記)」를 비롯하여 7편의 기문과 그에 대해 지인들이 보낸 준 기문도 함께 실려 있다.

권18은 상량문 8편, 권19는 고유문(告由文) 8편, 권20은 송(頌), 찬(贊), 명(銘)이라 안윤식(安允植) 외에 서재승의 후학과 지인이 써준 글이 5편이 있다.

권21은 유사(遺事)1편, 배동환(裵東煥)이 써준 묘지명, 김와(金渦)가 써준 묘비후명, 김경수(金敬洙)가 써준 비명 외 2편, 백산서원에 대한 서지가 2편, 발문이 1편이 있다. 마지막엔 서재승의 생애를 정리한 내용이 있다.

5. 주요 작품 및 문집의 특징

서재승은 일제에 항거한 독립투사이자 한문학에 정통한 한문학자이다. 본인이 직접 의병을 일으켜 활동하였기 때문에 그의 시문 속에는 전쟁 속 상황에 관한 작품들이 많다. 4책 권4의 「부자구재군중간부귀형제구재군중(父子俱在軍中看父歸兄弟俱在軍中)」이나 「역령군중종화(亦令軍中縱火)」, 「아전즉극제즉수복개득기도(我戰則克祭則受福盖得其道)」 등의 작품이 있다. 또한 이 밖에도 당시 나라의 상황을 개탄한 시도 있는데, 「민유혈기심지지성이무애락희노지상(民有血氣心知之性而無哀樂喜怒之常)」와 같은 시를 예로 들 수 있다.

그러면서 「억화주자무이구곡십운십수(抑和朱子武夷九曲十韻十首)」를 비롯하여 유학자로서의 성리학에 대한 관심과 고뇌를 시로 표현한 경우도 보인다. 「성인지심견어서유화공지초저어물(聖人之心見於書猶化工之抄著於物)」, 「견맹자(見孟子)」 등이 그러하다. 또한 우리나라의 역사적 사실에 관한 작품인 「문왕위세자조어왕계일삼사기(文王爲世子朝於王季日三祀記)」 등을 통해 유학자로서 경서 및 역사 등 다방면에 관심이 있었음을 확인할 수 있다.

아울러 「회문체(回文體)」, 「연성체(年聲體)」, 「상성체(上聲體)」, 「측성체(側聲體)」 등의 잡체시 창작 또한 그가 시에 관심을 많이 두었으며, 작시에도 크게 노력하였음을 알 수 있다. 또한 조선후기부터 많은 한학자들이 관심을 보였던 류서(類書)에 대한 관심도 서재승에게 발견된다. 권8의 「간식류편」에 기술된 다양한 편지투에 대한 자료와 권11의 「잡법(雜法)」에 있는 각 곡물과 채소류의 농사법에 대한 기록이 대표적인 예라 할 수 있다. 이는 근현대 한학자로서 서재승이 실학적인 면모도 갖추었음을 알 수 있다. 기존의 서재승은 의병활동을 한 독립운동가였다면, 그의 문집 『죽림집』은 그가 한학자로서 성리학, 경서, 역사, 실학 등 다방면에 관심을 두고 조예가 깊었던 문인이었음을 확인해주는 자료로써 그 가치가 높다.

6. 참고문헌

서재승, 『죽림집』, 국립중앙도서관 소장본.

박성수, 『서재승』, 『한국민족문화대백과사전』, 1996.

竹林先生文集卷之一

序文

上帝下民洪鈞制命然即以稟
質之不齊所養之不同有賢愚
大小之分有窮達泯顯之道故
士之於世以高官大爵著焉者

竹林先生文集卷之一

止 王海島中

海若定都龍王國蓬雲御座鯨床上周庭笑入越雉篚禹貢坐
輸淮鴨舫東溟雖小可開國百二山河吾不讓徐生初意不在
小四海之中隨處王三秦天地幅員大萬里都城基業創阿房
宮殿渭橋上付與嬴王聲勢壯蓬山仙藥托言採五百髮童浮
海東扶桑水路縱千帆瑤草金剛登萬嶂洋洋海舶自得意萬
里吾行誰獨障天藏地秘待人興海島中間開土曠檀君古國
在咫尺箕聖遺都相拱向東溟青立一拳島鬱葱千年王氣旺
茫茫水國大無外果協男兒恢宇量瓊樓高壓貝闕母衮袍裁
成鮫女纊秦東石門不滿笑始皇雄風今可抗雄威琪圃玉座
高喜氣蓬壺旋月望波神採獻不老草萬壽龍樓歌迭唱於中

生文集卷之三

知公子之還

亦風析停夕陽計程漳河灣高手方借碁到危良僕旋
艱城東數里馬不前背後常山青欲刪曾因急艱囊過
門知我初非諸客班單車危勢際萬死此翁虛名聞八寰華堂
十載每虛左多慰高年雙鬓班邯鄲朝暮違違路送公無言纔
出関君方解難太率易吾亦臨岐觀等間暉始出日尚未午過
轍依依俄者間青珊玉玦乍動色九分前程疑者山翁衿炯然
若照鑑公意放鳥如轉環夷門白鬓一笑赴己料王孫中道還
翁年七十老於智行止之間先有覗叢始去路料着手節手逢
場徽察顏春風芳樹去留地指揮良謀吾不慳腰間尺釼爲誰
鳴溥雲層層旋去環神符姬送玉函封鐵權人藏屠市圜專師

節行俎豆之禮不肖感其義副設齋閣十餘棟以便行禮之事
府君墓位緬安而治山治莎竪碣竪柱不過四十而人謂豪華
故多埋而愼重耳庚午盧泰愚大統領特賜祖考殉國忠義勳
章以光其績荷感靡極府君文集二十卷十冊附錄十卷五冊
發刊之時盧大統領叙其事尤爲悚懼之至以淺見薄識刊行
之事多有失次殊甚未安不揆僭妄以書其由於下方云爾

不肖孫 丙極盟手謹識

〈영남-19〉 임재집 臨齋集

1. 형태서지

표제/권수제	임재집(臨齋集)
편저자	서찬규(徐贊奎) 著
판사항	목판본
발행사항	達城 : 臨淵堂, 1910
형태사항	총 17권 7책 四周單邊 半郭 19.6×14.0㎝, 10行20字 註雙行, 上黑魚尾 ; 28.5×19.0㎝
소장처	국립중앙도서관, 계명대, 남평문씨 인수문고, 동국대, 부산대, 성균관대존경각, 전남대, 전주대, 충남대, 한국학중앙연구원

2. 정의

『임재집』은 근대 유학자인 서찬규(徐贊奎, 1825-1905)의 문집이다.

3. 저자사항

서찬규는 본관은 달성(達城), 자는 경양(景襄), 호는 임재(臨齋)이다. 아버지는 서홍렬(徐洪烈)이며, 어머니는 흥해배씨(興海裵氏)로 배응수(裵應綉)의 딸이다. 대구(大邱) 남산리(南山里)에서 태어났다.

1846년(헌종12) 생원시에 합격하여 도천(道薦)에 다섯 번 오르고 암행어사의 추천을 받았으나 나가지 않았다. 1850년에 홍직필(洪直弼)을 만나 경의(經義)에 대한 문답 내용을 기록하였으며, 『대학』과 『중용』을 배웠다. 홍직필에게 수학하며 조병덕(趙秉悳), 임헌회(任憲晦), 홍일순(洪一純), 한운성(韓運聖)과 함께 학문을 닦고 논변하였다. 1852년에 홍직필이 세상을 떠나자 이듬해 그의 문집인 『매산집(梅山集)』을 편찬 및 교정하였다.

1862년에 서실인 수동재(守東齋)를 지어서 후진 교육에 심혈을 기울였다. 1901년에 낙동정사(洛東精舍)를 짓고 영남 유림들과 함께 매년 3월마다 강회를 열었다. 조병덕(趙秉德)·최익현(崔益鉉)을 종유(從遊)하면서 경전에 대한 질의와 한말의 사회·정치적 사변으로 인한 문제를 토론하기도 하였다. 그는 일본의 잦은 침략에 대한 대비책으로 경상도 일원의 요새지에 성을 수축할 것을 제의하였으며, 이기설(理氣說)에 있어서는 이(理)는 별도로 있는 것이 아니고, 기(氣) 속에 존재하여 기의 주(主)가 된다고 전제하여 이기일원론(理氣一元論)을 지지하였다.

1905년 1월 22일에 그의 서실인 수동재에서 졸하였다.

4. 구성 및 내용

『임재집』은 저자의 문인인 이화상(李華祥) 등이 가장초고(家藏草稿)를 바탕으로 수집 편차하여 1910년 목판으로 간행하였다. 총 17권 7책으로 구성되어 있으며 권두에 총목록이 있다. 간재(艮齋) 전우(田愚)의 서문(序文)이 있고, 발문(跋文)은 1909년에 이화상(李華祥)이 지은 것이다.

권1은 시(詩) 132제가 실려 있는데 저작 연도순으로 편차되었다. 권1 초반에 수록된 작품들은 과거를 보기 위해 서울에 갔을 때의 상황 및 심경을 읊은 시와 스승인 홍직필(洪直弼)과 관련된 시가 많다. 이 밖에 차운시, 증시, 만시를 통해 그의 교유 관계를 확인할 수 있다. 또한 향음주례(鄕飮酒禮)나 강학회(講學會) 후에 소회를 읊은 술회시(述懷詩) 등이 있다. 「낙동정사신성(洛東精舍新成)」은 1901년에 서찬규가 낙동정사를 지어 자제들과 영남 문인들의 학업을 익히는 곳으로 삼았는데 그에 관한 시다.

권2는 소(疏) 1편, 서(書) 40편이 실려 있다. 소는 1874년에 박해규(朴海奎)와 함께 만동묘의 복설을 청하는 내용이다. 편지는 홍직필, 조병덕, 임헌회(任憲晦), 홍일순(洪一純), 송내희(宋來熙),김평묵(金平默), 최익현(崔益鉉) 등에게 보낸 것이 있다. 경전에 대한 질의와 현 정세에 대한 토론한 내용이 대부분이다.

권3~8은 서(書) 314편이 실려 있다. 안부를 묻거나 조정의 상황에 대해 토론한 내용이 있다. 학문적인 내용을 문답하는 편지는 문목(問目)으로 작성하기도 했다. 상당히 많은 인물이 등장하여 교유 범위를 살피는 데 매우 유용하다.

권3은 박규수(朴珪壽), 조두순(趙斗淳), 신응조(申應朝), 송근수(宋近洙), 신석우(申錫愚), 서헌순(徐憲淳), 이삼현(李參鉉), 이재원(李載元), 서상정(徐相鼎), 민영목(閔泳穆), 서상우(徐相雨), 조병학(趙秉學), 이홍시형(洪時衡), 윤태흥(尹泰興), 윤자승(尹滋承), 김명진(金明鎭), 이성렬(李聖烈), 김병우(金炳愚), 홍용관(洪用觀) 등에게 보낸 것이다.

권4는 강진(姜鎭), 이문환(李文煥), 박이휴(朴頤休), 박해규(朴海奎), 우성규(禹成圭), 정규원(鄭奎元), 최효숙(崔孝淑), 황난선(黃蘭善), 정호순(鄭昊淳), 한치성(韓致星) 등에게 보낸 것이다.

권5는 구상춘(具祥春), 박면동(朴冕東), 이석규(李錫奎), 손경관(孫敬寬), 박돈영(朴敦永), 심의도(沈宜燾), 정기연(鄭璣淵), 배재환(裵在煥), 곽수빈(郭守斌), 손병현(孫柄鉉) 등에게 보낸 것이다.

권6은 박희초(朴羲初), 이재중(李載重), 우여칠(禹汝七), 구사홍(具士弘), 우대건(禹大建), 이순일(李舜一), 이덕점(李德漸), 이자선(李子宣), 황내명(黃乃命), 두병하(杜炳夏) 등에게 보낸 것이다.

권7은 최조응(崔祚膺), 우순겸(禹舜謙), 사위 신영백(申靈伯), 이선행(李善行), 박창호(朴昌鎬), 이석노(李錫老), 정주석(鄭冑錫) 등과 외손 및 손서(孫壻) 최중무(崔仲武)에게 보낸 것이다.

권8은 중종(宗中), 보소(譜所)나 친족에게 보낸 편지로 모친, 족조(族祖) 서원모(徐元模), 족형(族兄) 서병곤(徐秉坤), 서재희(徐在憙), 족숙(族叔) 서두흠(徐斗欽) 등의 친족이 있다. 또한 아들 진국(鎭國), 진목(鎭穆), 진한(鎭漢), 진형(鎭馨)과 손자에게 보낸 편지도 실려 있다.

권9는 잡저(雜著)로, 「취정일록(就正日錄)」이 실려 있다. 이는 1850년 4월 노호(鷺湖)의 홍직필의 문하에 입문한 이후 1866년까지 일기형식으로 기록한 일기이다. 경의(經義)에 대하여 문답한 내용과 문하에 있으면서 보고 겪은 일, 그리고 홍직필 사후 문집의 편집, 교정, 간행과정 등을 담고 있어 강학의 양상과 사제 관계에 대한 구체적인 고찰이 가능하다.

권10~11은 잡저 19편이 실려 있다. 「기행(記行)」은 홍직필의 노호에서부터 본가인 대구에까지의 여정을 기록한 기행문이다. 「서증김군덕부(書贈金君德符)」, 「서증곽군동수(書贈郭君東秀)」, 「서증서인규(書贈徐仁奎)」는 문인들에게 학문을 권면하거나 당부의 말을 써서 준 것이다. 「교성보의(嶠省堡議)」는 1875년 일본의 침략에 대한 방어책을 논하며 산성(山城)의 중요성을 역설한 글이다. 「만필(謾筆)」은 천지조화를 이루는 이기론(理氣論)을 논한 글이다. 「잡기(雜記)」는 학문, 정치, 경제, 사회적 문제 등 다양한 분야에 대한 자신의 견해를 정리한 글이다. 「낙동정사약규(洛東精舍約規)」, 「강규(講規)」 등은 1901년에 설립한 낙동정사의 규약으로 강규와 당약이다.

권12는 서(序) 26편이 실려 있다. 서문은 교유한 문인들의 문집에 대한 서문이 많은 편이다. 대표적으로 배영(裵泳)의 문집인 『공천유고(孔川遺稿)』와 노용규(盧龍奎)의 문집인 『소심재집(小心齋集)』에 대한 서문이 있다. 이 밖에도 수서(壽序)와 계첩에 대한 서문, 호서(號序)와 송서(送序), 파보(派譜) 서문 등이 실려 있다.

권13은 기(記) 26편이 실려 있다. 기문은 지인과 문인, 족친의 서실이나 정자에 대해 쓴 것으로 구체적인 교유관계를 확인할 수 있는 자료이다. 최윤집(崔允執)의 지족헌(知足軒), 족제(族弟) 서한기(徐翰基)의 서실인 무적재(無適齋), 서재정(徐在正)의 서재인 동호관(東湖觀), 달성서씨 집안의 정자인 팔수정(八水亭) 등에 대한 기문이 있다. 또한 「동계유기(東溪遊記)」는 1897년 가을에 우성규를 비롯한 40여 명과 함께 중양회(重陽會)를 열었던 일을 기록하였다.

권14는 발(跋) 20편이 실려 있다. 「제보장첩후(題葆藏帖後)」는 부친이 꿈속에서 '충효가모경독세업(忠孝家謨耕讀世業)' 8자를 얻은 일로 첩(帖)을 만든 사실을 기록한 것이고, 이후 이를 후세에 전하고자 서첩을 다시 만든 일을 기록하였는데, 이에 대해 「가장필첩후(家藏筆帖後)」로 남겼다. 「서선사매산선생경예설후(書先師梅山先生經禮說後)」는 산재되어 있던 홍직필의 경례설을 유집(類輯)하여 19권으로 편차 하였지만 간행하지 못하고 보관하다 예설 4권과 경설을 합하여 10책으로 완성한 것에 붙인 것이다.

권15는 고축문(告祝文) 10편, 제문(祭文) 14편, 애사(哀辭) 1편이 실려 있다. 권16은 묘갈(墓碣) 12편, 묘표(墓表) 8편이 실려 있다. 권17은 행장(行狀) 7편, 전(傳) 1편, 부록(附錄)이 실려 있다. 부록에는 최익현이 지은 묘갈명이 있다.

5. 주요 작품 및 문집의 특징

서찬규는 경제적인 여유가 있었으나 한미한 가문 출신으로 1845년 초시와 1846년 회시에 합격하여 진사가 되었다. 이후 문과에 합격하기 위해 6년 동안 노력하였으나 뜻을 이루지 못하였다. 이후로 현실 문제의 해결을 위한 실용학문에 눈을 돌리게 되었다.

서찬규의 학문과 사상에 가장 영향을 준 인물은 스승 홍직필이다. 「취정일록(就正日錄)」은 1850년 4월 5일부터 홍직필이 있는 노호를 왕래하며 수업하고, 경의(經義)에 대해 문답한 내용을 기록한 것을 정리한 글이다. 홍직필이 죽은 1852년까지 그의 아래에서 수학하고 문답 내용뿐만 아니라 사후에 홍직필의 문집을 간행하는 과정까지 서술되어 있다. 「서선사매산선생경예설후(書先師梅山先生經禮說後)」는 홍직필의 '경(經)'의 원칙을 중시한 인식과 예법의 활용에 대한 의식을 담은 『매산경예설(梅山經禮說)』에 대한 발문이다. 또한 홍직필이 있는 노호를 오가며 공부하였을 때의 감회를 서술한 「기행(紀行)」은 경기도 노호에서부터 문경새재, 충주, 화양도, 해인사를 거쳐 대구까지의 여정이 기록되어 있다.

이 밖에 서규찬의 현실에 대한 의식을 살필 수 있는 글로 「교성보의(嶠省堡議)」가 있다. 일본의 잦은 침략에 대한 방어책을 논한 것으로 자수자강(自守自强)과 산성(山城)의 중요성을 강조하며 경상도 일원의 산성을 쌓고 해안경비에 만전을 기할 것을 주장하였다. 또한 「잡기(雜記)」는 구한말 정치 및 사회의 다방면에 대한 서찬규의 생각을 짧게 정리한 글이므로 당시 사회 전반을 살피는 데 도움이 된다. 이 밖에 「만필(謾筆)」은 천지조화를 이루는 이기론(理氣論)을 논한 것으로 이(理)는 별도로 있는 것이 아니고, 기(氣) 속에 존재하여 기의 주(主)가 된다고 설명하고 서교(西敎)를 비판하고 위정벽이(衛正闢異)가 급선무임을 역설하였다.

6. 참고문헌

권오호, 「서찬규」, 『한국민족문화대백과사전』, 1995.

이연숙, 『임재집(臨齋集)』, 한국고전번역원, 2013.

송만오, 「성공을 위한 서찬규(徐贊奎)의 집념과 노력 조선 후기 어느 한 향촌 양반의 과거 도전기」, 『한국학』 129집, 2012.

臨齋集

臨齋集序

常讀王伯安序象山集曰聖人之學心學也不覺掩卷而
歎也曰心之爲物英明神妙無所不能可謂奇矣然竟是
有動有爲者自然有善而又有惡此所以心不可學也吾
故曰聖人之學性學也性則無所謂奇而惟純善而無惡
大全而無偏自然而爲主者矣此所以性爲吾儒之準的
而聖人之不能易也梅山先生洪文敬公之門有徐公諱
贊奎號臨齋者早年發願就正有道先生期許甚重嘗敎
以孔門求仁之術而曰博學者隨時隨處只學此一事而
其篤志切問近思亦皆專心於此故曰仁在其中矣夫爲

臨齋先生文集 卷一 序 一

臨齋先生文集卷之一

詩

工夫 壬寅

學要多見識忽欲盡精微進進殫吾力終期聖與歸

書室獨坐

山齋閒寂少人過盡日看書半掩扉靜裏分明觀物
理飛潛動植自天機

偶吟

萬里雲長鵬刷羽九州風卷驥輕蹄收藏浩氣靈臺
淨滿室琴書自整齊

臨齋先生文集卷一 詩 一

先師臨齋先生易簀後五年文集成凡十七卷力
屈而未刋者倍之此則以竢後日焉蓋先生之談
經說禮明性析理一遵乎先哲成訓此固世儒所
同也至若慼歎世道之志蘊抱經濟之材得時而
行焉庶幾無愧古人事業而此非世儒之所可望
其蹤者也嗚乎先生之八十年窮餓林樊非先生
之不幸迺吾民之不幸聖人曰有命信然乎哉
己酉四月望日門人仁川李華祥謹識

跋

※ 국립중앙도서관 소장

〈영남-20〉 정헌유집 定軒遺集

1. 형태서지

표제/권수제	정헌유집(定軒遺輯)
편저자	성재기(成在祺) 著
판사항	신연활자본
발행사항	晉州 : 日新印刷社, 1984
형태사항	총 4권 2책 四周雙邊 半郭 21.2×15.4㎝, 有界, 10行24字, 上內向黑魚尾 ; 26.0㎝
소장처	경상대, 고려대, 성균관대, 이화여대

2. 정의

해방 이후 활동한 유학자인 성재기(成在祺, 1912-1979)의 시문을 편찬한 책이다.

3. 저자사항

성재기는 자가 백경(伯景)이며, 호가 정헌(定軒)이다. 본관은 창녕(昌寧)이다. 낙동강 일대의 금동(琴洞)에서 1912년 12월 17일에 출생하였다. 조부는 금고(琴皐) 성석근(成石根)이며, 부친은 후금(後琴) 성환귀(成煥龜)이다. 모친은 상산(商山) 김씨(金氏)이다.

1957년에는 여러 친족과 함께 경성재(景惺齋)를 지었다. 평소 유람을 좋아하여 관련된 시문을 많이 남겼다. 1961년과 1963년에는 경상도 일대의 서원과 명승지를 유람하였다. 1966년에는 『단계집(端溪集)』을 간행하였고, 1967년에는 진양지(晉陽志)를 편찬하였다. 1968년에 향우(鄕友)들과 오며 난국계(蘭菊契)를 열어 문우(文友)의 도(道)를 진작시키는 활동을 하였다.

4. 구성 및 내용

『정헌유집』는 총 4권 2책으로 이루어졌다. 아들 성규석(成圭錫)이 아버지의 유고(遺稿)을 모아 편찬한 것이다. 정헌유집서(定軒遺集序)는 이헌주(李憲柱)가 써주었다.

권1에는 시(詩)가 총 319제(題)가 수록되어 있다. 경상도 지역 일대를 유람한 시가 많으며, 함께 계나 시회를 꾸려갔던 인물들과 쓴 시 「덕강춘사회음(德江春社會吟)」이나 「사월이십일일여제동지회우조계이의산가공수난국계(四月二十日與諸同志會于潮溪李義山家共修蘭菊契)」

가 다수 수록되어 있다. 그는 유람을 하고 남긴 기행 연작시가 많은데, 「서성잡영칠수(西城雜詠七首)」는 창원 일대를 유람한 것이고, 호남지방을 유람하며 쓴 「호남기행(湖南紀行)」 기행연작시 20제가 있다. 또한 경상도 일대를 유람하며 쓴 연작시 「북정기행(北征紀行)」 51제, 「삼천포(三千浦)」 일대를 유람하고 쓴 시 6수와 경상좌도를 유람하고 지은 20제의 기행연작시인 「강좌기행(江左記行)」 등 기행 연작시가 상당수를 차지하고 있다. 이외에도 여러 문인과 차운한 작품을 비롯하여 만시(挽詩)가 실려있어 교유관계를 파악할 수 있는 자료가 된다.

권2에는 서(書) 53편이 있다. 편지는 주고받은 인물별로 모아놓았으며 주로 편지를 주고받은 이는 중재(重齋) 남종삼(南鍾三), 원경(元卿) 권동혁(權東赫) 등을 손꼽을 수 있다. 『정헌문집』의 서문을 써준 이헌주와 성재기의 묘갈명을 써준 허형(許泂)과 주고받은 편지도 다수 보인다.

권3에는 잡저(雜著) 9편, 서(序) 2편, 기(記) 9편, 발(跋) 12편, 고유문(告由文) 3편, 회문(回文) 4편, 제문(祭文) 11편, 애사(哀辭) 2편, 비(碑) 2편, 묘지명(墓誌銘) 2편, 묘표(墓表) 4편, 묘비명(墓碣銘) 13편, 행장(行狀) 6편, 전(傳) 10편으로 구성되어 있다. 잡저 9편은 「여태조론(麗太祖論)」, 「지구설(地球說)」, 「자모설(字母說)」, 「사가법론(史可法論)」, 「동사원류(東史源流)」, 「사의(私議)」 등의 논설류 작품이 있는데, 이를 통해 저자의 역사관과 자연 과학에 대한 관심, 그리고 언어학에 대한 조예를 엿볼 수 있다. 기문은 대체로 문중(門中) 재실(齋室)에 대한 기문이 많다. 발문은 『여한십가문초(麗韓十家文抄)』, 『진양지(晉陽誌)』, 『삼계유초(三溪遺草)』, 『오산고(午山稿)』, 『회당집(晦堂集)』, 『묵헌집(默軒集)』 등에 대한 발문을 실었다.

고유문(告由文)은 그가 경성재(景惺齋)를 지으며 쓴 글 등이 실려있고, 제문, 묘표 등은 대부분 지인과 친인척에 대해 쓴 것이다. 전의 경우에는 청산리전투로 유명한 김좌진(金佐鎭) 장군의 전과 자신의 친척 여성 어른들의 합전(合傳)인 「숙모최씨재종조모강씨재종숙모민씨합전(叔母崔氏再從祖母姜氏再從叔母閔氏合傳)」가 있다. 회문 4편에는 성재기가 지은 「진양속지」의 편찬 경위가 담긴 「진양속지발간취지문(晉陽續誌發刊趣旨文)」과 「진양지범례(晉陽誌凡例)」가 있다.

권4는 부록(附錄)으로 모두 여러 문인이 저자에 대해 지어준 글을 모은 것이다. 최인찬(崔寅欑)이 써준 행장과 하동근(河東根)이 남긴 유사, 김창호(金昌鎬)가 남긴 묘지명, 허형의 묘갈명, 정직교(鄭直教), 양재도(梁在道), 성규석(成圭錫)이 써준 3편의 발로 구성되어 있다.

5. 주요 작품 및 문집의 특징

「서성잡영칠수(西城雜詠七首)」는 금호재(琴湖齋)의 옛터, 서천정(西泉亭), 풍영대(風詠臺)

등 현재 창원 일대에 있는 여러 명소를 읊었는데, 당시의 창원 및 창녕 일대의 명소들을 확인할 수 있어 의미가 있다. 이처럼 그의 작품에서 다수를 차지하고 있는 기행연작시(紀行連作詩)를 살펴볼 필요가 있다. 이 기행 연작시는 대부분 7언 절구로 이루어졌다.「호남기행(湖南紀行)」 연작시 20제는 성재기가 호남지방을 유람하며 쓴 기행시이다. 악양정(岳陽亭), 쌍계사(雙溪寺), 국사암(國師菴) 등을 유람한 사실과 감상을 확인할 수 있다. 연작시「북정기행(北征紀行)」 51제는 경상도 일대를 유람하며 쓴 기행문이다. 경상남도 산청군에 위치한 인곡서당(仁谷書堂)을 비롯하여, 함양의 남계서원(濫溪書院), 합천 해인사(海印寺) 등을 유람한 기록을 확인할 수 있다. 20제의 연작시인「강좌기행(江左記行)」는 경상좌도를 유람하며 쓴 기행시이다. 경상 진양(晉陽)에서 출발하여, 안동 하회 마을과 병산서원(屛山書院), 도산서원(陶山書院) 등을 경유하였다. 해당 시에는 유람시로써 명승지의 감상뿐만 아니라 옛 선인 및 현인을 추모하고자 하는 그의 의도도 볼 수 있다. 이를 통해 근현대 유학자로서의 성재기의 면모를 확인할 수 있다.

아울러「여태조론(麗太祖論)」,「지구설(地球說)」,「자모설(字母說)」,「사가법론(史可法論)」,「동사원류(東史源流)」 등의 작품을 통해 그의 역사인식과 다양한 분야에 대한 관심을 확인할 수 있다.

「김좌진장군전(金佐鎭將軍傳)」은 청산리 대첩을 이끈 김좌진의 일대기를 다룬 전(傳)으로 어린 시절부터 세상을 떠날 때부터 내용을 다루고 있다. 글의 말미에는 논왈(論曰)을 붙여 자신의 의견을 달아놓았다. 청산리 대첩 당시 저자는 8세의 어린 나이였는데, 높은 독립의 열망을 품고 살아갔음을 짐작할 수 있다.

6. 참고문헌

성재기,『정헌유집』, 경인문화사, 1997.

定軒遺集序

定軒子成君伯景沒有年其子圭錫晋錫將刋其遺詩文數卷屬余審存而序之余與君始相還於后山書堂一見輒許以知己後有昏因之好則情益親密每歲中必再三至其家至則君爲我招致在近諸士友相與談經論文或命觴賦詩數日以爲樂至今思之歷々如昨日事而君之歿忽忽已六年矣舊時風流之盛不可復得而典刑之寓惟有是編可不汲々圖傳以爲幽明之慰耶遂就而略加釐整因書一言於其端曰有是哉君之詩文之造夫質且平也世俗莫不好文而惡質好奇而惡平讀此者必有不厭於其心然余謂質者天下之至文者也平者

定軒遺集卷之一

詩

西城雜詠七首 庚午

琴湖齋舊墟

書齋已廢但遺墟我祖何年此卜居最是傷心紘誦地蒼松老柳自扶疎

西泉亭

翼然精舍傍寒泉泉響書聲年復年但願後承勤紹述心詮世世見薪傳

風詠臺

之不合己見歛衽而退若初不干事者其於不流不激之道庶乎可矣所謂高鳥盡而良弓藏者非耶聯函中有溪庵錦岩之列名以若其宿望至於如此擧措竊爲不取也鄙意亦以今番譜例非縱非横便同字典式大不便於考覽也鄙派則欲先修派譜然後以應大譜矣最所耿耿者槿齋之不合也夫合譜者本圖親睦而未合之前先事紛爭可乎惟望招致同事俾得無憾實爲吾宗之幸事千萬諒悉更賜回敎如何

四三

※ 경상대 문천각 소장

〈영남-21〉 **문암집** 文巖集

1. 형태서지

표제/권수제	문암집(文巖集)
편저자	손후익(孫厚翼) 著
판사항	연인본
발행사항	[發行地不明] : [發行處不明], 1970 序
형태사항	총 26권 13책 : 원집 22권 11책, 속집 2권 1책, 부록 2권 1책 遺墨, 四周雙邊 半郭 22.3×16.1㎝, 有界, 12行30字, 上下向2葉花紋魚尾 ; 31.5×22.0㎝
소장처	경희대, 고려대, 국민대, 단국대 퇴계기념도서관, 대구광역시립중앙도서관, 동국대, 서울대, 연세대, 영남대, 충남대, 한림대 태동고전연구소, 홍익대

2. 정의

일제강점기 독립운동가이자 유학자인 손후익(孫厚翼, 1888-1953)의 시가와 산문을 엮은 문집이다.

3. 저자사항

손후익은 본관이 월성(月城)이며, 호가 문암(文巖)이다. 아버지는 손진수(孫晉洙). 생모는 여강이씨(驪江李氏) 이능균(李能勻)의 딸, 계모는 여강이씨(驪江李氏) 이능수(李能秀)의 딸이다. 경주 금호리(琴湖里) 출생이다.

조부인 손최수(孫最秀)에게 5세부터 수학하였다. 이후 이병호(李炳鎬)와 이만규(李晚煃)에게 한학을 공부하였다. 1914년에 장석영(張錫英)의 문인이 되어 운도재(雲陶齋)에서 수업하였다. 이 밖에 이중업(李中業)과 곽종석(郭鍾錫) 등의 영남지역 한학자들에게 가르침을 받았다. 한주학파(寒洲學派)의 맥을 잇고 있는 김창숙(金昌淑), 이기원(李基元), 김황(金榥) 등과 교유를 맺었다.

1919년 이중업, 곽종석, 장석영 등이 김창숙(金昌淑)을 유림의 대표로 선정해 프랑스 파리 평화회의에 참석시켰고, 손후익의 중부(仲父) 손진형을 국민대표로 선정해 중국 상해(上海)로 보냈다. 당시 손후익은 벽진(碧珍)에 따라가서 전송하다가 왜경에 체포되어 조사를 받았으나 아무것도 실토하지 않았다. 중부(仲父)인 손진형은 임시정부에서 활약한 독립운동가로 손후익의 항일 투쟁에 큰 영향을 끼친 것으로 알려졌다.

1920년 11월에 이중업과 함께 대중국(對中國) 독립청원운동을 시도하였으나 이중업의 병사(病死)하여 뜻을 이루지 못하자 김황, 조경기와 함께 1921년 청원운동을 재차 추진하였다. 1925~1926년의 제2차 유림단의거사건의 핵심인물로 활약하였다. 이 때문에 그의 아버지 손진수와 함께 체포되어 고초를 겪었다. 1927년 3월 29일 대구지방법원에서 「제령 7호」 위반 혐의로 징역 1년 6월, 집행 유예 3년 선고를 받았다. 1953년 3월 21일 사망하였다.

그는 본래 문재(文才)가 뛰어날 뿐 아니라 장석영과 곽종석에게 사사 받으면서 문장의 대가가 되었다. 이진상, 장지연 등의 문집 간행에도 참여했다. 성리학에도 조예가 깊어 주리철학을 심학의 정통으로 수용했다. 유림단사건으로 체포되고 선고받은 사실이 확인되어 1977년에 대통령 표창을 수여하였다. 1990년에 건국훈장 애족장을 추서하였다.

4. 구성 및 내용

『문암집』은 손후익의 아들 손석원(孫錫遠)과 제자 신억(辛檍), 장병기(張炳驥) 등이 편집해 1970년에 간행하였다. 이원각(李源慤)의 서문과 이정걸(李廷杰)의 발문이 있다. 총 22권 13책으로 이루어졌다.

권1·2에 부(賦) 4편, 시 289수, 권3~10에 서(書) 428편, 잡저 76편, 권11~14에 서(序) 94편, 기(記) 140편, 발(跋) 51편, 권15~17에 명(銘) 9편, 잠(箴) 2편, 찬(贊) 3편, 상량문 42편, 축문 15편, 제문 79편, 애사 4편, 비명 22편, 권18~21에 묘지명 10편, 광지(壙誌) 3편, 묘표 7편, 묘갈 128편, 행장 27편, 권22에 행록 2편, 유사 5편, 전(傳) 12편 등이 실려있다.

속집은 권1에 시 8수, 서(書) 72편, 권2에 서(書) 18편, 잡저 3편, 통문 3편, 서(序) 5편, 기 3편, 명·잠·제문 각 1편, 묘갈 2편, 행장 2편이 실려 있으며, 부록 2권이 있다.

부는 「자찬부(自贊賦)」가 있으며, 시는 곽종석, 손하익(孫夏翼), 이병호(李炳鎬), 김창숙(金昌淑), 이두훈(李斗勳), 이탁(李鐸), 이승희(李承熙) 등에게 준 증시(贈詩)가 있다. 이 밖에 「서림사(西林寺)」, 「선유정(仙遊亭)」 등 영남 일대의 명소를 대상으로 한 시도 확인할 수 있다.

권3은 「상이교리만규장(上李校理晩奎丈)」 6편을 비롯한 이중업, 곽종석, 김구연(金九淵) 등과 주고받은 편지가 있어, 당시 의병운동가 및 구한말 한학자의 생활 및 사상, 손후익의 우국지사(憂國之士)로서의 면모가 드러난다. 이 밖에도 서(序), 기(記), 제문, 묘비명들은 경상도 지방의 인물사 및 지지(地誌) 편찬에 도움을 주는 자료들이 있다. 「용암정기(龍岩亭記)」, 「풍영정중수기(諷詠亭重修記)」 등의 기문은 영남 지방의 명소를 확인할 수 있는 자료이다.

속집 잡저에는 「다전기행(茶田紀行)」, 「일기략(日記略)」, 「문견록(聞見錄)」을 확인할 수 있다. 속집의 권2는 만사와 가장, 행장으로 이루어졌다.

5. 주요 작품 및 문집의 특징

문집 속 산문 작품은 그 양이 상당할 뿐만 아니라 유학자로서 손후익의 의식을 살필 수 있다. 사제 관계였던 장석영과 곽종석에 대한 글을 통해 손후익의 구한말유학자로서의 사상을 확인할 수 있다. 스승 장석영과 학문에 대해 문답한 글인 36편의 편지글 중 「상회당장선생문목(上晦堂張先生問目)」, 「상회당장선생예의문목(上晦堂張先生禮疑問目)」 등을 예로 들 수 있는데, 주로 주자학에 대한 심층적인 논의와 가례(家禮)에 대한 내용이 가장 많다. 또한 「논조긍섭논면우집(論曺兢燮論俛宇集)」은 곽종석의 문집에 대해 비판한 조긍섭의 논문을 보고 곽종석을 변론한 글이다.

이밖에 그의 유학자적 면모를 살필 수 있는 작품으로는 잡저의 「제찬진설도증손설(祭饌陳設圖增損說)」, 「기해예송변(己亥禮訟辨)」 등이 있다. 이 작품들은 손후익의 예학과 성리학에 대한 깊이를 알 수 있는 자료들이다.

특히 428편에 달하는 구한말 유학자 및 독립운동가들과 주고받은 편지를 통해 그의 교유관계는 물론 행적을 구체적으로 파악할 수 있다. 또한 유사 및 제문 등은 주로 영남 지방의 유학자와 독립운동가들을 대상으로 하였기 때문에 당시 영남 독립운동가들의 행적을 확인할 수 있다. 특히 그의 중부인 손진형의 행적을 확인할 수 있는 「중부호봉부군유사(仲父瑚峰府君遺事)」와 「제중부조선의사호봉부군(祭仲父朝鮮義士瑚峰府君)」가 있어 손진형의 독립운동 활동 이력은 물론 파리장서운동에 대한 단서를 제공하여 독립운동사에 대해 중요한 자료를 제공하고 있다.

6. 참고문헌

권영대, 『문암문집』, 『한국민족문화대백과사전』, 2010.
권영대, 『손후익』, 『한국민족문화대백과사전』, 2010.
강윤정, 「문암 손후익의 가계와 유림단의거」, 『대구사학』 138집, 2020.

序

自往古來以文名家者不多其選而才高者善於創資卑者喜於因創者健而有自竪立因者弱而有所依循盖囿於氣之衰旺局於器之圓狹也至于近世以作家居者亦不尠而創之者少因之者多實由囿與局之殊而亦莫非世運之汙隆也然今之作者不可謂盡未及於古之作者而求其中自成一家者或有之矣吾友文巖孫公季世之傑也南州之望也公以拔萃之資兼倚馬之才旣承樂有之訓又沐賢師之誨耳目高而府庫深輕重審而趍向正名譽時望蔚乎有重於國中也其爲文也艶而妙贍而富雄而健冲而澹躡昌黎之閫窺史佚之門辭達而理暢而其精粹之彌乎中而英華之發於外者可以配于古之作者則非因也乃創也豈但以自成一家論之哉以此資具旣不及於大同之世而如需於小康之時則足以任文昌而潤辭命必有彬彬可觀而丁無國之際經南冠之囚度靈均之世抱木鍾而鳴衰世以終其一生是乃士友之所

文巖先生文集卷之一

文巖 月城孫厚翼 德夫 著

賦

自警賦 並序○乙巳

錦湖子一日方端坐而思旣而作而歎曰噫余之入於古人之學始於十有二歲而今余年十有八矣自初而勉焉則所以修成者可以入於聖人之域而及今自省未知幾到並州吁亦甚矣余之愚也終始講習不作思惟而只爲能誦能讀之科其或有窮索者則又皆不求切於身者而徒自外務爲言語終使吾本明之靈臺沉昏未曉長坐在夢關之中矣今纔覺得已往之非靜而思之若有所得而未見其得始知主宰一身者寔是心也而心外無他別樣工夫也至若章句奇妙名譽么麼非所營心而徒志大意圓不知如何而能爲聖爲賢譬如不利舟楫而欲渡萬里之滄海不固城郭而欲拒四面

昌只表載不見其山看草木茂華蘩實知誰賜人治天餉元相待孰謂爲善無報施惟德之符功成世有不吾信以公視公五世孫鎭喬氏命余爲詩隧石賁

五十六

文巖先生文集卷之十八終

※ 고려대 소장

〈영남-22〉 해창집 海窓集

1. 형태서지

표제/권수제	해창집(海窓集)
편저자	송기식(宋基植) 著
판사항	석판본
발행사항	[刊寫地未詳] : 宋淵植, 1957
형태사항	총 9권 5책 四周雙邊 半郭 23.9×16.7㎝, 有界, 12行24字, 上下向2葉花紋魚尾 ; 30.5×21.0㎝
소장처	국립중앙도서관, 경북대, 계명대, 고려대, 동아대, 안동대, 전남대

2. 정의

일제강점기에 생존하였던 독립운동가인 송기식(宋基植, 1878~1949)의 시문집이다.

3. 저자사항

송기식은 본관이 진천(鎭川)으로 자는 치공(穉鞏)이며, 호는 해창(海窓)이다. 1878년 현재의 경상북도 안동시 송천동에서 태어났다.

1895년 안동에서 일어난 을미의병에 부통으로 임명된 할아버지를 따라 의병대에 참가하였고, 다음 해에는 척암(拓庵) 김도화(金道和, 1825~1912)의 휘하로 들어갔다. 의병이 해산 뒤에는 다시 학업에 열중하였는데 김흥락(金興洛)과 김도화(金道和), 이만도(李晩燾) 등의 유학자들을 스승으로 모셨다. 정재학파(定齋學派)에 속하는 유인식(柳寅植), 이상룡(李相龍)과 함께 유학개혁론을 고찰하였다.

1913년 송천동에 설립된 봉양서숙(鳳陽書塾)에서 교사로 활동하던 송기식은 1919년 3월 18일에 일어난 안동면 2차 만세시위를 천도교도의 대표로서 계획하고 이끌었다. 안동면 2차 시위는 3월 18일 장날 낮 12시경, 삼산동 곡물전(현 신한은행과 농협안동지부 중간지점) 앞에서 기독교인 30여 명을 중심으로 이루어졌다. 송기식은 유동붕(柳東鵬)·송장식(宋章植)·송홍식(宋弘植)·권중호(權中鎬) 등 유림들과 시위대를 이끌고 여기에 합세하였다. 다음 장날인 3월 23일 다시 모여 제2차 만세운동을 전개하였는데, 이때 일본 군경이 공포탄을 쏘며 저지하였으나 조금도 굴하지 않고 3,000여 명의 군중과 함께 투석전으로 맞서며 격렬한 만세시위를 벌였다. 그러나 시위 도중 일본 군경의 사격 개시로 인해 많은 희생자가 발생하여 해산하였다.

송기식은 일본 경찰에게 체포된 뒤 1919년 4월 7일 대구지방재판소에서 보안법 위반 혐의로 징역 6월형을 언도 받았다. 이후 항소하였으나, 5월 2일 대구복심법원과 6월 5일 고등법원에서 기각되어 6개월의 형이 확정되어 옥고를 치렀다.

감옥에서 풀려난 뒤에는 『한문훈몽(漢文訓蒙)』, 『국문사서(國文四書)』 등의 교재를 저술하였고, 『유교유신론』을 저술하여 유교 개혁의 포부를 담았다. 1925년에는 안동에 인곡서숙(麟谷書塾)을 건립하였고, 단양의 명륜학원에 교수로 부임하여 활동하였다. 이 밖에 다양한 강습소 및 교육 시설을 건립을 도모하였다. 1977년에 대통령표창을 받았고, 1990년에 건국훈장 애족장이 추서되었다.

4. 구성 및 내용

『해창집』은 9권 5책으로 이루어졌다. 권두에 신언직(申彦稷)의 서문, 권말에 박창로(朴昶魯)와 송연식(宋淵植)의 발문이 있다. 1957년에 쓴 박창로의 발문에 따르면, 저자 사후 9년 뒤인 1957년에 동생 송연식(宋淵植)이 유고를 수습하여 편집하고 간행하였음을 알 수 있다. 송연식이 쓴 발문과 묘지명, 묘갈명은 모두 간행 연도인 1957년에 지어졌다.

권1~2에 시(詩) 331편, 권3~4에 서(書) 127편, 권5에 서(序) 12편, 기(記) 7편, 전(傳) 1편, 발(跋) 6편, 논(論) 5편, 설(說) 17편, 잠(箴) 5편, 찬(贊) 1편, 애사 1편, 추도문 2편, 권6에 상량문 6편, 고유문 3편, 제문 39편, 권7~8에 묘지명·광지(壙誌)·묘갈명 35편, 행장 13편, 유사 3편, 가장 4편, 권9에 부록으로 만사·제문·묘지명·묘갈명·행장후서·유사·발 각 1편 등이 수록되어 있다.

시는 만사가 가장 많고, 차운시와 자연경관을 읊은 시가 대부분을 차지하고 있다. 송기식이 청년기에 지은 「성인음(聖人吟)」은 성인의 마음가짐과 덕목에 대한 내용이며, 「독서사계(讀書四戒)」 4편은 '나타(懦惰)', '사념(邪念)', '수마(睡魔)', '무광(務廣)' 등 독서에 경계해야 할 조목에 대한 내용이다. 이를 통해 청년기 유학을 공부하던 송기식의 모습을 확인할 수 있다. 「체수안동옥중시동지(逮囚安東獄中示同志)」는 조국의 독립을 위해 투쟁하다가 감옥에 갇혔지만 자신은 여전히 독립만을 생각하고 있음을 밝힌 시이다.

서(書) 가운데 스승에게 쓴 글들은 유학 철학에 대한 송기식의 사고를 살필 수 있는 작품이 있다. 「상서산선생(上西山先生)」과 「상오산김장(上吾山金丈)」에서는 『대학(大學)』의 격물(格物)·치지(致知) 등 8조목에 대해 자신의 생각을 역설하는 한편, 이해의 어려움도 토로하고 있다. 또한 그의 교육 계몽 및 국권회복 운동에 대한 의식을 살필 수 있는 글로는 「답석주이장(答石洲李丈)」, 「상도산서원(上陶山書院)」 등이 있다.

그 밖에 「보합대화론(保合大和論)」은 『주역(周易)』의 '보합대화'를 설명하고 당시의 현실에 적용하는 방안에 대해 논한 글이다. 「양호연기론(養浩然氣論)」은 『맹자』의 호연지기를 기르는 방법을 설명한 것이다.

5. 주요 작품 및 문집의 특징

송기식이 속한 후기정재학파는 서세동점의 상황에서 유학의 현실대응력을 조망하는 데 유용하다. 이들은 신실한 주자학자에서 유교개혁론자로 그리고 다시 사회주의자로, 시대적 요구에 따라 다양한 사상적 스펙트럼을 펼쳐보인다. 유교유신론으로 대표되는 송기식의 유교개혁론은 이와 같은 흐름의 연장선 위에 서 있다. 유교개혁에 관한 송기식의 생각은 유교의 종교화와 그를 통한 교육계몽 그리고 그 결과로서 국권회복이라는 형태로 나타난다.

따라서 그의 사상과 삶을 이해하기 위해선 '경학', '애국계몽운동' 등을 중심으로 『해창문집』의 작품을 일별해야 할 것이다. 그중 「홍범시의(洪範詩義)」는 『서경』의 홍범구주(洪範九疇)에 대해 해석하고 쓴 시이다. 송기식의 자서아래 '왕방우기자(王訪于箕子)', '천내석우홍범구주(天乃錫禹洪範九疇)', '이륜유서(彝倫攸敍)' 세 단락으로 구성하였다. 홍범구주를 당시의 현실과 연관시켜 설명한 것이 특징으로 경학에 대한 송경식의 이해와 사상을 엿볼 수 있다. 또한 그의 유교 개혁 운동 활동에 대한 의식을 살필 수 있는 작품으로는 「답채희각(答蔡熙覺)」을 손꼽을 수 있다. 이 편지에서는 '각 종요가 다투어 일어남을 보면 사람들을 꾀어낸다'고 하며 종교들이 사람들을 미혹시키자 이에 대한 방안으로 유교 개혁에 나섰음을 알 수 있다.

「답석주이장(答石洲李丈)」은 독립운동을 위해 만주로 떠난 이상룡(李相龍)에게 답한 글이다. 편지 안에는 당시 봉양서숙(鳳陽書塾)을 유지하는 데에 어려움과 미안함을 토로하고 있으며, 송기식의 교육 계몽사상이 드러난다. 송기식은 과학교육보다 종교 교육이 좀 더 중요하다는 것을 역설하였으며, 천주학은 유학과 부합될 수 없으며 배척해야 할 사교(邪教)임이 분명하나, 조국의 독립을 위해서는 천주교도들과도 힘을 합해야 한다고 주장하였다. 여기에서 그가 천주교의 대표로 3·1운동을 주도하였던 이유를 알 수 있다.

6. 참고문헌

이지안, 이효림 옮김, 『해창집』, 한국국학진흥원

박원재, 「후기 정재학파의 유교개혁론 연구 해창(海窓) 송기식(宋基植)의 유교유신론 을 중심으로」, 『국학연구』 10집, 2007.

강윤정, 『송기식』, 『한국향토문화전자대전』, 2010.

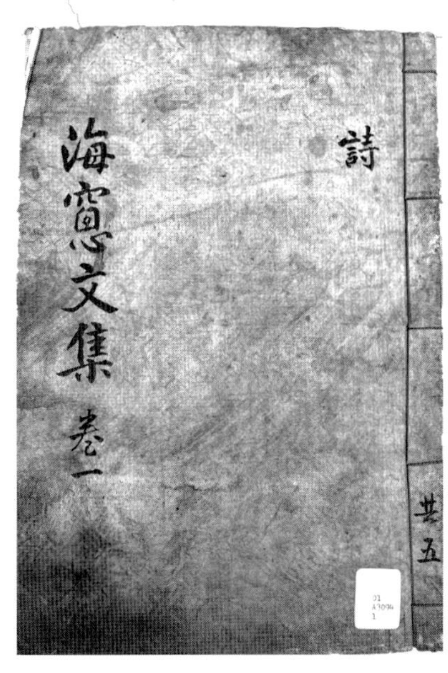
詩

海窻文集 卷一

共五

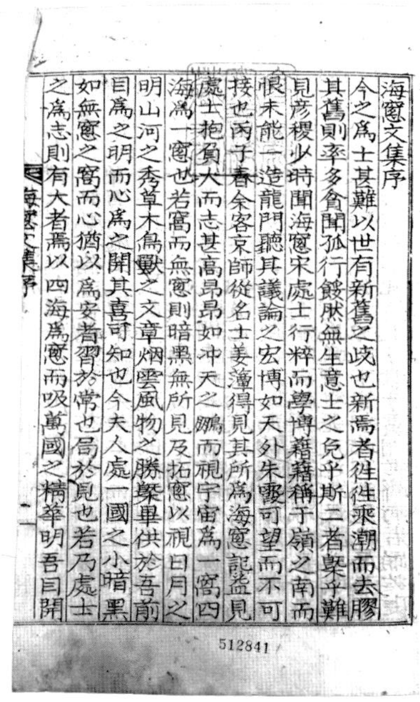
海窻文集序

今之爲士甚難以世有新舊之歧也新焉者往往乘潮而去膠其舊則率多貪聞孤行饑然無生意士之免乎斯二者槩乎難見彦稷少時聞海窻宋處士行粹而學博藉藉稱于嶺之南而恨未能一造龍門聽其議論之宏博如天外朱雲可望而不可接也丙子春余客京師從名士姜澹得見其所爲海窻記益見處士抱負大而志甚高昂昂如冲天之鵬而視宇宙爲一窩四海爲一窻也若窩而無窻則暗黑無所見及拓窻以視日月之明山河之秀草木鳥獸之文章烟雲風物之勝槩畢供於吾前目爲之明而心爲之開其喜可知也今夫人處一國之小暗黑如無窻之窩而心猶以爲安者習於常也局於見也若乃處士之爲志則有大者焉以四海爲窻而吸萬國之精華明吾目開

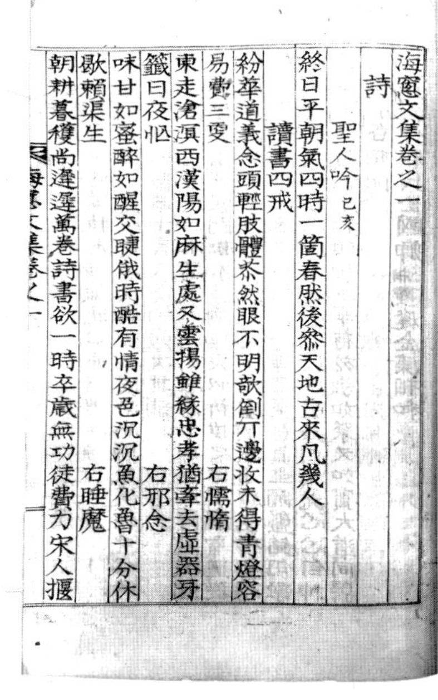
海窻文集卷之一

詩

聖人吟 己亥

終日平朝氣四時一箇春然後参天地古來凡幾人

讀書四戒

紛華道義念頭輕肢體苶然眼不明欹倒丌邊收未得青燈容易費三更 右懦惰

東走滄溟西漢陽如麻生處又雲揚誰緣忠孝猶牽去虛器牙籤日夜忙 右邪念

味甘如蜜醉如醒交睫俄時酷有情夜邑沉沉魚化魯十分休歇賴渠生 右睡魔

朝耕暮穫尚遑遑萬卷詩書欲一時卒歲無功徒費力宋人揠

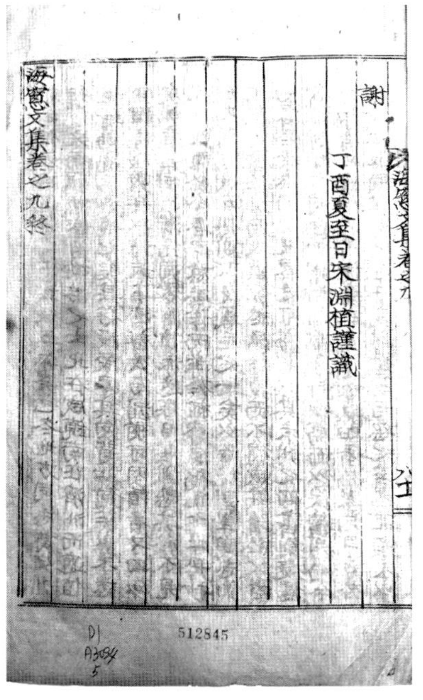
謝

丁酉夏至日宋淵植謹識

海窻文集卷之九終

※ 고려대 소장

〈영남-23〉 **기려수필** 騎驢隨筆

1. 형태서지

표제/권수제	기려수필(騎驢隨筆)
편저자	송상도(宋相燾) 著
판사항	인쇄본
발행사항	[서울] : 國史編纂委員會, 1955
형태사항	총 1책(5권 5책) / 22㎝
소장처	국립중앙도서관, 고려대, 단국대 퇴계기념도서관, 부산대, 영남대, 울산대

2. 정의

송상도(宋相燾, 1871-1946)가 대한제국 말기부터 광복까지 애국지사들의 사적을 기록한 책이다.

3. 저자사항

송상도는 자가 성소(聖韶)이며, 호가 기려자(騎驢子), 미헌(眉軒), 연파(蓮坡)이다. 본관은 야로(冶爐)이다. 1871년 4월 12일 지금의 경상북도 영주시 휴천동 광승마을에서 출생하였다. 어려서부터 한학을 배워 송상도는 어려서부터 한학을 공부하여 권상익(權相翊, 1863-1935), 송준필(宋浚弼, 1869-1943), 김창숙(金昌淑, 1879-1962) 등과 교유하였다. 또 당시 유학자로 명망 있던 곽종석(郭鍾錫)과 전우(田愚)등을 찾아다니며 견문을 넓혔고 항일운동의 동지가 되었다.

송상도는 경학(經學)보다 사학(史學)에 힘을 쏟아 중국 역대의 사적(史籍)을 섭렵하였을 뿐 아니라 일찍이 조선왕조사 등을 편찬하고 있었다. 그러던 중 1910년 39세 때, 경술국치를 당하자 집필을 그만두었다. 이후 명나라가 망한 뒤 기려도사(騎驢道士)가 명말(明末) 충신의 사적을 수집하였던 것을 따라, 자신도 스스로 호를 기려자(騎驢子)라고 이름한 뒤 우리나라 애국지사의 사적을 편찬하기로 결심하였다. 전국 방방곡곡을 30여 년간 돌아다니며 애국자의 유가족 또는 친지를 방문하면서 사적을 기록하는 한편, 사건 당시의 신문과 기타 자료를 수집하여 1946년 75세 때, 『기려수필(騎驢隨筆)』 5책을 편찬하였다. 그 뒤로 해외에서 활약한 애국지사의 행적을 수집하고 완성하려다가 미완인 채로 1946년 12월 26일 세상을 떠났다.

1986년 건국포장, 1990년 건국훈장 애국장이 추서되었다. 송상도의 처음 묘소는 영주시 휴천동 광승 마을에 조성되었다가, 1992년 6월 19일 국립대전현충원 애국지사 제1묘역으로 이장되었다.

4. 구성 및 내용

『기려수필』은 5권 5책으로 이루어졌다. 권두에는 권상익(權相翊)의 서문과 저자의 원범례(原凡例)가 들어 있다. 책의 말미에는 저자의 발문이 있어 편찬 동기를 확인할 수 있다. 그의 아들 송인혁(宋仁爀)이 보관해오던 것을 1955년 국사편찬위원회에서 수록 내용을 시대 및 사건 순으로 재정리한 뒤, 『한국사료총서(韓國史料叢書)』 제2권 국판 434쪽의 단권 한문 활자본으로 발행하였다.

송상도의 기록은 1866년 병인양요 때 순절한 이시원(李是遠)의 사적으로부터 시작하여 항일투사 239명의 행적을 기록하고, 대한민국임시정부, 공산당, 고려혁명당과 6·10만세, 광주학생독립운동 등의 단체 및 사건에 대해서도 서술하였다. 기록의 순서는 인물 연대나 사건 순으로 되어 있지 않은데 이는 저자의 기록 순서에 따랐기 때문이다. 언급된 등장인물은 대략 500명이 넘는다.

1책은 최익현, 홍재학(洪在鶴, 1848-1881)을 비롯하여 백성흠(白成欽)에 이르기까지 총 46명의 행적을 기록하였다.

2책은 홍사구(洪思九, 1878-1896), 이성우(李成宇), 김덕원(金德元)을 비롯하여 총 33명의 행적을 기록하였다.

3책은 유인석(柳麟錫, 1842-1915), 이춘영(李春永)부터 조씨부인(曺氏婦人), 이철영(李喆榮)에 이르기까지 57명의 행적이 있다. 이 중 안중근 외에 2인에 대한 기록은 1책과 2책에서 중복된 것이다.

4책은 이승희(李承熙, 1847-1916), 우용택(禹龍澤, 1868-1940), 이세영(李世永, 1869-1938) 등 49명의 행적에 대한 기록을 실었다.

5책은 김백선(金伯先)을 비롯한 10명의 행적과 광주학생운동 사건에 대한 기록을 실었다.

또한 미정고(未定稿)로 이내수(李來修), 이철영, 장원제(張元濟) 외(外) 3명을 포함한 40여 명의 인물 행적과 대한민국임시정부, 선은회령지점사건(鮮銀會寧支店事件) 등 단체 및 사건에 대한 기록이 있다.

대한말기 의병활동의 사적과 일제강점기에 일본의 요인, 친일파들을 저격했던 안중근 윤봉길·강우규·이봉창 등의 사적 등이 있다. 그밖에 조직단체로는 대한민국임시정부 수립,

1919년의 3·1 독립 운동, 1926년의 고려혁명당 사건, 1926년의 6·10만세사건을 비롯하여 1929년의 광주학생운동 등에 관련된 단체 및 사건에 대해서도 서술되어 있다.

5. 주요 작품 및 문집의 특징

그는 짚신과 괴나리봇짐 차림으로 오직 국가를 위해 희생한 애국지사들의 행적을 좇아 전국 각지를 돌아다녔다. 그 과정에서 많은 고생은 물론 개인적인 희생이 뒤따랐다. 송상도는 발문에서 다음과 같이 밝히고 있다.

"나 송상도는 미약하여 순절하려고 하여도 마땅하게 죽을 이유를 찾지 못하였으며, 의거(義擧)하려고 하여도 지혜와 담략이 없으며, 해외로 나가 광복을 도모하려 하여도 자금과 능력이 부족하니 모두 할 수 없다. 그러나 의리를 좋아하는 마음은 오히려 사라지지 않았다. 이에 감히 옛날 기려도사가 했던 일을 본받아 호남·관서·기호·영남 등지를 돌아다니며 어려움과 수고스러움을 회피하지 않고, 늙어 죽을 때까지 널리 수집하고 찾아다녀 책을 완성하였다."

이 글을 통해 그가『기려수필』을 저술하게 된 동기를 분명히 확인할 수 있다. 그의 며느리 김창규는 이 책을 저술하기 위한 자금 마련으로 넉넉했던 가세가 크게 기울었고, 일제의 눈을 피해 원고를 항아리에 넣어 땅에 파묻어 숨겨두느라 매우 고생했다고 하였다. 이 책은 1934년 경에 1차로 간행하려 하였으나 일제의 탄압으로 발간이 뒤로 미뤄지게 되었다.

1945년 해방이 되자『기려수필』을 간행하려 하였으나 해외에서 활약한 독립운동가에 대한 자료가 미진하다고 여겨 이들에 대한 자료를 수집·보완하여 집필을 마무리하기로 하였다. 그러나 1947년 1월 12일 저자가 세상을 떠나는 바람에 완전히 간행을 보지 못하였다.

『기려수필』은 유명한 독립운동가는 물론, 세상에 드러나지 않았던 지방의 구국운동 상황을 자세히 수록하였다. 특히 한 말 의병의 활동상황에 대해서는 다른 자료에서 볼 수 없는 귀중한 내용을 많이 채록하고 있다. 저자가 유학자 출신이므로 유교적 안목에서 서술하였다는 점도 의미가 있다. 현지답사를 통하여 채록하였기에 당시 항일투쟁의 실상을 알려주는 문헌으로 독립운동사에 있어서 매우 큰 의미를 가지고 있다. 다만 3·1 독립운동을 비롯하여 해외 독립운동에 대한 기록이 없어 아쉬움을 남긴다.

『기려수필』은 30여 년간 저자가 직접 보고 듣거나 수집한 자료를 바탕으로 엮은 육필(肉筆) 원고로 그 사료적 가치를 높이 평가받고 있다. 이 책에 수록된 의사와 열사는 모두 독립유공자로 포상되었고, 역사학계에서는 황현(黃玹)의『매천야록(梅泉野錄)』과 더불어 야사(野史)의 하나로 인정하고 있다.

6. 참고문헌

송상도, 『기려수필』, 국사편찬위원회(國史編纂委員會), 1974.

송상도 저, 강원모 외4인 공역, 『기려수필 -망국의 한, 기록으로 꽃피우다』 1~4, 문진, 2014.

조동걸, 「송상도」, 『한국민족문화대백과사전』, 1996.

조동걸, 「기려수필」, 『한국민족문화대백과사전』, 1996.

김도훈, 「『기려수필』 편찬과정과 체재 분석」, 『한국민족운동사연구』 86집, 2016.

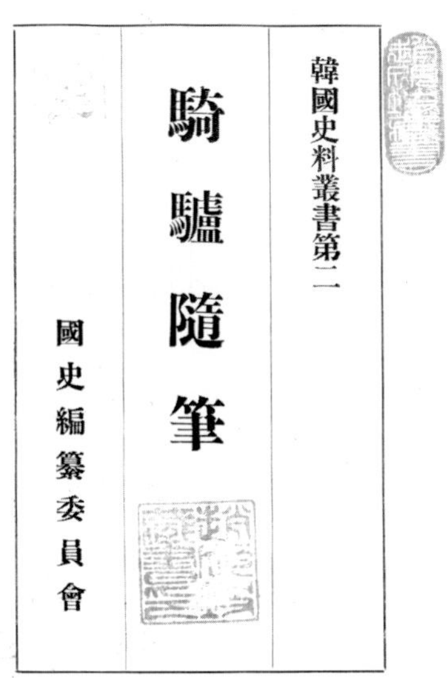

韓國史料叢書第二

騎驢隨筆

國史編纂委員會

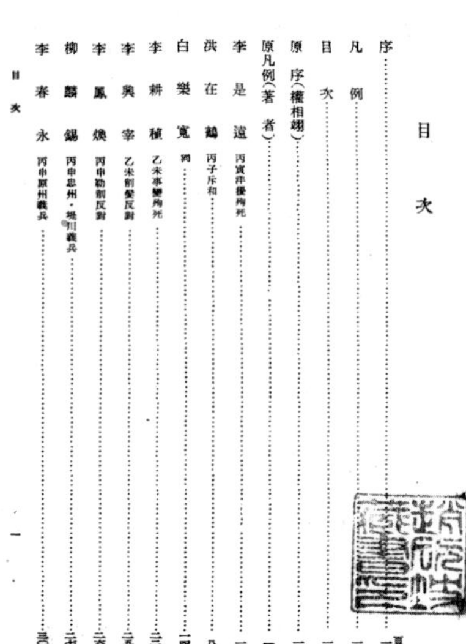

目次

序 …… 一頁
凡例 …… 一
目次 …… 一
原序(權相翊) …… 一
原凡例(著者) …… 一
李是遠 丙寅洋擾殉死 …… 一
洪在鶴 丙子斥和 …… 八
白樂寬 同 …… 一四
李耕稙 乙未事變殉死 …… 三
李興宰 乙未削髮反對 …… 五
李鳳煥 丙申勒削反對 …… 六
柳麟錫 丙申忠州・堤川義兵 …… 七
李春永 丙申原州義兵 …… 三〇

韓國史料叢書第二 騎驢隨筆

李是遠 (二)

李是遠 正祖十四年生

李是遠字子直、別號沙磯、定王別子、德泉君諱厚生之裔也、德泉君、邃禮好善、世比之河間東平、諡曰積德、後多名人、至孝敏公景稷・文忠公景奭兄弟、最顯、孝敏生孝簡公正英、孝簡生戶曹參判大成、累世爲卿大夫、勳勞著王室、名節耀當時、參判生進士匡偉、進士生匡明、坐伯父事、謫邊郡以終、用公貴、贈吏曹參議、是遠曾祖也、祖忠翊贈吏曹參判、始參議、自京師、徙于江華、考勉伯、進士、贈吏曹判書、妣曰、贈貞夫人、靑松沈氏、領議政壽賢玄孫也、正宗十四年、是遠生、是遠、生有異質、甫成童、學己成、純王乙亥、(純祖十五年)擢庭試甲科第一人、即授成均館典籍、先是、參判公、遭家不造、畏約無窮、己猶激昂不少挫、博通三敎、道德文章、皆過古人、尤有至行、嘗徒跣數千里、省參議公暨本生考于謫所、春而北、秋而南、風雪瘴癘、數十年不廢、世謂參判公、碩而不食、其後必振、判書公、承家學、壓雋揚闈、屢成進士、流離困頓、日甚、至是、是遠大闡、是遠起家於震業之餘、早歲、蜚聲藉甚、昔之不悅者、未憖也、而是遠又以直道不阿附、壯元

跋

此篇之所以名騎驢隨筆者、何也、蓋嘗取皇明末騎驢道士之爲也、往乙未年間、(高宗三十二年)坦堂金先生自湖西來居吾鄕也、余日往親炙、先生嘗謂曰昔土賊李自成、起兵犯闕、大明遂亡、上自皇帝、下至縉紳四庶、皆爲國殉死者嘗無慮百千、及淸奴入據中國、又下薙髮之令曰薙生、不薙死、有一士人投其死被削、而其心、則尙有在矣是以乃晦其姓名、騎驢遍天下、搜輯其殉節者事實、以傳世、時人謂之騎驢道士、至是余無分數、而乃聽以銘心、其後未幾、不幸我韓、自乙庚來、(光武九年・隆熙四年)其亡亦如皇明、於是忠臣義士、不勝其憤慨、或殉節・或擧義・或去海外、以圖其光復、其忠節在我、雖與日月爭光、在日賊、皆其所諱惡也、是以一上口遊筆、其禍立至、人如投禍、無採摭而傳世、凜凜之忠、槪槪之節、不幾年湮沒無聞、此豈非後死者之責耶、如燾、曾以孱劣、欲殉節、而無其所、欲擧義、而無智略、欲海外光復、而無資力、皆不能得、而其好義之心、尙有所未泯矣、是以敢效古之騎驢道士、湖關畿嶺、不辭艱險、不憚勞苦、積歲窮年、廣搜博訪、所編乃成、請權斯文相翊氏爲弁首之文、有志刊行、而時則賊勢猖獗、生意不得、將欲藏之山川、以俟千秋、不意皇天悔禍、三韓日月復明于世、所當謀印之不暇、而顧所編、如在內諸公、雖己盡錄、今至五冊、在外諸公姑未求得、爲求此赴京、會、某某志士、適來會于京、此人皆爲海外多年者、是以因此諸人、求在外諸公之實、乃將成完篇・諸人又將醵金刊行去、噫吾無足跡、湖關畿嶺之踏、不可搜輯、人無謀印、諸

※ 국립중앙도서관 소장

〈영남-24〉 공산집 恭山集

1. 형태서지

표제/권수제	공산집(恭山集)
편저자	송준필(宋浚弼) 著
판사항	목판본/석판본(속집)
발행사항	[刊寫地未詳] : [刊寫者未詳], [刊寫年未詳]
형태사항	총 32권 17책 - 목록 1책, 원집 20권 10책 : 四周雙邊, 半廓 20.8×16.2㎝, 有界, 10行 20字, 上下向二葉下上向黑魚尾 ; 30.0×20.5㎝ - 속집 12권 6책 : 四周雙邊 半郭 20.7×14.2㎝, 有界, 10行22字 註單行, 上下向2葉花紋魚尾 ; 28.7×19.9㎝
소장처	국립중앙도서관, 경상대, 계명대, 고려대, 부산대, 연세대, 용인대, 전남대, 한국국학진흥원

2. 정의

조선후기부터 일제강점기까지 생존한 학자이자 독립운동가로 송준필(宋浚弼, 1869-1943)의 시(詩)·서(書)·기(記)·제문(祭文) 등을 수록한 시문집이다.

3. 저자사항

송준필은 일제강점기 『대산서절요(大山書節要)』, 『오선생미언(五先生微言)』, 『공산집(恭山集)』 등을 저술한 학자이다. 경상북도 성주 출신이다. 송준필은 본관이 야성(冶城)이고, 자는 순좌(舜佐)이며, 호는 공산(恭山)이다. 그의 아버지는 송기선(宋祺善)이다.

이진상(李震相)의 강학에 참석했고, 1886년(18세)부터 장복추(張福樞, 1815-1900)의 문하에서 수학하였다. 후에 김흥락(金興洛, 1827-1899)의 문하에서 수학하기도 하였으며, 당시 영남의 석학들 문하에 폭넓게 왕래하며 수학하였다. 특히 이황의 심합이기설(心合理氣說)을 따른 선생의 성리설은 주로 장복추의 영향 속에 형성되었다. 성리학설이 심즉리설(心卽理說)이나 심즉기설(心卽氣說)로 양극적 대립을 보이며 현실을 깊이 경계하면서, 두 입장의 부분적 타당성을 인정하며, 동시에 심합이기설로 통합할 것을 역설하였다.

1905년 일본의 위협으로 오조약(五條約)이 체결되었다는 소문을 듣고 분개를 참지 못하여 안동향교로 달려가 「오적청참소(五賊請斬疏)」를 올리자고 주장하였다. 1910년 국치(國恥)를 당하자 여러 방도로 조국의 광복에 힘썼다. 1919년 유림의 독립청원운동인 파리장서사건(巴里長書事件)에서 곽종석(郭鍾錫)과 장석영(張錫英) 등과 더불어 활동하였다. 당시 유림분발

(儒林奮發)을 촉구하는 국내통고문(國內通告文)을 지어 반분(頒分)하다가 검거되었으나 조금도 굴복하지 않았으며 3월의 독립만세 때 투옥되었다가 7월에 출옥하였다. 만년에는 김천 황학산(黃鶴山)으로 들어가 살았고, 원계서당(遠溪書堂)에서 별세했는데 성주(星州)로 반장(反葬)할 때 회장자(會葬者)가 1,000여 사람이 참여하였다.

그의 학문과 사상은 주로 이황(李滉)의 심합이기설(心合理氣說)을 따른 장복추의 영향 속에 형성되었다. 송준필은 성리설의 학통에서 이상정(李象靖)을 중시하여 주희(朱熹)와 이황의 정맥(正脈)을 이상정이라고 파악한다. 또한 전우(田愚)의 성존심비설(性尊心卑說)은 본성을 이(理)로 보아 존중하는 것을 시인하면서도, 마음을 본성과 상대시켜 비하했는데, 송준필은 이러한 견해를 거부하였다. 송준필은 이황의『성학십도(聖學十圖)』제6도를 심화시킨『심통성정삼도발휘(心統性情三圖發揮)』에서 송대 성리설과 퇴계학통의 성리설을 정연하게 체계화시키고, 나아가 자신의 성리설을 정립하였다. 그 밖의 주요 저서로는 성리학에 관한『대산서절요(大山書節要)』와『사물잠집설(四勿箴集說)』등이 있고, 예학에 관한『육례수략(六禮修略)』이 있다. 또한 수양론 및 윤리서로는『오선생미언(五先生微言)』과『정학입문(正學入門)』이 있고, 역사서로는『속속자치통감강목(續續資治通鑑綱目)』이 있으며, 문집으로는『공산집(恭山集)』이 있다. 김천(金泉)의 원계서원(遠溪書院)에 배향되었고, 1990년 건국훈장 애족장이 추서되었다.

4. 구성 및 내용

『공산집』은 목록 1책, 본집 20권 10책, 속집 12권 6책, 합 32권 17책으로 구성되어 있다. 서문과 발문이 없어 구체적인 편찬 경위를 확인할 수는 없다.

권1·2에 부(賦) 1편, 시 438수, 권3~11에 서(書) 603편, 권12에 잡저(雜著) 16편, 권13·14에 서(序) 25편, 기(記) 38편, 발 9편, 잠 5편, 명 8편, 찬(贊) 1편, 상량문 4편, 애사 3편, 축문 10편, 권15~20에 제문 15편, 묘비명, 묘지명, 광기(壙記) 2편, 묘표 7편, 묘갈명 100편, 행장 28편, 유사 2편, 전(傳) 2편 등이 수록되어 있다.

속집 역시 앞에 목록이 있고, 권1에 시 106수, 권2~6에 서(書) 295수, 잡저 7편, 서(序) 24편, 권7·8에 기 49편, 발 9편, 잠 4편, 명 3편, 상량문 7편, 애사 3편, 축문 2편, 제문 10편, 묘비명 11편, 권9에 묘지명 13편, 묘표 6편, 묘갈명 19편, 권10·11에 묘갈명 70편, 권12에 행장 17편 등이 수록되어 있다.

본집 권1의「감춘부(感春賦)」는 세상의 혼탁함을 한탄하며 자신의 뜻을 굽히지 않고 세상을 살아가려는 의지를 보인 작품이다.「고양잡영(高陽雜詠)」은 고양서숙과 그 주변의 유람처를 다양하게 읊은 작품이다.

서(書)는 603의 방대한 분량으로 대개 스승이나 선후배 학자들과 학문적인 내용을 문답한 문목(問目)이나 별지(別紙)가 많다. 장상학(張相學), 조긍섭(曺兢燮), 하봉수(河鳳壽), 이형진(李馨鎭) 등의 인물과 주고받은 편지로 인물별로 모아놓았으며 간지가 부기되어 있어 발송 시점을 확인할 수 있다.

또한 「상사미헌선생문목(上四未軒先生問目)」과 「가례오복도(家禮五服圖)」을 비롯하여, 전우(田愚)나 곽종석(郭鍾錫)에게 보낸 편지가 있어 성리학에 대한 그의 의식을 살펴볼 수 있다.

잡저에는 성리학에 관한 것으로 「독한주집심즉리설(讀寒洲集心卽理說)」, 「독면우집(讀俛宇集)」, 「독간재집성존심비설(讀艮齋集性尊心卑說)」, 「중용사정설(中庸四情說)」 등이 있다.

서(序)는 「신포손공문집서(新圃孫公文集序)」부터 「옥천이공일고서(玉川李公逸考序)」, 「금성세방록서(金城世芳錄序)」 등이 있다. 발문으로는 「오봉선생권공실기발(五峯先生權公實記跋)」, 「구산권공유고발(龜山權公遺稿跋)」 등이 있다. 속집은 제자들의 문목에 답한 것이 많다.

5. 주요 작품 및 문집의 특징

권1의 시 중에서 나라 곳곳의 명승지를 둘러보고 쓴 작품이 많기 때문에 이를 확인할 만하다. 1898년에 쓴 「좌협기행(左峽紀行)」은 5언 154구의 장편으로, 촉석루(矗石樓) 등 여러 곳을 여행하면서 풍물, 인심, 경치 등을 읊은 기행시이다. 「북정제영(北征諸詠)」은 1912년경 서울, 개성, 평양 등 여러 명승지를 둘러보고 감회를 읊은 것으로, 「한양유감(漢陽有感)」, 「등남산잠두(登南山蠶頭)」, 「송경회고(松京懷古)」, 「선죽교(善竹橋)」, 「연광정(練光亭)」 등 17수로 되어 있다. 그 중에서 「한양유감」은 남산에 올라가 서울 장안을 바라보며 감회를 읊은 것으로, 나라를 잃은 슬픔을 은연중에 표현하였다. 「입금강동구(入金剛洞口)」, 「장안사(長安寺)」, 「명경대(明鏡臺)」, 「해금강(海金剛)」 등 금강산의 경치를 읊은 시 50여 수와 「원산항(元山港)」, 「십리명사(十里明沙)」, 「삼방약천(三防藥泉)」 등 원산 일대의 명소를 읊은 시 5수 등이 들어 있다.

또한 성리학자로서의 송준필의 면모를 확인할 수 있는 작품으로는 권 12에 수록되어 있는 「관규사의(管窺私議)」가 있다. 이 글에서 이(理)와 기(氣)에 대해 서술하였다. “하늘이 만물을 발생하는데 기(氣)는 자리하는 자기(資器)가 되며, 모든 작용의 운동은 모두가 氣의 작용이다.”라고 하며 기를 사물의 주재로 보았다. 또한 서문 중 「상사미헌선생문목」은 상례(喪禮)에 관한 내용으로 영남 유학자인 장복추와 문답한 내용이다. 「상서산선생별지(上西山先生別紙)」는 김흥락과 주고 받은 편지로 『대학』의 격물치지(格物致知)를 비롯하여 유학사상에서 중시해야 할 것이 무엇인가에 대한 송준필의 고뇌를 확인할 수 있다.

송준필은 자신의 스승인 장복추의 설을 따라 심성설(心性說)을 주장하였는데, 그에 대한 근거는 「답이태계(答李太溪)」를 통해 확인할 수 있다. “심(心)은 기(氣)와 리(理)를 합하여 바로 허령(虛靈)과 지각(知覺)을 이룬다.”라고 하였는데, 이는 심(心)도 기(氣)와 리(理)처럼 하나의 사물의 주재가 될 수 있다는 그의 주장이 드러나는 문장이다.

가장 중요한 자료는 603편에 달하는 방대한 편지로, 이를 통해 그의 교유관계를 구체적으로 파악할 수 있으며 어떠한 사안에 대한 고민을 하였는지 추적할 수 있다.

6. 참고문헌

송준필, 『공산집』, 국립중앙도서관 소장본.

금장태, 『송준필』, 『한국민족문화대백과사전』, 1996.

유명종, 「공산(恭山) 송준필(宋浚弼)의 성리학(性理學)」, 『한중철학』 4집, 한중철학회, 1998.

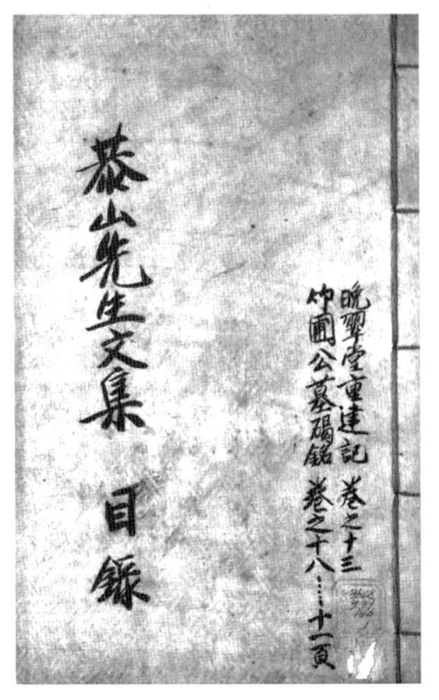

恭山先生文集 目錄

晩翠堂重建記 卷之十三

竹圃公墓碣銘 卷之十八……十一頁

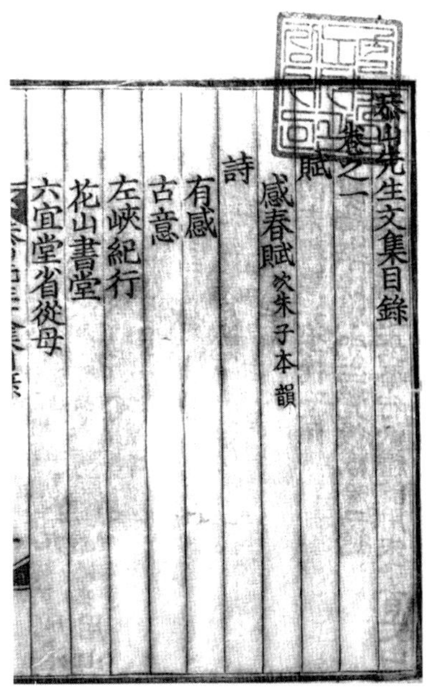

恭山先生文集目錄

卷之一

賦

感春賦 次朱子本韻

詩

有感

古意

左峽紀行

花山書堂

六宜堂省從母

恭山先生文集卷之一

賦

感春賦 次朱子本韻 ○ 丙辰

夙余志之光潔兮紉芷蘅以佩之登九陛而贊贊兮繪日月以爲期慨世路之溷濁兮柰朝變而夕替度枉直於尋尺兮竟莫遂於初志托林泉而窮居兮懷鬱鬱兮千春然此志之未已兮重有愳於古人於聖神之欽穆兮攬大道而垂訓豈敢自畫而不進捐萬里於方寸朝余蘭皐而秣馬夕余龍門而聽琴策疲鈍而翶翔兮夫豈夷險而二心春曖曖而未晩兮睠

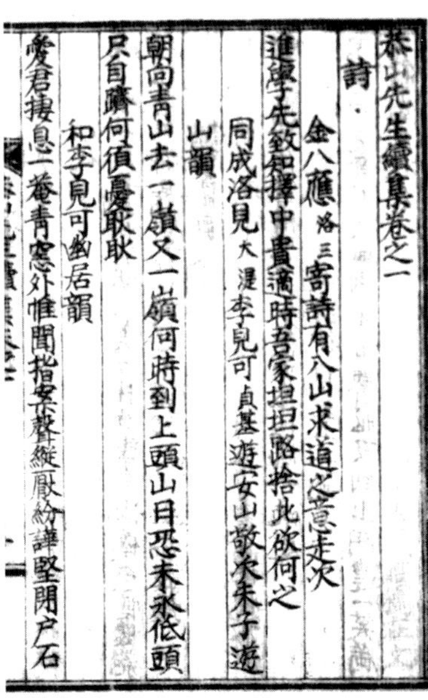

恭山先生續集卷之一

詩

金八應 洛三 寄詩有入山求道之意走次

進學先致知擇中貴適時吾家坦坦路捨此欲何之

同成洛見 大浸 李見可 貞基 遊安山 敬次朱子遊山韻

朝向青山去一嶺又一嶺何時到上頭山日恐未永低頭只自勵何須憂耿耿

和李見可幽居韻

愛君捿息一巷青窓外惟聞指案聲縱厭紛譁堅閉户石

※ 국립중앙도서관 소장

〈영남-25〉 **손암집** 遜庵集

1. 형태서지

표제/권수제	손암집(遜庵集)
편저자	신성규(申晟圭) 著
판사항	석판본
발행사항	[刊寫地未詳] : [刊寫者未詳], 1984
형태사항	총 9권 4책 四周雙邊 半郭 22.0×16.6㎝, 界線, 10行22字 註雙行, 內向2葉花紋魚尾 ; 29.0×20.2㎝
소장처	국립중앙도서관, 경상대, 계명대, 고려대, 국회도서관, 성균관대존경각, 영남대, 춘호재

2. 정의

근현대 유학자이자 문장가인 신성규(申晟圭, 1905-1971)의 문집이다.

3. 저자사항

신성규는 1905년 7월 22일 밀양에서 태어났다. 신성규는 본관이 평산(平山)이며, 자가 성일(聖日)이고, 호가 손암(遜庵)이다. 신성규의 조부는 남명(南冥) 조식(曺植)과 친분이 있던 송계(松溪) 신계성(申季誠)이다. 부친은 신태욱(申泰郁)이고 모친은 손량현(孫亮賢)의 딸 손씨(孫氏)이다. 부친의 영향 아래 소눌(小訥) 노상직(盧相稷, 1855-1931)에게 17세때부터 사사받았고, 이후 금주(錦洲) 허채(許埰, 1859-1935)에게 심법(心法)을 공부하였다. 성헌(星軒) 이병희(李炳憙, 1859-1938)의 문하에 들어가 학문적 역량을 키웠다. 세 스승은 모두 당대 김해와 밀양 지역에서 학문으로 이름났던 인물들이자 성호학파(星湖學派)로, 신성규는 20세기 인물로는 드물게 성호학을 근간으로 한 전통한학자라 할 수 있다. 신성규는 일제강점기 말 일제의 단발령과 강제징병에 맞서 가족을 이끌고 덕유산에 들어가 몸소 농사를 지으며 온몸으로 저항했다. 해방된 이후에는 지역 선비들과 명륜학원(明倫學院)을 만들어 후진의 교육에 힘썼다. 1965년 한일수교 때는 「한일국교반대건의서(韓日國交反對建議書)」를 작성하기도 하였다. 나이가 든 이후에도 경전 공부에 소홀히 하지 않았으며, 사서(四書)는 물론 『주역(周易)』, 『근사록(近思錄)』, 『서명(西銘)』 등을 심도 있게 연구하였다. 평소 효우(孝友)를 근본으로 삼고, 문장을 말단으로 삼았기에 저술을 많이 하지 않았다고 전해지지만 당송고문(唐宋古文)을 본받은 여러 편의 작품을 남겼으며, 「논어강의(論語講義)」 2권을 저술하는 업적을 남겼다. 당송고문을 추구한 문장가이자 경학자라는 평가를 받고 있다. 문집으로는 『손암집(遜庵集)』이 있다.

4. 구성 및 내용

『손암집』은 필사본이며 총 9권 4책으로 이루어졌다.

권1에는 조규철(曹圭喆, 1906-1982)이 쓴 「손암문집서(遜庵文集序)」가 있다. 권1~2권은 시(詩) 269제(題)가 시체(詩體)와는 상관없이 대체로 시간순으로 실려 있다.

권1에는 1949년 신상규 자신의 생일날에 쓴 감회까지의 작품이 수록되어 있다. 「금주허선생중뢰석근용춘자운(錦洲許先生重牢席謹用春字韻)」은 자신의 스승인 허채의 허 중뢰(許 重牢; 허채(許埰))를 기념하며 쓴 시며, 주로 스승인 허채와 그의 자손들과 주고받은 시가 많다. 주변 인물이 세상을 떠나 지어준 만시(挽詩)도 많이 실려 있다. 이 밖에는 용산정(龍山亭)에서 시회(詩會)를 열거나 주산정회(珠山丁會) 등 벗들과 시회에서 쓴 시도 확인할 수 있다. 부산과 대구 일대를 유람하고 지은 시도 있다.

권2는 교유 인물들과의 차운시가 많으며, 강릉과 설악산 일대, 제주도와 목포, 남원 일대, 속리산 일대 등을 유람하며 그 감상을 남긴 유람시가 확인된다. 조규철은 서문에서, 그가 평소에 이름난 산수를 유람하기 좋아하여, 6·25가 끝난 뒤에 설악산과 속리산 등을 돌아보고 시를 지었다고 하였다.

권3은 34편의 서(書)와 14편의 기(記)로 구성되었다. 서문에 가장 먼저 수록된 「상선사금주선생문목(上先師錦洲先生問目)」은 신상규의 스승인 허채와 유학 사상과 경전의 해석에 대해 질의 응답한 내용이다. 권상규(權相圭, 1874-1961), 이기로(李基魯, 1876-1946), 최두영(崔斗永, 1891-1958)을 비롯한 여러 문인들과 주고받은 편지를 확인할 수 있을 뿐만 아니라 허채의 아들인 허석(許銆)과 손자인 허섭(許涉)과의 편지도 있다. 기문은 대부분 건물에 관련된 것으로, 1949년에 향교 향사를 행한 뒤에 여러 문인들과 동산(東山)에 올라간 일을 기록한 「유동산기(遊東山記)」와 밀양의 향교를 중수하며 남긴 「밀양향교중수기(密陽鄕校重修記)」, 신상규의 처조카 안덕로(安德老)의 독서당인 금계서실의 기문인 「금계서원실기(琴溪書室記)」가 있으며, 「명성재기(明誠齋記)」, 「창선재기(昌先齋記)」, 「중봉재중건기(中峯齋重建記)」는 신상규의 선조들의 거주 및 강학 공간에 대한 기문이다.

권4는 서(序) 5편, 발(跋) 5편, 설(說) 4편, 잡저(雜著) 10편으로 이루어졌다. 서문에는 「금주선생중뢰서(錦洲先生重牢序)」가 있다. 발은 『삼주집(三洲集)』, 『우와집(寓窩集)』, 『회천집(晦川集)』 등에 대한 것이다. 설은 주로 그의 주변 인물의 자(字)에 대한 자설(字說)이다. 잡저에는 신상규의 선비의식과 역사의식을 확인할 수 있는 「한일국문반대건의서(韓日國文反對

建議書)」가 있다. 또한 「원과(原過)」, 「원선(原善)」, 「이기(理氣)」, 「성(性)」, 「기질물욕(氣質物欲)」, 「학(學)」과 같은 글이 있어 자신의 학문적 성향을 보여주고 있다.

권 5~6권은 『논어강의(論語講義)』이다. 『논어집주』를 저본으로 하여 『근사록(近思錄)』의 체제를 본떠 17개 주제에 맞추어 내용을 중심으로 체제를 개편한 것이 특징이다. 주제는 도지통체(道之統體), 인(仁), 예악(禮樂), 학(學), 치지(致知), 존양(存養), 역행(力行), 군자(君子), 제가(齊家), 교우(交友), 출처교제(出處交際), 치법(治法) 임정처사(臨政處事), 세도(世道), 교인지도(敎人之道), 성현상전지통(聖賢相傳之統)으로 나뉜다. 논어 본문을 '경(經)', 주희(朱熹)를 포함한 역대 주석가의 의견을 '전(傳)', 자신의 견해를 '안(按)'으로 정리하였다. 『논어강의』는 독특한 체제와 함께 주자의 『논어집주』를 위주로 하면서도 필요한 경우 대전본 소주 및 육구연(陸九淵), 귀유광(歸有光) 등 폭넓고 다양한 이설(異說)을 취하고 있는 저작이다.

권7에는 상량문(上樑文) 2편, 축문(祝文) 6편, 제문(祭文) 21편, 애사(哀辭) 1편으로 구성되어 있다. 상량문은 경모재(景慕齋)와 경정당(景貞堂)에 대한 것이다. 축문과 제문은 주변 인물과 친지에 대한 것이 대부분이다.

권8은 묘지명(墓誌銘) 15편과 행장(行狀) 4편, 전(傳) 3편이 있다. 묘지명과 행장 역시 주변 인물과 친지에 대한 것이어서 인물관계 파악에 용이하고, 전은 이 효자(李孝子), 김대봉(金大鳳)으로 모두 그들의 효성을 기리는 내용이다.

권9는 부록은 신상규에 대한 내용이다. 수연시(晬筵詩)와 수연서(晬筵序), 그리고 여러 문인이 쓴 만장(輓章)과 제문(祭文)이 수록되어 있다. 신현직(申鉉稷)이 쓴 가장(家狀), 이헌주(李憲柱)가 쓴 행장, 이우성(李佑成)이 쓴 묘지명, 이상학(李相學)과 신현석(申鉉石)이 쓴 발문이 있어 신상규의 일생과 업적을 구체적으로 확인할 수 있다.

5. 주요 작품 및 문집의 특징

『논어강의』는 신상규가 평생을 바친 업적이라 할 수 있다. 기존의 『논어집주』의 체제를 파격적으로 벗어나 새로운 틀과 해석을 덧붙였다. 이처럼 『논어』를 해체하고 재구성한 신상규의 작업은 우리나라뿐만 아니라, 동아시아에서도 쉽게 볼 수 없는 저술이다. 그 해석 또한 주자의 설에만 국한되지 않고 폭넓은 시각에서 보려고 노력한 의미 있는 작업이다.

신상규가 유학자이자 경학자로서의 역량을 키울 수 있던 것은 그의 스승인 허채의 가르침이 있어서이다. 「상선사금주선생문목(上先師錦洲先生問目)」은 이를 확인할 수 있는 작품이다. 성인과 범인의 기질, 생지(生知)와 학지(學知)와 곤지(困知)의 차이, 사람에게 부여되는 기(器) 등 논어에서 등장하는 용어들과 문장에 대한 해석을 신상규의 시각으로 재해석하고 이해하려고 했던 부분이 드러난다. 명덕(明德)과 이(理), 도(道)를 비롯한 성(誠), 중정(中正) 등 유학의 핵심 사상을 담고 있는 단어들에 대한 신상규의 해석을 확인할 수 있다. 이와 함께 잡저의 「자고(自誥)」, 「이기(理氣)」, 「성(性)」에도 신상규의 유학 사상을 확인할 수 있는 작품들로, 「논어강의」에서의 독창적인 해석의 시발점을 볼 수 있다.

또한 1949년에 향교와 향사를 행한 뒤에 문인들과 동산(東山)에 올라간 일을 시문으로 남긴 「유동산기(遊東山記)」와 「동산회음(東山會音)」은 혼란했던 당대 상황에 놓인 문인들의 고민과 한탄을 엿볼 수 있는 작품이다.

6. 참고문헌

신성규 저, 남춘우 외 3인 역, 『손암집』 1~3, 점필재연구소 고전번역총서, 점필재, 2015.

최석기, 「손암(遜庵) 신성규(申晟圭)의 『논어강의(論語講義)』 연구」, 『퇴계학과 유교문화』 57권, 경북대학교 퇴계연구소, 2015.

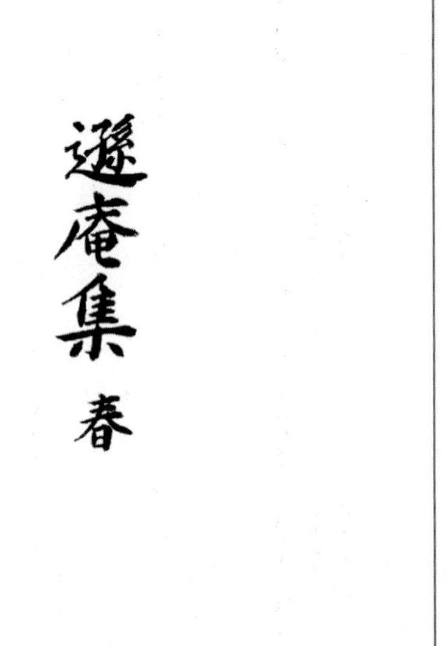
遯菴集 春

遯菴文集目錄

卷之一

詩

春晚偶成

錦洲許先生 埰 重牢席謹用春字韻

謹呈先師錦洲先生 三首中末首全缺

珠山和呈李省軒先生 炳憙 行幰

珠山與許忠汝 寀 孫仲說 兌錫 李可文 炳虎 安眉淑 秉穆 許天應 涉 春日共賦

與孫文世卿 振奕 許忠汝孫仲說安眉淑許天應

遯菴文集目錄 一

遯菴文集卷之一

詩

春晚偶成

霏霏春雨細無聲倚枕輕盈睡欲醒別有暗香來入夢玉梅花下曉風生

錦洲許先生 埰 重牢席謹用春字韻

二老兼經百六旬瑤桃實著葉蓁蓁錦江究是恒河性台岳鍾成太白神從知晚歲無窮餉盡自平居相對賓喜哉大壯泰臨復來作仁家四世春

謹呈先師錦洲先生 三首中末首全缺

遯菴文集卷之一 一

遯菴文集卷之五

論語講義

道之統體

○子在川上曰逝者如斯夫不舍晝夜

程子曰此道體也天運而不已日往則月來寒往則暑來水流而不息物生而不窮皆與道爲體運乎晝夜未嘗已也是以君子法之自强不息○按逝者指水之逝也如斯謂無間斷卽下文不舍晝夜是也言此以喩天地之化往來不息乃道體之自然也

○子曰叅乎吾道一以貫之曾子曰唯

遯菴文集卷五 一

〈영남-26〉 이산집 伊山集

1. 형태서지

표제/권수제	이산집(伊山集)
편저자	예대희(芮大僖) 著
판사항	석판본
발행사항	[刊寫地未詳]：芮鉉基, 1940
형태사항	총 8권 4책 四周雙邊 半郭 20.6×15.2㎝, 10行20字 註雙行, 上下向2葉花紋魚尾；29.6×20.1㎝
소장처	국립중앙도서관, 계명대, 영남대, 춘호재, 한밭도서관

2. 정의

『이산집』은 예대희(芮大僖, 1868-1939)의 망명 전, 망명 후, 환국 후의 우국충정(憂國衷情)을 표출한 시, 산문, 부록으로 구성된 문집이다.

3. 저자사항

예대희의 자는 국언(國彦), 호는 이산(伊山)·소남(小南)·희재(希齋), 본관은 의흥(義興)이다. 부친은 동채(東彩)이고, 모친은 청도(淸道) 김경권(金景權)의 따님이다. 1868년(고종5) 3월 5일 경상북도 청도군 대전리(大田里)에서 태어났다. 연재(淵齋) 송병선(宋秉璿, 1836-1905)과 심석재(心石齋) 송병순(宋秉珣, 1839-1912) 형제의 가르침을 받았다. 을사늑약 때 스승 송병선 자결의 충격에다 1910년 경술국치를 당하자 망명을 결심하였으나 모친의 병으로 실행치 못했다. 1911년 모친상을 당했다. 1912년 스승 송병순이 일제의 경학원(經學院) 천거를 수치로 여겨 자결하자, 부친을 모시고 서간도 환인현(桓仁縣)으로 망명을 떠났다. 망명지에서 이승희(李承熙, 1847-1916)가 주도한 '동삼성(東三省) 한인공교회(韓人孔敎會)'의 유교개혁운동에 동참하였다. 이승희와 함께 북경에 가서 공교회 인사들을 만나 강론(講論) 및 한인(韓人) 관련 문제 해결을 위해 힘썼다. 1914년 군자금 충당을 위해 실행한 중국 화폐인 마제은(馬蹄銀) 위조 주모자로 지목되어 일제의 삼엄한 감시를 받았다. 중국의 비적(匪賊)들로 인해 부친의 안전이 위협받자 1916년 환국했다. 중간에 돌아온 것을 부끄럽게 여겨 고향이 아닌 충청도 공주 명암리(鳴岩理)에 우거하면서 유림의 일로 전국을 돌고, 후학을 양성하며 훗날을 도모하고자 했다. 1922년 4월 부친상을 당했으나 늙고 병들어 다시 망명을 가지 못함을 한으로 여기며 살다 1939년 7월 23일 하세하였다. 2016년 대통령표창에 서훈

된 독립유공자로, 대전 국립현충원에 모셔졌다. 부인은 밀양(密陽) 박치우(朴致佑)의 따님이다. 슬하에 2남 현기(鉉基)와 용기(鎔基)를 두었다. 저서에 『이산집』이 있다.

망명 전에는 전병곤(全柄坤)·김영호(金榮浩) 등과 교유하였다. 망명지의 이승희·안효제(安孝濟)·맹보순(孟輔淳)·김학소(金學昭) 등과 막역한 사이였으며, 이승희·안효제·맹보순을 포함해 서세충(徐世忠)·정원하(鄭元夏)·노상익(盧相益) 등과는 '동삼성 한인공교회' 취지서에 함께 이름을 올렸다. 그밖에 김태린(金泰麟)·장화식(蔣華植)·최병심(崔秉心) 등과도 교유하였으며, 스승 송병순의 아들 송증헌(宋曾憲)과는 만년에 함께 유람을 하는 등의 교유를 이어갔다.

4. 구성 및 내용

『이산집』은 8권 4책이며, 석판본(石版本)이다. 권1~권2는 시, 권3~권8은 산문과 부록이며, 저작 시기에 따라 편차하였다. 『이산집』은 1940년 맏아들 현기가 간행하였으며, 국립중앙도서관 등에 소장되어 있다.

권1은 첫머리에 이영한(李甯漢)·정인보(鄭寅普)가 쓴 서문이 있다. 글방 봉양재(鳳陽齋)를 짓고 읊은 「병신춘여박화원(순승)족질덕명(한기)구수간서옥어어봉산하명지왈봉양재음낙지일염운공부(丙申春與朴和元(淳升)族姪德明(漢基)構數間書屋於御鳳山下名之曰鳳陽齋飮落之日拈韻共賦)」(1896)를 시작으로 1896년~1911년에 지은 시 110여 제(題)가 수록되어 있다. 을사늑약이 체결된 해 제야에 읊은 「을사제야(乙巳除夜)」(1905), 의병 승패와 관련해 읊은 「문안동의병유희(聞安東義兵有喜)」와 「문호서의려패뉵(聞湖西義旅敗衄)」, 한일합방성명서가 발표되었을 때의 슬픔을 노래한 「경술팔월일일(庚戌八月一日)」 등이 있다.

권2는 망명지인 서간도 노흑산(老黑山)에 살게 된 심정을 읊은 「노흑산우거(老黑山寓居)」를 시작으로, 1912년~1938년에 지은 시 150여 제가 수록되어 있다. 이승희와 함께 공교회 일로 연경에 가는 길에 읊은 「배강재이장(승희)입연경(配剛齋李丈(承熙)入燕京)」, 「고려문(高麗門)」 등과 중국 공교회의 진환장(陳煥章)에게 지어준 「증진박사(환장)(贈陳博士(煥章))」 등이 있다. 1916년 환국 후 유림의 일로 전국을 유람하며 읊은 「숙금강온정(宿金剛溫井)」, 「오죽헌(烏竹軒)」 등도 있다. 그밖에 교유한 인사들과 증답한 시와 만시(輓詩)가 주를 이룬다.

권3은 산문으로 편지글이 총 72편이다. 송병선에게 가르침을 청한 「상연재선생(上淵齋先生)」(1898) 등과 송병순에게 보낸 「상심석재선생(上心石齋先生)」 등을 비롯해 곽종석(郭鍾錫)·이승희·노상익 등 지인들에게 보낸 것들이 있다. 한인(韓人) 입적 문제 해결과 동삼성 교민 보호 및 정착 등에 대한 도움을 청하기 위해 중국의 봉천성 총독과 회인현 감독에게 보낸 편지 「여봉천부장총독(석란)(與奉天府張總督(錫鑾))」과 「여회인현비감독(광국)(與懷仁縣費監督(光國))」 등이 있다.

권4는 산문으로 편지글이 총 84편이다. 유학을 꾸준히 지켜야 한다며 중국의 학자 진환장과 용택후(龍澤厚)에게 보낸 「여진중원(환장)(與陳重遠(煥章))」과 「여용적지(택후)(與龍積之(澤厚))」, 일본의 관료 아라카와 고로(荒川五郎)에게 보낸 「여일본대의사황천오랑(與日本代議士荒川五郎)」(1922) 등이 있다. 단체인 명천서원에 보낸 「여명천원중(與溟川院中)」, 경기도 시흥의 녹동서원에 보낸 「답시흥녹동원중(答始興鹿洞院中)」 등도 있다. 그 밖에 맹보순·이탁(李倬)·서세충·신채호·김학소 등 지인들과 주고받은 편지글이 있다.

권5는 산문으로 잡저가 총 14편이다. 망명지에서 이승희와 연경에 다녀온 기록인 「연성기행(燕城紀行)」, 『송자대전(宋子大全)』을 중간하는 일로 관북 지역을 다녀오면서 지은 「북정일록(北征日錄)」(1927), 송병순의 아들 송증헌과 동해안을 유람하고 기록한 「동유록(東遊錄)」(1928) 등 기행문이 주를 이룬다. 그밖에 우리에 갇혀 용맹함을 잃어버린 호랑이를 보고 쓴 「농호설(籠虎說)」(1909) , 망명지에서 일제에 대한 저항의지를 문답 형식으로 기록한 「호상문답(湖上問答)」 등이 있다.

권6은 산문으로 서(序), 기(記), 발(跋) 등이 총 76편이다. 멸망한 명나라에 대한 의리로 순절한 인물 19명에 대한 기록을 읽고 쓴 「명말순절록서(明末殉節錄序)」, 우암(尤庵) 송시열(宋時烈, 1607-1689)이 거닐던 화양동에 대한 「화양동기(華陽洞記)」가 있다. 그밖에 지인들의 정자에 대한 기문이 있다. 스승 송병선과 송병순을 제(祭)한 「제연재선생문(祭淵齋先生文)」과 「제심석재문(祭心石齋文)」을 비롯해 민영환(閔泳煥)·이승희·안효제 등을 제하면서 지은 다수의 제문이 있다.

권7은 산문으로 묘표, 묘문, 행장 등이 총 24편이다. 자신의 생애를 기록한 「자지(自誌)」(1935), 의흥 예씨의 시조 부계군(缶溪君) 예낙전(芮樂全)에 대해 기술한 「시조부계군가장(始祖缶溪君家狀)」 등이 있다.

권8은 부록으로 김재화(金在華)가 찬한 행장, 송병관(宋炳瓘)이 찬한 묘갈명, 아들 현기가 기술한 유사(遺事)를 비롯해 이현규·송병시(宋炳時) 등이 지은 만사와 송병관 등이 지은 제문이 다수 있다. 끝으로 1940년 예종목(芮鍾穆)이 지은 발문이 수록되어 있다.

5. 주요 작품 및 문집의 특징

저자는 260여 제의 시를 창작하였는데, 망국 전 읊은 시로는 1905년 제야에 읊은 「을사제야」, 자결한 스승 송병선에 대한 만시 「만연재선생(輓淵齋先生)」, 안동에서 의병이 일어났다는 소식을 듣고 기쁨을 노래한 「문안동의병유희」, 호남과 합천(陜川)의 의려가 패한 소식을 듣고 슬픔을 노래한 「문호서의려패뉵」과 「문합천의려패뉵(聞陜川義旅敗衄)」, 한일합방성명서가 발표되었다는 소식을 듣고 슬픔을 노래한 「경술팔월일일」(이상 권1) 등이 있다. 망명 후에 지은 시는 이승희와 함께 연경에 가는 길에 읊은 「배강재이장(승희)입연경」, 「고려문」, 「숙산해관(宿山海關)」(이상 권2) 등이 있다.

시보다는 문에 더 주목할 만한 작품들이 보인다. 독일의 선교사 에른스트 파베르(花之安, 1839-1899)의 저서 『자서조동(自西徂東)』을 읽고, 만천하에 행복과 이익을 준다며 사람들을 유인하는 예수교를 비판한 「독자서저동(讀自西徂東)」(권5)은 저자의 예수교에 대한 인식을 살펴볼 수 있는 작품이다. 명나라가 멸망하던 홍광(弘光) 영력(永曆) 사이에 순절한 병부상서(兵部尙書) 사가법(史可法, 1602-1645) 등 19명에 대한 기록을 읽고 쓴 「명말순절록서」(권6)는 저자의 선현들에 대한 인식과 우국충정을 살펴볼 수 있는 작품이다.

중국 관료들에게 간도에 진출하는 일본을 경계할 것을 주지시키는 한편, 한인의 입적 문제 해결과 동삼성 교민 보호 및 정착 등에 도움을 줄 것을 청한 편지 「여봉천부장총독(석란)」(권3)과 「여회인현비감독(광국)」(권3), 연경에서 만난 중국인 학자 진환장에게 순망치한의 관계인 중국으로부터 공교회 일 등의 도움을 받으려고 했는데 중국의 형세 또한 어려우니 다음을 기약해야겠다며 보낸 편지 「여진중원(환장)」(권4), 학술이 온통 양명학으로 기운 이때 유학의 정통을 고수하는 중국인 학자 용택후를 응원하는 내용으로 보낸 「여용적지(택후)」(권4), 1922년 서울을 방문한 일본의 관료인 아라카와 고로에게 한중일이 힘을 합쳐야 한다는 동양평화론을 일컬으며 일본은 한국에서 물러갈 것을 청한 편지 「여일본대의사황천오랑」(권4) 등은 저자의 유학을 아끼는 마음과 한인에 대한 사랑을 알 수 있는 작품이다. 이와 함께 1913년 연경에서 만난 중국의 공교회 학자 진환장, 송백로(宋伯魯) 등의 이름과 중화민국 초대 대총통인 위안스카이(袁世凱)에게 10만 한인의 입적 문제 해결 계책을 달라며 도움을 청한 편지를 보낸 사실 등이 수록된 「자지」(권7)를 살펴보면 당시 망명지 한인들의 입적 문제 및 한국 유학자의 눈에 비친 중국 정세 등에 대해 엿볼 수 있다. 이승희와 함께 연경에 다녀오면서 지은 「연성기행」(권5)도 함께 살펴봐야 하는 작품이다.

망명을 떠난 이유와 자신은 물론 후손들에게까지 일제에 대한 저항 의지가 이어질 것임을 문답 형식으로 피력한 「호상문답」(권5) 또한 반드시 살펴봐야 할 작품이다.

6. 참고문헌

이은영, 『요동의 학이 되어 -서간도 망명 우국지사 이건승·안효제·노상익·노상직·예대희·조정규와 안창제를 중심으로 -』, 학자원, 2016.

설충수, 「에른스트 파베르(Ernst Faber)의 『자서조동(自西徂東)』이 동아시아 지식인에게 미치는 영향 연구」, 한국연구재단 연구결과보고서, 2016.

伊山文集序

自古賢人君子生逢危亂辟地潔身者蓋欲全其志節有合乎素患難行患難之義也 光隆之間世變層生至於庚戌而無復可言則凡懷抱道義之士局蹐無所容往往竄身絶域不覩其不忍覩不聞其不忍聞若伊山芮公是已公天資穎悟自少好讀書傍治科業詞華擅聲而遂不屑也以淵齋宋文忠公爲之師考德請業專用力於實學及見 宗國淪喪乃廢書歎曰何忍爲氓於斯乎扶老携幼渡馬訾而北止于桓仁縣之老黑山下因樹爲屋棰苴養秫以爲

伊山文集 序 一

遂爾委之一處其於人事之難常若水火之不虞有不可勝慮者是固不得以已也其若及於一二親好則情誼有不得不然而非敢有違申戒之素云爾庚辰正月日門人族孫鍾穆謹識

伊山文集卷之一目錄

詩

丙申春與朴和元淳升族姪德明漢基構數間書屋於御鳳山下名之曰鳳陽齋飮落之日拈韻共賦
雨日獨吟二首
次台陽齋原韻
南澗精舍
過金馬古都
金萬眺望

伊山文集 卷之一目錄 一

伊山文集卷之一

詩

丙申春與朴和元淳升族姪德明漢基構數間書屋於御鳳山下名之曰鳳陽齋飮落之日拈韻共賦

十年痼瘝費經營卻喜今朝晩計成庶將異日無追悔幸得同心可講明松林側畔峰回合澗石西南水濺鳴吾愛吾廬棲且息悠悠毀譽豈關情

雨日獨吟二首

著雨上山齋羣禽迎我噪過從摠是閑何似幽棲好

伊山文集 卷之一 詩 一

〈영남-27〉 경재집 景齋集

1. 형태서지

표제/권수제	경재집(景齋集)
편저자	우성규(禹成圭) 著
판사항	목활자본
발행사항	[刊寫地未詳] : [刊寫者未詳], 1911
형태사항	총 14권 5책 四周單邊 半郭 20.6×15.9㎝, 10行20字, 內向2葉花紋魚尾 ; 28.2×19.8㎝
소장처	국립중앙도서관, 계명대, 남평문씨인수문고, 서울대 규장각, 성균관대존경각, 전주대, 충남대, 한국학중앙연구원

2. 정의

『경재집』은 우성규(禹成圭, 1830-1905)의 일평생 유학자로 살아오면서 맺은 교유관계와 학문의 깊이를 엿볼 수 있는 시, 산문, 부록으로 구성된 문집이다.

3. 저자사항

우성규의 초명은 해규(海圭), 자는 성석(聖錫), 호는 경재(景齋)·경도(景陶), 본관은 단양(丹陽)이다. 부친은 진권(鎭權)이고, 모친은 달성(達成) 하학필(夏學必)의 따님이다. 1830년(순조30) 4월 20일 대구 월촌(月村) 상인리(上仁里)에서 태어났다. 1862년(고종2) 만동묘(萬東廟) 훼철령이 내려지자 성균관 유생들과 상소를 올리려다 형세가 이롭지 못하자 돌아왔다. 1871년(고종8) 부친상을 당했다. 1878년(고종15) 선공감(繕工監) 가감역(假監役)에 이어 감조관(監造官)에 제수되었다. 이 해에 이만도(李晩燾, 1841-1910)와 의논하여 화지산(花枝山) 갈평(葛坪)에 사군정(思君亭)을 짓고, 호를 '경도'로 바꾸었다. 1885년(고종22) 현풍현감(玄風縣監)으로 나가 매월 도동서원(道東書院)에서 『소학』을 강하는 한편, 각 면(面)에 강학을 권했다. 1886년(고종23) 영덕현령(盈德縣令)에 이어 예안현감(禮安縣監)에 제수되자 퇴계 선생 묘에 제(祭)를 지내고 도산서원(陶山書院)을 참배하였다. 1889년(고종26) 칠곡부사(漆谷府使)로 나가 풍속 교화를 위한 향음주례(鄕飮酒禮)를 행하고 녹봉(鹿峯)에서 강회(講會)를 하고, 가산성(架山城)에서 군기(軍器)를 점검하였다. 1891년(고종28) 관덕당(觀德堂)에서 순상(巡相) 이헌영(李(金+憲)榮)과 향음례를 행하였다. 1892년(고종29) 돈녕부도정(敦寧府都正)에 제수되었다. 1895년(고종32) 을미사변이 일어나자 낙향 후 후학 양성에 힘썼다. 1900년(광무4) 최익현(崔益鉉, 1833-1907)의 내방을 받고 향음례를 행하고 열락당(悅樂堂)에서 『중용』을 강학하였다. 1902년(광무6) 서찬규(徐贊奎, 1825-1905)와 낙동정사(洛東精舍)에서 강학하고 토론하였다. 1903년(광무7) 송병선(宋秉璿, 1836-1905)과 유람하고 유호재(酉湖齋)에서 강학하였으며, 덕동서원(德洞書院)의 옛터에 인산정사(仁山精舍)를 세우고 후학양성에 힘썼다. 1905년(고종42) 1월 3일 하세하였고, 고령(高靈) 구곡(九谷) 대양동(大陽洞)에 장례 지냈다. 부인은 인천(仁川) 채석한(蔡錫翰)의 따님이다. 2남 1녀를 두었는데, 아들은 동건(東建)·동순(東純)이고, 딸은 박승빈(朴勝斌)에게 시집갔다. 측실과의 사이에 2남 동술(東述)·동진(東進)을 두었다. 저서에 『경재집』이 있다.

이헌영·조성하·한장석(韓章錫)·서찬규·이만도·최익현·송병선·송병순(宋秉珣)·이인구(李寅龜) 등과 평소 학문을 강학하고 고을 풍속 교화를 위한 향음례 등을 행하며 교유했다.

4. 구성 및 내용

『경재집』은 14권 5책이며, 목활자본(木活字本)이다. 권1~권2는 시, 권3~권14는 산문과 부록이며, 저작시기에 따라 시와 산문으로 편차하였다. 『경재집』은 서문과 발문이 없어 편찬 경위를 알 수 없다. 족손 우하갑(禹夏甲)·우효설(禹孝卨) 등이 유문을 수습해서 1911년 사림의 지원을 받아 간행하였으며, 서울대 규장각 등에 소장되어 있다.

권1은 시로 「우음(偶吟)」을 시작으로 1862년~1889년 경에 지은 시 50여 제(題)가 수록되어 있다. 연작시와 유람시가 주를 이룬다. 연작시는 대부분 유람을 하면서 지었기 때문에 유람시와 다수 겹친다. 1862년(철종13) 문수암(文殊庵), 용암사(龍巖寺) 등 북한산을 유람하고 읊은 「유북한(칠수)(遊北漢(七首))」, 1876년(고종13) 연광정(練光亭), 능라도(綾羅島) 등 능도(綾島)를 유람하고 읊은 「여수암남(정환)회릉도이귀각부십절(병자)(與水巖南(廷煥)廻綾島而歸各賦十絕(丙子))」등은 연작시이자 유람시이다. 그밖에 유람시는 남한산성에서 읊은 「등남한산성(登南漢山城)」, 관어대에서 뱃놀이를 하며 읊은 「관어대선유(觀魚臺船遊)」 등이 있고, 연작시는 1874년(고종11) 용전(龍田)을 돌아보고 읊은 「용전팔경(龍田八景)」, 관직에 있을 때 스스로를 경계하며 읊은 「거관자경(십수)(居官自警(十首))」 등이 있다.

권2는 시로 1890년(고종27) 회갑일에 서울에서 맏아들이 올 때 갖고 온 저자의 벗들이 지어 보낸 축하시에 화답한 「세경인하수거성부치회갑일장아자경사하래이낙중지구다기증수운고여역속이화지용우소회(歲庚寅夏守莒城府値回甲日長兒自京師下來而洛中知舊多寄贈壽韻故余亦續而和之庸寓素懷)」를 시작으로 1890년~1904년에 지은 시 70여 제가 수록되어 있다. 연작시는 관직에서 사퇴한 뒤의 감흥을 읊은 「임진해불후자고장작문경지행도중념두운 술회(십수)(壬辰解紱後自故莊作聞慶之行道中拈杜韻述懷(十首))」, 무이도가의 운자를 사용해 용산조하(龍山朝霞), 어대춘수(魚臺春水) 등 운림구곡(雲林九曲)을 읊은 「용무이도가운부운림구곡(用武夷棹歌韻賦雲林九曲)」, 추모재의 십영을 읊은 「추모재한거십영(追慕齋閒居十詠)」 등이 있다.

권3~권7은 산문으로 편지글이 총 77편이다. 권3에는 최익현에게 열락당의 기문(記文)을 청한 「여최면암(익현)(與崔勉庵(益鉉)」, 이인구(李寅龜)와 본성지성(本性之性)과 기질지성(氣質之性)에 대해 논한 「답이완이(인구)별지(答李莞爾(寅龜)別紙)」 등이 있고, 권4에는 구연간(具然侃)과 『맹자』에 대해 문답한 「답구성강(연간)(答具聖剛(然侃)」 등이, 권5에는 허신(許沖)과 '리(理)'와 '기(氣)'에 대해 논한 「여허치삼(신)별지(與許致三(沖)別紙)」 등이 있다.

권8은 산문으로 잡저 1편 「내성혹문(奈城或問)」이 수록되어 있는데, 이기(理氣), 심성정(心性情) 등 총 12부분에 대해 논한 것이다.

권9는 산문으로 잡저가 2편이다. 1901년(광무5) 추모재(追慕齋)에서 제정한 11조항의 학규(學規)에 대해 쓴 「추모재학규(신축)(追慕齋學規(辛丑))」과 기정진(奇正鎭, 1798-1879)의 작품인 「외필(猥筆)」과 「납량사의(納涼私義)」에 대해 논변한 「기노사외필납량사의변(奇蘆沙猥筆納涼私議辨)」 등이 있다.

권10은 산문으로 잡저가 총 13편이다. 도동서원(道東書院)에서 공부하는 학자들에게 학문을 권면한 「유도동서원강유(諭道東書院講儒)」, 동계서당(東溪書堂)에서 강의한 내용을 기록한 「동계서당강록(東溪書堂講錄)」 등이 있다. 그밖에 학규 사목과 향약 사목에 대해 쓴 「학규향약사목첩(學規鄉約事目帖)」 등이 있다.

권11은 산문으로 서(序), 기(記) 등의 잡저가 총 38편이다. 고을 풍속 교화를 위해 행한 향음주례에 대한 「향음주례서(鄉飮酒禮序)」, 칠곡부사 때 지은 「칠곡향약서(漆谷鄉約序)」, 자호를 '경도'로 바꾼 이유를 기록한 「경도재기(景陶齋記)」, 8대조인 월곡(月谷) 우배선(禹拜善, 1569-1621)의 강학소 열락당에 대한 「열락당기(悅樂堂記)」 등이 있다.

권12는 산문으로 발문(跋문)이 총 15편이다. 8대조 월곡 우배선의 실기를 기록한 「팔대조월곡선생실기후(八代祖月谷先生實記後)」, 1890년(고종27) 학문 권장 유훈록(遺訓錄) 뒤에 쓴 「서권학유훈록후(경인)(書勸學遺訓錄後(庚寅))」 등이 수록되어 있다.

권13은 산문으로 명(銘), 잠(箴), 제문(祭文) 등의 잡저가 총 23편이다. 열락당에 대해 명(銘)한 「열락당명(병인)(悅樂堂銘(并引)」, 8폭 병풍에 '효·제·충·신·예·의·염·치'로 명한 「병명(屏銘)」, 돌아가신 부친이 남긴 빗을 보고 1888년(고종25)에 지은 「소잠(병소서○무인)(梳箴(并小序○戊寅))」 등이 있다.

권14는 부록으로 박승동(朴昇東)이 찬한 「행장(行狀)」과 송병순(宋秉珣)이 찬한 「묘갈명(병서)(墓碣銘(并序)」가 수록되어 있다.

5. 주요 작품 및 문집의 특징

저자는 120여 제의 시를 남겼다. 그중 관직에 있을 때 자신을 경계하기 위해 읊은 연작시 「거관자경(십수)」(권1)를 1902년(광무6) 설날 아침 다섯 가지, 경천(敬天)·양심(養心)·경신(敬身)·개과(改過)·자신(自新)에 대해 경계하며 읊은 「원조오잠(병소서○임인)(元朝五箴(并小序○壬寅))」(권13)과 8폭 병풍에 '효·제·충·신·예·의·염·치'를 명(銘)한 「병명」(권13)과 함께 살펴보면 저자가 평생 얼마나 경계하며 살았는지를 알 수 있다.

「내성혹문(奈城或問)」(권8)은 이기(理氣), 심성정(心性情), 입지(立志), 거경(居敬), 궁리(窮理), 성의(誠意), 함양(涵養), 성찰(省察), 정심통함양성찰(正心通涵養省察), 역행극치(力行克治), 호락시비(湖洛是非), 사칠이발기발지서변(四七理發氣發之書辨) 등 총 12부분에 대해 논한 것으로 저자의 학문 깊이를 알 수 있다.

1901년(광무5) 추모재에서 제정한 학규에 대해 쓴 「추모재학규(신축)」(권9)과 함께 학문을 권면한 「유도동서원강유」, 「시영덕각면훈장(示盈德各面訓長)」, 「시영월각면훈장(示寧越各面訓長)」, 「시칠곡각면훈장(示漆谷各面訓長)」, 동계서당(東溪書堂)과 귀암재(龜巖齋)에서 강의한 내용을 기록한 「동계서당강록」과 「귀암재강록(龜巖齋講錄)」, 학규와 향약 사목에 대해 쓴 「학규향약사목첩」, 1903년 3월 18일 송병선이 개설한 강회에 참석한 때로부터 24일까지 날짜별로 각 지역을 다니면서 강회에 참석하고 견문한 기록인 「동송연재유람일록(同宋淵齋遊覽日錄)」(이상 권10) 등을 함께 살펴보면 저자가 지향한 학문 방향을 가늠해볼 수 있다.

칠곡부사 시절에 지은 「칠곡향약서(漆谷鄉約序)」와 「관어대강학계서(觀魚臺講學稧序)」(이상 권11) 등을 살펴보면 저자의 학문 성향뿐 아니라, 당시 경상도 지역 유학자들의 고민을 가늠해볼 수 있다.

그 밖에 부친의 유물인 낡은 빗을 통해 부친이 가훈으로 가르친 검약(儉約) 등에 대해 짧은 서문을 기록하고 스스로를 경계하고자 1888년(고종25)에 지은 「소잠(병소서○무인)」(권13)은 부친의 검소함과 부친의 가르침을 제대로 실행하지 못한 자신의 불효를 반성함으로써 오늘날 사람들에게도 귀감이 되는 내용이다.

6. 참고문헌

김은정, 『경재집』, 『한국문집총간해제』 11, 한국고전번역원, 2013.

영남대학교 민족문화연구소, 『영남문집해제 : 경재집(景齋集)』, 영남대학교 출판부, 1988.

백운용, 「대구지역 九曲과 한강 정구」, 『퇴계학과 유교문화』 58집, 퇴계연구소, 2016.

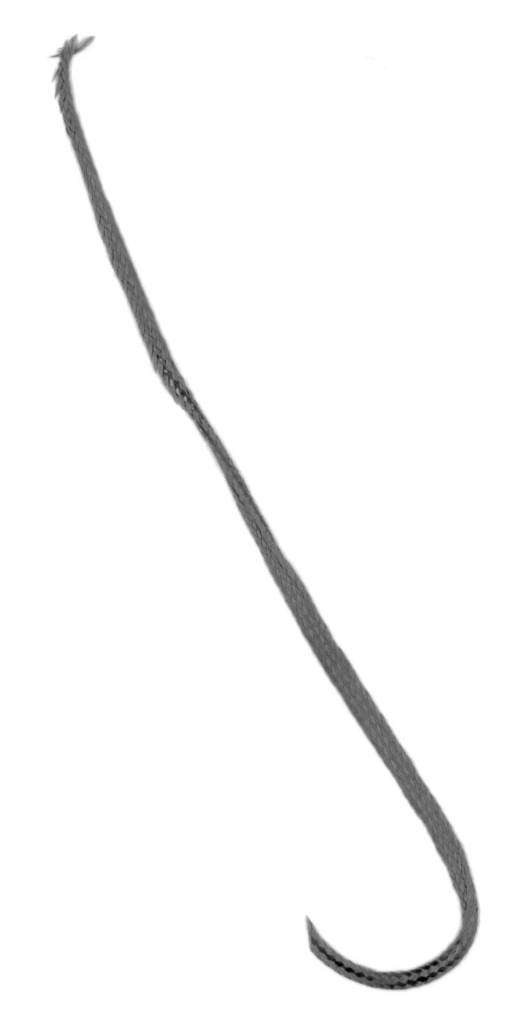

景齋集 水

詩

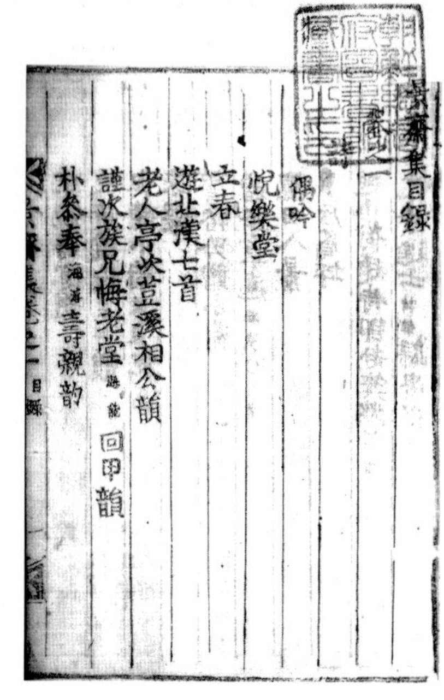

景齋集目錄

偶吟
說樂堂
立春
遊北漢七首
老人亭次芷溪相公韻
謹次族兄悔老堂 回甲韻
朴叅奉 壽親韻

景齋集卷之一

詩

偶吟

水自源頭發山因絶頂高欲尋仁智樂到此便雄豪

說樂堂

學而時習遠朋來夫子工夫在繼開願學箇中說樂義堂扁常目告[illegible]堂

立春

天道斡流遷陰剝陽更新繼善純一理人物賦予均偏全由氣化林葱自繽紛遠而暨飛潛細而入刹塵

公相距落落曾未獲英覿而聞盛德高風夙矣今因其族孫燾翰甫所爲狀得詳公平日篤學力行之實可謂南州師表也但遭遇衰世未能大展蘊抱堅守操執居鄉也居官也皆從古人模楷上做去儘叔季不易得之君子人乎且其交際諸彥俱是當世名碩則見木而知山者亦非公之謂乎公之族姪成東畿東謁墓文於余余固人微文下何可承當其不朽之托而辭謝不獲命略叙行治之大槩繼而銘曰

根述易東宗慕退陶見公標牓可知其高由是學術表準吾徒士林咸推曰君子儒嗚呼偉哉斯可爲銘

※ 국립중앙도서관 소장

〈영남-28〉 **동산문고** 東山文稿

1. 형태서지

표제/권수제	동산문고(東山文稿)
편저자	유인식(柳寅植) 著
판사항	신연활자본
발행사항	[刊寫地未詳] : [刊寫者未詳], 1965
형태사항	총 2권 1책 四周雙邊 半郭 17.0×11.5㎝, 有界, 半葉13行30字 註單行, 上下向黑魚尾 ; 23.4×15.8㎝
소장처	국립중앙도서관, 단국대 퇴계기념도서관, 성균관대존경각, 안동대, 중앙대, 충남대, 한국국학진흥원

2. 정의

『동산문고』는 구한말에서 일제강점기 시기에 교육자이자 역사학자로 활동하였으며, 독립운동가로 명망이 있었던 유인식(柳寅植, 1865-1928)의 시문을 모아 놓은 문집이다.

3. 저자사항

유인식의 자는 성래(聖來), 호는 동산(東山), 본관은 전주(全州)이다. 경상북도 안동(安東) 출신이며, 유필영(柳必永)의 아들이다. 종숙 유기영(柳沂永)에게 입양되었다. 역시 안동 출신으로서 을미사변 때 일제에 대항하는 의병 활동을 했던 학자 김도화(金道和)의 문인이다.

본래 과거 시험을 준비하였는데, 당대의 어지러운 정세 속에서 과거제도의 폐단과 조정의 부패한 면모로 인해 시험 준비를 그만 두고 고향 안동으로 돌아와 활동하였다. 1895년 을미사변 때는 스승인 김도화 및 이중업(李中業, 1863-1921), 이상룡(李相龍, 1858-1932) 등 안동 출신의 유학자들과 함께 의병 활동을 했다. 결국 관군에게 패해 10여년 간 피신 생활을 하기도 했다. 이후 신채호(申采浩, 1880-1936)의 영향을 받아 개화운동에 힘썼으며, 이후로도 애국계몽운동과 교육 활동에 큰 힘을 쏟았다.

1910년 국권 강탈 이후로는 교육을 통한 독립 운동에 더욱 큰 힘을 쏟았다. 독립군기지 창건과 무관학교 설립을 위해 힘썼고, 이후 조선교육협회를 창립하기도 했다. 1920년에는 조선노동공제회(朝鮮勞動共濟會) 설립에도 참가하였다. 또한 1927년 2월 서울에서 민족협동전선으로 신간회(新幹會)가 창립되자, 이를 적극 지지해 안동지회를 창립하고 회장에 선출되어 활동하였다.

일제강점기에 독립운동가로서 활동한 위와 같은 경력을 인정받아 1982년 건국훈장 독립장이 추서되었으며, 2015년 6월에는 '이달의 독립운동가'에 선정되기도 하였다.

저서로는 문집 『동산문고(東山文稿)』 외에 『대동사(大東史)』, 『대동시사(大東詩史)』 등이 있다.

4. 구성 및 내용

『동산문고』는 2권 1책으로 신연활자본(新鉛活字本)으로 간행하였다. 유인식 사후 40년 만인 1965년에 그의 제자들과 후손들이 설립한 동산선생기념사업회에서 유작을 수습하고 편차하여 간행하였다. 1978년에는 역시 동산선생기념사업회에서 이 책을 유인식의 다른 저술인 『대동사(大東史)』, 『대동시사(大東詩史)』와 한 데 묶어 『동산전집(東山全集)』으로 간행하기도 하였다.

문집 맨 앞에는 동산유인식선생기념사업회 명의의 권두언(卷頭言)이 실려 있다. 일종의 서문 격이다. 이후 권1에는 시(詩), 서(書), 서(序), 제문(祭文), 뇌문(誄文), 묘지명(墓誌銘), 유사(遺事)가 수록되어 있다. 시는 12수가 실려 있으며, 주로 망국(亡國)의 한과 나라를 향한 우국충정의 내용을 담고 있다. 그 뒤로는 다른 이의 죽음을 애도하며 지은 만시(輓詩)가 12수 실려 있다. 주변의 벗들과 가족들을 위해 지은 시이다. 만시 뒤로는 편지글 28수가 실려 있다. 편지 역시 당시의 국가 정세에 대한 걱정, 현실 걱정, 울분을 토로한 내용이 주를 이룬다. 서문으로는 자신의 저술 『대동시사』에 붙인 자서(自序)를 수록하였다. 『대동시사』는 조선이 개국한 이후로 우리나라의 시가(詩歌) 가운데 주로 충신(忠臣), 의사(義士), 은사(隱士)들의 작품을 모은 시화집(詩話集)이다. 태조 이성계의 「등백운봉(登白雲峰)」에서부터 조선후기 홍석주(洪奭周)의 「영사(詠史)」에 이르기까지 302명의 작품 445수를 연대순으로 실어 두었다. 일반적인 시화집과는 달리 시의 창작 동기와 역사적 사실 등의 해설에 비중을 두었다. '시사(詩史)'라는 제목은 역사를 논한 이 저술의 성격으로부터 기인한 것이다. 이 서문에서는 자신의 저술 의도를 상세하게 밝혀 두었다. 서문 뒤로는 제문(祭文) 11수, 뇌문(誄文) 1수, 묘지명(墓誌銘) 1수가 실려 있고, 끝으로 자신의 선친인 유필영(柳必永)의 일생을 정리한 「선고부군유사(先考府君遺事)」가 실려 있다.

권2는 잡저(雜著)와 부록(附錄)으로 구성되어 있다. 잡저에는 「태식록(太息錄)」, 「학범(學範)」, 「우인난(友人難)」, 「남정일록(南征日錄)」, 「조선여일본관계(朝鮮與日本關係)」 등 다양한 성격의 글 7편이 실려 있다. 부록으로는 유인식의 일생을 정리한 「약력(略歷)」과 무덤 속에 함께 넣는 신상 기록인 「광기(壙記)」를 수록하였다. 약력은 유만식(柳萬植)이 정리하였고, 광기는 제자인 배동환(裴東煥)이 정리하였다.

5. 주요 작품 및 문집의 특징

유인식의 작품에는 독립운동가이자 교육자로 활동한 자신의 삶이 고스란히 담겨 있다. 부친인 유필영 역시 항일운동가로 손꼽혔으며, 자신 또한 의병 활동으로 인해 힘들게 살아야 했던 실천적인 지식인이었다. 이러한 삶은 독립적인 저술인『대동사』와『대동시사』에서도 잘 나타나지만, 문집인『동산유고』에서도 다수의 작품에서 엿볼 수 있다.

한시로는 만시를 포함하여 총 24수가 남아 있는데, 그 대부분이 민족을 걱정하며 교육을 응원하고 장려하는 내용을 담고 있다. 예를 들어「협동교음시제군(協東校吟示諸君)」의 경우 민족 교육을 위해 설립한 안동의 협동학교 학생들에게 전하는 작품이다. 국운이 기울고 나라의 실정이 너무도 어렵지만 그러한 어려움은 곧 지나가고 머지않아 밝은 날을 볼 것이라는 내용을 담고 있다. 학생들에게 용기와 희망을 불어 넣어주고자 한 의도이다. 이처럼 자신의 활동과 신념이 작품에 담긴 경우가 많다.

고종의 죽음을 듣고서 지은 7언절구의「문국휼(聞國恤)」역시 주목할 만한 작품이다. "만약 그 당시에 사직과 함께 목숨 끊었더라면, 청산이 응당 옛 조선에 묻어주었으리[假使當年殉社稷, 靑山宜葬舊朝鮮]."라고 하여, 고종이 국망과 함께 목숨을 끊지 않았던 사실을 비판적으로 바라보고 있다. 군주에 대해 맹목적인 충성을 강조하는 중세적 질서와는 거리가 있는 시선이라고 할 수 있다. 이밖에도 자신이 직접 펼쳤던 애국계몽운동의 모습이 한시 작품으로 연결되는 경우를 다수 찾을 수 있다. 현실에서 자신이 실천하는 가치를 문학으로 형상화하고자 한 노력으로 보인다.

산문 작품 역시 민족의 현실을 개탄하며, 우국충정을 표현한 작품이 많다. 또한 논변류에도 특장을 지녔던 것으로 보인다. 예를 들어 잡저 가운데「태식록(太息錄)」은 조선 말기 당시의 비참한 현실을 탄식한 글인데, 세 부분으로 나누어 '망국의 폐단', '유림의 폐단', '유림의 책임'을 논리적으로 적시하였다.「조선여일본관계(朝鮮與日本關係)」는 조선과 일본의 역사적 사실을 열거하며 두 나라가 맺어왔던 관계를 정리한 내용이다. 역사에 대한 해박한 지식과 함께 양국간 관계에 대한 날카로운 해석이 돋보이는 글이다.

6. 참고문헌

안동시,『동산문고』,『디지털안동문화대전』.

김시업,「근대전환기 한문학의 세계인식과 "민족적 자아" -동산 유인식과 심산 김창숙의 경우」,『대동문화연구』38, 성균관대학교 대동문화연구원, 2001.

東山文稿

卷頭言

於乎 紀念云者 思其人而記其蹟也 惟我東山柳寅植先生 挺不世之姿 抱無
國之痛 斷斷一心 在於光復而竟事未就而身先死 未二紀而有乙酉八月十五
日 使先生在者 其喜當何如也 于斯時也 其可不思先生乎 向後又經二紀 國
土兩斷而紛紛尙未定 使先生在者 其憂當何如也 于斯時也 其可不思先生
乎其喜其憂 固國人之所同而若先生 當之 尤豈餘人可比哉 時移事往 憂國
元老 幾乎無存 其孰能策勵我領導我 俾不至於今日現狀也 然則憂之時之思
先生 曷不倍切於喜之時乎 於乎 九原難作 思之如何 邇年以來 諸先烈鑄像
之銅 紀績之碑 屹然相望於大都通衢而惟先生則遺文 在焉 寔心血所嘔而眞
救國之警鐘 是不可以不傳也 玆與遠邇同志 湊合微誠 付之剞劂而廣之全
域 使讀之者 知前輩之苦心而柯則之 且以俟百世良史之筆而論定焉 只此一
事豈足以盡紀念事業哉 第當擧族合心 感思自奮 昂楊正氣 廓掃陰氛 牛萬

東山文稿卷之一

詩

述懷

十年浮刧海 此夜臥空山 大地俱分裂 寥天獨往還 也識天橋夢 翩翩到玉關

無題

大旨藏三海 重鑰鎖八埏 窄窄千里國 累累七尺身 却羨巢男子 猶爲亡命人

自歎

百計無由效國民 殘年焦惱費精神 無寧禱佛菩提下 現化來生智勇人

協東校吟示諸君

春宵寥寂漏丁東 一笑相看血淚紅 論人最易成功後 處世何妨積毁中 時機漸
促趨過渡 進化終然睹大同 君看彝夜虛明月 乍隱雲間乍現空

險難

東山文稿卷之二

雜著

太息錄

東山子 奔走澒汨 于玆十許年 光陰不貸 聰明日減 悼時勢之變遷 慨志業之
空疎 間或披閱古紙 得之古今歷史之因果 東西哲學之格言 觸於感想 發於
言語 聿激昻悲憤 凡得累十篇 噫 桓玄譚 稱楊子雲 祿位容貌 不足動人故
輕其書 固知是言之不足以動人 與我同志者 取而覽之 其必笑其狂而憾其心
也 蘇子瞻 作太息三篇曰三年然後出之 余題其面曰太息錄
客 有難余曰夫臣下而譏君上 謂之不遜 後生而貶前輩 謂之不順 今子所論
上自政府 下逮鄉黨 痛切譏刺 直言無忌 其於諱親諱尊之義 不已悖乎 余瞿
然起而謝曰寅也 誠有罪焉 至治之世 其氣順 其聲和故 上無拂戾之政 下無
怨懟之辭 理固然矣 及當危亂之時 風俗壞敗 民生困悴 其氣之所使 聲之所
發 不得不激惱而憂傷也 詩曰 先祖非人 胡寧忍余 孟子曰小弁之怨 親親也

從腔血中流出來 楚囚之悲 燕市之歌 槪多憂傷激烈之語 然 禍色將迫而喚
起昏睡者 其聲 安得不大而疾也 其論政治學術之腐敗而當改革者 一一皆切
中時病 爲醫國之良鑑 善讀者 自可以知懲前而毖後矣 於乎 百世在前 千歲
在後 此書存而先生炳然如丹之七分眞相 其永不磨滅也夫 此外 有所纂東史
十三卷 詩史二卷 繼而將營刊云

檀紀四二九八年乙巳流火節門生興海裵東煥謹識

東山文稿卷之二終

〈영남-29〉 **서파집** 西坡集

1. 형태서지

표제/권수제	서파집(西坡集)
편저자	유필영(柳必永) 著
판사항	석판본
발행사항	[刊寫地未詳] : [刊寫者未詳], 1960
형태사항	총 26권 13책 四周雙邊, 半廓 21.4×15.7㎝, 有界, 10行22字, 注雙行. 上 下向二葉花紋魚尾 ; 29.2×20.1㎝
소장처	국립중앙도서관, 경상대, 계명대, 단국대 퇴계기념도서관, 영남대, 조선대, 한국국학진흥원

2. 정의

『서파집』은 유필영(柳必永, 1841-1924)의 유학자로서의 철학적 사고와 학문적 깊이를 살펴볼 수 있는 시, 산문, 부록으로 구성된 문집이다.

3. 저자사항

유필영의 자는 경달(景達), 호는 서파(西坡), 본관은 전주(全州), 출신지는 안동(安東)이다. 부친은 정진(定鎭)이며, 모친은 예천(醴泉) 권교상(權敎相)의 따님이다. 1841년(헌종 7) 3월 9일 경상북도 안동군 동후면(東後面) 삼현리(三峴里) 주진동(舟津洞)에서 태어났다. 14, 15세 때 사서삼경, 예기, 춘추 및 제자백가(諸子百家), 사서(史書)까지 섭렵하였다. 정재(定齋) 유치명(柳致明, 1777-1861)의 문하에서 수학하고 돌아온 후 주서(朱書)를 탐독하면서 학문의 높은 경지에 올랐다. 고조 유정원(柳正源)으로부터 전해오던 역학(易學)을 계승·발전시켰고, 『시경』에 새로운 주석을 달 정도로 학문에 조예가 깊었으며, 스승 유치명의 『정재집(定齋集)』 간행을 도왔다. 1880년(고종17) 일본에 제2차 수신사로 갔던 김홍집(金弘集, 1842-1896)이 일본 주재 청국공사관 참찬관(參贊官) 황준헌(黃遵憲)의 『조선책략(朝鮮策略)』을 고종에게 바친 일로, 영남만인소(嶺南萬人疏)가 일어났을 때 '도산서원 통문' 조사로 참여하였다. 1895년(고종32) 을미사변 때 의병을 일으킬 것을 주장하였으며, 서파정사(西坡精舍)에서 후학 양성에 힘썼다. 1910년 경술국치 후에는 뜰에 내려가는 것도 삼가했다. 1919년 3.1 만세운동 연루자로 지목되어 성주까지 연행되었다. 1919년 3월 파리 만국평화회의에 제출할 파리장서에 서명했다. 1919년 4월 송회근(宋晦根)이 체포되면서 파리장서 사건이 발각되었을 때 체포되어 고초를 겪었다. 1924년 11월 28일 하세하였고, 안동시 임동면(臨北面) 사월리(沙月里) 건좌(乾坐) 언덕에 안장되었다. 부인은 청주(清州) 정운규(鄭雲逵)의 따님으로 슬하에 2남 1녀를 두었다. 장남은 종숙(從叔) 유기영(柳祈永)에게 입양된 독립운동가 인식(寅植, 1865-1928)이고, 차남은 만식(萬植)이며, 딸은 김헌주(金獻周)에게 시집갔다. 1995년 건국포장에 서훈되었다. 저서로 『서파문집(西坡文集)』이 있다.

학문으로 교유한 권연하(權璉夏)·이만각(李晩慤)·김흥락(金興洛)·김도화(金道和) 등이 있다.

4. 구성 및 내용

『서파집』은 26권 13책이며, 석판본이다. 권1~권3은 시, 권4~권26은 산문과 부록이며, 저작시기에 따라 편차하였다. 『서파집』은 1970년 간행자 미상으로 간행되었으며, 국립중앙도서관, 성균관대학교 존경각 등에 소장되어 있다.

권1은 시로 봄날에 즉흥적으로 읊은 「춘일즉사(春日卽事)」를 시작으로, 120여 제가 수록되어 있다. 「태극음(太極吟)」부터 「순곡음(循俗吟)」까지 47제를 연이어 읊은 작품과 오행(五行)을 장편시로 읊은 「오행음(五行吟)」 등 저자의 학문적 깊이를 가늠할 수 있는 작품들이 있다. 그밖에 만시가 주를 이룬다.

권2는 시로 저자가 자신의 시를 평가한 「시성후자평(詩成後自評)」을 시작으로 70여 제가 수록되어 있다. 황산회(黃山會)에서 강을 하고 읊은 「황산회강근차갑신계회시운(黃山會講謹次甲申稧會時韻)」 등 강회나 향음례 때 읊은 작품이 다수 있다. 그밖에 「만김문소(현휘)(輓金文素(絢輝))」(15수), 「만배육일(영두)(輓裵六一(永斗))」 등 연작 또는 장편의 만시가 주를 이룬다.

권3은 시로 춘하추동을 읊은 「암거사시음(庵居四時吟)」을 시작으로 80여 제가 수록되어 있다. '독서(讀書)', '정서(訂書)' 등을 읊은 연작시 「암거잡영(庵居雜詠)」(24수) 등 저자의 일상 또는 거주지 주변 경치를 읊은 작품이 다수 있다. 그밖에 경술국치 때 자결한 이만도(李晩燾), 동해에 투신한 김도현(金燾鉉) 등 지인들에 대한 만시가 주를 이룬다.

권4는 산문으로 소(疏), 서(書) 등이 50편 있다. 인현왕후를 모해했다는 오해로 유배를 떠났던 이현일(李玄逸, 1627-1704)의 신원을 청한 「청갈암이선생신리소(請葛庵李先生伸理疏)」 등이 있다. 스승 유치명에게 대학(大學)에 대해 질의한 「상정재선생(上定齋先生)」을 비롯해 학문에 대해 질의한 내용이 주를 이룬다.

권5~권8은 산문으로 서(書)가 총 216편 있다. 권5는 60편, 권6은 45편, 권7은 65편, 권

8은 41편이다. 망명을 떠난 김소락(金紹洛 1861-1926)에게 보낸 「여김학래(소락)(與金學來(紹洛))」(1911) 등이 있다. 이수병(李壽炳, 1850-1919)과 주고받은 10편을 비롯해 『대학』의 문목(問目)에 대한 질의에 답한 「답최홍태문목(答崔洪台問目)」 등 학문과 관련된 내용이 주를 이룬다. 그밖에 문집 또는 연보 간행 관련 내용, 벗을 그리워하는 내용, 일상 안부를 묻는 내용이 다수 있다.

권9는 산문으로 서(書), 잡저 등이 27편 있다. 편지는 「여질아창식(與姪兒昌植)」 등 조카와 아들 등에게 학문 권면 또는 학문 관련 질의에 답을 해준 것이 주를 이룬다.

권10은 산문으로 잡저, 명(銘), 찬(贊) 등이 37편 있다. 함께 책을 읽어도 이룬 성취가 다른 것을 보고 스스로를 경계하기 위해 지은 「비새록(備塞錄)」 등이 있다.

권11은 산문으로 상량문, 축고문 등이 59편 있다. 유복기(柳復起, 1555-1617)가 강론하던 기양서당을 중수할 때 지은 「기양서당중수상량문(岐陽書堂重修上樑文)」 등이 있다.

권12는 산문으로 제문이 34편 있다. 스승 유치명을 제하거나 대상 때 제한 「제정재선생문(祭定齋先生文)」, 「우(대상시)(又(大祥時))」 등이 있다.

권13은 산문으로 뇌사(誄辭), 서(序) 등이 34편 있다. 배삼익(裵三益, 1534-1588)이 1587년(선조2) 명나라에 사신으로 갔다가 신종(神宗)으로부터 하사받은 상홀(象笏), 옥적(玉笛), 앵무배(鸚鵡盃)에 대해 쓴 「배씨가장삼물서(裵氏家藏三物序)」 등이 있다.

권14는 산문으로 서(序)가 49편 있다. 이명익(李溟翼, 1617-1687)의 문집에 대한 「반초당문집서(反招堂文集序)」, 남효온(南孝溫, 1454-1492)의 문집 중간 때 지은 「추강선생문집중간서(秋江先生文集重刊序)」 등이 있다.

권15는 산문으로 지(識), 기(記) 등이 49편 있다. 저자 집의 이름을 서파라고 한 이유 등을 기록한 「서파기(西坡記)」 등이 있다.

권16은 산문으로 기(記), 묘갈명(墓碣銘)이 31편 수록되어 있다. 임진왜란 때 전사한 의병장 정대임(鄭大任, 1553-1594)을 기리기 위해 영양(永陽)의 금오산(金鰲山) 아래 세운 충효재를 중건한 내용을 기록한 「충효재기(忠孝齋記)」 등이 있다.

권17~권20은 산문으로 묘갈명이 총 115편 있다. 권17은 28편, 권18은 33편, 권19는 31편, 권20은 23편이다. 퇴계의 후손으로 용산(龍山)에 살던 이만인(李晩寅, 1834-1897)에 대한 「선공감역용산이공묘갈명(繕工監役龍山李公墓碣銘)」 등이 있다.

권21은 산문으로 광기(壙記), 유허비(遺墟碑), 신도비(神道碑) 등이 20편 있다. 김생명(金生溟, 1504-1577)과 박사희(朴士熹,1508-1588)의 유허비에 대해 지은 「김눌재박묵재양선생유허비명(金訥齋朴默齋兩先生遺墟碑銘)」 등이 있다.

권22~권24는 산문으로 행장(行狀)이 총 34편 있다. 권22는 17편, 권23은 6편, 권24는 11

편이다. 이만도에 대한 「통정대부승정원동부승지겸경연참찬관춘추관수찬관향산이공행장(通政大夫承政院同副承旨兼經筵參贊官春秋館修撰官響山李公行狀)」 등이 있다.

권25는 산문으로 행장, 유사(遺事), 시장(諡狀) 등이 14편 있다. 임진왜란 때 전사한 김해(金垓, 1555-1593)에게 시호가 내려진 전말을 기록한 「근시재김선생시장(近始齋金先生諡狀)」, 저자가 집안에서 들은 63가지 이야기를 모은 「가문쇄기(家聞鎖記)」 등이 있다.

권26은 부록으로 아들 유인식이 찬한 가장(家狀), 1957년에 권상규(權相圭)가 찬한 묘갈명(墓碣銘)이 수록되어 있다.

5. 주요 작품 및 문집의 특징

저자는 280여 제의 시를 창작하였는데, 특히 연작시, 장편시가 많다. 연작시는 집에 있는 10첩의 대나무 그림 '설죽(雪竹)', '풍죽(風竹)', '노죽(露竹)', '우죽(雨竹)', '순죽(筍竹)', '치죽(穉竹)', '노죽(老竹)', '고죽(枯竹)', '절죽(折竹)', '고죽(孤竹)'에 대해 읊은 「가유묵죽십첩즉비해당소사야창기청쇄지엽활동시혹파완애불석수근차노선생십죽운(家有墨竹十帖卽匪懈堂所寫也蒼奇淸灑枝葉活動時或披玩愛不釋手謹次老先生十竹韻)」(10수)(권1), 독서 하는 자세에 대해 읊은 「수미음(首尾吟)」(18수)(권1) 등이 있으며, 눌옹(訥翁)이 주자(朱子)의 시를 차운해서 지은 시를 보고 읊은 「암거무사우열구지득거수숙시첩내차눌옹용주자시단거권시서경일엄자문…불필절절교량야(庵居無事偶閱舊紙得居叟叔試帖乃次訥翁用朱子詩端居倦時暑景日掩紫門…不必切切較量也)」(40수)(권2) 등이 있다. 장편시는 강황(姜瑝)에게 지어준 「증강보경(황신유)(贈姜寶卿(瑝辛酉))」(권1), 학문에 전념하지 못한 자신을 반성하며 읊은 「아석(我昔)」(권1), 족질 유원식(柳元植)에게 젊어서 품었던 뜻을 실행할 것을 권면한 「군마가봉정족질서벽주인(원식)(君馬歌奉呈族姪棲碧主人(元植))」(권2)과 「낙수가우정(落水歌又呈)」(권2), 딱따구리가 나무 쪼는 소리를 듣고 읊은 「우견탁목재수감이유작(偶見啄木在樹感而有作)」(권3) 등이 있다.

장편시 가운데 1876년(고종13) 정월 달력을 보고 점을 쳐보니, 당년 흉년으로 백성들의 고달픔이 예견됨을 근심하며 읊은 「황년탄(荒年歎)」(권1), 나라가 쇠하고 있음을 걱정하며 읊은 「문묘향산단목여동국민족상성쇠감이부지(聞妙香山檀木與東國民族相盛衰感而賦之)」(권3), 죽은 벌을 보고 나라를 저버린 흉악범들을 죽일 것을 생각하며 읊은 「사봉가(死蜂歌)」(권3), 1910년 경술국치를 당한 해 제야(除夜)에 읊은 「제야기몽(除夜記夢)」(권3) 등은 저자가 기울어가는 국가의 운명과 백성들의 삶을 고뇌하는 모습을 엿볼 수 있다.

「비새록」은 네 사람이 함께 경전을 읽었지만 각자 생각하는 바가 달라 학문적 성취가 다른 것을 보고 스스로를 경계하기 위해 지은 것이다. 「남초설(南草說)」은 김낙행(金樂行, 1708-1766)의 「남초설」을 읽고 난 후, 저자가 좋아하는 담배를 남에게 얻어 피우는 것을 경계하기 위해 지은 것이다. 「기생설(寄生說)」(이상 권10)은 아름드리나무도 기생하는 식물에 의해 죽는다는 사실을 인지하고 훌륭한 사람도 다르지 않다며 자신을 경계하기 위해 지은 것이다. 세 작품 모두 저자 자신을 경계하기 위해 지은 작품들이다.

「가문쇄기」(권25)는 저자가 집안에서 들은 선조들에 대한 다양한 이야기나 가르침 등 63가지를 짧게 기록해둔 것으로 저자의 가풍을 엿볼 수 있다.

6. 참고문헌

김재열, 「유필영」, 『한국민족문화대백과사전』, 1995.

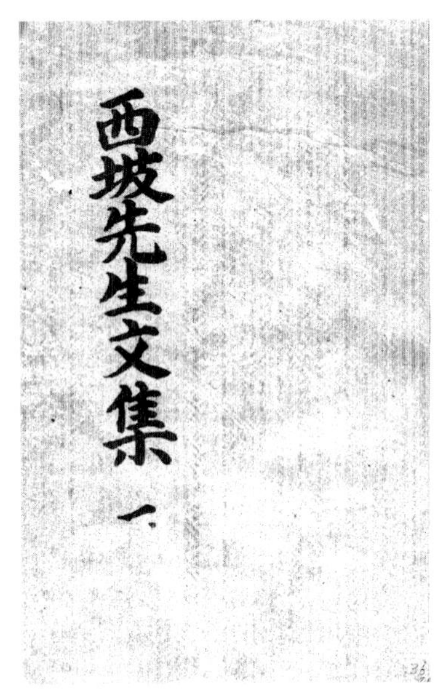

西坡先生文集卷之一

詩

春日卽事 甲寅

墟里烟雲淡郊園雨氣微夕嵐籠翠渚朝旭照丹厓柳生春後葉梅送臘前䔢閙來春興咏何處浴沂歸

除夕

曆向今宵分甲乙官從明日替羲和天鷄夜半警余睡爲說明春事業夕

次王維田園樂六言五首 癸丑

楊柳園中春晚桃李村西日斜巖扉松逕寂寥小人來到

西坡先生文集之四

疏

請勿改衣制疏

伏以臣等之來爲請勿改衣制而來也夫此衣制之改變只關於時政之得失國體之輕重而非關於禮義之興廢斯文之盛衰則臺閣近密之臣當言而草莽疏逖之臣不必言也竊伏念此令一下禮儀廢而人極無以立斯文喪而儒敎無以振非但時政之失國體之損而已臣等雖疏逖愚賤而從事於斯文粗知禮儀之難廢若以出位爲嫌犯分爲罪不以一言警咳冀蒙反汗之恩者是負 列聖

熙晳金容福權相璇寅植男浚熙潤熙晳熙女適鄭煇悳金源餘不錄銘曰

學博而精守約而貞淸明在躬錦褧其光德必有言著爲文章高朗令終有此玄宮

歲丁酉之小春者永嘉權相圭謹撰

西坡先生文集卷之二十六

※ 국립중앙도서관 소장

〈영남-30〉 상경헌집 常敬軒集

1. 형태서지

표제/권수제	상경헌집(常敬軒集)
편저자	이능호(李能灝)
판사항	목판본
발행사항	-원집 : [刊寫地未詳] : [刊寫者未詳], 1931 -속집 : [刊寫地未詳] : [刊寫者未詳], [刊寫年未詳]
형태사항	총 10권 5책 - 원집 8권 4책 : 四周雙邊, 半廓 19.7×16.5㎝, 有界, 10行20字, 注雙行, 內向二~葉花紋魚尾 ; 28.8×20.1㎝ - 속집 2권 1책 : 四周雙邊 半郭 20.0×16.8㎝, 有界, 10行20字 注雙行, 內向2葉花紋魚尾 ; 29.0×19.6㎝
소장처	국립중앙도서관, 고려대, 동국대, 부산대, 연세대, 전남대, 한국국학진흥원

2. 정의

『상경헌집』은 이능호(李能灝, 1854-1919)의 전형적인 유교지식인으로서의 면모와 경술국치 후 떠난 망명의 정서를 함께 살펴볼 수 있는 시, 산문, 부록으로 구성된 문집이다.

3. 저자사항

이능호의 초명은 능호(能頀), 자는 화극(和克), 호는 상경헌(常敬軒), 본관은 여주(驪州)이다. 부친은 재옥(在沃)이고, 모친은 경주(慶州) 최세룡(崔世龍)의 따님이다. 1854년(철종5) 8월 7일 경주 보문리(普門里)에서 태어났다. 어려서부터 효심이 깊었으며, 8세 때 『소학(小學)』을 익혀 예절에 밝았다. 1867년(고종4) 사서삼경을 통독하며 과거를 준비하였으나 국내외 상황이 혼란해지자 학문에 정진할 것을 생각했다. 1871년(고종8) 선조인 회재(晦齋) 이언적(李彦迪, 1491-1553)의 『태극서(太極書)』를 읽고 학문에 뜻을 두기로 했다. 족부 경암(敬庵) 이재목(李在穆, 1817-1879)에게 가르침을 받고, 도계서당(道溪書堂)에 가서 동지들과 교유하며 학문에 전념했다. 1885년(고종22) 부친상을 당했는데, 상중에 옛 효자들의 사적을 모아 『거상록(居喪錄)』을 편찬했다. 1887년(고종24) 서산(西山) 김흥락(金興洛, 1827-1899)을 찾아가 강론하였다. 1889년(고종26) 헌산(巘山)에 거처하며 후학 양성에 힘썼다. 1895년(고종32) 을미사변이 있자 『의전록(義戰錄)』을 지었다. 1902년(광무6) 모친상을 당했다. 1910년(융희4) 경술국치를 당하자 1912년 부인과 문인 고기호(高基鎬)를 거느리고 서간도로 망명했다. 교정산(轎頂山)에 정산서재(頂山書齋)를 세우고 한인(韓人)들의 자제를 가르치며 생활하다 1919년 11월 1일 하세했다. 중국 요녕성(遼寧省) 관전현(寬甸縣) 소아하(小雅河) 적수립자호(滴水砬子湖) 아래 임좌(壬坐) 언덕에 장례 지냈다. 부인은 경주 김순일(金順鎰)의 따님이다. 1남을 두었으나 요절하여, 이능기(李能騏)의 아들 이만구(李璊久)를 후사로 삼았다. 저서로 『상경헌집』 외에 20세부터 생을 마감할 때까지 47년간의 경력을 기록한 『일건록(日乾錄)』과 『유지록(幼志錄)』·『강의록(講義錄)』·『삼정록(三正錄)』·『비망록(備忘錄)』·『통감강목법의(通鑑鋼目法義)』 등이 있고, 편찬서로 『언경록(言敬錄)』·『거상록(居喪錄)』·『의전록(義戰錄)』·『주자보외서(朱子補外書)』 등 70여 책이 있다.

통도사(通度寺)에서 절차탁마하던 이춘경(李春卿)·이장옥(李章玉) 등과 오래 교유하였으며, 언양군수 최시명(崔時鳴) 등과는 학문적 질정을 받으며 교유하였다. 망명지에서는 이직신(李直愼) 등과 학문으로 교유했다.

4. 구성 및 내용

『상경헌집』은 원집 8권 4책과 속집 2권 1책으로, 총 10권 5책이며, 목판본(木版本)이다. 망명 전 작품이 수록된 원집과 망명 후 작품이 수록된 속집을 별도로 간행한 이유는 망명 후의 글이 일제 검열에 저촉되는 염려를 피하기 위해서였다. 원집 권1은 시, 권2~권8은 산문이다. 속집 권1은 시와 산문이며, 권2는 부록이다. 저작 시기에 따라 시와 산문으로 편차하였다. 원집은 1931년 저자의 종질 이홍구(李洪久)가 간행하였고, 속집은 이홍구가 지은 후지를 넣어 간행하였으며, 한국국학진흥원 등에 소장되어 있다.

원집의 권1은 첫머리에 장석영(張錫英)과 이능열(李能烈)이 지은 서문이 있다. 「유거음(幽居吟)」을 시작으로 망명 전에 읊은 시 130여 제(題)가 수록되어 있다. 연작시가 다수 보이는데 「도계잡영(9수)(道溪雜詠(九首))」, 「춘흥(6수)(春興)(六首)」, 「만흥(15수)(謾興(십오수))」 등이 있다. 또 주자를 생각하며 읊은 「망주산백운용주선생감흥시중운(望朱山白雲用朱先生感興詩中韻)」, 「경차주선생증팽세창운(敬次朱先生贈彭世昌韻)」 등이 있다.

권2는 산문으로 편지글이 총 11편이다. 긍암(肯庵) 이돈우(李敦禹)에게 가르침을 청하며 보낸 「여긍암이장(돈우)(與肯庵李丈(敦禹))」 등이 있다.

권3은 산문으로 편지글이 총 37편이다. 윤인석(尹仁錫)에게 저자가 주자의 책을 철저히 탐구할 수 있도록 도와달라는 내용으로 보낸 「답윤일암(인석)(答尹一庵(仁錫))」 등이 있다.

권4는 산문으로 편지글이 총 46편이다. 한은로(韓殷老)에게 『대학(大學)』의 '격물치지(格物致知)'를 오늘날 급선무로 삼고 생활해야 한다는 내용으로 보낸 「여한은로(與韓殷老)」 등이 있다.

권5는 산문으로 편지글이 총 25편이다. 저자가 『서경』의 기삼백(朞三百)에 대해 연구한 것을 소개한 「여이덕원(귀락)(與李德元(龜洛))」 등이 있다.

권6은 산문으로 편지글과 잡저를 포함해 총 37편이다. 족대부 희암(希庵) 이우상(李瑀祥)에게 위기지학(爲己之學)에 대한 가르침을 청한 「상희암족대부(우상)(上希庵族大父(瑀祥))」 등의 편지글이 있다. 잡저에는 명리 추구를 경계하고, 개과천선하도록 경계해야 한다는 내용의 「자경설(自警說)」(1877)을 비롯해 「도계서당조약(道溪書堂條約)」 등이 있다.

권7은 산문으로 잡저가 총 9편이다. 주자의 백록동서원 학규에 대해 풀이하고 그것을 헌산학당의 세칙으로 삼는다는 내용의 「헌산현학학칙(巘山縣學學則)」(1895)을 비롯해 뜻 있는 선비들과 향음주례(鄕飮酒禮) 자리를 마련하고 싶은 마음을 드러낸 「포고동지설(布告同志說)」, 음양의 조화는 태극에서 근원한 것이라는 「조화설(造化說)」 등이 있다.

권8은 산문으로 서(序), 기(記), 발(跋) 등의 잡저가 총 35편이다. 저자가 편찬한 저서 『통감강목법의(通鑑綱目法義)』에 대한 서문인 「통감강목법의서(通鑑綱目法義序)」, 독서를 하고 후학 양성을 위해 옥계서사를 지었다는 내용의 「옥계서사기(玉溪書社記)」, 선조인 회재 이언적의 「원조오잠(元朝五箴)」을 읽고 설날 아침 자신을 경계하기 위해 지은 「원조잠(元朝箴)」(1873), 한결같은 마음을 보존하기 위해서 쓴 「영대명(靈臺銘)」, 고을 수령을 대신해서 정몽주(鄭夢周)·이언적·정구(鄭逑)를 추앙하던 반구서원(盤龜書院)에 대해 지은 「반구서원유허비(대본졸작)(盤龜書院遺墟碑(代本倅作))」 등의 잡저와 함께 서규석(徐奎錫)이 지은 발문과 최현필(崔鉉弼)이 지은 후지가 수록되어 있다.

속집의 권1은 시 15제와 편지글과 잡저를 포함해 산문 17편이 함께 수록되어 있다. 시는 망명 초에 회인현에 살던 강문보(姜文甫)의 글방에 묵으면서 읊은 「숙회인현강문보서옥득절구(宿懷仁縣姜文甫書屋得絕句)」 등이 있다. 편지글은 자신의 호를 '상경헌'이라고 한 이유를 설명하고 자호에 따라 늘 경계하며 살고 있다는 내용의 「답이경기(答李敬基)」 등이 있다. 잡저는 서간도로 망명 온 한인들에게 자발적으로 머리를 자르는 것은 잘못이라는 견해를 발표한 「포고서래동인설(布告西來同人說)」 등이 있다.

속집의 권2는 부록으로 망명지에서 교유한 이직신 등의 「만사(挽辭)」를 비롯해 뇌문(誄文), 행장, 묘갈명 등의 산문 13편과 중국에 있는 이능호의 묘지 위치를 그린 묘지도(墓地圖)와 이홍구의 후지 1편이 수록되어 있다.

5. 주요 작품 및 문집의 특징

저자가 제작한 130여 제의 시 가운데 주목할 것은 연작시로 「도계잡영(9수)」, 「춘흥(6수)」,

「만흥(15수)」, 「동근(십절)(東覲(十絕))」, 「남정(5절)(南征(五絕))」 등이다. 이어서 주자를 생각하며 읊은 「망주산백운용주선생감흥시중운」, 「경차주선생증팽세창운」, 「독주서유감(讀朱書有感)」, 「계상근차주선생옥윤운(溪上謹次朱先生玉潤韻)」(이상 원집 권1) 등은 저자가 주자를 생각하는 깊이를 알 수 있다.

「헌산현학학칙」(권7)은 주자의 백록동서원에서 학규(學規)로 삼은 총 15가지 부자유친(父子有親)·군신유의(君臣有義)·부부유별(夫婦有別)·장유유서(長幼有序)·붕우유신(朋友有信)·박학지(博學之)·심문지(審問之)·신사지(愼思之)·명변지(明辨之)·독행지(篤行之)·언충신행독경(言忠信行篤敬)·징분질욕천선개과(懲忿窒慾遷善改過)·정기의불모기리명기도불계기공(正其義不謨其利明其道不計其功)·기소불욕물시어인(己所不欲勿施於人)·행유부득반구저기(行有不得反求諸己)에 대해 풀이하고 이를 헌산현학의 학칙으로 삼는다는 내용으로 저자가 지향하는 학문 방향을 가늠해볼 수 있다.

1873년(고종10) 설날 아침 자신을 경계하기 위해 쓴 「원조잠」, 1876년(고종13) 경(敬)을 실천할 뜻을 돈독히 할 것을 경계한 「독지잠(篤志箴)」, 마음을 전일하게 할 것을 경계한 「주일잠(主一箴)」, 몸가짐을 경계한 「입각잠(立脚箴)」, 말조심할 것을 경계한 「수구잠(守口箴)」, 인의(仁義)의 마음은 움직이고, 기질(氣質)의 본성은 참을 것을 경계한 「동인잠(動忍箴)」, 스스로를 업신여기는 더러움을 씻어낼 것을 경계한 「척오잠(滌汚箴)」, 형제간에 우애롭고 공경할 것을 경계한 「우공잠(友恭箴)」, 친족끼리 화목할 것을 경계한 「목족잠(睦族箴)」(이상 권8) 등 저자 자신을 경계하기 위해 지은 9편의 잠이 있다. 이들 9편의 잠과 함께 「자경(自警)」(권1) 시 2제와 명리 추구를 경계하고, 스스로를 경계하여 개과천선해야 한다는 내용의 「자경설」(권6)과 총 26개 조목으로 스스로를 경계한 글을 모은 「자경잡록(自警雜錄)」(권7) 등을 살펴보면 저자가 평생 경계한 부분을 알 수 있다.

저자가 8년간의 망명 생활 중에 남긴 작품은 시 15제 18수, 편지 23편, 잡저 2편뿐이다. 「숙회인현강문보서옥득절구」는 망명 초에 저자가 회인현에 살던 강문보의 글방에서 읊은 것이고, 「여회인현재(與懷仁縣宰)」는 회인현 수령에게 중국 선비들이 교유하는 음사독법(飮射讀法) 등의 모임이 있으면 저자를 참여시켜줄 것을 청하는 내용이다. 「환불가도환설(還不可徒還說)」(이상 속집 권1)은 늙고 병든 저자가 주변의 권유에도 불구하고 환국하지 않는 것은 원수가 다스리는 나라이기 때문이라는 내용이다. 긴 망명 생활에 비해 남긴 작품이 적은 만큼 그의 망명 정서를 살펴보기 위해서는 반드시 살펴봐야 할 작품들이다.

6. 참고문헌

배종석,「서간도 망명지식인 상경헌 이능호의 대응논리 연구」,『국학연구』 32, 한국국학진흥원, 2017.

배종석,「상경헌 이능호의 경의(敬義)사상과 망명」,『漢文學報』 37, 우리한문학회, 2017.

한국국학진흥원 편,『문집해제』24, 한국국학진흥원, 2016.

常敬軒文集

常敬軒文集序

亳[illegible]夷齊隱周轍衰仲連蹈海莽操篡漢梅福管
寧之徒浮海而去自古有志之士所在皆然而若吾
東方則太師文聖王自靖罔僕騎白馬而東來東人
之知有節義綱常皆箕聖賜也節義亾則夷狄也綱
常亾則禽獸也噫吾東今夷狄禽獸矣士之有志者
往往西登而東蹈不欲著一武於讎邦其一東京處
士常敬軒李和克是也和克爲人篤志好學肇發軔
於其伯祖晦齋先生太極之說專門於朱子之學平
生所行不出於忠君孝親之外也及夫王綱絶而

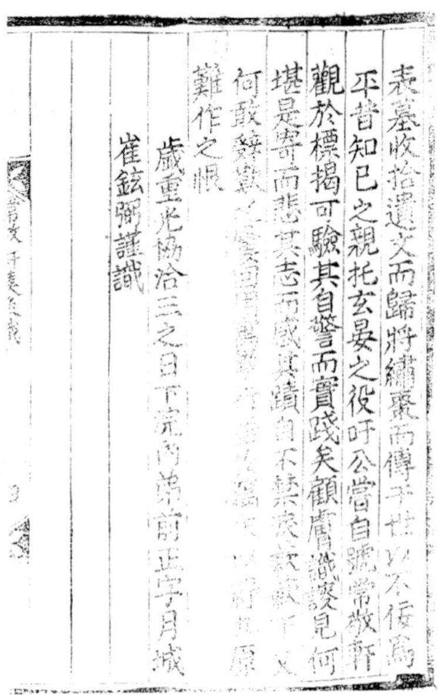
表墓收拾遺文而歸將繡棗而傳于世以不佞爲
平昔知己之親托玄晏之役吁公嘗自號常敬軒
觀於標揭可驗其自警而實踐矣顧膚識謏見何
堪是寄而悲其志而感其蹟自不禁[illegible]于文
何敢辭歎[illegible]原
難作之恨
歲重光協洽三之日下浣內弟前正字月城
崔鉉弼謹識

常敬軒文集卷之一

詩

幽居吟 庚午

鹿友山南闢數椽玉溪寒月影長傳幽人自是愛空
谷莫把琴書謾費年

讀小學

淸晨存養本然天小學書中我思全進步要當新日
日著工何不就年年採薪冬嶺飛風雪供菽山廚繞
夕烟實地須從這裏過興來猶足賦詩篇

淸夜

※ 국립중앙도서관 소장

〈영남-31〉 **후산집** 厚山集

1. 형태서지

표제/권수제	후산집(厚山集)
편저자	이도복(李道復) 著
판사항	목판본(1~10책)/ 석판본(11책)
발행사항	전북 : 문화당인쇄소, 1967
형태사항	총 22권 11책 四周雙邊 半郭 18.9×15.2㎝, 有界, 10行20字 註單行, (上/下) 2葉花紋魚尾 ; 27.0×19.9㎝
소장처	국립중앙도서관, 경기대, 계명대, 모덕사, 성균관대존경각, 영남대, 원광대, 전주대

2. 정의

『후산집』은 이도복(李道復, 1862-1938)이 구한말과 일제강점기 때 시대 조류에 휩쓸리지 않고 경사에 마음을 두고 의리를 지키며 지은 시, 산문, 부록으로 구성된 문집이다.

3. 저자사항

이도복의 자는 양래(陽來), 호는 후산(厚山), 본관은 성주(星州)이다. 부친은 동범(東範)이고, 모친은 해주(海州) 정복의(鄭福毅)의 따님이다. 1862년(철종13) 5월 28일 경상남도 단성현(丹城縣) 수월리(水月里)에서 태어났다. 어려서는 부친에게서 학문을 익혔다. 1882년(고종19) 연재(淵齋) 송병선(宋秉璿, 1835-1905)의 문하에서 수학하며 대의(大義)를 깨달았다. 1888년(고종25) 면암(勉菴) 최익현(崔益鉉, 1833-1907)으로부터 '수신사명(修身俟命)'의 가르침을 받았다. 1903년(광무7)부터 간재(艮齋) 전우(田愚, 1841-1922)와 많은 교류를 가졌다. 1905년 (광무9) 을사늑약 체결 후 곽종석(郭鍾錫, 1846-1919)을 만나 시세(時勢)에 대해 논했다. 1907년(융희1) 대마도에서 순국한 최익현이 반장(返葬)되는 날 달려가 통곡했다. 그해 5월 송병순(宋秉珣, 1839-1912)과 함께 『연재집(淵齋集)』을 간행했다. 1911년 송병순·최영설(崔永卨)·김창숙(金昌淑)을 비롯한 호남과 영남 지역의 사림(士林)을 모아 수계(修契)를 맺었다. 1911년 고향에 수운정(水雲亭)을 짓고 후학 양성에 힘썼다. 1912년 송병순이 음독 자결하자 가서 곡을 하였다. 1918년 고종황제가 죽자 서울 종로에다 이완용(李完用) 등 칠적(七賊)을 토벌하자는 글을 내걸었다. 방장산(方丈山), 섬진강(蟾津江), 압록강(鴨綠江) 등 전국의 유적지를 돌며 망국의 한을 달랬다. 만년에 전라북도 마이산(馬耳山) 부근으로 거주지를 옮겨 지내다 1938년 윤 7월 8일 하세하였고, 장수군(長水郡)의 산 서쪽 고개 간좌(艮坐) 언덕에 장례 지냈다. 부인은 해주(海州) 정성교(鄭性敎)의 따님과 밀양(密陽) 박정식(朴正湜)의 따님이다. 밀양박씨와의 사이에 3남 2녀를 두었는데, 아들은 면수(冕洙)·곤수(袞洙)·필수(韠洙)이고, 딸은 이교덕(李敎德)과 유태규(柳泰圭)에게 시집갔다. 저서에 『후산집』이 있으며, 편집서로 『기정동감(紀政東鑑)』·『치종록(致宗錄)』 등이 있다.

당대의 이름난 유학자 김평묵(金平默)·하진무(夏震武)·정재규(鄭載圭)·기우만(奇宇萬)·조성가(趙性家)·박치복(朴致馥)·전우(田愚) 등 많은 인사들과 교유했다.

4. 구성 및 내용

『후산집』은 22권 11책이며, 목판본이다. 권1~권3은 시, 권4~권20은 산문, 권21~권22는 부록으로, 저작 시기에 따라 편차하였다. 『후산집』은 1967년 이상열(李相烈)이 전라북도 장한(張漢)의 문화당인쇄소에서 간행하였으며, 국립중앙도서관 등에 소장되어 있다.

권1은 부(賦), 사(辭), 시가 총 90여 제 수록되어 있다. 고종 황제와 명성 황후 묘소를 바라보며 읊은 「홍릉부(洪陵賦)」(1919), 마이산에서 대궐을 바라보고 통곡하며 읊은 「자규사(子規辭)」(1908), 연작시로 저자가 수월동(水月洞)에 지은 조한재(照寒齋) 주변의 '대성산(大聖山)', '대은병(大隱屛)' 등의 풍경 33곳을 읊은 「조한재잡영(照寒齋雜詠)」, 용산사에 대해 '하상부복(下床俯伏)', '백화헌(百花軒)' 등 19개의 소제로 읊은 「용산사(龍山祠)」 등이 있다.

권2는 시로 190여 제가 수록되어 있다. 장편시로 「평양가(平壤歌)」와 「백마강기행(白馬江紀行)」 등이 있다. 앞의 두 시를 포함해 기행시로 부여의 자온대(自溫臺) 아래 수북정에 올라서 읊은 「등북수정(登北水亭)」, 압록강을 건너며 읊은 「도압록강(渡鴨綠江)」 등 다수가 있다. 그밖에 증시와 차운시가 주를 이룬다.

권3은 시로 총 130여 제가 수록되어 있다. 연작 기행시로 관동지역을 기행하고 읊은 「관동기행(關東紀行)」은 총 35수에 달한다. 그밖에 만시(挽詩)가 주를 이룬다.

권4는 산문으로 소(疏), 서(書) 등이 71편 있다. 소는 정승현(鄭承鉉)을 대신해서 을사오적을 참할 것을 청한 「청토오적소(請討五賊疏)」(1905) 등이 있다. 편지글은 간재 전우에게 보낸 「상전간재(우)(上田艮齋(愚))」를 비롯해 스승 송병선과 송병순·최익현 등 지인들과 학문에 대해 토론한 것들이 주를 이룬다.

권5~권6은 산문으로 서(書)가 121편 있다. 전국의 사우(士友)들에게 만동묘 향사에 대해 의논할 때 보낸 「포고전방사우서(布告全邦士友書)」(1908) 등이 있다. 그밖에 구룡재 제생의 질문에 답한 「답구룡재제생문목(答九龍齋諸生問目)」 등이 있다.

권7은 산문으로 잡저(雜著) 8편이 있다. 중용(中庸)의 큰 줄기를 그림과 표로 표기한 「중용강유지도(中庸綱維之圖)」 등 저자의 학문의 깊이를 알 수 있는 작품이 주를 이룬다.

권8은 산문으로 잡저(雜著), 설(說), 논(論) 등이 15편 있다. 일본이 궁인(宮人)을 시켜서 고종을 독살한 것에 대해 전국의 민중과 만국의 공관(公館)에 포고한 「포고전방민서급만국공관(布告全邦民庶及萬國公館)」 등이 있다.

권9는 산문으로 서(序)가 29편 있다. 김유신(金庾信)의 실기(實記)을 연대순으로 편찬한 「김각간편년실기서(金角干編年實記序)」, 『기려수필(騎驢隨筆)』의 저자 송상도(宋相燾)가 찾아와 부탁해서 지어준 「기려수필서(騎驢隨筆序)」 등이 있다.

권10~권11은 산문으로 기(記)가 80편 있다. 덕유산(德裕山) 자락의 선유동을 기행하고 쓴 「선유동기(仙遊洞記)」, 저자가 전라도로 거주지를 옮긴 후 마이산을 기행하고 쓴 「마이산기(馬耳山記)」 등이 있다. 그 밖에는 지인들의 정자나 집에 대한 기문이 주를 이룬다.

권12는 산문으로 발(跋), 잠(箴), 명(銘), 찬(贊), 상량문(上梁文) 등이 47편 있다. 충청남도 청양군 정산면 미산(薇山)에 은거하던 최익현[1]이 의병을 일으켰다가 죽은 것을 칭송한 「서미산거의록후(書薇山擧義錄後)」, 소화유민(小華遊民)으로서 평생 한사(韓史)에 힘쓴 사람이 저자 자신이라는 「화상자찬(畫像自贊)」 등이 있다.

권13은 산문으로 제문(祭文), 애사(哀辭) 등이 39편 있다. 스승 송병선을 제한 「제연재송선생문(祭淵齋宋先生文)」, 최익현을 제한 「제면암선생문(祭勉菴先生文)」 등 지인들에 대한 제문과 애사가 주를 이룬다.

권14는 산문으로 비(碑), 묘지명(墓誌銘) 등이 20편 있다. 문익점(文益漸)에 대한 「충선공삼우당문선생묘비후기(忠宣公三憂堂文先生墓碑後記)」, 이붕(李鵬)에 대한 「성균생원이공묘지명(成均生員李公墓誌銘)」 등이 있다.

권15는 산문으로 묘표(墓表)가 40편 있다. 이억년(李億年)에 대한 「숙선조요산공묘표(叔先祖樂山公墓表)」 등이 있다.

권16은 산문으로 묘갈명(墓碣銘) 22편이 있다. 임진왜란 영천십의사(永川十義士) 중 한 사람인 이지복(李之馥)에 대한 「증한성판관사촌이공묘갈명(병서)(贈漢城判官沙村李公墓碣銘(並序))」 등이 있다.

권17~권18은 산문으로 행장(行狀)이 15편 있다. 문익점의 일생 행적을 기록한 「사은문선생행장(思隱文先生行狀)」, 이숭인(李崇仁)의 일생 행적을 기록한 「문충공도은이선생행장(文忠公陶隱李先生行狀)」 등이 있다. 그밖에는 선조들에 대한 행장이 주를 이룬다.

1) 유영봉, 「간재(艮齋) 전우(田愚)가 남긴 철리시(哲理詩) 연구(研究) - 그의 역사적인 위상(位相)과 관련하여」, 『한문학보』 37집, 우리한문학회, 2017. 301쪽 참조.

권19는 산문으로 유사(遺事), 전(傳) 등이 21편 있다. 저자의 10세 백조(伯祖) 충의위공(忠義衛公)에 대한 「십세백조충의위공유사(十世伯祖忠義衛公遺事)」, 소화유민(小華遊民) 등으로 자칭하는 시대 미상의 기기옹에 대해 기록한 「기기옹전(棄棄翁傳)」 등이 있다.

권20은 산문으로 기행정력(紀行程曆)이 있는데, 1867년~1935년까지 저자의 기행 여정을 연도순으로 기록해 놓은 것이다.

권21은 부록으로 민병승(閔丙承)과 김윤동(金潤東)이 찬한 저자의 행장 2편, 박희순(朴熙純)이 찬한 유사(遺事), 송종국(宋鍾國)이 찬한 묘갈명 등이 수록되어 있다.

권22는 부록으로 저자의 스승 송병선(宋秉璿)을 비롯해 저자와 고유한 송병순(宋秉珣) 등 122명의 간략한 인적사항을 기록해 놓은 「사우록(士友錄)」과 저자의 문인 신민성(愼民晟) 등 173명의 간략한 인적사항을 기록해 놓은 「후산문인록(厚山門人錄)」이 있다.

5. 주요 작품 및 문집의 특징

저자는 420여 제의 시를 창작하였는데, 연작시가 많다. 연작시로 저자가 수월동에 지은 조한재의 주변 풍경 33곳 '대성산', '대은병', '선유동(仙遊洞)', '옥류한(玉流澗)', '유상곡수(流觴曲水)', '은한폭(銀漢瀑)', '상하세두분(上下洗頭盆)', '도화담(桃花潭)', '모운벽(暮雲壁)', '소은병(小隱屏)' 등을 읊은 「조한재잡영」(33수)(권1)이 있다. 1932년 8월 16일부터 10월 4일까지 관동지역을 기행하고 읊은 「관동기행」(35수)(권3)은 일기형식으로 읊은 것이기 때문에 소제목이 길다는 특징이 있다. 당시 조한재와 관동지역 풍경을 엿볼 수 있다.

「마이산기」(권10)는 1926년 저자가 전라도로 거주지를 옮긴 후 마이산을 기행하고 쓴 기문이다. 마이산 명칭의 유래, 태조와 태종, 김종직(金宗直)과 조위(曺偉) 등 마이산을 방문했던 인물 소개, 그리고 대두산(大頭山), 귀소(龜沼), 광대봉(廣大峯), 용암(龍巖), 동천(洞天), 뇌옹암(瀨翁菴), 금당사(金塘寺), 봉두굴(鳳頭窟), 마이절정(馬耳絕頂)을 구곡(九曲) 삼아 읊은 '이산구곡가(駬山九曲歌)'가 포함되어 있다. 당시 마이산의 풍경을 엿볼 수 있을 뿐 아니라, 작품에 포함된 이산구곡가는 다른 구곡가들과 비교해 볼 수 있는 작품으로 주목된다.

「기기옹전」(권19)은 세상 사람들에게 버림받은 기기옹 또한 세상 사람들과 교제하는 것을 달가워하지 않아 서로가 서로를 버렸기 때문에 자호를 기기옹이라고 하였으며, 기기옹은 시대 조류에 휩쓸리지 않고 경사에 마음을 두고 의리를 지키며 살았다는 내용이다. 가상의 인물 기기옹은 저자 자신을 가리킨다. 저자가 자신을 객관적으로 평가한 작품이다.

부록의 「사우록」과 「후산문인록」(이상 권22)은 당대 영호남 문인들의 인명과 자, 호 등의 인적사항을 간략히 정리한 것이다. 「기행정력」(권20)은 1867년~1935년까지 저자의 기행 여정을 기록해 놓은 것이다. 저자가 교유한 인물의 규모와 저자의 발자취를 살펴볼 수 있는 자료이다.

6. 참고문헌

이도복, 『후산집(厚山集)』, 국립중앙도서관본.

유영봉, 「艮齋 田愚가 남긴 哲理詩 硏究 - 그의 역사적인 位相과 관련하여」, 『한문학보』 37집, 우리한문학회, 2017.

이재숙, 「騎驢子 宋相燾의 생애와 저술에 관하여」, 『대동한문학』 39집, 대동한문학회, 2013.

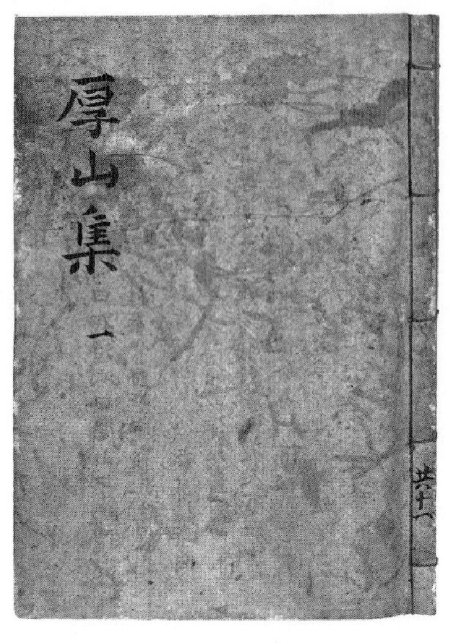

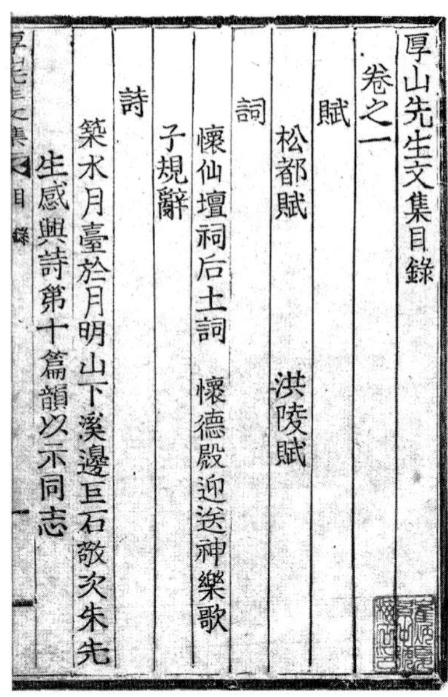
厚山先生文集目錄
卷之一
賦
松都賦　洪陵賦
詞
懷仙壇祠后土詞　懷德殿迎送神樂歌
子規辭
詩
築水月臺於月明山下溪邊巨石敬次朱先生感興詩第十篇韻以示同志

厚山先生文集 目錄 一

厚山先生文集卷之一
賦
松都賦
粵以昭陽赤奮若㽔賓之月涉漢水而過都兮夕余次於金浦朝發軔於高陽兮飲交河而亭午騰飛車而犇走兮曾不瞬此松京瞻松岳而興吁兮懷前王而不忘麗氏起自匹夫兮乘九五之飛龍統三韓而爲一兮克剗除夫羣兇猶未免乎夷虜兮以慈悲而爲聖崇佛宇於邦域兮羌此衰而彼盛曰文安之耿介兮觀上國之廟宇建國子於何地兮太平館之西

厚山先生文集卷一 賦 一

金正福 字號仁齋 丙辰生 慶州人 鷄林君裀后 仁川市富平洞
全鍾業 字貴童 號月亭 丁巳生 天安人 文平公文軾后 鎭安郡馬靈面月靈
李宇相 字季寅 號默軒 丁巳生 星州人 某軒午相孫 山淸郡新安面後川
魯奇鎭 字號錫龍 丁巳生 江華人 江華君咎后 〃 丹城面放牧
辛榮淳 字泰一 號佑山 丁巳生 靈山人 文憲公德齋藏后 全州市金岩洞
李五相 字叔向 號溪堂 戊午生 星州人 浩齋定洙子 山淸郡丹城面放牧
高在明 字明五 號柳川 戊午生 長興人 霽峰敬命后 鎭安郡馬靈面平地里
全炳式 字號南溪 辛酉生 天安人 大提學翊后 〃 〃 溪南
李武相 字魏卿 號九菴 戊午生 星州人 山淸郡丹城面放牧

厚山先生文集卷之二十二 終

※ 국립중앙도서관 소장

〈영남-32〉 **홍와집** 弘窩集

1. 형태서지

표제/권수제	홍와집(弘窩集)
편저자	이두훈(李斗勳) 著 / 박봉호(朴鳳浩) 編
판사항	석판본
발행사항	高靈 : 乃山書堂, 1928
형태사항	총 13권 7책 四周雙邊, 半廓 21.2×15.9㎝, 有界, 10行22字, 上下向二葉花~紋魚尾 ; 29.5×19.2㎝
소장처	국립중앙도서관, 경상대, 경희대, 대구가톨릭대, 동아대, 부산대, 연세대, 영남대, 전주대, 조선대, 충남대, 한국학중앙연구원

2. 정의

『홍와집(弘窩集)』은 조선 말기의 학자 이두훈(李斗勳, 1856-1918)의 시, 뇌사(誄辭), 서(書), 잡저, 서(序), 기(記), 발(跋), 제문, 묘지명, 행장, 유사, 묘갈명 등으로 구성된 13권 7책의 시문집이다.

3. 저자사항

이두훈의 초명은 중훈(中勳), 자는 대형(大衡), 호는 홍와(弘窩), 본관은 성산(星山)이다. 국포(菊圃) 이문룡(李文龍)의 9대손으로, 부친은 이인한(李寅漢)이고, 모친은 이지운(李芝運)의 딸 광주이씨(廣州李氏)이다. 1856년(철종7)에 경상북도 칠곡(漆谷)의 상지촌(上枝村) 외가에서 태어났다. 어릴 적부터 학문적 자질과 재능이 뛰어나 12세 때 고령 백일장에서 장원하여 고령현감 이수겸(李秀謙)에게 칭찬을 받았다. 1875년(고종12) 20세에 당대 거유 한주(寒洲) 이진상(李震相)의 문하에 들어갔다. 1880년(고종17)에 부친의 엄명으로 과거에 응시하지만, 모친상을 당하여 시권(試券)만 제출하고 귀가했다. 2년 후 1882년(고종19)에 부친상을 당했다. 1896년(고종33)에 을미사변을 성토하고, 단발령 철회를 주장하는 상소를 올렸다. 이듬해 내산서당을 건립하여 후학을 양성하기 시작했다. 1907년(융희1) 국채보상운동을 전개했다. 1918년 3월 20일 63세 나이로 내산에서 별세하였고, 4월 23일 문수산 아래에서 장사지냈다. 영산신씨(靈山辛氏) 승지(承旨) 신지정(辛志鼎)의 따님과 혼인하여 아들 이완(李俒)을 낳았고, 벽진인(碧珍人) 이우원(李愚元)에게 시집간 딸을 두었다. 부실(副室)에게서 이담(李香覃), 이철(李喆) 두 아들과 두 딸을 낳았다. 저서에 『고령지(高靈誌)』, 『홍와문집』, 『동화세기(東華世紀)』 등이 있다.

이두훈은 고령 지역의 대표적인 유학자로 후산(后山) 허유(許愈, 1833-1904), 면우(俛宇) 곽종석(郭鍾錫, 1846-1919), 자동(紫東) 이정모(李正模, 1846-1875), 교우(膠宇) 윤주하(尹胄夏, 1846-1906), 회당(晦堂) 장석영(張錫英, 1851-1926), 물천(勿川) 김진호(金鎭祜, 1845-1908), 한계(韓溪) 이승희(李承熙, 1847-1916) 등과 함께 주문팔현(洲門八賢)으로 활동했다. 그 중 곽종석, 윤주하, 이승희 등과 교분이 특히 두터웠다. 한주학파의 중심인물로 1886년(고종23)에 스승 이진상이 별세할 때 상사를 주선하고 심상(心喪)을 입었고, 1894년(고종31) 『한주집』 초간본 교감 간행에 참여했다. 1896년(고종33)에는 곽종석, 이승희, 윤주하 등과 함께 을미사변을 성토하고 단발령 철회를 요구하는 상소를 올리고, 상소가 거부되자 각국 공사관에 일본을 규탄하는 포고문을 보냈다. 1902년(고종39)에 이진상의 학설이 이단으로 규정되자 성균관으로 가서 변론했다. 1916년 스승 이진상의 아들이자 독립운동가인 이승희가 중국에서 사망했을 때 직접 중국으로 가서 고국으로 반구(返柩)하였다.

4. 구성 및 내용

『홍와집』은 13권 7책이며, 석판본(石版本)이다. 제1책은 유연구(柳淵龜)의 서문, 『홍와집』 총 목록, 그리고 권1로 구성되어 있다. 제2책은 권2~3, 제3책은 권4~5, 제4책은 권6~7, 제5책은 권8~9, 제6책은 권10~11, 제7책은 권12~13, 그리고 문인 이상희(李相羲)와 종질 경(俓)의 발문 등으로 구성되어 있다. 그리고 권1은 시, 권2는 시와 뇌사(誄辭), 권3~권8은 서(書), 권9는 잡저, 서(序), 기(記), 발(跋), 명(銘), 상량문, 고유문, 권10은 제문, 권11은 묘지명, 묘갈, 묘표, 권12는 행장, 유사, 전(傳), 권13은 부록으로 제문, 가장, 행장, 묘지명, 묘갈명 등이 수록되어 있다. 『홍와집』은 박봉호(朴鳳浩)가 1928년에 경상북도 고령(高靈) 내산서당(乃山書堂)에서 발행하였고, 국립중앙도서관, 한국학중앙연구원 도서관 등에 소장되어 있다. 1997년에 경인문화사에서 한국역대문집총서 시리즈의 하나로 영인판을 간행하였다.

권1에는 시 220여제(餘題), 권2에는 시 120여제와 뇌사(誄辭) 7편이 수록되어 있다. 시는 「심행제영(沁行諸詠)」, 「동유제영(東遊諸詠)」, 「서정기행(西征紀行)」 등과 같이 산수 혹은 타지를 여행하며 지은 기행시, 「송곽면우귀태백산거삼수(送郭俛宇歸太白山居三首)」, 「증송돈경여(제곤)이수(贈送敦敬汝(濟坤)二首)」 등과 같이 벗과의 이별을 주제로 한 송별시, 「만이자동(정모)(挽李紫東(正模))」, 「만김약천(진호)삼수(挽金約泉(鎭祜)三首)」, 「만송자삼(호문)(挽宋子三(鎬文))」 등과 같이 죽음을 애도하는 만시(輓詩) 등이 대부분이다. 「구미횡월(九眉橫

月)」, 「만대행운(萬黛行雲)」, 「남루효각(南樓曉角)」 등 서경시도 상당하다.

권3~권8에는 서(書) 246편이 수록되어 있다. 권3에는 스승 이진상(李震相)과 주고받은 16편의 서신이 수록되어 있다. 권4에는 정내석(鄭來錫), 권연하(權璉夏), 장복추(張福樞), 송인확(宋寅濩), 김희진(金希鎭), 허유(許愈), 이종기(李種杞), 허훈(許薰), 이근수(李根洙), 곽후근(郭厚根), 이건하(李乾夏) 등, 권5에는 곽종석(郭鍾錫), 윤주하(尹胄夏), 김진호(金鎭祜), 이승희(李承熙), 박승렬(朴升烈), 장석영(張錫英), 이덕후(李德厚) 등, 권6에는 노상직(盧相稷), 장완상(張完相), 신영학(辛泳學), 송종익(宋鍾翊), 이희구(李熙九), 이근중(李根重), 이창원(李昌源), 이석균(李鉐均) 등, 권7에는 송호언(宋鎬彦), 남정우(南廷瑀), 송건명(宋乾明), 안창제(安昌濟), 정민석(鄭敏錫), 이기용(李基容), 심두환(沈斗煥), 오인순(吳寅淳), 오봉순(吳鳳淳), 이방환(李邦桓) 등, 권8에는 곽윤(郭奫), 박봉호(朴鳳浩), 정재원(鄭在元), 이원식(李元植), 갈천서당(葛川書堂), 청곡간소(青谷刊所), 이노당(二老堂) 등에 보내는 서신이 수록되어 있다. 서신은 당시 곽종석, 윤주하, 김진호, 이승희 등과 같은 이진상 문하의 동문과 문인들, 그리고 영남 지역의 문인, 학자, 독립운동가 등의 인물에게 보내는 편지가 대다수이다. 인물 외에 지역 서당이나 간소(刊所)와 같은 곳에 보낸 서신도 있다.

권9에는 잡저 5편, 서(序) 11편, 기(記) 4편, 발(跋) 3편, 명(銘) 2편, 상량문 3편, 고유문 4편이 수록되어 있다. 잡저에는 「모리기행록(某里紀行錄)」, 「도연재통도내장보문(道淵齋通道內章甫文)」, 「동몽학령(童蒙學令)」 등이 수록되어 있다. 이 중 동계(桐溪) 정온(鄭蘊) 유적지인 거창 모리 일대를 답사한 기록인 「모리기행록」은 한주 이진상 문인을 중심으로 전개된 강학 활동과 그들의 정신세계를 살필 수 있는 자료로 평가된다. 서(序)에는 이진상의 환갑을 맞이하여 올린 「한주선생육십생조수서(漢州先生六十生朝壽序)」, 미숭산 산방의 강회 기록 서문인 「미숭산방회강록서(美崇山房會講錄序)」, 곽종석이 조정의 부름을 받고 한양으로 갈 때 준 「송곽징군부소명서(送郭徵君赴召命序)」, 『고령지』 편찬 후에 쓴 서문 「고령지서(高靈誌序)」 등이 수록되어 있다.

권10에는 제문 40편이 수록되어 있다. 수록된 제문은 스승 이진상 문인인 이정모(李正模)를 추도하는 「제이자동문(祭李紫東文)」, 저자의 어릴 적 스승인 김희진(金希鎭)을 추도하는 「제성재김공문(祭惺齋金公文)」, 스승 이진상을 추도하는 「제한주선생문(祭漢州先生文)」, 내형(內兄)인 이강연(李岡淵)을 추도하는 「제내형이공(강연)문(祭內兄李公(岡淵)文)」, 동문 이승희를 추도하는 「제이대계문(祭李大溪文)」 등 대부분 친인척, 스승, 동문 등을 추도하는 글이다.

권11에는 친인척, 스승, 문인 등의 묘지명 21편, 지인 후손 등이 저자에게 청탁한 묘갈 3편, 그 외 묘표 1편이 수록되어 있다. 권12에는 행장 16편, 유사 1편, 전(傳) 3편, 친인척의 행장과 지인의 후손이 저자에게 청탁하여 작성한 행장 16편, 유사 1편, 그리고 김영곤(金永坤),

이근수(李根壽) 등의 효열(孝烈)에 대해 기록한 전(傳) 3편이 수록되어 있고, 권13에는 부록으로 제문, 가장, 행장, 묘지명, 묘갈명 등이 수록되어 있다.

5. 주요 작품 및 문집의 특징

이두훈의 삶은 스승 이진상과의 만남과 그 학문의 계승이 삶의 방향을 결정한 주요 계기가 된다. 스승 이진상과 그 문하의 동문, 문인들과의 서신은 이두훈의 삶의 여정을 보여주는 자료들이라 할 수 있다.

권3에 수록된 서신은 스승 이진상(李震相)과 주고받은 것이다. 대체로 『소학』, 『대학』, 『중용』, 『논어』, 『맹자』, 『태극도설』, 『근사록』, 『주자대전』 등에 언급된 내용에 대한 질의와 답변, 그리고 상례 등 예학과 관련된 내용이 수록되어 있다. 그 가운데 여덟 번째 편지 「상한주선생(上漢州先生)」 속에는 심(心)에는 본래 미발과 이발이 있어 미발은 리(理)이고 이발은 기(氣)인데, 심이 리기를 겸한다고 말하지 않고 미발 즉 리만 가리켜 말한 이유가 무엇인지를 질의하는 내용이 보인다. 질의를 통해 스승의 심즉리설(心卽理說)을 탐구하는 저자의 모습을 엿볼 수 있다.

이두환은 방대한 주자서(朱子書)에 다가가기 어려운 초학자들을 위해 『주서유휘(朱書類彙)』를 편찬하고, 이 책의 말미에 주자서를 익히길 바라는 글을 써서 아들 이완에게 보냈다. 그 내용이 권9 잡저, 「서주서유휘권미기이완(書朱書類彙卷尾寄李俒)」에 수록되어 있다. 이 『주서유휘』의 편찬 사실을 고려할 때 이두환은 성리설에 상당히 조예가 있었을 것으로 보인다. 다만 문집에는 성리학과 관련된 언급이 10여 편의 서간에 단편적으로 보이는데, 이진상에게 보낸 편지(권3, 「상한주선생」), 주문팔현 가운데 한 명인 장석영에게 보낸 편지(권5, 「답장순화(答張舜華)」), 곽종석의 문인 김성하(金聲夏)에게 보낸 편지(권6, 「답김진옥(答金振玉)」·「답김진옥(答金振玉)(壬寅)」) 등을 살펴보면, 그는 대체로 주기설(主氣說)을 배격하고 스승 이진상의 심즉리설(心卽理說)을 따르고 있음을 알 수 있다.

저자는 주문팔현 가운데 한 명으로서 스승에 대한 경애심을 가지고, 이진상의 『한주집』과 『이학종요』 등을 교감하고 『사례집요』를 간행하며, 말년에 한주학이 위학으로 몰렸을 때 적극 변호했다. 저자는 이진상의 환갑을 맞이하여 쓴 「한주선생육십생조수서(漢州先生六十生朝壽序)」(권9, 잡저)에서 스승 이진상에 대한 경애심을 담고 있다. 이 글에서 저자는 이진상이 정학(正學)을 창도하여 후학을 이끌며 주리(主理)의 지결을 세상을 밝혔는데, 이는 스승의 덕을 말하기에 충분하다고 말하고 있다. 1889년에 『이학종요』 교감에 참석 예정을 알리는 후산 허유에게 보낸 편지(권4 「상허후산(上許后山)(己丑)」)는 저자가 『이학종요』 교감에 참여했음을 보여준다. 이진상의 학문이 위학으로 몰려『한주집』이 불태워졌을 때 한주 문인들이 논의가 1902년에 이덕후(李德厚)에게 보낸 서간(권5, 「여이경재(與李景載)(壬寅)」(1902))에 보이며, 더불어 같은 해 장복추(張福樞)의 문인인 이석균(李鉐均)에게 보낸 편지(권6 「답이공윤(答李公允)(鉐均ㅇ壬寅)」에는『이학종요』가 스승의 심결이 담긴 책이지만 스승의 학문이 위학으로 몰려 감히 널리 배포하지 못하겠다는 내용과 사문의 재앙이 갈수록 심하여 앞날을 예측하기 어렵다는 내용 등을 살필 수 있다.

저자는 일본이 조선에 자행한 을미사변과 을사늑약 등에 대해 통탄하며 다양한 활동을 펼친다.『홍와집』에는 수록되지 않았지만 저자는 곽종석, 윤주하, 이승희 등 5인과 함께 1896년에 을미사변 만행을 규탄한「포고천하문(布告天下文)」초고를 작성하여 각국 공관에 보냈다. 1905년 을사늑약이 행해지자 도사(都事) 김규화(金奎華)에게 서간(권4, 「답김도사(答金都事)(奎華ㅇ乙巳)」을 보내어 곽종석이 을사적신(乙巳賊臣)을 주벌할 것을 청한 소가 비답(批答)을 받지 못한 것에 대해 통탄하는 심정을 드러내 보이고, 처남 진사(進士) 신규섭(辛奎燮)에게 보낸 서간(권4, 「답신진사(答辛進士)(乙巳)」에서도 국가의 흉변인 을사늑약을 통탄하는 심경을 드러낸다.

저자는 1907년에 일본에 진 국채를 갚기 위해 국채보상운동이 벌어졌을 때 고령지역 회장으로 활동하여 의연금 모금을 주도하면서 국채보상운동에 적극 참여했다.『홍와집』에는 이와 관련된 직접적인 자료는 수록되지 않았지만, 1903년에 빈흥재의 직책을 부여해서 저자를 불렀는데 지금 갈 수 있는 상황이 되지 않아 내년 봄 모임에 가겠다는 내용을 담은 고령향교 빈흥재(賓興齋)에 보낸 서간(권8, 「여빈흥재회중(與賓興齋會中)(癸卯)」), 1910년에 고령의 풍토와 인물 등을 상세히 기술한『고령지』를 편찬한 뒤 쓴 서문(권9, 「고령지서(高靈誌序)(庚戌)」 등을 통해 고령지역에서 저자의 위상과 활동 상황을 엿볼 수 있다.

한편 이두훈의 호인 '홍와'가 스승 이진상의 아들 이승희로부터 받은 것에서 알 수 있듯이, 이승희는 이두훈에게 각별한 인물로서『홍와집』에는 직접 보낸 서간(권5 수록) 외에도 그와 관련된 서간이 많이 수록되어 있다. 이승희가 을사오적을 참수하고 조약을 파기하라는 소를 올렸다가 달성감옥에 수감 되었을 때, 동문과 문인들에게 저자의 심정과 당시 상황을 토로한 서간(권6, 「답이경옥(答李敬玉)(星熙ㅇ丙午)」, 권7 「답심건칠(答沈建七)(斗煥ㅇ丙午)」, 「답최회원(答崔會源)(海潤ㅇ丙午)」), 직접 이승희를 찾아가『사례집요』와 이진상의 행장에 대해 토론한 내용을 담은 서간(권5, 「여곽면우(與郭俛宇)」·「여곽면우(與郭俛宇)(丁未)」) 등이 수록되어 있다. 또 이승희가 중국 봉천에서 사망하자 고혼이 된 그에 대한 애달픔을 담은 서간(권7 「답남명중(答南明重)(昌熙ㅇ丙辰)」), 그의 반구 관련 내용을 담은 서간(권7 「여황도중(與黃道中)(鶴來ㅇ丙辰)」), 그리고 직접 중국 봉천에 달려가 곡하고 널을 모시고 고국으로 돌아온 경과를 담은 내용이 담긴 서간(「여곽면우(與郭俛宇)(丙辰)」) 등을 통해 저자와 독립운동가 이승희의 각별한 관계를 살필 수 있다.

『홍와집』의 이상의 서간과 함께 묘지, 묘갈, 행장 등의 내용은 한주학파의 동문과 문인, 그리고 독립운동가를 포함한 영남 지역 인사들의 인적 사항과 활동 상황을 살피는 데 도움이 된다.

6. 참고문헌

권영대, 『홍와문집(弘窩文集)』, 『한국민족문화대백과사전』, 1996.

김기주, 「弘窩 李斗勳의 철학과 한주학 계승」, 『한국학논집』 66, 계명대학교 한국학연구원, 2017.

우진웅, 「홍와 이두훈의 포고천하문과 고령지역 국채보상운동의 전개」, 『嶺南學』 67, 경북대학교 영남문화연구원, 2018.

이세동, 「弘窩 李斗勳의 삶과 학문」, 『퇴계학과 유교문화』 43, 경북대학교 퇴계연구소, 2008.

한국국학진흥원, 『(韓國國學振興院 所藏) 문집해제』 20, 한국국학진흥원, 2013.

弘窩文集序

士之品其目不一有隱居求志貞介自守者有從師就友博學多聞者均之是不得於時處於山林者而世之秉儒林之管者不能無取舍焉此吾夫子所謂魯無君子斯焉取斯也近世李寒洲先生倡學于江右之星山英材遝識咸萃門墻蔚如鄧林之秀燦乎玄圃之積而弘窩李公大衡其傑然之高足也公以聰穎之品敏達之材弱冠登門薰炙最密諦其言動而體之心身資之問辨而推之於事爲同時立雪如許后山郭俛宇尹膠宇李剛齋張晦堂諸公磨礱道義闡明旨訣一時之觀感資益如此而百里之

弘窩文集卷之一

詩

四月二十六日有感而作

有燕在堂化卵琅琅我生我子伊我獨有載弄載玩載抱旋負俄頃不見如三月兮非所勉也天愛之發父母心至斯我兮昔不知 興也

有燕在巢恩勤噍噍我鞠我子顧護千方勿飢勿寒勿之或傷苟善苟利窮曲必求非所勉也至愛天流父母心至斯我兮昔不知 興也

有燕在樑習其頡頏我敎我子孰不可化克聖克賢中心

謹跋

嗚呼此吾弘窩先生遺文集七冊誌狀附焉先生生于法家之世從事問學之塗盡職孝弟畢命書史用志也篤而專爲功也精而久其造詣之深蓄積之富與夫師友淵源之懿詩文述作之盛讀是集者百世之下尚可以得先生之彷彿徑不肖膚淺固不敢妄有所云云而獨念徑之偏被恩造而私竊觀感于中者今蓋不可無述其一二於卷末蓋先生稟資精明氣宇端深切切於矩矱之內而無齟齬拘牽之態斷斷於日用之常而有範圍經濟之略處之衝波激浪之中而不見其動還之

※ 국립중앙도서관 소장

〈영남-33〉 이병헌전집 李炳憲全集

1. 형태서지

표제/권수제	이병헌전집(李炳憲全集)
편저자	이병헌(李炳憲) 著
판사항	영인본
발행사항	서울 : 亞細亞文化社, 1989
형태사항	총 2책 / 27㎝
소장처	국립중앙도서관, 고려대, 동국대, 원광대, 충남대, 한국학중앙연구원

2. 정의

『이병헌전집』은 이병헌(李炳憲, 1870-1940)이 중국에 다섯 번, 일본에 두 번을 오가며 유교개혁에 힘쓴 면모를 살펴볼 수 있는 시, 산문, 부록으로 구성된 문집이다.

3. 저자사항

이병헌의 자는 자명(子明), 호는 진암(眞庵)·백운산인(白雲山人), 본관은 합천(陜川)이다. 부친은 정화(正華)이고, 생부는 만화(晩華)이다. 1870년(고종7) 12월 18일 함양군 병곡면(甁谷面) 송평리(松平里)에서 태어났다. 1896년(건양1)부터 면우(俛宇) 곽종석(郭鍾錫, 1846-1919)의 문하에서 수학했다. 1903년(광무7) 무술정변(戊戌政變) 관련 책을 읽고 국제 정세에 맞춘 유학의 대응 방법을 모색하고자 하였으며, 『태서신사(泰西新史)』 등을 읽고 개화사상에 눈을 떴다. 1911년 박은식(朴殷植, 1859-1925)·손병희(孫秉熙, 1861-1922) 등과 시세(時勢)를 논했고, 1913년 장지연(張志淵, 1846-1921)·노흥현(盧興鉉, ?-?)으로부터 시세와 법률에 대해 들었다. 총 5차례 중국을 방문했는데 1914년 1차 때는 북경의 공교회(孔教會)를 돌아보고, 『종교철학합일론(宗教哲學合一論)』을 저술하였으며, 강유위(康有爲)를 만나 유교의 종교화에 대해 들었다. 1917년 총독부에서 종교령(宗教令)을 내리고 공동묘지관리규칙(共同墓地管理規則)을 발표하자 거듭 항의 서한을 보냈다. 1918년 일본 수상(首相)한테 수차례 편지를 보냈다. 1916년, 1920년에 이어 1923년 4차 중국 방문 때 강유위를 만난 후 상해 임시정부의 김구(金九, 1876-1949)·박은식 등을 만났다. 귀국 후 배산서당(培山書堂)을 조선지부(朝鮮支部)로 삼아 공교회 활동을 하고자 했으나, 지방 유림의 성토로 좌절되었다. 1925년 마지막 중국 방문 때 강유위를 만나고, 청도(青島)에서 『유교복원론(儒教復原論)』 등을 인쇄해서 귀국했다. 그 후 금문학 관련 저술에 힘썼다. 1932년 『변정록(辯訂錄)』을 저술했다. 1924년에 이어 1938년 일본을 방문했다. 1940년 1월 23일 하세하였고, 고을 북쪽 토산(兎山)의 선영 아래 장례 지냈다. 부인 권씨(權氏)와의 사이에 자식을 두었다. 저서에 『이병헌문집』, 『종교철학합일론』 등 50여 종이 있다.

교유한 인물들 대부분 학식이 높았다. 이두훈(李斗勳)·허유(許愈)·장석영(張錫英), 장승택(張升澤) 등과는 학문과 도의로써 교유하였다. 기정진(奇正鎭)의 손자 기우만(奇宇萬), 박은식·장지연 등을 비롯해 중국의 공교회 인사 공상림(孔祥霖)·강유위 등과도 교유하였다.

4. 구성 및 내용

『이병헌전집』은 상·하 2책이며, 1책은 시와 산문, 2책은 산문과 부록이다. 국내와 중국에서 일부 간행되고, 대부분 필사본인 것을 손자 창호(昌鎬)가 1989년 아세아문화사에서 영인본으로 간행하였다. 국립중앙도서관, 동국대학교 등에 소장되어 있다.

1책의 1)은 시집으로 총 510여 제의 시가 〈진암시고초(眞庵詩稿抄)〉로 묶인 아래 〈을유고(乙酉稿)〉, 〈임인고(壬寅稿)〉, 〈갑자고(甲子稿)〉로 나뉜다. 〈을유고〉는 「제석(除夕)」을 시작으로 1885년~1901년에 지은 120여 제의 시가, 〈임인고〉는 「조발구성(早發龜城)」을 시작으로 1902년~1923년에 지은 200여 제의 시가, 〈갑자고〉는 「십이월삼일견설추회불승솔이인만제(十二月三日見雪抽懷不勝率爾因漫題)」를 시작으로 1924년 이후에 지은 190여 제의 시가 수록되어 있다. 국내는 물론 중국을 다섯 차례, 일본을 두 차례 다녀온 이력으로 인해 기행시와 유람 중 만난 사람들과 주고받은 교유시가 주를 이룬다.

2)는 산문집이다. 서(書)의 〈함진서초(涵眞書草)〉와 〈함진암난고(涵眞庵亂稿)〉에는 스승 곽종석을 비롯해 교유한 도학자들과 주고받은 편지글이 각 22편과 42편 있다. 직녀에 대해 논한 「우녀론(牛女論)」 등의 잡설도 11편 있다. 〈산방총서(山房叢書)〉는 총독부에 보낸 「제오회정총독부(第五回呈總督府)」 등의 편지글 11편이 있는데, 모두 종교령(宗敎令) 철회를 요구하는 내용이다. 〈진암문고(眞庵文稿)〉는 중국 공교회의 공상림에게 보낸 「상공소점선생(上孔少霑先生)」을 비롯해 일본의 후작(侯爵) 대외중신(大隈重信)에게 보낸 「여일본후작대외중신(與日本侯爵大隈重信)」 등 52편의 편지글과 잡저 19편이 있다. 〈해외서독초(海外書牘抄)〉는 중국 공교회 인사 및 박은식 등 국내외 한인들과 주고받은 48편의 편지글과 국내 유림에게 경고한 「경고역내동포유림(警告域內同抱儒林)」 등의 잡저 4편이 있다.

3)은 산문집이다. 유교개혁론에 대한 〈유교복원론(부)천학(儒敎復原論(附)天學)〉은 저자의 『유교복원론(儒敎復原論)』에다 왕양명(王良鳴)이 지어준 「서유고복원론(序儒敎復原論)」

을 덧붙이고 부록으로 천학(天學)에 대해 수록한 것이다. 〈유교위종교철학집중론(儒敎爲宗敎哲學集中論)〉은 「유교위종교철학집중론」과 종교와 철학에 대한 저자의 견해를 담은 「종교철학합일론」을 부록으로 수록한 것이다. 〈산재만록(山齋漫錄)〉은 상·하편으로, 상편은 총론과 상제(上帝) 태극에 대해 논한 「논상제태극(論上帝太極)」 등 7편이, 하편은 부록으로 「부후총론(附後總論)」이 있다. 〈도해총담(蹈海叢談)〉은 한·중·일 유교가 당면한 문제를 총 12장에 걸쳐 공교(孔敎) 입장에서 밝힌 것이다. 〈읍고조선십삼도유림동포(泣告朝鮮十三道儒林同抱)〉는 공교에 비판을 가한 전국 보수 유림의 발언을 반박한 것이다.

4)는 산문집이다. 공교회운동의 〈구사재급배산서당사실록(九思齋及培山書堂事實錄)〉에는 배산서당 건립 과정을 기록한 「배산서당경기사실략(培山書堂經紀事實略)」 등이 있다. 〈배산문묘급도동사봉안후조변일지(培山文廟及道東祠奉安後遭變日誌)〉는 저자가 유교의 공교회 조선 기지로 삼으려던 배산서당을 보수 유림이 이단 취급하며 배척한 사실 등을 기록한 것이다. 〈변정록(辯訂錄)〉에는 전국의 향교와 서원에서 공교회 운동을 성토한 내용을 바로잡고자 쓴 「향교통문괄호변증록(鄕校通文括弧辨證錄)」 등이 있다.

5)는 산문집이다. 역사론의 〈역사교리착종담(歷史敎理錯綜談)〉과 〈역사정의변증록(歷史正義辨證錄)〉은 한인들의 역사의식 고취를 위해 지은 것이다. 〈함진암총서(涵眞庵叢書)〉에는 이언적(李彦迪, 1491-1553)이 처변(處變)된 것에 대해 논한 「회재선생을사처변론(晦齋先生乙巳處變論)」 등이 있다.

6)은 산문집이다. 시론의 〈재거만록(齋居漫錄)〉에는 서양 정치사상에 대한 견해를 밝힌 「제미국진사이가백씨신구학설후(題美國進士李佳白氏新舊學說後)」 등이 있다.

7)은 산문집이다. 필기의 〈호상필기(湖上筆記)〉(1925)에는 중국에서 주자(朱子)의 후손 주수인(朱守仁)과 필담(筆談)한 「수정필담(壽庭筆談)」 등이 있다.

8)은 산문집이다. 여행기의 〈금산기행(錦山紀行)〉(1901)은 국내의 금산을 기행하며 기록한 것이다. 〈노월일기(魯越日記)〉(1920)는 3차 중국 방문 때의 기록으로 당시 본 풍물 및 공교회 인사들과 나눈 이야기 등을 기록한 「계주록(啓輈錄)」, 「요새견문록(遼塞見聞錄)」, 「주연록(駐燕錄)」 등이 있다. 〈중화유기(中華遊記)〉(1914)는 1차 중국 방문 때의 기록으로 「계주록」, 「요새견문록」, 「주연록」 등을 날짜별로 기록한 것이다. 〈북유일기(北遊日記)〉는 중국 기행문으로 자동차, 기차 등을 이용해 서울에 들어간 기록 「한경체류록(漢京滯留錄)」을 비롯해 중국 현지 기록인 「노도수록(魯都隨錄)」 등이 수록되어 있다.

2책의 9)는 산문집이다. 경학(經學)의 〈독위경고(讀僞經考)〉, 〈경설(經說)〉, 〈공경대의고(孔經大義考)〉 등은 각종 경전을 금문경학적(今文經學的) 관점에서 저술 또는 주석한 것이다. 〈역과소전합고(易課小箋合考)〉는 1935년~1938년 청량산(淸凉山)에서 역과(易課)를 하면서 주역에 대해 이해한 것을 수기(隨記)한 것이다. 〈춘추경필삭고(春秋經筆削考)〉는 강유위의 저서 『춘추필삭대의미언고(春秋筆削大義微言考)』를 간추린 것이다.

10)은 부록(附錄)으로 〈아력초(我歷抄)〉는 태어난 1870년부터 하세하던 1940년까지 저자가 직접 쓴 자찬연보(自撰年譜)이다.

5. 주요 작품 및 문집의 특징

작품 대부분이 필사본으로 전해지는 것을 영인한 것이기 때문에 일반 문집과는 달리 별도의 목차도 없고, 권(卷)의 구분도 없다. 저자는 510여 제의 시를 창작하였는데, 공교 전파를 위해 국내외는 물론 중국을 다섯 차례나 방문하면서 남긴 기행시와 오가는 길에 만난 중국 공교회 인사 및 한인(韓人)들과 주고받은 교유시가 많다. 기행시는 국내 기행시 묶음인 〈금산기행〉, 〈강좌기행(江左紀行)〉과 중국 기행시 묶음인 〈서유제영〉, 〈서정편〉, 〈북유후록〉으로 구분된다. 〈금산기행〉에는 노량진을 건널 때 읊은 「도노량진(渡露梁津)」, 금산에서 읊은 「상금산(上錦山)」, 금산의 '봉후대(烽堠臺)', '삼불암(三佛庵)' 등 17곳의 경치를 읊은 「금산십칠절(錦山十七絕)」 등이 있다. 경상북도 기행 때 지은 〈강좌기행〉에는 구성(龜城)을 출발하면서 읊은 「조발구성(早發龜城)」, 퇴계의 묘를 참배하고 지은 「알퇴계선생묘(謁退溪先生墓)」 등이 있다. 중국을 오가는 길에 지은 〈서유제영〉에는 기자의 능을 보고 읊은 「망기자릉(望箕子陵)」을 비롯해 「산해관(山海關)」 등이, 중국 안동현(安東縣, 현 단동(丹東))을 오가는 길에 지은 〈서정편〉에는 안동현의 낭두진(狼頭津)에서 호상(滬上)으로 가는 배를 타고 읊은 「자안동낭두진장부호상주중작(自安東狼頭津將赴滬上舟中作)」, 장강에서 배를 타고 읊은 「장강주중(長江舟中)」 등이, 중국 청도를 오가는 길에 지은 〈북유후록〉(이상 1책의 1) 시)에는 청도에서의 감흥을 읊은 「청도서감(青島書感)」, 태산에서 지은 「상태산(上泰山)」 등이 있다. 교유시로는 장지연과 주고받은 「화장순소(지연)복거운(和張舜韶(志淵)卜居韻)」, 김택영(金澤榮)에게 보낸 「정김창강(택영)장(呈金滄江(澤榮)丈)」 등 한인들과 주고받은 시와 중국인 오개원(吳愷元)에게 지어준 「증오효정(개원)(贈吳曉汀(愷元))」, 진소당(陳紹唐)·왕검민(汪劍民)과 함께 배를 타고 영은사(靈隱寺)로 가면서 읊은 「여진소당왕검민범주서호왕유영은사부삼절(與陳紹唐汪劍民泛舟西湖往遊靈隱寺賦三絕)」, 중국 공교회의 공상림을 애도한 「뇌공소점(상림)선생(誄孔少霑(祥霖)先生)」(이상 1책의 1) 시) 등이 있다. 연작시는 기행시 가운데 하나로 홍류동(紅流洞)에 가서 '용추(龍湫)', '분설담(噴雪潭)' 등 13곳의 절경을 읊은 「홍류동십삼절(紅流洞十三絕)」과 금산의 경치를 17수로 읊은 「금산십칠절」(이상 1책의 1) 시) 등이 있다.

중국을 오가면서 지은 시들과 함께 1920년 3차 중국을 방문할 때의 기록인 〈노월일기〉와

1914년 중국에 처음 방문할 때 중국을 오가며 본 중국의 풍물이 자세히 묘사되어 있고, 강유위 등 공교회 인사들과 나눈 필담이 꼼꼼하게 기록되어 있는 〈중화유기〉 및 〈북유일기〉(이상 1책의 8) 여행기)를 통해 당시 중국의 풍물과 공교회 분위기 등을 엿볼 수 있다.

「아력초」(2책의 10) 부록)는 저자가 직접 쓴 자찬연보로, 행장과 묘갈명 등이 없는 저자의 일생을 알아보는데 필요한 자료이다.

6. 참고문헌

한국학문헌연구소 편, 『이병헌전집』(상·하), 아세아문화사, 1989.

오병한, 「1910년대 「中華遊記」와 李炳憲(1870~1940)의 현실 인식」, 『숭실사학』 37, 숭실사학회, 2016.

허권수, 「진암(眞庵) 이병헌(李炳憲)의 생애(生涯)와 학문(學問)」, 『남명학연구』 46, 경상대학교 남명학연구소, 2015.

韓國名家文集選

李炳憲全集 上

韓國學文獻硏究所 編
서울 亞細亞文化社 刊行

培山書堂落成辭

聖道天大過化存神包萬貫一述舊開新不入其門孰識其眞値玆澆季洪流無垠培山不振猗歟有㵒劈破積陋龍門斧斤繹緖尋源日闢迷津欣欣大同羣物囿春

鷄林李始榮謹書

培山書堂落成辭(李始榮書)

中華遊記卷一

陜州李炳憲子明述

嗚呼僕風波之民也居家端憂何以爲心一朝起身遊觀中國往返之程殆數萬里詩云駕言出遊以寫我憂夫爲是詩者其所遊蓋不過乎離家而至於郊則其所寫之憂可以至郊而寫矣若僕之所欲寫憂者不僅離家而已乃離國而至於他國則視彼詩人不亦苦哉爰述往來見聞名曰中華遊記

啓軔錄

孔子二千四百六十五年甲寅正月十三日甲子余以北遊中國之行起身發程十七日抵裵里驛上火車夜抵京城五日所經凡七百里

二十六日訪柳石儂瑾于光文會聞名已久而實初晤也見方努力於文字校讐之役吾邦古書之發刊此君之力爲多焉向晩柳君踵至余舘敍話而去

二十九日與李敬菴瓘下𩔖庭鼎訪吳遜菴赫于其第居然乘醉開襟暢談蓋吳是

※ 고려대 소장

〈영남-34〉 월헌집 月軒集

1. 형태서지

표제/권수제	월헌집(月軒集)
편저자	이보림(李普林) 著
판사항	석판본
발행사항	金海 : 李雨燮, 1981
형태사항	총 16권 7책 四周雙邊 半郭 19.7×15.3㎝, 界線, 12行24字, 上下向黑魚尾 ; 28.1×18.5㎝
소장처	국립중앙도서관, 경상대, 서울대, 전남대

2. 정의

『월헌집』은 이보림(李普林, 1903-1972)의 시속에 영합하지 않고 초지일관 근현대 유학자로서의 신념을 지키며 사는 동안에 지은 산문과 시로 구성된 문집이다.

3. 저자사항

이보림의 자는 제경(濟卿), 호는 월헌(月軒), 본관은 전주(全州)이다. 부친은 승기(承驥)이다. 1903년(광무7) 경상남도 김해(金海) 장유면(長有面) 덕정마을에서 태어났다. 어려서부터 어른들을 모시며 예절 법도를 익혔다. 조부와 부친으로부터 경사(經史)를 익히며 가학을 전수받았다. 조부가 손자들을 위해 건축한 '재숙소(齋肅所; 현 화산재(華山齋))'에서 학문에 열중했다. 1920년 간재(艮齋) 전우(田愚, 1841-1922)의 문인이 되었다. 스승 사후 동문수학한 혁재(赫齋) 서진영(徐震英, 1886-1929)과 함께 변산(邊山)의 진계정사(眞溪精舍)에서 학문에 전념했다. 그 후 충청도 망화재(望華齋)에서 강좌를 연 석농(石農) 오진영(吳震英, 1868-1944)의 문하에서 수년간 학문을 익혔다. 1932년 동문수학하던 문인들과 함께 스승 오진영을 모시고 화양동(華陽洞), 속리산(俗離山), 금강산(金剛山) 등을 유람하며 일제 치하의 울분을 삭히고 기상을 함양하였다. 식민통치가 더욱 심해지자 글방을 열었다. 경암(敬庵) 최원(崔愿, 1896-1943)을 초빙하고, 겸재(謙齋) 정관석(鄭瓘錫, 1901-1982) 등과 함께 학규(學規)를 정하고 후학 양성에 힘썼다. 석담(石潭)의 율곡(栗谷) 이이(李珥, 1536-1584)와 화양(華陽)의 우암(尤庵) 송시열(宋時烈, 1607-1689)로부터 유래하는 담화(潭華)의 의발(衣鉢)을 전수받은 담화종지(潭華宗旨)를 학문 규범으로 삼은 학자로서, 일제의 어떠한 강압에도 굴하지 않고 지조를 지키며 살았다. 1945년 해방이 되자 3개월 전 작고한 부친 영전에

이 사실을 고했다. 1952년부터 1965년 사이 한일회담이 있자, 반대 목소리를 내는 등 윤리를 바로 세우는 일과 후학 양성에 힘쓰며 살다 1972년 하세하였고, 장유면 반룡산(盤龍山) 중턱의 화산재 위편 언덕에 장례 지냈다. 슬하에 화재(華齋) 이우섭(李雨燮, 1931-2007)이 있다. 저서에 『월헌집』이 있다.

스승 전우의 문하에서 동문수학한 서진영, 권순명(權純命, 1891-1974), 유영선(柳永善, 1893-1961) 등을 비롯해 전우의 문인이자 노사(蘆沙) 기정진(奇正鎭, 1798-1879)의 문인이었던 이후림(李厚林, 1893-1972) 등과 교유하였다.

4. 구성 및 내용

『월헌집』은 16권 7책이며, 석판본이다. 권1~권14는 산문, 권15~권16은 시이다. 시는 저작 시기에 따라 편차하였다. 서문과 발문이 없고, 부록이 없어 정확한 간행 경위나 저자의 생애 파악이 쉽지 않다. 1981년 아들 우섭이 김해에서 간행하였으며, 국립중앙도서관 등에 소장되어 있다.

권1~권5는 산문으로 서(書)가 총 341편 있다. 권1은 73편, 권2는 49편, 권3은 77편, 권4는 72편, 권5는 70편이다. 스승 오진영에게 보낸 「상석농선생(上石農先生)」은 9편으로, 스승에 대한 존경심 표출, 상례(喪禮) 등 학문 관련 질의, 체발변복(剃髮變服)에 대해 개탄한 내용 등이 담겨있다. 족형에게 장문으로 보낸 2편의 「답유암족형(答有菴族兄)」은 학문과 관련해 큰 이견을 보이는 부분을 토론한 것이다. 권용현(權龍鉉)과 주고받은 「답권문현(答權文見)」 등 6편은 대부분 상례(喪禮)와 관련된 것이다. 양태석(梁兌錫)에게 답한 2편은 '사단이지발(四端理之發)'과 '칠정기지발(七情氣之發)' 등 학문과 관련해 토론한 것이다. 친가에 보낸 「상친정(上親庭)」 9편은 국상(國喪) 중 사가(私家)의 상례 절차 등에 대한 것과 저자의 일상을 전하는 내용이다. 대부분 학문 토론 및 벗을 그리워하는 내용이 주를 이룬다.

권6은 산문으로 논(論), 변(辨) 등의 잡저가 31편 있다. 유림에게 파리장서에 서명하지 않은 전우를 비난한 김창숙(金昌淑)을 성토할 것을 청한 「통고전국유림문(通告全國儒林文)」, 전국 유림에게 1952년~1965년 사이 추진된 한일회담을 성토할 것을 청한 「항한일회담윤고문(抗韓日會談輪告文)」 등이 있다. 그밖에 「논어문답(論語問答)」, 「존심설(存心說)」 등 학문과 관련된 내용이 주를 이룬다.

권7은 산문으로 잡저가 54편 있다. 저자가 공부하면서 느낀 생각 69가지를 모은 「만록(謾錄)」, 저자가 견문한 것에 대한 51가지 견해를 모은 「산필(散筆)」, 상례(喪禮)에 대해 질의하고 답한 「예의수차(禮疑隨箚)」가 있다. 나머지는 모두 상례와 관련된 내용이다.

권8은 산문으로 서(序)가 30편 있다. 저자가 금강산에 갔을 때 수창한 시를 첩으로 만든 것에 대한 「동유시서(東遊詩序)」 등이 있다.

권9는 산문으로 기(記)가 37편 있다. 금강산을 유람하고 지은 「동유기(東遊記)」, 1937년 3월 일본을 유람하고 지은 「도국유기(島國遊記)」 등 다수의 유람기가 있다.

권10은 산문으로 발(跋), 제(題), 명(銘) 등이 36편 있다. 교주(交州)에 사는 긴꼬리원숭이에 대한 「인수찬(仁獸贊)」 등이 있다. 그밖에 지인들의 문집 발문이 주를 이룬다.

권11은 산문으로 제문(祭文)이 22편 있다. 그중 「제간재선생문(祭艮齋先生文)」과 「제혁재서공문(祭赫齋徐公文)」은 각각 2편씩 있어 실제 제문의 대상 인물은 20명이다.

권12는 산문으로 제문, 애사(哀辭), 상량문 등이 68편 있다. 제문은 스승 오진영에 대한 「제석농선생문(祭石農先生文)」을 비롯해 지인들을 제한 글들이 주를 이룬다. 상량문은 족형의 재실에 대한 「은구재상량문(隱求齋上梁文)」 등이 있다.

권13은 산문으로 비(碑), 묘갈명(墓碣銘) 등이 58편 있다. 임진왜란 때의 선무원종공신(宣武原從功臣) 병조정랑(兵曹正郎) 김건(金鍵, 1549-1610)에 대한 「가선대부김해김공묘갈명(嘉善大夫金海金公墓碣銘)」 등이 있다.

권14는 산문으로 행장(行狀)과 전(傳)이 총 13편 있다. 저자의 조부 농은(農隱) 이경현(李慶鉉, 1859-1936)에 대한 행장 「조고농은부군행장(祖考農隱府君行狀)」, 1504년(연산군10) 갑자사화 때 제주도로 유배를 간 홍문관정자 박후신(朴厚信,?-?)에 대한 「박정자전(朴正字傳)」 등이 있다.

권15는 시로 「경차간재선생운(敬次艮齋先生韻)」을 시작으로 210여 제의 시와 사(詞) 「의작절명사(擬作絕命詞)」 1제가 수록되어 있다. 5월 보릿고개에 힘든 백성들을 보고, 어진 정치를 볼 수 없음을 개탄한 「노중견적맥(산운)(路中見摘麥(散韻))」 등이 있다. 다수의 유람시가 있다. 1932년 금강산을 유람하며 읊은 시는 「과한성(過漢城)」, 「도장안사(到長安寺)」, 「비로봉(毗盧峯)」 등 18제가 연이어 있다. 그밖에 개성, 평양, 통영, 지리산, 경주 등을 유람하며 곳곳에서 다수씩 읊은 시가 주를 이룬다. 「의작절명사」는 만고에 없던 화(禍)를 당한 지금 저자는 궁벽한 산속에서 고서를 읽고 있다는 내용이다.

권16은 시로 「방성주이해봉(訪星州李海峯)」을 시작으로 170여 제가 수록되어 있다. 김창숙이 파리장서 서명을 거부한 전우를 비방한 것을 반박하며 읊은 「반박김창숙무간옹흉시(反駁金昌淑誣艮翁凶詩)」, 혼인한 지 52년 된 아내에 대한 고마움을 드러낸 「증실인(贈室人)」 등이 있다. 그밖에 「우사계회음(友斯契會飮)」, 「난국사회음(蘭菊社會飮)」 등 모임에서 읊은 시, 선현들의 무덤을 참배하고 읊은 시, 지인들에 대한 만시, 화답시, 증시가 주를 이룬다.

5. 주요 작품 및 문집의 특징

저자 문집의 가장 큰 특징은 시보다 산문이 먼저 나오는 것이다. 산문 가운데 「인수찬」(권10)은 교주에 사는 긴꼬리원숭이는 한 마리가 잡혀가면 모두 울면서 도우러 달려가는데, 이동할 때 늙은 원숭이를 젊은 원숭이들이 뒤따라 가는 경(敬), 먹을 것을 양보하는 예(禮), 모여 살면서 죽으면 가서 돕는 인(仁), 잡혀간 원숭이를 위해 죽여도 떠나지 않는 의(義), 곧 예경인의(禮敬仁義)가 독실하기 때문에 '인수'라고 했다는 내용이다. 원숭이만도 못한 인간들을 일깨우기 위해 지은 것이다.

토중원남북군문(討中原南北軍文)」은 국내의 군자들에게 공자의 윤리강상을 이어온 중국에서 싸우고 있는 남중국군과 북중국군을 성토할 것을 청한 것이다. 「항한일회담윤고문」(이상 권6)은 1952년~1965년 사이 한일 양국 회담이 추진되자 임진왜란은 물론, 36년간 우리 민족을 유린한 대원수와 회담을 해서 삼천만 국민을 다시 원수의 노예가 되게 할 수 없다며 유학자로서 전국의 유림이 성토해줄 것을 청한 것이다. 저자가 살던 시대의 면모를 엿볼 수 있는 작품들이다.

저자는 380여 제의 시를 창작하였는데, 유람시가 많다. 유람시는 1932년 가을 금강산을 유람하며 읊은 「임신추동최의숙박창옥(제철)제우배석옹작금강유림발근차석옹증시운(壬申秋同崔毅叔朴昌玉(濟喆)諸友陪石翁作金剛遊臨發謹次石翁贈詩韻)」, 한성을 지나면서 읊은 「과한성」, 「도장안사(到長安寺)」, 「명경대(明鏡臺)」, 「마의태자궁유지(麻衣太子宮遺址)」, 「만폭동(萬瀑洞)」, 「내원통암(內圓通菴)」, 「강선대(降仙臺)」, 「영랑봉(永郎峯)」, 「백운대(白雲臺)」, 「비로봉」, 「대봉관해상월출(大峯觀海上月出)」, 「대봉관일승(大峯觀日升)」, 「해금강(海金剛)」, 「삼일포(三日浦)」, 「구룡폭(九龍瀑)」, 「천선대(天仙臺)」, 「금강산」(이상 권15)이 있다. 그밖에 경주, 속리산, 개성, 평양, 통영, 지리산 등을 유람하며 곳곳에서 다수씩 읊은 시들이 있는데 당시 지역의 면모를 엿볼 수 있다.

자연을 좋아했던 저자는 많은 지역을 유람하며 다수의 유람기를 남겼다. 호남의 변산을 유람하고 지은 「유변산기(遊邊山記)」, 화양과 속리산을 유람하고 지은 「화양속리유기(華陽俗離遊記)」, 금강산을 유람하고 지은 「동유기」, 개성을 유람하고 지은 「서유기(西遊記)」, 일본을 유람하고 지은 「도국유기」, 두류산을 유람하고 지은 「두류산유기(頭流山遊記)」, 그밖에 「천왕봉기(天王峯記)」(이상 권9) 등이 있다. 그 중 「도국유기」는 1937년 3월 저자가 원수의 일본을 시찰하고 온 후 윤리와 예의는 실종되고 기교한 것들만 넘쳐나는 일본에 대한 복수심이 더 끓게 되었다며 동지들에게 사학(斯學)에 더욱 정진할 것을 권면하는 내용으로, 일반적인 유람기와 차별된다.

「반박김창숙무간옹흉시」(권16)는 김창숙이 파리장서 서명을 거부한 전우에 대해 비방한 것에 대해 극악하다며 신랄하게 반박한 시이다. 「통고전국유림문」(권6)은 김창숙이 파리장서에 서명하지 않은 전우를 비방한 것에 대해 전국의 유림에서 공의(公義)를 위하고 국가를 위해, 나라를 해치는 공적(公賊) 김창숙을 성토할 것을 청한 것이다. 당시 파리장서로 인한 유림의 갈등 면모를 엿볼 수 있다.

6. 참고문헌

정경주, 「月軒 李普林의 生涯와 學問」, 『간재학논총』 4, 艮齋學會, 2004.
미상, 『이보림』, 『한국민족문화대백과사전』, 미상.

月軒集

一

共七

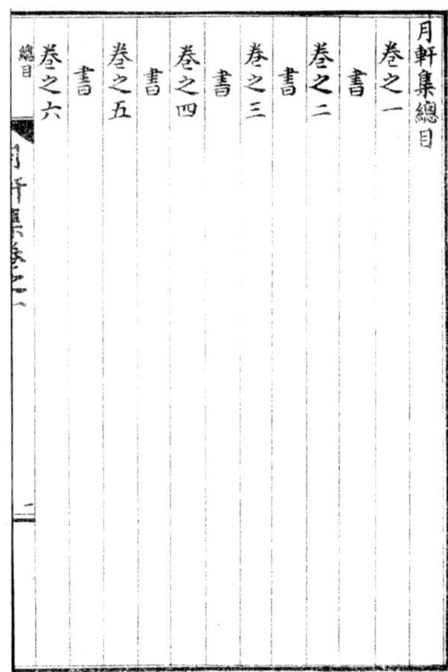
月軒集總目

卷之一
書
卷之二
書
卷之三
書
卷之四
書
卷之五
書
卷之六

總目

月軒集卷之一

書

上艮齋先生

小子猥以菲質忝居門下厚蒙撫愛涵育之澤竊惟先生河海之量宜不擇細流而揆分濫猥感極而悚況小子昔在門下之日不幸罹疾三朔委席朝夕之間藥餌之具先生至於親執躬臨有若慈母之保孺子則啣恩感德尤當何如哉雖然先生之施於小子者寔出於接引後生至公之心而非有所偏私則小子之所以圖報者又豈敢視之以私恩哉惟當從事於謹守儒規成身善世諸下訓毋負天地父師付畀之責是爲區區萬一報佛之計而但鹵莽庸質不啻卒難化去而兼以宿祟未祛未得專心攻業是爲大可懼者伏願先生始終撫愛時下璽丹妙

書 一

寘匪風自發下泉聲

輓孺人全州李氏鄭謙齋夫人

貞淑咸言賢婦人八旬和氣藹堂春三從大義常銘志七戒嘉謨永配身情潑夫子同恩切誼重璿源一本親惟我細君仁愛篤幽明此日慟無垠

月軒集卷之十六終

〈영남-35〉 혜산집 惠山集

1. 형태서지

표제/권수제	혜산집(惠山集)
편저자	이상규(李祥奎) 著
판사항	목활자본
발행사항	[刊寫地未詳] : [刊寫者未詳], 1925
형태사항	총 15권 7책 四周雙邊 半郭 22.0×18.0㎝, 10行20字 註雙行, 上2葉花紋魚尾 ; 30.5×20.7㎝
소장처	국립중앙도서관, 고려대, 부산대, 서울대 규장각, 연세대, 전남대

2. 정의

『혜산집』은 이상규(李祥奎, 1846-1922)가 나날이 그릇되어 가는 세상을 등지고 은둔하며 느낀 고뇌 등을 담은 시, 산문, 부록으로 구성된 문집이다.

3. 저자사항

이상규의 자는 명뢰(明賚), 호는 혜산(惠山), 본관은 함안(咸安)이다. 부친은 제권(濟權)이고, 모친은 김녕(金寧) 김정은(金廷誾)의 따님이다. 1846년(헌종12) 4월 13일 경상남도 고성군(固城郡) 무양리(武陽里)에서 태어났다. 어릴 때부터 향교에서 석전례(釋奠禮) 올리는 것을 보고 제사 놀이를 했다. 1853년(철종4)부터 숙부 국포공(菊圃公)으로부터 『소학』을 수학했다. 20세 전에 경사자집(經史子集)을 섭렵하였다. 1872년(고종9) 동생 이형규(李瑩奎)와 함께 서울에 가서 성재(省齋) 허전(許傳, 1797-1886)의 문하에서 『중용(中庸)』과 『대학(大學)』을 익혔다. 귀향 후 만성(晩醒) 박치복(朴致馥, 1824-1894)과 단계(端磎) 김인섭(金麟燮, 1827-1903)으로부터 성리학의 '천인성명설(天人性命說)' 등을 익혔다. 1876년(고종13) 흉년이 들자 부모님 회갑연에 쓸 비용을 빈민들 구제에 썼다. 1880년(고종17) 단성(丹城)의 묵곡(默谷)으로 이주하였다. 1881년(고종18) 부친상을 당했다. 이즈음 금오랑(金吾郎)에, 1885년(고종22) 의금부도사(義禁府都事)에 천거되었으나 모두 나아가지 않았다. 1886년(고종23) 스승 허전의 상을 당하자 심상(心喪)을 했다. 1898년(광무2) 구양수(歐陽脩)의 붕당론(朋黨論)을 읽고 붕당의 병폐에 대한 「난필(蘭筆)」을 지었다. 1905년 을사늑약이 체결되자 은거하며 학문에 힘썼다. 1913년 분열된 유림의 통합에 힘쓰고자 진주(晉州)에서 안향(安珦, 1243-1306)의 『회헌안선생실기(晦軒安先生實記)』를 중간(重刊)하고, 공자·주자·안향을 숭상하기 위한 도통사(道統祠) 설립에 동참했다. 1917년 도통사에서 공교지회(孔教支會)를 창설했다. 1921년 병석에 누워 말을 할 수 없자 손가락으로 글자를 짚으며 아들에게 정학(正學)에 힘쓸 것을 유언으로 남겼다. 1922년 1월 18일 하세하였고, 묵곡촌(默谷村) 뒤 유좌(酉坐) 언덕에 장례 지냈다. 부인으로 의성(義城) 김우진(金佑鎭)의 따님과 분성(盆城) 허폐(許陛)의 따님이 있다. 슬하에 1남 4녀를 두었는데, 아들은 진걸(鎭杰)이고, 딸은 권상리(權相离), 박규동(朴珪東), 박희종(朴禧鍾), 한경우(韓敬愚)에게 시집갔다. 저서 『혜산집』과 편찬서 『역대천자문(歷代千字文)』이 전한다.

저자는 이병전(李秉銓)·이석영(李錫永)·이세재(李世宰)·조성교(趙性敎)·조태긍(趙泰兢)·채규상(蔡圭祥) 등과 교유했는데, 그중 최고의 지기(知己)는 조태긍이다.

4. 구성 및 내용

『혜산집』은 15권 7책이며, 목활자본이다. 권1~권4는 시, 권5~권15는 산문과 부록이며, 저작 시기에 따라 편차하였다. 『혜산집』은 1925년 아들 진걸과 조카 이진보(李鎭輔)·이진인(李鎭仁) 등이 간행하였으며, 국립중앙도서관 등에 소장되어 있다.

권1은 부(賦)와 시로, 「자양동부(紫陽洞賦)」 1부와 봄을 안타까워하며 읊은 「호상석춘(湖上惜春)」을 시작으로 200여 제의 시가 수록되어 있다. 「송안정언순중천추자도(送安正言舜中遷楸子島)」는 1893년(고종31) 무당 진령군(眞靈君)의 목을 벨 것을 청하는 상소를 올렸다 추자도로 유배 가는 안효제(安孝濟, 1850-1916)를 보내며 읊은 것이다. 부산지역을 유람하며 읊은 「도남천강(渡南川江)」, 「모도부산(暮到釜山)」 등의 시 7제가 나열되어 있다. 그밖에는 차운시, 증시, 수답시, 만시가 주를 이룬다.

권2는 시로 김서림(金書林)과 함께 지은 「여김유극(서림)공부(與金維克(書林)共賦)」를 시작으로 140여 제가 수록되어 있다. 진주의 경치를 7수로 읊은 「진양죽지사칠절(晉陽竹枝詞七絕)」 등이 있고, 소나무가 강가 벼랑에서 비바람을 맞고 서 있는 모습을 보고 장편으로 읊은 「애송위풍우소발탄(崖松爲風雨所拔嘆)」 등이 있다.

권3은 시로 산에 살면서 읊은 「산거즉사(山居卽事)」를 시작으로 180여 제가 수록되어 있다. 벗들과 진주를 유람하며 읊은 「촉석루(矗石樓)」, 「제의기사벽상(題義妓祠壁上)」 등이 있고, 차운해서 문상(汶上)의 여덟 경치를 읊은 「용회암성남운작문상팔영(用晦菴城南韻作汶上八詠)」 등이 있다.

권4는 시로 「동류희칠유영언재(同柳喜七遊永言齋)」를 시작으로 140여 제가 수록되어 있다. 장편시로 두보(杜甫)의 시를 차운한 「계축인일독노두인일시억고인(癸丑人日讀老杜人日

詩憶故人)」(1913), 62세에 손자를 얻은 김경양을 축하한 「하김경양포손(賀金景陽抱孫)」, 저자가 병으로 고종황제의 인산일에 참여할 수 없자 북쪽을 바라보며 향해 통곡하며 읊은 장편 만가(挽歌) 「태상황제만사(太上皇帝挽詞)」 등이 있다.

권5~권9는 산문으로 서(書)가 총 277편 있다. 권5는 78편, 권6은 69편, 권7은 71편, 권8은 59편이다. 최우순(崔宇淳, 1832-1911), 곽종석(郭鍾錫, 1846-1919), 이승희(李承熙, 1847-1916), 안효제 등 당대 유명 인사들에게 보낸 편지가 주를 이룬다. 「여궐리공자은(與闕里孔子誾)」은 중국 궐리에 있는 중국인 공자은에게 도통사의 강당 안양재(安養齋)와 박사당(博士堂)에 대한 기문을 청한 것이다. 그밖에 사림(士林)이나 문집 간행소 등 단체에 보낸 것, 친인척과 지인들에게 보낸 안부 편지와 행장이나 묘지(墓誌) 등을 청탁하며 주고받은 것이 주를 이룬다.

권9는 산문으로 잡저(雜著)가 2편 있다. 「독서수차(讀書隨箚)」는 사서(四書) 가운데 난해한 구절을 풀이한 것이고, 「단성횡당발문대(丹城黌堂發問對)」는 단성 글방에서 대학에 대해 질의해 온 것에 답을 해준 것이다.

권10은 산문으로 잡저, 설(說), 서(序) 등이 39편 있다. 1898년(광무2) 서울에 일을 보러 갔다온 후, 구양수의 붕당론을 읽고 붕당의 병폐에 대해 논하고 유학의 통합의지를 드러낸 「난필」, 저자가 성재 허전으로부터 받은 가르침을 자질들에게 전수하며 효제충신(孝悌忠信)할 것을 당부한 「훈자질설(訓子姪說)」, 저자의 형제 세 사람이 화목을 위해 맺은 삼의계(三宜契)에 대한 「삼의계첩서(三宜契帖序)」 등이 있다.

권11은 산문으로 기(記)가 55편 있다. 후손들에게 도통사의 동문당 설립의 전말을 알려주기 위해 지은 「동문당기(同文堂記)」, 오도(吾道)를 밝히려는 뜻을 가진 사람들이 모인 동지계(同志契)에 대한 「동지계기(同志契記)」 등이 있다.

권12는 산문으로 발(跋)·명(銘)·행장(行狀) 등이 29편 있다. 후대의 군자들에게 중국의 공자, 주자에서 고려의 안향으로 이어진 학문의 연원을 알려주기 위해 편년체로 엮은 『삼성현편찬연보』에 대한 발문인 「삼성현편년연보발(三聖賢編年年譜跋)」, 스승 박치복의 언행을 간략하게 서술한 「만성박장언행서술략(晩醒朴丈言行敍述略)」 등이 있다.

권13은 산문으로 상량문·봉안문 등이 55편 있다. 공자·주자·안향을 도통사에 봉안하며 각각의 인물에 대해 쓴 「도통사삼성현봉안문(道統祠三聖賢奉安文)」, 정여창(鄭汝昌, 1450-1504)에게 함양의 남계서원에 봉안됨을 고한 「남계서원고일두정선생문(灆溪書院告一蠹鄭先生文)」, 일제가 주는 은사금을 거부하고 자결한 최우순을 제한 「제최서비문(祭崔西扉文)」, 망명지에서 죽은 이승희가 반장(返葬)될 때 제한 「제이계도문(祭李啓道文)」 등이 있다.

권14는 산문으로 묘갈명이 19편 있다. 허대석(許大錫)에 대한 「세심담허공묘갈명(병서)(洗

心潭許公墓碣銘(并序))」, 강달립(姜達立)에 대한 「지은강공묘갈명(병서)(芝隱姜公墓碣銘(并序))」 등이 있다. 그밖에는 대부분 선조나 친인척 등에 대한 것이다.

권15는 부록으로 조카 이진훈(李鎭薰)이 찬한 「가장(家狀)」, 조병규(趙昺奎)가 찬한 「행장」, 노상직(盧相稷)이 찬한 「묘갈명」, 허찬(許巑)이 찬한 「묘지명」, 권상빈·허채·안효진(安孝鎭)·이상복(李相福)·유석근(劉錫謹)과 조카 이진인·이진보의 발문(跋文)이 수록되어 있다.

5. 주요 작품 및 문집의 특징

저자는 670여 제의 한시를 지었는데, 특히 연작시와 장편시가 많다. 연작시는 진주의 경치를 읊은 「진양죽지사칠절」(권2), 벗 심계원(沈啓元)·김군필(金君弼)·김문칠(金文七)·허영칠(許英七)에게 각각 지어준 「용양관운증우인사절(用陽關韻贈友人四絕)」(4수), 문상(汶上, 묵곡의 별칭)의 팔영(八詠) '강행(江行)', '송간(松澗)', '영귀교(詠歸橋)', '고반대(考槃臺)', '송객정(送客亭)', '연소(蓮沼)', '서실(書室)', '강숙(江塾)'을 읊은 「용회암성남운작문상팔영」(8수) 등이 있다. 장편시는 저자가 벗들과 진주의 고적지를 돌아보며 임진왜란 당시를 회고하며 각자 읊은 것을 장편시 하나로 엮은 「여장과재급제붕우감진양고적각음장편일수(與張果齋及諸朋友感晉陽古蹟各吟長篇一首)」(권3), 강가 벼랑에 서 있는 소나무가 비바람을 맞고 서 있는 모습을 보고 읊은 「애송위풍우소발탄」(권2), 1913년 두보의 인일(人日) 시를 차운해서 읊은 「계축인일독노두인일시억고인」(권4), 고종의 죽음을 슬퍼하며 읊은 「태상황제만사」(권4) 등 다수가 있다.

「진양죽지사칠절」(권2)과 「여장과재급제붕우감진양고적각음장편일혈」, 「촉석루」, 「제의기사벽상」(이상 권3)은 당시 진주 지역의 느낌을 엿볼 수 있다.

「난필」(권10)은 저자가 1898년(광무2) 서울에 일을 보러 다녀온 후, 구양수의 붕당론을 읽고 붕당의 병폐에 대해 논하고 유학의 통합의지를 드러낸 것이다. 저자의 붕당의 병폐에 대한 시선을 알 수 있다.

「일초헌기(一初軒記)」(권11) 1910년 경술국치를 당하자 도가 땅에 떨어진 것을 근심하는 한편, 조선의 문명은 반드시 회복될 것이라는 기대를 드러낸 작품이다. 저자의 망국에 대한 슬픔과 결의 등을 엿볼 수 있다.

「삼의계첩서」(권10)는 저자의 형제 세 사람이 맺은 삼의계를 기저로 삼형제의 후손들이 천의계(千宜契), 만의계(萬宜契)를 이뤄 효우(孝友)하는 가풍이 오래 이어지기를 바라는 마음으로 지은 것이다. 일반적인 계(契)와 달리 형제간의 계를 다룬 것이다.

「훈자질설」(권10)은 저자가 스승인 성재 허전으로부터 『대학』과 『소학』을 전수받을 때 "성인이 되고 현인이 되는 것이 모두 이 책에 있다."라고 한 가르침을 자질들에게 전수하며 '효제충신'할 것을 당부한 것이다. 저자의 후손 교육의 기본 생각을 알 수 있다.

6. 참고문헌

이종수, 「이상규(李祥奎)와 도통사(道統祠) 공교지회(孔敎支會)」, 『大東文化硏究』 85, 성균관대학교 대동문화연구원, 2014.

유기철, 「惠山 李祥奎 詩 硏究」, 경성대학교 교육대학원(석사 논문), 2007.

영남대학교 민족문화연구소 편, 『영남문집해제』 : 혜산집(惠山集), 영남대학교출판부, 1988.

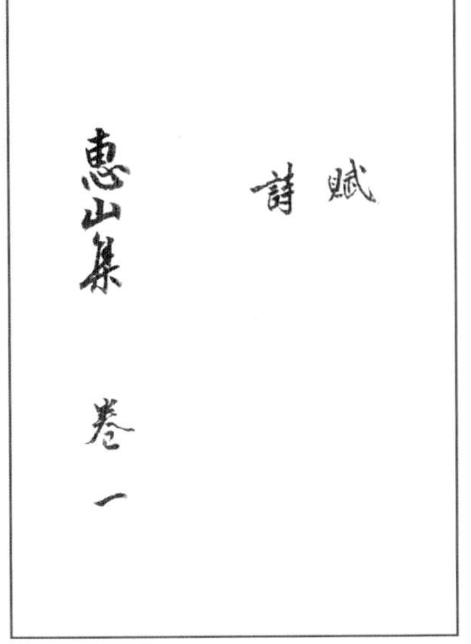
惠山集 卷一

賦
詩

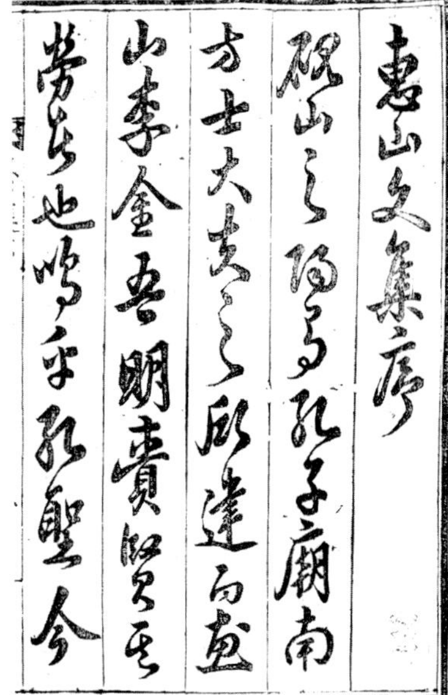
惠山文集序
硯山之陽孔子廟南
方士大夫之所達而惠
山李全吾明貴賢至
勞也嗚乎孔聖今

惠山集卷之一

賦

紫陽洞賦

天陰隲於下民兮理無往而不復振考亭之響鐸兮致隆盛於宋德地與歲其距遠兮欽洙嫯之的源何賢聖之一揆兮若合符於県詮宅紫陽之越區兮身任道而繼開吞百川而爲潮兮開萬戶之睛雷闡微旨於六經兮述嘉言於千篇苟辭教之東漸兮緊戶誦而家絃粤 聖朝之命刊兮奔芸閣而俟百噫世飜而經㷆兮宂語類之鋟木士抱經而靡稽兮孰抽

使江南人士莫不蹈舞咏歎才高也摳衣於有道之門爲高足學篤也被賢宰臣薦剡爲金吾行著也倡建道統祠盡交鄉國善士又以書走中華交得衍聖公外數三名勝其尊聖慕賢之誠謂一鄉之善士乎謂一國之善士乎抑將謂天下之善士乎必有定論者矣以如是會友之文藏巾衍而不公諸世吾們之罪也謀于文雅耆德刪煩撮要三年而始克成緒書凡若干編所可懼者識膚誠薄不自監剞劂氏之誤漏有無云爾 從子鎭輔泣血謹識

※ 국립중앙도서관 소장

〈영남-36〉 **석주유고** 石洲遺稿

1. 형태서지

표제/권수제	석주유고(石洲遺稿)
편저자	이상룡(李相龍) 著
판사항	필사본/영인본
발행사항	[刊寫地未詳]:[刊寫者未詳], 1933(필사본) [刊寫地未詳]:[刊寫者未詳], 1973(영인본)
형태사항	총 6권 6책 無界, 9行20字, 無魚尾 ; 29.9×23.9㎝
소장처	고려대, 성균관대

2. 정의

『석주유고』는 이상룡(李相龍, 1858-1932)의 개인적 행보는 물론 근대사의 발자취까지 살펴볼 수 있는 독립활동 중에 지은 시, 산문으로 구성된 문집이다.

3. 저자사항

이상룡의 초명은 상희(象羲), 자는 만초(萬初), 호는 석주(石洲), 이명은 계원(啓元), 본관은 고성(固城)이다. 부친은 승목(承穆)이고, 모친은 안동(安東) 권진하(權鎭夏)의 따님이다. 1858년(고종9) 11월 24일 경상북도 안동군 부내면(府內面) 신세동(新世洞) 임청각(臨淸閣)에서 태어났다. 서산(西山) 김흥락(金興洛, 1827-1899)의 문하에서 퇴계의 정통 유학을 익혔다. 1886년(고종23) 부정한 과거 시험장을 목격하고 과거를 단념한 후 전국을 유람했다. 1895년(고종32) 을미사변과 단발령 반포로 전국에서 의병이 일어나자, 임청각으로 돌아와 외숙부 권세연(權世淵)의 의병부대를 돕고 거금을 기부했다. 1907년(융희1) 유인식(柳寅植, 1865-1928)·김동삼(金東三, 1878-1937) 등과 함께 안동에 협동학교(協同學校)를 설립했다. 이 무렵 서양의 베이컨, 데카르트, 칸트 등 서양 서적을 탐독했다. 앞서 가야산 의병 진지 구축에 도움 준 일이 발각되어 안동경찰서에 구금되었다 1개월 만에 풀려났다. 1909년(융희3) 대한협회(大韓協會) 안동지회 회장으로 활약했다. 1911년 1월 서간도 회인현(懷仁縣) 항도촌(恒道村)으로 망명을 떠나, 경학사(耕學社)를 창설하고 신흥강습소(新興講習所)를 설립했다. 그 후 통화현(通化縣) 합니하(哈泥河)로 옮겨가 1912년 부민단(扶民團)을 창단하고 단장에 취임했다. 1919년 한족회(韓族會)를 조직하고 회장으로 활약하다 5월 군정부(軍政府) 총재로 추대되었다. 신흥중학교를 신흥무관학교로 개편하여 약 1,500여 명의 독립군을 배출했다. 1921년 북경에서 열린 '군사 통일회'에 서로군정서 대표로 참여하고 돌아왔으나, 무장투쟁을 위한 독자노선을 선언하였다. 1922년 흩어진 무장투쟁단체 8단 9회를 통합해 대한통의부(大韓統義府)를 성립시켰다. 1923년 분열된 대한통의부 봉합을 위해 애썼으나 실패했다. 1925년 상해 임시정부 초대 국무령에 선출되었으나 내분으로 1926년 사임하고 만주로 돌아왔다. 그 후 전민족 유일당과 삼부통합회를 개최하는 등의 활약을 펼치던 1932년 음력 5월 12일 길림성 서란현(舒蘭縣) 소성자(小城子)에서 하세하였으며, 현재 동작구 국립묘지에 안장되어 있다. 부인은 의성(義城) 김진린(金鎭麟)의 장녀로 2019년 애국장에 추서된 김우락(金宇洛, 1854?-1933)이다. 슬하에 1남 1녀를 두었는데, 아들은 준형(濬衡)이고, 딸은 강호석(姜好錫)에게 시집갔다. 저서에 『석주유고(石洲遺稿)』와 『석주유고후집(石洲遺稿後集)』이 있다. 1962년 건국훈장 독립장에 추서되었다.

항일투쟁을 벌이는 동안 무수한 인사들과 교유하였으며, 상해 임시정부 요원들과는 갈등 속에서도 교유를 이어갔다.

4. 구성 및 내용

『석주유고』는 6권 6책이며, 영인본이다. 권1~권2 전반부는 시, 권2 후반부~권6은 산문이며, 저작 시기에 따라 편차하였다. 부록은 없고 권6 끝에 부록에 해당하는 저자의 행장 1편과 「읍혈록(泣血錄)」 상·하가 있다. 『석주유고』 원본은 아들이 1933년에 필사한 것으로 고려대학교 도서관에 소장되어 있고, 시중의 『석주유고』는 1973년 고려대학교 도서관에서 영인본으로 간행한 것이다. 『석주유고(후집)』은 1996년 석주선생기념사업회가 뿌리출판사에서 간행한 것으로, 성균관대학교 도서관 등에 소장되어 있다.

권1은 총 330여 제의 시가 수록되어 있는데, 망명 전후로 나뉜다. 망명 전인 1878년~1910년의 작품은 「조춘(早春)」을 시작으로 약 190여 제가 있고, 망명 후인 1911년~1934년의 작품은 망명을 떠나면서 읊은 「거국음(去國吟)」을 시작으로 약 130여 제가 있다. 망명 후 작품에는 망명을 떠나면서 읊은 「거국음」, 압록강 강가에서 만주를 바라보며 읊은 「압록강상망만주(鴨綠江上望滿洲)」 등과 망명지 생활이 엿보이는 대우구에서 가을밤에 읊은 「대우구추야(大牛溝秋夜)」, 낚시질을 하며 읊은 「조어(釣魚)」 등이 있다. 그밖에 북경을 유람하며 읊은 「연경팔경(燕京八景)」, 황궁에 들어가서 읊은 「입황궁(入皇宮)」, 서원의 태액지에서 읊은 「유서원태액지(遊西苑太液池)」 등의 유람시가 다수 있다.

권2는 시와 산문으로 80여 제의 시, 1편의 사(辭), 소(疏)와 서(書) 등의 산문 40편이 수록되어 있다. 시는 여름밤 내린 큰비에 대해 읊은 「유월십육일야대우(六月十六日夜大雨)」를 시작으로, 낚시를 하며 읊은 「조어차담숙운(釣魚次淡叔韻)」, 「방어(放魚)」 등이 있다. 만주로 떠나올 때부터의 상황을 자주(自註)에 싣고, 서사 형식의 16수를 압축해서 1제로 읊은 「만주기사(滿洲紀事)」가 있다. 「화도연명귀거래사(和陶淵明歸去來辭)」(1926)는 상해 임시정부 초대 국무령을 사임하고 만주로 돌아오는 길에 도연명의 귀거래사에 화답한 것이다. 편지글 가운데에는 스승 김흥락에게 이기심성론(理氣心性論) 등 학문에 대해 질의하고 토론한 것이 다수를 차지한다.

권3~권5는 산문으로 서(書)가 총 164편 있다. 「여중화민국관신상학계제군(與中華民國官紳商學界諸君)」은 중화민국 관료들에게 대한제국의 독립에 도움을 줄 것을 청한 것이다. 안창호에게 답한 「답안도산(창호)(答安島山(昌浩))」(1920), 김좌진에게 보낸 「답김(좌진)(答金(佐鎭))」(1920), 김창숙에게 답한 「답김창숙(答金昌淑)」 등 독립운동가들과 주고받은 편지가 다수를 차지한다. 그밖에 해창(海窓) 송기식(宋基植)에게 심학도(心學圖) 등에 대해 답한 10편을 비롯해 지인들과 학문을 토로한 것이 주를 이룬다.

권5는 편지글 외에 산문으로 정문(呈文), 고문(告文), 서(序) 등이 46편 있다. 중화민국 국회에 한인들의 권리 보장을 청한 「중화민국국회제의서(中華民國國會提議書)」, 남만주의 동포들에게 나아갈 방향으로 세 가지 강령을 제시하고 강령 성취를 위해 힘쓸 것을 권면한 「경고남만주교거동포문(敬告南滿洲僑居同胞文)」, 만주는 한인들의 옛 강토이므로 자부심을 가질 것을 고취시킨 「경학사취지서(耕學社趣旨書)」(1911) 등이 있다.

권6은 산문으로 잡저 4편이 있으며, 부록 격의 행장과 「읍혈록」이 있다. 유람기로 서간도로 망명을 떠나던 1911년 1월 5일부터 4월 13일까지의 기록을 일기형식으로 쓴 「서사록(西徙錄)」, 연경에서 열리는 회의에 참석하러 가는 길에 일기형식으로 쓴 「연계여유일기(燕薊旅遊日記)」(1920), 중국의 기차역 주변의 고적지를 둘러본 것을 기록한 「중국차참부변고적가방자속기(中國車站附邊古蹟可訪者續記)」 등이 있다. 마지막 「읍혈록」에는 1943년 권상규(權相圭)가 찬한 저자에 대한 행장과 지인들의 만사(輓詞)와 제문이 수록되어 있다.

『석주유고후집』은 시 14제와 서(書), 제문, 잡록 등의 산문 91편이 수록되어 있다. 시는 중양절 다음 날 읊은 「중양익일회음(重陽翌日會飮)」 등이 있다. 편지글은 학문과 관련해 김도화(金道和)·김흥락 등에게 보낸 것이 주를 이룬다. 잡록의 「광의(廣義)」는 서양의 사회주의 등 다양한 이론을 빌어 대도지행(大道之行)에 대한 저자의 논리를 피력한 것이다. 그밖에 병서(兵書)로 분류되는 「무감(武監)」 4권 등이 있다.

5. 주요 작품 및 문집의 특징

저자는 420여 제의 시를 창작하였는데, 그중 부인 김대락과 주고받은 시가 상당수 있다. 김대락은 호 분서(賁西)를 망명 후 백하(白下)로 고쳤다. 망명 전 부인과 함께 읊거나 부인의 시를 차운한 작품으로는 「도곡우사여김분서공부(陶谷寓舍與金賁西共賦)」, 「여김분서강취산(원희)제익회여강서원(與金賁西姜醉汕(遠熙)諸益會廬江書院)」 등 11제가 있다. 망명 후에는 부인이 보내온 시를 차운해서 보낸 「분서장기시일절차기운사지(賁西丈寄詩一絕次其韻謝之)」, 망명지에서 부인과 함께 읊은 「유하진이도구여분서장공부(柳河鎭二道溝與賁西丈共賦)」, 부인의 죽음을 슬퍼하며 읊은 「만백하김장(분서장개호백하)(輓白下金丈(賁西丈改號白下))」(이상 권1) 등 12제가 있다. 부인과 주고받은 편지글 6편 「답김백하(答金白下)」(1891), 여김백하(與金白下)」(1903), 「답김백하(答金白下)」(1910)(이상 권3) 등도 있다. 아내이자 동지였던 두 사람의 관계를 문학 작품을 통해 살펴볼 수 있다.

「연계여유일기」(권6)는 1921년 북경에서 개최된 군사 통일회의에 참석하기 위해 도착한 북경의 기차역 부근 고적지를 돌아본 것으로 1920년 12월 20일부터 1921년 4월 29일까지를 일기형식으로 기록한 것이고, 「중국차참북변고적가방자속기」(권6)는 태학(太學)을 돌며 본 주선왕(周宣王) 때의 석고(石鼓), 황궁(皇宮)에서 본 은주(殷周) 이래의 정이(鼎彝)·고기(古器)와 한·당·송·명의 유명 서화(書畫) 등에 대해 기록한 것이다. 당시 북경과 북경 고적지의 면모를 살펴볼 수 있다.

「여중화민국관신상학계제군」(권3)은 동병상련의 아픔을 겪고 있는 중화민국 관료인 상업계 사람들에게 순망치한의 관계이자 형제같은 나라인 대한제국의 독립에 도움을 줄 것을 청한 것이다. 「중화민국국회제의서」(권5)는 중국 국회에 한인의 자치권과 재산권 보장 및 학교 설립과 군사훈련에 대한 한인들의 의견을 제시하고 한인들의 요청을 허락해줄 것을 청한 것이다. 「정유하현지사청입적문(대한교작)(呈柳河縣知事請入籍文(代韓僑作))」과 「정유하현지사문(呈柳河縣知事文)」(이상 권5)은 유하현 지사에게 한인의 입적 문제에 도움을 줄 것을 청하며 보낸 것이다. 「여길림총독필화(與吉林總督筆話)」(1917)(권5)는 길림성 총독에게 필담으로 한국과 중국의 시세 및 형편에 대해 허심탄회하게 토로할 것을 청한 것이다. 「경고남만주교거동포문」(권4)은 망국으로 남만주까지 떠나온 동포들에게 한국과 중국의 형세를 알려주는 한편, 교민들이 나아갈 방향으로 산업(產業), 교육(教育), 권리(權利)를 설정했으니 서로 협력해서 성취해 나갈 것을 권면한 것이다. 편지글과 경고문을 통해 저자가 망명지에서 한인들의 권리와 권면을 위해 애쓴 흔적을 확인할 수 있다.

「합군집설(合群輯說)」, 「격치집설(格致輯說)」, 「진화집설(進化輯說)」(이상 권5)은 저자가 자신의 학문을 서양의 아리스토텔레스, 루소, 블룬첼리, 베이컨, 데카르트, 칸트 등의 말을 인용해서 분석한 것이다. 서양 학문에 대한 저자의 해박한 지식을 알 수 있다.

병서로 분류되는 4권의 「무감」(석주유고 후집 잡록)은 총 63가지로 나뉜다. 「무감제일(武監第一)」은 서설(序說)을 시작으로 제병(制兵), 택장(擇將) 등 16가지, 「무감제이」는 택지하영(擇地下營), 거험요(據險要) 등 20가지, 「무감제삼」은 격중(激衆), 결전(決戰) 등 21가지, 「무감제사」는 화전구(火戰具), 수전구(水戰具) 등 6가지가 수록되어 있다. 저자가 신흥무관학교에서 독립군을 양성하기 위해 병법에 대해 공부한 내용을 정리한 것이다.

6. 참고문헌

권병혁, 「석주 이상룡의 생애와 사상」, 『安東史研究』 3, 안동대학 안동사연구회, 1989.

朴珍泰, 「改新儒學系列의 外勢對應様式 —石洲 李相龍의 思想과 行動을 중심으로—」, 『國史館論叢』 15, 국사편찬위원회, 1990.

이상룡, 『석주유고(후집)』, 석주선생기념사업회뿌리출판사, 1996.

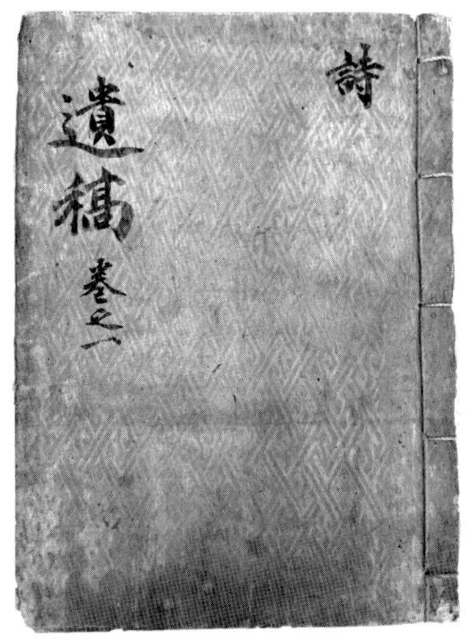

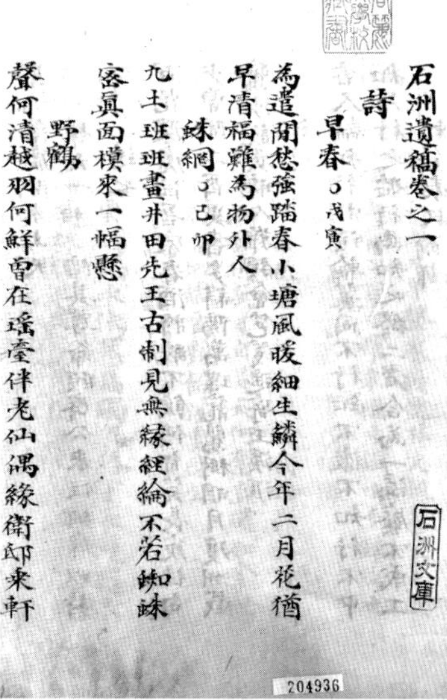
石洲遺稿卷之一
詩
早春 ○戊寅
為遣閒愁强踏春小塘風暖細生鱗今年二月花猶
早淸福難為物外人
蛛網 ○己卯
九土班班畫井田先王古制見無緣經綸不若蜘蛛
密眞面模來一幅懸
野鶴
聲何淸越羽何鮮曾在瑤臺伴老仙偶緣衛邸乘軒

石洲遺稿卷之六
雜著
遊淸凉山錄 ○壬午
宣之北鳳之南有山焉通體頬皆骨自腰以上周王
幾矣而調格過之最高而不可抗者為峯十二石氣
淸爽炎暑不敢近故名曰淸凉居士以壬午三月策
蹇命痡將遊是山族祖根伯氏俱十八日甲辰發一
宿至東橋僮甚僕夫跽曰夫子病矣畏道巉巖不耐
攀矣居士哂曰古人按圖亦癒病况眞山乎吾當不
夜瘳矣明日果愈策馬十餘里浮羅少憩行抵試士

夕餐于西河沿　二十二日宋君患痢數日症勢稍
歇而房室壅鬱有妨調攝勸出遊公園午後風雨暴
至衣服浸沾而歸　二十三日決意回轅為搆別詩
一章寄又醒剛齋諸友　二十五日金昌淑君來訪
贈以茂宣公註解南華經一函厚意良感　二十七
日臨發接願穆諸友決議案一副兼李震山書謂以
廿九日發吉城向燕度其行易於中路巧違不得已
為數日留待之計與宋君出宿于南門外迎賓館

※ 고려대 소장

〈영남-37〉 **대계집** 大溪集

1. 형태서지

표제/권수제	대계집(大溪集)
편저자	이승희(李承熙) 著
판사항	신연활자본
발행사항	星州 : 三峰書堂, 1927
형태사항	총 42권 20책 : 목록 1책, 본집 36권 16책, 속집 6권 3책 28.0×18.7㎝
소장처	국립중앙도서관, 원광대, 전남대, 충남대, 한국학중앙연구원

2. 정의

『대계집』은 이승희(李承熙, 1847-1916)가 학자이자 독립운동가로서 학문적으로 망명객들의 정신적 지주로 활약하면서 남긴 시, 산문으로 구성된 문집이다.

3. 저자사항

이승희의 자는 계도(啓道), 호는 강재(剛齋)·대계(大溪)·한계(韓溪), 이명은 대하(大夏), 본관은 성산(星山)이다. 부친은 진상(震相)이고, 모친은 흥양(興陽) 이기항(李起恒)의 따님이다. 1847년(헌종13) 2월 19일 성주군 월항면(月恒面) 대포리(大浦里)에서 태어났다. 부친의 가학을 이어받은 한주학파(寒洲學派)의 중심인물이다. 1867년(고종4) 흥선대원군에게 시무책(時務策) 5조를 올렸다. 1886년(고종23) 부모상을 당했다. 1896년(건양1) 각국 공관에 을미사변을 일으킨 일본 규탄 포고문을 보냈다. 이해 부친의 『한주집(寒洲集)』을 간행 배포했으나, 퇴계의 학설과 어긋난다는 이유로 도산서원에서 문집을 반송해왔다. 1902년(광무6) 상주향교(尙州鄕校)에서 열린 유림도회에서 『한주집』을 불태우자 통곡했다. 1905년(광무9) 을사늑약 직후 장석영(張錫英, 1851-1921)·이두훈(李斗勳, 1856-1918) 등과 함께 '토역소(討逆疏)'를 지어 상경했으나 언로가 막혀 비답(批答)은 못 얻었다. 그해 12월 대구경무서(大丘警務署)에 수감되었다가 1906년(광무10) 4월에 석방되었다. 1908년(융희2) 블라디보스토크로 망명했다. 1909년(융희3) 길림성 밀산부(密山府) 봉밀산(蜂蜜山) 아래 한흥동(韓興洞)을 설치하고, 한민학교(韓民學校)를 세웠다. 1912년 중국의 총통(總統) 원세개(袁世凱)와 손문(孫文)에게 편지를 보냈다. 1913년 서간도 안동현(安東縣, 현 단동(丹東))으로 이주하여 동삼성한인공교회(東三省韓人孔敎會)를 결성하고, 북경에 가서 공교회 본부로부터 지회 설치 승인을 받았다. 1914년 봉천성(奉天省) 덕흥보(德興堡)에 집단 농장 조성을 위한 토지를 구입했다. 1915년 이주한 덕흥보가 바닷물 유입으로 농사가 불가하다는 사실에 절망하면서 건강이 악화되었다. 1916년 2월 28일 봉천성 소북관(小北關) 일승잔(日昇棧)에서 하세하였으며, 1922년 선남면(船南面) 소학동(巢鶴洞) 송래산(松來山)으로 이장하였다. 첫째 부인은 여강(驪江) 이재효(李在斅)의 따님이고, 둘째 부인은 전주(全州) 이언회(李彦會)의 따님이다. 둘째 부인과의 사이에 2남 1녀를 두었는데, 아들은 기원(基元)과 기인(基仁)이고, 딸은 장우원(張右遠)에게 시집갔다. 저서에 『대계집』과 어린이용 『정몽류어(正蒙類語)』·『몽어류훈(蒙語類訓)』 등이 있다. 1963년 대통령표창이, 1977년 건국훈장 대통령장이 추서되었다.

국내에서는 한주학파 문인인 곽종석·허유(許愈)·이두훈 등과, 망명지에서는 노상익(盧相益)·안효제(安孝濟) 등 전직 관료들과 교유했다. 중국인으로는 공교회 인사 진환장(陳煥章)·용택후(龍澤厚)·왕개운(王闓運)·이문치(李文治)와 공자의 후손 공상림(孔祥霖) 등과 교유하였다.

4. 구성 및 내용

『대계집』은 원집 36권 16책과 속집 6권 4책으로, 총 42권 20책이며, 신연활자본(新鉛活字本)이다. 원집의 권1~권3은 시, 권4~권36은 산문, 속집의 권1은 시, 권2~권6은 산문이다. 저작 시기에 따라 편차하였다. 『대계집』은 아들 기원의 주도로 1927년 서울 한성도서주식회사에서 일제 검열로 삭제된 부분은 공란으로 간행되었다. 후손 이규석(李葵錫)과 국립중앙도서관 등에 소장되어 있다. 그중 이규석 소장본은 아들 기원이 검열로 삭제된 내용을 친필로 보사(補寫)한 것이다.

권1과 권2는 시로 「오륜시(五倫詩)」를 시작으로 총 380여 제가 수록되어 있다. 장편시는 「청선(聽蟬)」, 「차증심응장(次贈沈應章)」 등이 있다. 연작시는 경상남도 거창의 명승지를 읊은 「가조제영(加祚諸咏)」(11수)과 삼봉서당에 대해 읊은 「삼봉서당십이영(三峯書堂十二詠)」(12수) 등이 있다. 망명지 블라디보스토크에서 저자의 치발(齒髮)을 인편을 통해 아들에게 보낼 때 읊어 보낸 「재해삼위송이자유(수인)환가봉치발유아기이절(在海蔘威送李子裕(洙仁)還家封齒髮遺兒寄二絕)」, 봉밀산으로 가면서 읊은 「발중화봉밀산행거중구호(發中華蜂蜜山行車中口呼)」(1909) 등이 있다. 지인들에 대한 만시(挽詩)가 110여 제나 있다.

권3은 시 80여 제가 큰 제목 "서유록(西遊錄)"으로 묶여 수록되어 있다. 1913년 12월 공교회 일로 요령성(遼寧省) 안동을 출발해서 북경에 갔다가 1914년 5월 봉천에 돌아와 거주지를 모색할 때까지의 기간에 읊은 「발북경행(發北京行)」, 「심양성(瀋陽城)」 등의 기행시가 주를 이룬다.

권4는 산문으로 소(疏)가 4편 있다. 1904년(광무8) 한일의정서(韓日議定書)가 체결된 후 외교권 등 국권이 침해당하자 시무책 5조를 제안한 「진시사소(陳時事疏)」(1905), 을사늑약 직후 수백 명의 유생과 함께 을사오적을 참할 것과, 늑약 파기를 청할 때 지은 「청주적신파늑약소(請誅賊臣罷勒約疏)」(1905) 등이 있다.

권5~권27은 산문으로 서(書)가 788편 있다. 「상흥선대원군(上興宣大院君)」(1867)은 흥선대원군에게 성학(聖學)·호적(戶籍)·전제(田制) 등 시무 개혁 5조를 제안한 것이다. 허전(許傳)·정내석(鄭來錫) 등과 친인척에게 보낸 편지가 주를 이룬다. 권9의 30편은 모두 곽종석과 주고받은 것으로 부친의 『한주집』 발행에 대한 논의 및 이기설(理氣說)과 예설(禮說) 등 학문 관련 내용이 주를 이룬다. 권26과 권27은 중국 관료 원세개에게 보낸 4편 외에 부총통 여원홍(黎元洪)과 손문 및 공교회 인사 강유위(康有爲), 이문치, 공자의 후손 공상림 등에게 보낸 것들이다. 그밖에 북경일보 사장, 곡부(曲阜)의 공교회 등에 보낸 것이 있다.

권28은 산문으로 잡저(雜著) 14편이 큰 제목 "북경필화(北京筆話)"로 묶여있다. 북경에서 필담을 나눈 중국인은 주숭년(周嵩年)·용택후 등 11인이다. 그밖에는 공도회(孔道會)에서 세 차례 강화(講話)한 내용이다.

권29는 산문으로 논(論), 설(說) 등의 잡저가 23편 있다. 유학에서 언급하는 태극(太極)은 종교에서의 하나님과 다르다고 한 영국인 윌리엄슨(韋廉臣)의 이론을 학문적으로 반박한 「위군상제비태극론변(韋君上帝非太極論辨)」 등이 있다.

권30은 산문으로 서(書), 의(議), 일기(日記) 등이 13편 있다. 동삼성 지역의 황무지 개간과 독립군 양성 및 민족교육 방향 등을 제시한 「동삼성시무사의(東三省時務私議)」(1912) 등이 있다. 유람일기는 4편으로, 을사늑약 체결 직후 유생들을 모아 을사오적 처벌과 늑약 파기를 청한 두 차례의 상소문을 올린 과정을 기록한 「소행일기(疏行日記)」 등이 있다.

권31은 산문으로 서(序), 기(記)가 53편 있다. 저자의 저서인 『정몽류언』에 대한 「정몽류언서(正蒙類語序)」, 삼봉서당의 정당(正堂)인 심원당에 대한 「심원당기(心源堂記)」 등이 있다.

권32는 산문으로 발(跋), 찬(贊), 고유문(告由文) 등이 57편 있다. 곡부에서 공자·자사의 묘와 주공·안자의 사당에 고한 「고공자묘문(告孔子墓文)」·「고자사자묘문(告子思子墓文)」·「고주공묘문(告主公廟文)」·「고안자묘문(告顔子廟文)」 등이 있다.

권33은 산문으로 제문(祭文)이 65편 있다. 첫째 부인을 제한 「제고실여강이씨문(祭故室驪江李氏文)」을 비롯해 장복추(張福樞)·김흥락(金興洛) 등 지인들을 제한 글이 주를 이룬다.

권34는 산문으로 비(碑), 묘갈명(墓碣銘) 등이 42편 있다. 단종 때 절의를 지킨 김문기(金文起) 등 4인을 배향한 도동서원(道東書院)이 훼철되면서 진주의 대안리(大安里)에 세운 유허비(遺墟碑)에 대한 「동도서원유허비(東道書院遺墟碑)」(1868) 등이 있다.

권35는 산문으로 행장(行狀)이 12편 있다. 이동례(李東禮)의 일생 행적을 기록한 「통훈대부사헌부지평근재이공행장(通訓大夫司憲府持平謹齋李公行狀)」 등이 있다.

권36은 산문으로 행장, 유사(遺事), 전(傳) 등이 11편 있다. 송인각(宋寅慤)·송인확(宋寅濩)의 일생 행적을 기록한 「거암관악백중송공행장(蘧菴觀岳伯仲宋公行狀)」 등이 있다.

속집 권1은 시 8제와 산문으로 사장(辭狀), 서(書)가 40편 수록되어 있다. 시는 박영로의 시를 차운한 「차박암거(영로)지로암운(次朴岩居(永魯)指路岩韻)」 등이 있다. 서는 정석래에게 보낸 「상정고헌(래석)(上鄭顧軒(來錫))」 등이 있다.

속집 권2는 산문으로 서(書) 49편이 있다. 예천권씨(醴泉權氏) 문중에 보낸 「여예천죽소권씨문중(與醴泉竹所權氏門中)」 등이 있다.

속집 권3은 산문으로 잡저 「중범(中範)」상·하가 있다. 「중범」상은 일리생생(一理生生) 아래 총 19장(章), 「중범」하는 이일분수(理一分殊) 아래 총 26장이 있다.

속집 권4는 잡저 1편이 있다. 민의 정치를 실행한 중국 고대의 하은주(夏殷周) 시기의 정치를 고증한 「민의공약고설(民議公約考說)」이 있다.

속집 권5는 산문으로 잡저가 17편 있다. 만국대동의원에게 만국이 공통으로 사용할 문자·윤리 덕행·헌법·국방·공업·상업을 제정할 것을 제안한 「만국대동의원사의(萬國大同議院私議)」(1908) 등이 있다.

속집 권6은 산문으로 서(序), 발(跋) 등이 44편 있다. 이건창(李建昌)이 지은 「남궁계적서(南宮桂籍序)」 뒤에 쓴 「서이봉조남궁계적서후(書李鳳藻南宮桂籍序後)」 등이 있다.

5. 주요 작품 및 문집의 특징

저자는 380여 제의 시를 창작하였는데, 대부분 자주(自註)가 있어 시를 이해하는데 도움이 된다. 연작시와 유람시가 다수 있다. 연작시는 경상남도 거창의 명승지 '수포대(水鋪臺)', '용산정사(龍山精舍)', '박유산(朴儒山)', '낙모대(落帽臺)', '고견암(古見菴)', '오도산(吾道山)', '장군산(將軍山)', '여재산(女載山)', '보해산(普海山)', '금구봉(金龜峯)', '만학정(晩鶴亭)'을 읊은 「가조제영」(11수)(권1)과 삼봉서당에 대해 '삼봉서당', '심원당', '성존실(誠存室)', '경거재(敬居齋)', '개양문(開陽門)', '부원석(負圓石)', '상봉대(翔鳳臺)', '이수(二水)', '삼산(三山)', '율서(栗墅)', '유제(柳堤)', '고천도(古川渡)'로 읊은 「삼봉서당십이영」(12수)(권1) 등이 있다. 당시 거창 지역과 삼봉서당의 모습을 엿볼 수 있다.

망명을 떠나기 전 초량에서 바다를 바라보며 읊은 「초량관해삼수(草梁觀海三首)」, 망명지

블라디보스토크에서 자신의 치아와 머리카락을 아들에게 보내면서 붙인「재해삼위송이자유(수인)환가봉치발유아기이절」, 봉밀산으로 가면서 읊은「발중화봉밀산행거중구호」(1909)(이상 권2) 등은 저자의 망명 정서를 알 수 있는 작품들이다.

「발북경행」,「고려문」,「봉황대(鳳凰臺)」,「심양성」,「도요하(渡遼河)」,「산해관(山海關)」,「북경(北京)」,「공화문(共和門)」,「벽옹궁(辟雍宮)」,「이화원(頤和園)」 등 80여 제를 묶어 수록한 "서유록"(권3)은 저자가 1913년 12월 공교회 일로 요녕성 안동을 출발해서 1914년 5월 북경에 갔다가 봉천에 돌아올 때까지의 기간에 읊은 것이다. 당시 저자의 행선지 파악은 물론, 북경과 곡부 지역 풍경을 가늠해볼 수 있다.

「북한일기(北漢日記)」(1876)는 별시를 본 후 한강 북쪽을 유람한 기록으로, 마지막 날 들린 세검정(洗劍亭)이 인조 때 군산 훈련장이던 연진처(練陣處)였음을 떠올리며 국방의 중요성을 상기시킨 것이다.「강화일기(江華日記)」(1879)는 정시를 본 후 강화도를 유람한 8일간의 과정을 기록한 것이다.「가야일기(伽耶日記)」(1883)(이상 권30)는 가야산을 유람하며 느낀 내용과 명승지에서 읊은 시가 있다. 일반적인 기행문과 달리 일기형식으로 지은 것으로, 당시 한강 북쪽과 강화도와 가야산의 풍경을 엿볼 수 있다.

「민의공약고설」(속집 권4)은 민의에 따라 정치를 하던 중국 고대의 하은주 시기의 정치를 고증하는 한편, 서양에서 들어온 의원제(議院制) 정치 제도의 단점을 언급하고 그에 대한 대안을 제시한 것이다. 저자의 위정자로서의 자질을 가늠해볼 수 있다.

권26, 권27에 수록된 모든 편지글은 중국의 총통 원세개, 부총통 여원홍, 손문 등 중국 고위 관료 및 공교회 인사들과 주고받은 것들이다. 당시 세계정세의 근황 및 망명지에서 저자가 고뇌한 부분을 알 수 있다.

6. 참고문헌

이미실,『대계집』,『한국문집총간해제』 11, 한국고전번역원, 2013.

금장태,「韓溪 李承熙의 生涯와 思想(Ⅰ)」, 성균관대학교 대동문화연구원,『大東文化研究』 19, 1985.

영남대학교 민족문화연구소 편,『영남문집해제 : 대계집(大溪集)』, 영남대학교출판부, 1988.

大溪先生文集目錄

卷之一

詩

五倫詩

李性純侻來留讀中庸數月告歸作我來六章以見意其辭旨多不敢當者而篤志好善之意有足感歎仍和寄

四古三章

簡寄李命玉 祚鉝

壬申九月與宋羽卿 鴻達 宋儀伯 來欽 李命玉宋表兄致車 晉翼 作俗離行

遠坪

細江臺

目錄

大溪先生文集卷之一

詩

五倫詩

父兮生我母兮育我精以骸我血以肉我於乎父母生我劬勞欲報之恩昊天無垠　賦也

父兮覆我母兮食我呱呱之泣毛兮齒兮於乎父母于以憔悴欲報之功昊天無疆　賦也

父兮教我母兮誘我長滋蠢兮父母憂兮於乎父母之心之瘁欲報之德昊天無極　賦也

昊天三章

有竹倚倚根不貳兮兄弟之生實維一氣父母是遺維我與爾嗚呼念哉兄弟豈異　興也

詩

至見君病欲他之君曰無傷也舍之三朔盖心之仁者少私慮也噫世之人或流循以自戕或標榜以自厲多非本心之正惟君腔子裡一團愛物之赤心則月朝家皆一辭焉不亦君子人歟君沒發其篋有蒼村詩稿百許首此則粗迹也君嘗以先公命將就學吾先子家婦不淑而君行未果常以爲恨又不以承無狀船長江履大嶺相顧而不舍也丁未春君已匱猶嗔風涉洛握手爲歡其秋竟各天矣韶久錄其事行責以狀嗚乎余非能壽公之迹者亦不容辭謹撫而叙之庶幾立言者之擇焉

大溪先生文集續卷之六

〈영남-38〉 성와집 省窩集

1. 형태서지

표제/권수제	성와집(省窩集)
편저자	이인재(李寅梓) 著
판사항	석판본
발행사항	[刊寫地未詳] : [刊寫者未詳], [1970]
형태사항	총 6권 3책 四周雙邊 半郭 20.7×14.6㎝, 界線, 11行24字 註雙行, 上下向2葉花紋魚尾 ; 29.4×19.3㎝
소장처	국립중앙도서관, 경상대, 국민대, 남평문씨인수문고, 부산대, 성균관대존경각, 영남대, 조선대, 춘호재

2. 정의

『성와집』은 이인재(李寅梓, 1870-1929)가 평생 익힌 성리학과 경술국치 후 익힌 서양의 고대 철학에 대한 이해와 깊이를 파악할 수 있는 시, 산문, 부록으로 구성된 문집이다.

3. 저자사항

이인재의 자는 여재(汝材), 호는 성와(省窩), 본관은 성산(星山)이다. 부친은 종발(鍾發)이고, 모친은 벽진이씨(碧珍李氏)이다. 경상남도 고령군(高靈郡)에서 태어났다. 어려서는 한주(寒洲) 이진상(李震相, 1818-1886)의 문인인 이두훈(李斗勳, 1856-1918) 문하에서 공부했다. 자라서는 한주의 문인인 곽종석(郭鍾錫, 1846-1919)의 문하에서 퇴계(退溪)의 주리론(主理論)을 계승하였다. 시대 변화에 맞춰 유학 또한 변모해야 하고, 나라 또한 자강(自强)해야 한다고 생각하고 1907년(융희1) 거주지 고령군에 주민 자치회인 '민약(民約)'을 조직했다. 1909년(융희3) '자치민의회'로 이름을 바꾼 후 자치 활동에 더욱 전념했다. 고령군수 박광열(朴光烈)의 추천으로 참사관(參事官)을 지냈으며, 대한협회(大韓協會) 고령지부를 창설하였다. 유학을 부흥시킬 뜻으로 유림과 고령향교와 함께 모성계(慕聖契)를 조직하였고, 반성(盤城)의 학자 이광연(李光淵)과는 강학계(講學契)를 조직하였다. 1910년(융희4) 경술국치 후 하산정사(霞山精舍)를 짓고 후학양성에 힘썼다. 서양의 신서적을 접한 후 서양의 발달된 문물과 제도는 서양 철학이 뒷받침한다고 생각하고, 서양의 고대 그리스 철학 연구에 힘써 『고대희랍철학고변(古代希臘哲學攷辨)』을 저술하였다. 서양과 관련한 『태서신편(泰西新

編)』도 저술한 것으로 전해진다. 만년에 합천(陜川)의 사촌(蓑村)에 짓던 집이 완성되기 전인 1929년 10월 23일 하세하였고, 운수면(雲水面) 봉평동(鳳坪洞) 봉평산(鳳坪山)에 장례 지냈다. 부인은 옥산(玉山) 장석봉(張錫鳳)의 따님이다. 2남 2녀를 두었는데, 아들은 덕훈(悳勳)과 도훈(道勳)이고, 딸은 김병준(金秉駿)과 김병갑(金秉甲)에게 시집갔다. 저서에 『성와집』이 있다.

평생 김성하(金聲夏)·남정섭(南廷燮)·남정우(南廷瑀)·조긍섭(曺兢燮) 등과 교유하였다. 이광연과는 강학계를 조직하는 등의 교유를, 장지연(張志淵)과는 1896년(건양1) 가야산을 함께 유람하는 등의 교유를 이어갔다. 그밖에 이두훈의 문인으로 서울의 보성학교를 졸업한 남형우(南亨祐)와도 교유하였으며, 김광진(金光鎭)과는 신사상 관련 서적을 보면서 교유하였다.

4. 구성 및 내용

『성와집』은 6권 3책이며, 석판본(石版本)이다. 권1은 시, 권2~권6은 산문과 부록이며, 저작 시기에 따라 편차하였다. 『성와집』은 1970년에 후지(後識)를 쓴 조카 이병훈(李昺勳)이 간행하였으며, 국립중앙도서관 등에 소장되어 있다.

권1 첫머리에는 하겸진(河謙鎭)이 쓴 서문이 있으며, 「추야음(秋夜吟)」을 시작으로 총 190여 제(題)의 시가 수록되어 있다. 강학(講學) 또는 강학계(講學契) 등의 행사 때 지은 시와 시회(詩會)에 참여해서 지은 시가 다수 있다. 그밖에는 차운시와 만시(輓詩)가 두서없이 섞여 있다.

권2는 산문으로 스승 곽종석에게 보낸 「상면우곽선생(上俛于郭先生)」을 시작으로 총 43편의 편지글이 있다. 곽종석에게 『주역』 및 의례(義禮), 『소학(小學)』 등 학문과 관련한 내용으로 보낸 편지가 6편 있다. 함양(咸陽)의 남계서원(灆溪書院)에서 정여창(鄭汝昌)의 실기를 중간한다는 이야기를 듣고 중간할 때 주의해야 할 점 등에 대해 알려준 「여남계서원간소(與灆溪書院刊所)」, 대한협회 성주지부에서 대한협회 취지 등을 담아 보내온 편지에 공감하는 내용으로 답한 「답대한협회성주지부(김원희이진석김창숙)(答大韓協會星州支部(金元熙李晉錫金昌淑))」 등이 있다. 그밖에 저자와 교유를 가진 인물들과 주고받은 편지글은 주로 시대 상황에 대한 고민이나 학문 관련 내용이 주를 이룬다.

권3은 산문으로 잡저(雜著)가 총 8편이다. 주돈이(周敦頤)의 태극(太極) 동정설(動靜說)에 대해 논하면서 학문적으로 근거 자료를 제시하고 고증한 「태극동정설고증(太極動靜說考證)」, 『대학(大學)』의 명덕설(明明說)에 대해 논하면서 근거 자료를 제시하고 고증한 「명덕설고증(明德說考證)」 등 학문과 관련된 내용이 주를 이룬다.

권4는 산문으로 저자가 서양 철학의 기원이 되는 고대 그리스 철학에 대해 연구한 저서 『고대희랍철학고변(古代希臘哲學攷辨)』 1편이 총 63장 분량으로 수록되어 있다. 그리스의 고대 철학에 대해 소개를 하고, 그 내용의 시시비비를 가린 것이다. 탈레스·아낙시만드로스·피타고라스·소크라테스 등 총 14명의 철학자를 소개하고 , 「사론(史論)」에서는 서양의 정치, 학문, 문학, 예술의 근원은 그리스 철학임을 언급하였다. 「철학사론(哲學史論)」에서는 데카르트·베이컨 등을 설명하고, 서양철학은 그리스에서 시작되었으며, 그리스 철학의 최초 인물이 탈레스라는 내용이다. 「철학정의(哲學定義)」에서는 철학을 연구하는 것은 삼라만상의 법리를 찾는 것이라는 내용이다. 마지막으로 저자의 스승 곽종석이 쓴 「서철학고변후(書哲學攷辨後)」가 발문격으로 수록되어 있다.

권5는 산문으로 서문, 기문, 발문, 상량문 등을 포함한 잡저가 총 34편이다. 저자가 시무론(時務論)으로 아홉 가지 길을 제시한 「구경연의(九經衍義)」, 유교개혁의 필요성을 강조한 「만록(漫錄)」, 자치민의회를 조직하면서 자치의 중요성을 어필한 「자치민의회취지서(自治民議會趣旨書)」, 옛것만 익히고 현실 문제를 외면하는 것은 잘못이라며 교육의 중요성을 어필한 「학교경고문(學校警告文)」, 정재만(鄭在萬)·최우동(崔羽東) 등과 함께 경상남도 합천의 황계폭포(黃溪瀑布)를 기행하고 쓴 「황폭기행(黃瀑紀行)」(1925) 등이 있다.

권6은 부록으로 후손 이헌주(李憲柱)가 찬한 「가장(家狀)」, 남정우(南廷瑀)가 찬한 「행장(行狀)」(1936), 송준필(宋浚弼)이 찬한 「묘갈명(墓碣銘)」(1939), 정종호(鄭宗鎬)가 찬한 「묘지명(墓誌銘)」이 수록되어 있고, 마지막으로 김황(金榥)이 쓴 발문과 1970년에 조카 이병훈이 쓴 「후지」가 수록되어 있다.

5. 주요 작품 및 문집의 특징

저자는 약 190여 제의 시를 창작하였는데, 그중 강학 또는 강학계와 관련되거나 시회(詩會)에 참여해서 지은 시들이 많다. 강학 또는 강학계 관련 시로는 「내산재회보계강회(乃山齋會輔契講會)」, 「종산재회보계회(鍾山齋會輔契會)」, 「설강학회(設講學會)」, 「내산재강회(乃山齋講會)」, 「설강회우량산봉양재(設講會于良山鳳陽齋)」, 「심어동강회(尋漁洞講會)」, 「계해추설난국계회우관동(매년윤설회소우각처)(癸亥秋設蘭菊契會于館洞(每年輪設會所于各處))」, 「난국계(월촌)(蘭菊契(月村))」, 「강학계」(이상 권1) 외에 다수가 있다. 시회에 참여해서 읊은 시로는 「정중경장귀호서잉여장원백김문좌(창숙)기내산제공설시회어삼수정(鄭重慶將歸湖西仍與張元伯金文佐(昌淑)暨乃山諸公設詩會於三樹亭)」, 「윤후(하영)견방잉설시회어내산재(尹侯(夏榮)見訪仍設詩會於乃山齋)」, 「미양시회(眉陽詩會)」, 「송곡정시회(松谷亭詩

會)」(이상 권1) 외에 다수가 있다. 일본인 병참기지로 변한 영남루(嶺南樓)에 대해 읊은「영남루(시유일인병참)(嶺南樓(時有日人兵站))」(이상 권1)도 있다.

「답대한협회성주지부(김원희이진석김창숙)」(권2)는 대한협회 성주지부의 김원희(金元熙)·이진석(李晉錫)·김창숙(金昌淑)이 보내온 대한협회 취지를 읽고 매우 공감하였음을 언급하고, 자강(自强)을 통해 정신을 고취시켜야 함을 강조한 내용으로 당대 대한협회를 이해하는데 도움이 되는 편지글이다.

『고대희랍철학고변』(권4)은 저자의 서양 철학에 대한 이해와 깊이 등을 살펴볼 수 있는 자료이다. 저자는 자신이 평생 연구해온 성리학의 장점을 부각시키기 위해 서양 철학을 공부했고, 저자가 이해한 서양 철학을 바탕으로 성리학의 입장을 보다 확고히 한다는 점에서 한계를 보이는 것도 사실이다. 그러나 서양의 발달된 정치, 학문, 문학, 예술 등의 문물과 제도의 근원을 철학에서 찾은 것은 저자의 안목이 일반 성리학자들과 확연히 차이가 나기 때문에 저자의 학문적 특징을 규명하기 위해서는 반드시 살펴봐야 할 자료이다.

「구경연의(九經衍義)」(권5)는 저자가 부국강병(富國强兵)을 이루기 위한 시무론(時務論)으로 제시한 방법 아홉 가지 ① 수신(修身), ② 존현(尊賢), ③ 친친(親親), ④ 경대신(敬大臣), ⑤ 체군신(體群臣), ⑥ 자서민(子庶民), ⑦ 내백공(來百工), ⑧ 유원인(柔遠人), ⑨ 회제후(懷諸侯)를 소개한 것이다. 급변하는 세상일수록 성현의 말뜻을 되새겨야 함을 강조한 것이다.

「자치민의회취지서」(권5)는 1909년 고령에서 자치민의회를 조직할 때 지은 것으로 아래 백성들의 의론(議論)이 위로 전달이 되어야 위에서 백성들에게 정치를 제대로 베풀 수 있는데, 백성들의 의론은 단체를 통해야 제대로 발휘될 수 있으므로, 백성들이 자치를 통해 의론을 견고하게 하는 데 힘써야 한다며 자치의 중요성을 어필한 것이다. 옛것만 익히고 현실 문제를 외면하는 것은 잘못된 교육이라면서 교육의 중요성을 어필한「학교경고문」(권5)은 옛것만 익히고 현실을 외면하는 것도 문제이고, 현대 교육만 익히고 옛것을 외면하는 것도 문제이므로, 옛것을 익히면서 현실 문제를 해결해 나갈 방법을 찾는 것이야 말로 제대로 된 교육임을 강조한 것이다. 두 글은 계몽 성격의 글이라는 점에서 주목된다.

「황폭기행」(권5)은 저자가 1925년 벗들과 함께 합천의 황계폭포를 기행하고 쓴 기행문이다. 당시 기행을 하면서 들렸던 곳의 경관에 대한 감탄, 기행을 하면서 오가다 만난 사람들에 대한 이야기, 기행을 하면서 지은 시(詩) 등으로 구성되어 있다. 황계폭포를 간접 기행할 수 있다는 점과 당시 황계폭포와 그곳을 오가는 분위기를 엿볼 수 있는 작품이다.

6. 참고문헌

김종석, 「성와 이인재의 유교개혁사상」, 『퇴계학과 유교문화』 43, 경북대학교 퇴계연구소, 2008.

이남영, 「이인재」, 『한국민족문화대백과사전』, 1996.

한국국학진흥원 편, 『문집해제』 22, 한국국학진흥원, 2014.

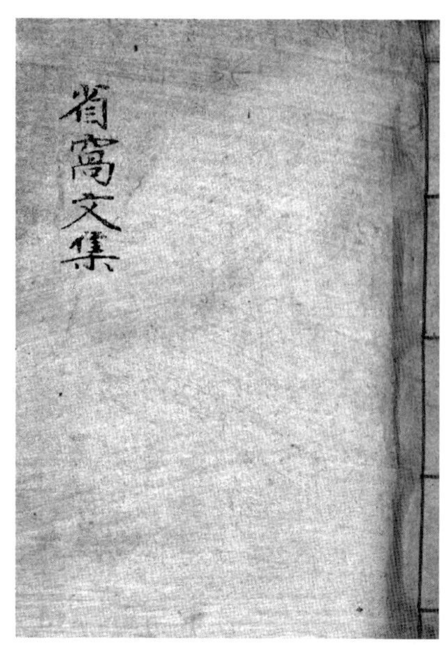

省窩文集序

省窩李君汝材旣卽世之十年戊寅余得其遺著詩文集於君
之從子星勳爲次其篇第而序其卷首蓋星勳以余爲深知君
者雖知余之衰老不堪爲役於文字而其請至再三愈勤度其
意非謂余文之必可以重君而君之必可以待序而傳也嘆夫
自天下之勢靡靡日趨於壞亂而道術先亡一時之高才奇識
非無人也擧不溺心於詞章聲病則淫於泰西技利之習夫詞
章之工豈不誠高妙濃纖而非其眞技利之習豈不足以陵駕
宇宙見者驚猶鬼神而非其正又有託名爲窮格之學者著論
心性理氣刱出新奇不窮不測惟務與人强辨取勝而無其實
君自少深懲其弊病而思欲一返之於本領其爲文皆傳經義

省窩文集卷之一

秋夜吟

霽色千山淨秋光一水分徘徊同皓月來去任閒雲酒政黃花
近羈懷落葉紛夜深低一燭高話使人欣

京水橋旅館偶吟

極目樓臺咽管絃春光如海日如年紅梅釀雨宮園裏芳草和
煙漢水邊一試徒勞天下士三場先識榜中仙生平未學埸閒
乞從此悠悠棹臂還

場屋輸贏付一碁何嘗屑屑徒名爲樗材不是支廈屋瑚璉當
能供廟彛滾滾游塵人似海僊僊歸袂路如砥園桃灼灼君休
羡何似松篁歲暮期

省窩文集卷之二

書

上俛宇郭先生 附易疑問目

夏初巨創之際伏蒙先生俯辱躬唁撫恤備至感泣曷已伏惟
秋凉體候一向萬康斯文運否士氣漸死雖此衰疚中亦爲世
道一歎第念切己之憂方在一心之難保惟當向裏用工立定
脚跟而索居寡與未有自得之效自顧慊惕竊伏念性本愚拙
不合時宜文辭亦澁不能達意顧無可據以就質於當世先生
長者之門且緣些瑣之牽益痼悠泛之習所以拋却光陰而依
舊蒙昧也讀書與應事每每相妨靜坐時頗看得文義有味一
或因事廢却則世間多少營爲叢集腔裏熱鬧之症麤浮之習

〈영남-39〉 **시암집** 是菴集

1. 형태서지

표제/권수제	시암집(是菴集)
편저자	이직현(李直鉉) 著
판사항	목활자본
발행사항	[刊寫地未詳] : [刊寫者未詳], [1933]
형태사항	총 21권 11책 : 목록 1책, 본집 21권 10책 四周單邊 半郭 20.1×16.6㎝, 有界, 10行0字 註雙行, 內向2葉花紋魚尾 ; 30.3×20.7㎝
소장처	국립중앙도서관, 고려대, 국민대, 국회도서관, 전남대

2. 정의

『시암집』은 이직현(李直鉉, 1850-1928)의 항일 유학자로서 자신의 호처럼 평생을 올곧게 산 선비 정신을 엿볼 수 있는 시, 산문으로 구성된 문집이다.

3. 저자사항

이직현의 초명은 조현(祚鉉), 자는 필서(弼瑞), 호는 시암(是庵)·일중처사(日中處士), 본관은 합천(陜川)이다. 부친은 규문(奎文)이고, 모친은 강진안씨(康津安氏)이다. 1850년(철종1) 음력 2월 12일 경상남도 합천군(陜川郡) 초계면(草溪面) 무릉촌(武陵村)에서 태어났다. 1876년(고종13)부터 노사(蘆沙) 기정진(奇正鎭, 1798-1879)의 문하에서 수학하였다. 사서삼경과 제자백가는 물론 동아시아 역사 및 국내외 정세에도 밝았다. 1895년(고종32) 을미사변 후 항일투쟁에 뜻을 두었다. 1905년(광무9) 을사늑약이 체결되자 전국 유림에 을사오적 척결을 선포하였다. 경술국치 후 일제의 은사금을 물리쳤으며, 데라우치 마사타케(寺內正毅) 총독 등에게 강제병합을 비난하는 편지를 수차례 보냈다. 납세(納稅)·창씨개명·묘적법(墓籍法) 등을 거부하고, 외국 물건은 성냥개비 하나 사용하지 않았으며, 일본 총독을 왜사(倭使)라 호칭하였다. 만동묘(萬東廟) 제사를 금하는 일제를 규탄하는 글을 각도 유림에 배포하고, 1918년 만동묘 향사(享事)를 강행했다. 1919년 3월 대동단(大同團)에 가입했다. 1919년 4월 21일 합천 초계시장의 만세운동을 도운 일로 고초를 겪었다. 1919년 의친왕(義親王)의 상해 망명 시도 실패 후, 11월 25일(음력 10월 3일) 개천절[2]에 제2의 만세운동을 계

2) 본래 개천절 행사는 음력 10월 3일에 있었다. 1948년 정부 수립 후 단기(檀紀)로 연호를 채택하고, 1949년부터 양력 10월 3일을 개천절로 제정했다.

획하자 민족대표 33인 중 한 사람으로 서명했다. 만세운동이 여의치 않자 28일 대동단「선언서(宣言書)」를 뿌렸다. 1928년 윤(閏) 2월 20일 하세하였고, 묘소는 무릉촌 북쪽 경좌(庚坐) 언덕에 있다. 부인은 광주(光州) 노덕규(盧德奎)의 따님이다. 자식이 없어 백형의 아들 원칠(源七)을 후사로 삼았다. 저서에『시암집』이 있다. 2017년 건국포장에 추서되었다.

당대 문장과 절의로 이름난 기우만(奇宇萬)·기회일(奇會一)·박문환(朴文煥)·송병선(宋秉璿)·송희용(宋禧用)·정재규(鄭載圭)·정재두(鄭載斗)·조성주(趙性宙)·조시영(曺始永) 등과 학문은 물론 시문(詩文)을 주고받으며 교유하였다. 그밖에 구연우(具然雨)·구태서(具泰書)·석병기(石炳岐)·석재준(石載俊)·우하교(禹夏敎)·최익현(崔益鉉) 등과 교유하였다.

4. 구성 및 내용

『시암집』은 21권 11책이며, 목활자본이다. 서문과 발문이 없어 자세한 편찬 경위는 확인되지 않는다. 권1~권2는 시, 권3~권21은 산문이다. 시는 저작 시기에 따라 편차하였다.『시암집』은 1932년~1933년에 유림(儒林)의 지원으로 일중정유회소(日中亭儒會所)에서 간행하였으며, 국립중앙도서관과 서울대 규장각 등에 소장되어 있다.

권1은 태극의 이치에 대해 읊은「태극음(太極吟)」을 시작으로 시 170여 제가 수록되어 있다. 1905년(광무9) 을사늑약 때 순절한 김봉학에 대해 읊은「탄숙위김봉학(歎宿衛金奉學)」, 1907년(융희1) 헤이그에서 죽은 이준 열사에 대해 읊은「곡이의사(준)(哭李義士(儁))」, 1909년(융희3) 이토 히로부미를 저격했다가 1910년 사형을 당한 안중근 의사에 대한 만시「탄안의사(중근)(歎安義士(重根))」 등이 있다. 화운시와 차운시가 주를 이룬다.

권2는 병석에서 일어나서 읊은「병기(病起)」를 시작으로 시 200여 제가 수록되어 있다. 경주 지역을 유람하며 읊은「동경감회(東京感懷)」,「월성(月城)」 등이 있다. 일제가 내린 묘적법(墓籍法)에 저항하다 감옥에 갔다온 족제(族弟)와 형의 아들과 족질(族姪)에 대해 읊은「족제낙서(상현)형자원하족질신원(원탁)거묘적불굴냉수누일(族弟洛瑞(相鉉)兄子源夏族姪信元(源鐸)拒墓籍不屈冷囚累日)」 등이 있다. 그밖에 안효제(安孝濟) 등 지인의 죽음을 애도한 만시와 차운시가 주를 이룬다.

권3~권8은 산문으로 서(書)가 총 326편이다. 권3은 55편, 권4는 81편, 권5는 52편, 권6은 63편, 권7은 18편, 권8은 42편이다. 권3은 스승 기정진에게 학문에 대해 질의한「상노사기선생문목(上蘆沙奇先生問目)」을 비롯해 송병선에게 보낸「상송연재선생(병선)(上宋淵齋先生(秉璿))」 등 제현(諸賢)들과 학문에 대해 논한 편지글이 주를 이룬다. 권4는 이홍익이 대학에 대해 질의에 것에 답한「답이한약(홍익)대학문목(答李漢若(洪翼)大學問目)」(1918) 등이 있다. 권5는 구종서가 질의한 문목(問目)에 답한「답구성옥(종서)문목(答具聖玉(琮書)問目)」등이 있다. 권6은 백익선이 질의한 소학 문목에 답한「답백낙현(익선)소학문목(答白洛見(益善)小學問目)」등이 있다. 권7은 남승우(南勝愚)가 질의한 시서(詩書), 복제(服制) 등에 대해 답한「답남경진시서문목(答南敬眞詩書問目)」등이 있다. 권8은 권용현(權龍鉉)이 서전(書傳)과 관련해 질의한 것에 답한「답권문현서전문목(答權文見書傳問目)」, 여재재(如在齋) 유생들이 맹자 강목에 대해 질의한 것에 답한「답여재재제군맹자강목(答如在齋諸君孟子綱目)」등이 있다. 편지글 대부분이 학문과 관련한 것들이다.

권9는 산문으로 잡저가 27편 있다. 기행문으로 충청도를 유람하며 날짜별로 기록한「호행일기(湖行日記)」를 비롯해「속리록(俗離錄)」,「화양록(華陽錄)」등 다수가 있다. 학문 관련 글은「우식(偶識)」,「혹문(或問)」등이 있고, 저자가 시암으로 편액한 이유를 밝혀 준「시암편제(是菴扁題)」등이 있다.

권10은 산문으로 잡저가 17편 있다. 을미사변 때 벗들에게 거의(擧義)할 것을 촉구한「고사우(告士友)」(1895), 저자가 일제의 은사금을 거부한 전말을 밝힌「각금전말(却金顚末)」, 일제가 호적(戶籍)과 호세(戶稅)의 일로 저자를 찾아왔을 때 그를 비판하며 쓴「일인이호적호세사래힐서이책지(日人以戶籍戶稅事來詰書以責之)」등이 있다. 구한말 일제 침탈에 대한 각성을 촉구한 내용들이 주를 이룬다.

권11은 산문으로「주자연보중간서(朱子年譜重刊序)」를 시작으로 서(序)가 44편 있다. 권12는 산문으로「합천향교수리기(陜川鄕校修理記)」등 기(記)가 57편 있다. 권13은 산문으로「평천재중건기(平泉齋重建記)」를 시작으로 기(記)가 50편 있다. 권14는 산문으로 후지(後識), 발(跋), 명(銘), 잠(箴) 등이 61편 있다. 성담(性潭) 송환기(宋煥箕)의 문인록 뒤에 쓴「서성담송선생문인록후(書性潭宋先生門人錄後)」등이 있다. 권15는 산문으로「제노사선생문(祭蘆沙先生文)」을 시작으로 제문(祭文)이 37편 있다. 권16은 산문으로「선조강양군유허비명(先祖江陽君遺墟碑銘)」을 비롯한 비(碑) 11편,「첨추안공묘지(僉樞安公墓誌)」를 비롯한 묘지명 20편이 있다. 권17은 산문으로「선조전서공묘표(先祖典書公墓表)」등의 묘표가 39편 있다. 권18은 산문으로「정와조공묘갈명(靜窩曺公墓碣銘)」등의 묘갈명이 44편 있다. 권19는「지족헌우공묘갈명(知足軒禹公墓碣銘) 등 묘갈명이 44편 있다. 권20은 산문으로「수월당전공행장(水月堂田公行狀)」등 행장이 17편 있다. 권21은 산문으로 행장, 유사, 전(傳) 등이 25편 있다. 변남룡(卞南龍)의 사적을 기록한「정암선생변공유사(靜菴先生卞公遺事)」등이 있다.

5. 주요 작품 및 문집의 특징

저자는 370여 제의 시를 창작하였는데, 차운시와 화운시가 주를 이루는 가운데 기행시가 돋보인다. 기행시로는 경상남도 하동 지역을 돌면서 읊은 「과고운영각(過孤雲影閣)」, 「쌍계석문관고운필적(雙磎石門觀孤雲筆跡)」, 「청학루(靑鶴樓)」, 「칠불동구(七佛洞口)」, 「불일폭(佛日瀑)」, 「세이암(洗耳巖)」 등 11제(이상 권1)와 경주 지역을 다니며 읊은 「동경감회」, 「월성」, 「나정」, 「숭덕전(崇德殿)」, 「석왕릉(昔王陵)」, 「계림(桂林)」, 「금오산(金鼇山)」 등 12제(이상 권2) 등이 있다. 당시 안동과 경주 지역의 풍경을 가늠해볼 수 있다.

1905년 을사늑약 때 순절한 김봉학에 대해 읊은 「탄숙위김봉학」(권1), 1907년 헤이그에서 생을 마감한 이준 열사의 죽음을 곡하며 읊은 「곡이의사(준)」(권1), 1910년 생을 마감한 안중근 의사에 대한 만시 「탄안의사(중근)」(권1), 묘적(墓籍)에 저항하다 감옥에 며칠 갇혔다 나온 족제와 형의 아들과 족질에 대해 읊은 「족제낙서(상현)형자원하족질신원(원탁)거묘적불굴냉수누일」(권2) 등은 저자의 저항 정신의 일면을 엿볼 수 있는 작품이다.

을미사변이 일어났을 때 벗들에게 거의(擧義)할 것을 촉구한 「고사우」, 을사늑약이 체결되자 향교 유생들에게 각성을 촉구한 「고교중제공(告校中諸公)」, 을사늑약이 체결되자 동지들에게 힘을 모을 것을 촉구한 「서고동지(誓告同志)」, 저자가 일제가 내려준 은사금을 거부한 전말을 밝힌 「각금전말」, 1911년 1월 1일 일본 관리가 호적(戶籍)에 입적할 것과 호별세(戶別稅) 문제로 저자를 찾아와 힐난하자 그에 대해 책망한 「일인이호적호세사래힐서이책지」, 1914년 조선총독 데라우치 마사타케한테 일본 사신이라 호칭하고 왕실재산, 토지조사사업 등과 관련해 사죄의 의미로 자결하라며 보낸 항의문인 「저일사사내정의(抵日使寺內正毅)」, 가나노리(金粘沒喝)가 경부(慶府)에 난입한 사건에 대해 보낸 저항문 「재저사내정의(再抵寺內正毅)」, 일본인 순사 가등환일랑(加藤歡一郎)에게 묘적법을 강제로 시행하면서 법대로 시행하지 않으면 파묘(破墓)하겠다고 협박한 것에 대해 묘적법을 반대하는 내용으로 보낸 「시일사가등환일랑(示日查加藤歡一郎)」(권10), 총독부에서 만동묘 향사 금지 훈령을 내린 것에 대해 저항의 뜻으로 총독 하세가와 요시미치(長谷川好道)에게 보낸 「저일사장곡천호도(抵日使長谷川好道)」(1917), 일제의 반대에도 무릅쓰고 만동묘 제향을 밀어붙여서 향사한 일을 날짜별로 기록한 「화양일기(華陽日記)」(1918), 만동묘 향사를 밀어붙이 뒤 각 성의 사림(士林)에 일제가 명나라 황제에 대한 만동묘 향사를 못하게 하는 것은 임진왜란 때 일을 보복하는 것이라며 봄가을 만동묘 제향을 고수할 것을 촉구한 「고각성사림문」(이상 권10) 등을 통해 저자의 유림에 대한 각성 촉구 및 항일투쟁의 면모는 물론, 당시 일제의 침탈 행위의 일면을 엿볼 수 있다.

6. 참고문헌

조을제 번역 및 해설, 『日中處士 是庵 李直鉉 선생의 抗日行狀』, 三馨, 1997.

이민홍, 「시암(是菴) 이직현(李直鉉) 문학 연구 –「화양구곡(華陽九曲)」과 「방장초가(方丈樵歌)」를 중심으로–」, 『동방한문학』 78, 동방한문학회, 2019.

구본욱, 「항일 유학자 시암(是菴) 이직현(李直鉉)의 독립운동에 대하여」, 『조선사연구』 15권, 조선사연구회, 2006.

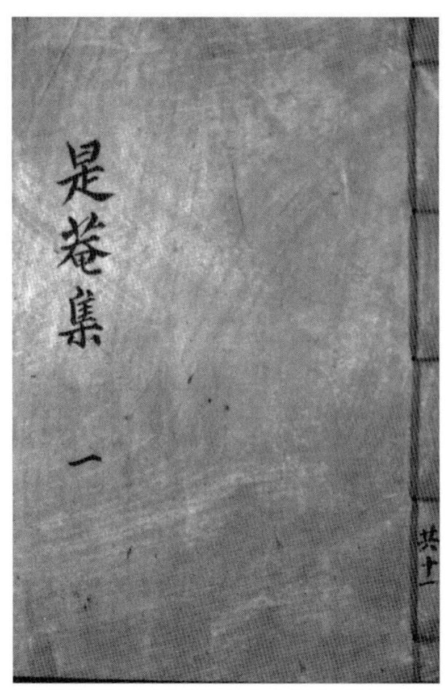
是菴集 一

共十一

是菴先生文集目錄

卷之一

詩

太極吟

自警四絶

偶題

奉和鄭艾山(載圭)椅珠詠足一絶申及書中意

感山谷畫菜之題賦一絶

思歸

是菴文集 目錄

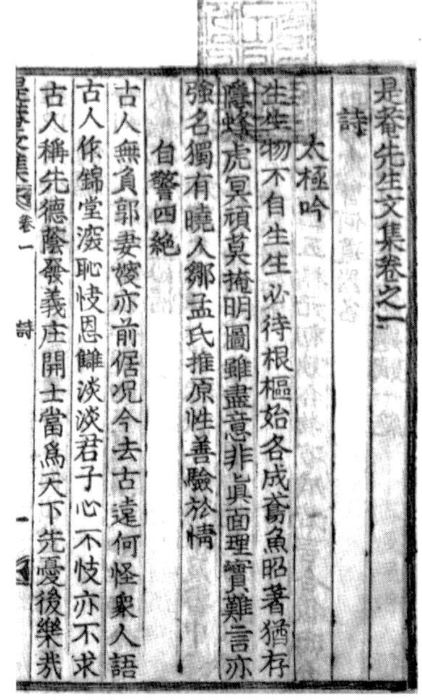
是菴先生文集卷之一

詩

太極吟

生生物不自生生必待根樞始各成鳶魚昭著猶存隱虎冥頑莫掩明圖雖盡意非眞面理實難言亦強名獨有曉人鄒孟氏推原性善驗於情

自警四絶

古人無負郭妻嫂亦前倨現今去古遠何怪衆人語

古人依錦堂潑恥忮恩讎淡淡君子心不忮亦不求

古人稱先德養義庄開士當爲天下先憂後樂哉

是菴文集 卷一 詩 一

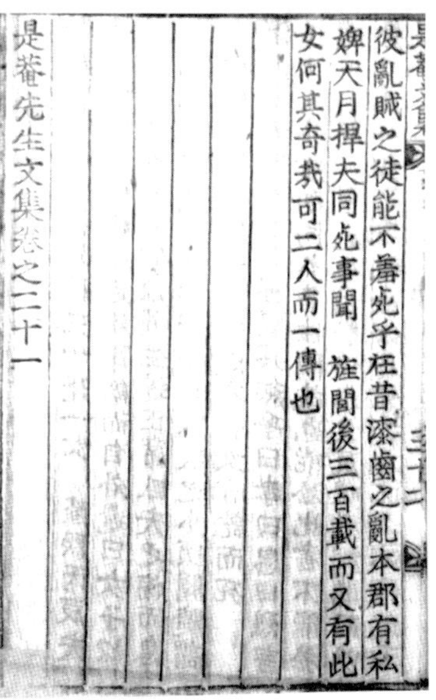
彼亂賊之徒能不羞死乎在昔漆齒之亂本郡有私婢天月捍夫同死事聞旌閭後三百載而又有此女何其奇哉可二人而一傳也

是菴先生文集卷之二十一

※ 국립중앙도서관 소장

〈영남-40〉 회당집 晦堂集

1. 형태서지

표제/권수제	회당집(晦堂集)
편저자	장석영(張錫英) 著
판사항	목판본
발행사항	漆谷 : 녹동서당, 1932
형태사항	총 43권 22책 : 목록 1책, 원집 43권 1책 四周雙邊 半郭 21.0×16.4㎝, 有界, 10行22字 註雙行, 內向2葉花紋魚尾 ; 28.3×19.6㎝
소장처	국립중앙도서관, 경상대, 계명대, 고려대, 단국대 퇴계기념도서관, 동국대 경주캠퍼스, 동아대, 부산대, 성균관대존경각, 연세대, 영남대, 용인대, 원광대, 전남대, 조선대, 충남대, 한국국학진흥원

2. 정의

『회당집』은 장석영(張錫英, 1851-1929)의 시문집으로 저자의 아들 장우원(張右遠, 1875-1955)과 문인 손후익(孫厚翼) 등이 가장 초고를 바탕으로 1931년 조선총독부의 출판 허가를 받아 1932년 9월에 칠곡(漆谷) 녹동서당(甪洞書堂)에서 간행한 목판본이다.

3. 저자사항

장석영은 일명 석교(碩敎)로 불리웠고, 본관은 인동(仁同), 자는 순화(舜華), 호는 추관(秋觀)·회당(晦堂)이다. 부친은 전 형조참판(刑曹參判) 장시표(張時杓)이고, 어머니는 정완(鄭烷)의 딸 청주정씨(淸州鄭氏)이다. 그는 구미(龜尾) 인동(仁同) 각산리(角山里)에서 태어나 어려서부터 한학을 수학하였다. 13세에 김규한(金奎漢)의 딸 서흥김씨(瑞興金氏)와 혼인하였고, 20세 되는 해인 1870년에 星州로 이거하였다. 1878년에 한주(寒洲) 이진상(李震相)의 문하에서 수학하였고, 선생의 아들 대계(大溪) 이승희(李承熙)와 함께 강마(講磨)하였다. 이후 장석영은 주문팔현(洲門八賢) 가운데 한 사람으로 허유(許愈), 곽종석(郭鍾錫), 윤주하(尹胄夏) 등과 교유하였다.

1905년 을사조약이 강제 체결되자 통분하여 일제침략을 규탄하고 을사조약의 파기와 을사오적의 처형을 요청하는 「청참오적소(請斬五賊疏)」를 이승희·곽종석(郭鍾錫)과 함께 올렸다. 1907년 대구에서 국채보상운동이 일어나 전국에 파급될 때 칠곡지방의 국채보상회 회장으로 추대되어 금연 운동과 의연금 모집을 주도하였다. 1912년 3월 3일~6월 9일 동안 만주와 노령(露領) 지역 일대를 순력하며 독립운동 적지를 물색하고 한인 이주 실상을 견문·기록한 『요좌기행(遼左紀行)』을 저술하여 귀중한 독립운동 사료를 남겼다. 1919년 3·1운동이 일어나자, 곽종석·김창숙(金昌淑) 등과 파리강화회의에 보낼 전국 유림들의 독립청원서(獨立請願書: 일명 巴里長書)를 초안하고, 파리 강화회의에 독립청원서를 제출할 것을 협의하여 청원서는 파리·총독부·국내 발송용 등 5개 본으로 나누었는데, 장석영은 총독부 전달용의 초안을 작성하고 유림 대표 137명의 1인으로 서명하였다.

한편 전국으로 번진 만세운동에도 적극 참가하였다. 당시 성주군 월항면 안포동에 거주하던 장석영은 이기정(李基定)·성대식(成大湜)·송수근(宋壽根) 등 성주의 유림들과 함께 기독교도와 연대하여 성주 장날인 4월 2일에 만세운동을 전개하였다. 당일 오후 1시 시장에 모인 군중들의 만세시위가 고조되자 다급해진 경찰이 발포하여 사상자가 생기고 유림들과 함께 장석영도 체포되었다. 조사 중에 파리장서 내막이 알려졌으나, 노출된 곽종석과 장석영, 송준필 등 16명만 재판에 회부되고 전모는 드러나지 않았다. 같은 해 5월 20일 대구지방법원에서 보안법 위반으로 장석영은 징역 2년을 언도받고 복심에 공소하였다. 다음 달에 상해에서 국내로 발송한 독립청원서가 각 향교에 도착한 것이 발각되면서 서명인 전원이 수감되었다. 이 중에서 곽종석은 병보석 되었으나 8월 24일 순국하고, 김복한(金福漢)과 하용제(河龍濟)는 옥사하였다. 같은 해 8월 21일 대구복심법원에서 장석영 등 4인은 증빙 불충분으로 원판결을 취소하고 무죄가 되었다.

무죄 석방된 장석영은 이후 『여헌집』 중간을 위하여 교정에 참여하고, 인동의 정곡산재(靜谷山齋), 현풍의 제일강산정(第一江山亭) 등지에서 강학을 하며 지냈다. 1925년에는 제2차 유림단운동에 영남대표로 활동하였고, 1926년에는 각산에 강학처인 만서정과 녹동서당을 세우고 강학하다가 졸하였다. 성주 월곡천(月谷阡)에 부인 서흥김씨와 합장되었다.

4. 구성 및 내용

본집은 목록(目錄) 2권, 원집(原集) 43권 합 22책으로 되어 있다.

원집 권1~2는 시(詩) 304題이다. 시는 대부분 연대순으로 편차되어 있으며, 명승을 보고 감상을 읊은 것, 차운시, 만시 등이 있다. 「함흥낙민루복차선조충정공운(咸興樂民樓伏次先祖忠貞公韻)」은 북청부사로 부임하는 부친을 모시고 함주에 가서 함주부사(咸州府使)였던 선조 장안세(張安世)가 놓은 만세교(萬世橋)를 본 감회를 읊은 것이다. 「방별가(放鼈歌)」는 야은(冶隱) 길재(吉再)의 방별고사(放鼈故事)를 본떠 모친의 묘소에 비석을 세우고 꿈에서 자라를 놓아주며 어버이가 안 계신 것을 슬퍼하며 지은 것이다. 「도침이절(桃枕二絕)」은 서애(西厓) 유성룡(柳成龍)의 글을 읽고 도침 2개를 만들어 저자가 하나를 사용하고 하나는 아들을 주면서 서애의 운을 차운하여 지은 것이다. 「과군위관동견장의사전망비감음(過軍威冠洞見張義士戰亡碑感吟)」은 임진왜란 때 19세의 나이로 수많은 왜병과 끝까지 싸우다 전사한 장사진(張士珍)을 기리며 지은 것이다. 만시는 김영규(金泳奎), 이진상(李震相), 이종기(李種杞), 이면희(李冕熙), 장기석(張基奭), 이중업(李中業) 등 93인에 대한 것이 있다.

권3~17은 서(書) 639편으로 원집 가운데 가장 많은 비중을 차지한다. 스승 이진상에게 1878년에 올린 편지를 시작으로, 수신자별 연대순으로 편집되어 있다. 이진상과 허훈에게 올린 편지는 주로 성리학에 대해 논한 내용이 많다. 이승희(李承熙)에게 보낸 편지는 이진상의 『이학종요(理學綜要)』의 교정과 간행에 대해 의논하는 내용이고, 중국인 이문치(李文治)에게 준 편지는 책을 직접 찾아서 선물하여 준 것 등에 고마움을 표한 것이다. 1892년부터 도한기(都漢基)와 주고받은 편지는 사단칠정(四端七), 인심도심(人心道心), 태극(太極) 등 성리학의 여러 사상을 논하는 내용이고, 이석균(李鉐均)과 주고받은 편지 역시 성리학과 상복제도(喪服制度) 등을 논한 것이다. 이승희와 하재윤(河在允), 성대식(成大湜)에게 답한 편지는 제례(祭禮), 상복(喪服) 등에 관한 내용이다. 사위 신우식(辛雨植)에게 준 편지는 종이를 보내 주어 『의례집전(儀禮集傳)』의 초본을 만들었다고 고마움을 표하는 내용이다. 손후익, 윤재수(尹在洙), 이복석(李馥錫), 송주선(宋胄善), 이재원(李在瑗) 등에게 답한 편지는 주로 성리학과 예설에 대한 질의에 답한 것이다.

권18은 서(24), 잡저(雜著) 4편이다. 「답진주강씨문중(答晉州姜氏門中)」 진주강씨 문중에서 질의한 강민첨(姜民瞻)의 소목(昭穆) 위차에 대해 『주자가례』 북가서상(北架西上)의 제도를 따르는 것이 좋겠다고 답한 것이다. 잡저는 소학당(小學堂) 강회, 고산강회(高山講會), 동락강회(東洛講會)의 발문(發問) 등이다.

권19~22는 잡저 40편이다. 권19와 권20의 「주자대전기의(朱子大全記疑)」는 『주자대전』을 읽으며 의심나는 점을 조목별로 기록한 것이고, 「논어기의(論語記疑)」는 『논어』를 읽고 의문나는 곳을 편별로 기록한 것이다. 권22의 「호락설변(湖洛說辨)」은 호론(湖論)과 낙론(洛論)의 논쟁을 의리의 변(辨)이요 군자에게 해가 되지 않는 논쟁으로 심즉기(心卽氣), 인물성동이(人物性同異), 천명지위성(天命之謂性) 등 여섯 가지 견해로 논변한 것이다. 또 안익상(安翊相)·장봉호(張鳳濩)·한정석(韓鼎錫)의 자설(字說) 등이 있다.

권23~25는 서(序) 110편이다. 정언으로 직간을 하다가 추자도로 귀양 가는 안효제(安孝濟)를 전송하며 지은 송서(送序), 자신의 저술인 『대례관견(戴禮管見)』·『사례절요(四禮節要)』·『의례집전(儀禮集傳)』·『사례태기(四禮汰記)』, 진양하씨·진양강씨·풍천노씨·흥해최씨의 세고(世稿), 이인좌의 난 때 의병을 일으킨 주재성(周宰成)의 『국담집(菊潭集)』, 황곡(黃斛)의 『목재집(牧齋集)』에 대한 서문과 이흘(李屹)의 『노파집(蘆坡集)』 중간에, 이달충(李達衷)의 『제정집(霽亭集)』 중간에 붙인 서문이 있다. 그리고 분성배씨·회산감씨·정선전씨·동래정씨·영월엄씨·청도김씨·밀양박씨·서흥김씨 등 많은 가문의 족보에 대한 서문 등이 있다.

권26~28은 기(記) 137편으로 모두 서원, 서재, 정사, 서당, 정려, 정자, 묘각, 비각 등 건물에 대한 기문이다. 장현광이 강학했던 부지암정사(不知巖精舍) 중수에, 김우옹(金宇顒)이 강학하던 동강정사(東岡精舍) 중건에, 강대수(姜大遂)의 비각(碑閣), 강태형(姜泰馨)·내형(乃馨)·재형(載馨) 세 형제의 효행을 기린 강씨세효자정려각(姜氏三孝子旌閭閣) 등에 대한 기문이다. 감제현(甘濟鉉)이 세운 혜혜재(兮兮齋), 김문회(金文會)의 긍재(肯齋), 이정혁(李正赫)의 모은정(慕隱亭), 장윤원(張允遠)의 용강재(龍岡齋) 등에 대한 기문이다. 그리고 황덕길을 추모하기 위하여 회산(檜山) 향인들이 세운 장산재(長山齋)와 저자의 강학처로 문인들이 세운 만서정(晩棲亭) 등에 기문이다.

권29~권30 전반부는 발(跋) 57편이다. 『주자대전부록(朱子大全附錄)』, 정몽주의 『유상첩(遺像帖)』, 송희규(宋希奎)의 『이계집(倻溪集)』, 이진상의 『사례집요(四禮輯要)』, 장석신의 『두문동유사(杜門洞遺史)』, 박민효(朴敏孝)의 『상체헌유집(常棣軒遺集)』, 부친의 『운고집(雲皐集)』, 손후익의 유람록인 『가야록(伽倻錄)』, 자신의 저술 『구례홀기(九禮笏記)』 등에 대한 것이다.

권30 후반부는 잠(箴) 9편, 명(銘) 27편, 찬(贊) 13편이다. 명은 조상의 교훈을 받들며 날마다 게으르지 않고 과실을 적게 하겠다며 지은 「가장화병명(家藏畫屛銘)」과 장주익(張柱翊)의 만암(晩庵), 이현창(李鉉昌)의 치당(恥堂), 신우식(辛雨植)의 서운정(棲雲亭) 등에 대한 것이다. 찬 가운데 71세에 그린 자신의 화상에 대한 자찬(自贊)이 있다.

권31은 상량문(上樑文) 24편, 축문(祝文) 19편이다. 상량문은 주세붕의 영각(影閣), 청천서당(晴川書堂) 중건과 권효자(權孝子) 정려각(旌閭閣), 장현광의 신도비각(神道碑閣), 다천서당(茶川書堂) 등에 대한 것이다. 축문은 주세붕·강민첨의 영정을 봉안하는 글, 화엽루(花葉樓)를 중건할 때 정온(鄭蘊)에게 고유한 글 등이다.

권32는 제문(祭文) 37편, 초혼문(招魂文) 2편, 애사(哀辭) 6편이다. 제문은 정몽주, 이진상, 족부 장복추, 이승필(李承弼), 이승희, 매부 이진환(李晉煥) 등에 대한 것이다. 애사는 김익동(金翊東), 조용경(趙龍卿), 손홍익(孫鴻翼) 등에 대한 것이다.

권33은 비명(碑銘) 21편이다. 한철충(韓哲冲)·신경행(辛景行)·안오상(安五常)의 신도비명, 강민첨·이사룡(李士龍)·최호문(崔虎文)의 유허비명, 정연(鄭演)의 제단비(祭壇碑), 김용경(金溶敬)의 처 박씨의 효열비(孝烈碑), 김종한(金鍾漢)의 처 신씨(辛氏)의 열행비(烈行碑) 등이다.

권34는 묘지명(墓誌銘) 32편이다. 스승 이진상, 족부 장복추, 허유(許愈), 이중업(李中業), 부인 서흥김씨 등에 대한 것이다.

권35~40은 묘갈명(墓碣銘) 189편이다. 공신 이흥상(李興商), 이만운(李萬運), 장인 김규한, 족친인 장석규(張錫奎)와 장형원(張馨遠), 효자 이원좌(李元佐), 족부 장녹추(張祿樞), 효자 유중석(柳重碩), 효부 이지윤(李志尹)의 처 전주이씨, 족친 장형표(張衡杓), 창녕의 효자 장시행(張是行), 효자 이양덕(李養德) 등의 것이다.

권41은 묘표(墓表) 35편이다. 갑자사화 때 화를 면한 김굉필(金宏弼)의 셋째 아들 김언학(金彦學), 효자 황용갑(黃龍甲), 본생조부 장봉상(張鳳祥), 본생백부 장원표(張源杓), 부친 장시표(張時杓)와 모친 청주정씨(淸州鄭氏), 백형 장석신(張錫藎), 중형 장석훈(張錫薰) 등의 것이다.

권42~43은 행장(行狀) 30편이다. 이발(李潑), 임진왜란 때 의병을 일으킨 유중룡(柳仲龍), 장인 김규한, 외숙 정오석(鄭五錫), 효자 박상림(朴尙林) 등의 것이다.

권말에 손후익이 지은 발(跋)과 1932년 9월에 칠곡 녹동서당에서 발행하였다는 판권지(板權紙)가 있다.

5. 주요 작품 및 문집의 특징

장석영은 한주 이진상의 문인으로 주문팔현(洲門八賢) 가운데 한 사람으로 전통성리학자로서의 길을 걷다가 을사늑약 등 국가적 위기가 닥치자 「청참오적소(請斬五賊疏)」를 올려 을사오적의 처단을 요구하는 등 항일운동을 시작하였다. 1912년에 만주로 망명한 이승희를 찾아가, 5개월 동안 머무르면서 해외 독립기지 건설 운동과 이주개척지 교포들의 생활상을 기록한 「요좌기행(遼左紀行)」을 지었다. 그리고 3·1운동이 일어난 직후 곽종석, 김창숙 등과 협의하여 파리만국회의에 보낼 독립청원서 초안을 작성하고, 성주에서 독립만세운동을 주동하여 구금되었다. 그 후 독립청원서를 작성했다는 이유로 대구 지방재판소에서 징역 2년형을 선고받고, 옥중에서 항일투쟁 실록인 「흑산록(黑山錄)」을 지었다. 흑산록은 그 동안 현존하지 않은 것으로 알려져 있었던 회당본파리장서가 수록되어 있어 매우 중요한 자료적 가치가 있으며, 그의 독립운동으로 인한 체포와 투옥, 그리고 석방의 과정이 자세하게 기록되어 있어 이 분야 연구에 있어 활용도가 높을 것으로 보인다. 특히 이 일기에는 당시 장석영이 성주를 거점으로 독립운동을 하였기 때문에 성주 사람들의 독립운동이 특별히 부각되어 있다.

그러나 이러한 저술은 『회당집』이 조선총독부의 관리 감독 하에 간행되었기 때문에 수록되지 못하였다. 본 문집은 성리학적 문답이 주를 이루는 서찰과 학맥과 관련된 인물들의 기문,

서문, 묘갈비명이 대부분이다. 그러므로 성리학자로서의 학술활동 외에 전환기 지식인으로서의 면모나 활동상을 파악하는데 아쉬움 부분이 많이 있다.

6. 참고문헌

김은정,『회당집』,『한국고전번역원 문집총간 해제』11, 2013.

임경석,「유교 지식인 독립운동-1919년 파리장서의 작성 경위와 문안변동」,『대동문화연구』37, 대동문화연구원, 2000.

이택동,「晦堂 張錫英論」,『한국고전연구』19, 한국고전연구학회, 2009.

정우락,「晦堂 張錫英이 쓴『黑山錄』의 서술방식과 가치」,『영남학』23, 경북대학교 영남문화연구원, 2013.

晦堂先生文集 卷之一

晦堂先生文集卷之一

詩

與庵卽事 庚申

頑雲收遠嶂紅日度前川寒山鳴夕磬餘韻上靑天

故里賦感 庚午

蘺落蒼蒼竟日寒行人一遂路漫漫芳草遠如西塞別故
山靑似去年看旅雁徘徊雲滿地親朋迢遞月生欄春色
不知人事變殘花猶自發囱間

和贈李士澄 壽瀅 韻所

茂城簫鼓不堪秋南國文章賦遠遊霜月凄凄歸客夢蘆

晦堂先生文集卷之十七

書

答金而晦 槐○庚申

老夫無知不敢望於朋友之肯適乃者辜煩英眄今又遠
投郵函滚陳慂好之悤此意可忽第惟英材未易得而實
踐爲最難吾輩爲學初非有爲而爲只得以實心向實地
去做而已世之有高材異等或自處太高自恃太過往往
至於身名俱毁者吾輩初學最宜可戒也

別紙

人能弘道如張子說人以心言道以性言則心之體性也

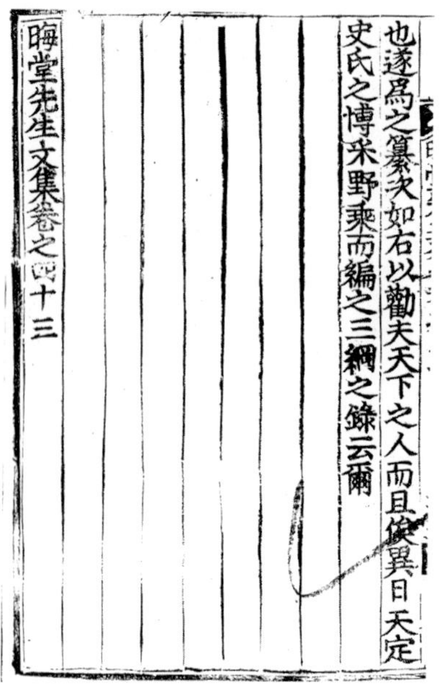
也遂爲之纂次如右以勸夫天下之人而且俟異日天定
史氏之博采野乘而編之三綱之錄云爾

晦堂先生文集卷之四十三

※ 국립중앙도서관 소장

〈영남-41〉 농산집 農山集

1. 형태서지

표제/권수제	농산집(農山集)
편저자	장승택(張升澤) 著
판사항	목판본
발행사항	漆谷 : 磊陽書堂, 1931
형태사항	총 15권 9책 : 목록 1책, 원집 15권 8책 四周雙邊, 半郭 20.6×15.6㎝, 10行20字, 註雙行, 內向二葉花紋魚尾 ; 30.8×20.2㎝
소장처	국립중앙도서관, 동아대, 전남대, 호남대

2. 정의

『농산집』은 조선말기 칠곡 출신의 학자 장승택(張升澤, 1838-1916)의 시문집으로 1931년 아들 장상필(張相弼)이 편집하고, 이헌우(李憲禹)가 간행한 목판본이다.

3. 저자사항

장승택(張升澤, 1838-1916)은 본관은 인동(仁同), 자는 희백(羲伯), 호는 농산(農山)이다. 고려 초 삼중대광신호위상장군(三重大匡神虎衛上將軍)을 지낸 장금용(張金用)을 시조로 하는 인동장씨 가문으로 조광조(趙光祖)의 문인 죽정(竹亭) 장잠(張潛)의 후손이다. 아버지는 주부(主簿) 장유량(張有良)이고, 어머니는 밀양손씨(密陽孫氏)이며, 부인은 여산송씨(礪山宋氏)이다.

그는 9세 때부터 글방에 나가 통사(通史)를 배우기 시작하였고, 12세 때는 백형 장주익(張周翼), 매형 정세용(鄭世容)과 함께 소사(蕭寺)에서 공부하였다. 1866년 29세 무렵부터 사미헌(四未軒) 장복추(張福樞, 1815-1900)에게 나아가 수학하였다. 그리고 이석관(李碩瓘), 박치복(朴致馥), 허유(許愈), 이만규(李晩煃), 김인섭(金麟燮), 이종기(李種杞) 등과 교유하였다. 1893년에는 장복추가 거창(居昌) 당동(唐洞)으로 이주하자, 당동에 가서 스승을 뵙고 돌아오는 길에 정각암(正覺庵)에서 머물며 이문(李汶), 정지선(鄭趾善), 여진규(呂軫奎), 곽종석(郭鍾錫), 이승희(李承熙) 등과 함께 의리(義理)를 강마(講明)하고 시사(時事)를 토론하였다. 장승택은 학문이 깊어지면서 유학자로 사림(士林)의 추중을 받았으며 문학과 덕행으로 교남(嶠南)의 사표가 되었다.

만년(1912)에 뇌양정사(磊陽精舍)를 건립하고 강학에 전념하여 많은 문인을 배출하였다.

1916년에 세상을 떠나 경상북도 칠곡군(漆谷郡) 기산면(岐山面) 각산리(覺山里) 길마현에 묻히었다. 장례에 모인 자가 천여 명이고, 가마(加麻)한 자가 50여 명이었다고 한다.

저서(著書)로 『사유편(四維篇)』, 『입농문답(笠農問答)』, 『사례고증(四禮考證)』 외 문집 8권 등이 있다.

4. 구성 및 내용

본집은 15권 9책으로 권수(卷首)에 총목(總目)이 있다.

권1~권2 전반부는 시(詩) 155제(題)로 시체(詩體)나 저작 연도에 관계없이 편차되어 있다. 이 가운데 이진상(李震相), 장석조(張錫祚), 여영회(呂英會), 장시표(張時杓), 장복추, 장녹추(張祿樞), 송진욱(宋鎭旭), 尹胄夏(윤주하), 장석룡(張錫龍), 도청일(都淸一) 등 52인을 애도하는 만시(挽詩)가 있다. 「근차묵방원운(謹次墨坊原韻)」은 스승 장복추의 「묵방유감(墨坊有感)」의 운에 차운하여 지은 시이다. 성주군 금수면 무학동 염속봉(厭俗峯) 아래에 있는 묵방은 장복추가 1892년 78세 되던 해에 우거하던 곳인데, 사미헌은 여기에서 강학하며 「묵방유감」, 「묵방십영(墨坊十詠)」, 「묵방강의(墨坊講義)」 등을 지었다. 장승택 역시 묵방의 사미헌 문하를 출입하며 「근차묵방원운」과 「유묵방(遊墨坊)」, 「삼동기행(三洞紀行)」 14首 중 묵방강회(墨坊講會)를 지었다. 그리고 사미헌이 「묵방십영」을 지은 것을 본떠 자신의 만년 강학소인 뇌양정사에서 「뇌양정사십영(磊陽精舍十詠)」을 지었다. 「차안순중적추도시(次安舜仲謫楸島詩)」는 1893년 추자도로 유배가는 안효제(安孝濟)의 시에 차운하여 지은 것이고, 「죽림정사수계운(竹林精舍修契韻)」은 죽정(竹亭) 장잠(張潛)이 공부하고 강학하던 죽림정사에서 1895년에 향리의 부로(父老)들이 수계할 때 지은 것이다. 이외에 구일정(九日亭), 사락정(四樂亭), 수승대(搜勝臺)의 판상운(板上韻)이나 퇴계의 시에 차운한 시가 있다.

권2 후반부~권5는 서(書) 314편이다. 스승인 장복추를 비롯해 김흥로(金興魯), 송기선(宋祺善), 이근영(李根永), 이도묵(李道黙), 장석영(張錫英), 송종익(宋宗翼) 등과 주고받은 것은 성리설, 태극설, 이기설 등 철학적인 논설이 많이 있다. 이 가운데 장복추에게 보낸 편지는 관복이 개량되자 한탄하며 돌아와 의제(義諦)에 대해 가르쳐 주기를 바란다는 내용이고, 곽종석(郭鍾錫)에게 보낸 편지는 허령지각(虛靈知覺)과 심성(心性), 이기(理氣)의 관계 등에 대해 논한 것이다. 권4~5는 주로 후배, 문인이나 사위, 종자(從子), 종질(從姪) 등에게 보낸 것이다. 덕산조씨문중(德山曺氏門中)에 보낸 편지는 『남명집』 중간과 관련되어 정론(定論)을 따를 것, 절충할 것과 가산(加刪)할 것 등을 세세하게 적어 보낸 것이고, 동락회중(東洛會中)에 보낸 편지는 동락서원이 훼철된 이후 1909년에 재각(齋閣)이 중수되었으니 마땅히 진영

(眞影)을 봉안하여 존모하는 마음을 펼쳐야 한다는 내용이다.

권6은 잡저(雜著) 16편이다. 잡저 가운데 「발민사의(撥憫私意)」는 당시의 폐습을 목도하고 해결할 방책을 궁구하고자 정학(正學)을 숭상하고 사학(邪學)을 배척할 것, 사람을 채용하는 행정방침, 무궤도한 징세의 시정, 지방관의 부정·부패에 대한 근절책 등 시론을 제시한 것이다. 「훈가구법(訓家九法)」은 집안을 다스리는데 필요한 아홉 가지, 즉 사부모봉제사(事父母奉祭祀), 근부부(謹夫婦), 우형제돈종족(友兄弟敦宗族), 교자손근혼인(敎子孫謹婚姻), 교붕우접빈객(交朋友接賓客), 어비복(御婢僕), 교린리(交隣里), 근조부(謹租賦), 이재산(理財産) 등을 들어 여러 자손을 경계한 것이다. 「성령각변(性靈覺辨)」은 곽종석과 한 달 이상 걸쳐 주고받은 심성론에 대한 서한을 총정리한 것이다. 이외에 김낙삼(金洛三), 안준호(安埈浩), 이우익(李愚翊), 옥장환(玉章煥) 등에 대한 자사(字辭)와 자설(字說)이 있다.

권7은 서(序) 57편이다. 주로 문집에 대한 서문으로 1910년에 개간한 안축(安軸)의 『근재집(謹齋集)』, 1914년에 간행한 표연말(表沿沫)의 『남계집(藍溪集)』, 1912년에 간행한 安止(1384-1464)의 『고은집(皐隱集)』 정내석(鄭來錫, 1808-1893)의 『고헌집(顧軒集)』, 정익동(鄭翊東, 1735-1795)의 『겸재집(謙齋集)』, 정지선(鄭趾善, 1839-1897)의 시문집인 『긍재집(兢齋集)』, 조병의(曺柄義, 1842-1911)의 『소리재유고(素履齋遺稿)』 등에 대한 것이 있다. 그리고 이익구(李翊九)가 춘추시대로부터 청대에 이르기까지의 역사적 사실을 중요 사건별로 기술한 『독사차기(讀史箚記)』, 송홍눌(宋鴻訥)이 찬집(纂輯)한 『백가휘어(百家彙語)』, 이동주(李東柱, 1628-1706)가 편찬한 『행학절요(行學切要)』 등에 대한 서문이고, 문하에 있다가 고향으로 돌아가는 제세희(諸世禧, 1861~1923)에게 준 증서(贈序)가 있다. 이외에 『초계변씨충효록』, 『아산장씨파보』, 『청송심씨세고』, 『남양홍씨세고』, 『의령옥씨족보』에 대한 것이다.

권8은 기(記) 59편이다. 최치원의 두곡(斗谷)에 있는 영당, 야계(倻溪) 송희규(宋希奎, 1494-1558)의 정효각(旌孝閣) 중수, 성주에 있는 주자를 제향한 신안사(新安祠), 조카 상기(相岐)의 서재인 척경재(陟敬齋), 감재원(甘在元)·감재규(甘在奎) 형제의 서재인 용산재(龍山齋), 심두환(沈斗煥)의 서재인 직재(直齋), 문후(文後, 1574-1644)가 만년을 보내며 강학했던 연강정(練江亭) 중수 등에 대한 기문으로 대부분 서당, 서재, 정사, 정자, 정려각, 묘각 등 건물에 대한 기문이다. 이외에 불영산을 유람하고 지은 「유불영산기」가 있다.

권9는 발(跋) 18편, 잠(箴) 2편, 명(銘) 5편, 상량문(上梁文) 12편, 축문(祝文) 13편이다. 발은 정신국(鄭信國)이 병자호란 때 문묘의 위판을 받들고 남한산성으로 들어갔던 사실을 기록한 『호성록(護聖錄)』에, 최창락(崔昌洛, 1832-1886)의 시문집인 『남애집(南厓集)』, 정인평(鄭仁平)과 그 아들 정홍조(鄭弘祚, 1534~1590)의 實記인 『진양정씨 교재록(喬梓錄)』, 이제신(李濟臣, 1510-1582)의 『도구집(陶邱集)』 등에 대한 발문이다. 잠의 「회산정사잠(檜山

精舍箴)」은 김규화(金奎華)가 회산에 정사를 짓자 잠을 지어 주며 경계하도록 한 것이다. 명은 문병순(文秉純)을 위해 지은 「숙흥야매사명(夙興夜寐舍銘)」, 송홍래(宋鴻來)의 거문고에 대하여 지은 「송순익금명(宋順翊琴銘)」, 이기형(李基馨)의 서재에 대한 「성화명(惺窩銘)」, 허준(許錞)을 위해 지은 「근독당명(謹獨堂銘)」 등이 있다. 상량문은 장벽(張鈺)의 묘각, 장내범(張乃範)이 강학하던 반계정사(磻溪精舍), 효자 임지예(林之藝)의 정려각, 이채흥(李采興)의 재사(齋舍)인 구암재(龜庵齋), 함양군수 최한후(崔漢侯)의 치적을 기리기 위해 郡民들이 지은 涵虛亭(함허정), 안극가(安克家, 1547-1614)의 別廟 등에 대한 것이다. 축문은 주로 장복추, 조세우(曺世虞), 장현도(張顯道) 등의 입비고유문(立碑告由文)과 거암(蘧菴) 송인각(宋寅慤, 1827-1892), 관악(觀岳) 宋寅濩(1830-1889)의 수갈고유문(竪碣告由文)이 있다.

권10은 제문(祭文) 15편, 애사(哀辭) 4편, 비(碑) 13편이다. 제문은 장복추, 송인호, 장녹추, 장기석(張基奭) 등에 대한 것이고, 애사는 송준모(宋浚謨), 이진연(李進淵), 장희원(張熙遠)에 대한 것이다.

권11 전반부는 묘지명(墓誌銘) 16편으로 조응인(曺應仁), 최호문(崔虎文), 조이추(曺爾樞), 송인화(宋寅和), 동생 규택(奎澤)의 처 영양최씨 등의 것이다.

권11 후반부~ 권13 전반부는 묘갈명(墓碣銘) 89편이다. 묘갈명은 정위(鄭煒), 하주(河澍), 노응식(盧應軾), 이근옥(李根玉), 권극행(權克行), 이달현(李達鉉), 윤병은(尹炳殷), 장형원(張馨遠), 안홍점(安鴻漸) 등의 것이다.

권13 후반부는 묘표(墓表) 7편으로 이이정(李以貞), 효자 유우석(劉遇錫), 10대조 장경한(張景翰), 고조 장성한(張成漢), 부친 장유량(張有良), 부인 여산송씨(礪山宋氏) 등의 것이다.

권14는 행장(行狀) 26편으로 강대적(姜大適), 옥지형(玉芝衡), 박내빈(朴來賓), 송이호(宋履鎬), 장심택(張心澤), 외조부 손승교(孫承敎), 증조부 장언극(張彦極), 조부 장두빈(張斗斌), 백형 장주익(張周翼) 등의 것이다.

권15는 유사(遺事) 2편, 전(傳) 3편, 부록(附錄)이다. 유사는 모친 밀양손씨(密陽孫氏), 부인 청주양씨(淸州楊氏) 등에 대한 것이고, 전은 처사 박민도(朴敏道) 등에 대한 것이다. 부록은 아들 상정(相貞)이 지은 가장(家狀), 조카 상학(相學)이 지은 실기(實紀), 유필영(柳必永)이 지은 행장, 문인 송홍눌이 지은 묘지, 이만규(李晩煃)가 지은 묘갈명, 조카 상기(相岐)가 지은 수갈고유문(竪碣告由文), 시교생(侍敎生) 송준필(宋浚弼, 1869~1943)·문인 조병선(曺秉善)·장윤상(張允相)이 지은 영정찬(影幀贊), 조카 상학(相學)이 지은 영정봉안문(影幀奉安文)이 있다.

권말에 아들 장상필이 1931년에 지은 지(識)가 있고, 판권지가 있다.

5. 주요 작품 및 문집의 특징

장승택은 장복추의 문인으로 전통성리학자로서의 길을 걸었고, 을미사변과 을사늑약, 한일합방 등 일제의 침략으로 인한 격변기를 지내면서 이에 대한 어떠한 논설이나 입장도 내지 않았다. 다만 구한말의 시폐를 목도하고 해결할 방책을 궁구하고자 숭정학척사설(崇正學斥邪說), 척만이(斥蠻夷), 생요박부(省徭薄賦) 등에 대하여 시론을 제시한「발민사의」를 지었고, 병법에 수비와 전투 두 가지 길이 있는데, 수비하는 도구로 성보(城堡)만한 것이 없음을 알고 동보(洞堡)에 대해 저자의 의견을 개진한「동보설」을 지었다. 그리고 전통적인 유학자로서 동학교도(東學敎徒)들은 관부(官府)에 불 지르고 군기(軍器)를 빼앗으니 조정의 대역 죄인이요, 산업(産業)을 노략질하며 남의 부형(父兄)을 끌어들이고 남의 부녀자를 욕보인 민간의 도적이요, 선비들을 협박하여 그 무리에 몰아넣어 유학을 어지럽히는 도적이니 방백(方伯)에게 고하고 이웃 고을에 격문을 돌려 물리치자는「척동비문(斥東匪文)」을 지었다.

대체로 이 잡저들은 유학사상 연구와 당시의 정치·경제 등을 살피는 데 좋은 자료가 될 것이다.

6. 참고문헌

이기대, 『농산문집』, 『한국민족문화대백과사전』, 1995.

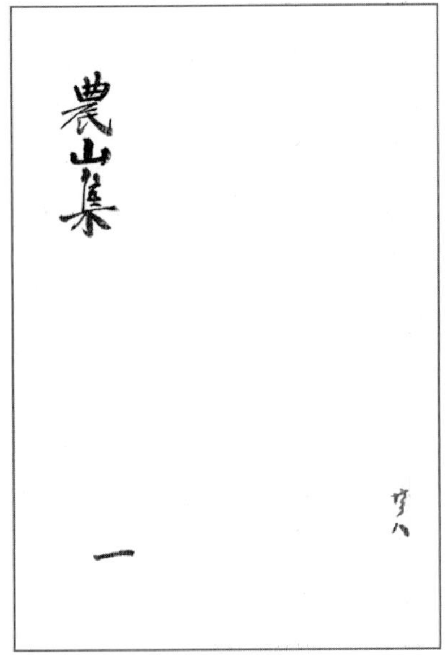
農山集 一

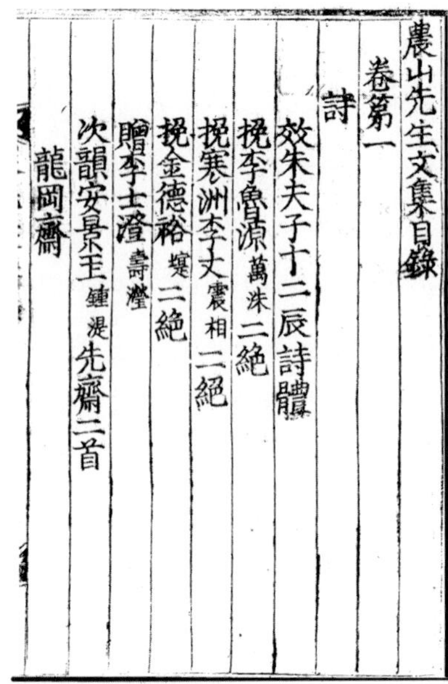
農山先生文集目錄

卷第一

詩

效朱夫子十二辰詩體

挽李魯源 萬洙 二絶

挽蹇洲李丈 震相 二絶

挽金德裕 寔 二絶

贈李士澄 壽瀅

次韻安景玉 鍾湜 先齋二首

龍岡齋

農山先生文集卷之一

詩

效朱夫子十二辰詩體 乙酉

太倉溷廁一般鼠摩挲古鞘氣射牛虎尾履危持戒謹兎株守舊厭沉浮窮陰龍戰今何世嘿契蛇身始與遊馬骨無價歸涓市羊裘有息上漁舟三藏應覷猢猻鬧萬象須從鷄抱求澗戶晝寂黃犬宿臥聽兒豚讀春秋

挽李魯源 萬洙 二絶

堯山淑氣蔚藍蒼玉樹庭淚眄鑾光不貴良工彫琢

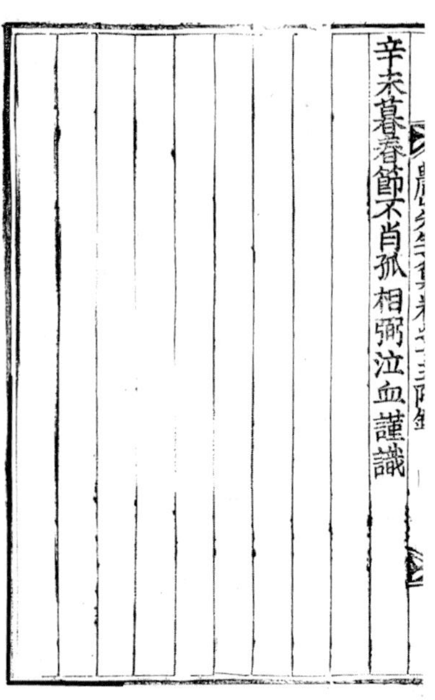
辛未暮春節不肖孤相弼泣血謹識

※ 국립중앙도서관 소장

〈영남-42〉 **위암문고** 韋庵文稿

1. 형태서지

표제/권수제	위암문고(韋庵文稿)
편저자	장지연(張志淵) 著
판사항	영인본
발행사항	서울 : 國立中央圖書館, 1956
형태사항	총 12권 1책 無界. 10行字數不同, 注雙行. 內向黑魚尾 ; 24.7×17.0㎝
소장처	국립중앙도서관, 경북대, 부산대, 서울대

2. 정의

『위암문고(韋庵文稿)』는 장지연(張志淵, 1864-1921)이 죽은 뒤 장자 장재식(張在軾)이 홍희(洪喜, 1884-1935)에게 교정과 편찬을 부탁하였으나 그가 지병으로 인하여 사망하자, 후학 권도용(權道溶)이 1935년에 규례를 다시 정하고 교정하여 내집, 외집, 부록 등 6책 12권으로 편집하였다. 이를 장재식이 조선총독부 도서과에 출판 허가원을 제출했으나, 주요부분을 전부 삭제하고 허가하였기 때문에 간행을 포기하였다. 1940년에 신석호(申奭鎬)가 한말의병사료를 조사하는 과정에서 장재식에게 본서를 빌려 부본(副本)을 작성하였다. 그 후 1956년에 국사편찬위원회에서 경북 칠곡군 북삼면 인평리에 있는 주손(胄孫)이 소장하고 있는 내집(內集)·외집(外集)과 국사편찬위원회에서 소장하고 있던 부본(副本)을 대조하고, 부록은 본가에서 분실하였기 때문에 부본을 바탕으로 하여 한국사료총서(韓國史料叢書)로 편찬·간행한 것이다.

3. 저자사항

장지연은 본관은 인동(仁同), 초명은 지윤(志尹), 초자는 화명(和明)이었다가 지연으로 개명하고 자도 순소(舜韶)로 바꾸었다. 호는 자신이 성질이 조급함을 경계하는 뜻으로 위암(韋庵)이라 하였다고 한다. 그리고 말년에 금오산(金烏山)의 산 별호를 따서 숭양산인(嵩陽山人)이라고 하였다. 그는 여헌(旅軒) 장현광(張顯光)의 12대손으로 아버지 장용상(張龍相, 1839-1887)과 어머니 문화유씨(文化柳氏, 1843-1873)의 외아들로 경북 상주목(尙州牧) 관내 동곽(東郭)에서 태어났다. 그의 집안은 인동에 세거해 오다가 1800년 정조 승하 후 역변의 혐의를 받아 풍비박산하여 조부 장기원(張璣遠)이 상주로 이주한 몰락한 양반출신이었다.

그는 6세 때 처음 글공부를 시작하여 뛰어난 재능을 보였으나, 집안 사정으로 지속적으로 학업에 매진할 수 없었다. 1877년 14세에 인동에 가서 족조 장석봉(張錫鳳)의 보살핌으로 그의 손자 장익상(張翊相)과 함께 학업에 매진하여 불우한 집안환경을 극복하고 입신할 수 있었다. 당시 장석봉은 인동에서 장현광의 유지하며 문중을 주도하였고, 동생 장석룡(張錫龍)은 중앙정계에 진출하여 인동장씨의 정치적 입지를 확보하고 있었다.

장지연은 1882년에 장석봉이 사망하자, 같은 해 방산 허훈(許薰)의 문하에 나아가 고문(古文)을 수학하였다. 유주목을 통해 영남의 퇴계학과 접하고 허전을 통해 근기의 성호학을 전수받은 허훈은 남인 학통의 주요 인물로 장지연이 그를 통해 조선 성리학의 주요 학맥 위에 입지할 수 있었다. 그러나 현실적인 처지로 입신을 위해 과거 시험에 응시하여 1894년 31세가 되던 해에 진사시에 합격하였으나 갑오경장의 단행으로 과거제가 폐지되어 문과에 응시할 수 없게 되자 전통적인 방식의 입신의 길을 걷지 못하게 되었다. 그는 의병운동에 본격적으로 뛰어들지는 못했지만 을미사변(乙未事變) 때 명성황후가 시해(弑害)되자 의병의 궐기를 호소하는 격문(檄文)을 각처에 발송하였고, 1897년 아관파천(俄館播遷) 때 고종의 환궁(還宮)과 고종의 황제즉위를 청하는 만인소(萬人疏)를 기초하였다.

장지연은 1897년 처음 관직에 진출하여 사례소(史禮所) 직원으로 『대한예전(大韓禮典)』 편찬에 참여하였고, 이듬해에는 내부주사(內部主事)가 되었으나 사례소 철폐로 곧 면직하면서 오랫동안 관직을 얻지 못하였다. 1900, 1904년에는 전직 주사의 신분으로 중추원 헌의에 참여하여 각각 토역복수의 천명과 황정 대책의 수립, 그리고 시정 개선의 문제를 논하였다. 1906년 약 3개월간 문헌비고 속찬위원으로 활동하고 관직생활을 마쳤다. 이처럼 그는 국가의 문물전장과 관련된 중요한 사무에 간여하는 관직을 역임하였다.

짧은 관직생활을 마친 장지연은 주로 언론에서 활동하였다. 『황성신문』 창간(1898)부터 언론계와 인연을 맺기 시작하여, 1899년 『시사총보(時事叢報)』의 주필이 되어 문명을 날렸으며, 한때 사직하고 광문사(廣文社)를 설립하여, 정약용(丁若鏞)의 『목민심서(牧民心書)』, 『흠흠신서(欽欽新書)』 등을 간행하였고, 1901년 황성신문사 사장이 되어 민중계몽과 자립정신 고취에 전력을 다하였다. 1905년(광무9) 을사조약(乙巳條約)이 체결되자 11월 20일자 『황성신문』에 「시일야 방성대곡(是日也放聲大哭)」이라는 사설을 써서 일본의 흉계를 통박하고 그 사실을 전 국민에게 알렸다. 이로 인해 일본 관헌에 잡혀 3개월간 투옥되었다가 석방되었다. 정부에서 통정대부(通政大夫)로 기용하였으나 거절하고, 역대 문헌의 수집과 저술에 힘썼다.

1906년에는 윤효정(尹孝定) 등과 대한자강회(大韓自强會)를 조직, 구국운동을 벌이다가 이듬해 강제로 해산을 당하자 대한협회(大韓協會)로 개편하였으나, 압력이 심하여 1908년 블라디보스토크로 망명하여, 『해조신문(海潮新聞)』 주필이 되었다. 경영난으로 신문이 폐간되자 상하이(上海)·난징(南京) 등지를 방랑하다가 귀국하여, 1909년 진주(晉州) 『경남일보(慶南日報)』 주필이 되어, 이듬해 8월 29일 국권침탈이 되던 날 황현(黃玹)의 절명시(絕命詩)를 게재하였고, 이로 인하여 『경남일보』는 폐간되었다. 이처럼 그는 대한제국의 중앙 언론은 물론 국외 교민 언론과 국내 지방 언론에 이르기까지 폭넓게 활동하였다. 또 『조양보』의 주필을 담당하고 대한자강회, 대한협회, 교남교육회 등의 월보 편집에도 간여하였다. 을사늑약 이후 대한자강회, 대한협회, 흥사단 등 사회단체에서 평의원으로 활동하였고, 일신학교, 휘문의숙 등의 교장, 대동교와 같은 종교단체의 편집부장으로 활동하였으며 강사친목회를 조직하였다.

이처럼 장지연의 생애는 세 시기로 나눌 수 있다. 첫째 시기는 1897년(광무1) 서울에서 활동하기 전까지의 기간이며, 둘째 시기는 1897년 서울로 올라와 만인소 운동에 참여하고 언론사 주필로 활동하던 기간이며, 셋째 시기는 1910년(융희4) 한일합방 이후 사망할 때까지의 기간이다. 첫째와 둘째 시기는 일반적으로 잘 알려진 것이지만, 셋째 시기의 장지연의 행적은 그리 알려지지 않았다.

장지연은 조선이 도태되지 않고 살아남을 방도를 '자강(自强)'에서 찾았고, 자강의 방법으로 교육의 진작과 산업의 진흥을 지목하였다. 무엇보다 장지연의 궁극적인 목적은 국권회복이었으므로 학교 교육을 통해 국민을 계몽하는 일이 급선무라고 여겨 출판 매체를 통해 저술 활동을 하였다.

저서에 『유교연원(儒教淵源)』, 『동국유사(東國類史)』, 『대동시선(大東詩選)』, 『농정전서(農政全書)』, 『일사유사(逸士遺事)』, 『위암문고(韋庵文庫)』, 『대한최근사(大韓最近史)』, 『대동문수(大東文粹)』, 『대동기년(大東紀年)』, 『화원지(花園誌)』, 『숭산기(嵩山記)』, 『『남귀기행(南歸紀行)』 등이 있다. 1962년 대한민국건국훈장 국민장이 추서되었다.

4. 구성 및 내용

『위암문고』는 12권 1책으로 서(序), 범례(凡例), 본집(권1~12), 후서(後序), 발(跋), 해설(解說), 도판(圖版)으로 구성되어 있다. 「위암문고서」는 1956년 당시 문교부장관 최규남(崔奎南)이 지은 것이고, 범례는 편집 경위와 방향을 밝힌 것이다. 특히 권도용이 교수(校讎)할 때 삭제한 부분과 조선 총독부에서 검열 당시 삭제 명령을 내린 것을 표기하였다. 즉 권도용이 삭제한 것은 문장 전편을 삭제한 경우에는 제목 밑에 '전문책(全文冊)'이라 하고, 문장의 일절을 삭제한 경우에는 그 부분에 「 」을, 자구를 삭제하였을 때에는 그 자구 오른쪽에 ·을 加하였다. 총독부에서 삭제한 것은 제목 밑에 '전문삭(全文削)'이라 하고, 목록에는 °를 가하였다는 점을 밝혀 놓았다.

권1~3(내집)은 부(賦) 1편·시(詩)·소(疏) 5편·표(表) 5편·전(箋) 9편·교서(敎書) 1편·진향문(進香文) 2편·고유문(告由文) 2편·서(書) 44편이다. 시는 폐추집(集敝帚) 21수, 패려집(覇旅集) 64수, 십충시(十蟲詩) 12수, 연향집(研香集) 59수, 서관기행(西關紀行) 15수, 북관기행(北關紀行) 55운(韻), 해람편(海覽編) 16수, 가야기행(伽倻紀行) 18수, 복당금고(福堂唫稿) 10수, 해상술회(海上述懷) 28수, 분상취예(汾上醉囈) 78수, 마교초(馬僑草) 37수, 연사창수집(蓮社唱酬集) 17수, 백사음고(白社吟稿) 37수가 수록되어 있다. 서는 허훈, 장교원, 이병목, 김택영 등에게 보낸 것이다. 이 가운데 「상정부서(上政府書)」에서 '천지 만물의 이(理)에는 상(常)과 변(變)이 있다' 하면서 상(常)은 불변의 규칙적인 원칙을, 변(變)은 상황에 따라 가변적인 것이라 하였다. 장지연은 이 두 개념으로 세계와 인간의 본질과 존재방식을 설명하고자 하는데, 을미사변에 대한 명확한 토역복수의 당위성을 제기하였다.

권4(내집)는 서(序) 25편·기(記) 21편이다. 서는 자신의 저서인 『대동기년』, 『대한신지지(大韓新地志)』, 『대한강역고』, 『대동시선』 등에 대한 것이고, 기는 금오산(金烏山), 숭산(嵩山), 오도(烏島), 삼청동(三淸洞)를 유람한 뒤에 지은 유기(遊記)와 연향재(研香齋), 산수재(山水齋), 황성신문사, 대동학교, 서간도목민학교 등에 대한 건물기가 있다.

권5(내집)는 발(跋) 6편·잡저(雜著) 10편·명(銘) 4편·찬송(贊頌) 3편·변(辨) 3편·논(論) 10편·설(說) 5편·상량문(上樑文) 5편이다.

권6(내집)은 취지문(趣旨文) 12편·축사(祝辭) 2편·제문(祭文) 4편·애사(哀辭) 1편·비문(碑文) 3편·묘갈명(墓碣銘) 8편·묘표묘지(墓表墓誌) 3편·행장(行狀) 2편·전(傳) 3편이다. 취지문 가운데 「백천동명학교생도자조회취지문」에서 신학(新學)을 모르고는 당시의 국제사회에서 민족과 국가를 유지하기 어렵다는 전제하에 신학문을 배격하고 고담준론만을 일삼는 자는 국가와 국민의 좀이라고 비난하였다.

권7(외집)은 만필(漫筆)인데, 「패창수록(覇窓手錄)」 30조(條), 「문방잡기(文房雜記)」 45조, 「송관한화(松館閒話)」 13편, 「쇄어(鎻語)」 6편이다.

권8~10(외집)은 사설(社說)이다. 사설 상은 35수, 사설 중은 「동사고략(東事考略)」 15편이고, 사설 하는 「중국정형(中國情形)」 9편, 「동서관계(東西關係)」 상 19수, 「동서관계」 중 8수, 「동서관계」 하 15수이다.

권11~12는 부록(附錄)이다. 부록은 연보(年譜), 아들 재식이 1922년에 지은 가장(家狀), 장교원(張敎遠)이 지은 행장(行狀), 윤희구(尹喜求)가 지은 묘갈명(墓碣銘), 장명상이 지은 묘표(墓表), 제가시문(諸家詩文), 김택영이 지은 사략(事略), 족형 지화(志和)가 지은 소전(小傳), 「장위암선생장서(張韋庵先生長逝)」, 장익상이 지은 「숭문계서(嵩文契序)」, 이당화(李

堂和)·장영팔(張永八)·장교원(張敎遠) 등 188명이 지은 만장(輓章), 뇌사(誄辭), 김우동(金佑東)·정문섭(鄭文燮) 등 25명과 마창시사(馬昌詩社) 구성원이 지은 제문, 하유집고성(賀遺集告成), 통문(通文)으로 구성되어 있다. 제가시문은 이승희가 지은 「해삼위별장순소(海參威別張舜韶)」, 이응목(李膺穆)이 지은 「기한성여중(寄漢城旅中)」, 이병목(李炳穆)이 지은 「기순소(寄舜韶)」, 김택영이 지은 「통주증별(通州贈別)」, 권도용이 지은 「정숭양선생(呈嵩陽先生)」, 정규석(鄭圭錫)이 지은 「속난정계서(續蘭亭稧序)」가 있다.

권말에 후학 권도용이 1935년에 지은 「위암문고후서」, 아들 재식이 1935년에 지은 跋, 간행 당시 국사편찬위원장이었던 신석호(申奭鎬)가 1956년에 지은 「해설(解說)」이 있다.

5. 주요 작품 및 문집의 특징

「위암문고」 내집 6권(권1-6)은 일반적인 문집 체재에 따라 시문을 편찬한 것이고, 외집 4권(권7-10)은 보통 문집에는 수록하지 않는 만필, 한화, 쇄어, 사설 등을 수록한 것이고, 부록 2권(권11-12)은 위암의 연보와 행장, 위암에 대한 타인의 시문을 수록한 것이다. 위암의 遺文 가운데 당시의 신문, 잡지에 실린 것이 많지만, 본서에 수록한 것은 가장 우수한 것을 뽑은 것이며, 한국최근세사 연구의 중요한 자료가 되는 것이므로 한국사사료총서로 출판하게 된 것이다.

권3의 소서(疏書) 가운데 「청복수소(請復讎疏)」는 1897년 8월 23일 명성황후(明成皇后) 대상(大祥)을 지낸 이후에 올린 상소로 그들의 죄명을 폭로하고 팔방에 반포하여 국모의 원수를 갚을 것을 청하는 상소이다. 그리고 관찰사 황철(黃鐵)을 대신하여 지은 「치증미통감황조서(致曾彌統監荒助書)」는 2대 통감으로 1906년 6월 14일부터 1910년 5월 29일까지 재임했던 소네 아라스케(曾禰荒助, 1849-1910)에게 보내 내각에서 일어나고 있는 합방 논의에 대해 비판한 것이고, 「기신보사(寄申報社)」는 대한매일신보사가 발행인 베델이 죽고 경술국치 이후로 '대한' 제호만 떼어내고 매일신보로 바뀌어 강제인수된 매일신보사(每日申報社)에 보낸 것으로 사설이 아첨하는 글들이고 문장도 졸렬해진 것을 비난하는 내용이다.

권5 잡저 가운데 「시일야방성대곡(是日也放聲大哭)」은 『황성신문』 1905년 11월 20일자에 실린 논설인데, 당시 황성신문 주필이었던 그가 쓴 것으로 일제 침략의 원흉 이토 히로부미를 비난하고, 을사늑약의 부당성을 비판하고 고종 황제가 을사조약을 승인하지 않았으므로 을사조약은 무효한 것을 알리고, 을사조약이 체결된 것을 슬퍼하는 내용으로 민족적 울분이 표출된 논설이다. 장지연은 이 일로 체포 수감되어 태형을 선고 받았으나 이듬해 1월 24일 석방되었다.

권6의 비문 가운데 「배설묘비문(裵說墓碑文)」은 양기탁과 『대한매일신보』를 창간하고, 을사조약의 무효를 주장하는 등 항일활동을 펼쳤던 배설(裵說, Ernest Thomas Bethe, 1872-1909)의 묘비문이다. 이 외에 권8의 사설 상 가운데 「장충단성전(奬忠壇盛典)」, 「청룡정사의(青龍亭射儀)」, 「호가호위(狐假虎威)」와 권10 동서관계 하 가운데 「혁명후지나(革命後支那)」가 있다.

이상의 글들은 아들 재식이 처음 문집을 간행하고자 하였을 때 총독부의 검열에서 전문 삭제 명령이 내려져 간행을 포기하였던 것이다. 이를 통해 조선총독부 하에서 서적출판에 대한 통제 방향 고찰에 좋은 자료가 될 것이다.

따라서 『위암문고』는 전통적인 문집 체재에서 근대 서적 출판으로의 과도기에 해당하는 서적으로 도서 출판사 연구와 전통지식인에서 근대적인 언론활동가로서의 변모해 가는 인물에 대한 연구자료로도 충분한 가치가 있다.

6. 참고문헌

『위암장지연서간집』, 위암 장지연선생기념사업회, 2004.

송갑준, 「장지연의 자강론과 유교관」, 『가라문화』 6, 경남대학교 가라문화연구소, 1988.

노관범, 「장지연의 경세사학」, 『한국사상과 문화』 40, 한국사상문화학회, 2007.

정성희, 「식민지시기 조선 유학사 정리 작업에 대한 연구 -장지연과 하겸진의 저항적 조선유학사 정리 작업을 중심으로」, 『유학연구』 29, 충남대학교 유학연구소, 2013.

이민원, 「대한제국의 탄생 과정과 위암 장지연 -칭제건원 논쟁을 중심으로-」, 『문명연지』 20-1, 한국문명학회, 2019.

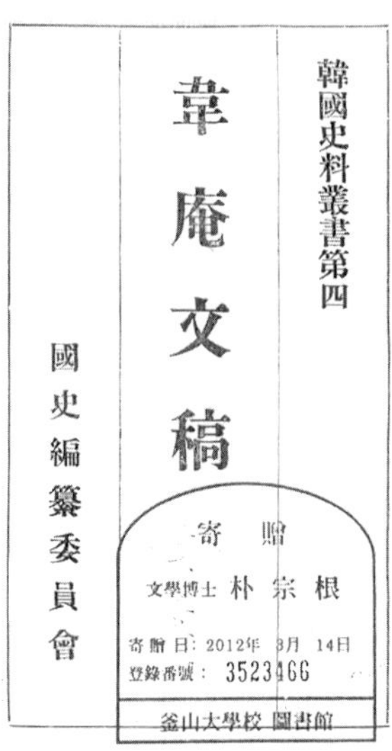
韓國史料叢書第四

韋庵文稿

國史編纂委員會

目 次

序……（一）
凡例……（一）
卷之一（內集）
賦
伽倻山賦……（一）
附書伽倻山賦後……（三）
詩
敝帚集三十一首
贈許進士嵩鄉蔿五首……（四）
時雨歎……（五）
讀陶詩有感……（六）
雲深亭懷古……（六）
過牛頭嶺……（六）
上枕流亭……（六）
村社……（七）
芳草亭次韻……（七）
偶唫二首……（七）
與許醒村聯賦芭蕉聯句……（七）
商山處舊與李士馨・許嵩卿・金仲賓世東同賦……（八）
與雲潭桂山讀書……（八）
西行歸路與諸友過河回……（八）
贈別諸友……（九）
登五養亭與許醒村許農隱共賦……（九）
謾題不知巖舍壁……（九）
春日謾吟……（九）
謹賀許𨻶隱丈人壽席并小序……（九）

跋

嗚呼、府君之歿、居然十有五年于玆矣、府君以經世之學、燭察時局、若將大有爲於斯世、遭天步艱棘、沈於下僚、不克酬其志、遂獻身報館、擧大義於天下、雖流離困阨之中、而百折不回、竟卷藏而沒世、然其遺膏剩馥之沾及民族者、殆無窮已、此則天下之言也、不肖何敢躐言、不肖無狀、荒廢先業、不克纘先訓之萬一、罪戾山積、穿泣風樹、加以世道日下斯文掃地、竊惻府君之一生事業、將至失墜、而風埃役役入定無期、數年之前、遂將巾衍中亂稿、託于洪君憙、俾得贈以歲月、而編摩之、君素有疾、而多務、僅寫出詩文若干、而君遽不淑矣、又請權秋帆道俗、更定規例、而整理之、梳洗簡淨、爲內外集附錄、凡六冊十二卷、府君之平日著述、汗牛充棟、不可殫記、此特泰山一毫芒耳、外之如大韓疆域考・儒敎淵源・遺士遺事・大東詩選・大東文粹・大韓新地志・萬國事物紀原歷史、蚕已刊布、以廣播觚界之歡迎、又如海港日記・農學新書・震韋續考等、未及付印、然亦儒門日用常識之蔡要者、總合爲副本、藏于家、以竢後日紓力、而更爲續刊之擧、工旣告竣、不可無緣起之述故敢附數語于後、乙亥三月下澣不肖男在軾泣血謹識。

伽倻의 別名

韋庵文稿卷之一

內集

賦

伽倻山賦

維伽倻之嶻嵲兮、卓二郡而爲鎭、李德懋遊仁詩曰、作鎭星州界、滄江陝郡東。東磵嶨而崑崑兮、抒邇洞而穷而岩嶙、蒼根下嶠於厚坤兮、翠黛上竦於穹漢、匪展閈以嵌空兮、界南維而標準、稱全牛頭與象王兮、陡雲峯又只怛、牛頭・象王・雪峰・只怛、皆伽倻之別名、見徐四佳居正蘇利菴記。縹藍綟而矗屬兮、赤嶔崟而隸越、谷攢谿以岧嶢兮、洞窅冥而蓬緝、谾硍嶮以巇巘兮、截羊腸之九折、仄木通之貌寫兮、湊美祟之巉絶、邀月留以崇岌兮、木通・美祟・月留、皆峰名。紺奇狀於千佛、千佛、亦峰名、石皆佛狀。修鬒屹其北迴兮、迦羅洞。德裕聳於西紀、頹紺岳以培塿兮、擁琵琶以壤凹、塊洞宿聲霧於岑梟兮、梟由頂、見管子。雪炎夏而鬱霿、倒柚松於巖嶂兮、長千春而盈尺、燦玉衡以枕杓兮、搊七星而躑躅、有七星臺。指仙源之迷路兮、涉武陵之略彴、洞口有武陵橋。瀨吟風而皺靄兮、岩泚箄而側觸、有吟風瀨、筄筆岩、崔孤雲嘗題詩曰、狂奔疊石吼重巒、人語難分咫尺間、常恐是非聲到耳、故敎流水盡籠山。石棽碕而盤陀兮、蘚不蝕而碯滑、泉紳噴以怒風兮、激嘈嘈而轟吼、濺紅珠而濬雪兮、汩瀏湝而濤瀏、紅流洞。岩中矸而皋尿、尿音尿。兮、雲陰雨於晴晝、鑴石籒而銜名兮、背邪蝕而昧古、水嘘嘘而澌駛兮、注伽倻之二川、地理誌曰、伽川出伽山東南、流入高靈縣界、與龜遊灘合、卽大小伽川也、倻川出紅流洞、與牛頭川合流、爲冶爐川、入于南江。遙畦睽之綬錯兮、沃數邦之良田、蟄蛟龍與蜥蜴兮、吐隱霧而

〈영남-43〉 복암집 復菴集

1. 형태서지

표제/권수제	복암집(復庵集)
편저자	장화식(蔣華植) 著
판사항	석판본
발행사항	[刊寫地未詳] : 蔣炳球, 1956
형태사항	총 10권 5책 四周雙邊 半郭 17.4×15.1㎝, 界線, 10行20字 註雙行, 上下向2葉花紋魚尾 ; 27.5×18.9㎝
소장처	국립중앙도서관, 계명대, 고려대, 국회도서관, 성균관대존경각, 안동대, 영남대, 한국국학진흥원

2. 정의

『복암선생문집』은 일제강점기 경상북도 청도 출신의 유학자인 장화식(蔣華植, 1871~1947)의 문집이다.

3. 저자사항

장화식 1871년(고종8)에 지금의 경상북도 청도군 이서면 신촌리(신안동)에서 출생하여 1947년에 사망하였다. 본관은 아산(牙山), 자는 효중(孝重), 호는 췌옹(贅翁), 복암(復菴)이다. 아버지는 장하수(蔣夏秀)이며 어머니는 거제 반씨(巨濟潘氏)로 반석조(潘錫祚)의 딸이다.

처음에는 회산(晦山) 반동락(潘東雒)의 문하에서 수학하였고, 서산(西山) 김흥락(金興洛)과 만구(晩求) 이종기(李種杞) 등을 스승으로 삼고 가르침을 받았다. 1911년에는 면우(俛宇) 곽종석(郭鍾錫)을 찾아가 심설(心說)에 대해 질의하고, 김동진(金東鎭)·박재헌(朴載憲)·송준필(宋浚弼) 등과 도의(道義)로 교유를 나누었다. 1922년 경성 유림 총부(京城儒林總部)에서 강사로 추천되었으나 나아가지 않았다. 그는 망국의 한을 안고 오직 학문 연구에 열중하였고, 오천서당(吾川書堂)에서 후학을 양성하는데 힘을 쏟았다. 문집으로는 『복암집(復庵集)』과 『췌옹선생문집(贅翁先生文集)』이 있다.

4. 구성 및 내용

『복암선생문집』은 아들 장병구(蔣炳球)가 1956년 편집·간행한 시문집이다. 『복암선생문집』은 총 10권 5책으로 이루어져 있다. 문집의 서문(序文)은 권상규(權相圭)가 썼고 발문(跋

文)은 김재성(金在聲)과 손병구(孫炳球)가 썼다.

권1~2에 부(賦) 1편, 시 287수로 구성되었다. 권1의 첫 작품으로 실려 있는 「장야부(長夜賦)」는 나라가 망한 뒤 오래도록 광복되지 못함을 안타깝게 생각하며 지은 것으로, 나라의 현실에 대한 안타까움을 술회하는 한편 광복에 대한 희망을 역설한 것이다. 권1에는 일상생활에서 느낀 감회를 적은 서정시가 많고, 권2에는 만사가 많은 편이다. 「춘일한거우성(春日閑居偶成)」이나 「산재우제(山齋偶題)」 등에는 한거(閑居)를 지향하는 은일지사(隱逸之士)의 면모가 드러난다. 또한 여러 문인과 화산(華山)의 천재(泉齋)에서 시회를 열어 함께 지은 시들이 많다. 「우국(友菊)」은 군자의 기개를 드러낸 시이다. 2권의 만시들은 대부분 청도의 문인들에 대한 작품이다. 대표적으로 청도의 유림이자 구휼(救恤) 운동가였던 김용희(金容禧)에 대한 만사인 「만김참봉(挽金參奉)」이 있다.

권3~5에 서(書) 127편이 있다. 그중 「상곽면우선생(上郭俛宇先生)」은 곽종석에게 보낸 편지로 이기설(理氣說)에 관한 장화식의 질의가 담겨있다. 이 밖에 청도 문인인 김용희, 김용복(金容復), 영남 문인인 김동진(金東鎮) 등과 주고받은 편지가 있다. 또한 발문을 써준 김재성과 주고받은 편지도 있다. 편지를 주고받은 인물들을 통해 당대 영남지방 근대 유림의 상황과 장화식의 교유 관계를 구체적으로 확인할 수 있다.

권6~8에 잡저(雜著) 66편, 서(序) 11편, 기 8편, 발 6편, 잠 3편, 혼계(昏啓) 1편, 상량문 3편, 축문 4편, 제문 14편이 있다. 잡저에서 장화식의 심성이기론(心性理氣論)에 대한 이해를 확인할 수 있다. 「주자설기의(朱子說記疑)」는 주자의 이기설에 대해 의문을 제기한 것이며, 「정자서기의(程子書記疑)」는 정자서의 의문점을 자문자답 형식으로 해답한 것이다. 「심해설(心解說)」은 정자와 주자의 여러 설을 인용해 심즉이기설(心卽理氣說)을 부언한 것이다. 기문은 「학산재기(鶴山齋記)」를 비롯하여 서원이나 누정에 관한 기문이 대부분을 차지한다.

권9에는 구묘문(丘墓文) 5편, 행록(行錄) 1편, 유사 3편이 있다. 어머니의 묘지명과 주변 문인의 묘지명 및 묘갈명 등이 있고, 행록은 안응보(安膺甫)의 것이다. 유사 역시 조부 국헌공(菊軒公), 삼종조모, 부인 김씨에 대한 것이다.

권10에는 부록으로 모두 저자에 대해 다른 문인이 지어준 작품을 모은 것이다. 행장, 행록, 가장, 유사, 묘갈명, 묘지명 각 1편, 만장 27수, 제문 20편 등이 수록되어 있다.

5. 주요 작품 및 문집의 특징

저자는 구한말 문인으로서 사서(四書)에 통달하였으며, 심성이기론(心性理氣論)과 호락논변(湖洛論辨)에 대해 오랜 세월을 바쳐 연구한 인물이다. 특히 성리학에 대한 논리를 살펴볼 수 있는 작품이 많다. 그는 조선의 선비로서 나라의 어두운 현실을 개탄하는 작품도 많이 지었다.

권1의 「장야부(長夜賦)」는 1802년도에 지은 작품이다. 당시 어두운 나라의 상황을 밤에 비유한 작품으로 구한말 문인의 우국정신(憂國情神)을 엿볼 수 있다. 제목의 '장야'는 밤이 길다는 뜻으로, 요순(堯舜)과 걸주(桀紂)의 역사적 치란(治亂)을 예로 들며 곧 밤이 지나면 낮이 올 것이라는 기대를 표출하였다. 이는 저자의 광복에 대한 의지를 담아낸 작품이라 할 수 있다. 또한 시 「만추도천재우득동연제우불기지회감구계이작(晩秋到泉齋偶得同研諸友不期之會因感舊契而作)」에서는 교유 문인들과의 추억을 떠올리는 한편, 인간의 성쇠(盛衰)에 대한 깨달음을 술회한 작품이다. 「추만재거유감십절(秋晩齋居有感十絕)」은 가을의 쓸쓸한 풍경을 읊는 한편, 유학자로서의 자세를 견지하는 태도를 엿볼 수 있다.

편지 중에서 곽종석에게 보낸 편지인 「상곽면우선생(上郭俛宇先生)」과 김해의 독립운동가인 노상직(盧相稷)에게 보낸 「답노소눌(答盧小訥)」에서는 이기설에 대한 저자의 의문 및 이해를 엿볼 수 있다. 이뿐만 아니라 잡저 중 「심해설」, 「성존심비설(性尊心卑論)」, 「천명지위성여성지자성동이변(天命之謂性如成之者性同異辨)」, 「인심도심론(人心道心論)」 등은 심성이기론(心性理氣論)에 대한 저자의 이해를 살필 수 있는 작품이다.

6. 참고문헌

장헌식, 『복암선생문집』, 경인문화사, 1994.

권대웅, 『장화식』, 『한국향토문화전자대전』, 2013.

復菴集 仁

復菴先生文集序

人之所貴乎文者爲其能道達志意也文之所貴乎傳後者爲其能有補世敎也自書契以来幾千萬年之間士之著書亦不

復菴先生文集序 一

復菴先生文集卷之一

賦

長夜賦 壬戌

昔太極之肇判兮天開地闢人生陰陽動靜而互根兮日月往來而迭明所以有此晝夜之明暗兮世隆衰亦類此中兩間而頫仰兮悵天地之逆旅堯時的於亭午兮周末奄其夕陽時則有若孔子兮恐日落而皇皇顔曾循以坦易兮思孟憂其昏荒秦促景而漢緩兮陵夷至於六朝棼或蹶而或起兮際初昏之熹微唐荒唐而費歲月兮晝與夜其不分迨五季之

賦 復菴先生文集卷之一 一

乎而蕩蕩乎無能名焉今於是集也小子亦無能名焉已矣其辨文疑斑錄四書贅義乃平生精力之最也雖知者仁者之異謂不必玄晏亦力緜未全可後之續刊而竢之矣不肖孫炳球抆淚謹識

復菴先生文集跋 三

※ 국립중앙도서관 소장

〈영남-44〉 **율계집** 栗溪集

1. 형태서지

표제/권수제	율계집(栗溪集)
편저자	정기(鄭琦) 著
판사항	석판본
발행사항	[刊寫地未詳]：[刊寫者未詳], 1953
형태사항	총 22권 11책 四周雙邊, 半郭 22.3×15.6㎝. 界線, 12行28字 註雙行, 上內向白魚尾；29.2×19.2㎝
소장처	국립중앙도서관, 고려대, 용인대, 전주대

2. 정의

『율계집(栗溪集)』은 일제강점기에서 해방 이후까지 경남 합천과 전남 구례를 중심으로 활동하며 노사(蘆沙) 기정진(奇正鎭, 1798-1879)의 학맥을 계승한 유학자 정기(鄭琦, 1879-1950)의 문집이다.

3. 저자사항

정기의 자는 경회(景晦)이고, 호는 율계(栗溪)이며, 초명은 정재혁(鄭在赫)이다. 본관은 서천(瑞川)이고, 1879년(고종16) 경상남도 합천(陜川) 율진(栗津)에서 부친 정환우(鄭煥禹)와 모친 남평문씨(南平文氏) 사이에서 태어났다.

정기는 어려서부터 뛰어난 자질을 보이며 과거를 통해 기개를 펼칠 것을 기대하고 공령문(功令文)을 열심히 익혔다고 한다. 그러나 1894년 갑오경장 이후 과거제도가 폐지되고 잇따른 흉년에 학업을 계속할 수도 없었다. 1896년(고종33)에 부친상을 당하고 나서 더욱 방황을 하였으나, 출세를 위한 학문이 아닌 자신을 위한 학문에 정진하기로 마음을 먹고 1899년(광무3) 그의 나이 21세에 노백헌(老栢軒) 정재규(鄭載圭, 1843-1911)의 문인으로 들어갔다. 정재규는 합천 출신이었지만 1864년(고종1)부터 전라남도 장성으로 이주하여 노사 기정진을 사사함으로써 그의 수제자 중의 한 사람으로 인정받았으며, 1879년(고종16) 기정진이 서거한 뒤에 합천으로 돌아와 후학을 양성하고 있었다. 정기는 정재규를 통해 기호학파(畿湖學派) 주리론(主理論)을 펼치던 노사학맥(蘆沙學脈)에 닿게 된 것이다.

1905년(광무9) 을사늑약이 체결되자 정기는 스승 정재규와 함께 논산으로 최익현(崔益鉉,

1833-1906)을 방문하여 대책을 의논하였는데, 구체적 행동으로 실천하지는 못하였다. 당초 최익현은 정재규에게 연재(淵齋) 송병선(宋秉璿, 1836-1905)과 함께 서울로 가서 궐앞에서 항의하고 있던 면우(勉宇) 곽종석(郭鍾錫, 1846-1919)과 합류하라고 권하였지만, 행동에 옮기려는 정기를 스승 정재규가 만류하여 실천하지 못하였던 것이다. 1911년 정재규가 죽고, 1912년 모친이 죽은 뒤에, 1914년 무산정사(武山精舍)를 짓고 주변의 학자들과 교유하며 후학 양성을 시작했다. 1921년 이후 만주와 간도 일대를 세 차례 드나들며 항일운동에 함께하려 했으나 뜻을 이루지 못하고 금강산과 지리산 일대를 주유하며 울분을 달랬다.

1927년 전라남도 구례에서 자신의 문하로 들어온 효당(曉堂) 김문옥(金文玉, 1901-1960) 등과 함께 구례군(求禮郡) 토지면(土旨面) 덕천(德川)으로 이사하여 오원재(五爰齋)와 덕천정(德川亭)을 짓고 강학당(講學堂)으로 삼았다. 구례에서는 석전(石田) 황원(黃瑗, 1870-1944)과 유당(酉堂) 윤종균(尹鍾均, 1861-1941), 백촌(白村) 이병호(李炳浩, 1870-1943) 등과 교유하고 후학을 양성하며 지냈다. 이때 그는 화이론적 세계관으로 무장한 위정척사사상을 견지하였으며, 노사학파의 학설을 옹호하고 유지시키기 위해 노력하였다. 정기의 제자 김문옥은 “체(體)를 밝혀 용(用)에 적용하는 학문과 세상에 쓰이고 실무를 감당할 만한 재주로, 용기는 도(道)를 추구할 수 있었고 의지는 시대를 구제하는 데에 간절하였다.”고 평가하였으며, 그의 삶을 “도가 떨어지고 나라가 망하는 시대를 만나 시골에서 곤궁하게 늙으면서, 재주와 포부를 하나도 펼치지 못한 채 돌아가셨지만, 주리(主理)의 취지를 떨치고 추잡하고 잘못된 언어를 배척하여, 위로는 사문(師門)을 보필할 수 있었고 아래로는 배우는 자들을 헤매지 않게 지도할 수 있었다.”고 요약하였다. 1950년 10월 덕천정에서 향년 72세로 서거하였다. 6·25 전쟁이 한창이라 임시로 마을 뒤에 장사지냈다가, 1958년 순천 월등면(月燈面)으로 이장하였다.

4. 구성 및 내용

『율계집』은 석인본(石印本) 22권 11책으로 되어 있다. 1953년 정기의 문인인 김문옥과 김규태(金圭泰)·정민하(鄭敏河)등이 간행하였다. 문집은 시(詩), 서(書), 잡저(雜著), 서(序), 기(記), 발(跋), 명(銘), 찬(贊), 사(辭), 제사(題辭), 자사(字辭), 애사(哀辭), 상량문(上樑文), 축문(祝文), 제문(祭文), 비(碑), 묘지명(墓地銘), 묘갈명(墓碣銘), 묘표(墓表), 행장(行狀), 전(傳) 등 20여 개 항목으로 이루어져 있다.

권1-2에는 시(詩) 445수, 권3-8에는 서(書) 343편, 권9-12에는 잡저(雜著) 42편, 권13에는 서(序) 71편, 권14에는 기(記) 64편, 권15에는 발(跋) 26편, 잠(箴) 3편, 명(銘) 17편,

찬(贊) 3편, 제사(題辭) 6편, 자사(字辭) 4편, 애사(哀辭) 8편, 상량문(上樑文) 9편 등 총 76편, 권16에는 축문(祝文) 6편과 제문(祭文) 43편등 총 49편, 권17에는 비(碑) 19편과 묘지명(墓誌銘) 35편 등 54편, 권18-20에는 묘갈명(墓碣銘) 123편, 권21에는 묘표(墓表) 54편, 권22에는 행장(行狀) 16편과 전(傳) 9편 등 총 25편이 실려 있다. 22권 11책에 모두 1,346편의 글이 수록되어 있다. 국립중앙도서관과 전남대학교 도서관 등에 소장되어 있는데, 표지를 『무산집(武山集)』이라고 한 경우도 있다.

서(書) 중 「통서차의(通書箚疑)」와 「대학발문(大學發問)」은 『대학』과 『통서』에 대해 스승 정재규와 질의·응답한 내용이다. 「답중산강의(答中山講義)」는 조장섭(趙章燮)·정찬석(鄭贊錫)·김문옥(金文鈺) 등과 여러 학문적인 문제를 질의·응답한 것이다. 이 밖에도 『좌전(左傳)』·『주역』·『논어』·『맹자』·『대학』·『중용』·『가례(家禮)』와 의례(疑禮)·상례(喪禮)에 대해 질의·응답한 문인들의 문목이 있다. 잡저 중 「계상수록(溪上隨錄)」은 1899년경부터 1911년까지 정재규와 학문에 대해 주고받은 문답을 수록한 일기체의 기록이다. 「누하쇄언(樓下瑣言)」은 주로 성리학에 관한 내용으로, 이황(李滉)·송시열(宋時烈)·오희상(吳熙常)·이진상(李震相)·전우(田愚)·허유(許愈) 등의 글을 두루 인용하여 반박하였다. 그 중에서도 특히 전우의 성리설을 집중적으로 비판하고 있다. 이 밖에도 학문·경제·국지융체(國之隆替)·화이지분(華夷之分)·사습지폐(士習之弊) 등을 두루 설명하였다. 「명기문답여동지정지문답합변(明氣問答與動之靜之問答合辨)」은 전우의 「명기문답」과 「동지정지문답」을 아울러 비판한 논설이다. 「격물물격양격자해(格物物格兩格字解)」는 『대학』에 나오는 격물(格物)과 물격(物格)의 두 격자(格字)의 해석에 있어 종래의 설과 달리 두 격자의 의미가 같아야 한다고 주장하여 김창협(金昌協)의 해석과 일치한다. 「학규십조시종유제군(學規十條示從遊諸君)」의 10조는 정추향(定趨向)·수방심(收放心)·입과정(立課程)·근언행(謹言行)·여명절(勵名節)·신복식(愼服飾)·과기욕(寡嗜慾)·성과실(省過失)·벽이교(闢異敎)·택붕우(擇朋友) 등으로 학생들이 지켜야 할 행위규범이다. 「외필후변변(猥筆後辨辨)」은 전우의 저작인 「외필변」과 「외필후변」을 비판한 논설이다. 「산방수록(山房隨錄)」은 주로 성리(性理)와 태극설(太極說)로 전우의 성리설을 비판적으로 논설한 것이다. 「변전간재관정노백헌집외필변변(辨田艮齋觀鄭老栢軒集猥筆辨辨)」은 정재규의 「외필변」에 대한 전우의 논변인 「관노백헌집외필변변」을 다시 반박한 논변이다.

5. 주요 작품 및 문집의 특징

권1에 수록된 「화동역대가(華東歷代歌)」는 오언고시(五言古詩) 2,846구 총 30면 분량의 장편 영사시이다. 화(華, 중국)와 동(東, 조선)의 역사를 교차하여, 동국의 역사가 중화와 한 궤도를 같고 있음을 보여주려 하였다. 중국의 역사는 반고(盤古)로부터 1644년 명(明) 나라 멸망까지 한족(漢族)이 세운 왕조만을 중심으로 1,410구로 서술하고 있고, 조선의 역사는 단군(檀君)부터 1649년 인조(仁祖)까지 1,414구로 서술하고 있다. 결말은 22구로 되어 있다. 조선중화주의의 한 양상을 식민지 시기에까지 계승하고 있는 것으로 주목할 만하다. 이 시는 1920년대 초, 중국 여행 후에 제작된 것으로 추정된다.

「무산정사십이영(武山精舍十二詠)」, 「덕은천구곡차무이도가운(德隱川九曲)」, 「성학십도오언절구(聖學十圖五言絕句)」는 정기의 성리학적 세계관을 드러낸 대표적인 시이다. 「무산정사십이영」은 1914년 주자(朱子)의 무이정사(武夷精舍)를 표방하며 자신의 강학소를 무산정사라고 이름 짓고 성리학적 학문의 자세를 시로 표현한 것이다. 정기가 구례로 이주하며 지은 「덕은천구곡」은 주자의 「무이도가(武夷棹歌)」를 차운하는 형식적 장치와 덕은천 일대를 성리학적 의미로 재배치하는 내용적 장치를 통해 성리학적 학문 자세를 계승한다는 의미를 더욱 두드러지게 표현하고 있다. 「성학십도오언절구」는 퇴계(退溪) 이황(李滉)의 「성학십도」를 정기가 병풍으로 만들어두고 '태극도(太極圖)' '서명도(西銘圖)' '소학도(小學圖)' '대학도(大學圖)' '백록동규도(白鹿洞規圖)' '심통성정도(心統性情圖)' '인설도(仁說圖)' '심학도(心學圖)' '경재잠도(敬齋箴圖)' '숙흥야매잠도(夙興夜寐箴圖)'에 대해 각각 오언절구를 지은 것이다. 조선 성리학을 정립한 퇴계를 계승하겠다는 의지를 읽을 수 있다.

6. 참고문헌

최두식, 「율계(栗溪)의 기행시 (紀行詩)와 그의 문학 세계 (1)」, 『동방한문학』 12, 동방한문학회, 1996.

정병련, 「율계 정기의 철학사상」, 『한중철학』 3, 한중철학회, 1997.

문수현, 『율계 정기의 문학 연구』, 순천향대학교 박사논문, 2019.

栗溪集 卷一

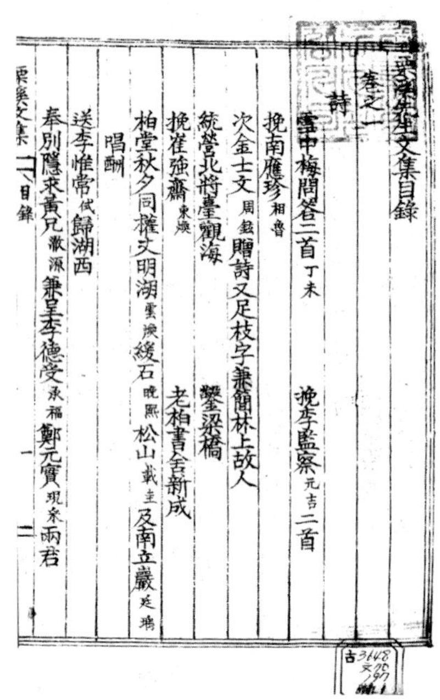
栗溪先生文集目錄

卷之一

詩

雪中梅問答二首 丁未　挽李監察 元吉 二首

挽南應珍 相魯

次金士文 周鉉 贈詩又足枝字兼簡林上故人

統營北將臺觀海　鑿梁橋

挽崔强齋 東煥　老柏書舍新成

柏堂秋夕同權文明湖 雲煥 綫石 晚熙 松山 載圭 及南立巖 廷瑀

唱酬

送李惟常 伏 歸湖西

奉別隱求黃兄 徽源 兼呈李德受 承福 鄭元實 現來 兩君

栗溪文集 卷一 目錄　一　二

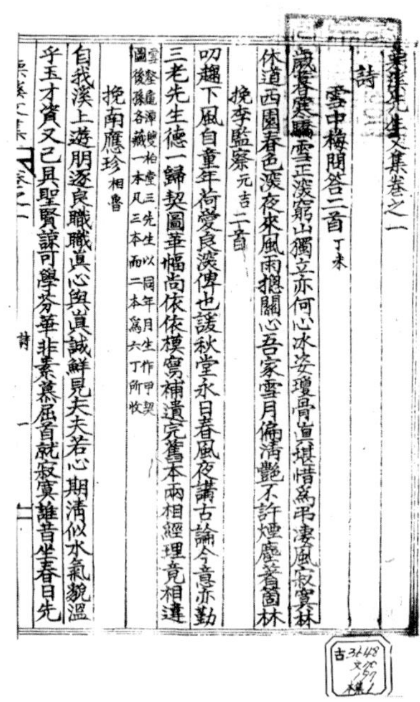
栗溪先生文集卷之一

詩

雪中梅問答二首 丁未

歲暮寒風雪正深窮山獨立亦何心冰姿瓊骨眞堪惜爲弔凄風寂寞林

休道西園春色深夜來風雨摠關心吾家雪月偏淸艶不許煙塵着簡林

挽李監察 元吉 二首

叨趨下風自童年荷愛良深傅也諼秋堂永日春風夜講古論今意亦勤

三老先生德一歸契圖華幅尙依依模寫補遺完舊本兩相經理竟相違

雲巒蘆潭雙柏堂三先生以同年月生作甲契圖後孫各藏一本凡三本而二本爲六丁所收

挽南應珍 相魯

自我溪上遊朋遂良職職眞心與眞誠鮮見夫夫若心期淸似水氣貌溫

乎玉才資又已具聖賢諒可學芬華非素慕屈首就寂寞誰音坐春日先

栗溪文集 卷之一 詩 一 二

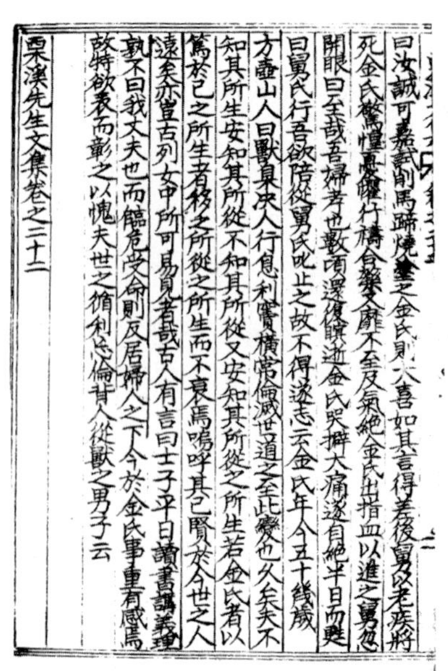
曰汝誠可嘉試則馬蹄燒金之金氏則大喜如其言得差後舅以老疾將

死金氏驚惶[illegible]行禱合藥大靡不至及氣絶金氏出指血以進之舅忽

開眼曰至哉吾婦孝也數晌還復暝逝金氏哭擗大痛遂自絶半日而甦

曰舅氏行吾欲陪從舅氏叱止之故不得遂志云金氏年今五十幾歲

方壺山人曰歎臭決人行息利實橫常倫滅世道之至此變也久矣夫不

知其所生安知其所從不知其所從又安知其所從之所生若金氏者以

篤於己之所生者移之所從之所生而不衰焉嗚呼其已賢於今世之人

遠矣亦豈古列女中所可易見者哉古人有言曰士子平日讀書講義

孰不曰我丈夫也而臨危受命則反居婦人之下今於金氏事重有感焉

故特欲表而彰之以愧夫世之循利忘倫背人從獸之男子云

栗溪先生文集卷之二十二

※ 국립중앙도서관 소장

〈영남-45〉 **탁와집** 琢窩集

1. 형태서지

표제/권수제	탁와집(琢窩集)
편저자	정기연(鄭璣淵) 著
판사항	석판본
발행사항	[刊寫地未詳] : [刊寫者未詳], 1954
형태사항	총 22권 11책 四周雙邊, 半廓 20.2×15.4㎝, 有界, 10行20字, 注雙行, 內向~二葉花紋魚尾 ; 29.5×19.8㎝
소장처	국립중앙도서관, 경기대, 계명대, 고려대, 성균관대존경각, 영남대, 원광대, 전남대, 전북대, 전주대

2. 정의

『탁와집』은 개항기부터 해방 이후까지 생존한 학자 정기연(鄭璣淵, 1877-1952)의 시·서(書)·잡저·제문 등을 수록한 시문집으로 서문과 발문이 없어 정확한 간행 연대를 알 수 없지만 저자의 행장이 지어진 1954년 이후에 아들 정상건(鄭相建)이 간행한 석판본이다.

3. 저자사항

정기연은 자는 형칠(衡七), 호는 탁와(琢窩), 본관은 초계(草溪)이다. 아버지는 동민(東珉)이고, 어머니는 이노영(李老榮)의 딸 경주이씨(慶州李氏)이다. 그의 가문은 고려 말부터 경산에 세거하였고, 9대조는 임진왜란에 곽재우와 함께 의병을 일으키고 고산서원(孤山書院) 재건에 앞장섰던 동암(東巖) 정변호(鄭變頀)이다. 그는 경산 옥곡동에서 태어나 8세에 족장(族丈) 수당(守堂) 화술(華述)에게 배우기 시작하였다. 20세(1896)에 부친의 명을 받아 충청도의 연재(淵齋) 송병선(宋秉璿, 1836-1905)과 심석재 송병순 문하에 나아가 배우기 시작하였다. 이때 송병순이 그에게 '옥불탁불성기(玉不琢不成器) 인불학부지도(人不學不知道)'라고 하면서 옥을 연마하는 것처럼 너의 학문에 힘쓰라는 뜻으로 '탁와'라는 호를 지어 주었다. 그 후 1898년 10월부터 겨울이 지나도록 연재 문하에서 『중용』과 『대학』 등을 공부하였다. 1899년에는 임재(臨齋) 서찬규(徐贊奎)와 경재(景齋) 우성규(禹成圭)를 만났고, 1903년에는 연재가 정기연의 집을 방문하고 돌아가는 길에 금오산과 야은유적을 유람하였다. 이처럼 정기연은 연재의 기대와 사랑을 받은 듯하다. 1905년 을사조약이 체결되자 송병선이 상경해 을사5적의 처단과 국권회복을 바라는 상소문을 올릴 때, 그는 택와(擇窩) 우하철(禹夏轍), 중재(重齋) 윤봉주(尹奉周), 묵재(默齋) 이병철(李柄喆) 등과 함께 스승을 따라갔다. 송병선이 자신의 뜻이 임금에게 받아들여지지 않은 채 고향으로 강제 송환되어 음독 자결하자 심석재(心石齋) 송병순(宋秉珣, 1839-1912)에게 나아가 수학하여 그 학통을 계승하였다. 1908년에는 만동묘복설운동에 참여하였다. 그러나 송병순 역시 1910년 경술국치로 나라가 국권을 상실하자 이를 개탄하며 음독 순국하였다. 이후 정기연은 비통함과 울분을 안고 향리로 돌아왔다. 그가 들고 내려온 서책은 수천 권에 이르렀는데, 그 가운데는 논 몇 마지기를 팔아야 살 수 있다는『송자대전』등이 들어 있었다고 한다.

정기연은 고향으로 돌아와 백형이 마련해 준 우경재(寓敬齋)에서 고을 후진을 가르치며 학문을 계속할 수 있었다. 우경재는 이후 서당이 되고 그의 저술 공간으로 기능했다. 1912년 7월 일왕 메이지(明治)가 죽자 일제는 우리 국민에게도 상을 당한 복식을 하도록 강요했다. 옷 위에다 나비 모양의 검은 휘장을 붙이라는 것이다. 우경재에 은거하던 정기연은 나라 잃은 원한과 슬픔을 사립문을 닫아건다는 뜻의 '엄비음(掩扉吟)'이란 한시로 표현했다. 절망의 신음소리인 것이다. 탁와는 한편으로 집안사람들이 일본말을 사용하지 못하도록 했다. 대신 남자는 한자와 한글을, 여자는 한글을 쓰도록 했다.

정기연은 만년에 경산에 세거하는 초계정씨의 문장(門長)이 되어 1948년에 임진왜란 당시 의병으로 활동한 삼의사(三義士), 즉 정변함·정변호·정변문을 추모하는 정자 삼의정(三義亭)을 건립하였다. 여기에서 그는 후학을 양성하며 지내다가 1952년에 졸하였다.

4. 구성 및 내용

본집은 22권 11책으로 권수에 총목(總目)이 있다.

권1 전반부는 사(辭) 1편, 부(賦) 1편이다.「상추부(傷秋賦)」는 1909년 33세에 지은 것으로 공리주의(功利主義) 신사조(新思潮)를 앞세워 자기보신(自己保身)에만 급급하는 세태를 가을 풍경의 곳곳에 담아 풍자하면서 울분과 개탄을 토로하고 유학자로서는 외로울 수밖에 없는 자신의 갈 길을 다짐한 글이다.

권1 후반부~권2는 시(詩) 274제이다. 시는 연재와 심석재 문인으로 두 스승과의 관련된 시가 많은 편으로「경차연재선생서벽정운(敬次淵齋先生棲碧亭韻)」,「경차심석재선생수연운(敬次心石齋先生壽筵韻)」,「연재선생왕림유감(淵齋先生枉臨有感)」등이 있고,『송자대전』복판과 관련된 시「근차송자대전복판운(謹次宋子大全復板韻)」,「근차송자대전중건낙성운(謹次宋子大全重建落成韻)」등이 있다. 자신이 거처하는 성암산 주변에서 읊은 시로「성암산사시

(聖巖山四時)」, 「성암칠절시서사제생(聖巖七絕示書社諸生)」, 「성암절구」, 「덕등절구(德嶝絕句)」 등이 있는데, 「성암칠절시서사제생」은 1916년 겨울에 최창백(崔昌佰), 이근오(李邦彦), 이선명(李熙淑), 장시련(張時連), 외제(外弟) 한세도(韓世道), 종질(從姪) 장상훈(張相勳), 조카 장상직(張相直) 등이 정기연을 따라 성암산 아래에서 글을 읽고 있었는데, 서사(書社)에 모인 제생들에게 권학에 도움이 되고 또 나 자신을 경계하는 뜻을 붙여 지은 시이다. 그리고 외세의 침입 등 국가적 위기 상황에 울분을 토하는 시들을 남겼다. 「문안의사살이등등박문(聞安義士殺伊藤等博文)」은 1909년 10월 26일 안중근(安重根) 의사가 하르빈 역두(驛頭)에서 침략의 원흉 이토 히로부미(伊藤博文)을 살해했다는 소식을 듣고 지은 것이고, 「술지(述志)」 3수에 그 심정을 토로하였다. 그런 다음 성암산 밑에 은거처를 마련하였다. 「엄비음(掩扉吟)」은 1912년 일본천황이 죽자 우리 국민에게도 옷 위에다 나비 모양의 검은 휘장을 붙일 것을 강요하였는데, 사립문을 닫아건다는 뜻의 시로 나라 잃은 원한과 슬픔을 읊은 시이다. 또한 여행 여정에 따라 지은 유람시가 많은 편이다. 정축년에 금강산 유람할 때 지은 단발령, 만수교, 명경대, 만폭동, 만물상, 연주담, 구룡연, 해금강, 총석정 등이 있고, 경주 유람할 때 지은 시로 불국사, 석굴암, 분황사, 반월성, 안압지, 첨성대 등이 있다. 만시는 송병선, 송병순, 서찬규, 우성규, 정화술, 우하철 등 61명을 애도하며 지었다.

권3~10은 서(書) 438편으로 136명에게 보낸 편지와 『송자대전』 중간소(重刊所)의 집사들과 원계정사회유(遠溪精舍會儒), 경성부 유림총국 강사 사직서, 간통(簡通) 7편이다. 서간은 그 분량이 상당히 많은데, 유교 경전에 대한 훈고적 해석, 이기심성(理氣心性)·복제(服制)에 관한 문답 등이 있다. 그 중에 송시열의 후손인 후암(後菴) 송증헌(宋曾憲, 1878-1947)과 주고받은 편지가 70통으로 가장 많다. 또한 『송자대전』 중간과 만동묘 관련된 편지가 「여송자대전중간간첨집사」, 「송자대전분소간통」, 「송자대전복판시간채미감간통」, 「답만동묘도유사간통」 등이 있다.

권11~17은 잡저 32편으로 학술적으로 중요한 글이 많다. 「연재선생어록」은 1864년 입문했을 때부터 기록한 것으로 스승을 처음 뵌 날의 감상과 자신에게 "뜻을 굳건히 세우고 퇴폐한 세파에 물들지 말라"고 당부한 말씀 등이 수록되어 있다. 「심석재선생어록」 역시 1864년 입문했을 때부터 1912년 자결할 때까지 기록한 것이다. 「청파일기(青巴日記)」는 송병선이 1905년 상소하러 상경한다는 소식을 듣고 2월 윤봉주, 우하철, 이병철 등과 대구에서 출발한 날부터 뜻을 이루지 못하고 자결하고, 장례 치루는 날까지 기록한 일기이다. 「옥석문답(玉石問答)」과 「거파전원(粔籷戰援)」은 광복이후 대두된 한자폐지론과 한글전용론에 대한 반론을 제기한 것이다. 「옥석문답」에서는 한문과 국문을 옥과 돌을 다듬는 사람에 비유하여, 한문 폐지는 민족 문화를 부정하는 것이라 주장하였고, 「거파전원」에서는 한문과 국문을 쟁

기와 키에 비유하여, 문자가 국가를 망하게 하는 것이 아니라 외국과 무역을 함으로써 그 문물이 들어오는 것에 문제의 원인이 있다고 주장하였다. 「독서기의(讀書記疑)」는 사서(四書)를 읽으면서 의심나는 것을 기록한 것이다. 「훼유변설(毁儒辨說)」과 「금언변(今言辨)」은 유학과 유자의 무용과 무능함에 대한 당시의 논란을 반박한 글이다. 「동유록(東遊錄)」은 송증헌, 윤봉주, 구재서(具在書)와 함께 경주와 동해안을 유람하고 지은 것이고, 「풍악유록(楓嶽遊錄)」은 정축년에 동생 덕연(德淵)과 금강산을 유람하고 지은 것이다. 「습례국도설(習禮局圖說)은 제사 지내는 법을 설명하고 국문 번역을 부기해 어린이에게 익히도록 한 것이며, 「오복시장(五服示掌)」은 복제(服制)를 해설하고 도표화한 글이다. 「사례제강(四禮提綱)」은 관혼상제의 예법을 체계적이고 상세하게 서술한 것이며, 「자관(字管)」은 수학·우주론·과학·이기론 등 잡다한 문제를 풀이하고 해설한 방대한 양의 독립된 저술이다.

권18은 서(序) 5편, 기(記) 9편, 발(跋) 6편, 명(銘) 6편, 잠(箴) 2편, 찬(贊) 2편, 상량문(上樑文) 2편, 축문(祝文) 15편이다. 서는 안동으로 돌아가는 유동익(柳東翼)에게 준 증서, 신사년(辛巳年)에 9대조 동암 정변호(鄭變頀)의 묘소에 묘비를 세우는 일을 발의하여 여러 종족들에게 의연금을 갹출한 의연록에 붙인 「장고산석역의연록서(長鼓山石役義捐錄序)」와 이석기(李錫基)가 조부 이능경(李能儆)의 시문을 수집하여 편찬한 『운곡이공실기(雲谷李公實記)』에 붙인 서문 등이 있다. 기는 1948년에 초계정씨 가문의 三義士인 정변함, 정변호, 정변문에 대한 유허비(遺墟碑), 비각(碑閣), 감룡문(感龍門)을 세운 내력을 적은 「삼의각소기(三義閣小記)」, 능성구씨 화수당(花樹堂)에 대한 것, 이규호(李圭鎬)가 경주이씨 가문의 강모재를 중수한 내력을 적은 「강모재중수기(講慕齋重修記)」 등이 있다. 발은 자신의 저술인 「습례도국설(習禮局圖說)」, 「오복시장(五服示掌)」, 「사례제강(四禮提綱)」, 「자관(字管)」 등에 대한 것, 송희린(宋熙麟)의 행록과 하승운(河昇運)이 부친인 하용규(河龍奎, 1853-1916)의 시문을 수집하여 간행한 『두곡실기(杜谷遺稿)』에 붙인 발문이 있다. 명은 우경재가 자리하는 성암산에 대한 명 등이 있다. 찬은 금강산을 유람하고 돌아오는 길에 원계(遠溪)에 가서 송병선과 송병순의 유상(遺像)을 보고 지은 것이 있다. 상량문은 삼의정과 채미정에 대한 것이고, 축문은 우경재, 성암별장(聖巖別庄), 삼의정 터 닦을 때, 아들 상순(相順)과 질부 최씨가 분가할 때 지은 것이 있고, 송병선, 송병순의 원계 영당 춘추향축문이 있다.

권19은 제문(祭文) 35편이다. 제문은 송병선, 송병순, 최익현, 서찬규, 우하철, 송증헌 등과 14세에 요절한 장남 상주(相周)와 백형 정태연(鄭兌淵)에 대한 것이 있다.

권20은 비문(碑文) 1편, 묘갈명(墓碣銘) 2편, 묘표(墓表) 1편, 실기(實記) 2편, 가장(家狀) 7편이다. 비문은 묘단비(墓壇碑)로 퇴은(退隱) 박응지(朴應墀)와 부인, 아들과 자부, 손자와 손부의 3세 6묘의 묘단비음기이다. 묘갈명은 동문인 이병철과 종9대조 정변함(鄭變咸)에 대한 것이다. 묘표는 자신이 직접 지은 자신의 것으로 아들 상건(相健)에게 쓰도록 한 것이다. 실기는 선조 정선(鄭僐)과 정연(鄭琠)에 대한 실기이다. 가장은 선조 정변호와 정변함, 조부 정지해(鄭志海)와 조모 김해김씨(金海金氏), 부친 정동민과 모친 경주이씨, 백형 정태연에 대한 것이다.

권21은 전(傳) 1편이다. 「이경전(二耕傳)」은 소설적인 글로서, 곡(穀)을 심는 동경자(東耕子)와 피[稗]를 심는 서경자(西耕子)가 서로 자기의 이익을 주장하는 내용으로 동경자와 서경자를 수구(守舊)와 개화(開化), 동양 문화와 서양 문화로 상징화하여 수구 쪽을 지지하는 저자의 입장을 표현한 글이다.

권22는 부록(附錄)으로 아들 상건이 지은 가장 1편이 수록되어 있다.

5. 주요 작품 및 문집의 특징

정기연은 망국과 두 스승의 순절, 일제강점기, 광복과 서구 문명의 유입이라는 변혁기를 살았던 유학자였다. 그는 「이경전(二耕傳)」에서 곡(穀)을 심는 동경자(東耕子)와 피[稗]를 심는 서경자(西耕子)를 수구(守舊)와 개화(開化), 동양 문화와 서양 문화로 상징화하여, 근대 이후 서양 문화의 이입으로 가치관이 혼란한 현실에서 수구 쪽을 지지하는 자신의 입장을 표현하였다. 그는 시대가 변해도 유교의 도통(道統)을 이어 발전시키면 그것이 추구하는 이상향을 틀림없이 건설할 수 있다고 믿었다. 그런 중에도 우리 것의 소중함을 실천하고 또 깨우쳤다. 특히 유학자로서 한글을 한문과 함께 일찍이 받아들여 혼용을 강조하기도 하였다. 「습례국도설」은 제사상을 차릴 때 음식을 법식에 따라 놓는 법을 그림으로 설명한 것인데, 한글로 병기한 것이다. 이는 전통 유학자의 문집에 한글이 등장하는 건 당시로선 파격이었다고 한다. 또한 1947년에 한자의 문화적 가치를 옹호하는 「옥석문답」을 지어 한글전용론의 부당성을 지적하고, 국한문혼용(國漢文混用)을 적극 주장했다. 그 만큼 그는 유학자로서 우리 것, 특히 우리말과 우리글에 대한 애정이 각별했다고 볼 수 있다.

또한 『탁와집』에 많은 시가 수록되어 있는데, 그는 변혁기를 살아오면서, 시세를 한탄하고, 외세의 침입에 대한 울분을 시로 표현하였다. 「문안의사살이등등박문」은 1909년 10월 26일 안중근(安重根) 의사가 하르빈 역두(驛頭)에서 침략의 원흉 이토 히로부미(伊藤博文)을 살해했다는 소식을 듣고 지은 것이고, 「상추부(傷秋賦)」를 지어 국운의 쇠퇴를 통탄하고, 시리(時利)를 쫓아 허둥대는 인심의 야박함에 애써 초연하려고 했지만, 끝내 1910년 합방이라는 망국의 대변보를 듣고 “나는 어디로 갈꼬 나는 어디로 갈꼬..... 누구랑 같이 가리 누구랑 같이 가리... 어찌하면 좋을까 어찌하면 좋을까”로 시작하는 「술지(述志)」 3수에 그 심정을 토로하였다. 「엄비음(掩扉吟)」은 1912년 음력 7월 5일에 일본왕 명치(明治)가 죽자, 왜적들이 우리 국민에게도 상복을 입도록 강요했는데, 복제는 나비 모양의 검은 휘장을 옷 위에 붙이는 것이었다. 이에 나라 잃은 극도의 원한과 슬픔을 읊은 것이다.

이처럼 『탁와집』에는 스승과 나라를 잃은 그의 절박한 한탄과 심정이 그대로 들어 있다. 그리고 고향으로 돌아온 후에 우경재와 삼의정에서 후학을 양성하며 지낸 세월이 그대로 묻어 있다고 할 수 있다.

따라서 『탁와집』은 망국과 일제강점기, 광복과 서구 문명의 유입이라는 격변기를 살아 온 유학자의 삶과 학문을 살펴볼 수 있는 귀중한 자료라고 볼 수 있고, 『송자대전』 복간과 관련된 서간문이 3~4편 정도 있어, 『송자대전』의 복간 과정을 연구하는데 중요한 자료임을 알 수 있다. 또한 신구 문화의 갈등이 역사적으로 어떻게 전개되었으며, 한 개인에게 어떠한 영향을 미쳤던가를 파악할 수 있는 문헌이라고 볼 수 있다.

6. 참고문헌

김혈조, 『탁와집』, 『한국민족문화대백과사전』, 1996.

송의호, 「선비정신의 미학(39):두 스승 순절 지켜본 탁와 정기연」, 『월간중앙』, 2019년 6월호.

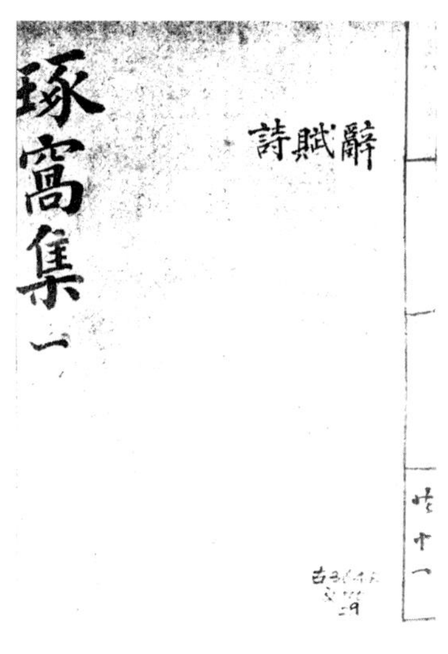

琢窩集 一

辭賦詩

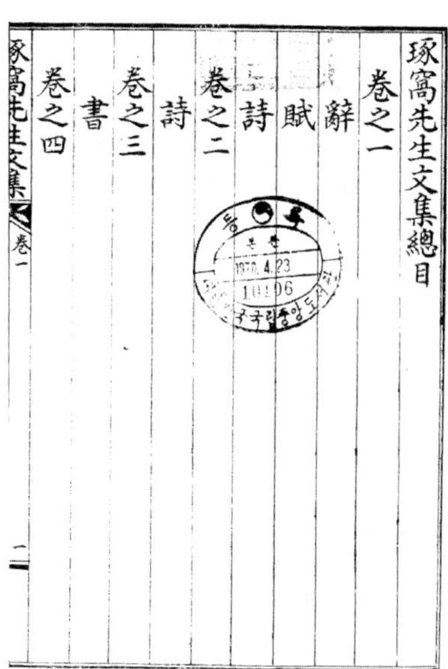

琢窩先生文集總目

卷之一
辭
賦
詩
卷之二
詩
卷之三
書
卷之四

琢窩先生文集 卷一

琢窩先生文集卷之一

辭

元朝自警辭 壬寅

卄六年前事歷歷坐思之分内多少職奈無一善治爾才若爾質雖昏且弱而爾性卽堯舜有爲亦可爲只患氣與習欲移未能移讀書將焉用默念可自悲八歲受小學昧然洒掃儀十九了七書義理無所推只爲時文計未曾用意玆弱冠始知悔千里遠求師負笈登程日斯學爾自期奈不硬着脚爾心爾又欺聖言非不信俗習是難離等待今幾日歲不爲我遲

二

事行之易知者第錄如右而亦不敢一毫有溢以傷府君平素本意後之知德者庶幾有考焉甲午春三月下澣不肖孤相健泣血謹撰

琢窩先生文集 卷二十二 二十六

※ 국립중앙도서관 소장

〈영남-46〉 **노백헌집** 老柏軒集

1. 형태서지

표제/권수제	노백헌집(老柏軒集)
편저자	정재규(鄭載圭) 著
판사항	목활자본
발행사항	-원집 : [刊寫地未詳] : 士林齋, 1912 -부록 : [刊寫地未詳] : 老柏書舍, 1936
형태사항	총 54권 27책 - 목록 1책, 원집 49권 24책 : 四周雙邊 半郭 21.2×16.0㎝, 10行20字 註雙行, 內向2葉花紋魚尾 ; 30.0×20.3㎝ - 부록 5권 2책 : 四周雙邊, 半郭 21.0×16.8㎝, 界線, 10行20字 註雙行, 上下向二葉花紋魚尾 ; 29.5×20.8㎝
소장처	국립중앙도서관, 고려대, 동아대, 부산대, 영남대, 전남대, 전주대, 조선대, 한국학중앙연구원

2. 정의

『노백헌집』은 정재규(鄭載圭, 1843-1911)의 시문집으로 사림들이 수습하고 49권 25책으로 편차하여 1912년에 활자로 인행한 원집과, 행장, 묘갈명 등의 묘도문자와 문인 정기(鄭琦)가 편찬한 연보(年譜), 문인록(門人錄) 등을 5권 2책으로 1936년에 아들 정현춘(鄭鉉春)이 저자의 족질 정현수(鄭鉉洙), 족숙 정방엽(鄭邦燁)과 함께 노백서사(老柏書舍)에서 활자로 인행한 부록을 합부한 것이다.

3. 저자사항

정재규는 본관은 초계(草溪), 자는 영오(英五)·후윤(厚允), 호는 노백헌(老柏軒)·애산(艾山)이다. 아버지는 정방훈(鄭邦勳)이고 어머니는 노위진(盧緯鎭)의 딸 교하노씨(交河盧氏)이다. 그는 삼가현 물계리에 태어나 1876년 황매산(黃梅山) 아래 감암동(紺巖洞)→1877년 방동(芳洞)→1883년 송곡(松谷)→1888년 토동(兎洞)→1891년 물계리→1895년 구목동(九木洞)→1902년 물계리로 여러 차례 주거지를 옮겨 다녔다.

그는 1863년 21세에 송내희(宋來熙)에게 수학하였던 몽관(夢關) 최유윤(崔惟允)에게 학업을 청하였고, 이듬해 최유윤의 인도로 기정진(奇正鎭)의 문하에 들어가 수학하였다. 1870년 28세에 애산(艾山)으로 자호(自號)하고 과거 공부를 그만둔 이후 본격적으로 기정진 문하에서 학문에 몰입하였는데, 이러한 생활은 1879년에 스승이 죽기까지 15년간 계속되었다.

정재규는 기정진 사후 곧바로 강학에 나서지 않고 기정진의 유문(遺文)을 교감하면서 기정진의 학문을 계승하는데 힘을 기울였다. 그가 강학을 시작한 것은 1884년부터이다. 그는 삼가 현령으로 부임한 임헌회의 문인인 신두선(申斗善)으로부터 초청을 받아 삼가 향교에서 강학을 하였으며, 1885년에는 조식의 강학처였던 뇌룡정이 중건되자 허유와 함께 뇌룡정에서 강학을 하였다. 그가 본격적으로 강학에 나선 것은 1892년부터이다. 그는 이때부터 자신의 서재인 봉서재(鳳棲齋)와 물계정사(勿溪精舍)에서 학생들을 모아 「학규」와 「물계절목」을 만들어 강학에 힘을 기울였다.

또한 그는 기정진의 위정척사사상을 실천적으로 계승하는데 노력을 기울이기도 하였다. 1881년에는 선산도회소에 나아가 신사척사운동에 참여하고 다음해인 1882년에는 포천에 올라가 최익현을 만났고, 1896년 조성숙(趙性璹)과 거의를 도모하였으나 실행하지는 못하였다. 1905년 을사늑약이 체결되자 다음해 1월까지 충청도의 최익현과 전라도의 기우만과 함께 각지에 포고문을 보내고, 정산(定山)으로 가서 최익현과 상의하여 노성(魯城)의 궐리사(闕里祠)에 모여 거의할 것을 도모하였으나 회중의 의견이 일치하지 않아 성사되지 못하였다. 비록 무력이 뒷받침되지 못하고 의병이 제대로 모이지 않은 상태에서 실패하였지만 의리를 중시하는 영남지역 노사학파의 위상을 제고하는데 크게 기여하였다.

정재규는 1910년에 노백서사(老柏書舍)의 완공을 본 이듬해 세상을 떠났다.

4. 구성 및 내용

본집은 원집 49권 25책, 부록 5권 2책으로 구성되어 있다. 권수에 원집의 총목록이 실려 있다.

권1~3은 시(詩) 397제이다. 시체 구별 없이 대체로 저작 연도순으로 편차되어 있다. 권1은 20세경부터 1895년 초까지 지은 시이고, 권2는 1895년 여름부터 1903년까지 지은 시, 권3은 1904년경부터 몰년인 1911년까지 지은 시로 편집되어 있다. 주로 동문이나 문인들과 교유하며 지은 시가 많은 편이다. 종형 정응규(鄭應圭), 이정모(李正模), 정의림(鄭義林)·정시림(鄭時林) 형제, 권운환(權雲煥), 허유(許愈) 등과의 수창시, 「도산만영(闍山謾詠)」은 1895년 도산의 절에서 병을 치료하고 있을 때 지은 것으로 명말(明末)에 절의(節義)를 지킨 좌무제(左懋第), 황단백(黃端伯) 등 십 수 명에 대한 시를 짓고 자술(自述)을 지어 비분강개한 뜻을 드러낸 것이다. 「산거잡영(山居雜詠)」은 노백서사와 그 주변의 경치, 경물 등을 읊은 연작시이다. 최유윤, 이진상(李震相) 등 60여 명에 대한 만시가 포함되어 있다.

권4~26은 서(書) 959편으로 문집 전체에서 가장 많은 분량을 차지하고 있다. 주로 스승, 동문, 문인, 친인척, 기타 서원의 유생(儒生), 간소(刊所) 등 수신자별 연도순으로 배열하였다. 권4는 기정진, 최유윤, 김평묵, 이진상, 조성가(趙性家), 유주목(柳疇睦), 최익현 등에게 보낸 것이다. 이 가운데 조성가에게 보낸 것은 기정진의 행장에 대한 내용이고, 유주목에게 보낸 것은 손자를 후사로 삼는 것이 비례(非禮)임을 여러 근거로 들어 변론한 내용이다. 권5~8은 동문인 허유, 정시림, 최숙민(崔琡民), 민치량(閔致亮), 정의림, 기우만(奇宇萬), 곽종석 등에게 쓴 것이다. 허유에게는 복제 문제 등에 대해 쓴 것이다. 권9~25는 문인 권운환, 민용혁(閔用爀), 남창희(南昌熙), 이교우(李敎宇) 등에게 쓴 것이다. 권26은 가족과 서원, 반궁(泮宮)의 유생 및 간소 등에 쓴 것이다.

권27~32는 잡저(雜著) 91편이다. 「사상기문(沙上記聞)」은 스승 기정진을 1864년 처음 찾아가 배우기 시작하면서 1864년, 1871년, 1876년, 1877년에 가르침을 받은 것을 문답형식으로 기록한 것이다. 권28~29는 기정진이 「납량사의」와 「외필」를 지어 이기론의 정수를 논설하였는데, 여기에서 이이(李珥)의 학설을 훼손하였다고 영남지역의 노론은 물론 송병선과 전우가 문제를 제기하면서 격렬한 학설 논쟁이 일어났다. 이 논쟁에서 정재규가 가장 적극적으로 변론하여 기정진이 주리론의 입장에서 이이의 학설을 계승 보완하였음을 밝힌 것이 「납량사의기의변(納涼私議記疑辨)」, 「납량사의기의추록변(納涼私議記疑追錄辨)」, 「외필변변(猥筆辨辨)」, 「추록(追錄)」과 「변무문시제동지(辨誣文示諸同志)」 등이다. 「두류록(頭流錄)」은 1887년 8월에 김현옥(金顯玉), 권운환(權雲煥), 이택환(李宅煥) 등과 함께 지리산 정상에 올라 일출을 보고 지은 것이다. 이 밖에는 권두희(權斗熙), 성재석(成載晳), 정진렬(鄭軫烈) 등 12인에 대한 자설(字說)이 있고, 동문이나 문인들에게 여사설(餘師說), 양강설(養剛說) 등 여러 가지 사안이나 학문적 견해에 대해 써서 준 글들이 있다.

권33은 서(序) 30편이다. 김현옥의 『주자연보통고(朱子年譜通考)』, 최남두(崔南斗)이 편찬한 『구수요어(口授要語)』, 최병호(崔炳祜)의 『지승집략(地乘集略)』 등 저술에 붙인 것이 있고, 성산이씨족보, 안악이씨, 합천이씨세적록, 김해허씨가승 등 족보에 붙인 것이다. 이외에 김병규(金秉圭), 허만헌(許萬憲)에 대한 자서(字序), 염재수(廉在修), 구기언(具奇彦), 송호영(宋鎬榮) 등에게 준 송서(送序)가 있다.

권34~35는 기(記) 73편으로 대부분 건물에 대한 기문이다. 6대조 정종인(鄭宗仁)이 세운 임연정(臨淵亭), 정세필(鄭世弼)의 와룡정(臥龍亭), 여양진씨(驪陽陳氏)의 학업장소인 대아재(大雅齋), 평천(平川)의 봉양서숙(鳳陽書塾)에 있는 천인루(千仞樓), 이병두(李炳斗)가 수축한 쌍수정(雙秀亭), 이상진(李相軫)의 만산당(晩山堂), 이종진(李鍾振)의 서실 자경재(自警齋), 심재욱(沈再郁)의 여섯 아들의 우애를 기려 지은 육우정(六友亭) 등에 대한 것이다. 이

밖에 하동의 악양정(岳陽亭)과 한산도의 제승당(制勝堂) 유람기와 정옥량(鄭玉良), 효열부 정재두(鄭載斗)의 처 함안조씨, 열부 구창석(具昌晳)의 처 경주최씨 등에 대한 정려기(旌閭記)가 있다.

권36~37은 발(跋) 71편이다. 기정진의 『노사집(蘆沙集)』 중간에, 안축(安軸)의 『근재집(謹齋集)』 중간에 붙인 발문과 최남두의 『모려집(茅廬集)』, 유세훈(柳世勛)의 『치헌유고(恥軒遺稿)』, 이상정(李尙靖)의 『창랑정유고(滄浪亭遺稿)』, 윤영진(尹榮鎭)의 『난곡유고(蘭谷遺稿)』, 전만교(田萬郊)의 『수월당집(水月堂集)』, 조원순(曺垣淳)의 『복암집(復菴集)』, 문송규(文頌奎)의 『구암집(龜巖集)』, 마지원(馬志遠)의 『만운유고(晩雲遺稿)』 등 문집에 대한 발문, 『함안조씨파보』, 『안동권씨파보』 등 족보에 대한 발문이 있다. 그리고 행장, 행록, 유사, 유적 등에 붙인 서후(書後)가 많이 있다.

권38은 잠(箴) 1편, 명(銘) 8편, 찬(贊) 1편, 사(辭) 9편, 상량문(上樑文) 8편이다. 명은 최제효(崔濟斅)의 책상과 벼루, 문재희(文載熙)의 모암(茅菴), 양재경(梁在慶)의 송백정(松柏亭) 등에 대해 쓴 것이다. 사는 자사(字辭)와 애사(哀辭)이고, 상량문은 물계정(勿溪亭), 반곡서당(盤谷書堂), 백운정사(白雲精舍), 임연정(臨淵亭)과 단성의 신안정사(新安精舍) 중수 등에 대한 것이다.

권39는 축문(祝文) 6편, 제문(祭文) 45편이다. 축문은 뇌룡정(雷龍亭)의 석채례, 횡천(橫川) 영당의 봉안 때 지은 고유문, 가묘와 기정진의 묘에 고한 것 등이다. 제문은 기정진, 최유윤, 이진상, 장인 진정범(陳正範), 조성가, 최익현, 족조 정각민(鄭覺民), 삼종형 정응규(鄭應圭) 등에 대한 것이다.

권40~42는 묘지명(墓誌銘) 64편이다. 이유설(李惟說), 유영(柳泳), 권사학(權思學), 권병천(權秉天), 하최현(河最顯)의 처 밀양박씨, 성의묵(成宜默), 권승하(權承夏), 권세환(權世煥), 등에 대한 것이다.

권43은 신도비명(神道碑銘) 1편, 비(碑) 4편, 묘표(墓表) 26편이다. 신도비명은 고려문하찬성사(高麗門下贊成事) 예낙전(芮樂仝)에 대한 것이다. 비는 유덕룡(柳德龍)의 유허비와 선조인 정흥(鄭興)과 정사중(鄭師仲)을 기리기 위해 세운 월라곡(月蘿谷)의 묘단비 등에 대한 것이다. 묘표는 문익점, 정옥윤(鄭玉潤), 정내언(鄭來彦), 증조모인 정이구(鄭履九)의 처 전주최씨, 양진영(梁進永) 등에 대한 것이다.

권44~45는 묘갈명(墓碣銘) 50편이다. 이제신(李濟臣), 남붕익(南鵬翼), 기정진, 종질 정현필(鄭鉉弼), 남상엽(南相燁) 등에 대한 것이다.

권46~48은 행장(行狀) 27편이다. 정식(鄭栻), 하락(河洛), 부친 정방훈(鄭邦勳), 모친 교하노씨(交河盧氏), 황오석(黃五錫)에 대한 행장 및 기정진의 언행총록(言行總錄), 열부 심재덕(沈載德)의 처 서흥김씨(瑞興金氏)에 대한 실록(實錄) 등이다.

권49는 유사(遺事) 5편, 전(傳) 3편이다. 유사는 이여탁(李如琢), 백증조 정이범(鄭履範), 조부 정언민(鄭彦民), 재종숙부 정방한(鄭邦漢)에 대한 것이다. 전은 황기원(黃基源), 허겸(許謙)의 처와 딸을 비롯한 허씨 집안의 4대 7열부, 손명수(孫明秀)의 처 진주강씨에 대한 것이다.

부록(附錄) 권1~2는 연보(年譜)이다. 권1의 앞에 문인 유원중(柳遠重)이 1935년에 지은 「노백헌선생연보서」가 있다. 내용은 1843년 출생부터 1930년 3월 노백서사에서 석채례(釋菜禮)를 행한 일까지 수록되어 있다.

권3은 종제 정면규(鄭冕圭)가 1912년에 지은 사장(事狀), 기우만이 1912년에 지은 묘갈명, 남정우(南廷瑀)가 1936년에 지은 묘표, 권재규(權載奎)가 1935년에 지은 묘지명이다.

권4는 기우만이 1912년에 지은 「노백헌기」, 권운환이 1909년에 지은 「노백서사상량문」, 권재규가 1910년에 지은 「노백서사기」, 이교우(李敎宇)가 지은 「고산사배향시고유문(高山祠配享時告由文)」, 권재규가 지은 「노백서사석채시고유문(老柏書舍釋菜時告由文)」과 「상향축문(常享祝文)」, 「묘지성고묘문(墓誌成告廟文)」이 실려 있다.

권5는 문인록(門人錄)으로 정면규, 권운환, 이택환(李宅煥), 권기덕(權基德) 등 217인의 성명, 호, 생년, 본관, 문집유무, 관력, 거주지가 기록되어 있다.

권미에 문인 남창희(南昌熙)가 1936년에, 정기(鄭琦)가 1934년에, 이교우가 1935년에 지은 발문 및 아들 정현춘이 1936년에 지은 발이 있고, 부록의 간행 연도를 알 수 있는 '병자모춘노백서사활인(丙子暮春老柏書舍活印)'이라는 간기(刊記)가 있다.

5. 주요 작품 및 문집의 특징

정재규는 기정진의 문인으로 스승의 주리론(主理論)과 위정척사사상을 계승하여 활발한 강학 활동을 통해 정면규, 정기, 남정우(南廷瑀), 권운환, 이교우 등 많은 문인을 배출하고 의병운동도 전개하였다. 노사학파는 그 제자들이 호남에만 국한되지 않고 영남 우도인 경남지역에도 많은 학자들이 노사문하에 출입했는데, 정재규는 조성가, 최숙민과 더불어 대표적인 영남의 노사학파로 기정진의 『노사집』 간행과 『답문유편(答問類編)』의 편찬에 커다란 노력을 기울여 영남지역 노사학파의 성장에 주도적 역할을 한 것으로 평가되고 있다.

당시 정재규의 집에는 호남에서 기우만이나 정의림(鄭義林), 영남의 이진상, 이승희와 이정모(李正模) 등이 왕래하면서 영남학과 호남학이 격의 없이 토론하였고, 정재규는 이진상의 제자 후산 허유와 가까운 벗으로 일생 동안 학문논쟁과 토론을 그치지 않았다고 한다. 따라서 정재규를 중심으로 '한주학단'의 학자들과 호남의 노사 기정진의 문하인 '노사학파'와의 학문적 교류가 자연스레 이루어져 노사학문과 한주학문이 결합되는 높은 수준의 성리학이 이룩되었다고 한다.

따라서 『노백헌집』의 잡저, 특히 「학규」와 「물계절목」에서는 노론 위주의 학규를 제정하고 이황의 성리학을 높이면서 철저하게 이단을 배척하는 학문의 지향성을, 여러 편의 변무문에서는 기정진의 주리론이 주희나 이이의 학설과 어긋나는 것이 아님을 강조하였다. 서간문, 연보에는 정재규와 노사문하에서 수업하고, 문우, 문인들과 여러 지역을 유람, 회합하며 주도적으로 『노사집』 등을 교정하고 간행하는 모습, 그의 거처에 최익현, 곽종석, 이승희, 기우만, 정의림 등 많은 호서, 호남, 영남지역의 인사들이 방문하며 학문과 시사에 대한 밀도 있는 토론를 하는 모습이 나타나있다. 특히 노사학파와 한주학파의 교류를 연구하는데 중요한 자료가 된다고 생각한다.

6. 참고문헌

서인숙, 『노백헌집』, 『한국고전번역원 문집총간해제』 11 , 2013.

김봉곤, 「영남지역 노사학파의 성장과 문인 정재규의 역할」, 『南冥學硏究』 29, 경상대학교 남명학연구소, 2010.

老柏軒集

一

老柏軒先生文集目錄

卷之一

詩

示諸生
讀太極圖說
平川別諸友
擬古
雪中對月
山居卽事
大雅齋敬次晚悟陳丈正範韻

老柏軒集卷一 目錄 一

老柏軒先生文集卷之一

詩

示諸生

頹波橫流砥柱巖巖衆欲交攻志帥欽欽三軍之目
一旗是瞻興而化也
髧彼兩髦實維爾儀卓彼先覺實維我師是則是效
之死靡他興也
匠用繩墨可以言傳射期彀率躍如於前其巧在我
習慣天然化也
滄海之積涓涓之泉一簣之覆進則爲山寸步千里

老柏軒集卷之一 詩 一

及聞殉義之報愕然驚曰斯人也宜有斯事其平日
之感於人者有如是矣

野史氏曰近觀士族婦女夫死下從者相望焉固亦
篤於從一之義也古之烈婦豈必下從不奪志而斷
鼻如三國時夏侯令女者不辱身而斷臂如五代時
李夫人者其扶綱殉義之烈千載之下凜凜猶有生
氣世之忘君父事讎賊者可以少愧矣嗚呼孺人眞
烈乎哉朱子詩曰寒威閉九野陽德昭窮泉若孺人
柔中之剛陰中之陽庸非窮泉一脈之所寄歟

老柏軒先生文集卷之四十九

〈영남-47〉 **외재집** 畏齋集

1. 형태서지

표제/권수제	외재집(畏齋集)
편저자	정태진(丁泰鎭) 著
판사항	석판본
발행사항	[刊寫地未詳] : [刊寫者未詳] : 1967
형태사항	총 14권 7책 四周雙邊 半郭 20.8×15.8㎝, 有界, 10行22字 註雙行, 內向2葉花紋魚尾 ; 29.7×19.8㎝
소장처	국립중앙도서관, 계명대, 고려대, 단국대 퇴계기념도서관, 성균관대존경각, 성암고서박물관, 안동대, 영남대, 용인대, 전남대

2. 정의

『외재집(畏齋集)』은 정태진(丁泰鎭, 1876-1960)의 시문집이다.

3. 저자사항

정태진의 자는 노수(老搜), 호는 외재(畏齋) 또는 서포(西浦), 본관은 나주(羅州)이다. 부친은 규덕(奎悳)이고, 모친은 영양(英陽) 남씨(南氏)이다. 조선말기 명망 있는 유학자였던 동정(東亭) 이병호(李炳鎬, 1851-1908)와 면우(俛宇) 곽종석(郭鍾錫, 1846-1919)의 문인이다. 일제강점기에 독립운동가로 활동하였다.

정태진은 1876년(고종13) 8월에 경상북도 영주(榮州) 줄포리(茁浦里)에서 태어났다. 1910년 일제의 강제합병 이후 국권 회복 운동에 힘썼으며, 1916년에는 만주(滿洲)로 건너가 독립운동을 지속하다가 이후 1918년에 자금 조달을 위해 귀국하였다. 1919년 4월 곽종석과 김창숙(金昌淑, 1879-1962)의 주도로 파리강화회의에 제출할 독립청원서 서명 운동에 이름을 올리기도 하였다. 이후에도 계속해서 독립운동에 힘쓰다가 옥고를 치르기도 하였다. 만년에는 경상북도 문경(聞慶)에 은거하였다. 생전의 애국 및 독립운동 활동을 인정받아 1990년에 정부로부터 건국훈장 애족장(愛族章)을 추서받았다. 문집으로는 해제본인 『외재집(畏齋集)』이 있다.

4. 구성 및 내용

『외재집』은 14권 7책의 석판본(石版本)이다. 일반적으로 책명을 취하는 권수제(卷首題)를 따라 '외재문집'으로 지칭하였으나, 책의 표제(表題)는 '외재집(畏齋集)'으로 되어 있다. 실제 문집의 편차를 살피면 권1, 2에 다수의 시가 실려 있으므로 '외재집'으로 보아도 무방하겠다.

각 책은 2권으로 구성되어 있다. 권1은 시(詩)로 되어 있으며, 권2의 앞부분에 시가 실려 있다. 여기에 실려 있는 작품은 모두 143제(題) 242수(首)이다. 시 가운데에는 주변인들의 죽음을 애도하는 만시(輓詩)가 많다는 점이 특징적이다. 스승으로 모셨던 이병호와 곽종석을 비롯하여 교유 관계에 있었던 이들에 대한 만시를 다수 남겼다. 만시 이외로는 친구의 거처를 방문하고서 쓴 시라든가, 새로운 곳을 찾아간 감회를 쓴 시, 만년에 문경 선유동(仙遊洞)에서 은거할 때 지은 시들이 주를 이룬다. 권2의 뒷부분에는 5편의 편지글이 실려 있다. 스승인 이병호와 곽종석에게 보낸 편지로 주로 학문에 관한 의문을 담고 있다.

권2에 이어 권3부터 권8의 앞부분까지에는 서(書)가 실려 있다. 『외재집』에 수록된 편지글은 총 171편이다. 편지글은 거의 대부분 수신인에 따라 편차했으며, 같은 수신인 안에서는 연도에 따라 수록했다는 특징이 있다. 가장 많은 편지를 주고받은 대상은 정문현(鄭文顯)이다. 정문현과는 경서의 깊은 뜻에 대해 서로 토론하는 학술적 내용, 우리나라 독립에 관한 정세 파악, 그리고 일상적인 안부를 묻는 내용까지 다양한 층위에 걸쳐 있다. 시기로 볼 때는 저자가 은거한 이후에 교유했던 인물로 보인다. 정문현 외에 편지를 빈번하게 주고받은 이는 연민(淵民) 이가원(李家源, 1917-2000)으로, 15편 정도 남아 있다. 주로 경전의 의문에 대한 답변의 내용으로 되어 있다. 이가원은 정태진에게 외가 후손이 된다. 이가원은 『외재집』의 발문을 짓기도 했다.

이후 권8부터 권14까지는 다양한 산문 문체가 실려 있다. 권차와 문체별로 나누어 살펴보면 다음과 같다. 먼저 권8에는 서(序) 12편과 기(記) 10편이 실려 있다. 서 중에는 문집이나 저술에 부친 서문이 7편, 증서(贈序)와 송서(送序)가 3편이며, 역사적 사실을 의작(擬作)한 작품이 2편 실려 있다. 제목은 「의미자송기자지조선서(擬微子送箕子之朝鮮序)」와 「의한제송엄자릉환산서(擬漢帝送嚴子陵還山序)」이다. 기문은 유기(遊記)가 1편이고, 나머지 9편은 누정(樓亭), 정사(精舍), 여각(旌閭閣) 등 건물에 부친 기문이다.

권9에는 다양한 문체의 작품들이 조금씩 수록되어 있다. 발(跋) 7편, 잠(箴) 1편, 명(銘) 4편, 찬(贊) 6편, 사(詞) 1편, 송(頌) 2편, 잡저(雜著) 6편, 책(策) 4편이다. 권10에는 책(策) 6편과 논(論) 13편이 있다.

권11에는 잡저(雜著) 9편과 설(說) 24편이 실려 있다. 권12에 잡저 6편, 기문(祈文) 2편, 상량문(上樑文) 1편, 고유문(告由文) 2편, 제문(祭文) 25편이 실려 있다. 전통적인 갈래 구분에서 논변류(論辨類)에 해당하는 산문 작품들을 다른 문체에 비해 많이 창작했다는 점은 특징적이라고 할 수 있다.

권13과 권14는 애제류(哀祭類)를 싣고 있다. 권13에 제문(祭文) 14편, 뇌사(誄辭) 1편, 행장(行狀) 4편이 실려 있으며, 권14에 광지(壙誌) 1편, 묘지명(墓誌銘) 4편, 묘갈명(墓碣銘) 5편, 묘표(墓表) 1편이 실려 있다.

끝으로 부록에 정태진에 대한 애제문이 실려 있다. 행장은 이가원이 지었고, 광지는 김용규(金龍圭)가 지었으며, 묘지명은 김승학(金承學)이 지었고, 묘갈명은 김황(金榥)이 지었다. 모두 정태진의 문인이다.

5. 주요 작품 및 문집의 특징

학자 및 작가로서의 정태진의 특징은 한문 창작이 종언을 고하던 시대에 그 명맥과 전통을 고스란히 지키고 유지했다는 데 있다. 정태진은 전근대시기의 작가들이 사용하던 한문학 문체의 거의 모든 영역에서 작품을 남겼다. 또한 이를 자유자재로 구사하였다는 점에서 한문학의 전통이 어느 시기까지 이어졌는지를 확인할 수 있는 중요한 작가로 평가할 수 있다.

예를 들어 만년에 문경 선유동에서 기거할 때 지은 「선유구곡(仙遊九曲)」은 「무이구곡가(武夷九曲歌)」 이후로 조선 문인들이 자연을 경영하며 읊은 구곡시 창작 전통과 깊은 관련이 있다. 이밖에도 과거 시험을 준비하기 위해 단련하는 문체인 책문 창작, 역사 인물에 대한 논평인 사론 산문, 다양한 애제류 산문까지 그의 손길이 닿지 않은 문체가 없다.

또 한 가지, 정태진이 가학으로 해좌(海左) 정범조(丁範祖), 다산(茶山) 정약용(丁若鏞) 등 남인 학맥을 이어받았다는 점도 특기할 부분이다. 이러한 배경 위에 정태진은 이병호, 곽종석의 문인으로서 전통적인 성리학 공부를 수학하며 자신만의 학풍을 이루게 되었다. 이 문집에 수록되어 있는 편지글 가운데 다수는 바로 학문에 관한 진지한 문답으로 되어 있다. 따라서 『외재집』을 통해 근대전환기 학자가 어떤 견해를 가지고 해당 시기를 살아갔는지 확인할 수 있다는 점에서 의미가 크다.

6. 참고문헌

한국국학진흥원, 『외재집』 해제, 『한국국학진흥원 소장 문집해제 17』, 2012.
권오영, 「외재 정태진의 삶과 사상」, 『연민학지』 31, 연민학회, 2019.

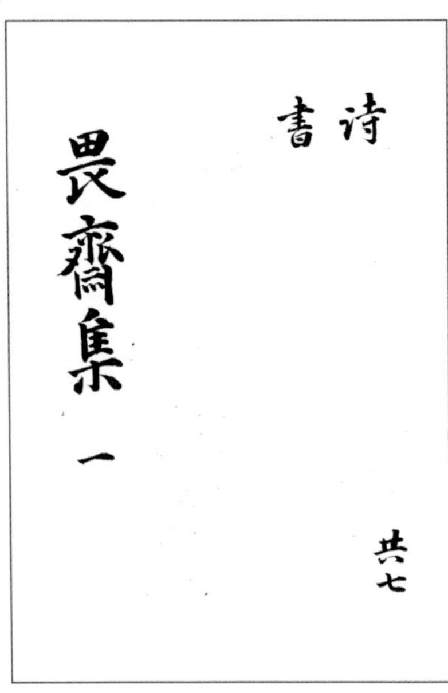
詩
書
畏齋集 一
共七

畏齋文集目錄
卷之一
詩
效陶靖節集四言體懷金震維貞欽金謹夫思鎭
金士顯世榮
鳳凰山
龍巖
春意
餞春詞
夏日幽居

畏齋全書目錄 一

畏齋文集卷之一
詩
效陶靖節集四言體懷金振維貞欽金謹夫思鎭金
士顯世榮
漠漠停雲歷歷江樹日去月來遊子何許有酒閒飮有琴
獨撫永言懷之我心良苦
停雲漠漠江樹歷歷月去日來遊子奚適有琴有酒不成
歡意叶永言思之我心慽慽
黃鳥于飛集我園木日夕相和聯翩鸎鸎有物止止胡人
也獨豈無他好惟子淑兮

畏齋全書卷之一 一

先生嘗少事東亭李氏傚字郭氏論心則確守東亭主
理之指而其自有孤創者則禮說雖未別有成書然其
書中與執友鄭文顯昌默往復若論禮居多焉其文詞
則先取義理之實而不爲浮華之習自其窮老林下萬
悲都有亦未嘗遽爲憤世疾俗之甚而爲悲咤感慨之
發然其穆然淡裒亦未嘗一息忘悲斯民之走死而無
弔之槩也蓋其學固不出乎論心論禮之宋學之範疇
然尤有所拳拳於經世致用之實也將有善讀者讀茲
書可以因其文而知先生之爲人矣歲辛丑九月望及
門後學眞城李家源謹書

畏齋文集附錄 十

〈영남-48〉 창수집 蒼樹集

1. 형태서지

표제/권수제	창수집(蒼樹集)
편저자	정형규(鄭衡圭) 著
판사항	목활자본
발행사항	[刊寫地未詳] : [刊寫者未詳], 1958
형태사항	총 10권 5책 四周單邊 半郭 20.9×16.5㎝, 界線, 10行20字 註雙行, 上2葉下1葉花紋魚尾 ; 30.3×20.5㎝
소장처	국립중앙도서관, 계명대, 연세대, 영남대, 전남대, 전주대, 한국학중앙연구원

2. 정의

『창수집』은 정형규(鄭衡圭, 1880-1957)의 시문집으로 1958년 손자 정화영(鄭華永)이 편집·간행한 10권 5책의 목활자본이다.

3. 저자사항

정형규는 본관은 초계(草溪)이고, 자는 평언(平彦)이고, 호는 창수(蒼樹)이다. 그는 1880년 부친 방수(邦壽)와 모친 남평문씨(南平文氏) 사이에서 삼가현 마협(馬峽), 지금은 합천군 쌍백면 평구리에서 태어났다.

정형규는 어려서부터 부친에게 엄격한 가정교육을 받았고, 17세 때부터 부친의 친구인 외재(畏齋) 권명희(權命熙, 1865-1923)에게 수학하였는데, 외재는 우암의 후손인 연재(淵齋) 송병선(宋秉璿)의 문인이다. 그도 20세 때인 1899년 연재가 남쪽으로 내려온다는 말을 듣고 김천 직지사로 달려가 제자의 예를 갖추었다. 그 후 전우를 배알하고자 1904년에 공주의 신안으로 찾아갔으나 만나지 못하였다고 한다. 1905년 송병선이 을사늑약에 항거하여 음독자결하자 연재의 아우인 심석재(心石齋) 송병순(宋秉珣)의 문하에 들어갔으나 그 역시 일본이 은사금을 보내고 경학원의 강사로 나오도록 요구한 것을 거부하고 음독자결하였다.

두 스승이 잇달아 순절하자 정형규는 30세 때 1909년에 친구 전기진(田璣鎭)과 함께 고군산도에 은거하며 학문에 전념하던 간재(艮齋) 전우(田愚)를 찾아갔다. 전우는 이이(李珥)와 송시열(宋時烈)의 사상을 신봉하고 특히 이이의 학설을 옹호하였으나 주리(主理)·주기(主氣)의 양설을 모두 배척, 절충적 이론을 세운 학자이다. 스승 간재는 주자의 시 구절인 "창창중곡수(蒼蒼谷中樹) 동하상여자(冬夏常如玆)” 에서 ‘창수’라는 호를 지어 주었다.

중년 이후에는 고향으로 돌아와 모원재(慕遠齋)에서 강학하면서 스승의 학문을 계승하여 의리를 지키고 후진을 양성하는 데 힘썼다. 수의(守義)와 강학(講學)에 힘쓰던 그는 1957년 고향 쌍백에서 향년 78세 일기로 생을 마감하였다. 정형규를 배향하는 사당으로 합천군 쌍백면 평구리에 있는 직수사(直樹祠)가 있고, 직수사 가는 길목에 ‘창수초계 정선생(蒼樹草溪鄭先生) 추모비(追慕碑)’가 있다.

4. 구성 및 내용

본집은 10권 5책으로 권두에 권용현(權龍鉉)이 지은 서문과 총목(總目), 목록(目錄)이 있다.

권1은 시(詩) 161제(題)이다. 시는 주로 일상생활과 유람 중에 읊은 시이다. 1899년 직지사로 송병선을 배알하고 원계(遠溪)까지 배종한 일을 읊은 「기해춘문연재선생……」과 전기진과 함께 전우의 문하에 들어간 후 변산(邊山)을 유람하고 계화강사(繼華講舍), 월명암(月明庵) 등에서 읊은 것과 화양동(華陽洞)에 가서 만동묘, 읍궁암, 암서대 등을 돌아보고 소감을 술회한 것이 있다. 그리고 한양과 부여, 경주, 송도 등 고도(古都)를 찾아 국토에 대한 애정을 많은 시로 표현하였고, 지리산과 금상산 유람도 다녀왔다. 특히 「동유기행(東遊紀行)」은 검암에서부터 울산, 울진, 경포대, 낙산사, 금상산, 진주담, 보덕굴 등 25수로 유람 여정을 시로 나타내었다. 그는 경술년 한일합방 소식을 듣고 「경술칠월문국변통곡(庚戌七月聞國變痛哭)」을 지어 울분을 토로하였고, 종종 진주 촉석루에 오르거나 통영의 충렬사와 노량을 찾아가 항일정신을 시로 표출하기도 했다. 만시(挽詩)는 권봉희(權鳳熙), 최익현(崔益鉉), 이직현(李直鉉), 어재원(魚在源), 민병승(閔丙承) 등 59인에 대한 애도시이다.

권2~4는 서(書) 145편이다. 서는 송병선, 송병순, 전우, 송병화(宋炳華), 족형 정재규(鄭載圭), 권명희, 민병승, 전기진 등 122명의 스승과 문우, 문인들에게 보낸 것과 남계서원(濫溪書院)과 경성보소(京城譜所)에 보낸 것이 있다. 서의 내용은 주로 경전의 훈고와 성리설의 논답(論答)이 대부분이고, 별지에는 심성리기(心性理氣)와 인심도심(人心道心)에 대한 왕복서찰이 많다. 특히 간재에게 올린 편지에는 심성리기의 논쟁만 일삼는다면 그것은 구이언어(口耳言語)에 불과하다고 당시의 학풍에 대해 비판하고, 효행과 궁행으로 근본을 삼고 힘이 남으면 문예에 미쳐 나의 지식을 넓히고 실제의 일을 이룬다면 학계가 일신되고 옛 것을 회복할 수 있을 것이라고 하였다.

권5~6은 잡저(雜著) 22편이다. 잡저는 서사(書社)와 백운정사(白雲精舍), 옥산재(玉山齋), 봉양재(鳳陽齋) 등의 제생(諸生)과 권진현(權璡鉉), 전용익(田溶翼), 심찬수(沈贊洙), 전용표(田溶杓) 등에게 준 글이 많다. 「객문답(客問答)」은 저자가 객과 만나 세상일을 문답한 기록으로, 당시 세태가 혼란스러운 것은 강상(綱常)에 대한 교육보다 기술 교육에 치중하는 데에서 기인한다고 주장하면서 인륜을 밝히는 교육의 필요성을 역설하였다. 또한, 세계 각국의 종교에 대해 문답한 내용이 있어, 당시 선비의 세계관과 종교관을 살필 수 있다. 「혹문답(或問答)」은 이건창(李建昌)의 천하를 다스리는 방법을 논한 것이다. 「당의통략변(黨議通略辨)」은 『당의통략』의 내용 중 사실에 맞지 않는다고 생각되는 조목을 뽑아 시정(是正)을 목적으로 증거와 함께 논변을 가한 글이다. 「간재선생어록」을 지어 스승에 대한 흠모의 정과 학통을 계승하고자 하는 마음을 나타내었다. 「성존심비적거변변(性尊心卑的據辨辨)」은 스승 전우(田愚)가 시창(始唱)한 성존심비설을 부정적으로 변설한 것에 대해 다시 논박한 것이다.

권7~8은 서(序) 12편, 기(記) 28편, 발(跋) 14편, 명(銘) 6편, 잠(箴) 3편, 상량문(上樑文) 1편, 설(說) 2편, 고축(告祝) 6편, 제문(祭文) 34편이다. 서의 「한사초집서(韓史抄輯序)」는 그가 망국(亡國)의 울분 속에서 우리 역사의 야사(野史)를 통하여 의기(義氣)를 고무하기 위해 편찬한 『한사초집』에 대한 것이다. 이 외에 돈본계, 보인계, 돈강계 등 계의 결성 경위에 대한 것과 금강산으로 유람가는 권재춘(權載春)·이지영(李枝永)·정방엽(鄭邦燁)에게, 마이산으로 돌아가는 서봉환(徐鳳煥), 전형환(田衡煥) 등에게 준 송서가 있다. 「황성란유고서(黃性蘭遺稿序)」는 간재의 문인인 황성란의 유고에 붙인 것으로 그의 아들 황대규(黃大珪)의 부탁을 받아 지은 것이다. 기문은 방장산에 있는 조식의 유적에 지은 백운정사 사실기를 비롯하여 재사, 서재, 서당, 정자 등에 대한 기문이다.

권9~10은 묘지(墓誌) 8편, 묘갈(墓碣) 7편, 묘표(墓表) 12편, 행장(行狀) 5편, 전(傳) 7편 등이 수록되어 있다. 묘지는 고조 정사국(鄭師國), 증조 정동성(鄭東星), 증조모전 의녕남씨(宜寧南氏), 조부 정장민(鄭章民)·정방엽(鄭邦燁) 등에 대한 것이고, 묘갈은 조승진(趙升鎭)·이현화(李賢和)·하룡보(河龍輔) 등에 대한 것이고, 묘표는 정홍윤(鄭弘允)·정해(鄭楷)·정희준(鄭姬俊), 숙부 정방보(鄭邦輔)·이병기(李炳箕) 등에 대한 것이고, 행장은 간재 전우의 행록과 부친 정방수(鄭邦壽), 모친 남평문씨, 숙부 정방보의 행록과 이중석(李中錫)의 행장이 있다. 전은 1894년에 강진우후(康津虞候)로 동학교도를 막다가 순절한 정규찬(鄭逵贊)과 의병장 유건영(柳健永), 열부(烈婦) 최병달(崔秉達)의 처 문씨에 대한 것이다. 「을사순국제공전(乙巳殉國諸公傳)」은 을사조약의 체결에 통분을 참지 못하고 순국한 사람들의 약전이다. 조병세(趙秉世)·민영환(閔泳煥)·송병선(宋秉璿)·최익현(崔益鉉)·홍만식(洪萬植)·이남규(李南珪)·이상철(李相哲) 등이 수록되어 있다.

권말에 정도현(鄭道鉉)이 지은 발이 있다.

5. 주요 작품 및 문집의 특징

정형규는 기호학파의 학문적 전통에 기초하여 전우의 학설을 실천적 측면에서 충실히 받아들였으며, 그것에는 성리(性理)와 실사(實事)의 통일을 이루고자 하는 학문적 지향이 깔려 있었다. 또한 국망(國亡)의 시대적 상황 속에서 유교적 의리에 기반을 둔 강인한 척사의식을 보여 주었으며, 유교적 도의(道義) 교육과 계승을 위해 노력하였다.

이러한 그의 학문적 지향과 척사의식을 엿볼 수 있는 것은 잡저와 전이다. 잡저의 「객문답(客問答)」은 저자가 객과 만나 세상일을 문답한 기록으로, 당시 세태가 혼란스러운 것은 강상(綱常)에 대한 교육보다 기술 교육에 치중하는 데에서 기인한다고 주장하면서 인륜을 밝히는 교육의 필요성을 역설하였다. 또한 세계 각국의 종교에 대해 문답한 내용이 있어, 당시 선비의 세계관과 종교관을 살필 수 있다.

전의 「을사순국제공전(乙巳殉國諸公傳)」은 을사조약의 체결에 통분을 참지 못하고 순국한 사람들의 약전이고, 「정미삼밀사전(丁未三密使傳)」은 1907년 만국평화회담에 고종의 밀사로 파견되었던 세 의사(義士)의 전기다. 「경술순의제공전(庚戌殉義諸公傳)」과 「한말순국열사제공전(韓末殉國烈士諸公傳)」 등은 일본에 의해 대한제국이 망했을 때 의분을 이기지 못하고 자결한 순국열사들의 전기다. 이 글들은 일본의 침략사를 연구하는 데 도움이 되는 자료다.

이처럼 정형규는 순국열사들의 약전을 지어 항일의식을 고취시키고자 하였고, 망국(亡國)의 울분 속에서 우리 역사의 야사(野史)를 통하여 의기(義氣)를 고무하기 위해 『한사초집』을 편찬하였다. 즉 역사의 격변기를 살아온 전통 지식인으로서 척사사상을 바탕으로 한 최소한의 의리를 지키며 강학을 하였던 정형규와 그의 『창수집』은 삼가지역의 학문연원과 학맥 연구에 필요한 자료이고 수의와 강학이라는 간재학파의 특징을 살펴볼 수 있는 중요한 사료하고 생각한다.

6. 참고문헌

허호구, 『창수집』, 『한국민족문화대백과사전』, 1996.

이상호, 「蒼樹 鄭衡圭의 學問과 義理」, 『동양철학연구』 35, 동양철학연구회, 2003.

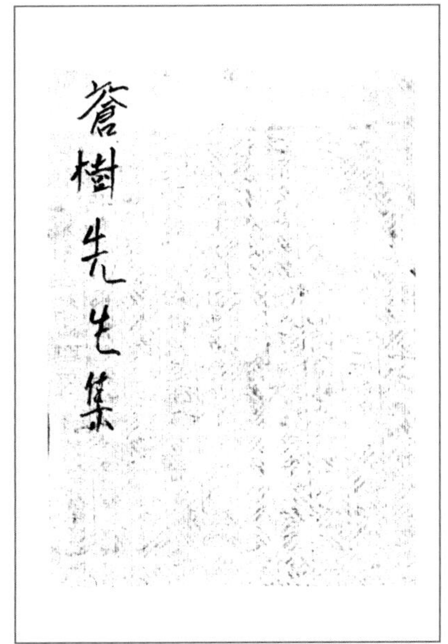

蒼樹集序

蒼樹鄭公有私稿若干卷在巾衍晩而蓋手自整定
間嘗不鄙余而袖以寄示許與商訂余因得以窺其
淵學次第論議梗槩而其於審存之際亦得與聞其
一二及公旣歿其嗣孫華永懼滄桑之日遷而音徽
之或泯汲汲圖剞劂而壽傳之就余謀重加梳理且
請一言卷端余業已承之當日有不敢辭乃僭爲之
言曰夫所貴於士者非以才識之富也非以文辭之
美也惟其所學之正而所守之篤也學之不得其正
則蔽於偏私而不足以言守矣學雖正矣而苟其守

蒼樹集序 一

蒼樹集卷之一

詩

遠游

我懷云如何迢迢歌遠遊良辰戒行裝馳騖環九州
孤鳳翔千仞神鵬擧萬里朝攀扶桑枝暮搴咸池水
周覽漢唐都蕭瑟荆蓁丘太行多覆轍瞿塘多覆舟
美人安在哉渺渺天一方懷之不可見使我雙涕滂
春日何媚蕪蕭艾同芬芳秋霜一夜隕衆卉空萎蔓
暫憩靈均宅菊英餘古飯孤吝不可留踡跼懷故都
回車鄒魯野日月燭昏衢稅駕吾將止羹墻在茲乎

蒼樹集卷之一 一

存養亦熟炳燭之工老尤彌篤且眷眷於後進者亦
莫非出於扶斯文之至意嗚乎休哉嘆今斯學落剝
吾門之先進長老後前凋謝公又不可復見可見者
惟遺文而已特書繁文末節之所感傷者卷後使讀
是集者益知公文行之相符也歟戊戌三月日河東
鄭道鉉識

蒼樹集跋 二

※ 국립중앙도서관 소장

〈영남-49〉 암서집 巖棲集

1. 형태서지

표제/권수제	암서집(巖棲集)
편저자	조긍섭(曺兢燮) 著
판사항	연활자본
발행사항	[刊寫地未詳] : [刊寫者未詳], [刊寫年未詳]
형태사항	총 37권 17책 四周雙邊 半郭 18.2×13.3㎝, 有界, 10行24字 註雙行, 上2葉花紋魚尾 ; 26.1×18.1㎝
소장처	국립중앙도서관, 경상대, 경희대, 계명대, 고려대, 남평문씨인수문고, 숙명여자대, 전주대

2. 정의

한말 유학자인 조긍섭(曺兢燮, 1873-1933)의 시·서(書)·기·잡저 등을 수록한 시문집으로 아들 조정흠(曺廷欽)과 문인들이 저자의 시문 가운데 약 절반을 추려서 31권으로 편차하여 1935년에 연활자(鉛活字)로 『심재집』을 인행하였다. 『암서집』은 『심재집』을 바탕으로 시문을 37권 17책으로 증보 재편하여 연활자로 인행한 중간본이다.

3. 저자사항

조긍섭은 본관은 창녕(昌寧), 초명은 인섭(麟燮), 초자는 노견(魯見)이었다. 개명 후 자 또한 중근(仲謹)으로 바꾸었고, 호는 심재(深齋)·암서(巖棲)이다. 아버지는 조병의(曺柄義)이고, 어머니는 김해김씨(金海金氏)이다.

조긍섭은 창녕(昌寧) 문촌리(聞村里)에서 태어났고, 5세 때에 모친상을 당한 이후 할머니에게 양육되었다. 어려서부터 부친의 가르침을 받아 10세가 넘어서는 경서의 대의에 통달하였고, 11세 때에 『근사록(近思錄)』을 필사하여 책을 만든 뒤 의심나는 곳을 밝혀내었다고 한다. 17세 때 가학의 단계를 벗어나 정식으로 스승을 찾아 가르침을 구하였는데, 당시 영남의 큰 선비였던 곽종석(郭鍾錫)이 영천(靈川)에서 강학한다는 소식을 듣고 찾아가 태극(太極)과 성리(性理) 등에 관하여 질정하였다. 1901년(광무5) 19세 때에는 대구에서 열린 향시를 치르고 돌아오는 길에 이종기(李鍾杞)를 방문했고, 20세를 전후로 장복추(張福樞)·김흥락(金興洛) 등을 찾아가 학문에 대해 문답을 했다. 1908년 26세 때 봄에 이종기가 강장(講長)으로 참석한 남계정(南溪亭) 강회에 참석하고, 강회를 마친 뒤 이종기를 모시고 100여 명의 지역 선비들과 낙동강을 유람하였다. 가을에는 사서문목(四書問目)을 가지고 김흥락을 다시 찾아가 질의하였다. 당시 영남을 대표하는 학자인 면우, 사미헌, 서산, 만구 문하에 출입하면서 학문의 폭을 넓혔다. 그리고 1895년 23세 때에『남명집(南冥集)』을 중간(重刊)할 때 처음 지리산 덕산(德山)을 방문한 이후 4년 여 동안 당시 강우지역의 젊은 학자들인 회봉(晦峯) 하겸진(河謙鎭), 일산(一山) 조병규(趙昺奎), 우산(愚山) 한유(韓愉) 등과 폭넓게 교유(交遊)를 하며 수학(修學)하는 계기가 되었다.

조긍섭은 경술국치(庚戌國恥) 이후 두문불출하며「곤언」등 저술 활동에 힘쓰다가, 이듬해 부친상을 당하였다. 부친상을 치르고 곧 고향을 떠나 비슬산 기슭의 정산(鼎山)으로 거처를 옮겼다. 정산에서 그는 세상일을 잊고 벗인 수봉(壽峰) 문영박(文永樸, 1880-1930)의 서재(書齋)인 광거당(廣居堂)을 오가며 서책(書册)들을 두루 열람하며 지냈고, 1915년에는 문영박 등과 함께 한양(漢陽), 개성(開城), 평양(平壤), 중국 안시성 등지를 여행하였다. 1919년 1월에 고종이 승하하자 항복한 임금을 위해 복을 입을 수 없다며 상복 입는 것을 거부하였다가 후에 독살되었다는 소식을 듣고 복을 입었다. 이로 인해 여러 사람들에게 비방을 당하였다. 곧이어 3.1운동이 일어나자 일본 총독과 동포 대중에게 보내는 글의 초안을 잡다가 발각되어 17일간 구속되었다가 풀려난 후 도학을 강론하고 덕성을 함양하는 데에 힘썼다. 1922년에는 회봉 하겸진 등 70여인과 낙동강을 유람하였다. 호미(虎尾)에서 배를 띄워 용화산(龍華山) 아래에 있는 합강정(合江亭)까지 뱃놀이를 하였는데, 이곳은 옛날 한강(寒岡) 정구(鄭逑)와 여헌(旅軒) 장현광(張顯光)이 뱃놀이를 한 곳이었다. 1926년 조선 마지막 임금인 순종이 승하하였 때도 망국지군(亡國之君)이라 하여 끝내 복을 입지 않았다. 1928년 겨울에 문인들의 요청으로 정산에서 비슬산 서쪽인 쌍계(雙溪)로 거처를 옮겨 구계서당(龜溪書堂)을 짓고 후학 양성에 심혈을 기울이다 1933년에 61세의 나이로 일생을 마쳤다.

조긍섭은 일정한 스승은 없었다. 그러나 타고난 성품이 매우 영특하여 일가의 학문을 이루었고, 시문에도 법도가 있어 당시 영남 사림에서 거목으로 지목되었다. 한말 지식인 가운데에 황현(黃玹)·김택영(金澤榮)·이건창(李建昌) 등과 교유함은 물론 그들을 뛰어난 인물로 칭찬했던 점으로 보아 유학자로서의 보수적 경향만을 고집하지 않는 학자였다고 한다.

4. 구성 및 내용

본집은 37권 17책으로 되어 있으며, 서(序)와 발(跋)은 없다.

권1은 부(賦) 2편으로,「범주낙강부(泛舟洛江賦)」은 낙동강에서 뱃놀이하는 모습을 읊은 것이고,「취우부(驟雨賦)」는 소나기에 대해 지은 것이다.

권2~6은 시(詩) 520제인데, 권2는 1891년부터 1892년까지 지은 시, 권3은 1904년부터

1908년까지 지은 시, 권4는 1909년부터 1916년까지 지은 시, 권5는 1918년부터 1926년까지 지은 시, 권6은 1927년부터 1931년까지 지은 시로 연대순으로 편차되어 있다. 이 가운데 「악연정사영(岳淵亭四詠)」은 악연정 주변의 경치를 읊은 것으로 정허헌(靜虛軒), 동직요(動直寮), 거경실(居敬室), 집의당(集義堂)에 대해 지은 것이며, 「영사(詠史)」는 한, 당, 송의 역사에 대해 읊은 것이다.

그의 시는 독서와 학문 등 유자의 삶을 형상화한 작품이 대부분이다. 이황(李滉)의 「산거사시(山居四時)」 16절구를 읽고 마음이 움직여 그 가운데에 여름시 4수만 읊은 것이 있다. 극락암에서 독서하다가 깊은 밤 경쇠소리를 듣고 지은 시, 특히 이기심성(理氣心性)에 대하여 7언절구 5수를 지어 곽종석에게 올린 시는 그의 학자적 면모를 대변하는 작품이라고 한다. 또한 선현의 유적을 찾아 기행하며 지은 시들이 많다. 두류산을 기행하며 천왕봉, 조식(曺植)의 유적지를 찾아 읊은 시를 비롯하여 이황의 유적지를 돌아보며 지은 시도 있다. 1915년 문영박과 서울, 개성, 평양을 거쳐 안시성까지 유람하였는데, 「부벽루(浮碧樓)」, 「총군정(統軍亭)」, 「만월대(滿月臺)」, 「선죽교(善竹橋)」 등은 관서 지방을 유람하고 지은 것이다. 52세 때는 경주를 방문하고 옛 신라의 영화를 직접 둘러 본 후에 지은 「불국사도중(佛國寺道中)」, 「석굴암(石窟庵)」 등이 있다. 만시(挽詩)는 이돈후(李敦厚), 김흥락(金興洛), 장복추, 김희국(金熙國), 최익현, 윤주하 등 74명에 대한 것이 있다.

권7~15는 서(書) 247편이다. 주로 당시의 유학자들과 교류한 것으로 이들의 학설에 대한 자신의 비판과 토론, 김부식(金富軾)·이제현(李齊賢) 등 선현과 당시의 문인·학자들에 대한 평가를 논의한 내용, 안부 편지, 서책 간행과 시대 상황 등에 대한 것이다. 권차별로 권7은 장복추, 김흥락, 리종기, 곽종석에게 올린 편지이고, 권8은 허유, 장승택, 정재규, 김택영 등 8인에게 준 편지, 권9는 이규준(李圭晙), 허찬(許巑), 장석영, 이건승(李建昇), 허채(許埰) 등 29인에게 준 편지, 권10은 송호언(宋鎬彦), 하겸진, 김태린(金泰麟), 우하구(禹夏九), 조원승(曺元承) 등 28인에게 준 편지, 권11은 李鋼, 成愿永, 李澈厚, 安和鎭, 曺岐鉉 등 26인에게 준 편지, 권12는 문영박, 권도용(權道溶), 김현동(金鉉東) 등 31명에게 준 편지, 권13은 조진구(曺鎭九), 김재화(金在華), 정봉태(丁鳳泰), 변영만(卞榮晩) 등 13인에게 준 편지, 권14는 김수(金銖), 문갑순(文甲淳), 이병호(李秉灝), 이종덕(李鍾德), 김용원(金鏞源) 등 29인에게 준 편지, 권15는 성순영(成純永), 하서진(河瑞鎭), 하성재(河性在), 송세준(宋世駿) 등 22인에게 준 편지와 진주의 『남명집』 간소, 서락서당간소(西洛書堂刊所), 수원유회(水原儒會), 도산서원 등에 보낸 편지이다.

권16~18은 잡저(雜著) 35편이다. 대체로 성리학의 여러 문제에 관한 토론으로 한말의 사상계를 이해하는 데 필요한 중요자료이다. 「독역수기(讀易隨記)」는 『역경』을 읽고 얻은 바를 적은 것으로 31괘에 자신의 의견을 덧붙인 것이다. 「독한주이씨심즉리설(讀寒洲李氏心卽理說)」은 이진상의 심즉리설을 읽고 논한 것이다. 「독출사표(讀出師表)」는 제갈량의 「출사표」를 읽고 마음가짐을 새로이 한 것이다. 「곤언(困言)」은 옛글을 읽다가 남겨놓은 기록이다. 「독심즉리설(讀心卽理說)」은 심즉리설에 반대하고 심합이기설(心合理氣說)을 주장한 것이며, 「성존심비변(性尊心卑辨)」은 전우(田愚)의 학설을 비판한 것이다.

권18 후반~권19는 서(序) 58편이다. 1895년 『남명집』 중간의 일로 수차례 덕산을 다니면서 지은 덕산외록(德山外錄), 신창표씨족보(新昌表氏族譜), 안병원(安秉遠)을 찬양하고 애도한 행장·묘지명·묘갈명·만사·제문 등의 글을 모아서 편찬한 『소와실기(蘇窩實紀)』, 채필훈(蔡必勳)의 『금와유고(琴窩遺稿)』, 이제현(李齊賢)의 『익재집』 중간본 『밀양박씨가승』, 이병운(李秉運)의 『면재집(俛齋集)』 등에 대한 서문이다.

권20~22는 기(記) 85편이다. 밀양의 가지산에 있는 구연을 유람하고 지은 「유구연기(遊臼淵記)」 외에 모두 서재, 정자, 정사, 재사 등 건물에 대한 기문이다. 즉 임규택(林奎澤)이 세운 봉강재(鳳岡齋), 심지택(沈祉澤)이 증조를 위해 세운 벽산정사(碧山精舍), 효자 권태련(權泰鍊)의 정려, 변규형(卞奎炯)이 증조의 분묘 곁에 세운 옥산재(玉山齋), 배효필(裵孝必)이 세운 희구당(喜懼堂), 조병견(曺秉見)이 세운 청탄정(聽灘亭), 권중면(權重沔)이 세운 산천재(山泉齋), 정치일(鄭致一)이 세운 정정발발헌(亭亭潑潑軒) 등에 대한 것이다.

권23은 발(跋) 27편이다. 발은 이돈후(李敦厚)의 『소산유고(昭山遺稿)』, 진극경(陳克敬)의 『백곡실기(栢谷實紀)』, 표연말의 『남계유집(藍溪遺集)』 등에 대한 것이다.

권24는 서후(書後) 11편, 잠(箴) 1편, 명(銘) 13편, 찬(贊) 2편, 자사(字辭) 5편, 계(啓) 1편, 상량문(上樑文) 6편, 뇌사(誄辭) 1편이다. 서후는 임진란 때 진주성 싸움에서 순국한 진한언(陳漢彦)의 유사(遺事), 이숭인(李崇仁)의 가장, 김일손의 사장(事狀) 등에 대한 것이다. 자사는 강신려(姜信呂), 김용집(金鏞緝), 박순인(朴淳寅), 이두원(李斗元) 등의 자에 대한 것이다.

권25는 애사(哀辭) 9편, 축문(祝文) 4편, 사제문(賜祭文) 1편, 제문(祭文) 30편이다. 애사는 차재준(車載準), 심장환(沈彰煥) 등의 것이고, 축문은 1924년에 지은 비슬산 기우문 등이고, 제문은 김흥락, 장복추, 이종기, 최익현, 곽종석 등에 대한 것이다.

권26은 비(碑) 12편이다. 열부(烈婦) 성대윤(成大潤) 처(妻) 박씨(朴氏)의 정려비(旌閭碑), 주시성(周時成)의 애휼비(惠恤碑), 조계방(曺繼芳)의 제단비(祭壇碑) 등이다.

권27~28은 묘지명(墓誌銘) 28편이다. 김대곤(金大坤), 안덕문(安德文), 조상규(趙相奎), 하응현(河膺賢), 하성운(河聖運), 허재찬(許在瓚) 등의 것이다.

권29~32는 묘갈명(墓碣銘) 81편이다. 이재문(李載文), 이상보(李尙輔), 손석모(孫錫謨), 변재현(卞宰鉉), 조봉우(曺鳳愚), 이중경(李重慶), 박치복(朴致馥), 안기홍(安基洪) 등의 것이다.

권33은 묘표(墓表) 26편이다. 조석기(曺錫基), 손삼섭(孫三燮), 문진규(文震奎), 정태선(鄭台善), 안응찬(安應瓚) 등의 것이다.

권34는 행장(行狀) 5편, 행략(行略) 1편이다. 행장은 조원순(曺垣淳), 이근옥(李根玉), 조정립(曺挺立) 등의 것이고, 행략은 부친 조병의(曺柄義)의 것이다.

권35는 전(傳) 5편, 유사(遺事) 1편, 서사(書事) 2편이다. 전은 정석기(鄭碩基), 렬부 조후창(曺後昌) 처 염씨(廉氏), 이우택(李佑澤) 처 성씨 등에 대한 것이고, 유사는 조부 조기영(曺琪永)의 것이고, 서사는 능주(綾州) 죽청리(竹靑里)에 사는 이을호(李乙鎬)의 선대 조상에 대해 밝힌 「서죽청이씨심계사(書竹靑李氏尋系事)」이다.

권36~37은 잡지(雜識)로 평소에 학문하면서 의문나는 것을 기록한 것이다.

5. 주요 작품 및 문집의 특징

조긍섭은 한일합방 이후 두문불출하며 『곤언』을 지어 생전에 별도로 출판하였다. 『곤언』은 정통 유학자의 입장에서 성리학의 기본개념을 설파하고 주체적 사고로 서양의 문화와 제도, 사공(事功)이나 신기(新奇)를 숭상하는 태도를 비판한 것이다. 그리고 도의 존재, 한비자(韓非子)에 대한 의론, 문학, 오륜(五倫), 묵자(墨子)의 겸애설(兼愛說) 등 다양하고 광범한 내용이에 대한 비판, 한비자(韓非子)·묵자(墨子) 등에 관한 논평 등 폭 넓은 당시 유자로서 관심을 가지는 모든 분야를 포괄한 글이다. 이외에 「독역수기」, 「독한주이씨심즉리설」, 「독출사표」, 「성존심비변」, 「심문」, 「홍연천영사시비해(洪淵泉詠史詩批解)」, 「애련설비(愛蓮說批)」, 「신명사도오자변(神明舍圖五字辨)」 등의 잡저와 잡지는 대체로 성리학의 여러 문제에 관한 토론으로 한말의 사상계를 이해하는 데 필요한 중요자료이다.

또한 그는 부친상의 3년상을 마친 이듬해 비슬산 북쪽의 정산에 거처를 마련하여 학문연구와 강학활동에 몰입하였다. 당시 그곳에는 평소 가깝게 왕래하던 문영박과 재 하나를 사이에 두고 빈번하게 교유하였다. 당시 그의 이거를 만류하는 김규화(金奎華, 1837-1917)에게 보낸 편지에 "창강(滄江) 김택영(金澤榮) 같은 사람은 명성이 온 나라에 가득한데 을사 · 기유년 이후로 젊은 아내와 어린 자식을 데리고 거듭 바다를 건너 중국의 회남(淮南)으로 들어가 장숙엄(張叔儼) 형제에게 의지하여 책을 교정하면서 먹을 것을 구해 생존하고 있으니 천하의 선비들이 고상하게 여기지 않음이 없습니다. 긍섭은 감히 스스로 여기에 견주지는 못하나 그 뜻은 애초에 같지 않음이 없습니다."라고 하여 자신이 거처를 옮기는 것 역시 국권을 잃은 상황에서 일제에 협력하지 않고 자기 자신을 지킬 수 있는 길임을 토로한 것이라고 볼 수 있다. 즉 그는 김택영과 직접 교유하기 이전부터 창강이 망명한 사실에 깊이 공감

함은 물론 그의 선택을 적극 옹호하기도 했다. 김택영 역시 조긍섭의 이런 공감에 대해 고마운 마음을 담은 시를 보내왔고, 이로 인해 두 사람은 공감대에 기반하여 두터운 교유를 시작하였다. 나라를 잃은 이후 저술과 강학의 삶을 택한 조긍섭과 망명 이후 저술과 출판의 삶을 택한 창강 두 사람은 멀리 떨어진 각자의 위치에서 망국의 역사를 기록하고 그것을 널리 알려 깨우치려고 노력했다 그런 망국지식인으로서 구체적인 실천을 통해 심재와 창강은 서로에게 공감하고 서로를 '지기(知己)'라고 자부할 정도로 신뢰를 쌓아갔던 것이다.

조긍섭은 김택영과 1914년부터 1923년까지 많은 서찰을 주고받았는데, 『암서집』에는 14통의 서찰만 수록되어 있다. 이 서찰의 내용은 문사철(文史哲) 등 다양한 영역에 걸쳐있었는데, 대부분은 창강의 출판활동과 관여된 것이었다. 김택영은 책을 편찬할 때마다 심재에게 질정과 교정 그리고 서문을 부탁했고 심재는 그에 대한 조언과 직언을 서슴지 않았다. 그 과정에서 서로가 지향하는 이념의 차이를 확인하였지만, 조긍섭은 국권을 상실한 상황에서 고려와 조선의 역사와 문장 그리고 그 곳을 살아갔던 인물들을 기록하는 작업의 중요성을 깨닫고 창강의 출판활동에 깊이 공감하였다. 그렇기 때문에 그는 주변의 만류에도 불구하고 창강이 편찬한 서적에 서문을 쓰고 교열을 하는 등 적극적으로 참여하였던 것이다. 그러나 김택영이 역사를 기록하는 일은 복잡한 당론과 뒤얽혀 조선의 유학계에 받아들여지지 않았다. 결국 거센 논란 속에서 두 사람의 교유는 중단되었고, 서로가 교감을 했던 흔적들은『암서집』에 서찰 14편과 잡저의 「독창강김씨고본대학장구(讀滄江金氏古本大學章句)」 등이 수록되어 있다. 특히 서찰 14편을 통하여 조긍섭이 중세 전통을 지킨 수구(守舊)적 태도의 지식인이 아니라 나라를 잃고 근대 문명에 휩쓸려가는 어지러운 시대 속에서 그의 행로를 재조명할 필요가 있음을 시사해 준다. 그리고 '전통과 근대', '주자학과 서양학문'이라는 이분법적 틀에서 벗어나 서구적 근대화의 흐름 속에서 주변부로 내몰린 한문 지식인들이 현실에 대응했던 다양한 결들을 읽어낼 수 있는 좋은 자료라고 생각된다.

6. 참고문헌

김은정, 『암서집』, 『한국고전번역원 문집총간해제』 6, 2005.

이용수·천병돈, 「蘭谷 李建芳과 深齋 曺兢燮의 道德文章론」, 『양명학』 38, 한국양명학회, 2014.

전송희, 「국권상실 이후 주변부 전통지식인 曺兢燮의 현실 인식과 대응 양상」, 『南冥學研究』 65, 경상대학교 경남문화연구소, 2020.

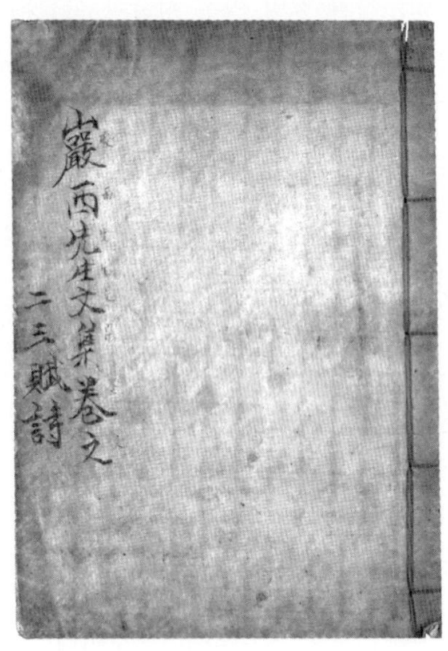

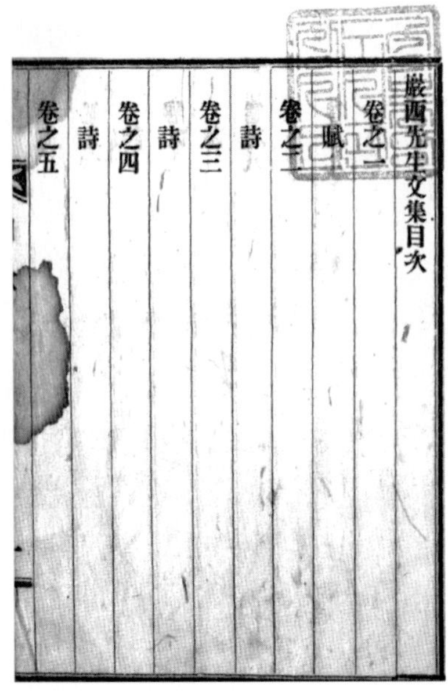

巖西先生文集目次

卷之一

賦

卷之二

詩

卷之三

詩

卷之四

詩

卷之五

巖西先生文集卷之一

賦

泛舟洛江賦 戊戌

歲著雍之春閏屈星駕於溪郡修山陰之故事尋廬阜之遺韻既卒事而將復望洛水而東轉陪几舃而追隨偉如雲之髦彥南溪亭講會在閏月晚求李先生以敎長來莅鄕隣人士坌集十二日試功令十三日行士相見禮禮畢設講十四日罷散先生將渡江而東從者至百餘人先指路於七龍愛杏陰之盈庭夕稅車於道齋聽溪流之泠泠乍憩息於檜林晚徙倚於巖亭感主人之多賢竭忠歡於攸經午入七龍齋有壇杏甚高大還至道章齋宿午過檜村李武伯爲設食晚登浩浩亭亭在黃江上後有絶壁極峻頗奇愛可觀主人苦止之以日曛雖濡滯固辭發行二齋及亭皆安氏所占循沙岸而乃濟

賦

際則眞情見矣虛假安得而容之哉昔者子張將死謂其子曰君子曰終小人曰死吾今日其庶幾乎子張平日之學多在於務外故臨死而猶沾沾於君子之名也若曾子則不然曰鳥之將死其鳴也哀人之將死其言也善是則平日之言之未必善也曰吾何求哉吾得正而斃焉斯已矣是明乎身之猶未得正也此其有若無實若虛仁以爲任死而後已之意豈不浩浩然無愧於其言哉雖然曾子魯人也其才調辯識文爲容節不及於商賜偃師之倫者多矣而卒得聖人之傳而爲諸子之所莫敢望者惟其實從事於仁而已仁者何也夫子所謂克己復禮是也非才調辯識文爲容節之所可襲而取也

雜識 卷三十七

※ 국립중앙도서관 소장

〈영남-50〉 **일산집** 一山集

1. 형태서지

표제/권수제	일산집(一山集)
편저자	조병규(趙昺奎) 著
판사항	목활자본
발행사항	咸安 : 一山亭, 1933
형태사항	총 16권 9책 : 목록 1책, 본집 16권 8책 四周雙邊, 半郭 21.1×16.0㎝, 10行20字, 上二葉下一花紋魚尾 ; 31.3×20.8㎝
소장처	국립중앙도서관, 경상대, 동국대, 동아대, 부산대, 성균관대존경각, 연세대, 전남대, 전북대, 전주대

2. 정의

『일산집(一山集)』은 조병규(趙昺奎, 1846-1931)의 시문집으로 저자의 손자 조열제(趙說濟)가 1933년에 16권 9책으로 편찬하여 간행한 목활자본이다.

3. 저자사항

조병규는 자는 사익(士翼), 호는 일산(一山), 본관은 함안(咸安)이다. 단종 생육신의 한 사람인 어계(漁溪) 조려(趙旅)의 후예이고 영휘(永輝)의 후손이며, 아버지는 여음(廬陰) 성각(性覺)이고, 어머니는 전의이씨(全義李氏)이다. 8세부터 숙부에게 효경(孝經)을 배워 열심히 익혀 10세 때 모친상을 당하자 마치 어른들과 같이 상례를 지켜 마을 사람들이 칭찬을 아끼지 않았다. 부친이 집 뒤에 서당을 지어 훈장을 초빙해 학문을 연마하게 했는데, 일산은 스스로 노력하여 몇 년이 걸리지 않아 경사(經史)의 뜻을 통하게 되었다.

19세(1864)에는 허전(許傳)이 김해부사(金海府使)에 제수되어 강도할 때 수학(受業)하였다. 이후 허전의 문인으로 조긍섭(曺兢燮), 하겸진(河謙鎭), 한유(韓愉), 조석제(趙錫濟), 이준구(李準九), 조정규(趙貞奎), 조병택(趙昺澤) 등과 교유하였고, 만성(晩醒) 박치복(朴致馥), 단계 김인섭(金隣燮), 물천(勿川) 김진호(金鎭祜), 소눌(小訥) 노상직(盧相稷) 등과 학문적으로 맥을 같이 하면서 지역의 학풍을 주도하였다. 1867년에 허전이 김해부사 재임시절에 부랑한 무리를 모아 놓고 거짓 학문을 했으며, 제자들이 들고 오는 선물을 챙겼다는 억울한 누명을 쓰고 의금부에 불려가 심문을 당하는 일이 생겼다. 이때 영남 선비들이 조정에 상소하여 허전의 억울함을 호소했는데, 조병규가 앞장서서 성재의 무고함을 강변하였다. 31세 때 생원시에 입격하였으나 벼슬길에 뜻을 끊고 학문에 전심하였으며 34세 때 부친상을 당하여 예법에 따라 정성을 다해 상을 치렀다.

조병규는 스승 허전 등 선배 학자들의 문집 간행에 적극적으로 참여하였다. 즉 1870년에 허전이 편저(編著)한 『사의(士儀)』를 함안(咸安) 입곡(立谷)에서 간행할 때 참여하여 예법의 정도를 밝히고자 노력하였고, 1889년에 스승의 문집인 『성재집(性齋集)』 간행에, 1896년에는 덕산(德山)에 들어가 『남명집』 교정에 참여하였다. 그리고 1903년에 노상직, 허훈(許薰), 김진호, 허채(許埰) 등과 함께 『性齋先生續集』을, 1918년에 황덕길(黃德吉, 1748-1800)의 『하려선생문집(下廬先生文集)』을 간행하였다. 1930년에는 조임도(趙任道, 1585-1664)의 『간송선생속집(澗松先生續集)』 간행을 주도하고 발문을 지었다.

또한 조병규는 사우, 문인들과 회합과 유람, 강회에 참석하였다. 1896년에 『남명집』 교정에 참여하였던 이준구, 조긍섭 등과 지리산 천왕봉에 올랐으며, 하동 월횡으로 조성가(趙性家, 1824-1904)를 방문해 태극(太極) 동정(動靜)의 이치에 대해 토론하였다. 그는 1910년 경술국치를 당하자 시를 지어 울분을 토로했으며, 이후로 문을 닫고 사람들을 사절하고 학문에 정진하면서 후학들을 지도했다. 1912년 여름에는 금계(錦溪) 조석제, 신암(信庵) 이준구, 서천(西川) 조정규 등 함안 선비들과 한천재(寒泉齋)에서 모여 강론(講論)을 하면서 후학들을 지도했다.

조병규는 '신독잠(愼獨箴)'과 '관선잠(觀善箴)'등을 지어 좌우명(左右銘)으로 삼고 고향에서 후진을 양성하며 만년을 보냈다. 1930년에 자신이 저작한 관혼상제 및 향음주례 등에 관한 예서인 『사례요의(士禮要儀)』의 서문를 지었고, 이듬해 1931년 86세를 일기로 세상을 떠났으며, 현재 문집(文集) 16권 9책이 전한다.

4. 구성 및 내용

본집은 16권 9책으로 되어 있다. 별도의 책으로 총목(總目)이 있다.

권1~2는 부(賦) 2편, 시(詩) 353題, 뇌사(誄詞) 4편이다. 시는 시체(詩體)나 저작 연도에 관계없이 편차되어 있다. 주로 인근의 정자나 서재에서 선현(先賢)이나 문우(文友)들의 시에 차운한 시, 선배의 회혼(回婚)이나 회갑(回甲), 지인(知人)의 부모의 생신이나 지인의 생일을 축하하는 시 그리고 만시(挽詩, 133제)가 대부분이다. 만시는 문욱순(文郁純), 박치복, 이종기(李種杞), 김도화(金道和), 장인 심이학(沈履鶴), 조성가, 허전 등에 대한 것이다. 이 가운데 「함허정강회봉차성재허선생시운(涵虛亭講會奉次性齋許先生詩韻)」은 1864년에 김해부사로 부임한 허전이 함허정에서 강회를 열었을 때 허전의 시에 차운하여 많은 文士들이 강회에 참석하여 성황을 이루었음을 읊은 것이고, 「교수정차덕곡조선생본운(敎授亭次德谷趙先生本韻)」은 조승숙(趙承肅, 1357-1417)의 시에 차운하여 조승숙의 절개로 함안조씨 집안에 쌍청(雙淸)이 깃들어 어제서를 비춘다고 읊은 것이다. 「방호정차학봉김선생운(方壺亭次鶴峯金先生韻)」은 조존도(趙遵道, 1576-1665)의 방호정에 있는 여러 선현들의 제영(題咏) 중 김성일(金誠一)의 시에 차운하여 지은 것이다. 「시제생(示諸生)」은 문인 안재형, 조용극, 노재수 등 31인에게 주는 것으로 세상 일이 분분해도 흔들리지 말고 시를 외우고 예양(禮讓)을 익힌다면 성현이 될 것을 기대할 만하다고 면려하는 내용이고, 「충순당회화(忠順堂會話)」는 의병장 이령(李伶)의 충순당에서 이상호(李相昊), 이상옥(李相玉), 이상진(李相鎭), 이태권(李泰權) 등과 함께 수창하며 그 감회 감회를 읊은 것이다. 뇌사는 최정모(崔正模), 문도종(文道鍾) 등에 대한 것이다.

권3~4는 서(書) 151편으로 주로 스승이나, 문우, 문인들에게 보낸 것이다. 스승 허전에게 올린 것은 「사의(士儀)」 가운데 질의한 내용과 저자 자신이 편찬한 6권을 살펴보고 착종된 곳이 있으면 지시해 달라는 내용 그리고 별지에 상례에 대한 질의와 허전의 답장이 포함되어 있다. 청송(靑松) 종중(宗中)에 보낸 것은 조려의 『어계속집(「漁溪續集)』 간행에 관하여 상의하는 내용이고, 「여조태문(與趙泰文)」은 조정규에게 양례(襄禮)에 대하여 「사의」 사조복설(四祖服說)을 들어 자신의 의견을 개진한 내용이다. 「답안국중문목(答安國重問目)」은 조석곡(朝夕哭), 초우(初虞), 조전(朝奠)·석전(夕奠)·상식(上食) 등 장례의 절차에 대하여 묻고 답한 것이다.

권5~6 전반부는 기(記) 76편이다. 기의 「동문당기(同文堂記)」는 1909년에 진주 연산(硯山)에 창건하여 공자, 주자, 안향의 영정을 배향한 도통사(道統祠) 앞에 세운 동문당에 대한 것이고, 「무산서당(武山書堂)중건기」는 주세붕을 배향한 덕연서원(德淵書院)이 훼철된 이후 1919년에 중건한 무산서당에 대한 것이고, 「삼봉재기(三峯齋記)」는 함안에 세거하는 성산이씨(星山李氏)의 병사(丙舍)에 대한 것이고, 「중수악양루(重修岳陽樓)」는 악은(岳隱) 안효순(安孝順)이 별서(別墅)로 건축한 악양루를 중수하며 지은 것이다.

또한 저자의 가문의 유적에 대한 기문으로 어계 조려의 묘각(墓閣)인 응암재(鷹巖齋)를 1920년에 중수하며 지은 「응암재중수기」, 조려와 부인 흥양이씨(興陽李氏)를 향사하는 원북사의 강당을 중건하고 지은 「원북사유연당기(院北祠油然堂記)」, 조삼(趙參)의 정자인 무진정을 다시 개축하며 지은 「무진정중건기」, 함안의 원북(院北), 하림(下林), 낙동(樂洞) 우계리(愚溪里)에 세거하는 함안조씨의 재실로 조려의 묘 아래에 지은 「원모당기(遠慕堂記)」 등이 있다. 정려기는 효자 이교(李郊)의 정려 중수기와 열부 이재화(李載華)의 처 함안조씨(咸安趙氏) 정려기, 이희(李僖)의 처 평산신씨의 효열각(孝烈閣) 중수기, 효자 심명즙(沈明楫)의 정려기가 있다.

권6 전반부~권7은 서(序) 52편이다. 문집에 대한 서문으로는 안덕개(安德凱)의 실기, 이희석(李熙奭)의 『만회집(晩悔集)』, 최광진(崔匡鎭)의 『매은집(梅隱集)』, 유기수(柳耆壽)의 『졸옹일고(拙翁逸稿)』, 외조부 안철순(安哲淳)의 『토와일고(土窩逸稿)』, 진건(陳健, 1598-1678)의 『명와유고(明窩遺稿)』, 이도목(李道默)의 『남천집(南川集)』 등에 대한 것이 있다. 호서(호(號序)는 최교(崔僑)의 호에 대한 「청사서(晴沙序)」, 동문인 노종락(盧鍾洛)의 호에 대한 「만포서(晩圃序)」, 이명우(李明佑)의 당호에 대한 「지지헌서(知止軒序)」 등이 있다.

延諡, 생일이나 회혼과 관련된 것으로 「김만휴회근시서(金晩休回巹詩序)」는 김만현(金萬鉉)의 회혼을 축하하는 시에 대한 것이고, 「조성도수감시서(趙聖度晬感詩序)」와 「김도정경수서(金都正慶壽序)」는 조시용(趙時鏞)과 김재홍(金在洪)의 회갑생일을 축하하는 것이다. 이외에 『재령이씨파보』, 『함안조씨파보』, 『순흥안씨가승』에 대한 것이 있다.

권8은 발(跋) 20편, 잠(箴) 4편, 명(銘) 4편, 찬(贊) 3편, 상량문(上梁文) 10편), 고유문(告由文) 4편, 봉안문(奉安文) 4편, 상향문(常享文) 6편이다. 발은 1904년에 조성부(趙性孚)의 주도로 중간한 호자(胡仔)의 『공자편년(孔子編年)』, 1897년에 안관(安灌)의 『취우정실기(聚友亭實記)』에, 선조 조삼의 『무진정실기』에, 고려 말 충신 조열(趙悅) 이하 자손들의 저술과 행적을 모은 『파산조씨세방(巴山趙氏世芳)』에, 조임도의 『간송집속집』에, 허원식(許元栻, 1828-1891)의 『삼원당집(三元堂集)』에, 오여벌(吳汝橃, 1579-1635)의 『경암집(敬菴集)』에, 강덕부(姜德簿)의 『용재집(慵齋集)』에 붙인 것이다. 잠은 신독(愼獨)과 관선(觀善)에 대한 것이고, 명은 황덕길의 장산재(長山齋), 박봉래(朴鳳來)의 성와(省窩), 손호영(孫浩榮)의 지재(止齋)에 대한 것이다. 찬은 조성천(趙性天)의 돈복재(敦復齋), 김용경(金溶敬)의 처 밀양박씨의 효열에 대한 것이다. 상량문은 명륜당 중수, 서산서원(西山書院) 훼철 이후 세운 서산서당(西山書堂), 안관의 별묘, 이상규(李相珪)가 지은 검천재(儉川齋), 이천경(李天慶, 1538-1610)을 배향한 청곡사(淸谷祠), 강영헌(姜永憲)의 처 남씨의 기행각(紀行閣) 등에 대한 것이다. 고유문은 괴산재 개건할 때, 조삼의 풍탄정(風灘亭) 유허비를 세울 때, 일산정(一山亭) 터 닦을 때 올린 것이다. 봉안문은 조붕(趙鵬)·조응도(趙凝道)·조익도(趙益道)를 삼충사(三忠祠)에 봉안할 때, 허전을 물산영당(勿山影堂)에 봉안할 때 올린 것이다.

권9는 제문(祭文) 44편으로 허전, 박치복, 이근옥(李根玉), 고모부 이지우(李志禹), 문욱순, 장인 심이학, 조성윤(趙性胤), 내형(內兄) 안재열(安在烈), 중부(仲父) 조성충(趙性忠), 숙부 조성간(趙性簡), 동생 조승규(趙昇奎) 등에 대한 것이다.

권10은 신도비명(神道碑銘) 1편, 묘갈명(墓碣銘) 29편이다. 신도비명은 창강(滄江) 이미(李美)의 것이고, 묘갈명은 이재유(李載裕), 안광업(安光業), 강용흠(姜用欽), 이회영(李會英)

등에 대한 것이다.

권11은 묘갈명 31편, 묘지명(墓誌銘) 4편이다. 묘갈명은 안정택(安鼎宅), 이희진(李希進), 이재기(李載杞), 안두철(安斗喆), 면응수(卞應洙), 하상호(河象灝) 등에 대한 것이고, 묘지명은 하철(河澈), 안부(安俯), 조경송(趙景松), 이윤룡(李潤龍) 등에 대한 것이다.

권12는 묘지명 12편, 비문(碑文) 27편이다. 묘지명은 안성식(安性植), 김성직(金聲稷), 김정규(金精奎), 서계(西溪), 문재환(文在桓), 신산(信山) 조성부 등에 대한 것이다. 비문은 함안이씨의 시조 이방실(李芳實) 장군을 배향한 남강사(南岡祠)가 훼철된 후 후손들이 세운 남강묘허비(南岡廟墟碑), 정유재란 때 죽현(竹峴)에서 순절한 이즙(李楫)의 순절비(殉節碑), 안규원(安規遠)의 모덕비(慕德碑) 등에 대한 비문이다. 이외에 효자, 효녀, 효부, 열부를 기리는 비문이 있는데, 이근화(李根華)의 시휼비(施恤碑), 박승우(朴承瑀)의 혜휼비(惠恤碑), 효열부 진문권(陳文權)의 처 진양정씨 기행비(記行碑) 등이다.

권13은 묘표(墓表) 41편이다. 묘표는 함안조씨의 인물인 조승무(趙承武), 조중철(趙重徹), 조병택, 손득홍(孫得弘), 안치욱(安致旭) 등에 대한 것이다.

권14는 묘표 25편, 비음기(碑陰記) 3편, 행장(行狀) 6편이다. 묘표는 증조 조진욱(趙鎭旭), 황치중(黃致中), 이성흠(李性欽), 조부 조득호(趙得浩), 박준흥(朴準昇) 등에 대한 것이다. 비음기의 「시조원윤공풍천신단비음기(始祖元尹公豐川神壇碑陰記)」는 해서의 풍천(豐川)에 세운 함안조씨 시조 조정(趙鼎)의 신단(神壇)에 대한 것이고, 「직장안공단향비음기(直長安公壇享碑陰記)」는 1765년에 세운 안수(安琇)의 단(壇)에 대한 것이고, 「재종조처사공갈음기(再從祖處士公碣陰記)」는 재종조 조응식(趙庠植)에 대한 것이다. 행장은 성경침(成景琛), 이원좌(李元佐), 이삼로(李三老), 조영문(趙英汶), 조경식(趙景栻), 문욱순(文郁純) 등에 대한 것이다.

권15는 행장 16편, 행략(行略) 2편이다. 행장은 안경일(安慶一), 조상규(趙相奎), 안기섭(安琪燮), 이문기(李文基), 조석제 등에 대한 것이고, 행략은 홍극순(洪極淳), 조성간 등에 대한 것이다.

권16은 행록(行錄) 3편, 행적(行蹟) 4편, 가장(家狀) 2편, 유사(遺事) 9편, 전(傳) 2편, 잡저(雜著) 14편이다. 행록은 이용순(李龍淳), 진원석(陳元錫) 등에 대한 것이고, 행적은 열부 조진악(趙鎭岳)의 처 밀양박씨, 조종규(趙鍾奎)의 처 진양강씨, 열부 강영헌(姜永憲)의 처 남평문씨 등에 대한 것이다. 가장은 재종조 趙蘭植(조난식)과 부친 조성각(趙性覺) 등에 대한 것이고, 유사는 조증언(趙增彦), 박민식(朴敏植), 홍이형(洪履亨), 재종숙 조성화(趙性和) 등에 대한 것이고, 전은 이수찬(李壽瓚), 安敎炯(安敎炯)에 대한 것이다. 잡저의 「논균전(論均田)」, 「논적저(論積儲)」,「논선장(論選將)」, 「논첨정(論簽丁)」, 「논거제(論車制)」는 당시 시사에 관심을 두고 국정에 필요한 균전, 식량비축, 장수의 선발, 군역, 수레 제도 등에 관한 자신의 견해를 짤막하게 피력한 글이다. 「독창려문(讀昌黎文)」은 한유(韓愈)의 「진학해(進學解)」, 「원도(原道)」를 읽고 한유의 학문과 문장에 느낀 바를 서술한 것이다. 「제영정자경(題影幀自警)」은 자신의 초상화를 보며 존양으로 스스로 경계하는 글이다. 「쌍효록(雙孝錄)」은 조경규(趙敬奎)와 그의 처 김씨의 효행에 대한 실적을 기록한 것이다. 나머지는 자설(字說)과 자사(字辭)로 안종화(安鍾和), 조전규(趙典奎), 이명섭(李明燮) 등에 대한 것이다.

5. 주요 작품 및 문집의 특징

조병규는 한말 함안지방의 학자로 가학적 전통을 계승하고 성호학의 현실주의정신을 전해받았다. 신독잠(愼獨箴)과 관선잠(觀善箴)을 지어 좌우명(左右銘)으로 삼고 후진교육에 전념하였다. 만년에는 제자들이 마을에 마련한 정자에 거처하였는데, 이때 제자들을 지도하면서 말하기를 "도는 육경에 있고 이치는 자신의 마음속에 있는 것이니 힘써 구하면 구할 수 있고 탐구하여 밝게 알 수 있다."며 "지금 사람들이 입만 열면 성리설을 이야기하면서 옛 선현들이 밝힌 이치를 공부하지 않고 각자 자신의 견해만을 고집하니 설이 분분하다"고 하면서 선현들이 밝힌 성리설을 그대로 익혀 자신의 것으로 만들어야 한다는 것을 강조했다. 그러면서 "주자이후 여러 가지 설을 절충한 사람이 바로 퇴계선생이다. 퇴계 선생을 종주로 삼으면 분분한 여러 가지 설이 한 가지로 귀착될 수 있다"고 하여 퇴계의 학문을 종주(宗主)로 삼아야 한다는 점도 아울러 강조했다.

이처럼 그는 퇴계학을 종주로 삼고 존양성찰을 통한 심성수양을 학문의 기본으로 삼아, 나라를 빼앗기고 유교의 도가 무너져가는 시대를 사면서 지주석처럼 굳건한 의지로 도를 부지하려 하였다.

또한 황덕길의 문인으로 성호학통을 이은 근기남인계의 거유(巨儒) 허전의 영향으로 예학에 진력하여 부친상을 당해 여묘살이를 하였는데 한결같이 허전의 『사의』를 따랐고, 자신이 『사례요의(士禮要儀)』를 편찬하였다. 그리고 당시 시사(時事)에도 관심이 많았다. 그의 문집에 '논균전(論均田)', '논적저(論積儲)', '논첨정(論簽丁)', '논거제(論車制)' 등이 실려 있는 것을 볼 때, 당시 국정(國政)에 필요한 식량비축 세금부과 교통문제 등 그 폐단을 지적한 것을 알 수 있다. 특히 '논균전(論均田)'은 스승인 성재가 주장한 것을 계승해 백성들이 잘 살기 위해서는 반드시 실시해야 된다고 한 것으로 일찍이 성호 이익 등 실학자들이 주장한 것과 일맥상통한 측면이 있다.

조병규는 구한말과 일제강점기를 살면서 성현의 도를 지켜내는 데 혼신의 힘을 기울이고

사명으로 삼았기 때문에, 나라를 되찾는 데 적극적이지 못한 측면이 있다. 그러나 망국의 세상에서 전통유학의 도만을 지키려 한 것이 시대정신을 외면한 것이라고 비판받을 수도 있지만, 당시 대다수 유학자들은 나라가 망하는 것보다 도가 망하는 것을 더 우려하였고, 그것을 지키려고 노력을 한 것 역시 그들의 시대정신이었다면 그것이 갖는 의미도 분명 있다고 생각한다.

따라서 조병규의 『일산집』은 전환기 지식인의 양상을 살펴볼 수 있는 좋은 자료가 될 것이다.

6. 참고문헌

권오호, 『일산집』, 『한국민족문화대백과사전』, 1996.

최석기, 「일산(一山) 조병규(趙昺奎)의 학문과 문학」, 『남명학연구』 32, 경상대학교 남명학연구소, 2011.

一山先生文集

一山先生文集目錄
卷之一
賦
復初賦
寒泉賦
詩
謹賡先祖九日登高詩
涵虛亭講會奉次性齋許先生詩韻 并小序
道林講會席上有作
讀關雎

一山先生文集卷之一
賦
復初賦
覽玄宰之宏覆囿萬彙而均仁繫厥初之賦形物其物而人人毛羽鱗其各遂齒角爪之不倫凡蝡蠉動蟄之羣得一氣而爲偏人參三於兩間稟五行之具全道不枉乎高遠在日用之吾身統四官於天君自一家而君臣靖潛處而耿息昔三英之尨淳卓三后與二帝旣浩浩而淵淵偉伊周之在下贊元化於都兪蘇鰥孤而老老躋一世而于于何桀紂之放縱國

文者道之顯也余曰子之子其名明燮字曰而剛可謂善錫名字矣夫剛柔者天地陰陽之理理卽道也知剛柔之道則成人之道不外乎是矣洪範敘彝倫之道而有曰剛克柔克大易窮事物之情而有曰剛中柔外蓋兼濟用中之義也範與易相爲表裏大哉言也斯其至矣噫余耄矣不能於文辭而嘉其能行古道爲之說以贈之勗哉明燮
一山先生文集卷之十六

〈영남-51〉 **고재집** 古齋集

1. 형태서지

표제/권수제	고재집(古齋集)
편저자	최곤술(崔坤述) 著
판사항	석판본
발행사항	[刊寫地未詳] : 臨池館, 1973
형태사항	총 2권 2책 四周雙邊 半郭 21.4×14.7㎝, 有界, 10行21字, 內向黑魚尾 ; 29.8×19.5㎝
소장처	국립중앙도서관, 계명대, 남평문씨인수문고, 용인대

2. 정의

『고재집』은 최곤술(崔坤述, 1870-1953)의 시문집으로 저자의 아들 운대(雲大)가 허복(許鍑, 1898-1989)에게 교정을 받아 1973년 임지관(臨池館)에서 간행한 석판본이다.

3. 저자사항

최곤술은 자는 자강(子剛)이고, 호는 고재(古齋), 본관은 경주(慶州)이다. 조부는 낙와(樂窩) 봉욱(鳳郁)이다. 부친은 죽오(竹塢) 창수(昌粹)이고, 모친은 파평윤씨·팔계정씨·밀양박씨이다. 생부는 춘계(春溪) 급(汲)이고 생모는 달성서씨·진양정씨로 1870년 대구에서 태어났다.

최곤술은 20세 되던 해에 대구의 낙육재 유생 15인에 수석으로 선발되어 수학하였고, 면우(俛宇) 곽종석(郭鍾錫)에게 나아가 배움을 청하였다. 면우 문하에서 강론과 질의를 통해 깊은 총애를 받았다고 한다. 그리고 만구(晩求) 이종기(李種杞), 회당(晦堂) 張錫英, 소눌(小訥) 노상직(盧相稷) 등과 교유하였으며 공산(共山) 송준필(宋浚弼), 심재 조긍섭(曺兢燮), 낭산(朗山) 이후(李垕) 등과도 친밀하게 지내었다. 이러한 석학들과의 교유로 학문과 문장, 뜻과 행실이 빛나게 되었다. 그리고 창원과 고향의 문묘(文廟) 임원에 추대되어 전각의 보수와 학풍의 진작에 많은 업적을 남겼다.

그는 1904~1905년경에 비서승(秘書丞)에 임명되었으나 거절하고 나아가지 않았다. 향리에서는 노인을 우대하고 어린이에게 인자했으며, 자녀의 교육과 아랫사람의 통솔도 사랑으로 하여 애대(愛戴)를 받았다고 한다.

최곤술은 최치원과 문중 관련 일을 많이 하였는데, 마산, 함양 등지에 있는 문창후 최치원의 영각(影閣)을 중건하고, 경주최씨 대동보(大同譜) 간행에 앞장섰으며 1922년에는 종친들과 더불어 마을에 백세당(百世堂)이라는 재실을 건립하였다. 그리고 최치원의 자료와 야사(野史) 등을 수집, 편차하여 간행하였고, 1937년에 가야산 홍류동에 있는 학사당(學士堂)을 이건하였다. 만년에는 백세당에서 문중 사람들과 회합, 술과 시를 즐기며 문중자제들 뿐 아니라 고을의 자제들과 강론하다가 1953년 향년 84세 나이로 돌아가 속동(涑洞) 안산(案山)에 묻히었다.

4. 구성 및 내용

본집은 서(序), 목록(目錄)과 권상(卷上), 권하(卷下), 부록(附錄)으로 이루어졌다.

권상은 시(詩) 197제(題,) 서(書) 48이다. 시는 유람 중에 지었거나 서재, 서당 판상운(板上韻), 수시(壽詩) 등이 있다. 그리고 선조인 최치원 선생을 그리워하며 지은 시들이 있는데, 「등농산정(登籠山亭)」은 가야산 계곡에 있는 정자인 농산정에 올라 고운의 시구를 읊조리며 최치원을 추모하는 마음을 읊은 것이고, 「영죽(咏竹)」, 「영란(詠蘭)」은 대나무와 난초를 통해 지조를 노래한 것이다. 그리고 만시(輓詩)가 39제인데, 만구 이종기(李種杞), 대계 이승희(李承熙), 농산 장승택, 면우 곽종석, 연재 송병선(宋秉璿), 회당 장석영, 직암 이직형, 심재 조긍섭, 문박(文樸, 1880-1930) 등을 추모하는 시이다.

서 가운데 곽종석과 소눌 노상직(盧相稷, 1855-1931)에게 올린 편지는 주로 안부인사와 문하에 나아가 뵙지 못하는 사정을 말하는 내용이고, 「상이만수장(上李晩修丈)」은 이시좌(李時佐)에게 올린 것으로 정자 기문을 지어 보내 준 것에 대한 감사 편지이고, 「여이내대(與李內大)」는 내부대신(內部大臣) 이재극(李載克)에게 보낸 것으로 비서승에 임명된 사실을 알고 상주(上奏)하여 직책을 환수시켜 달라는 내용이다. 「답박참봉(答朴參奉)」은 박태진(朴泰鎭)에게 회답한 것으로 시로 화답해 달라는 그의 부탁에 선대(先代)를 위하는 성의에 감동하여 시를 지어 보내면서 지은 편지이다.

권하는 잡저(雜著) 9편, 서(序) 15편, 기(記) 5편, 발(跋) 4편, 잠(箴) 11편, 명(銘) 3편, 찬(贊) 4편, 상량문(上樑文) 7편, 축문(祝文) 6편, 제문(祭文) 7편, 행장(行狀) 1편, 전(傳) 5편이다. 잡저 가운데 「피서일기(避暑日記)」는 1917년 여름에 설사병으로 고생하다가 친우 신정균(申正均)의 권유로 가야산으로 피서를 간 20여 일 동안의 일기이다. 「독소무전(讀蘇武傳)」은 한나라 무제 때 흉노에게 억류되어 갖은 위협과 유혹에도 변절하지 않다가 귀국한 충신으로 기린각(麒麟閣)에 그 초상이 모셔진 인물인 소무전을 읽고 지조에 대한 자신의 생각과 느낀 감정을 드러낸 것이다. 「지강설(智岡說)」은 저자가 성리학적 견지에서 취한 것이 아니라 그가 살고 있는 집이 지(智)라는 마을의 언덕에 있음을 나타내어 지은 호(號)에 대한 설이다. 지혜는 사단의 끝 대목으로서 사계절로 치면 겨울에 해당하는데, 겨울은 저장하는 계절이다. 만물이 이에 저장되어 있는 것이다. 지조를 바꾸지 말고 깊이 생각하고 밝게 분별하라는 당부의 말이 들어 있다. 서의 「고재자서(古齋自序)」는 자신의 호에 대한 것이고, 「두곡화수계서」는 창원 두곡에 설립, 최치원을 봉안한 월영서원이 훼철된 이후 1902년 두곡당을 세워 영정을 봉안하고 제사를 지내는 경주최씨의 화수계첩에 대한 것이다. 그리고 『고운선생문집』, 『대롱문고(大聾文稿)』에 붙인 서가 있다. 「군지발(郡誌跋)」은 『고령군지(高靈郡誌)』에 붙인 것, 「이공헌영향약발(李公𨯶永鄕約跋)」은 경상감사(慶尙監司)로 부임한 이헌영(1837-1907)이 마련한 향약에 붙인 것이다. 상량문으로 청주한씨 종실(宗室)인 경학재(景鶴齋)에 대한 상량문과 최치원과 관련된 건물에 대한 상량문이 있다. 즉 대구에 1755년에 설립된 최치원의 사우인 계림사(桂林寺) 이건할 때 지은 상량문, 학사당(學士堂) 이건 상량문이다. 이외에 1922년 건립한 백세당(百世堂), 고령향교 제기고(祭器庫) 중건 상량문이 있다. 「민충정영환혈죽찬(閔忠貞泳煥血竹贊)」은 민영환의 집에서 나온 청죽(靑竹)을 고려 말의 충신 정몽주가 순절한 선죽교의 '선죽(善竹)'에 얽힌 전설과 비교하여 일컫게 된 '혈죽'에 대한 것이다. 행장은 최운기(崔運基)와 그 손자 최기환(崔琪煥)의 부인 연안차씨(延安車氏), 열부(烈婦) 최용제처김해김씨(崔用濟妻金海金氏)에 대한 것이다.

부록은 고재기(古齋記), 묘갈명(墓碣銘), 행장(行狀), 유사(遺事)이다. 「고재기」는 최곤술이 '고재'라는 현판을 건 후 기문을 부탁하여 1925년에 김수가 지은 것이다. 묘갈명은 이채진(李采鎭)이, 행장은 박태호(朴太顥)가 운대의 부탁으로 지은 것이고, 유사는 아들 운대가 지은 것이다.

권말에 윤근식(尹覲植)이 지은 발(跋)과 아들 운대(雲大)가 1973년에 지은 후지(後識)가 있다.

5. 주요 작품 및 문집의 특징

최곤술은 대구에서 태어나 낙육재에서 수학하고 곽종석 문하를 출입하고 영남의 인사들과 교유하며 지냈다. 그리고 벼슬길에 나가지 않고 주로 향리에서 활동하였다. 그러므로 『고재집』에 수록되어 있는 시문(詩文)은 분량으로는 시가 제일 많은 비중을 차지하고, 내용으로는 고운 최치원, 문중 관련 그리고 향리에서의 생활과 활동에 대한 것이 가장 많다. 「등농산정」, 학사당 낙성할 때 지은 「낙성시」, 경주최씨 대동보 관련 일로 해인사에서 만난 후 족인들과 수창한 시인 「해인사수악삼계흥이족인(海印寺酬樂三季興二族人)」, 최치원의 문집을 편찬한 후에 지은 「고운선생문집서」, 최치원의 문집을 난세에 간행하게 된 심정을 황운하(黃雲

河)에게 술회한 「답황맹제(答黃孟濟)」, 「계림사이건상량문」, 1937년에 최치원의 영당인 학사당을 이건하면서 지은 「학사당이건상량문」, 「학사당향례축문」, 「학사당이건봉안축문」, 「학사당이건개기문」 등이 있다.

이러한 글들은 경주최씨 가문을 중심으로 이루어진 일제강점기 최치원의 선양사업과 최곤술의 향촌활동, 문중활동에 대한 귀중한 자료이다.

6. 참고문헌

유용우·최재욱, 『나라여! 내 나라여!』(고재 최곤술선생 문집), 동화출판공사, 1990.

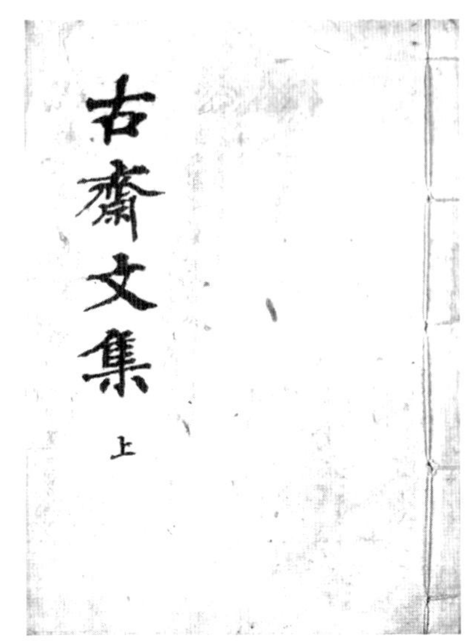

古齋文集卷之上

詩

立春有感

天之生物惟理成性人焉體之心具包物性
地之育物惟氣遂情人焉用之心分統物情

讀心說

天地爲人體人爲天地心心中自有體體外更無心理氣何先
後陰陽俱動靜顯微不容髮體用如隨影竟中言已盡
復奈舜危微世降多歧說吸吸作是非無主則亂家易主則
亡國亂亡皆可憐何不早尊極萬口咬相破恐難本體全細

紙者及詩書傳記雜著等篇而已然全昇一稿亦可寫
不肖罔涯之思則安敢委諸巾箱我兄弟相對未嘗不愓念于斯
而居諸冉冉不肖犬馬之齒奄迫七旬大懼歲不我與有負先蹟乃
與家弟宇大甲大叔劃受校于東萱家而許斯文鎭爲之序补
斯文泰顯李斯文來鎭氏相與之狀而銘而始克付印今以後府
君謦欬之萬一庶可以傳諸後而他日地下或有一語歸報者
耶嗚乎

古齋文集 下卷 終

※ 국립중앙도서관 소장

〈영남-52〉 **회봉집** 晦峰集

1. 형태서지

표제/권수제	회봉집(晦峰集)
편저자	하겸진(河謙鎭) 著
판사항	석판본
발행사항	晋州 : 河泳允, 1948
형태사항	총 50권 26책 : 목록 1책, 본집 48권 24책, 속집 2권 1책 四周雙邊 半郭 20.7×14.1㎝, 有界, 11行26字 註雙行, 上下向黑魚尾 ; 26.9×17.6㎝
소장처	국립중앙도서관, 경상대, 단국대 퇴계기념도서관, 동아대, 성균관대존경각, 영남대, 원광대, 전남대, 전주대

2. 정의

『회봉집』은 근대유학자 하겸진(河謙鎭, 1870-1946)의 시가와 산문을 엮어 1948년 하겸진의 아들 하영윤(河泳允, 1902-1961)과 문하생들이 경상남도 진양군의 덕곡서당(德谷書堂)에서 간행한 시문집이다.

3. 저자사항

하겸진은 본관이 진주(晉州)이고, 자는 숙형(叔亨), 호는 회봉(晦峰) 또는 외재(畏齋)이다. 송정(松亭) 하수일(河受一)의 후손으로, 아버지는 하재익(河載翼)이며, 어머니는 김해김씨(金海金氏)이다.

1870년(고종7) 진주 사곡리에서 출생하여 조부인 만취(晩翠) 하학운(河學運, 1815-1893)과 재종조부 쌍강(雙岡) 하홍운(河洪運)으로부터 사략(史略), 사서오경 등을 배워 학문적 기초를 닦았다. 17세에 하홍운을 모시고 허유(許愈, 1833-1904)와 만성(晩醒) 박치복(朴致馥, 1824-1894)을 찾아가 학문의 폭을 넓혔지만 어떤 사승을 확정하지 않고, 이후 거의 10년 동안 낙수재(落水齋)와 산천재(山天齋)에서 학업에 열중하였다. 27세에 거창(居昌)의 다전(茶田)으로 곽종석을 직접 찾아가 제자가 되었다. 이후 김도화(金道和)·이만도(李晩燾)·이승희(李承熙)·송준필(宋浚弼)·장석영(張錫英)·이두훈(李斗勳)·이종기(李種杞)·김진호(金鎭祜) 등 당시 영남의 석학들과 널리 교유하면서 학문을 논하였다.

하겸진은 31세 되던 해에 이수희(李壽熙), 하영태(河泳台) 등을 문하생으로 받아들인 후 학문활동을 본격적으로 시작하여 사망한 해까지 문인들과 편지를 주고받으며 평생 교육에 종사하였다. 이 과정에서 그는 교육공간에 대한 관심을 두고 서재, 정사, 서당 등 다양한 형태의 교육 공간을 마련하였다. 즉 1905년에 이산재(伊山齋)에 거주하여 문인들을 가르쳤고, 48세(1917) 때에는 구강정사(龜岡精舍)에서, 문하로 찾아오는 사람이 많아지자 1920년 경 여름에는 모천정(某川亭)에서 강학을 하였다. 이후 1931년에 덕곡서당(德谷書堂)을 완공하였다.

그는 교육활동 외에도 유학자로서 당면한 현실 문제에도 회피하지 않고 참여하는 모습을 보여 주었다. 50세(1919)에 제1차 유림단사건(파리장서사건)으로 진주경찰서와 성주에 구인되었다. 스승 곽종석은 대구 감옥에 수감되었다가 병보석으로 풀려난 후 곧 사망하였다. 1926년(57세)에는 상해임시정부와 관련한 2차 유림단사건으로 달성감옥에서 수 개월간 옥고를 치렀다. 이렇듯 그는 당시 시대가 처한 상황을 회피하지 않고 바꾸고자 하는 의지를 보였다.

또한 그의 인생에 주목되는 부분은 잦은 여행과 순례이다. 그는 평생 15회 정도 여행을 하였는데, 26세에 처음 금산(錦山)을 여행한 것을 시작으로 지리산(3회), 해인사, 호남지역, 금강산, 천마산 박연폭포, 묘향산, 단양 영주, 탄금대, 안동, 등지를 유람하였다. 그의 여행 가운데 상당수는 선현의 사묘(祠廟) 참배가 목적이었다. 즉 고산서당, 목은영당, 병산서원, 어득강과 이황의 유적이 있는 곤양의 작도 등을 다녀왔다. 1910년 나라가 망했다는 소식을 접하고 두문 칩거하다가 1913년(44세)에 서울, 개성의 선죽교와 평양을 거쳐 중국의 안동현과 봉천을 여행하였다. 이렇듯 그의 여행은 새로운 실천과 방향을 모색하는 여행이었거나 스승이나 제자 혹은 동료들과 선현이나 유학자들, 충무공 이순신과 관련된 유적지를 답사하는 순례의 성격이었던 것이다.

하겸진은 일제강점기를 살면서 나라와 민족의 얼을 일깨우는 저술에 관심을 기울여 우리나라 선현들의 학문과 연원을 체계 있게 정리한『동유학안(東儒學案)』을 짓고,『해동명장열전(海東名將列傳)』을 저술하였다. 만년에는『동시화(東詩話)』를 엮었는데, 정인보(鄭寅普)는 그 서문에서 "동국에서 일찍이 볼 수 없었던 진기한 시화"라고 극찬하였다. 이 외 저술로『주어절요(朱語節要)』 10권,『도문작해(陶文酌海)』 6권,『명사강목(明史綱目)』 18권 등이 있다.

1957년부터 경상남도 진주시 수곡면의 덕곡서당(德谷書堂)에서 매년 제향하고 있다.

4. 구성 및 내용

본집은「회봉유서목록」上,『회봉유서목록」下, 발(跋), 정오표(正誤表), 본집 48권, 속집 2권으로 이루어져 있다. 권수에 아들 영윤(泳允)이 지은 발문이 있다.

권1~8은 부(賦) 1편, 사(辭) 2편, 시(詩) 962제(題)이다. 하겸진은 생전에 국내는 물론 만주까지 여행과 답사를 많이 다니면서 풍물과 경관을 읊은 것이 많고, 각 지방의 명유들과 수창한 것이 많다. 그 가운데 권1의 「금산잡영(錦山雜詠)」 9수는 26세 때 8월에 하계락, 하재봉(河在鳳), 하영태(河泳台), 하계한(河啓漢) 등과 함께 남해 금산을 유람하고 지은 것이고, 또 다른 「금산잡영」 14수는 32세 때 9월에 스승 곽종석을 모시고 40여 명이 금산을 여행을 하였는데, 이 때 지은 것으로 보인다. 그리고 자신이 강학하던 서재나 정사에서 지은 시들이 있는데, 권3의 「모천팔경(某川八景)」은 1920년 그에게 배우러오는 자들이 많아 여름에는 모천정에서 강학하였던 기록으로 보아 이즈음에 지은 시로 보인다. 권4의 「만수당십육영(晩修堂十六詠)」을 비롯해 만수당에서 지은 시가 여러 수 있다. 만수당(晩修堂)은 하겸진이 옥봉(玉峯) 하계락(河啓洛, 1868-1933), 노계(老溪) 이용(李鎔), 추당(秋堂) 김진동(金進東, 1882-1966)과 함께 덕천(德川) 강변 위에 지은 것으로, 여기에서 학문을 토론하고 인근 사우(士友)들과 창수(唱酬)하였다고 한다.

권6의 「추우연구(秋雨聯句)」와 「이산재연구(伊山齋聯句)」는 1907년(38세)에 재종숙 근재 하재규(近齋 河載奎), 덕봉 하재봉(德峯 河在鳳)와 학고 하치윤(鶴皐 河致潤)과 함께 이산재에 거주하면서 독서, 학업에 열중하였는데, 이 때 지은 것이다. 이들은 동성(同姓)이며 동년(同年)으로 지업(志業)도 같이 때문에 이들의 연구시를 「사동연구(四同聯句)」라고 하였다고 한다.

또한 『회봉선생유서』에 '연명(淵明)'은 31번 등장하고, '동파(東坡)'는 38번이나 등장할 만큼, 도연명(陶淵明)과 소동파(蘇東坡)에 경도되어 있었다. 이에 따라 1931년 62세 때 덕곡서당과 만수당을 축조한 뒤 3년에 걸쳐 화도시를 지어 1934년 65세 때 완성하고, 다시 3년에 걸쳐 수미음을 지어 1937년 68세 때 완성하였다. 이 시는 권7 「수미음차강절운(首尾吟次康節韻)」(134수)과 권8 「화도시(和陶詩)」(121수)에 편차되어 있다. 특히 수미음은 까다로운 시 형식 때문에 시인으로서의 자질과 시작(詩作)에 자신감이 없는 사람이라면 쉽사리 짓기 어려운 시인데, 회봉은 우암에 이어 두 번째로 소옹의 수미음 134수 전체를 차운한 시를 지었다고 한다. 수미음 134수는 도학의 가치를 새롭게 인식하고 그 역할을 새롭게 조명함으로써 그 가치를 시대를 넘어서는 것으로 이해하여 절망의 시대에 도학이 바로선 나라를 구현해 냄으로써 희망을 꿈꾸고자한 회봉의 의지가 나타난 시라는 평을 받고 있다.

하겸진은 「화도시」 서문에 소동파의 시를 읽고 나서 그를 본받기 위해 지은 것이고, 소동파가 화답한 것은 본인도 화답하고, 화답하지 않은 것은 본인도 화답하지 않음으로써 소동파의 선택을 그대로 따랐음을 고백하였다. 그리고 "내가 사는 시대의 상황은 도연명과 같고, 도연명의 시를 좋아하는 것은 또한 소동파와 같다"라고 하여 그가 얼마나 도연명이라는 인물과 시를 흠모하고 있었는지 알 수 있고, 이러한 점에서 소동파와의 동질감을 느껴 화도시를 지었음을 추측할 수 있다.

권9~20은 서(書)는 500편이다. 서(書)는 허유(許愈)·곽종석(郭鍾錫)·장복추(張福樞)·이승희(李承熙)·장석영(張錫英)·송준필(宋浚弼)·이건방(李建芳)·정인보(鄭寅普) 등 수많은 인사들과 주고받은 것으로 성리학·양명학·가례를 비롯해 칠서(七書) 전반에 걸친 내용이다.

권21~22는 답문목(答問目)으로 문인(門人) 한유(韓愉), 조정래(趙正來), 권도용(權道溶) 등 24명과 성리설에 대해 질의문답한 내용이다.

권23~28은 잡저 114편으로 「심위자모설(心爲字母說)」·「천인심도(天人心圖)」·「강유위논어주서조변(康有爲論語註序條辨)」·「상서고문변증(尙書古文辨證)」·「국성론(國性論)」·「동포해(同胞解)」·「필기(筆記)」·「기형설(璣衡說)」 등이 있다. 「기속오(記俗誤)」에서는 관혼상제에서 잘못 시행되고 있는 14가지를 논하였다.

권29~31은 서(序) 144편이다. 서에는 금산을 유람하며 사우들과 수창한 시에 대한 「금산창수시서」, 이산재에서 하재규, 하재봉와 하치윤과 함께 공부하며 지은 연구시(聯句詩)에 대한 「사동연구서」, 자신이 저술한 『도문작해』와 『주자어류절요』에 붙인 서가 있다. 또한 문집, 실기 등과 진양강씨파보, 밀양손씨파보, 진양하씨세보 등 족보에 붙인 서가 다수 있다. 이외에 증서, 송서, 수서 등도 있다.

권32~35는 기(記) 187편이다. 기는 대부분 덕양재(德陽齋), 유하정사(柳下精舍), 우계서당(愚溪書堂), 임연정(臨淵亭), 열부증정부인나씨정려(烈婦贈貞夫人羅氏旌閭) 등 서재, 정사, 서원, 서당, 정려 등에 쓴 건물기이다.

권36은 발(跋) 85편으로 「사물잠첩(四勿箴帖)」·「도산시첩(陶山詩帖)」·「공후인(箜篌引)」·「왕양명소선주자만년정론(王陽明所選朱子晩年定論)」·「박연암옥새론(朴燕巖玉璽論)」 등과 시첩, 필적, 효열록에 대한 발문과 서후(書後)이다.

권37은 명(銘) 32편, 잠(箴) 7편, 찬(贊) 3편, 송(頌) 1편, 상량문(上樑文) 12편이다.

권38은 축문(祝文) 14편, 제문(祭文) 40편, 애사(哀辭) 8편, 축문에는 「다천서당고성문(茶川書堂告成文)」·「서계서원봉안덕계오선생문(西溪書院奉安德溪吳先生文)」·「덕산서원봉안남명선생문(德山書院奉安南冥先生文)」 등이 있다. 제문은 스승 곽종석, 허유, 하홍운(河洪運) 등과 이승희, 장석영, 하재규, 하재봉, 하치윤, 한유 등에 대한 것 이 있다.

권39는 비(碑) 29편이다. 임진왜란 때 수군으로 활약한 이운룡(李雲龍)과 병자호란 때 활약한 허한(許僩)의 신도비와 정몽주(鄭夢周)유적비, 기계유씨삼효자비(杞溪兪氏三孝子碑) 등에 대한 글이 있다.

권40은 묘지명(墓誌銘) 33편, 광명(壙銘) 1편, 묘표(墓表)) 31편이다. 묘지명은 백곡(柏谷) 진극경(陳克敬, 1546-1617), 외암(畏庵) 문선호(文宣浩, 1865-1903), 삼원당(三元堂) 허식(許栻), 국포(菊圃) 김기홍(金基洪, 1835-1900) 등의 것이고, 광명은 자부(子婦)에 대한 것

이고, 묘표는 조명계(曺明啓), 이병순(李炳珣), 김재식처성산이씨(金載軾妻星山李氏) 등에 대한 것이다.

권41~46은 묘갈명(墓碣銘) 252편으로 안응창(安應昌, 1603-1680), 백취(白醉) 변지석(卞芝錫, 1847-?), 홍와(弘窩) 이두훈(李斗勳, 1856-1918), 회당(晦堂) 장석영(張錫英, 1851-1926)에 대한 것이다.

권47~48 전반부는 행장(行狀) 19편으로, 스승 면우 郭鍾錫(1846-1919)에 대한 것은 상당히 내용이 많다. 종증조(從曾祖) 하대현(河大賢)과 하응현(河應賢), 계재(溪齋) 정제용(鄭濟鎔, 1865-1907), 허재찬(許在瓚), 교우(膠宇) 윤주하(尹胄夏, 1846-1906) 등에 대한 것이다.

권48 후반부는 유사(遺事) 2편, 서사(書事) 3편, 전(傳) 10편이다. 전에는 을지문덕(乙支文德)·김유신(金庾信)·강감찬(姜邯贊)·이순신(李舜臣) 등의 전기인 「명장열전(名將列傳)」, 남이(南怡)·김덕령(金德齡)을 다룬 「용장열전(勇將列傳)」 등이 있다.

속집 권1에 시 5題, 서(書) 29편, 서(序) 15편, 기 25편, 발 9편, 권2에 명 3편, 상량문 2편, 제문 4편, 비 2편, 묘지명 2편, 묘표 9편, 묘갈명 25편, 행장 4편 등이 수록되어 있다.

5. 주요 작품 및 문집의 특징

하겸진은 27세에 퇴계의 글 가운데 중요한 구절을 모아 『도문작해』 6책을 편찬하고, 그 서문을 지었다. 이후 김진호, 권재규, 윤주하 등과 성리설에 대해 편지를 주고받았는데, 이를 통해 그의 학문 방향이 이황의 시각과 같음을 알 수 있다. 「도암심설변」을 지어 퇴계와 비교할 때 도암은 말은 같지만 뜻은 다르고, 남당에 비교할 때 말은 다르지만 지향은 같다고 하였다. 「독농암집(讀農巖集)」에서는 심을 기로 삼은 것이 옳지 않음을 논하였다. 즉 그의 편지글과 저술에서 성리학에 대한 이해는 퇴계학을 토대로 하는 한주학적 특징을 견지하고 있음을 알 수 있다. 이러한 그의 학문 방향은 만년(74세)에 우리나라 유학사를 영남학파 중심으로 정리한 『동유학안』에 집약되어 있다고 볼 수 있다.

또한 그는 역사에 대해 깊은 관심을 드러내었다. 「교정삼국사기서문」을 짓고 「안의사전후」는 김택영의 『안의사전』에 의거하여 안중근이 죽임을 당할 때 '임심유위(人心惟危) 도심유미(道心惟微)'라고 휘호한 것은 유학의 정신에 투철한 의거라고 이해하였다. 「포은선생연보별본후」, 「김장군덕령전후」, 「조중봉전후」, 「노량충렬사기」, 「명장열전」, 「용장열전」 등 역사적 인물들에 것을 지었는데, 이 역사적 인물들은 대부분이 외적의 침입을 물리친 사람들이자, 상당수는 일본의 침략에 맞서 싸운 사람들이라는 점이 주목할 부분이다. 특히 역사에 대한 관심이 1910년 국권침탈 이후 더욱 깊어졌다는 점을 상기할 때 그의 역사에 대한 관심과 저술은 국권을 회복하는 그의 방식이었음을 알 수 있다.

「국성론」에서 하겸진은 한국의 국성이 예의(禮義)라고 하고, 국성(예의)을 잃어버린다면 강토가 있어도 국가의 조건이 갖추어지지 않은 것이고, 예의라는 국성이 있을 때 진정으로 국가를 회복할 수 있는 힘이 생긴다고 믿었으며 예의를 국성으로 삼아 타협할 수 없는 절대적 기준으로 살을 때 타국의 장점인 기술과, 세리(勢利), 무력으로 위협하더라도 저항할 수 있고, 나아가 외국의 침략자도 감화시킬 수 있다고 보았다.

「필기(筆記)」에서 그는 독일의 철학자 칸트의 영구평화론에 관한 일정한 지식을 가지고 있었는데, 칸트의 말에 따라 조금만 입장이 달라도 전쟁을 일삼는 풍조가 야만시대의 악습이라고 생각하고 문명을 표방하고 있는 서양인들이 중심이 되어 일으킨 1차 대전이 종결된 당시의 상황을 야만의 시대라고 평가하였다. 또한 평화를 유지하는 방법으로 칸트가 제시한 것 중 국제연방의 가치를 인정하고, 국제연방론이 성공하기 위해서는 “반드시 공정한 마음과 곧은 도를 가진 총명예지하여 신무(神武)를 지니나 남을 죽이지 않는 사람을 얻어서 천하의 지혜와 꾀, 장점을 모아 통일된 법규를 만들어 행할 수 있어야 한다”고 주장하였다.

『회봉집』은 화도시, 수미음 등 연구시(聯句詩)를 통해 하겸진의 도연명과 소동파를 흠모하는 시 세계를 엿볼 수 있는 중요한 자료이다. 그리고 그가 성리학에만 매몰되지 않고 다양한 방면에 관심을 가지고 새로운 문물을 수용하고, 변화하는 국제정세에 대해 인식하고 있었음을 보여주는 의미있는 자료라고 생각한다.

6. 참고문헌

『회봉선생연보(晦奉先生年譜)』, 1963.

김낙진, 「회봉 하겸진의 국성론을 중심으로 본 일제강점기 유학자의 인간성 이해와 국가의식」, 『한국철학논집』 24, 한국철학사연구회, 2006.

이영숙, 「회봉 하겸진의 화도시 연구」, 『남도문화연구』 18, 국립순천대학교 지리산권문화연구원, 2010.

이영숙, 「회봉 하겸진의 ‘수미음’에 대한 소고」, 『남도문화연구』 20, 국립순천대학교 지리산권문화연구원, 2012.

김기주, 「회봉 하겸진의 학문활동과 성리학적 특징」, 『한국학논집』 70, 계명대학교 한국학연구원, 2018.

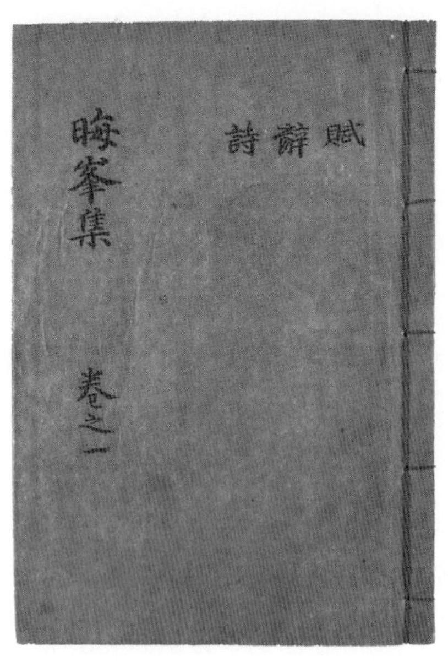
賦 辭 詩

晦峯集

卷之一

晦峯先生遺書目錄上

卷之一

賦

感春賦 效晦翁作並用其韻

辭

迎靈辭 十五歲作

餘沙河氏世庄靈巖辭

詩

落菴謝李孔維 道容 韓希寧 愉 曹仲謹 兢燮 見訪

牛芳山與韓希寧趙子雲 絅奎 共賦

余留山天齋數月李孔維韓希寧曹仲謹繼至共訂南冥先生學記

因與為大源之遊至浮雲亭少憩

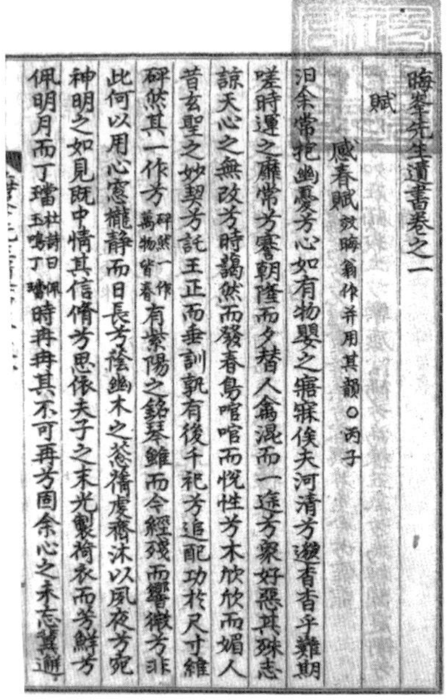
晦峯先生遺書卷之一

賦

感春賦 效晦翁作并用其韻○丙子

汨余常抱幽憂兮心如有物嬰之寤寐俟夫河清兮邈者杳乎難期嗟時運之靡常兮奢朝隆而夕替人禽混而一途兮衆好惡其殊志諒天心之無改兮時藹然而發春鳥喈喈而悅性兮木欣欣而媚人昔玄聖之妙契兮託王正而垂訓孰有後千祀兮追配功於尺寸維砰然其一作兮 砰然一作萬物皆春 有紫陽之銘琴雖而今經殘而響徹兮非此何以用心憲襛靜而日長兮蔭幽木之葱蒨虔齋沐以夙夜兮宛神明之如見旣中情其信脩兮思依夫子之末光製荷衣而芳鮮兮佩明月而丁璫 杜詩曰佩玉鳴丁璫 時冉冉其不可再兮固余心之未忘冀遡

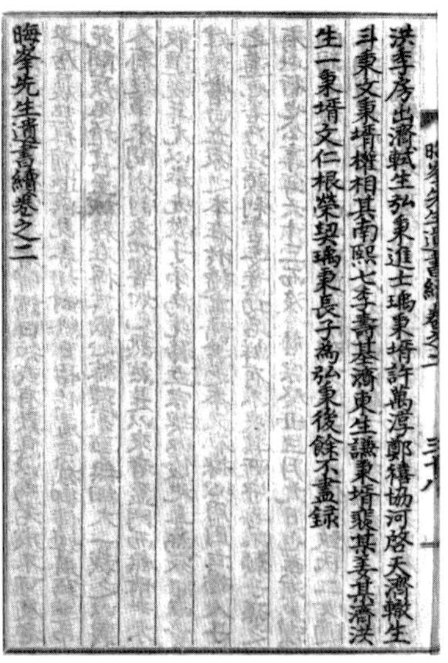
洪李房出濟軾生弘東進士瑀東埼許萬淳鄭禧協河啓天濟轍生斗東文東埼樺相其南熙七李壽其濟東生謙東埼聚其姜其濟洪生一東埼文仁根榮契瑀東長子爲弘東後餘不盡錄

晦峯先生遺書續卷之二

※ 국립중앙도서관 소장

〈영남-53〉 **후산집** 后山集

1. 형태서지

표제/권수제	후산집(后山集)
편저자	허유(許愈) 著
판사항	목판본
발행사항	[刊寫地未詳] : [刊寫者未詳], 1909
형태사항	총 19권 10책 : 목록 1책, 본집 19권 9책 四周雙邊, 半廓 20.3×17.5㎝, 有界, 10行20字 註雙行, 內向2葉花紋魚尾 ; 32.6×21.4㎝
소장처	국립중앙도서관, 경기대, 경상대, 계명대, 고려대, 서울대 규장각, 숙명여대, 연세대, 영남대, 용인대, 전주대, 한국학중앙연구원

2. 정의

『후산집』은 허유(許愈, 1833-1904)의 시문집으로, 저자의 유문(遺文)은 저자가 졸한 직후부터 동문사우(同門士友)와 문인들에 의해 정리되었고, 이승희가 저자의 아들 허규(許珪)의 부탁으로 행장을 짓고 문집을 교정한 지 3년 후인 1909년에 문인들이 간행한 19권 10책의 목판본이다.

3. 저자사항

허유는 자는 퇴이(退而)이고, 호는 후산(后山)·남려(南黎)이고, 본관은 김해(金海)이다. 중종조 군수를 지낸 죽계(竹溪) 허순(許珣)의 후손인데, 허순이 그의 외조부 제사를 받들기 위해 고성에서 삼가로 옮겨와 정착하면서 후손들의 세거지가 되었다. 아버지는 소소생(笑笑生) 허정(許禎)이고, 어머니는 정산의(鄭山毅)의 딸 해주정씨(海州鄭氏)이다.

그는 1833년에 삼가현(三嘉縣) 오도리(吾道里)에서 태어났다. 10세에 부친의 상을 당하였고, 『시경』, 『서경』, 『소학』을 공부하였다. 이후 진주의 산천재(山天齋)에서 독서하였고, 박치복과 삼가의 백련암(白蓮巖)에서 독서하였다. 1866년(34세)에 김해부사 허전(許傳)이 의령 미연서원(嵋淵書院)을 방문했을 때 허전을 찾아뵈었고, 1870년(38세)에는 성주의 한주정사(寒洲精舍)로 이진상(李震相)을 찾아가 3일 동안 '태극(太極)', '동정(動靜)', '인물성동이(人物性同異)' 등에 대해 진지하게 토론하였다고 한다. 이듬해에는 박치복(朴致馥), 이정모(李正謨) 등과 함께 개성을 유람했는데 선죽교 위에서 정몽주에게 제사를 올렸다. 40세 여름에 곽종석(郭鍾錫), 이정모와 함께 이진상을 다시 찾아뵈었고, 45세 때는 이진상이 오도리로 후산을 방문하였다. 이때 박치복, 김인섭(金麟燮), 정재규(鄭載圭), 김진호(金鎭祜), 곽종석, 하용제(河龍濟) 등 많은 지역 선비들이 모였다. 이때 모인 사람들과 덕천서원에 참배하고 두류산, 남해(南海) 금산(錦山), 촉석루(矗石樓)를 유람하였다.

그는 1882년 50세 때 어머니의 명으로 향시를 보아 합격을 했고, 서울로 올라가 문과를 보려고 했으나 당시 군란이 있어 응시하지 않고 나랏일을 탄식하면서 돌아왔다. 이해 가을에 동계 정온의 유적이 있는 거창 모리를 방문했다. 1884년(52세)에 삼가현감 신두선(申斗善)이 유교의 교화를 일으키고자 후산을 스승으로 초빙했는데, 이때 정재규를 추천하여 함께 『대학』을 강의하였다. 그리고 정변(政變)의 소식을 듣고 현감 신두선에게 분문(奔問)할 것을 요청했다.

1902년에 경상남도 관찰부 안에 낙육재(樂育齋)를 처음으로 설립하여 도내 선비들을 양성하고 향음주례를 거행했는데 후산을 훈장으로 초빙했다. 예를 마치고 여러 학생들을 위해 강독을 했으며 이때 강학절목을 만들었다. 이듬해 조정에서 선비를 우대하는 취지에서 숨은 선비를 찾아 벼슬을 내렸는데 후산에게 경기전참봉(慶基殿參奉)을 제수했다. 벼슬이 세 차례나 제수되었지만 후산은 끝내 나아가지 않았다. 그는 1904년에 향년 72세로 후산서당에서 졸하였다. 세상을 떠나기 바로 직전까지도 대계 이승희, 물천 김진호 등과 학문을 토론하였고 제자들에가 마지막 당부하는 말도 학업에 정진하라는 내용이었다고 한다.

허유의 학문적 기반은 이진상의 문인으로 '퇴계학(退溪學)'이라고 할 수 있지만 그의 가학(家學)은 남명학에 가까웠고, 남명을 매우 존경했다. 그는 남명의 학문을 널리 펴기 위해서는 먼저 문집이 바로 정리 되어야 한다는 생각에 『남명집』을 교정하여 중간하려고 했다. 그리고 남명을 향사하던 삼가의 용암서원이 훼철된 뒤로 남명의 강학소였던 뇌룡정을 복원하는데 주도적인 역할을 했고, 뇌룡정 상량문을 지어 남명의 학문과 사상을 널리 알렸다.

한편 이진상이 1886년에 세상을 떠나자 이진상이 맡고 있던 고령현(高靈縣) 회보계(會輔契)의 강장을 맡아 강학하였고, 스승의 심즉리(心卽理)설을 규명하여 그 학통을 계승해 나가는 것을 자신의 임무로 삼았다. 그리하여 1894년에는 윤주하와 함께 한주가 편집한 『이학종요(理學綜要)』를 삼가현의 병목서당(并木書堂)에서 교정하였고, 한주가 남긴 시문을 성주의 대포서원(大浦書院)에서 교정하여 5개월의 노력 끝에 문집의 체재로 편집했다. 그리하여 이듬해 1895년에 거창의 원천정(原泉亭)에서 『한주집』을 간행하였다. 이때 그는 직접 그곳에 머물면서 간행하는 일을 감독했다고 한다.

4. 구성 및 내용

본집은 19권 10책으로 이루어져 있다. 권수(卷首)에 목록(目錄) 상·하권이 있고, 서(序)와 발(跋)은 없다.

권1~2는 부(賦) 2편, 시(詩) 365제이다. 부의 「용호부(龍湖賦)」는 사위이자 문인인 심학환(沈鶴煥)과 용호를 감상하며 지은 것이다. 시는 모리에 있는 정온(鄭蘊)의 고택을 방문하고, 동계의 의기(義氣)를 찬양한 「모리가(某里歌)」, 부산에 있는 명장(明將) 만세덕(萬世德)의 제단을 읊은 「만공단(萬公壇)」, 송민용(宋民用), 윤주하(尹冑夏) 등과 『이학종요(理學綜要)』를 교정할 때 주자의 「백록동서원」 시에 차운하여 지은 「모원당차주자백록운(慕遠堂次朱子白鹿韻)」, 명나라가 망할 때 충절을 지킨 9명의 사적을 읊은 「간숭정사유감구절(看崇禎史有感九絕)」, 변만식(卞萬栻)의 시에 차운하여 수가(守家), 수분(守分), 수구(守口), 수심(守心)의 네 가지를 주제로 지은 「차변공사수당운(次卞公四守堂韻)」, 허섭(許燮)의 시에 차운하여 학문하는 과정을 登山에 비유하여 읊은 「차증허영칠(次贈許英七)」은 것이고, 삼봉서당의 성존실(誠存室), 거경재(敬居齋), 상봉대(翔鳳臺) 등에 대해 지은 「三峯書堂十二詠(三峯書堂十二詠)」, 심학환에게 지어 주며 直字를 온전하게 지킬 것을 당부한「병침명손전서증심응장(病枕命孫銓書贈沈應章)」 등이 있다. 만시(挽詩)는 김성일(金聲佾) 文秉衡(文秉衡), 이진상, 卞源奎(卞源奎), 장복추, 송인용(宋仁用) 등 62명에 대한 것이다.

권3~10은 서(書) 406편으로 문집 가운데 가장 많은 비중을 차지하는데, 주로 성리학에 대해 논한 것이 많다. 편지는 이진상, 허전, 장복추, 박치복, 이운규(李雲逵), 이종기, 장승택, 정지선(鄭趾善), 최숙민, 정재규, 김진호, 이정모(李正模), 윤주하, 곽종석, 이승희, 채인묵(蔡寅默), 이두훈(李斗勳), 송재락(宋在洛), 송준필(宋浚弼), 허정(許楨), 하겸진, 조긍섭, 권재옥(權載玉), 심학환(沈鶴煥), 이교우(李教宇) 등 209명에게 보낸 것이다. 이진상에게 올린 편지에는 『이학종요』를 완성하여 후학에게 지침으로 제시해 달라는 내용이고, 이운규에게 보낸 편지는 이정모의 부음(訃音)을 듣고 비통한 심정을 표현한 것이고, 정재규에게 답한 편지는 『농암집(農巖集)』을 읽고 난 느낌을 전한 것이다. 윤주하에게 답한 편지에서는 태극도설(太極圖說)과 복제설(服制說) 등에 대해 논하였고, 이승희에게 보낸 편지에서는 본연지성(本然之性)과 기질지성(氣質之性), 오행(五行), 동정(動靜)과 태극(太極) 등에 대해 논하였고, 채인묵에게 보낸 편지에서는 체용리분(體用理分)에 대해 논하였다. 윤병모에게 보내는 편지에서는 『남명집』을 원집과 속집으로 편차하면서 생긴 오해에 대해 해명하였고, 허정에게 보낸 편지에서는 독서와 일상생활이 표리관계이므로 한 가지라도 소홀하게 여기지 말고 힘쓸 것을 말하였다.

권11~12는 잡저(雜著) 49편이다. 공부하면서 깨달은 점을 기록한 「수록(隨錄)」, 이기설(理氣說)에 대해 객과 주고받는 문답 형식으로 엮은 「후산문답(后山問答)」이 있다. 「신명사도명혹문(神明舍圖銘或問)」은 남명 조식의 「신명사도(神明舍圖)」와 「신명사명(神明舍銘)」에 대하여 문답 형식으로 해석한 것이다. 「뇌룡정시제생(雷龍亭示諸生)」은 을미사변 후에 강회를 열 수 없지만, 학자들이 더 의기(義氣)를 분발해야 한다고 당부하는 글이고, 「시동사문(示同社文)」은 단발령을 따르기를 거부하자는 글이다. 이 밖에 이화기(李和基), 허로(許魯), 하장환(河章煥) 등 12명에 대한 자설(字說)이 있다.

권13은 서(序) 13편, 기(記) 36편이다. 서는 김해허씨세보, 유종지(柳宗智)의 실기(實記), 심자광(沈自光)의 실기, 최식민(崔植民)의 『귤하집(橘下集)』, 『성학십도부록(聖學十圖附錄)』 등에 대한 것과 한효익(韓孝益), 곽성근(郭晟根), 채동춘(蔡東櫄)을 전송하는 송서(送序)가 있다. 기는 후산서실(后山書室), 朴氏의 분암(墳菴)인 망추정(望楸亭), 허씨의 재실(齋室)인 모도헌(慕陶軒), 절도사 정세필(鄭世弼)이 세운 와룡정(臥龍亭), 허전을 추모하여 건립한 이택당(麗澤堂), 단성에 있는 성주도씨 가문의 재실 추원재(追遠齋文), 허섭의 약산서실(約山書室)과 박경원(朴京瑗)의 율산서실(栗山書室), 조식이 만년에 거처했던 곳에 지은 악연정(岳淵亭) 등 서재, 재실, 정자에 대한 것이 있고, 문계달(文繼達)·문덕수(文德粹)·황상갑(黃尙甲)의 정려에 대한 것이 있다.

권14는 발(跋) 31편이다. 발은 강대수(姜大遂)의 연보, 정식(鄭拭)의 『명암집(明菴集)』, 한대기(韓大器)의 『고송유집(孤松逸集)』, 권흔의 『남창시집(南窓詩集)』, 이진상이 지은 『이학종요』에 대한 발문과 퇴계와 남명이 대립적인 관계가 아니었다는 것을 밝힌 「퇴도여남명서(退陶與南冥書)」, 윤경남(尹景男)의 실기, 장현광의 신도비명, 『주서집요(朱書輯要)』, 『성학십도부록(聖學十圖附錄)」, 윤주하의 『금강록(金剛錄)』에 대한 서후(書後) 등이 있다.

권15는 명(銘) 8편, 찬(贊) 1편, 표(表) 1편, 혼서(昏書) 3편, 상량문(上樑文) 6편, 상향문(常享文) 1편, 제문(祭文) 18편, 애사(哀辭) 4편이다. 명은 심(心) 자(字)를 중심에 그리고 주위에 12辰과 12卦를 배치하고 그 아래쪽에 『주역』의 상사(象辭)를 써넣어 그림으로 만들고 명을 붙인 「심역도명(心易圖銘)」, 이승희(李承熙)가 지은 삼봉정사(三峯精舍)의 동재(東齋)인 성존실에 붙인 「성존실명(誠存室銘)」, 안릉이씨(安陵李氏) 집안에 소장되어 있는 묵병(墨屛), 강양(江陽)의 수암정(修巖亭) 터에 있는 덕암(德巖), 진주의 월아산(月牙山)에 있는 허공숙(許孔淑)의 금호재(琴湖齋) 등에 대한 명이 있다. 찬의 「허학로묵병찬(許學魯墨屛贊)」은 허모(許模)의 묵병에 대한 것이다. 「속출사표(續出師表)」는 사욕을 이기고 마음을 세움에는 제갈량(諸葛亮)의 토적흥복(討賊興復)의 자세를 자기의 임무로 삼아야 한다는 내용이다. 혼서는 아들 허규(許珪), 허영(許永), 장손 허전(許銓)의 것이다. 상량문은 남명 조식이 강학하던 곳에 세운 뇌룡정(雷龍亭), 김광부(金光富)의 순절유허비각, 망운정(望雲亭), 계구당(戒懼堂)의 것이다. 상향문은 허목(許穆)을 모신 미연정사(嵋淵精舍)를 건립하고 석채례(釋菜禮) 때 지은 것이다. 제문은 이진상(李震相), 장복추(張福樞), 박치복(朴致馥), 문석영(文鎭英), 허섬(許暹) 등에 대한 것이며 애사는 홍재학(洪在鶴), 윤병순(尹炳純), 유의배(柳宜培), 허영(許永)에 대한 것이다.

권16은 비(碑) 3편, 묘갈(墓碣) 18편이다. 비는 세조 조에 충절을 지킨 정몽주의 손자 정보(鄭保)의 유허비(遺墟碑) , 창녕조씨 유허비, 박총(朴聰)의 묘비명이다. 묘갈은 성황(成鍠), 김복문(金復文), 박내오(朴來吾), 조경의(趙景毅), 李伯烈, 정석기(鄭碩基), 이경윤(李景潤), 이방일(李邦一) 등에 대한 것이다.

권17은 묘갈명(墓碣銘) 8편, 묘표(墓表) 12편, 묘지명(墓誌銘) 5편이다. 허순(許峋), 정동하(鄭東夏), 허순 처 진양정씨(晉陽鄭氏), 박태고(朴太古), 문병규(文炳奎)의 묘갈명, 정옥량(鄭玉良), 허안정(許安鼎), 하우현(河友賢), 이경렬(李敬烈) 등의 묘표, 김천일(金千鎰), 이정석(李廷奭), 조치규(趙致奎) 등의 묘지명이다.

권18~19는 행장(行狀) 17편, 유사(遺事) 6편이다. 이정모(李正模), 도희령(都希齡), 김경근(金景謹), 하해관(河海寬), 권인택(權仁擇), 권필칭(權必稱), 박상태(朴尙台) 등의 행장과 6대조 허호(許鎬), 최태진(崔台鎭), 조성복(趙性宓), 열부 송의용(宋義用) 처 박씨의 유사이다.

5. 주요 작품 및 문집의 특징

허유는 한주 이진상의 문인으로 박치복, 곽종석, 이승희 등과 교유하였으며, 한말의 암흑기를 맞아 벼슬에 나아가지 않고 평생 학문 연구와 인재 양성에 전념한 학자였다.

한말에 영남 일대에 한주의 학문은 크게 계승되었다고 한다. 후산 허유(后山 許愈), 물천 김진호(勿川 金鎭祜), 회당 장석영(晦堂 張錫英), 대계 이승희, 홍와 이두훈(弘窩 李斗勳), 자동 이정모(紫東 李正模), 면우 곽종석 등 당대의 학자들이 학단을 이루어 한주의 학문을 계승하고 전파하는 데 앞장섰다. 몇몇 제자들은 망국의 의리에 소극적으로 대처한 사람도 있었으나 아들 이승희나 제자 장석영 등은 스승의 학문과 사상의 실천에 앞장서서 북만주로 망명하여 독립운동을 전개하는 등 적극적인 활동을 서슴지 않기도 했다.

『후산집』에는 209명에게 보낸 409편의 서간문이 수록되어 있다. 문집 가운데 가장 많은 분량을 차지하고 있는데, 저자의 사상과 학문을 살필 수 있는 자료이다. 서간문에는 사우들과 성리학 학설을 논의하는 것이 대부분이다. 그러므로 『후산집』은 영남일대의 한주학단의 학문성향을 연구하는데 중요한 자료라고 생각한다. 허유가 살았던 삼가 지역은 노사학파의 정재규의 출생, 활동지역으로 한주학파와 노사학파의 학문적 교류를 살필 수 있는 자료이기도 하다.

6. 참고문헌

김은정, 『후산집』, 『한국고전번역원 문집총간해제』 6, 2005.

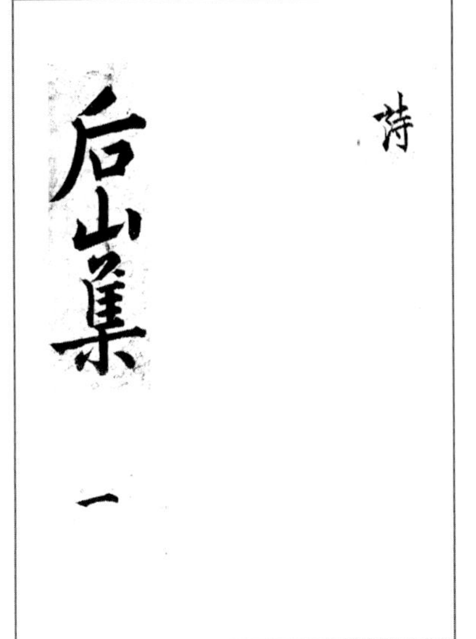

后山集 一

詩

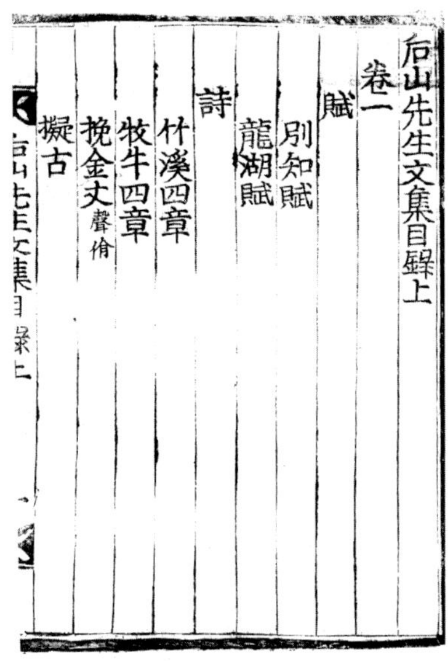

后山先生文集目錄上

卷一

賦

別知賦

龍湖賦

詩

竹溪四章

牧牛四章

挽金丈 聲倫

擬古

后山先生文集卷之一

賦

別知賦

己亥六月二十日宋舜元 民用 郭鳴遠 鍾錫 尹忠汝 胄夏 諸公過余于后山之室蓋以冥翁集重刊事將向青谷也因與偕至灑濯堂臨別金致行 鎭文 爲誦韓文公別知賦余別有所感賦此以寄意

哀我生之無賴爲一蟲於果蓏而害物之滋甚孰與汝而相可感知我之不鄙歷崎嶇而來息歲六月而

河氏以孝烈有棹楔之命其家庭來歷可謂其源遠矣

※ 국립중앙도서관 소장

〈영남-54〉 방산집 舫山集

1. 형태서지

표제/권수제	방산집(舫山集)
편저자	허훈(許薰) 著
판사항	목판본
발행사항	경산 : 覽德亭, [刊寫年未詳]
형태사항	총 23권 12책 : 목록 1책, 23권 11책 四周雙邊 半郭 19.1×15.8㎝, 有界, 半葉10行20字, 內向2葉花紋魚尾 ; 29.6×20.6㎝
소장처	국립중앙도서관, 대구가톨릭대, 동국대, 서울대 규장각, 한국국학진흥원

2. 정의

『방산집』은 허훈(許薰, 1836-1907)의 시문집으로 저자 자신이 생전에 편차한 『修言』 30권을 바탕으로 장남 허숙(許埱)이 영남의 선비들과 친족들의 협조를 받아 진성(眞城)의 남덕정(覽德亭)에서 간행한 목판본이다.

3. 저자사항

허훈(許薰)은 본관은 김해(金海), 자는 순가(舜歌), 호는 방산(舫山)으로 경상북도 선산군 임은리(林隱里)에서 출생하였다. 그의 가문은 증조부 불고헌 허돈(許暾)이 임은동에 옮겨 살면서 세칭 임은허씨로 불리워졌다. 허돈은 미수(眉首) 허목(許穆)의 문하를 출입했고, 조부는 태초당(太初堂) 허임(許恁)으로 채제공의 문인들과 교유한 지역의 이름난 선비였다. 아버지는 청추헌(聽秋軒) 허조(許祚), 어머니는 진성이씨(眞城李氏) 이휘수(李彙壽)의 딸이다. 허훈의 동생으로 신(藎), 겸(蒹), 위(蔿) 3명이 있었는데 허신은 요절했고, 의병장이던 동생 허위는 1908년 체포와 동시에 처형당했다. 허겸은 허위의 가족을 데리고 만주로 망명하여 평생 독립운동을 하다 이국땅에서 세상을 떠났다.

그는 장자로 태어나 후사가 없던 백부 허정(許柾)의 양자가 되어 백모 여강이씨(驪江李氏)의 손에 자랐으며 조부인 허임에게 글을 배우며 한학의 기초와 옛 현인들의 글, 그리고 과거시험을 위한 공부를 주로 했던 것으로 보인다. 1851년 연안이씨(延安李氏) 해연(海蓮) 이봉기(李鳳基)의 딸과 혼인했다. 이봉기는 근곡(芹谷) 이관징(李觀徵)의 6세손으로 당시 서울 문단에 글과 글씨로 이름이 널리 알려져 있던 인물이었다. 혼인 후 허훈은 장인에게서 학문을 배우며 다양한 시문을 공부하게 되었다. 허훈은 22세인 1857년에 향시(鄕試)에 합격했으나 복시(覆試)에 실패하면서 과거를 포기하고 경전 연구에 몰두하였다. 이후 허훈은 27세 때 계당(溪堂) 유주목(柳疇睦)에게 예설을 문의하고, 29세에 성재(性齋) 허전(許傳)의 문하에서 수학하였다. 유주목은 영남의 퇴계 학통에 속하는 유학자로 성리학·예학·역사학·보학(譜學)에 두루 통달한 인물이고, 허전은 이익(李瀷)-안정복(安鼎福)-황덕길(黃德吉)로 이어진 성호학파의 실학을 이은 인물로써 허훈은 학문의 본원을 중시하는 영남학파와 실용주의의 근기학파(近畿學派)를 폭넓게 계승하였다고 볼 수 있다.

1867년에는 이웃 고을인 개령(開寧, 현재의 김천) 지천동(芝川洞) 방암산(舫巖山) 선영 아래로 터를 옮기고 정사를 지어 학문에 매진했다. 스스로 방산(舫山)이라 이름 짓고 새로운 학자적 삶을 시작한 때였다. 그 후 허훈은 동학농민군을 피해 진보(眞寶) 흥구리(興丘里)로 이주하였고, 이듬해 을미사변으로 전국적으로 의병이 일어나자 자신은 전면에 나서지 않았지만 토지를 팔아 두 아우인 성산(性山) 허겸(許兼)과 왕산(旺山) 허위(許蔿)의 군자금으로 내어주었다고 한다. 직접 나서지 않고 처사적 삶을 고수했던 그도 1896년 4월 진보향교에서 '진보의진'을 결성하였다.

허훈은 생전에 주방산(周房山), 여강(驪江), 구담, 도담, 관동팔경, 금강산, 오대산, 영월, 김해의 봉황대, 연루(鷰樓) 등지를 유람하고 많은 유람시와 유록을 남겼다. 1900년 65세 되던 해에 진보의 광덕동(廣德洞)으로 이거하여 남덕정을 짓고, '간운헌(看雲軒)'이란 현판을 걸고 멀리서 활동하던 동생 허위를 그리워하고 집안의 장래를 걱정했다고 한다. 1904년에는 참봉에 제수되지만 나아가지 않았다. 그리고 1907년 도산서원과 병산서원의 원장 직을 끝으로 세상을 떠났고 진보 괴정리 산에 묻혔다.

4. 구성 및 내용

『방산집』은 23권 12책으로 되어 있다. 권수(卷首)에 총목(總目)이 있고, 서(序)는 없으며, 권말에 노상직(盧相稷)과 허채(許埰)가 지은 발(跋)이 있다.

권1~6의 앞부분은 시(詩) 709제이다. 시는 연대순으로 편차되어 있는데, 주로 저자가 우거하는 지역의 절경을 읊은 시와 유람시, 만시(輓詩)가 있다. 자신이 거주하는 지역의 경치를 읊은 시는 저자가 우거한 개녕(開寧) 지천의 절경을 보고 지은 「지천팔영(芝泉八詠)」, 동학란을 피해 이주했던 진보 흥구리의 여러 경치를 읊은 「흥구제영(興丘諸詠)」, 칠완정 주변의 경승을 읊은 「제칠완정(題七翫亭)」, 金海의 절경을 읊은 「금관십육영(金官十六詠)」 등이 있다. 「등금주망해대(登金州望海臺)」는 1883년 김해 망해대에 올라 지은 것이며, 「훈몽이십오칙(訓蒙二十五則)」은 어린이 교육에 필요한 덕목들을 25항목으로 나누어 읊은 것이다. 그리고 대체로 유람시가 많은 편으로 금오산(金烏山)·해인사 등 명승지를 유람하며 지은 것, 자연의 변화를 즐겨 지은 것 등이 있다. 특히 권5와 권6에 동해안과 금강산을 유람할 때 여행 여정에 따라 지은 「죽서루」, 「낙산사」, 「청간정」, 「삼일포」, 「신계사」,「유점사」, 「비로봉」, 「혈망봉」 등이 있고, 「사각(史閣)」, 「상원사」 등은 오대산(五臺山)을 유람할 때 지은 것이다. 청량산의 여러 봉우리와 김생굴(金生窟), 원효정(元曉井), 의상굴(義相窟), 어풍대(御風臺) 등에 대해 읊은 시들이 있다.

권6의 후반부는 소(疏) 2편이다. 소는 도산서원(陶山書院) 이황(李滉)의 위판(位板)이 도적을 맞아 지패(紙牌)로 대신하고 있는 상황에서 조판과 범죄자를 꼭 잡아 들이도록 해달라는 것과 1873년 최익현의 시폐소로 인하여 환수된 갈암(葛庵) 이현일(李玄逸)의 작위와 시호를 되돌려 달라고 청하는 것이다.

권6 후반부~11 전반부는 서(書) 201편으로 151명에게 보낸 것이다. 편지의 전체적인 내용은 주로 사단칠정(四端七情)·이기설(理氣說) 등 성리학과 상례(喪禮)·복제(服制)에 대해 논한 것이 많다. 그리고 『한주집』, 『성호집』, 『성재집』 등의 문집 간행에 대해 논의한 것도 있다. 허전에게 올린 편지는 스승으로 모시게 되어 고맙고 기쁘며 심의제도(深衣制度)에 대해 가르침을 듣고 의혹을 깨쳤다는 내용 등이며, 이진상에게 답한 편지는 복제에 대해 논한 것이다. 최창락(崔昌洛)에게 답한 편지에서는 『중용』의 천명지성(天命之性)과 솔성지성(率性之性)에 대해, 장석영(張錫英)에게 답한 편지에서는 칠정리발(七情理發)에 대해, 송종술(宋鍾述)에게 답한 편지는 기질지성(氣質之性), 명명덕(明明德) 등에 대해, 최흥종(崔興鍾)에게 답한 편지에서는 사유기지설(四遊氣之說) 등에 대해 논하였다. 방백(方伯) 이용직(李容直)에게는 이설(異說)이 횡행하고 사도(邪徒)가 만연하는 때에 유학을 일으키려는 노력에 감사하는 내용이다. 이승희에게 답한 편지에서는 『한주집』 간행에 관해서 논하였고, 유지호(柳止鎬)에게 보낸 편지는 그의 선친 유치명(柳致明)의 『정재집(定齋集)』을 받아본 뒤의 반가운 마음을 전한 것이다. 노상익(盧相益)에게 준 편지는 이익(李瀷)의 『성호집(星湖集)』 간행에 대해, 김진호(金鎭祜)·노상익·허이(許邇)에게 준 편지는 『성재집(性齋集)』 간행에 대해 의논한 것이다. 노상직에게 준 편지에서는 『성재집(性齋集)』 간행의 노고를 치하하고 선사(先師)의 유지인 『성호집』 간행에 대해 언급하였다. 이외에 권11은 주로 집안 인척들과 주고받은 편지이다.

권11 후반부~14는 잡저(雜著) 31편이다. 『춘추』를 읽고 의심난 점을 기록한 「춘추기의(春秋記疑)」, 두보(杜甫)의 두견시에 대해 변증한 「변두자두견시(辨杜子杜鵑詩)」, 여상(呂尙)의 세가(世家)를 읽고 지은 「독제태공세가(讀齊太公世家)」, 이진상의 심의설(深衣說)을 변론한 「변리한주심의설(辨李寒洲深衣說)」, 사서(史書)에 있는 내용으로 패수의 위치를 고증한 「패수변(浿水辨)」, 사단칠정에 대한 주자, 리이, 기대승, 김창협 등 선유(先儒)의 설을 검토하면서 이황(李滉)의 설을 옹호한 「사칠관견(四七管見)」 등이다. 백이 숙제가 수양산에서 고사리를 캐 먹고 연명한 일에 대해 논한 「서산채미의(西山採薇義)」, 천문(天文)과 조수(潮水)의 관계에 대한 주희(朱熹)와 한원진(韓元震)의 이론을 검증한 「해조설(海潮說)」 등이다. 그밖에 백성의 생활과 국가의 재정에서 소금이 차지하는 비중을 인식해 쓴 「염설(鹽說)」, 총포·전차 등에 대한 관심을 보여주는 「포설(礮說)」·「차설(車說)」 등이 있다. 그리고 권14는 유록(遊錄)으로 장모 산소에 성묘하고 연산 백석리에 우거하는 장인을 찾아뵙고자 1885년에 9월 7일에 연산을 향하여 출발하여 계룡산, 은진읍, 부여의 청풍정, 수북정, 고란사, 부소산 등을 유람한 여정을 기록한 「서유록(西遊錄)」, 1895년에 이만수(李壽萬), 이수암(李壽嵒)과 함께 청송의 주방산을 유람하고 지은 「유주방산록(遊周房山錄)」과 1898년에 관동지역과 금강산을 유람하고 지은 「동유록(東遊錄)」 등이다.

권15~16 전반부는 서(序) 65편이다. 서는 민창도(閔昌道)의 『화은집(化隱集)』, 이세간(李世幹)의 『남강집(南岡集)』, 허식(許試)의 『모은유고(某隱遺稿)』, 최두찬(崔斗燦)의 표해일기(漂海日記)인 『승사록(乘槎錄)』 등 문집이나 저술에 붙인 것과 친족간의 결속을 꾀하고 학업을 장려하기 위해 재물을 모아 만든 의장계(義莊契)·돈본계(敦本契) 등의 결성 경위를 밝힌 글 등이 있다. 그리고 유람록인 신광수(申光洙)의 여강록(驪江錄), 장운표(張運杓)의 몽유록(夢遊錄), 권예겸(權禮謙)이 태백산, 속리산 등을 유람하고 지은 남유록(南遊錄)에 붙인 것이 있고, 풍악으로 돌아가는 승(僧) 각련(覺蓮), 가야산으로 유람 가는 서덕일(徐德一), 관북으로 돌아가는 김시용(金時庸), 제주로 돌아가는 장성흠(張聖欽)을 전송하고 윤용하(尹鍾夏)의 회갑을 축하하는 송서(送序)와 증서(贈序)가 많이 있다. 이외에 김해허씨파보, 진양하씨세고에 대한 서문이 있다.

권16 후반부~17 전반부는 기(記) 38편이다. 기는 금오산을 유람하고 지은 「유금오산기(遊金烏山記)」와 1885년 칠석 때 수정사를 유람하고 지은 「유수정사기(遊水淨寺記)」 외에는 대부분 서재, 정자 등에 대한 것이다. 이택하(李鐸夏)의 거처에 대해 지은 「어강기(漁岡記)」, 친구 이근수(李根洙)의 집에 대한 「추수재기(秋水齋記)」가 있다. 그리고 태종의 어필각(御筆閣), 친구 신익호(申翼浩)의 고산정(古山亭), 김인길(金寅吉)의 거처인 구지재(求志齋), 김준성(金準聲) 가문의 종족 모임 장소인 화수재(花樹齋) 등에 대한 것이다.

권17 후반부는 발(跋) 19편이다. 허목의 『기언(記言)』, 조경의 『용주집(龍洲集)』 抄錄, 오수익(吳守盈)의 『춘당집(春塘集)』, 신필흠(申弼欽)의 『천재집(泉齋集)』, 정혼(鄭焜)이 이황의 편지를 선록(選錄)한 『이자서절요(李子書節要)』 등에 발, 이공유(李孔維)의 『풍악시권(楓岳詩卷)』 등에 대한 서후(書後), 신좌모(申佐模)의 시첩과 허목의 유묵에 대한 제후(題後) 등이 있다.

권18은 잠(箴) 1편, 명(銘) 1편, 송(頌) 1편, 찬(贊) 3편, 부(賦) 2편, 논(論) 1편, 상량문(上樑文) 8편, 축문(祝文) 11편, 제문(祭文) 8편이다. 잠은 복성(復性), 신독(愼獨), 거가(居家), 독서(讀書) 등 일상생활에서 힘써야 할 점들을 권장하고 경계하기 위해 지은 「사잠(四箴)」이 있고, 명은 목가산(木假山)에 대한 것이고, 송은 대나무에 대한 것이다. 찬은 조석윤(曺錫胤)의 효행찬(孝行贊), 명봉사(鳴鳳寺)에 있는 승(僧) 동운(東雲)과 금룡사(金龍寺)에 있는 승 혜암(慧菴)의 영찬(影贊)이다. 부는 「국부(菊賦)」와 「칠유(七喩)」이다. 논은 관중(管仲)이나 악의(樂毅)보다 왕도(王道)의 의리를 추구한 제갈량(諸葛亮)이 옳음을 지적해 의리의 중대함을 밝힌 「공명자비관악론(孔明自比管樂論)」이다. 상량문은 조식이 후학을 가르치던 산해정(山海亭), 진보의 명륜당(明倫堂), 이황이 후학을 양성하던 청량정사(淸涼精舍)에 대한 것이다. 축문은 권일륵(權日玏)의 정려를 창건할 때 지은 고유문, 광덕산에 대한 기우문(祈雨文) 등과 병충해를 제거해 달라는 「양곡충문(禳穀蟲文)」이 있다.

권19는 제문(祭文) 11편, 애사(哀辭) 5편, 비명(碑銘) 6편, 제문은 아우 허신(許藎), 유주목, 장인 이봉기, 작은 며느리 이씨 등에 대한 것이다. 애사는 김시락(金時洛), 이수곤(李壽崑) 등에 대한 것이다. 비명은 신정모의 유허비명, 팔공산 동화사를 중수할 때의 석가여래사리탑비명(釋迦如來舍利塔碑銘) 등이 있다.

권19 후반부~21 전반부는 구묘문(丘墓文) 50편이다. 이석명(李哲明)과 정석남(鄭碩男)의 묘표(墓表), 고조 허박(許璞)과 증조 허돈(許暾), 생모 진보이씨(眞寶李氏)와 조모 장씨(張氏)의 묘지(墓誌), 조부 허임(許恁)의 광기(壙記), 남곤수(南崑壽), 이만익(李晩翊), 하홍(河泓), 장우일(張遇一) 등의 묘갈명(墓碣銘) 등이 있다.

권21 후반부~22 전반부는 행장(行狀) 16편이다. 행장은 이봉기(李鳳基), 장석환(張錫煥), 송철흠(宋哲欽), 남경복(南景復) 등의 행장, 烈婦 김헌준(金軒駿)의 처 영양남씨(英陽南氏)와 모친 여강이씨(驪江李氏)의 行錄, 본생조부 허운(許澐) 숙부 허희(許禧)의 행략(行略), 생부 허조(許祚)의 유사(遺事)가 있다.

권22 후반부는 전(傳) 2편이다. 전은 장석규(張錫奎)와 절부(節婦) 배씨(裵氏)에 대한 것이다.

권23은 부록으로 김도화가 지은 묘갈명과 허용이 지은 가장이다.

권말에 1909년에 지은 노상직의 발과 허채가 지은 발이 있다.

5. 주요 작품 및 문집의 특징

허훈은 유주목과 허전의 문하에서 수학하였다. 유주목은 영남의 퇴계 학통에 속하는 유학자로 성리학·예학·역사학·보학(譜學)에 두루 통달한 인물이고, 허전은 이익(李瀷)–안정복

(安鼎福)-황덕길(黃德吉)로 이어진 성호학파의 실학을 이은 인물로써 허훈은 학문의 본원을 중시하는 영남학파와 실용주의의 근기학파를 폭넓게 계승하였다고 볼 수 있다.

따라서 허훈은 「사칠관견」과 「심설」에서 이이(李珥)의 성리설이 이황(李滉)의 견해와 다른 문제들을 비판하였고, 이황의 학문적 정통성을 재천명, 계승하였고, 「염설(鹽說)」·「포설(砲說)」·「차설(車說)」·「패수설(浿水說)」·「해조설(海潮說)」에서 그의 실학적 측면을 엿볼 수 있다.

시세의 변화에 맞서 그는 적극적으로 외세에 맞서 싸우지는 않았지만, 유학자로서의 소명을 다하고자 하였다. 1894년 동학혁명이 일어나던 해 위암 장지연(張志淵)이 편지를 보내 지금의 난국에 관중과 제갈량이 되어 주기를 간청하자, 그는 「답장순소(答張舜韶)」에서 관중과 제갈량 같은 인재가 구할 수 없는 난세에 자신을 관중과 제갈량에 견준다면 웃음거리가 될 것이니 양찰해 달라고 하였다. 그러면서도 그는 1895년 명성황후시해사건이 일어나고 이어 단발령이 내려지자 전국 각지의 유생들은 국모의 원수를 갚기 위해 의병을 일으켰을 때 그가 진보지역의 의병을 모집하여 진보향교에서 의병을 일으켰다. 그리고 1905년 을사늑약이 체결되자 허훈은 토지 3,000 두락을 팔아 두 아우인 성산 허겸과 왕산 허위의 의병 활동 자금으로 쾌히 내어주고 청송 비봉산 아래로 이주하였다. 그곳에서 남덕정(覽德亭)을 짓고 살면서 동생들에게 "진심갈력하여 위난할 때 보국하라"라고 편지로 독려하였다고 한다. 그리고 청송에서 의병장으로 추대되기도 하였다.

이러한 그의 삶과 학문세계가 녹아있는 『방산집』은 구한말 지식인들의 삶의 자세와 학문하는 태도, 성리학적 학문관을 살펴볼 수 있는 중대한 자료라고 생각한다.

6. 참고문헌

김은정, 『방산집』, 『한국고전번역원 문집총간해제』 6, 2005.

황위주, 「방산(舫山) 허훈(許薰)의 삶과 학문성향(學問性向)」, 『남명학연구』 31, 경상대학교 남명학연구소, 2011.

舫山集 一

詩

舫山先生文集目錄

卷之一

詩

擬古五首

用何時一尊酒中夜細論文爲韻以寄友人

往遊龍華寺行到巖村吟示諸友

到金州作　登慶雲齋感吟一律

山居遣興

與張儀百錫龜金仲寅濟禬張周伯錫膺共賦

送人

舫山先生文集卷之一

詩

擬古五首

萋萋原上草灼灼澗邊花嬋娟鄰家子遍身紛綺羅

芳年十七八良玉瑩無瑕嫁作征人婦空閨獨長嗟

蘭燈終夜焰所思在天涯

高樓起百尺朱碧相玲瓏桃李蔭飛甍旭日照囱櫳

瑤琴弄未已羅幕起西風風吹方塘上寂寞芙蓉紅

芳心猶未盡靑歲去悤悤擧首望關河迢迢路不窮

欲往身無翼卻羨高飛鴻

季春始剞劂六閱月而功告訖壻氏以埰居族子列

服事久要敍顚末噫先生之文洵載道之器也學者

讀而求之先生之道庶幾不絶於斯世哉族姪埰謹

書

근현대 유림 문집 목록
- 영남편 -

근현대 유림 문집 목록 -영남편-

번호	저자	문집명	생몰년	구성	간사년	판종	소장처	총서간행	비고
1	감기현 (甘麒鉉)	동미집 (東湄集)	1880-1964	5권 2책	1966	목활자본	국립중앙도서관, 계명대, 영남대, 전남대, 전주대	역총 2171	
2	감진식 (甘禛植)	만계실기 (晩溪實記)	1898-1971	3권 1책	1960	목판본	국립중앙도서관, 계명대, 동국대, 용인대, 전남대		
3	강기호 (康基浩)	서호유고 (西湖遺稿)	1875-1940	2권 1책	1979	석판본	계명대, 안동대, 전북대, 춘호재, 한국국학진흥원		
4	강대진 (姜大振)	약농유고 (約儂遺稿)	1866-1931	2권 1책	1975	석판본	국립중앙도서관, 경기대, 계명대, 한국국학진흥원		
5	강도희 (姜道熙)	정사재집 (靜思齋集)	1888-1954	8권 4책	1957	신연활자본	국립중앙도서관, 단국대 퇴계기념도서관, 성균관대 존경각, 안동대, 영남대		
6	강문수 (姜文秀)	계서집 (溪西集)	1842-1931	4권 1책	1958	목활자본	계명대, 용인대, 전주대		
7	강민영 (姜敏永)	오재유고 (悟齋遺稿)	1859-1925	3권 1책	1928	목활자본	계명대, 동국대, 원광대, 전남대		
8	강벽원 (姜璧元)	소우제유고 (小愚題遺稿)	1859-1941	6책	1955	필사본	한국국학진흥원		
9	강병민 (姜柄旻)	채포유고 (茱圃遺稿)	1844-1928	3권 1책	1941	목활자본	국립중앙도서관, 경상대, 계명대, 연세대, 울산대, 원광대, 전남대, 전주대		
10	강사영 (姜士永)	무성집 (无惺集)	1855-1932	3권 1책	1975	신연활자본	경상대, 계명대, 전남대		
11	강석홍 (姜錫洪)	수당시고 (受堂詩稿)	미상-1946	1책	1998	연활자본	경상대		
12	강성중 (姜聖中)	이당유고 (梨堂遺稿)	1898-1939	4권 1책	1963	신연활자본	국립중앙도서관, 경상대, 전남대	역총 2181	
13	강수형 (姜壽馨)	귤암유고 (橘庵遺稿)	1862-1950	2권 1책	1928	목활자본	국립중앙도서관, 계명대, 한국학중앙연구원	역총 1597	
14	강수환 (姜璲桓)	설악집 (雪嶽集)	1876-1929	4권 2책	1937	목활자본	국립중앙도서관, 경상대, 계명대, 성균관대 존경각, 연세대, 영남대	역총 2182	

번호	저자	문집명	생몰년	구성	간사년	판종	소장처	총서간행	비고
15	강순원 (姜舜元)	이산집 (二山集)	1850–1943	4권 2책	1961	석판본	국립중앙도서관, 계명대, 영남대, 전남대, 전주대, 한국국학진흥원	역총 1923	
16	강시형 (姜時馨)	농은집 (聾隱集)	1850–1928	6권 3책	1935	석판본	국립중앙도서관, 경상대, 고려대, 서울대 규장각, 성균관대 존경각, 안동대, 영남대, 중앙대		
17	강영지 (姜永墀)	수재집 (睡齋集)	1844–1915	4권 1책	1920	목활자본	국립중앙도서관, 경상대, 계명대, 성균관대 존경각, 연세대, 원광대, 전남대		
18	강예조 (姜睿祚)	만은유고 (晚隱遺稿)	1894–1968	3권 1책	1970	연활자본	국립중앙도서관, 경상대, 전남대	역총 1985	
19	강용 (姜鎔)	정와집 (靖窩集)	1846–1934	10권 5책	1956	목활자본	국립중앙도서관, 계명대, 고려대, 대구가톨릭대, 성균관대 존경각, 영남대, 전남대, 전주대, 한국국학진흥원	역총 1662–1663	
20	강용근 (姜容根)	월강유고 (月岡遺稿)	1910–1977	2권 1책	1978	신연활자본	경상대		
21	강우순 (姜禹淳)	계헌유고 (溪軒遺稿)	1896–1967	2권 1책	1974	연활자본	계명대, 용인대, 전남대	역총 2197	
22	강우영 (姜友永)	온재집 (溫齋集)	1862–1939	2권 1책	1970	신연활자본	국민대, 영남대	역총 1177	
23	강원형 (姜遠馨)	혜사집 (蕙社集)	1862–1914	2권 1책	1961	석판본	계명대, 국중대, 성균관대 존경각, 안동대, 용인대, 전주대, 한국학중앙연구원		
24	강인모 (姜仁模)	백촌시집 (柏村詩集)	1847–1926	3권 1책	1937	목활자본	국립중앙도서관, 영남대		
25	강재헌 (姜在憲)	우정유고 (愚亭遺稿)	1899–1974	2권 2책	1988	영인본	경상대		
26	강정환 (姜貞煥)	만전유고 (晩田遺稿)	1875–1952	2권 1책	1969	목활자본	경상대, 전주대		
27	강주행 (姜珠杏)	용호유집 (龍湖遺集)	1894–1978	3권 1책	1989	석판본	국립중앙도서관, 경기대, 경희대, 동국대, 부산대, 전남대, 전북대, 충남대, 한국학중앙연구원	역총 2889	

번호	저자	문집명	생몰년	구성	간사년	판종	소장처	총서간행	비고
28	강진형(姜震馨)	연오유고(蓮塢遺稿)	1871–1943	2권 1책	1981	신연활자본	경상대, 전남대		
29	강찬희(姜粲熙)	봉강유집(鳳岡遺集)	1863–1937	3권 1책	1981	신연활자본	경상대, 고려대, 국민대	역총 2170	
30	강희수(姜熙秀)	일차당유고(一此堂遺稿)	1867–1929	3권 1책	1948	목활자본	계명대		
31	곽종석(郭鍾錫)	면우집(俛宇集)	1846–1919	182권 63책	1925	신연활자본	국립중앙도서관, 경희대, 계명대, 고려대, 국회도서관, 단국대 율곡기념도서관, 동아대, 부산대, 원광대, 전주대, 충남대	문총 340–344 역총 305–320	〈해제〉영남–01 권두 1책, 목록 4권 2책, 본집 165권 56책, 속집 12권 4책 총 63책
32	곽종천(郭鍾千)	정헌집(靜軒集)	1895–1970	6권 3책	1975	연활자본	국립중앙도서관, 경상대, 동국대, 성균관대 존경각, 영남대, 용인대, 원광대	역총 2051	
33	곽창섭(郭昌燮)	성천유집(省川遺集)	1860–1912	2권 1책	1989	석판본	계명대, 동국대 경주캠퍼스, 한국국학진흥원		
34	곽태종(郭泰鍾)	의재유고(毅齋遺稿)	1872–1940	5권 2책	1943	목활자본	계명대, 연세대, 용인대, 한국학중앙연구원	역총 1348	
35	구연간(具然侃)	근와집(謹窩集)	1844–1917	4권 2책	1933	석판본	국립중앙도서관, 경기대, 계명대, 연세대		
36	구연호(具然鎬)	만회유고(晩悔遺稿)	1861–1940	3권 1책	1955	목활자본	국립중앙도서관, 경기대, 계명대, 동아대, 연세대, 용인대, 전남대, 전남대	역총 2100	
37	구재서(具在書)	물소재일고(勿小齋逸稿)	1860–1932	1책	1958	석판본	계명대, 영남대		
38	구재휴(具在休)	국사유고(菊史遺稿)	1872–1949	1책	미상	활자본	미상		
39	권규집(權奎集)	겸산집(兼山集)	1850–1916	4권 2책	1925	석활자본	국립중앙도서관, 경기대, 경상대, 계명대, 고려대, 동아대		
40	권대설(權大卨)	석호유고(石湖遺稿)	1853–1932	1책	1977序	석판본	안동대		

번호	저자	문집명	생몰년	구성	간사년	판종	소장처	총서간행	비고
41	권도용 (權道溶)	추범문원 (秋帆文苑)	1877-1963	50권 14책	1956	신연활자본	국립중앙도서관, 경상대, 고려대, 단국대 퇴계기념도서관, 성균관대, 춘호재		〈해제〉영남-02 본집 20권 5책, 본집 보유 1권 1책, 속집 上 10권 및 별집 2권 合 3책, 속집 하 6권 및 부록 2권 合 2책, 외집 4권 1책, 후집 4권 및 후집 부록보유 1권 合 2책
42	권도제 (權道濟)	암호일집 (巖湖逸集)	1843-1924	2권 1책	1968	석판본	경기대, 계명대, 사우당종택, 한국학중앙연구원		
43	권동만 (權東萬)	치암집 (恥庵集)	1873-1951	4권 2책	1975	석판본	국립중앙도서관, 고려대, 부산대, 성균관대 존경각, 안동대, 춘호재, 한국국학징흥원		
44	권두희 (權斗熙)	석초유집 (石樵遺集)	1859-1923	5권 2책	1966	연활자본	국립중앙도서관, 경상대, 계명대, 영남대		
45	권명섭 (權命燮)	춘번집 (春樊集)	1885-1960	8권 4책	1957	석판본	계명대, 고려대, 안동대, 연세대, 영남대, 전남대, 한국국학진흥원		
46	권명희 (權命熙)	삼외재집 (三畏齋集)	1865-1923	21권 10책	미상	목활자본	국립중앙도서관, 고려대, 성균관대 존경각, 연세대	역총 837-839	〈해제〉영남-03 목록 1책, 본집 21권 9책
47	권병기 (權秉璣)	매은유고 (梅隱遺稿)	1832-1911	2권 1책	1966	활자본	국립중앙도서관, 경기대, 계명대, 고려대, 단국대 율곡기념도서관, 동아대, 연세대		
48	권병락 (權丙洛)	하산집 (何山集)	1873-1956	6권 3책	1995	영인본	경상대, 부산대	역총 1422	
49	권병섭 (權秉燮)	석오집 (石塢集)	1854-1939	10권 5책	1976	신활자본	계명대, 고려대, 단국대 퇴계기념도서관, 안동대, 전남대, 한국국학진흥원	역총 2124-2125	
50	권병원 (權柄遠)	용강유고 (龍岡遺稿)	1862-1935	4권 1책	1977	석판본	용인대		
51	권병진 (權秉鎭)	두암유고 (杜菴遺稿)	1874-1958	2권 2책	1988	석판본	국립중앙도서관, 안동대, 충남대, 한국국학진흥원		

번호	저자	문집명	생몰년	구성	간사년	판종	소장처	총서간행	비고
52	권병철(權炳哲)	서산집(曙山集)	1898-1980	6권 3책	1982跋	석판본	국립중앙도서관, 단국대 퇴계기념도서관, 성균관대 존경각, 안동대, 영남대, 영남대, 한국국학진흥원	역총 2145	
53	권보용(權輔容)	명은유고(明隱遺稿)	1880-1949	2권 1책	1982	금속활자본	경상대, 용인대, 한국학중앙연구원		
54	권봉현(權鳳鉉)	오강집(梧岡集)	1872-1936	10권 5책	1939	목활자본	국립중앙도서관, 경상대, 계명대, 모덕사, 성균관대 존경각, 용인대, 조선대, 한국학중앙연구원,	역총 1325-1326	
55	권붕용(權鵬容)	근암유고(近庵遺稿)	1900-1970	2권 1책	1981	연활자본	경상대, 경상대, 계명대, 영남대, 용인대, 한국학중앙연구원	역총 2192	
56	권삼현(權參鉉)	각재집(覺齋集)	1879-1965	9권 4책	1967	석판본	서울대 규장각, 영남대, 한국학중앙연구원		
57	권상경(權相經)	석당집(石堂集)	1890-1958	6권 3책	미상	석판본	영남대, 한국국학진흥원	역총 2903	
58	권상규(權相圭)	인암집(忍菴集)	1874-1961	24권 12책	1967	석판본	국립중앙도서관, 계명대, 고려대, 국민대, 성균관대 존경각, 안동대, 영남대, 원광대, 한국국학진흥원	역총 1231-1236	〈해제〉영남-04
59	권상대(權相大)	긍재집(兢齋集)	1860-1933	3권 3책	1971	영인본	국립중앙도서관, 고려대, 사우당종택, 영남대		
60	권상신(權相新)	도남유고(陶南遺稿)	1845-1922	3권 2책	1983	석판본	계명대, 안동대, 한국국학진흥원		
61	권상용(權相用)	옥전집(玉田集)	1881-1956	6권 3책	1964	석판본	국립중앙도서관, 계명대, 단국대 퇴계기념도서관, 성균관대 존경각, 전남대, 한국국학진흥원	역총 1521	
62	권상원(權相元)	정산유고(靜山遺稿)	1862-1945	3권 3책	미상	필사본	계명대, 성균관대 존경각		
63	권상익(權相翊)	성재집(省齋集)	1863-1935	28권 15책	1938/1959	신연활자본	국립중앙도서관, 고려대, 동아대, 성균관대, 성암고서박물관, 안동대, 한국국학진흥원	역총 1416-1417	〈해제〉영남-05
64	권상주(權相柱)	죽헌실기(竹軒實記)	1841-1920	3권 1책	1932	목활자본	국립중앙도서관, 원광대		

번호	저자	문집명	생몰년	구성	간사년	판종	소장처	총서간행	비고
65	권상직(權相直)	경산유고(敬山遺稿)	1868-1950	1권 1책	1982	신연활자본	경상대		
66	권상현(權象鉉)	면와집(俛窩集)	1851-1929	12권 6책	1966	석판본	고려대, 대구가톨릭대, 성균관대 존경각, 연세대, 한국국학진흥원	역총 1770-1771	
67	권석한(權錫翰)	방곡일고(方谷逸稿)	1851-1937	4권 2책	1946	석판본	국립중앙도서관, 경기대, 계명대, 한국국학진흥원	역총 1473	
68	권석호(權錫虎)	죽전유집(竹田遺集)	1879-1961	6권 3책	1967	석판본	국립중앙도서관, 경기대, 계명대, 고려대, 영남대, 원광대, 전주대, 한국학중앙연구원		
69	권수승(權秀升)	일암집(一庵集)	1862-1925	4권 2책	1977	석판본	고려대, 안동대, 한국국학진흥원	역총 1349	
70	권수용(權銖容)	용계유고(龍溪遺稿)	1861-1924	1책	미상	석판본	경기대		
71	권영국(權寧國)	견산산고(見山散稿)	1874-1948	1책	미상	필사본	계명대		
72	권영운(權寧運)	만성집(晩惺集)	1887-1965	4권 1책	1966	신연활자본	국립중앙도서관, 경기대, 경상대, 고려대, 동아대, 성균관대 존경각, 전남대		
73	권영주(權寧周)	만송유고(晩松遺稿)	1887-1974	8권 2책	1977	목판본	안동대, 충남대, 한국국학진흥원		
74	권영호(權寧鎬)	쌍석유고(雙石遺稿)	1863-1932	2권 1책	1956	석판본	국립중앙도서관, 용인대, 원광대	역총 2044	
75	권오봉(權五鳳)	동포집(桐圃集)	1879-1960	4권 2책	1965	석판본	고려대, 전남대, 한국국학진흥원		
76	권용현(權龍鉉)	추연집(秋淵集)	1899-1988	44권 15책	1990	신연활자본	국립중앙도서관, 경상대, 계명대, 고려대, 단국대 퇴계기념도서관, 대구가톨릭대, 부산대, 성균관대 존경각, 전남대, 조선대	역총 1957-1963	〈해제〉영남-06
77	권우용(權宇容)	노암유고(蘆菴遺稿)	1900-1975	1책	미상	미상	미상		『국역 노암유고』, 2006.
78	권욱연(權頊淵)	소곡집(素谷集)	1880-1959	6권 3책	1966	석판본	계명대, 안동대, 영남대, 한국국학진흥원		

번호	저자	문집명	생몰년	구성	간사년	판종	소장처	총서간행	비고
79	권운환 (權雲煥)	명호집 (明湖集)	1853–1918	19권 10책	1940	목활자본	국립중앙도서관, 계명대, 고려대, 성균관대 존경각, 전주대	역총 2838–2840	
80	권재규 (權載奎)	이당집 (而堂集)	1870–1952	46권 24책	미상	목활자본	국립중앙도서관, 경기대, 경상대, 계명대, 고려대, 국민대, 동국대 경주캠퍼스, 모덕사, 성균관대 존경각, 연세대, 영남대, 용인대, 원광대, 전남대, 전북대	역총 434–440	〈해제〉영남–07 목록 1책, 본집 46권 23책
81	권재기 (權載璣)	견암집 (堅菴集)	1887–1930	4권 1책	1934	목판본	국립중앙도서관, 경기대, 계명대, 고려대, 국민대, 원광대, 전남대, 한국학중앙연구원	역총 989	
82	권재기 (權載祺)	유재유고 (有齋遺稿)	1885–1955	4권 2책	1957	목활자본	국립중앙도서관, 계명대, 고려대, 연세대, 용인대, 전남대	역총 1979	
83	권재두 (權載斗)	석우집 (石愚集)	1851–1913	6권 3책	1922	목활자본	국립중앙도서관, 경상대, 경상대, 계명대, 고려대, 연세대, 용인대	역총 2986	
84	권재성 (權載性)	현암집 (弦菴集)	1890–1955	4권 2책	1960	연활자본	국립중앙도서관, 경기대, 경상대, 부산대, 부산대, 전남대, 충남대		
85	권재욱 (權載旭)	송호시고 (松湖詩稿)	1897–1978	1책	미상	인쇄본	영남대		
86	권재채 (權載采)	습재유고 (習齋遺稿)	1872–1917	4권 2책	1958	신활자본	경상대, 고려대		
87	권재춘 (權載春)	악양집 (岳陽集)	1882–1952	13권 7책	1958	목판본	국립중앙도서관, 경상대, 계명대, 고려대, 국민대, 대구가톨릭대, 성균관대, 연세대, 용인대, 전남대, 조선대	역총 828–830	〈해제〉영남–08 목록 1책, 본집 13권 6책
88	권재환 (權載丸)	일헌집 (一軒集)	1888–1951	4권 2책	1960	연활자본	국립중앙도서관, 경상대, 고려대, 용인대, 충남대		
89	권정섭 (權廷燮)	평와집 (平窩集)	1892–1940	4권 2책	1986	석판본	고려대, 동국대, 성균관대 존경각, 안동대, 한국국학진흥원	역총 2986	
90	권정용 (權正容)	춘파집 (春坡集)	1874–1959	2권 1책	1935	목활자본	국립중앙도서관, 경기대, 계명대, 성균관대 존경각, 숙명여대, 연세대, 원광대		
91	권제운 (權濟運)	문옹집 (汶翁集)	1851–1915	3권 1책	1980	석판본	국립중앙도서관, 동국대 경주캠퍼스		

번호	저자	문집명	생몰년	구성	간사년	판종	소장처	총서간행	비고
92	권종원(權鍾遠)	석산유고(石山遺稿)	1880-1937	4권 2책	1964	석판본	국립중앙도서관, 계명대, 단국대 퇴계기념도서관, 성균관대 존경각, 안동대, 한국국학진흥원		
93	권준희(權準羲)	우암집(友巖集)	1849-1936	8권 4책	1970	석판본	동국대, 부산대, 성균관대 존경각, 용인대, 한국국학진흥원		
94	권직희(權直熙)	금리집(錦里集)	1856-1913	4권 1책	1928	신활자본	국립중앙도서관, 계명대, 국민대, 용인대, 원광대, 한국학중앙연구원	역총 1292	
95	권찬용(權燦容)	매오유고(梅塢遺稿)	1854-1923	3권 1책	1950	목활자본	국립중앙도서관, 용인대		
96	권창현(權昌鉉)	심재집(心齋集)	1900-1976	10권 4책	1980	신연활자본	국립중앙도서관, 경상대, 영남대	역총 2126-2127	
97	권태우(權泰佑)	미암유고(薇菴遺稿)	1899-1983	2권 1책	1990序	석판본	국민대		
98	권태정(權泰珽)	성재유고(惺齋遺稿)	1879-1929	2권 1책	1983	금속활자본	경상대, 영남대, 용인대		
99	권택용(權宅容)	척와유고(惕窩遺稿)	1903-1987	3권 4책	1989	신연활자본	경기대, 경상대, 고려대, 부산대, 숭실대, 안동대, 영남대, 원광대, 전북대, 충남대, 한국학중앙연구원	역총 1840-1841	
100	권평현(權平鉉)	화은집(華隱集)	1897-1969	8권 5책	1971	석판본	국립중앙도서관, 경상대, 계명대, 고려대, 영남대, 용인대, 전남대		
101	권한모(權翰模)	추산집(錘山集)	1856-1923	7권 4책	1935	석판본	국립중앙도서관, 계명대, 안동대, 연세대, 전남대, 조선대	역총 1388-1389	
102	권헌기(權憲璣)	석범유고(石帆遺稿)	1845-1950	3권 1책	1935	목활자본	국립중앙도서관, 경기대, 경상대, 계명대, 고려대, 영남대, 전남대	역총 1159	
103	금기찬(琴基粲)	청남유고(聽南遺稿)	1886-1933	1책	1977	영인본	한국국학진흥원		
104	금용하(琴鏞夏)	학산집(鶴山集)	1860-1929	6권 3책	1919跋	석판본	계명대, 성균관대 존경각, 안동대, 원광대, 조선대, 한국국학진흥원	역총 1316	
105	금해규(琴海圭)	애산집(愛山集)	1861-1914	8권 4책	1986	석판본	국립중앙도서관, 경상대, 국민대, 단국대 율곡기념도서관, 영남대, 한국국학진흥원	역총 1257-1258	

번호	저자	문집명	생몰년	구성	간사년	판종	소장처	총서간행	비고
106	김계윤 (金季潤)	명계유고 (明溪遺稿)	1875-1951	4권 2책	1970	신연활자본	국립중앙도서관	역총 2062	
107	김굉원 (金宏遠)	수강유고 (水岡遺稿)	1907-1978	2권 1책	미상	영인본	미상		
108	김규상 (金奎祥)	죽강유고 (竹岡遺稿)	1899-1976	2권 1책	1951跋	석판본	용인대		
109	김규수 (金圭秀)	지암초고 (止巖草稿)	1865-1933	1책	1936	필사본	국립중앙도서관		
110	김규옥 (金奎玉)	야헌유고 (冶軒遺稿)	1866-1922	2권 1책	1958	석판본	국립중앙도서관, 계명대, 국민대, 성균관대 존경각, 원광대		
111	김극영 (金克永)	신고당유집 (信古堂遺輯)	1863-1941	15권 7책	1945	석판본	국립중앙도서관, 국민대, 영남대, 전남대, 한국국학진흥원, 한국학중앙연구원	역총 607-609	본집 12권 5책, 부록 3권 2책
112	김기동 (金基東)	동주집 (東洲集)	1874-1930	4권 2책	1968	석판본	경기대, 계명대, 안동대, 한국국학진흥원	역총 2144	
113	김기영 (金琪永)	인재유고 (認齋遺稿)	1864-1927	4권 1책	1934	석판본	국립중앙도서관, 영남대, 전남대	역총 1555	
114	김기영 (金箕瑛)	낙음유고 (洛陰遺稿)	1864-1923	4권 2책	1961	석판본	계명대, 원광대, 한국국학진흥원	역총 2876	
115	김기요 (金基堯)	소당집 (小塘集)	1854-1933	4권 2책	1937	석판본	국립중앙도서관, 경상대, 동아대, 연세대, 영남대, 춘호재	역총 893	
116	김기욱 (金淇郁)	난사유고 (蘭史遺稿)	1852-1927	2권 1책	1936	석판본	국립중앙도서관, 계명대, 성균관대 존경각, 연세대, 원광대		
117	김기종 (金驥鍾)	항재집 (恒齋集)	1850-1934	5권 2책	1939	목활자본	국립중앙도서관, 전남대		
118	김기주 (金璣柱)	경재유고 (敬齋遺稿)	1907-1977	5권 2책	1982	필사본	경상대, 국민대, 부산대, 안동대		
119	김기채 (金箕彩)	심재유고 (心齋遺稿)	1874-1930	4권 2책	1933	목활자본	국립중앙도서관, 계명대, 단국대 율곡기념도서관, 성균관대 존경각, 연세대, 전북대, 전주대		

번호	저자	문집명	생몰년	구성	간사년	판종	소장처	총서간행	비고
120	김기하(金基夏)	긍농유고(肯農遺稿)	1860-1940	권 2책	1967	석판본	국립중앙도서관, 경기대, 계명대, 안동대, 한국국학진흥원		
121	김노수(金魯銖)	감주고언(感宙顧言)	1829-1914	1책	미상	필사본	국립중앙도서관, 경상대, 고려대		
122	김대락(金大洛)	백하일기(白下日記)	1845-1914	3책	미상	필사본	고려대		西征錄.『국역 백하일기』(경인문화사,2001)
123	김대락(金大洛)	선고유고(先考遺稿)	1845-1915	미상	미상	미상	개인소장(북경李泰衡)		
124	김대순(金大洵)	여재유고(餘齋遺稿)	1907-1979	3권 1책	1959	신연활자본	국립중앙도서관, 경상대, 계명대, 춘호재		
125	김대진(金岱鎭)	정와집(訂窩集)	1800-1871	20권 10책	1905	목판본	국립중앙도서관, 대구가톨릭대, 한국국학진흥원	역총 1879-1881	
126	김덕련(金悳鍊)	고헌집(顧軒集)	1869-1929	6권 3책	1934	석판본	국립중앙도서관, 단국대 퇴계기념도서관, 원광대, 전남대, 한국학중앙연구원		
127	김도현(金道鉉)	벽산집(碧山集)	1852-1914	4권 2책	1945	석판본	국립중앙도서관, 계명대, 고려대, 성균관존경각, 안동대, 용인대, 한국국학진흥원	역총 1356	
128	김도화(金道和)	척암집(拓菴集)	1825-1912	51권 27책	미상	목판본/신연활자본/석판본	국립중앙도서관, 계명대, 동국대 경주캠퍼스, 부산대, 장서각, 성균관대 존경각, 연세대, 전남대, 충남대, 한국학중앙연구원	문총속 138-139 역총 1119-1126	〈해제〉영남-09 본집 36권 19책, 속집 13권 6책, 별집 2권 2책, 부록 2권 1책
129	김동열(金東悅)	춘강유고(春岡遺稿)	1891-1965	3권 1책	1975	연활자본	국립중앙도서관, 경상대, 계명대, 고려대, 영남대, 전남대		
130	김동진(金東鎭)	정산집(貞山集)	1867-1952	13권 7책	1982	석판본	계명대, 고려대, 성균관대 존경각, 용인대, 원광대, 한국국학진흥원	역총 1854-1856	본집 13권 7책, 속집4권 2책
131	김두민(金斗玟)	둔암유고(遯庵遺稿)	1839-1910	2권 1책	1980	석판본	계명대	역총 1494	
132	김문옥(金文鈺)	효당집(曉堂集)	1901-1960	16권 9책	미상	고활자본	국립중앙도서관, 고려대, 연세대, 전남대, 전북대	역총 441-443	목록 1책, 본집 16권 8책

번호	저자	문집명	생몰년	구성	간사년	판종	소장처	총서간행	비고
133	김병규 (金炳奎)	소은실기 (小隱實記)	1894-1957	1책	미상	신연활자본	경상대		
134	김병로 (金柄轤)	수강유고 (洙岡遺稿)	1846-1914	2권 1책	1917	목활자본	국립중앙도서관, 경상대		
135	김병린 (金柄璘)	눌재집 (訥齋集)	1861-1940	19권 4책	1966	신연활자본	경상대, 고려대, 전남대, 전주대	역총 2828-2829	본집 17권 3책, 부록 2권 1책
136	김병문 (金柄文)	일운정실기 (逸雲亭實紀)	1875-1946	2권 2책	1975	석판본	국립중앙도서관, 계명대, 고려대, 숙명여대, 안동대, 원광대, 한국국학진흥원		
137	김병서 (金炳西)	성산집 (醒山集)	1884-1956	2권 1책	1973	석판본	계명대, 용인대, 전남대, 한국학중앙연구원		
138	김병익 (金秉益)	방난문고 (方蘭文稿)	1876-1952	7권 2책	1962	석판본	안동대, 한국국학진흥원		
139	김병종 (金秉宗)	수산집 (秀山集)	1870-1930	9권 5책	1959	석판본	국립중앙도서관, 계명대, 동아대, 성균관대 존경각, 연세대, 영남대, 한국국학진흥원	역총 2039	
140	김병태 (金抦泰)	석봉유고 (石峰遺稿)	1887-1957	3권 1책	1987	신연활자본	경상대		
141	김병현 (金秉鉉)	호은유고 (湖隱遺稿)	1845-1920	3권 1책	1973	석판본	경상대, 전주대		
142	김봉열 (金鳳烈)	남각유고 (南角遺稿)	1887-1960	2권 1책	1965	연활자본	국립중앙도서관, 경상대, 계명대, 원광대, 전북대	역총 2095	
143	김봉종 (金鳳鍾)	자은유고 (紫隱遺稿)	1878-1969	2권 1책	2002	사진판본	국립중앙도서관, 고려대		
144	김사진 (金思鎭)	서주집 (西洲集)	1878-1953	12권 6책	1962	석판본	국립중앙도서관, 국회도서관, 단국대 율곡기념도서관, 단국대 퇴계기념도서관, 성균관대 존경각, 소수박물관, 안동대, 연세대, 영남대, 한국학중앙연구원		〈해제〉영남-10
145	김상덕 (金商德)	성재유고 (誠齋遺稿)	1873-1930	2권 1책	1962	연활자본	국립중앙도서관, 경상대, 계명대, 동아, 연세대, 전남대, 전주대	역총 2038	

번호	저자	문집명	생몰년	구성	간사년	판종	소장처	총서간행	비고
146	김상준 (金相峻)	남파유고 (南坡遺稿)	1894-1971	1책	1985	신활자본	경상대, 안동대, 전남대, 조선대	역총 2169	
147	김상희 (金相熙)	두촌집 (斗村集)	1861-1930	5권 2책	1923	목판본	국립중앙도서관, 계명대, 동국대 경주캠퍼스		
148	김석 (金奭)	석강집 (石矼集)	1850-1925	6권 3책	1938	목판본	국립중앙도서관, 성균관대 존경각, 영남대, 한국학중앙연구원	역총 1673	
149	김석희 (金錫熙)	학고집 (鶴皐集)	1842-1914	4권 2책	1918	목판본	국립중앙도서관, 경기대, 성균관대 존경각, 연세대, 영남대	역총 1094	
150	김성권 (金晟權)	죽오집 (竹塢集)	1848-1924	4권 2책	1953	목활자본	국립중앙도서관, 계명대, 동국대, 전남대, 전주대		
151	김성규 (金星圭)	초정집 (草亭集)	1863-1936	12권 6책	1937	연활자본	국립중앙도서관, 고려대, 대구가톨릭대, 성균관대 존경각, 영남대, 전남대, 전주대	역총 1778-1780	〈해제〉영남-11
152	김성년 (金聖年)	낙좌초고 (洛左草稿)	1899-1983	3권 3책	1995	영인본	계명대, 국민대		
153	김세락 (金世洛)	고암집 (古巖集)	1854-1928	8권 4책	1928	석판본	국립중앙도서관, 계명대, 고려대, 단국대 퇴계기념도서관, 안동대, 연세대, 영남대, 용인대, 전남대, 한국학중앙연구원		
154	김세영 (金世榮)	성암집 (誠庵集)	1879-1941	4권 2책	1962跋	석판본	국립중앙도서관, 단국대 퇴계기념도서관		
155	김수로 (金壽老)	중계유고 (重溪遺稿)	1859-1936	9책	미상	미상	미상		
156	김수성 (金秀聲)	우천유고 (愚川遺稿)	1854-1932	1책	1972	신활자본	원광대		
157	김수응 (金粹應)	직재집 (直齋集)	1887-1954	4권 2책	1971	석판본	국립중앙도서관, 계명대, 고려대, 영남대, 용인대, 전남대, 한국국학진흥원	역총 1306	
158	김승학 (金承學)	수촌집 (水村集)	1894-1969	10권 5책	1932/ 1977	석판본	국립중앙도서관, 경기대, 원광대/계명대, 고려대, 영남대, 한국국학진흥원		본집 6권 3책, 부록 4권 2책

번호	저자	문집명	생몰년	구성	간사년	판종	소장처	총서간행	비고
159	김영규 (金永奎)	석암유고 (石菴遺稿)	1914-1999	3권 1책	2001	신연활자본	경상대		
160	김영도 (金永燾)	학은유고 (鶴隱遺稿)	1878-1958	3권 1책	1960	필사본	계명대, 성균관대 존경각		
161	김영수 (金永銖)	만산집 (晩山集)	1862-1925	4권 2책	1960	석판본	국립중앙도서관, 경기대, 단국대 퇴계기념도서관, 연세대, 원광대, 전남대, 한국국학진흥원	역총 1554	
162	김영시 (金永蓍)	평곡집 (平谷集)	1875-1952	8권 1책	1985	영인본	경상대, 서울대, 원광대, 충남대, 한남대		
163	김영우 (金永宇)	임당정유록 (林塘亭遺錄)	1875-1957	2권 1책	1964	신연활자본	경상대, 고려대, 전남대, 전주대		
164	김영학 (金永學)	병산집 (甁山集)	1869-1933	6권 3책	1996	영인본	경기대, 계명대, 성균관대 존경각, 용인대, 전남대	역총 1955-1956	
165	김용구 (金容九)	성암유고 (誠菴遺稿)	1910-1946	4권 1책	1969	연활자본	경상대, 한국학중앙연구원		
166	김용규 (金龍圭)	번와집 (樊窩集)	1892-1964	4권 2책	1968	석판본	국립중앙도서관, 계명대, 고려대, 단국대 퇴계기념도서관, 안동대, 용인대	역총 2911	
167	김용석 (金容錫)	초은실기 (樵隱實記)	1903-1949	2권 1책	1980	신연활자판	경상대		
168	김용찬 (金容璨)	방호산고 (方壺散稿)	1900-1973	2권 1책	1963	연인본	경상대, 원광대		
169	김위원 (金偉洹)	옥담유고 (玉淡遺稿)	1864-1925	7권 2책	1940跋	석판본	국립중앙도서관, 계명대, 동아대, 영남대, 용인대, 원광대, 전남대	역총 1944	
170	김응하 (金膺河)	남곡유고 (南谷遺集)	1888-1950	8권 5책	1960	필사본	국립중앙도서관, 계명대, 단국대 퇴계기념도서관, 사우당종택, 성균관대 존경각	역총 2193	
171	김인락 (金麟洛)	전천유고 (前川遺稿)	1845-1910	3권 1책	1955	목활자본	국립중앙도서관, 경상대, 계명대, 동아대, 연세대, 원광대, 전남대		

번호	저자	문집명	생몰년	구성	간사년	판종	소장처	총서간행	비고
172	김재락(金在洛)	양몽재집(養蒙齋集)	1858-1920	4권 2책	1912	목판본	국립중앙도서관, 계명대, 고려대, 동국대, 서울대 규장각, 안동대, 전북대, 한국학중앙연구원	역총 1639	
173	김재석(金在錫)	희암유고(希巖遺稿)	1857-1925	4권 2책	1940	목판본	국립중앙도서관, 계명대, 고려대, 동아대, 안동대, 연세대, 전남대, 전주대, 한국학중앙연구원	역총 2894	
174	김재인(金在仁)	윤산집(輪山集)	1854-1930	2권 1책	1952	석판본	국립중앙도서관, 남평문씨인수문고, 대구가톨릭대, 사우당종택, 연세대, 영남대, 춘호재	역총 1077	
175	김정균(金鼎均)	지산유고(志山遺稿)	1897-1960	2권 1책	1970	석판본	단국대 율곡기념도서관, 사우당종택		
176	김제흥(金濟興)	송계집(松溪集)	1865-1956	11권 6책	1964	석판본	국립중앙도서관, 계명대, 국민대, 안동대, 한국국학진흥원		
177	김조석(金祚錫)	운고유고(雲皐遺稿)	1863-1935	1책	1974	석판본	한국국학진흥원		
178	김종대(金鍾大)	아석유고(我石遺稿)	1873-1949	4권 4책	1990	석판본	국립중앙도서관, 경상대, 고려대, 국민대, 동국대, 부산대, 영남대, 전남대, 전주대, 조선대, 충남대		
179	김주식(金胄植)	순와집(順窩集)	1859-1916	4권 2책	1968	석판본	국립중앙도서관, 안동대, 용인대, 전남대, 전북대, 한국국학진흥원	역총 1358	
180	김준락(金濬洛)	원재집(爰齋集)	1863-1927	4권 2책	1980	석판본	국립중앙도서관, 안동대, 한국국학진흥원		
181	김준용(金駿鏞)	소암실기(小巖實紀)	1864-1934	3권 1책	1967	석판본	국립중앙도서관, 계명대, 고려대, 단국대 율곡기념도서관, 영남대, 전북대, 한국국학진흥원		
182	김준형(金俊炯)	용은집(龍隱集)	1882-미상	2권 1책	1945	석판본	사우당종택, 연세대, 한국국학진흥원		
183	김준호(金俊昊)	지산유고(智山遺稿)	1881-1949	2권 1책	1969	석판본	고려대, 안동대	역총 1571	

번호	저자	문집명	생몰년	구성	간사년	판종	소장처	총서간행	비고
184	김준희(金俊熙)	우담집(愚潭集)	1857–1933	2권 1책	1964	석판본	계명대, 사우당종택		
185	김중현(金重鉉)	만송집(晩松集)	1873–1936	4권 2책	1969	석판본	국립중앙도서관, 계명대		
186	김증홍(金曾弘)	소당유고(紹塘遺稿)	1889–1933	4권 1책	1967	석판본	국립중앙도서관, 동국대, 동아대, 부산대, 성균관대 존경각, 전남대, 중앙대, 충남대	역총 2566	
187	김진동(金進東)	추당유고(秋堂遺稿)	1882–1966	2권 1책	1989	사진판본	경상대, 고려대		
188	김진문(金鎭文)	홍암집(弘菴集)	1881–1957	4권 2책	1958	신활자본	경상대, 계명대, 동아대	역총 2174	
189	김진수(金晉秀)	동주집(東洲集)	1897–1986	2권 2책	1968	석판본	한국국학진흥원		
190	김진원(金進源)	석아집(石我集)	1872–1943	2권 1책	1974	석판본	국립중앙도서관, 성균관대 존경각, 안동대, 조선대, 충남대, 한국국학진흥원	역총 2996	
191	김진호(金振鎬)	묵암유고(默菴遺稿)	1852–1912	2권 1책	1957	석판본	사우당종택, 용인대, 전북대		
192	김창숙(金昌淑)	심산유고(心山遺稿)	1879–1962	5권 1책	1973	활판본	국립중앙도서관, 경상대, 고려대, 서울대, 성균관대, 전북대, 전주대		〈해제〉영남–12
193	김창시(金昌詩)	현사집(玄沙集)	1894–1968	8권 4책	1982	석판본	국립중앙도서관, 고려대, 안동대, 영남대, 원광대, 전남대, 전북대, 한국국학진흥원	역총 2021–2022	김응환(金應煥)
194	김창직(金昌稷)	구천유집(龜川遺集)	1872–1939	5권 2책	1962	목활자본	국립중앙도서관, 국민대, 단국대 퇴계기념도서관, 동국대, 춘호재		
195	김탁동(金鐸東)	혜당유고(蕙堂遺稿)	1894–1942	1책	1988	금속활자본	경상대		
196	김태민(金泰玟)	지암집(志巖集)	1852–1912	2권 1책	1920	목활자본	계명대, 남평문씨인수문고, 성균관대 존경각	역총 1195	
197	김태영(金泰永)	하은유고(霞隱遺稿)	1869–1951	1책	1965	석판본	안동대, 한국국학진흥원		
198	김학수(金學洙)	술암유집(述菴遺集)	1891–1975	6권 3책	1977	신연활자본	국립중앙도서관, 경상대, 고려대, 국민대, 부산대, 전남대, 조선대	역총 1255–1256	

번호	저자	문집명	생몰년	구성	간사년	판종	소장처	총서간행	비고
199	김학수(金鶴洙)	사남유고(泗南遺稿)	1898–1978	3권 1책	1981	석판본	경상대, 성균관대, 용인대, 한국학중앙연구원	역총 1943	
200	김한락(金翰洛)	범와집(汎窩集)	1858–1945	4권 2책	1968	석판본	안동대, 춘호재, 한국국학진흥원		
201	김헌주(金獻周)	기암집(箕庵集)	1866–1937	14권 6책	미상	석판본	국립중앙도서관, 계명대, 고려대, 영남대, 용인대		
202	김현옥(金顯玉)	산석집(山石集)	1844–1910	7권 3책	1922	목활자본	국립중앙도서관, 계명대, 연세대, 원광대, 전남대, 전주대	역총 514	
203	김호규(金浩奎)	가암집(稼巖集)	1880–1942	3권 1책	1950	석판본	한국국학진흥원		
204	김호근(金浩根)	서주집(西洲集)	1858–1931	2권 1책	1960	석판본	국립중앙도서관, 연세대, 전남대, 한국국학진흥원		
205	김호직(金浩直)	우강집(雨岡集)	1874–1954	8권 4책	1972跋	석판본	경기대, 영남대, 한국국학진흥원		
206	김홍락(金鴻洛)	모계집(某溪集)	1868–1933	9권 5책	1954	석판본	국립중앙도서관, 계명대, 영남대, 한국국학진흥원	역총 1783	
207	김홍진(金鴻鎭)	지포일고(芝圃逸稿)	1872–1952	1책	1982	석판본	단국대 퇴계기념도서관		
208	김황(金榥)	중재집(重齋集)	1896–1978	106권 12책	1988	미상	경북대, 경상대, 부산대, 성균관대, 연세대, 한국학중앙연구원	역총 2587–2600	〈해제〉영남–13 전집 66권, 후집 32권 및 별집
209	김희채(金熙采)	낙우당집(樂愚堂集)	1848–1926	3권 1책	1942	목활자본	연세대		
210	나병기(羅柄機)	가은일고(佳隱逸稿)	1892–1971	1책	미상	석판본	경기대		
211	나상숙(羅相淑)	정산집(靖山集)	1880–1957	2권 1책	1977	연활자본	국립중앙도서관, 경기대, 경상대	역총 2077	
212	남건(南健)	노헌집(魯軒集)	1850–1943	13권 6책	1957	석판본	국립중앙도서관, 경기대, 계명대, 한국국학진흥원		

번호	저자	문집명	생몰년	구성	간사년	판종	소장처	총서간행	비고
213	남덕진(南悳鎭)	사이재유고(四而齋遺稿)	1835-1913	2권 1책	1960	석판본	국립중앙도서관, 고려대, 안동대, 한국국학진흥원	역총 1591	
214	남문희(南文熙)	묵암집(默菴集)	1884-1973	8권 2책	1975	연활자본	계명대, 전남대		
215	남백희(南伯熙)	석포집(石圃集)	1886-1969	2권 1책	1974	신연활자본	경상대		
216	남병두(南炳斗)	경촌집(敬村集)	1886-1949	6권 3책	1984	석판본	안동대, 한국국학진흥원		
217	남병희(南炳熙)	춘오유집(春塢遺集)	1879-1947	4권 1책	1962	연활자본	국립중앙도서관, 계명대		
218	남상익(南相翊)	설당유고(雪堂遺稿)	1891-1962	3권 2책	1988	석판본	경기대, 계명대, 고려대, 부산대, 전북대		
219	남상황(南相滉)	위재유고(爲齋遺稿)	1887-1948	3권 1책	미상	영인본	부산대		
220	남석우(南錫愚)	우은집(愚隱集)	1867-1927	2권 1책	1959	석판본	국립중앙도서관, 단국대 퇴계기념도서관, 안동재, 연세대, 전남대, 한국국학진흥원	역총 1638	
221	남승철(南升喆)	자음집(紫陰集)	1851-1922	6권 3책	1938	석판본	계명대, 고려대, 성균관대 존경각, 안동대, 연세대, 영남대, 원광대, 전주대	역총 2801	
222	남원모(南元模)	호은유고(湖隱遺稿)	1889-1918	4권 2책	1920	필사본	성균관대 존경각		
223	남유해(南有海)	지암집(志菴集)	1879-1935	3권 1책	1981	영인본	용인대, 한국국학진흥원		
224	남유해(南有海)	취산유고(醉山遺稿)	1866-1938	2권 1책	1988	석판본	계명대, 고려대, 부산대, 안동대, 영남대, 전남대, 전북대, 충남대	역총 1830	
225	남장섭(南章燮)	일재유고(一齋遺稿)	1907-1961	6권 3책	1981	석판본	연세대, 원광대		
226	남정우(南廷瑀)	입암집(立巖集)	1869-1947	21권 11책	1955/1966	목활자본/석판본	국립중앙도서관, 경상대, 계명대, 고려대, 성균관대 존경각, 원광대	역총 2001-2006	〈해제〉영남-14 본집 21권 11책(1955), 속집 7권 4책 및 부록 2권 1책(1966)

번호	저자	문집명	생몰년	구성	간사년	판종	소장처	총서간행	비고
227	남정호(南廷浩)	정재유고(靖齋遺稿)	1898-1948	6권 4책	1961	신연활자본	국립중앙도서관, 경상대, 부산대, 용인대, 전남대	역총 2090	
228	남진영(南軫永)	무실재사고(務實齋私稿)	1889-1971	6권 3책	1972	석판본	국립중앙도서관, 경기대, 충남대		
229	남창희(南昌熙)	이천집(夷川集)	1870-1945	19권 10책	1956	목활자본	국립중앙도서관, 경상대, 계명대, 고려대, 국민대, 성균관대 존경각	역총 2010-2013	
230	남호직(南浩直)	해주소언(海州素言)	1870-1933	4책	1980	석판본	한국국학진흥원		
231	남효순(南孝順)	미재유고(未齋遺稿)	1863-1941	6권 6책	미상	필사본	계명대		
232	노근수(盧近壽)	위고집(渭皐集)	1845-1912	4권 2책	1913	목활자본	국립중앙도서관, 경상대, 계명대, 성균관대 존경각, 연세대, 원광대, 전남대, 한국학중앙연구원		
233	노상익(盧相益)	견문쇄록(見聞瑣錄)	1849-1941	미상	미상	필사본	미공개		
234	노상익(盧相益)	고본록(顧本錄)	1849-1941	미상	미상	필사본	미공개		
235	노상익(盧相益)	남승도시첩(覽勝圖詩帖)	1849-1941	미상	미상	필사본	미공개		
236	노상익(盧相益)	눌어(訥語)	1849-1941	2책	미상	필사본	미공개		
237	노상익(盧相益)	눌어잡고(訥語雜稿)	1849-1941	미상	미상	필사본	미공개		
238	노상익(盧相益)	대눌만록(大訥漫錄)	1849-1941	2권 1책	미상	필사본	부산대		
239	노상익(盧相益)	대눌수권(大訥手卷)	1849-1941	9권 6책	1913	목판본	부산대		
240	노상익(盧相益)	대눌수권속편(大訥手卷續編)	1849-1941	4권	미상	필사본	미공개		

번호	저자	문집명	생몰년	구성	간사년	판종	소장처	총서간행	비고
241	노상익(盧相益)	대눌수권외편(大訥手卷外篇)	1849-1941	1책	미상	필사본	부산대(缺帙)		
242	노상익(盧相益)	대눌유서(大訥遺書)	1849-1941	1책	미상	필사본	부산대(缺帙)		
243	노상익(盧相益)	대눌집(大訥集)	1849-1941	9책	미상	미상	미상		
244	노상익(盧相益)	동방국계고(東方國界考)	1849-1941	미상	미상	필사본	미공개		일명『東域考』
245	노상익(盧相益)	동제고략(東制考略)	1849-1941	미상	미상	필사본	미공개		
246	노상익(盧相益)	문보(文譜)	1849-1941	미상	미상	필사본	미공개		
247	노상익(盧相益)	부집(附輯)	1849-1941	1책	미상	필사본	부산대		
248	노상익(盧相益)	사당고유축문(祠堂告由祝文)	1849-1941	미상	미상	필사본	미공개		
249	노상익(盧相益)	소학강의(小學講義)	1849-1941	미상	미상	필사본	미공개		
250	노상익(盧相益)	소학고의(小學考疑)	1849-1941	미상	미상	필사본	미공개		
251	노상익(盧相益)	역대요상(歷代妖祥)	1849-1941	미상	미상	필사본	미공개		
252	노상익(盧相益)	역세촬요(歷世撮要)	1849-1941	미상	미상	필사본	미공개		
253	노상익(盧相益)	예기류취(禮記類聚)	1849-1941	미상	미상	필사본	미공개		
254	노상익(盧相益)	유손수지(幼孫須知)	1849-1941	미상	미상	필사본	미공개		

번호	저자	문집명	생몰년	구성	간사년	판종	소장처	총서간행	비고
255	노상익(盧相益)	장질기목(藏袠記目)	1849-1941	미상	미상	필사본	미공개		
256	노상익(盧相益)	통사절요(痛史節要)	1849-1941	미상	미상	필사본	미공개		일명『韓史節要』
257	노상익(盧相益)	퇴계한강성호삼선생예설류집(退溪寒岡星湖三先生禮說類集)	1849-1941	5권 2책	미상	필사본	한국학중앙연구원		「退溪集禮說問答」, 「寒岡集禮說問答」, 「星湖集禮說問答」
258	노상익(盧相益)	학정계안(學正契案)	1849-1941	1888	미상	필사본	부산대		
259	노상직(盧相稷)	동국씨족고(東國氏族考)	1855-1931	6권 3책	1907	목판본	국립중앙도서관, 경상대, 고려대, 동국대, 부산대, 서울대 규장각, 안동대, 전남대, 조선대		
260	노상직(盧相稷)	소눌집(小訥集)	1855-1931	48권 25책	1934	목판본	국립중앙도서관, 동국대, 부산대, 전남대, 전주대, 충남대	문총속 149-150 역총 1241-1248	〈해제〉영남-15 목록 1책, 본집 48권 24책
261	노상직(盧相稷)	여사수지(女士須知)	1855-1931	1책	1918	필사본	국립중앙도서관		
262	노상직(盧相稷)	자암일록(紫巖日錄)	1855-1931	1책	미상	필사본	부산대		
263	노순겸(盧淳謙)	송암시고(松庵詩稿)	1883-1957	2책	미상	필사본	미상		
264	노정훈(盧正勳)	응초유집(鷹樵遺集)	1853-1929	4권 1책	1935	목활자본	국립중앙도서관, 고려대	역총 988	
265	노태현(盧泰鉉)	소송집(小松集)	1845-1919	8권 3책	1969	목활자본	국립중앙도서관, 연세대, 원광대, 전남대		
266	도은호(都殷浩)	용초유고(龍樵遺稿)	1849-1926	2권 1책	1985/2003	석판본	계명대, 남평문씨인수문고/국립중앙도서관, 경상대, 단국대 퇴계기념도서관, 안동대		

번호	저자	문집명	생몰년	구성	간사년	판종	소장처	총서간행	비고
267	도현규(都炫圭)	용암유고(龍庵遺稿)	1905-1995	3권 1책	2002	영인본	경상대		
268	문갑순(文甲淳)	묵암집(默巖集)	1888-1933	5권 2책	1942	목활자본	국립중앙도서관, 계명대, 고려대, 성균관대 존경각, 전남대	역총 1277	
269	문국현(文國鉉)	방주집(芳洲集)	1838-1911	4권 1책	1923	목활자본	경성대, 고려대, 연세대, 전남대	역총 1281	
270	문봉호(文鳳鎬)	일암집(一菴集)	1878-1950	18권 10책	미상	목활자본	국립중앙도서관, 고려대, 성균관대 존경각, 연세대, 영남대, 전남대		목록 1책, 본집 18권 9책
271	문상일(文相日)	죽헌유고(竹軒遺稿)	1859-1933	3권 1책	1994	사진판본	경상대		
272	문용(文鏞)	겸산집(謙山集)	1861-1916	7권 4책	1928	목활자본	국립중앙도서관, 경상대, 계명대, 국민대, 성균관대 존경각, 전남대, 전주대, 한국학중앙연구원	역총 1098	
273	문재환(文在桓)	서계유고(西溪遺稿)	1853-1921	1책	미상	석판본	미상		
274	문재효(文載孝)	회계유고(晦溪遺稿)	1859-1933	3권 1책	1967	신연활자본	고려대		
275	문주호(文宙鎬)	소재유고(小齋遺稿)	1904-1966	1책	미상	미상	미상		『국역 소재유고』(2016)
276	문진구(文鎭龜)	눌암집(訥菴集)	1858-1931	4권 2책	1939	석판본	국립중앙도서관, 경상대, 경상대, 계명대, 고려대, 영남대, 용인대, 원광대	역총 1184	
277	문태욱(文泰郁)	풍산유고(豊山遺稿)	1867-1944	3권 1책	1946	목활자본	국립중앙도서관, 계명대, 전남대		
278	문태형(文台衡)	매초실기(梅樵實記)	1861-1941	3권 1책	1974	신연활자본	경기대, 경상대, 조선대		
279	민동혁(閔東爀)	송암집(松菴集)	1839-1912	2권 1책	1916	목판본	국립중앙도서관, 경기대, 연세대, 용인대, 전남대		
280	민병승(閔丙承)	단운집(丹雲集)	1865-1946	18권 8책	1956	석판본	경상대, 계명대, 원광대, 전남대, 전주대		

번호	저자	문집명	생몰년	구성	간사년	판종	소장처	총서간행	비고
281	민치량 (閔致亮)	계초집 (稽樵集)	1844–1932	11권 5책	1934	목활자본	국립중앙도서관, 성균관대 존경각, 연세대, 원광대, 전남대, 충남대, 한국학중앙연구원	역총 1449–1450	
282	민치홍 (閔致鴻)	농운유고 (濃雲遺稿)	1859–1919	2권 1책	1940	석판본	국립중앙도서관, 경상대, 계명대, 충남대, 한국학중앙연구원		
283	박경배 (朴景培)	운파유고 (雲坡遺稿)	1900–1924	1책	1987	신활자본	국립중앙도서관, 경기대, 용인대, 원광대, 충남대, 한국학중앙연구원		
284	박규진 (朴烓鎭)	창고집 (蒼皐集)	1855–미상	4권 2책	1982	금속활자본	계명대, 안동대, 한국국학진흥원	역총 1610	
285	박규호 (朴圭浩)	사촌집 (沙村集)	1850–1930	7권 3책	1933	목활자본	국립중앙도서관, 경상대, 계명대, 국회도서관, 숙명여대, 연세대, 전주대	역총 1211	
286	박노운 (朴魯運)	여남유고 (艅南遺稿)	1852–1924	3권 1책	1942	목활자본	국립중앙도서관, 성균관대 존경각, 전남대, 전주대		
287	박동식 (朴東植)	초은유고 (樵隱遺稿)	1864–1936	4권 1책	1974	연활자본	국립중앙도서관, 원광대, 전남대		
288	박병욱 (朴柄郁)	호봉집 (瑚峰集)	1857–1930	1책	1990	석판본	동국대 경주캠퍼스		
289	박병조 (朴秉祖)	귀파유집 (龜坡遺集)	1853–1926	4권 2책	1949	석판본	국립중앙도서관		
290	박봉진 (朴鳳鎭)	국초유고 (國樵遺稿)	1865–1937	2권 1책	1977	석판본	계명대, 안동대, 한국국학진흥원	역총 2091	
291	박상범 (朴尙範)	가은집 (稼隱集)	1855–1913	4권 2책	1956	석판본	국립중앙도서관, 경상대, 계명대, 고려대, 안동대, 연세대, 전남대, 한국국학진흥원	역총 2889	
292	박세경 (朴世經)	수와집 (守窩集)	1902–1965	4권 2책	1967	석판본	계명대, 단국대 율곡기념도서관, 한국국학진흥원	역총 2067	
293	박순덕 (朴洵德)	만학집 (晩學集)	1836–1915	5권 1책	1928	목판본	국립중앙도서관, 안동대, 연세대, 영남대, 원광대, 전남대, 한국학중앙연구원		
294	박승동 (朴昇東)	미강집 (渼江集)	1847–1922	19권 8책	1925	목판본	국립중앙도서관, 경상대, 계명대, 성균관대 존경각, 용인대, 전주대, 충남대	역총 2746–2748	

번호	저자	문집명	생몰년	구성	간사년	판종	소장처	총서간행	비고
295	박승조 (朴承祚)	심계유집 (心溪遺集)	1877-1954	5권 2책	1958	석판본	국립중앙도서관, 계명대, 고려대, 안동대, 한국학중앙연구원		
296	박승진 (朴勝振)	청하집 (聽荷集)	1853-1930	17권 9책	미상	석판본	미상		
297	박승진 (朴承晉)	송남유고 (松南遺稿)	1871-1941	3권 1책	1942	목활자본	경상대, 계명대, 동국대		
298	박심수 (朴尋洙)	양계유고 (瀼溪遺稿)	1869-1934	2책	미상	필사본	국립중앙도서관(2002), 영남대		
299	박영곤 (朴永坤)	죽암유고 (竹嵒遺稿)	1848-1926	4권 2책	1962	석판본	국립중앙도서관, 계명대, 고려대, 사우당종택, 연세대, 용인대, 한국학중앙연구원		
300	박용근 (朴容根)	춘사집 (春史集)	1857-1915	4권 2책	1941序	목활자본	국립중앙도서관, 단국대 율곡기념도서관, 연세대	역총 2886	
301	박용찬 (朴鎔燦)	고은운 (皐隱韻)	1855-1938	1책	미상	필사본	한국국학진흥원		
302	박용한 (朴龍漢)	만오유고 (晩悟遺稿)	1856-1935	2권 1책	1961	석판본	국립중앙도서관, 계명대, 안동대, 용인대, 한국국학진흥원, 한국학중앙연구원		
303	박우진 (朴祐鎭)	후송집 (後松集)	1871-1945	2권 2책	1979	석판본	국립중앙도서관, 경상대, 영남대, 한국국학진흥원		
304	박원종 (朴遠鍾)	직암유집 (直庵遺集)	1887-1944	5권 2책	1969	연활자본	국립중앙도서관, 계명대, 단국대 율곡기념도서관, 성균관대 존경각, 안동대, 영남대, 전남대, 한국국학진흥원	역총 180	
305	박응곤 (朴應坤)	소암유고 (小菴遺稿)	1853-1916	2권 1책	1963	석판본	국립중앙도서관, 사우당종택, 용인대, 전남대, 한국학중앙연구원		
306	박의집 (朴義集)	직제집 (直齋集)	1846-1913	4권 2책	1958跋	석판본	국립중앙도서관, 경기대, 계명대, 성균관대 존경각, 영남대, 한국학중앙연구원		
307	박인서 (朴仁緖)	하주집 (荷珠集)	1900-1962	6권 3책	1970	석판본	국립중앙도서관, 경기대, 계명대, 한국국학진흥원		
308	박인조 (朴麟祚)	해창집 (梅窓集)	1883-1952	9권 5책	1991	석판본	고려대, 성균관대 존경각	역총 2272	

번호	저자	문집명	생몰년	구성	간사년	판종	소장처	총서간행	비고
309	박인찬 (朴仁燦)	다산집 (茶山集)	1832–1919	4권 2책	1966	석판본	성균관대 존경각, 용인대, 한국국학진흥원		
310	박장현 (朴章鉉)	중산전서 (中山全書)	1908–1940	2책	1983	영인본	국립중앙도서관, 경상대, 경상대, 계명대, 단국대 율곡기념도서관, 서울대, 성균관대, 전남대, 전주대, 한국학중앙연구원		〈해제〉영남–16
311	박재룡 (朴載龍)	태은일고 (太隱逸稿)	1857–1920	2권 1책	1947	석판본	연세대		
312	박재헌 (朴載憲)	도산집 (道山集)	1875–1926	12권 5책	1971	석판본	국립중앙도서관, 계명대, 고려대, 서울대 규장각, 성균관대 존경각, 안동대, 한국국학진흥원		
313	박재형 (朴在馨)	진계집 (進溪集)	1838–1900	9권 4책	1925	목판본	국립중앙도서관, 계명대, 고려대, 동국대, 동국대 경주캠퍼스, 동양대, 성균관대 존경각, 안동대, 연세대, 전주대, 한국학중앙연구원	문총속 142 역총 1710	〈해제〉영남–17 본집 8권 4책, 부록 1책
314	박정식 (朴正植)	묵와유집 (默窩遺集)	1867–1942	3권 1책	1949	석판본	국립중앙도서관, 계명대, 성균관대 존경각, 용인대, 전남대, 한국국학진흥원		
315	박정식 (朴禎式)	사봉집 (士峰集)	1879–1964	2권 1책	1978	신연활자본	단국대 퇴계기념도서관, 전남대		
316	박종하 (朴鍾夏)	몽헌집 (蒙軒集)	1883–1958	2권 1책	1968	석판본	계명대, 한국국학진흥원	역총 1581	
317	박주대 (朴周大)	나암유고 (羅巖遺稿)	1836–1912	6권 3책	미상	필사본/영인본	영남대, 경북대/국립중앙도서관, 고려대, 영남대, 전주대, 충남대		
318	박창진 (朴昌瑨)	퇴산유고 (退山遺稿)	1867–1936	2권 1책	1971	석판본	국립중앙도서관, 계명대, 영남대, 전남대	역총 1364	
319	박치복 (朴致馥)	만성집 (晩醒集)	1824–1893	13권 6책	1896	목판본	국립중앙도서관, 계명대, 고려대, 단국대 퇴계기념도서관, 숙명여대, 연세대, 전주대,	문총속 136	
320	박태간 (朴泰幹)	송번유집 (松樊遺集)	1876–1953	4권 2책	1957	석판본	국립중앙도서관, 계명대, 고려대		
321	박태곤 (朴泰坤)	소당집 (笑堂集)	1902–1988	6권 3책	1989	신활자본	경상대, 단국대 율곡기념도서관		

번호	저자	문집명	생몰년	구성	간사년	판종	소장처	총서간행	비고
322	박태영 (朴泰泳)	회산집 (晦山集)	1846-1926	7권 4책	1989	석판영인본	경기대, 영남대, 한국국학진흥원		
323	박한식 (朴漢植)	서강집 (西岡集)	1860-1930	5권 2책	1931	석판본	국립중앙도서관, 국민대, 전남대, 한국국학진흥원, 한국학중앙연구원		
324	박헌수 (朴憲脩)	입암집 (立庵集)	1873-1959	5권 2책	1962	신연활자본	국립중앙도서관, 경상대, 계명대, 고려대, 영남대, 용인대, 전남대	역총 2160	
325	박형동 (朴亨東)	서강집 (西岡集)	1875-1920	2권 1책	1972	석판본	국립중앙도서관, 경상대, 계명대, 성균관대 존경각, 전남대	역총 1980	
326	박희정 (朴熙珵)	정산집 (貞山集)	1864-1918	3권 1책	1925	목활자본	국립중앙도서관, 경상대, 고려대, 국회도서관, 연세대, 용인대, 한국학중앙연구원		
327	배도홍 (裵道泓)	매담재유고 (梅潭齋遺稿)	1866-1956	9권 3책	1961	목활자본	국립중앙도서관, 계명대, 성균관대 존경각, 전주대, 한국학중앙연구원		
328	배문창 (裵文昶)	정산집 (定山集)	1864-1928	4권 2책	1935	석판본	경상대, 동아대, 부산대, 성균관대 존경각, 용인대, 한국학중앙연구원	역총 1079	
329	배문현 (裵文顯)	무고집 (武高集)	1856-미상	3권 1책	1973	석판본	미상		
330	배문호 (裵文鎬)	구천집 (龜川集)	1862-1933	2권 1책	1959	석판본	국립중앙도서관, 계명대, 경기대, 사우당종택		
331	배병원 (裵炳元)	만산유고 (晩山遺稿)	1866-1930	4권 2책	1940	목활자본	국립중앙도서관, 계명대, 고려대, 동국대, 한국학중앙연구원	역총 2866	
332	배병한 (裵炳翰)	의암집 (宜庵集)	1882-1948	8권 4책	1963	석판본	국립중앙도서관, 경기대, 계명대, 고려대, 영남대	역총 1335-1336	
333	배상근 (裵相瑾)	금강유고 (琴岡遺稿)	1868-1936	6권 3책	1973	석판본	국립중앙도서관, 전남대		
334	배상우 (裵相禹)	소와집 (素窩集)	1847-1921	2권 2책	1964	석판본	국립중앙도서관, 경기대, 경상대, 계명대, 고려대, 연세대		
335	배석하 (裵錫夏)	관천집 (觀川集)	1857-미상	6권 3책	1989	영인본	단국대 율곡기념도서관, 성균관대 존경각, 영남대, 용인대		

번호	저자	문집명	생몰년	구성	간사년	판종	소장처	총서간행	비고
336	배성호(裵聖鎬)	금석집(錦石集)	1851-1929	8권 3책	1933	목활자본	국립중앙도서관, 계명대, 고려대, 연세대, 용인대, 원광대, 한국학중앙연구원		
337	배영주(裵永周)	당암집(戇菴集)	1872-1946	4권 2책	1934	석판본	고려대, 안동대, 전남대, 한국국학진흥원		
338	배재헌(裵在憲)	국재유고(菊齋遺稿)	1884-1919	2권 1책	1965	석판본	경기대, 경상대, 한국국학진흥원	역총 1907	
339	배주환(裵疇煥)	포서집(浦西集)	1868-1938	2권 2책	1965	석판본	계명대, 고려대, 전남대, 춘호재	역총 2187	
340	배진기(裵縉基)	내산유고(來山遺稿)	1878-1943	2권 1책	1970	신연활자본	계명대	역총 2193	
341	배진하(裵鎭夏)	낙산유고(樂山遺稿)	1838-1912	2권 1책	1935	목활자본	국립중앙도서관, 안동대, 연세대	역총 2796	
342	백순우(白淳愚)	모산집(某山集)	1863-1941	9권 4책	1970	석판영인본	국립중앙도서관, 계명대, 동아대, 부산대, 성균관대 존경각, 충남대, 한국국학진흥원		
343	백중각(白重珏)	천산재일집(天山齋逸集)	1867-1936	2권 1책	1988	필사본	계명대, 영남대, 한국국학진흥원		
344	변두건(邊斗建)	청려집(青旅集)	1853-1941	3권 1책	1973	석판본	국립중앙도서관, 계명대, 동국대, 성균관대 존경각, 안동대, 용인대, 한국국학진흥원	역총 2682	
345	변응수(卞應洙)	지재집(志齋集)	1846-1921	6권 3책	1927	목활자본	계명대, 성균관대 존경각, 안동대, 전남대, 충남대	역총 1267	
346	변종기(邊鍾基)	담계유고(澹溪遺稿)	1854-1937	4권 2책	1961	목활자본	국립중앙도서관, 계명대, 고려대, 안동대, 연세대, 영남대, 한국국학진흥원	역총 1644	
347	변태균(邊台均)	면와집(勉窩集)	1867-1942	6권 3책	1975	석판본	경기대, 남평문씨인수문고, 영남대, 전남대	역총 1006	
348	변호달(邊鎬達)	근암유고(謹庵遺稿)	1898-1928	2권 1책	1973	석판본	국립중앙도서관, 계명대, 남평문씨인수문고, 영남대, 중앙대, 한국국학진흥		
349	서기윤(徐基潤)	일산집(一山集)	1882-1966	2권 1책	1990	필사영인본	경상대		

번호	저자	문집명	생몰년	구성	간사년	판종	소장처	총서간행	비고
350	서만곤(徐萬坤)	가옹유고(稼翁遺稿)	1853-1918	3권 1책	1972	연활자본	국립중앙도서관, 경기대, 계명대, 안동대, 한국국학진흥원		
351	서석화(徐錫華)	청석집(淸石集)	1860-1924	14권 7책	1959	석판본	국립중앙도서관, 계명대, 고려대, 성균관대 존경각, 한국국학진흥원,	역총 1765-1766	
352	서수석(徐壽錫)	영수전집(潁水全集)	1841-1925	35권 17책	1927	목판본	국립중앙도서관, 계명대, 성균관대 존경각, 안동대, 영남대	역총 2101-2106	
353	서영곤(徐永坤)	겸산집(兼山集)	1831-1913	6권 3책	1919	목판본	국립중앙도서관, 계명대, 경상대, 고려대, 안동대, 연세대, 원광대, 한국학중앙연구원	역총 1805	
354	서재승(徐在承)	죽림집(竹林集)	1876-1915	21권 14책	1995	석판본	국립중앙도서관, 경상대, 고려대		〈해제〉영남-18
355	서찬규(徐贊奎)	임재집(臨齋集)	1825-1905	17권 7책	1910	목판본	국립중앙도서관, 계명대, 남평문씨 인수문고, 동국대, 부산대, 성균관대 존경각, 전남대, 전주대, 충남대, 한국학중앙연구원	문총속 139 역총 1030-1031	〈해제〉영남-19
356	석재준(石載俊)	소계유고(小溪遺稿)	1866-1945	5권 2책	1959	석판본	국립중앙도서관, 경기대, 계명대, 국민대, 용인대		
357	성률(成溧)	손암유고(損菴遺稿)	1856-1924	3권 1책	1986	신활자본	경상대		
358	성문주(成文周)	경은실기(耕隱實記)	1876-1947	1책	1967	연활자본	경상대, 전남대		
359	성석근(成石根)	금고집(琴皐集)	1878-1930	4권 2책	1972	연활자본	경상대, 계명대		성사안(成師顔)
360	성세영(成世英)	나옹집(裸翁集)	1885-1955	2권 1책	1979	석판본	영남대		
361	성재기(成在祺)	정헌유집(定軒遺輯)	1912-1979	4권 2책	1984	신연활자본	경상대, 고려대, 성균관대, 이화여대		〈해제〉영남-20
362	성정섭(成正燮)	수헌유고(修軒遺稿)	1912-1990	7권 2책	1994	연활자본	경상대, 용인대	역총 2151	
363	성종호(成鍾頀)	잠재집(潛齋集)	1850-1927	2권 1책	1961	석판본	계명대, 사우당종택, 원광대, 전남대	역총 1294	

번호	저자	문집명	생몰년	구성	간사년	판종	소장처	총서간행	비고
364	성환구 (成煥龜)	후금유고 (後琴遺稿)	1896-1946	3권 1책	1972	신연활자본	경상대	역총 1938	
365	성환부 (成煥孚)	정곡유집 (正谷遺集)	1870-1947	4권 2책	1976	연활자본	경상대	역총 2135	
366	성환혁 (成煥赫)	우정집 (于亭集)	1908-1966	5권 3책	1973	신활자본	국립중앙도서관, 경기대, 경상대, 영남대, 전남대	역총 814	
367	손기영 (孫基永)	만인헌유고 (晩忍軒遺稿)	1865-1946	2권 1책	1978	석판본	계명대, 계명대, 단국대 퇴계기념도서관, 안동대, 한국국학진흥원		
368	손영석 (孫永錫)	완계정고실록 (玩溪亭故實錄)	1888-1968	3권 1책	1971	연활자본	경기대, 경상대, 계명대, 단국대 율곡기념도서관, 사우당종택, 영남대, 용인대, 전남대		
369	손영택 (孫英澤)	복계시고 (復溪詩稿)	1852-1917	3권 1책	1957	신연활자본	국립중앙도서관		
370	손정잡 (孫楨㒔)	죽포유고 (竹圃遺稿)	1867-1911	2권 1책	1959	석판본	국립중앙도서관, 경기대, 국회도서관, 영남대	역총 2099	
371	손제익 (孫濟翼)	오암집 (鰲巖集)	1880-1964	2권 1책	1982	석판본	단국대 퇴계기념도서관, 동국대 경주캠퍼스, 부산대, 성균관대 존경각		
372	손종석 (孫琮錫)	서강유고 (棲岡遺稿)	1902-1971	2권 1책	미상	석판본	국립중앙도서관, 계명대		
373	손진창 (孫晋昌)	화여유고 (花旅遺稿)	1862-1942	2권 1책	1971	석판본	계명대, 동국대 경주캠퍼스		
374	손창수 (孫滄壽)	우계유고 (又溪遺稿)	1850-1928	2권 1책	1989	신연활자본	경상대	역총 2180	
375	손호영 (孫浩榮)	곡천집 (谷川集)	1876-1943	2책	미상	목판본	미상		
376	손후익 (孫厚翼)	문암집 (文巖集)	1888-1953	26권 13책	1970	연인본	경희대, 고려대, 국민대, 단국대 퇴계기념도서관, 대구광역시립중앙도서관, 동국대, 서울대, 연세대, 영남대, 충남대, 한림대 태동고전연구소, 홍익대		〈해제〉영남-21 본집 22권 11책, 속집 2권 1책, 부록 2권 1책

번호	저자	문집명	생몰년	구성	간사년	판종	소장처	총서간행	비고
377	송계흠 (宋啓欽)	호은집 (湖隱集)	1856–1934	4권 2책	1955	목판본	국립중앙도서관, 경기대, 고려대, 동아대, 연세대, 전남대, 전남대, 한국학중앙연구원		
378	송기선 (宋祺善)	암하집 (巖下集)	1833–1917	2권 1책	1935	석판본	국립중앙도서관, 경기대, 대구가톨릭대, 전남대, 한국국학진흥원	역총 1687	
379	송기식 (宋基植)	해창집 (海窓集)	1878–1949	9권 5책	1957	석판본	국립중앙도서관, 경북대, 계명대, 고려대, 동아대, 안동대, 전남대	역총 2974–2975	〈해제〉영남–22
380	송상도 (宋相燾)	기려수필 (騎驢随筆)	1871–1946	1책	1955	인쇄본	국립중앙도서관, 고려대, 단국대 퇴계기념도서관, 부산대, 영남대, 울산대		〈해제〉영남–23
381	송상익 (宋祥翼)	성천유집 (省川遺集)	1896–1976	4권 2책	1987	석판본	국립중앙도서관, 한국국학진흥원		
382	송세호 (宋世鎬)	우당집 (愚堂集)	1875–1945	4권 2책	1966	석판본	국립중앙도서관, 사우당종택		
383	송수근 (宋壽根)	은포집 (隱圃集)	1896–1969	6권 3책	1977	석판본	경기대, 계명대, 고려대, 성균관대 존경각, 영남대, 전주대, 한국국학진흥원	역총 1339	
384	송인건 (宋寅建)	겸헌집 (謙軒集)	1892–1954	4권 2책	1985	석판본	국립중앙도서관, 계명대, 단국대 율곡기념도서관, 안동대, 용인대		
385	송정학 (宋鼎學)	욱재집 (郁齋集)	1878–1955	3권 2책	1988	석판본	국립중앙도서관, 부산대, 영남대		
386	송주환 (宋胄煥)	원천집 (源泉集)	1870–1952	9권 4책	1964	신연활자본	국립중앙도서관, 단국대 퇴계기념도서관, 안동대, 영남대, 전북대		
387	송준필 (宋浚弼)	공산집 (恭山集)	1869–1944	20권 11책	미상	목판본/ 석판본	국립중앙도서관, 경상대, 계명대, 고려대, 부산대, 연세대, 용인대, 전남대, 한국국학진흥원		〈해제〉영남–24 목록 1책, 본집 20권 10책 속집 12권 6책
388	송지호 (宋之濠)	우호일고 (愚湖逸稿)	1849–1918	2권 1책	1969	목활자본	국립중앙도서관, 계명대, 성균관대 존경각		
389	송천익 (宋天翼)	운강집 (雲岡集)	1878–1970	2권 1책	1979	석판본	용인대, 한국국학진흥원		
390	송해익 (宋海翼)	송사집 (松史集)	1860–미상	4권 2책	1977	석판본	국립중앙도서관, 계명대, 고려대, 연세대, 한국국학진흥원		

번호	저자	문집명	생몰년	구성	간사년	판종	소장처	총서간행	비고
391	송홍눌(宋鴻訥)	앙산집(仰山集)	1874-1944	1책	1987	영인본	국립중앙도서관		
392	송홍래(宋鴻來)	회천집(晦川集)	1876-1948	8권 4책	1953	석판본	국립중앙도서관, 계명대, 안동대		
393	신병조(愼炳朝)	사소유고(士笑遺稿)	1846-1924	4권 2책	1966	연활자본	국립중앙도서관, 경상대, 고려대, 동아대, 연세대, 인하대	역총 1945	
394	신봉래(申鳳來)	봉산집(鳳山集)	1878-1947	4권 2책	1958	석판본	국립중앙도서관, 계명대, 고려대, 동국대 경주캠퍼스, 한국국학진흥원	역총 1994	
395	신상익(申相翼)	가천집(可川集)	1852-1919	2권 1책	1965	석판본	한국국학진흥원	역총 1361	
396	신상헌(申相憲)	주정와유고(主靜窩遺稿)	1842-1911	3권 2책	1974	연활자본	국립중앙도서관, 경희대, 부산대, 성균관대 존경각, 안동대, 연세대, 전남대, 중앙대, 충남대, 한국국학진흥원		
397	신성규(申晟圭)	손암집(遜庵集)	1905-1971	9권 4책	1984	석판본	국립중앙도서관, 경상대, 계명대, 고려대, 국회도서관, 성균관대 존경각, 영남대, 춘호재	역총 1176-1177	〈해제〉영남-25
398	신재석(申在錫)	유재집(由齋集)	1830-1910	8권 4책	1926	신연활자본	국립중앙도서관, 고려대, 성균관대 존경각, 영남대, 한국국학진흥원	역총 1432	
399	신진운(申晉運)	만오유고(晩寤遺稿)	1849-1922	4권 2책	1948	목판본	국립중앙도서관, 계명대, 단국대 퇴계기념도서관, 동국대, 성균관대 존경각, 안동대, 영남대	역총 2787	
400	신태우(申泰佑)	야은유고(野隱遺稿)	1852-1926	3권 1책	미상	목활자본	국립중앙도서관, 용인대, 한국학중앙연구원		
401	신태일(申泰一)	희암집(希庵集)	1852-1938	5권 2책	1957	석판본	국립중앙도서관, 계명대, 원광대, 전남대, 중앙대, 한국국학진흥원		
402	심능진(沈能鎭)	삼송헌유고(三松軒遺稿)	1873-1949	4권 2책	1972	필사본	성균관대 존경각		
403	심능창(沈能昌)	천은집(川隱集)	1858-1943	2권 2책	1975	필사본	국립중앙도서관, 성균관		

번호	저자	문집명	생몰년	구성	간사년	판종	소장처	총서간행	비고
404	심렬 (沈洌)	신암유고 (愼菴遺稿)	1876-1941	2권 1책	미상	영인본	경상대		
405	심상길 (沈相吉)	이산집 (伊山集)	1858-1916	5권 2책	1932	목활자본	국립중앙도서관, 경기대, 계명대, 국민대, 영남대, 전주대, 조선대, 한국국학진흥원	역총 868-869	
406	심상복 (沈相福)	치당집 (恥堂集)	1876-1951	7권 4책	1956	목판본	국립중앙도서관, 계명대, 고려대, 영남대, 전남대, 한국학중앙연구원	역총 806	
407	심의정 (沈宜定)	남강유고 (南岡遺稿)	1859-1942	2권 1책	1985序	석판본	경상대, 용인대	역총 2168	
408	심종환 (沈鍾煥)	수강집 (守岡集)	1876-1933	4권 2책	1968	석판본	국립중앙도서관, 계명대, 국민대, 동아대, 영남대, 용인대, 전남대, 전북대	역총 173	
409	심학환 (沈鶴煥)	초산집 (蕉山集)	1878-1945	4권 2책	1960	석판본	국립중앙도서관, 경기대, 경상대, 계명대, 국민대, 영남대, 용인대		
410	안광진 (安光鎭)	임천유고 (臨川遺稿)	1860-1935	4권 2책	1961	연활자본	국립중앙도서관, 경기대, 계명대, 고려대, 연세대, 원광대, 전남대	역총 2994	
411	안교달 (安敎達)	낙은유고 (樂隱遺稿)	1870-1953	2권 1책	1980	석판본	경상대, 한국국학진흥원		
412	안규용 (安圭容)	청은유고 (淸隱遺稿)	1849-1923	7권 2책	1942	목활자본	국립중앙도서관, 계명대, 성균관대 존경각, 연세대, 영남대, 전주대		
413	안규원 (安規遠)	부강유고 (芙岡遺稿)	1851-1919	3권 1책	1937	목활자본	국립중앙도서관, 전남대		
414	안달원 (安達源)	해서유고 (海西遺稿)	1866-1936	2권 1책	1976	석판본	계명대, 사우당종택		
415	안달중 (安達中)	면당집 (勉堂集)	1876-1941	3권 1책	1946	목활자본	계명대, 전남대		
416	안병반 (安炳斑)	심수헌유고 (心守軒遺稿)	1875-1941	4권 1책	1942	목활자본	국립중앙도서관, 계명대, 남평문씨인수문고, 용인대	역총 991	
417	안병원 (安昞遠)	율농실기 (栗儂實紀)	1882-1910	2권 1책	1983	영인본	국립중앙도서관, 고려대, 부산대, 성균관대 존경각, 전남대, 충남대, 한국학중앙연구원		

번호	저자	문집명	생몰년	구성	간사년	판종	소장처	총서간행	비고
418	안상정(安商正)	성헌집(惺軒集)	1888-1947	3권 1책	1961	석판본	국립중앙도서관, 경기대, 경상대, 계명대, 고려대, 원광대	역총 2165	
419	안식원(安植源)	성암집(惺菴集)	1868-1945	7권 2책	1955	목활자본	국립중앙도서관, 남평문씨인수문고, 성균관대 존경각, 전남대	역총 1092	
420	안언호(安彦浩)	예강집(禮岡集)	1853-1934	7권 4책	1939/1965	목활자본	계명대, 부산대, 전남대/국립중앙도서관, 성균관대 존경각		본집 6권 및 부록 1권 合 4책
421	안유상(安有商)	도천집(陶川集)	1857-1929	7권 2책	1932	목판본	국립중앙도서관, 계명대, 경상대, 고려대, 성균관대 존경각, 연세대, 원광대, 전남대	역총 2090	
422	안재극(安在極)	사암집(思菴集)	1879-1940	6권 4책	1947	석판본	국립중앙도서관, 성균관대 존경각, 영남대		
423	안정려(安鼎呂)	회산집(晦山集)	1871-1939	9권 4책	1946	목활자본	경상대, 동국대	역총 2114-2115	
424	안정현(安鼎鉉)	정와유고(靜窩遺稿)	1871-1928	4권 1책	1935	석판본	국립중앙도서관, 계명대, 성균관대 존경각, 원광대, 전남대, 한국학중앙연구원	역총 2075	
425	안종규(安鍾珪)	눌헌유고(訥軒遺稿)	1877-1929	4권 1책	1946	목활자본	국립중앙도서관, 계명대		
426	안종덕(安鍾悳)	석하집(石荷集)	1841-1907	13권 7책	1928	목판본	국립중앙도서관, 경기대, 경상대, 고려대, 동국대 경주캠퍼스, 부산대, 용인대, 전주대, 한국학중앙연구원	역총 1032-1033	
427	안종두(安鍾斗)	긍암집(兢庵集)	1881-1954	6권 2책	1967	석판본	계명대, 원광대	역총 2047	
428	안종율(安鍾律)	손헌집(巽軒集)	1886-1948	4권 2책	1967	목활자본	국립중앙도서관, 용인대	역총 870	
429	안종창(安鍾彰)	희재집(希齋集)	1865-1918	8권 3책	1934	석판본	국립중앙도서관, 경상대, 동아대, 영남대, 원광대, 전남대	역총 1015	
430	안종화(安種和)	약재집(約齋集)	1885-1937	6권 3책	1967跋	신연활자본	경상대, 계명대, 전남대	역총 2061	
431	안종희(安宗熙)	회운집(晦雲集)	1878-1937	2권 1책	1961	석판본	계명대, 동국대 경주캠퍼스, 안동대, 한국국학진흥원, 한국학중앙연구원(晦雲逸稿, 1970)		

번호	저자	문집명	생몰년	구성	간사년	판종	소장처	총서간행	비고
432	안창렬 (安昌烈)	동려집 (東旅集)	1847-1925	6권 3책	1932	목판본	국립중앙도서관, 계명대, 동국대, 성균관대 존경각, 안동대, 영남대, 원광대, 한국국학진흥원		
433	안창제 (安昌濟)	송은유고 (松隱遺稿)	1886-1931	3권 1책	1965	신활자본	국립중앙도서관, 경기대, 경상대, 계명대, 고려대, 국민대, 서울대 규장각, 전남대, 한국국학진흥원	역총 2088	
434	안택호 (安宅鎬)	우산집 (尤山集)	1848-1918	2권 2책	1964	석판본	국립중앙도서관, 계명대, 고려대, 안동대, 연세대	역총 1583	
435	안효제 (安孝濟)	수파집 (守坡集)	1886-1931	8권 3책	1927	영인본	국립중앙도서관, 경기대, 계명대, 단국대 퇴계기념도서관, 부산대, 성균관대 존경각, 영남대, 용인대, 전주대, 한국학중앙연구원		
436	안희제 (安熙濟)	백산시초 (白山詩抄)	1885-1943	미상	미상	미상	미상		
437	양재환 (梁宰煥)	옥와유고 (玉窩遺稿)	1884-1942	4권 1책	1997	신연활자본	경상대		
438	양주현 (梁柱賢)	다은유고 (茶隱遺稿)	1860-1928	3권 1책	1991	신연활자본	경상대		
439	양희환 (梁熹煥)	석초유고 (石樵遺稿)	1892-1972	3권 1책	1991	신연활자본	경상대		
440	어재원 (魚在源)	몽헌유고 (蒙軒遺稿)	1866-1930	6권 3책	1932	석판본	국립중앙도서관, 계명대, 국민대, 단국대 퇴계기념도서관, 부산대, 숙명여대, 원광대	역총 670	
441	여경엽 (余璟燁)	운암유고 (雲巖遺稿)	1890-1969	2권 1책	1969	연인본	동아대, 한국학중앙연구원		
442	여구연 (呂九淵)	노석집 (老石集)	1865-1938	4권 2책	2003	신연활자본	국립중앙도서관, 경상대, 경희대, 국민대, 단국대 퇴계기념도서관, 성균관대 존경각, 전북대		
443	여대표 (呂大驃)	덕은집 (德隱集)	1802-1869	2권 1책	1914	목활자본	계명대, 고려대, 사우당종택, 성균관대 존경각, 연세대, 전남대, 전주대, 한국국학진흥원	역총 1699	
444	여대훈 (余大勳)	동은집 (東隱集)	1865-1941	5권 2책	1985	신활자본	계명대, 고려대, 성균관대 존경각, 전남대, 전북대		

번호	저자	문집명	생몰년	구성	간사년	판종	소장처	총서간행	비고
445	여상무 (呂相武)	수암유집 (修菴遺集)	1864-1946	2권 1책	1970	석판본	계명대, 대구가톨릭대, 안동대, 전북대, 한국국학진흥원, 한국학중앙연구원	역총 1689	
446	여승규 (呂昇奎)	외당유고 (畏堂遺稿)	1872-1947	2권 1책	미상	석판본	미상		
447	여주연 (呂周淵)	우헌집 (愚軒集)	1883-1965	9권 1책	미상	석판본	미상		
448	여중룡 (呂中龍)	남은유집 (南隱遺集)	1856-1913	2권 2책	1968	석판본	계명대, 단국대 퇴계기념도서관, 성균관대 존경각, 안동대, 용인대, 한국국학진흥원		
449	예대희 (芮大僖)	이산집 (伊山集)	1868-1939	8권 4책	1940	석판본	국립중앙도서관, 계명대, 영남대, 춘호재, 한밭도서관	역총 868	〈해제〉영남-26
450	오기홍 (吳基洪)	계강유고 (稽岡遺稿)	1878-1938	4권 1책	1971跋	신연활자본	사우당종택, 전남대	역총 2068	
451	오우선 (吳友善)	추호집 (秋湖集)	1843-1912	미상	미상	미상	미상		
452	오인규 (吳寅奎)	성석집 (性石集)	1852-1924	미상	미상	미상	미상		
453	오재선 (吳在善)	상촌유고 (桑村遺稿)	1871-1954	3권 1책	1969	목활자본	국립중앙도서관, 성균관대 존경각, 전남대, 전주대	역총 2198	
454	오주근 (吳周根)	귀계유고 (歸溪遺稿)	1873-1931	2권 1책	1973	석판본	계명대		
455	오준선 (吳駿善)	후석유고 (後石遺稿)	1851-1931	25권 13책	미상	목판본	국립중앙도서관, 장서각, 전남대	역총 444-447	목록 1책, 본집 25권 12책
456	우규환 (禹圭煥)	단봉집 (丹峰集)	1838-1911	7권 2책	1934	목활자본	국립중앙도서관, 계명대, 영남대		
457	우성규 (禹成圭)	경재집 (景齋集)	1830-1905	14권 5책	1911	목활자본	국립중앙도서관, 계명대, 남평문씨인수문고, 서울대 규장각, 성균관대 존경각, 전주대, 충남대, 한국학중앙연구원	문총속 140 역총1701	〈해제〉영남-27
458	우효설 (禹孝卨)	녹봉집 (鹿峰集)	1854-1935	8권 3책	1948	목활자본	국립중앙도서관, 계명대, 성균관대 존경각, 원광대	역총 2930	

번호	저자	문집명	생몰년	구성	간사년	판종	소장처	총서간행	비고
459	유도수 (柳道洙)	민산집 (閩山集)	1820-1889	8권 3책	1910	목판본	고려대, 성암고서박물관, 한국국학진흥원	역총 1312	
460	유도헌 (柳道獻)	전원집 (田園集)	1835-1909	8권 4책	1925	목판본	국립중앙도서관, 계명대, 성균관대 존경각, 전남대, 전주대, 한국국학진흥원,		
461	유백계 (柳栢季)	오산집 (吾山集)	1870-1950	4권 1책	1968	석판본	경북대	역총 1186	
462	유병헌 (劉秉憲)	만송유고 (晩松遺稿)	1842-1918	4권 2책	1949	석판본	국립중앙도서관, 계명대, 고려대, 성균관대 존경각, 용인대, 전남대, 중앙대, 한국국학진흥원, 한국학중앙연구원	역총 1091	
463	유상대 (柳相大)	돈재집 (敦齋集)	1864-1935	9권 5책	1947	목활자본	국립중앙도서관, 고려대, 성균관대 존경각, 영남대, 한국학중앙연구원	역총 818-819	
464	유선목 (柳宣睦)	평암집 (平庵集)	1849-1925	2권 1책	1970	석판본	한국국학진흥원		
465	유시봉 (柳時鳳)	외산집 (畏山集)	1869-1951	4권 2책	1965	석판본	계명대, 고려대, 성암고서박물관, 한국국학진흥원	역총 2988	
466	유신영 (柳臣榮)	하은유고 (霞隱遺稿)	1853-1919	7권 4책	1991	석판본	한국국학진흥원		
467	유연근 (柳淵根)	수서집 (水西集)	1857-1933	8권 4책	1968	석판본	국립중앙도서관, 계명대, 고려대, 단국대 퇴계기념도서관, 성균관대 존경각, 안동대, 영남대, 한국국학진흥원	역총 1327-1328	
468	유연집 (柳淵楫)	범암집 (汎庵集)	1853-1933	10권 5책	1965	석판본	국립중앙도서관, 안동대, 연세대, 한국국학진흥원, 한국학중앙연구원	역총 1319-1320	
469	유원도 (柳遠濤)	다천유고 (茶泉遺稿)	미상-1918	1책	1992	석판본	경상대		
470	유원수 (柳遠洙)	하재집 (荷齋集)	1893-미상	9권 5책	1960	연활자본	국립중앙도서관, 계명대, 국민대, 성균관대 존경각, 원광대		
471	유응목 (柳膺睦)	학산집 (鶴山集)	1841-1921	12권 6책	1935	필사본	계명대, 부산대, 중앙대, 충남대	역총 627-628	

번호	저자	문집명	생몰년	구성	간사년	판종	소장처	총서간행	비고
472	유인식(柳寅植)	대동사(大東史)	1865-1928	11권	1978	미상	미상		東山全集(동산선생 기념사업회 편, 1978) 上권으로 출간
473	유인식(柳寅植)	동산문고(東山文稿)	1865-1928	2권 1책	1965	신연활자본	국립중앙도서관, 단국대 퇴계기념도서관, 성균관대 존경각, 안동대, 중앙대, 충남대, 한국국학진흥원	역총 675	〈해제〉영남-28 東山全集(동산선생 기념사업회편,1978) 下권으로출간
474	유인식(柳寅植)	동산시사(大東詩史)	1865-1928	2권 1책	미상	활자본	국립중앙도서관, 단국대 퇴계기념도서관, 성균관대 존경각, 안동대, 중앙대, 충남대, 한국국학진흥원		東山全集(동산선생 기념사업회 편, 1978) 下권으로 출간
475	유장식(柳璋植)	가림집(可林集)	1875-1949	6권 3책	1976	석판본	경기대, 고려대, 안동대	역총 1311	
476	유재범(劉載範)	박남유고(璞南遺稿)	1878-1947	3권 1책	1982	석판본	국립중앙도서관, 경기대, 계명대, 고려대, 국회도서관, 성균관대 존경각, 안동대, 충남대	역총 1559	
477	유주목(柳疇睦)	계당집(溪堂集)	1813-1872	16권 8책	1930	목활자본	동국대 경주캠퍼스, 전북대	문총 313 역총 1146-1152	본집 16권 8책, 속집 2권 , 부록 3권
478	유필영(柳必永)	서파집(西坡集)	1841-1924	26권 13책	1960	석판본	국립중앙도서관, 경상대, 계명대, 단국대 퇴계기념도서관, 영남대, 조선대, 한국국학진흥원	역총 751-755	〈해제〉영남-29
479	윤대희(尹大熹)	항산집(亢山集)	1899-1956	1책	미상	연활자본	미상		
480	윤병형(尹炳馨)	심재유고(尋齋遺稿)	1891-1967	2권 1책	1970	신연활자본	국립중앙도서관, 동국대 경주캠퍼스, 성균관대 존경각, 용인대	역총 867	
481	윤순학(尹淳學)	심원유고(尋源遺稿)	1865-1938	2권 1책	1961	석판본	국립중앙도서관, 계명대, 단국대 율곡기념도서관, 영남대	역총 1183	
482	윤주하(尹胄夏)	교우집(膠宇集)	1846-1908	20권 11책	1911	목판본	국립중앙도서관, 경상대, 고려대, 동아대, 연세대, 전남대, 한국학중앙연구원	역총 1226-1228	목록 1책, 본집 20권 10책

번호	저자	문집명	생몰년	구성	간사년	판종	소장처	총서간행	비고
483	이강환(李康歡)	소산유고(素山遺稿)	1866–1946	4권 2책	1953	목활자본	국립중앙도서관, 계명대, 고려대, 전남대		
484	이경균(李璟均)	계헌집(稽軒集)	1850–1922	2권 1책	미상	목판본	용인대		
485	이관후(李觀厚)	우재집(偶齋集)	1869–1949	4권 2책	1962	석판본	국립중앙도서관, 경상대, 계명대, 전남대	역총 2157	
486	이교면(李敎冕)	내산유고(內山遺稿)	1882–1937	2권 1책	1974序	신연활자본	국립중앙도서관, 경상대, 한국학중앙연구원	역총 2170	
487	이교문(李敎文)	지재유고(止齋遺稿)	1866–1940	6권 2책	1965	목활자본	국립중앙도서관, 경상대, 영남대, 용인대	역총 2176	
488	이교엽(李敎曄)	국포집(菊圃集)	1883–1963	2권 1책	1967	석판본	국립중앙도서관, 계명대, 영남대	역총 1587	
489	이교우(李敎宇)	사재집(果齋集)	1881–미상	30권 15책	미상	목활자본	국립중앙도서관, 경상대, 계명대, 용인대, 원광대		목록 2권 1책, 본집 28권 14책
490	이규순(李奎淳)	양암유고(陽庵遺稿)	1885–1968	2권 1책	1930	석판본	계명대		
491	이규준(李圭晙)	석곡산고(石谷散稿)	1855–1923	1책	1981	석판본	국립중앙도서관, 계명대, 남평문씨인수문고, 동국대, 동국대 경주캠퍼스, 부산대, 숭실대, 한국학중앙연구원	역총 2769	
492	이규한(李圭翰)	죽헌산고(竹軒散稿)	1866–1927	5권 2책	1938	신연활자본	국립중앙도서관, 경상대, 고려대, 전남대, 한국학중앙연구원	역총 1434	
493	이규형(李圭衡)	일헌집(一軒集)	1879–1952	6권 3책	1958	석판본	국립중앙도서관, 경기대, 고려대, 성균관대 존경각	역총 1008	
494	이근만(李根萬)	소봉집(小峰集)	1839–1917	4권 2책	1949	목활자본	국립중앙도서관, 계명대, 고려대, 전남대	역총 2182	
495	이근섭(李根燮)	성재유고(惺齋遺稿)	1930–1997	2권 2책	1998	사진판본	경상대		
496	이기두(李基斗)	이계유고(伊溪遺稿)	1867–1920	2권 1책	1969跋	석판본	국립중앙도서관, 동아대, 성균관대 존경각, 영남대, 전남대, 전북대, 조선대	역총 1193	

번호	저자	문집명	생몰년	구성	간사년	판종	소장처	총서간행	비고
497	이기상(李驥相)	민와집(敏窩集)	1826-미상	6권 3책	1944	석판본	경상대, 계명대, 고려대, 대구가톨릭대, 동아대, 안동대, 영남대, 한국국학진흥원	역총 2155	
498	이기선(李夔善)	석정유고(石亭遺稿)	1879-1934	2권 1책	1978	석판본	국립중앙도서관, 사우당종택		
499	이기승(李基升)	청양유고(聽陽遺稿)	1851-1915	3권 1책	1967	석판본	국립중앙도서관, 경상대, 연세대, 원광대, 한국국학진흥원		
500	이기연(李起淵)	서정집(西汀集)	1875-1955	5권 2책	1963	석판본	국립중앙도서관, 경기대, 안동대, 영남대, 한국국학진흥원		
501	이기원(李基元)	삼주집(三洲集)	1885-1982	8권 2책	1989	영인본	국립중앙도서관, 경남대		
502	이기현(李祺炫)	묵암유고(默庵遺稿)	1854-1925	2권 1책	1969	신연활자본	동국대 경주캠퍼스, 안동대, 용인대, 전남대, 전남대		
503	이기형(李基馨)	성와집(惺窩集)	1868-1946	16권 4책	1985	필사영인본	경희대, 고려대, 국민대, 동국대		
504	이기호(李起鎬)	학전유고(學田遺稿)	1889-1965	6권 3책	1970	석판본	국립중앙도서관, 서울대 규장각, 성균관대 존경각, 안동대, 중앙대, 한국국학진흥원	역총 1952	
505	이기호(李錤浩)	만서유고(晩棲遺稿)	1884-1969	3권 1책	1972	목활자본	계명대, 용인대, 전남대		
506	이낙영(李洛榮)	자남유고(紫南遺稿)	1849-1927	2권 1책	1939	목활자본	국립중앙도서관, 고려대	역총 2771	
507	이능윤(李能允)	곡포집(谷圃集)	1850-1930	7권 3책	1969	석판본	국립중앙도서관, 경기대, 계명대, 고려대, 성균관대 존경각, 영남대, 한국국학진흥원	역총 1803	
508	이능호(李能灝)	상경헌집(常敬軒集)	1854-1919	10권 5책	1931/미상	목판본	국립중앙도서관, 고려대, 동국대, 부산대, 연세대, 전남대, 한국국학진흥원	역총 2814	본집 8권 4책(1931), 속집 2권 1책(미상)
509	이도복(李道復)	후산집(厚山集)	1862-1938	22권 11책	1967	목판본/석판본	국립중앙도서관, 경기대, 계명대, 모덕사, 성균관대 존경각, 영남대, 원광대, 전주대	역총 1321-1323	〈해제〉영남-31 1책~10책은 목판본, 11책은 석판본
510	이도영(李燾永)	산관유고(汕觀遺稿)	1898-1914	2권 1책	1954	석판본	계명대		
511	이도추(李道樞)	월연집(月淵集)	1847-1921	9권 5책	1936	목활자본	국립중앙도서관, 경상대, 고려대, 성균관대 존경각, 연세대, 전남대, 전주대	역총 2116-2117	

번호	저자	문집명	생몰년	구성	간사년	판종	소장처	총서간행	비고
512	이돈모 (李敦模)	근재집 (謹齋集)	1888-1951	2권 2책	1978	신활자본	경상대, 고려대, 원광대, 전북대		
513	이동영 (李東榮)	금호실기 (琴湖實記)	1857-1927	3권 1책	1887/ 1948	목활자본	경상대, 전주대/국립중앙도서관, 계명대, 고려대, 울산대, 원광대		
514	이두훈 (李斗勳)	홍와집 (弘窩集)	1856-1918	13권 7책	1928	석판본	국립중앙도서관, 경상대, 경희대, 대구가톨릭대, 동아대, 부산대, 연세대, 영남대, 전주대, 조선대, 충남대, 한국학중앙연구원	역총 1112-1113	〈해제〉영남-32
515	이만도 (李晩燾)	향산집 (響山集)	1842-1910	27권 14책	1933	목판본	국립중앙도서관, 경상대, 성균관대 존경각, 영남대, 전북대, 한국학중앙연구원	문총속 144 역총 430-433	본집 19권 10책, 별지 6권 3책, 부록 2권 1책
516	이만성 (李萬成)	독산집 (篤山集)	1872-1922	4권 2책	1964	석판본	국립중앙도서관, 경기대, 계명대, 한국학중앙연구원	역총 1985	
517	이만여 (李晩輿)	봉강집 (鳳岡集)	1861-1938	2권 1책	1923	목활자본	국립중앙도서관, 계명대, 성균관대 존경각, 영남대, 한국국학진흥원	역총 1894	
518	이만용 (李萬用)	직양재집 (直養齋集)	1839-1915	4권 2책	1926	목활자본	국립중앙도서관, 고려대, 성균관대 존경각		
519	이만인 (李晩寅)	용산집 (龍山集)	1834-1897	11권 5책	1913	목활자본	국립중앙도서관, 경기대, 고려대, 성균관대 존경각, 안동대, 한국국학진흥원, 한국학중앙연구원	역총 696-697	
520	이만좌 (李晩佐)	매당문고 (梅堂文稿)	1886-1975	6권 3책	1978	석판본	경상대, 계명대, 고려대, 단국대 퇴계기념도서관, 안동대, 영남대, 한국국학진흥원		
521	이면선 (李冕善)	율탄유고 (栗灘遺稿)	1866-1917	4권 1책	1981	연활자본	계명대, 영남대, 용인대		
522	이면주 (李冕宙)	계은집 (桂隱集)	1827-1910	4권 2책	1965	석판본	국립중앙도서관, 계명대, 고려대, 안동대, 영남대, 용인대, 한국국학진흥원		
523	이민유 (李敏裕)	취남집 (鷲南集)	1851-1931	2권 1책	1965	석판본	국립중앙도서관, 경기대, 계명대, 남평문씨 인수문고, 전남대	역총 1092	
524	이방환 (李邦桓)	회산집 (晦山集)	1880-1935	2권 2책	1976	석판본	계명대, 고려대, 전북대	역총 1307	

번호	저자	문집명	생몰년	구성	간사년	판종	소장처	총서간행	비고
525	이병(李柄)	평재유고(平齋遺稿)	1876–1959	1책	미상	연활자본	미상		
526	이병국(李炳國)	경산집(敬山集)	1882–1952	6권 3책	1977	석판본	국립중앙도서관, 단국대 퇴계기념도서관, 안동대, 한국국학진흥원, 한국학중앙연구원		
527	이병무(李秉武)	문계유고(文溪遺稿)	1899–1926	2권 1책	1926/1955	석판본	경상대/계명대, 남평문씨인수문고	역총 1089	
528	이병문(李炳文)	묵암일집(黙庵逸集)	1904–1979	2권 1책	1963	석판본	국립중앙도서관, 안동대, 한국국학진흥원		
529	이병연(李昺淵)	지재집(志齋集)	1840–1926	4권 2책	1997	석판영인본	국립중앙도서관, 한국국학진흥원		
530	이병주(李秉柱)	학포유고(學圃遺稿)	1890–1964	1책	1970	연활자본	국립중앙도서관, 경상대, 전남대	역총 1455	
531	이병주(李秉株)	미파집(薇坡集)	1874–1946	8권 4책	1957	목활자본	국립중앙도서관, 계명대, 성균관대, 영남대, 원광대, 전남대		
532	이병철(李柄喆)	묵재집(默齋集)	1874–1914	5권 1책	1947	목활자본	국립중앙도서관, 성균관대 존경각, 영남대, 전남대	역총 887	
533	이병철(李炳轍)	동포유고(東圃遺稿)	1881–1938	4권 2책	1969	석판본	국립중앙도서관, 단국대 퇴계기념도서관, 성균관대 존경각, 안동대, 용인대		
534	이병헌(李炳憲)	이병헌전집(李炳憲全集)	1870–1940	2책	1989	영인본	국립중앙도서관, 고려대, 원광대, 충남대, 한국학중앙연구원		〈해제〉영남–33
535	이병화(李炳和)	이당집(頤堂集)	1889–1955	6권 3책	1969	연활자본	국립중앙도서관, 경상대, 성균관대 존경각	역총 2058	
536	이병훈(李秉焄)	곡은유고(谷隱遺稿)	1885–1957	2권 1책	1959	석판본	사우당종택, 원광대		
537	이보림(李普林)	월헌집(月軒集)	1903–1974	16권 7책	1981	석판본	국립중앙도서관, 경상대, 서울대, 전남대	역총 1411–1413	〈해제〉영남–34
538	이봉노(李奉魯)	석천유고(石川遺稿)	1904–1982	3권 1책	1970	신연활자본	국립중앙도서관, 경상대, 성균관대 존경각, 전남대	역총 1942	

번호	저자	문집명	생몰년	구성	간사년	판종	소장처	총서간행	비고
539	이봉상(李鳳相)	운강집(雲岡集)	1870-1956	3권 1책	1972	신연활자본	경상대, 계명대, 용인대, 전남대	역총 2184	
540	이사영(李士榮)	삼수당유고(三守堂遺稿)	1885-1960	3권 1책	1962	신연활자본	경상대, 계명대	역총 2089	
541	이상건(李相虔)	항산유고(恒山遺稿)	1903-1952	1책	1982	석판본	경상대		
542	이상규(李祥奎)	혜산집(惠山集)	1846-1922	15권 7책	1925	목활자본	국립중앙도서관, 고려대, 부산대, 서울대 규장각, 연세대, 전남대	역총 1110-1111	〈해제〉영남-35
543	이상돈(李相敦)	물재집(勿齋集)	1841-1911	4권 2책	1922	목활자본	숙명여대, 전남대		
544	이상룡(李相龍)	석주유고(石洲遺稿)	1858-1932	6권 6책	1933/1973	필사본/영인본	고려대, 성균관대		〈해제〉영남-36
545	이상석(李相奭)	농암집(聾巖集)	1835-1921	6권 3책	1971	석판본	국립중앙도서관, 계명대, 고려대, 성균관대 존경각, 안동대, 영남대, 한국학중앙연구원		
546	이상호(李尙鎬)	우산유고(愚山遺稿)	1868-1941	4권 1책	1959	목활자본	국립중앙도서관, 경상대, 계명대, 단국대 율곡기념도서관, 용인대, 원광대, 조선대	역총 2064	
547	이상호(李祥鎬)	양전집(陽田集)	1883-1963	10권 5책	1968/1973	석판본	국립중앙도서관, 계명대, 고려대, 서울대 규장각, 성균관대 존경각, 안동대, 용인대, 한국국학진흥원, 한국학중앙연구원	역총 2727-2728	본집 8권 4책(1968), 속집 2권 1책(1973)
548	이석균(李錫均)	소암집(小庵集)	1855-1927	10권 5책	1972	석판본	국립중앙도서관, 계명대, 대구가톨릭대, 서울대 규장각, 성균관대 존경각, 원광대, 한국국학진흥원	역총 1844-1845	본집 8권 4책, 부록 2권 1책
549	이석영(李錫榮)	영파유고(潁坡遺稿)	1875-1951	3권 2책	1978	석판본	계명대, 고려대, 안동대	역총 2981	
550	이세강(李世鋼)	침산집(枕山集)	1846-1917	4권 2책	1964	석판본	경기대, 계명대, 고려대, 성균관대, 안동대, 연세대, 영남대, 전북대, 한국국학진흥원		
551	이세인(李世仁)	소은유고(小隱遺稿)	1894-1975	1책	1982	석판본	한국국학진흥원		

번호	저자	문집명	생몰년	구성	간사년	판종	소장처	총서간행	비고
552	이수기(李壽基)	제대실록(霽臺實錄)	1862-1960	1권 1책	1936	목활자본	국립중앙도서관, 경기대, 고려대, 연세대, 전남대		
553	이수락(李洙洛)	죽포집(竹圃集)	1876-1952	4권 2책	1956序	석판본	계명대, 동국대 경주캠퍼스, 한국국학진흥원		
554	이수민(李壽敏)	농와유고(農窩遺稿)	1883-1943	4권 2책	1947	목활자본	국립중앙도서관, 경상대, 계명대, 전남대		
555	이수병(李壽炳)	정산문고(靜山文稿)	1850-1919	4권 2책	1979	석판본	계명대, 안동대, 영남대, 한국국학진흥원		
556	이수악(李壽岳)	우헌집(于軒集)	1845-1927	8권 4책	1979	석판본	경상대, 계명대, 영남대, 한국국학진흥원안동대		
557	이수안(李壽安)	매당집(梅堂集)	1859-1929	6권 3책	1931	목활자본	국립중앙도서관, 경상대, 계명대, 성균관대 존경각, 연세대, 원광대, 전남대, 전주대, 한국국학진흥원	역총 2045	
558	이수영(李秀榮)	창애집(昌厓集)	1845-1916	4권 2책	1922	목판본	국립중앙도서관, 경기대, 계명대, 동국대 경주캠퍼스, 성균관대 존경각, 안동대, 전남대		
559	이수춘(李壽春)	기수유고(沂叟遺稿)	1861-1939	8권 8책	1989	석판본	계명대, 고려대, 동국대, 성균관대 존경각, 영남대, 원광대, 전북대	역총 698-700	목록 1책, 본집 6권 6책, 별집 2권 1책
560	이수필(李壽弼)	소산집(素山集)	1864-1941	4권 2책	1969	연활자본	국립중앙도서관, 경상대, 영남대		
561	이수현(李洙玄)	인천이씨 도림세록(仁川李氏道林世錄)	1881-1947	2권 1책	1958	목활자본	국립중앙도서관, 연세대, 전남대		
562	이수형(李壽瀅)	효산집(曉山集)	1837-1908	8권 4책	1911	목판본	국립중앙도서관, 경기대, 경상대, 고려대, 동국대, 부산대, 연세대, 전주대	역총 1437-1438	
563	이수호(李粹浩)	경암유고(瓊庵遺稿)	1848-1917	4권 2책	1920	필사본	성균관대 존경각		
564	이수화(李洙和)	색산유고(索山遺稿)	1873-1956	1책	1996	영인본	한국국학진흥원		

번호	저자	문집명	생몰년	구성	간사년	판종	소장처	총서간행	비고
565	이순구(李純久)	환암총고(環菴叢稿)	1884-1972	2책	1993序	인쇄본	영남대		
566	이승국(李承國)	우와유고(愚窩遺稿)	1872-1950	2권 2책	미상	필사본	안동대		
567	이승규(李承圭)	봉강유고(鳳岡遺稿)	1898-1973	2권 1책	1995	연인본	국회도서관		
568	이승기(李承基)	문강집(汶岡集)	1886-1959	4권 2책	1954	석판본	국립중앙도서관, 경기대, 계명대, 대구가톨릭대, 부산대	역총 1588	
569	이승수(李承洙)	혹산집(或山集)	1857-1912	4권 2책	1913	목활자본	국립중앙도서관, 계명대, 대구가톨릭대, 성균관대 존경각, 안동대, 연세대, 영남대, 원광대, 충남대		
570	이승현(李承現)	율헌유고(栗軒遺稿)	1883-1956	4권 1책	1963	목활자본	계명대, 단국대 율곡기념도서관, 원광대, 전남대, 전주대		
571	이승희(李承熙)	대계집(大溪集)	1847-1916	42권 20책	1927	신연활자본	국립중앙도서관, 원광대, 전남대, 충남대, 한국학중앙연구원	문총속 147 역통 1055-1060	〈해제〉영남-37 목록 1책, 본집 36권 16책, 속집 6권 3책
572	이승희(李承熙)	한계여어(韓溪旅語)	1847-1916	미상	미상	필사본	독립기념관		
573	이양수(李亮洙)	연계집(蓮溪集)	1908-1957	2권 1책	1959	신연활자본	부산대		
574	이양호(李養浩)	경운유고(耕雲遺稿)	1861-1935	3권 1책	1949	목판본	국립중앙도서관, 숙명여대, 연세대, 영남대, 용인대, 전남대		
575	이영기(李榮基)	유헌집(愉軒集)	1906-1955	2권 1책	1981	신연활자판	경상대	역총 2062	
576	이영기(李永基)	둔강유고(遯江遺稿)	1878-1948	4권 2책	1965	석판본	국립중앙도서관, 계명대		
577	이영석(李永錫)	매와유고(梅窩遺稿)	1875-1932	2권 1책	1966	석활자본	국립중앙도서관, 계명대, 단동대, 성균관대 존경각, 영남대, 용인대, 한국국학진흥원		

번호	저자	문집명	생몰년	구성	간사년	판종	소장처	총서간행	비고
578	이용 (李鎔)	노계집 (老溪集)	1868-1940	4권 2책	1964	연활자본	국립중앙도서관, 경상대, 계명대, 영남대, 용인대,	역총 1183	
579	이용수 (李瑢秀)	성암집 (性菴集)	1875-1943	1책	1970	연활자본	계명대, 고려대, 성균관대 존경각, 안동대, 전남대	역총 2073	
580	이용수 (李龍洙)	오천집 (鰲川集)	1879-1923	6권 3책	1986	연인본	국립중앙도서관, 경상대, 고려대, 부산대, 성균관대 존경각, 원광대		
581	이운연 (李運淵)	내산집 (柰山集)	1864-1940	5권 2책	1941	석판본	국립중앙도서관, 계명대, 성균관대 존경각, 영남대, 용인대,	역총 2888	
582	이원갑 (李元甲)	동포유고 (東圃遺稿)	1909-1951	1책	미상	인쇄본	미상		
583	이원국 (李源國)	창암유고 (昌庵遺稿)	1875-1955	4권 2책	미상	석판본	안동대, 영남대, 한국국학진흥원		
584	이원태 (李源台)	원대유고 (圓臺遺藁)	1899-1946	2권 1책	1975	석판본	국립중앙도서관, 동국대, 성균관대 존경각, 안동대, 용인대, 전남대, 충남대, 한국국학진흥원		
585	이원하 (李元河)	곡은공실기 (谷隱公實紀)	1846-1931	1책	1968	석판본	국립중앙도서관, 계명대, 성균관대 존경각, 안동대, 용인대, 한국국학진흥원		
586	이유선 (李有善)	수재집 (修齋集)	1851-1942	5권 2책	1908	목판본	국립중앙도서관, 경상대, 계명대, 성균관대 존경각, 영남대, 용인대,	역총 2896	
587	이유용 (李裕容)	분암유고 (汾菴遺稿)	1874-1923	1책	미상	필사본	한국국학진흥원		
588	이은우 (李銀雨)	송람일고 (松嵐逸稿)	1893-1965	1책	1984	석판본	국립중앙도서관, 계명대, 단국대 , 영남대		
589	이의수 (李懿秀)	구강집 (龜岡集)	1829-1911	8권 4책	1876識	목활자본	국립중앙도서관, 경상대, 계명대, 고려대, 서울대 규장각, 영남대	역총 2665-2666	
590	이인재 (李寅梓)	성와집 (省窩集)	1870-1929	6권 3책	1970	석판본	국립중앙도서관, 경상대, 국민대, 남평문씨 인수문고, 부산대, 성균관대 존경각, 영남대, 조선대, 춘호재	역총 1530	〈해제〉영남-38

번호	저자	문집명	생몰년	구성	간사년	판종	소장처	총서간행	비고
591	이일해(李一海)	굴천집(屈川集)	1905-1987	4권 2책	1988	신연활자본	경상대, 부산대		
592	이재성(李在性)	이회헌유집(二悔軒遺集)	1863-1950	4권 1책	1969	석판본	국립중앙도서관		
593	이재집(李在緝)	거암집(渠菴集)	1848-1923	6권 3책	미상	목활자본	연세대, 영남대, 충남대		
594	이적우(李積雨)	학산유고(學山遺稿)	1876-1940	3권 1책	1956	연활자본	국립중앙도서관, 경상대, 고려대, 남평문씨 인수문고, 동아대, 전남대	역총 1097	
595	이정기(李貞基)	제서집(濟西集)	1872-1945	6권 3책	1973	목활자본/석판본	국립중앙도서관, 경기대, 계명대, 동국대, 성균관대 존경각, 전북대, 한국학중앙연구원		
596	이정대(李正大)	후송유고(後松遺稿)	1890-1967	2권 1책	1974	석판본	경기대, 계명대, 단국대 퇴계기념도서관, 전북대, 한국국학진흥원		
597	이정혁(李正赫)	만산집(晚山集)	1891-1984	7권 3책	미상	석판본	안동대		
598	이정호(李正浩)	서산집(棲山集)	1865-1941	6권 3책	1954	목활자본	경상대, 계명대, 동아대, 연세대		
599	이정효(李廷孝)	후송유집(後松遺集)	1832-1917	4권 2책	1921	목판본	국립중앙도서관, 계명대, 성균관대 존경각, 안동대, 한국학중앙연구원		
600	이제상(李濟相)	청두집(青杜集)	1863-1932	4권 2책	1967跋	석판본	고려대, 안동대, 영남대		
601	이종기(李宗基)	우파집(愚坡集)	1900-1970	9권 4책	1974/1988	석판본/영인본	국립중앙도서관, 계명대, 고려대, 사우당종택	역총 1882-1884	목록 1책, 본집 6권 2책(1974), 속집 3권 1책(1988)
602	이종기(李鍾杞)	만구집(晚求集)	1837-1902	29권 16책	1907/1935/1974	목판본	국립중앙도서관, 계명대, 부산대, 서울대 규장각, 성균관대 존경각, 연세대, 전남대, 전주대, 한국국학진흥원	문총 331 역총 1050-1054	목록 1책, 본집 17권 9책(1907), 속집 8권 4책(1936), 부록 4권 2책(1974)
603	이종순(李鍾舜)	월주유고(月洲遺稿)	1895-1928	2권 1책	1962	목활자본	국립중앙도서관, 경기대, 계명대, 고려대, 원광대, 충남대		

번호	저자	문집명	생몰년	구성	간사년	판종	소장처	총서간행	비고
604	이종열(李鍾烈)	의암집(毅齋集)	1907-1986	15권 7책	1991	영인본	국립중앙도서관, 계명대, 단국대 퇴계기념도서관, 동국대, 원광대, 전북대, 전주대, 충남대		
605	이종익(李鍾翼)	고암유고(苦菴遺稿)	1886-1951	9권 4책	1955	석판본	경상대, 계명대, 사우당종택, 안동대		
606	이종현(李鍾炫)	동초유고(東樵遺稿)	1902-1962	2권 1책	1984跋	석판본	계명대, 전남대, 춘호재		
607	이종호(李鍾浩)	척재집(拓齋集)	1884-1948	4권 2책	1964	연활자본	경상대, 연세대		
608	이종홍(李鍾弘)	의재집(毅齋集)	1879-1936	9권 4책	1939	목활자본	국립중앙도서관, 경상대, 계명대, 고려대, 부경대, 부산대, 성균관대 존경각, 영남대, 원광대	역총 2585	
609	이종희(李鍾熙)	양근당집(養槿堂集)	1903-1949	2권 1책	1979	석판본	국립중앙도서관, 경상대, 전남대, 전북대, 충남대, 한국국학진흥원	역총 1693	
610	이준구(李準九)	신암집(信庵集)	1851-1924	5권 2책	1926	신활자본	국립중앙도서관, 경상대, 계명대, 성균관대 존경각, 연세대, 용인대, 충남대	역총 1256	
611	이중균(李中均)	동전잠사유고(東田潛士遺稿)	1861-1933	15권 8책	1938跋	석판본	국립중앙도서관, 계명대, 고려대, 단국대 퇴계기념도서관, 성균관대 존경각, 영남대, 한국국학진흥원,		본집 14권 및 부록 1권 合 8책
612	이중섭(李中燮)	동주유고(東洲遺稿)	1875-1915	2권 1책	1969	석판본	계명대, 성균관대 존경각, 안동대, 용인대, 한국국학진흥원		
613	이중수(李中洙)	이류재집(二柳齋集)	1863-1946	9권 4책	1956	목활자본	국립중앙도서관, 국회도서관, 사우당종책, 성균관대 존경각, 안동대, 연세대, 영남대	역총 625	
614	이중철(李中轍)	효암집(曉庵集)	1848-1937	18권 11책	1902/1962	석판본	국립중앙도서관, 경기대, 경상대, 계명대, 고려대, 성균관대 존경각, 연세대, 영남대,	역총 2753-2757	
615	이직현(李直鉉)	시암집(是菴集)	1850-1928	21권 11책	1933	목활자본	국립중앙도서관, 고려대, 국민대, 국회도서관, 전남대	역총 834-836	〈해제〉영남-39 목록 1책, 본집 21권 10책
616	이진권(李秦權)	연계집(硯溪集)	1886-1977	2책	미상	미상	미상		

번호	저자	문집명	생몰년	구성	간사년	판종	소장처	총서간행	비고
617	이진보 (李鎭輔)	송오유고 (松塢遺稿)	1875–1945	4권 2책	1969	신연활자본	경기대, 경상대, 계명대, 영남대, 원광대	역총 2072	
618	이진상 (李震相)	한주집 (寒洲集)	1818–1886	45권 22책	1928	목판본	국립중앙도서관, 남평문씨인수문고, 단국대 퇴계기념도서관, 영남대, 전북대	문총 317–318	목록 1책, 본집 38권 19책, 부록 5권 2책
619	이진훈 (李鎭薰)	학고유고 (鶴皐遺稿)	1878–1923	4권 1책	1969跋	신연활자본	경기대, 경상대, 계명대, 영남대	역총 2088	
620	이찬근 (李燦根)	화천집 (花川集)	1852–1921	3권 1책	1949	석판본	고려대, 단국대 율곡기념도서관, 연세대, 전남대, 한국학중앙연구원	역총 3048	
621	이창래 (李昌來)	담원집 (澹園集)	1839–1912	3권 1책	1929	목활자본	국립중앙도서관, 경기대, 경상대, 계명대, 고려대, 동국대, 동아대, 연세대	역총 2797	
622	이창연 (李昌淵)	용강집 (龍崗集)	1845–1925	2권 1책	1999	석판영인본	국립중앙도서관		
623	이철수 (李徹洙)	옥화고 (玉華稿)	1853–1927	3권 1책	1964	연활자본	계명대, 연세대, 전주대		
624	이탁영 (李鐸英)	품산집 (品山集)	1870–1944	7권 3책	1983	석판본	경북대, 계명대		
625	이탁하 (李鐸夏)	어강집 (漁岡集)	1840–1915	5권 2책	1913	목활자본	계명대, 한국국학진흥원		
626	이태문 (李泰文)	만최집 (晩最集)	1861–1939	5권 3책	1971	목활자본	국립중앙도서관, 계명대, 성균관대 존경각	역총 1428	
627	이태식 (李泰植)	수산집 (壽山集)	1875–1951	11권 6책	1955	신연활자본	국립중앙도서관, 경상대, 계명대, 동아대, 성균관대 존경각, 영남대, 원광대		
628	이태욱 (李泰昱)	운고유고 (雲皐遺稿)	1875–1940	2권 1책	1971	신연활자본	단국대 퇴계기념도서관, 전남대		
629	이태일 (李泰一)	명암집 (明庵集)	1860–1944	11권 5책	미상	석판본	국립중앙도서관, 경기대, 계명대, 고려대, 영남대, 조선대	역총 2826–2827	본집 9권 4책, 별집 2권 1책
630	이태하 (李泰夏)	남곡유집 (南谷遺集)	1888–1973	4권 2책	1980序	석판본	영남대	역총 2083	
631	이태형 (朴泰亨)	간암집 (艮嵒集)	1864–1925	11권 5책	1949	목활자본	국립중앙도서관, 경기대, 고려대, 연세대		본집 11권 5책, 부록 2권 1책

번호	저자	문집명	생몰년	구성	간사년	판종	소장처	총서간행	비고
632	이택환 (李宅煥)	회산집 (晦山集)	1854–1924	12권 6책	1920	목활자본	국립중앙도서관, 경상대, 계명대, 고려대, 전남대		
633	이필주 (李弼冑)	여은유고 (廬隱遺稿)	1875–1953	2권 1책	미상	석판본	부산대	역총 2518	
634	이필호 (李弼鎬)	수암유고 (守巖遺稿)	1867–1943	4권 2책	미상	석판본	안동대, 한국국학진흥원		
635	이한걸 (李漢杰)	율재집 (慄齋集)	1880–1951	5권 5책	1963	석판본	고려대, 성균관대 존경각, 안동대, 영남대		
636	이한기 (李漢基)	괴은유고 (槐隱遺稿)	1868–1945	4권 2책	1972	석판본	계명대, 용인대		
637	이현갑 (李鉉甲)	미암유고 (薇庵遺稿)	1852–1926	3권 1책	1943	목활자본	국립중앙도서관, 경상대, 계명대, 대구가톨릭대, 숙명여대, 연세대	역총 1694	
638	이현규 (李玄圭)	현산집 (玄山集)	1882–1948	7권 3책	1968	석판본	국립중앙도서관, 성균관대 존경각, 안동대, 안동대, 전남대, 중앙대, 충남대	역총 2924	
639	이현대 (李鉉大)	이재유집 (頤齋遺集)	1884–1963	1책	1995	미상	경상대		
640	이현덕 (李鉉德)	정산집 (晶山集)	1887–1964	8권 4책	1966	연활자본	경상대, 계명대, 동아대, 용인대, 원광대, 전남대, 전북대		
641	이현묘 (李鉉昴)	담재유고 (澹齋遺稿)	1879–1955	2권 1책	1974	신연활자본	계명대		
642	이현복 (李鉉復)	암서유고 (巖西遺稿)	1881–1938	2권 1책	1979	석판본	국립중앙도서관, 안동대, 한국국학진흥원		
643	이현선 (李鉉宣)	농와유고 (農窩遺稿)	1881–1964	2권 1책	1967跋	연활자본	국립중앙도서관, 경상대	역총 2190	
644	이현섭 (李鉉燮)	인재집 (仞齋集)	1879–1960	4권 2책	1967	연활자본	국립중앙도서관, 전남대, 춘호재		
645	이현욱 (李鉉郁)	동암집 (東菴集)	1879–1948	10권 5책	1961	신연활자본	경상대, 부산대, 성균관대 존경각, 전남대	역총 807	
646	이현장 (李鉉章)	직암유고 (直菴遺稿)	1888–1969	1책	미상	미상	미상		

번호	저자	문집명	생몰년	구성	간사년	판종	소장처	총서간행	비고
647	이호규(李鎬奎)	제강유고(霽岡遺稿)	1842-1928	2권 1책	1960	신연활자본	경기대, 경상대, 성균관대 존경각, 연세대, 영남대		
648	이호정(李鎬正)	검파집(儉坡集)	1897-1971	5권 2책	1972	목활자본	국립중앙도서관, 경기대	역총 2049	
649	이회춘(李會春)	서산집(曙山集)	1890-1977	4권 3책	1979	석판본	고려대, 동아대, 부산대, 성균관대 존경각, 안동대, 전남대, 전북대, 중앙대, 충남대, 한국국학진흥원		
650	이훈호(李熏浩)	우산집(芋山集)	1859-1932	9권 5책	1934	목활자본	국립중앙도서관, 경상대, 계명대, 고려대, 전남대, 전주대, 충남대		
651	이휘재(李徽在)	용암사고(龍巖私稿)	1893-1944	1책	1974	석판본	경기대, 계명대, 충남대		
652	이희석(李熙奭)	만회당집(晩悔堂集)	1876-1934	3권 1책	1936	목활자본	국립중앙도서관, 계명대, 숙명여대, 연세대, 용인대, 전남대		
653	이희원(李羲遠)	경재집(經齋集)	1883-1968	6권 3책	1990	석판본	국립중앙도서관, 계명대, 사우당종택, 한국국학진흥원		
654	이희조(李羲肇)	독은유고(獨隱遺稿)	1841-1920	1책	미상	필사본	한국국학진흥원		
655	임낙상(林洛相)	낙암집(樂菴集)	1886-1972	6권 2책	1984	석판본	국립중앙도서관, 사우당종택, 안동대		
656	임만희(林晩熙)	종와유집(鍾窩遺集)	1872-1933	1책	1971	석판본	국립중앙도서관, 단국대 율곡기념도서관		
657	임재현(林載鉉)	가전당유고(可田堂遺稿)	1862-1943	2권 1책	1975跋	석판본	계명대, 고려대, 안동대, 충남대, 충남대		
658	장경문(張敬文)	국담집(菊潭集)	1847-1922	2권 1책	미상	동장본	조선대		
659	장규덕(張奎悳)	학파집(鶴坡集)	1861-1944	2권 1책	1959	석판본	계명대, 사우당종택		
660	장기석(張基奭)	자하실기(紫下實紀)	1863-1911	4권 2책	1972	석판본	계명대, 단국대 퇴계기념도서관, 전남대, 조선대, 한국국학진흥원		

번호	저자	문집명	생몰년	구성	간사년	판종	소장처	총서간행	비고
661	장명상(張命相)	견산집(見山集)	1865–1937	6권 3책	1967	석판본	국립중앙도서관, 경북대, 성균관대 존경각, 연세대, 한국학중앙연구원	역총 1716	
662	장병도(張秉燾)	만산유집(晩山遺集)	1875–1939	2권 1책	1962	석판본	계명대, 전남대, 한국국학진흥원		
663	장병철(蔣柄哲)	우송집(友松集)	1883–1969	4권 2책	1973	석판본	국립중앙도서관, 계명대, 영남대		
664	장사국(張師國)	만산집(晩山集)	1873–1938	4권 2책	1973跋	석판본	안동대, 한국국학진흥원		
665	장석룡(張錫龍)	유헌집(遊軒集)	1823–1908	14권 7책	1925	목판본	국립중앙도서관, 경상대, 계명대, 영남대, 용인대, 원광대, 전남대, 한국학중앙연구원	역총 1028–1029	본집 11권 및 부록 3권
666	장석신(張錫藎)	과재집(果齋集)	1841–1923	11권 5책	1930	연활자본	국립중앙도서관, 고려대, 대구가톨릭대, 영남대, 한국학중앙연구원	역총 1674–1675	
667	장석영(張錫英)	회당집(晦堂集)	1851–1929	43권 22책	1932	목판본	국립중앙도서관, 경상대, 계명대, 고려대, 단국대 퇴계기념도서관, 동국대 경주캠퍼스, 동아대, 부산대, 성균관대존경각, 연세대, 영남대, 용인대, 원광대, 전남대, 조선대, 충남대, 한국국학진흥원	문총속 148–149 역총 894–900	〈해제〉영남–40 목록 1책, 본집 43권 21책
668	장승원(張升遠)	담옥집(澹屋集)	1826–1900	4권 2책	1920	목판본	고려대, 대구가톨릭대, 연세대	역총 2778	
669	장승원(張承遠)	운정유집(雲庭遺集)	1853–1917	7권 4책	1928	목판본	고려대, 동국대, 동아대, 서울대, 안동대, 연세대, 원광대, 전주대, 한국국학진흥원	역총 1014	본집 5권 3책, 부록 2권 1책
670	장승택(張升澤)	농산집(農山集)	1838–1916	15권 9책	1931	목판본	국립중앙도서관, 동아대, 전남대, 호남대	역총 820–821	〈해제〉영남–41 목록 1책, 본집 15권 8책
671	장인섭(張麟燮)	일헌집(一軒集)	1895–1970	3권 3책	1974	석판본	안동대, 한국국학진흥원		
672	장재한(張在翰)	분계유고(汾溪遺稿)	1878–1956	4권 2책	미상	연활자본	경상대, 연세대		
673	장제구(蔣濟求)	경산집(瓊山集)	1872–1946	4권 2책	1960	석판본	국립중앙도서관, 계명대, 고려대, 안동대, 영남대		

번호	저자	문집명	생몰년	구성	간사년	판종	소장처	총서간행	비고
674	장주신(張柱臣)	일우집(一愚集)	1850-1929	2권 2책	1932	연활자본	국립중앙도서관, 계명대, 단국대 퇴계기념도서관, 전남대		
675	장지연(張志淵)	위암문고(韋庵文稿)	1864-1921	12권 1책	1956	영인본	국립중앙도서관, 경북대, 부산대, 서울대		〈해제〉영남-42
676	장화식(張華植)	학암문고(鶴巖文稿)	1853-1938	4권 2책	1962	석판본	국립중앙도서관, 경상대, 계명대, 성균관대 존경각, 안동대, 연세대, 전남대, 한국국학진흥원	역총 1709	
677	장화식(蔣華植)	복암집(復庵集)	1871-1947	10권 5책	1956	석판본	국립중앙도서관, 계명대, 고려대, 국회도서관, 성균관대 존경각, 안동대, 영남대, 한국국학진흥원	역총 1022-1023	〈해제〉영남-43
678	전규진(田珪鎭)	송계집(松溪集)	1870-1928	7권 4책	1933	석판본	국립중앙도서관, 경상대, 계명대, 고려대, 성균관대 존경각, 용인대, 원광대	역총 1203	
679	전기주(全基柱)	국포유고(菊圃遺稿)	1855-1917	3권 1책	1920	목활자본	경상대, 영남대, 전남대, 전주대		
680	전기진(田璣鎭)	비천집(飛泉集)	1889-1963	11권 5책	1971	석판본	경상대, 계명대, 고려대, 부산대, 전남대, 충남대		
681	전상무(田相武)	율산집(栗山集)	1851-1924	4권 3책	1938	목활자본	국립중앙도서관, 계명대, 성균관대 존경각, 연세대, 용인대, 원광대, 조선대	역총 637	
682	전열(田烈)	치헌예고(致軒藝稿)	1886-1941	8권 4책	1969	석판본	국립중앙도서관, 계명대, 고려대, 성균관대 존경각, 전북대, 충남대		
683	전용기(田溶起)	회동유고(晦東遺稿)	1902-1978	4권 1책	1987	미상	경상대		
684	전인호(全麟鎬)	성재유고(醒齋遺稿)	1892-1949	1책	미상	목활자본	미상		
685	전장수(田章秀)	묵은유고(默隱遺稿)	1873-1935	2권 1책	1969	석판본	국립중앙도서관, 경기대, 사우당종택		
686	전재수(全在銖)	회산문고(悔山文藁)	1870-1939	1책	1991	영인본	경상대		

번호	저자	문집명	생몰년	구성	간사년	판종	소장처	총서간행	비고
687	전태수 (田兌秀)	용호집 (龍湖集)	1879-1947	4권 2책	1950	목활자본	계명대, 원광대		
688	정건모 (鄭建模)	포산유고 (匏山遺稿)	1866-1935	1책	미상	필사본	계명대		
689	정견석 (鄭見奭)	물기당집 (勿己堂集)	1859-1939	2권 2책	1959	석판본	국립중앙도서관, 경기대, 계명대, 국민대, 영남대, 용인대, 한국국학진흥원		
690	정관석 (鄭瓘錫)	겸재유고 (謙齋遺稿)	1901-1982	8권 4책	1984跋	영인본	동아대, 충남대		
691	정교영 (鄭敎永)	금촌집 (琴村集)	1860-1921	3권 3책	1968	석판본	국립중앙도서관, 계명대, 고려대, 성균관대 존경각, 영남대, 영남대, 용인대, 한국국학진흥원		
692	정구석 (鄭九錫)	야은유고 (野隱遺稿)	1907-1986	3권 1책	1992	석판본	경기대, 국민대, 단국대 퇴계기념도서관, 부산대, 안동대, 원광대, 전남대, 전북대, 충남대		
693	정규석 (鄭珪錫)	성재집 (誠齋集)	1876-1954	4권 2책	1972	연활자본	경상대, 단국대 율곡기념도서관, 영남대, 원광대	역총 2078	
694	정규영 (鄭圭永)	일옥유고 (一玉遺稿)	1857-1932	5권 2책	1940	석판본	국립중앙도서관, 경상대, 계명대, 성균관대 존경각, 안동대, 전남대, 전북대, 충남대, 한국학중앙연구원	역총 2919	
695	정규영 (鄭奎榮)	한재집 (韓齋集)	1860-1921	8권 4책	1943	목활자본	국립중앙도서관, 계명대, 원광대, 전남대	역총 1331-1332	
696	정규창 (丁奎昌)	담옹집 (澹翁集)	1872-1949	4권 2책	1967	석판본	계명대, 계명대, 단국대 퇴계기념도서관, 성균관대 존경각, 안동대, 한국국학진흥원		
697	정기 (鄭琦)	율계집 (栗溪集)	1879-1950	22권 11책	1953	석판본	국립중앙도서관, 고려대, 용인대, 전주대		〈해제〉영남-44
698	정기식 (鄭基軾)	청천유고 (晴川遺稿)	1884-1958	2권 1책	1968	신연활자본	국립중앙도서관, 경상대, 전남대		
699	정기연 (鄭璣淵)	탁와집 (琢窩集)	1877-1952	22권 11책	1954	석판본	국립중앙도서관, 경기대, 계명대, 고려대, 성균관대 존경각, 영남대, 원광대, 전남대, 전북대, 전주대	역총 1371-1374	〈해제〉영남-45

번호	저자	문집명	생몰년	구성	간사년	판종	소장처	총서간행	비고
700	정덕영(鄭德永)	위당집(韋堂集)	1885-1956	4권 2책	1969	신연활자본	경상대, 국민대, 숙명여대, 원광대, 전주대		
701	정도현(鄭道鉉)	여암집(厲菴集)	1895-1977	14권 5책	1976	연활자본	경상대, 계명대, 영남대, 원광대, 전주대, 충남대		
702	정도휴(鄭道休)	미산집(眉山集)	1807-1917	4권 2책	1928	목판본	국립중앙도서관, 고려대, 연세대, 용인대, 원광대, 전남대, 한국국학진흥원	역총 3025	
703	정돈균(鄭敦均)	해사유고(海史遺稿)	1855-1941	4권 1책	미상	목활자본	국립중앙도서관, 경상대, 용인대	역총 2087	
704	정돈섭(丁敦燮)	도암집(陶庵集)	1870-1941	6권 3책	1966	석판본	국립중앙도서관, 경상대, 계명대, 고려대, 단국대 퇴계기념도서관, 성균관대 존경각, 안동대	역총 2055	
705	정동명(鄭東明)	매서유고(梅西遺稿)	1861-1939	2권 1책	1969	신연활자본	경상대, 연세대, 전남대, 전주대		
706	정래석(鄭來錫)	고헌집(顧軒集)	1808-1893	8권 4책	1920	목활자본	성균관대 존경각	역총 1727-1728	
707	정래원(鄭來源)	면와일고(俛窩逸稿)	1845-1918	2권 1책	1963	석판본	국립중앙도서관, 계명대, 고려대, 단국대 율곡기념도서관, 전북대, 한국국학진흥원, 한국학중앙연구원	역총 1079	
708	정만종(鄭萬鍾)	경와유집(警窩遺集)	1911-1982	6권 2책	1985	석판본	국립중앙도서관, 계명대, 고려대, 성균관대 존경각, 전남대, 전북대, 전주대, 충남대	역총 1165	
709	정매영(鄭梅榮)	매산집(梅山集)	1868-1946	2책	미상	미상	미상		
710	정면규(鄭冕圭)	농산집(農山集)	1850-1916	15권 8책	1920	목활자본	국립중앙도서관, 계명대, 고려대, 성균관대 존경각, 숙명여대, 영남대		
711	정문섭(鄭文燮)	아석유고(我石遺稿)	1859-1929	4권 2책	1962	목활자본	국립중앙도서관, 고려대, 부산대, 안동대, 영남대, 원광대, 전주대, 한국학중앙연구원	역총 2075	
712	정방혁(鄭邦赫)	송오유고(松塢遺稿)	1871-1932	2권 1책	1947	목활자본	국립중앙도서관, 계명대		

번호	저자	문집명	생몰년	구성	간사년	판종	소장처	총서간행	비고
713	정봉기(鄭鳳基)	수재집(守齋集)	1861-1915	10권 5책	1941	목활자본	국립중앙도서관, 연세대		
714	정연준(鄭然準)	일재유집(一齋遺集)	1881-1962	3권 1책	1964	신연활자판	경상대	역총 2080	
715	정우섭(丁友燮)	만은당집(晩隱堂集)	1832-1910	2권 2책	1915	목활자본	성암고서박물관, 안동대, 연세대		
716	정원모(鄭瑗謨)	만송유고(晩松遺稿)	1883-1944	2권 1책	1983	석판본	고려대, 전북대, 춘호재, 한국국학진흥원		
717	정원영(鄭源永)	운당집(芸堂集)	1905-1956	3권 1책	1963	신활자본	경상대, 원광대	역총 2095	
718	정은교(鄭誾教)	죽성집(竹醒集)	1850-1933	6권 3책	1969	연활자본	국립중앙도서관, 계명대, 고려대, 용인대		
719	정은모(鄭殷模)	운림일고(雲林逸稿)	1870-1953	2권 1책	미상	석판본	국립중앙도서관, 경기대, 계명대, 고려대, 전북대, 전주대, 조선대	역총 1565	
720	정응고(鄭應皐)	간석유고(澗石遺稿)	1863-1953	2권 2책	1983	석판본	계명대, 고려대		
721	정인탁(鄭仁卓)	창고집(滄臯集)	1874-1953	4권 4책	1963	석판본	국립중앙도서관, 경기대, 계명대, 고려대, 국회도서관	역총 2968-2969	
722	정재경(鄭在璟)	학강유고(學岡遺稿)	1881-1960	4권 2책	미상	석판본	고려대, 영남대	역총 1168	
723	정재규(鄭載圭)	노백헌집(老柏軒集)	1843-1911	54권 27책	1912/1936	목활자본	국립중앙도서관, 고려대, 동아대, 부산대, 영남대, 전남대, 전주대, 조선대, 한국학중앙연구원	문총속 145-146 역총 507-513	목록 1책, 본집 49권 24책(1912), 부록 5권 2책(1936)
724	정종록(鄭鍾祿)	우송유고(友松遺稿)	1904-1927	3권 1책	1989	신연활자본	경상대	역총 2076	
725	정종화(鄭鍾和)	희재집(希齋集)	1881-1938	6권 3책	1963	연활자본	국립중앙도서관, 경상대, 동아대, 전남대	역총 1954	
726	정진백(鄭鎭伯)	석농집(石儂集)	1867-1924	4권 2책	1929	목판본	고려대, 영남대		

번호	저자	문집명	생몰년	구성	간사년	판종	소장처	총서간행	비고
727	정진소(鄭鎭韶)	해난집(海難集)	1878-1956	6권 3책	1971	석판본	국립중앙도서관, 경상대, 계명대, 한국국학진흥원	역총 2149	
728	정진헌(鄭鎭憲)	하산집(下山集)	1834-1911	8권 4책	1936	목판본	국립중앙도서관, 경기대, 계명대, 성균관대 존경각, 안동대, 한국학중앙연구원	역총 1891-1892	
729	정치오(鄭致五)	노암집(露岩集)	1844-1917	2권 1책	미상	석판본	미상		
730	정쾌석(鄭快錫)	만오시고(晩悟詩稿)	1888-1965	1책	1977	금속활자본	국립중앙도서관, 경상대		
731	정태진(丁泰鎭)	외재집(畏齋集)	1876-1960	14권 7책	1967	석판본	국립중앙도서관, 계명대, 고려대, 단국대 퇴계기념도서관, 성균관대 존경각, 성암고서박물관, 안동대, 영남대, 용인대, 전남대	역총 1636	〈해제〉영남-47
732	정태현(鄭泰鉉)	죽헌집(竹軒集)	1858-1919	7권 3책	1922	목판본	국립중앙도서관, 연세대, 원광대, 충남대, 한양대	역총 1526	
733	정한문(鄭翰文)	구로실기(九老實記)	1854-1927	1책	1957	목판본	미상		
734	정한용(鄭漢鎔)	직재집(直齋集)	1866-1935	3권 1책	1948	목활자본	경상대, 모덕사, 영남대, 원광대		
735	정헌철(鄭憲喆)	석재유고(石齋遺稿)	1889-1969	2권 1책	1973	신연활자본	국립중앙도서관, 경상대, 춘호재	역총 2067	
736	정형규(鄭衡圭)	창수집(蒼樹集)	1880-1957	10권 5책	1958	목활자본	국립중앙도서관, 계명대, 연세대, 영남대, 전남대, 전주대, 한국학중앙연구원	역총 559-560	〈해제〉영남-48
737	정호용(鄭灝鎔)	죽일집(竹逸集)	1855-1935	6권 3책	1941	석판본	국립중앙도서관, 경희대, 고려대, 연세대, 용인대, 원광대, 전남대, 전주대	역총 2056	
738	정환철(鄭煥喆)	연정유고(蓮汀遺稿)	1860-1939	3권 1책	1990	연활자본	국립중앙도서관, 경상대, 고려대, 단국대 퇴계기념도서관, 중앙대	역총 2871	
739	정효현(鄭孝鉉)	낙헌유고(樂軒遺稿)	1910-1975	5권 2책	1978	석판본	국립중앙도서관, 고려대, 전주대, 충남대		
740	조경식(趙敬植)	만포유고(晩圃遺稿)	1865-1932	3권 1책	1941	목활자본	국립중앙도서관, 경상대, 계명대, 용인대, 원광대, 전남대	역총 2872	

번호	저자	문집명	생몰년	구성	간사년	판종	소장처	총서간행	비고
741	조경온(曺景溫)	임계선생실기(林溪先生實紀)	1884-1929	5권 1책	1879	목판본	국립중앙도서관, 고려대, 연세대, 원광대, 한국국학진흥원, 한국학중앙연구원		
742	조계승(曺啓承)	서암유고(棲巖遺稿)	1880-1943	3권 1책	1970	목판본	국립중앙도서관, 경상대, 부산대, 전남대		
743	조굉규(趙宏奎)	서고유고(西皐遺稿)	1857-1929	4권 1책	1957	석판본	국립중앙도서관, 경기대, 성균관대 존경각, 연세대, 용인대, 원광대, 전남대		
744	조긍섭(曺兢燮)	심재집(深齋集)	1873-1933	41권 20책	1935/1966	연활자본	국립중앙도서관, 경기대, 경상대, 고려대, 성균관대 존경각, 영남대, 전주대	역총 1377-1380	본집 31권 15책(1935), 속집 10권 5책(1966)
745	조긍섭(曺兢燮)	암서집(巖棲集)	1873-1933	37권 17책	미상	연활자본	국립중앙도서관, 경상대, 경희대, 계명대, 고려대, 남평문씨인수문고, 숙명여대, 전주대	문총 350 역총 797-800	〈해제〉영남-49
746	조병규(趙昺奎)	일산집(一山集)	1849-1931	16권 9책	1933	목활자본	국립중앙도서관, 경상대, 동국대, 동아대, 부산대, 성균관대 존경각, 연세대, 전남대, 전북대, 전주대		〈해제〉영남-50 목록 1책, 본집 16권 8책
747	조병규(趙炳奎)	월강유고(月岡遺稿)	1864-1933	1책	1992	신연활자본	국립중앙도서관		
748	조병소(曺秉韶)	창래유고(蒼來遺稿)	1846-1921	1책	1963	영인본	국립중앙도서관, 고려대, 단국대 퇴계기념도서관, 동국대, 성균관대 존경각, 연세대		
749	조병시(趙秉時)	침계집(枕溪集)	1837-1911	6권 3책	1978	석판본	국립중앙도서관, 성균관대 존경각, 안동대, 원광대, 한국국학진흥원		
750	조병철(曺秉哲)	설헌집(雪軒集)	1895-1967	6권 2책	1987	석판본	영남대, 전남대		
751	조병택(趙昺澤)	일헌집(一軒集)	1855-1914	9권 4책	1915	목판본	국립중앙도서관, 경기대, 경상대, 동아대, 용인대, 전남대	역총 1806	
752	조병하(曺秉夏)	민암집(敏菴集)	미상	10권 5책	1961	석판본	국립중앙도서관, 계명대, 고려대, 원광대	역총 1418-1419	
753	조병희(曹秉熹)	회와집(晦窩集)	1880-1925	4권 2책	1963	연활자본	경상대, 영남대, 전남대, 전주대	역총 2186	
754	조병희(趙秉禧)	일엽구화(一葉舊話)	1855-1917	4권 1책	미상	필사본	미상		

번호	저자	문집명	생몰년	구성	간사년	판종	소장처	총서간행	비고
755	조봉우 (曺鳳愚)	동산집 (東山集)	1852-1918	4권 2책	1920	목활자본	국립중앙도서관, 계명대, 고려대, 국민대, 성균관대 존경각, 연세대, 용인대, 원광대, 전남대	역총 987	
756	조봉원 (趙鳳遠)	방산집 (放汕集)	1855-1933	4권 2책	1975	석판본	계명대, 단국대 퇴계기념도서관, 안동대		
757	조상제 (趙祥濟)	송포유고 (松圃遺稿)	1901-1971	3권 1책	1976	목활자본	미상		
758	조상하 (曺相夏)	석암유고 (石菴遺稿)	1887-1925	2권 1책	1975	신활자본	경상대, 전남대		
759	조선수 (趙善秀)	동애집 (東厓集)	1846-1914	4권 2책	1916	목판본	계명대, 서울대 규장각, 성균관대 존경각, 용인대, 전남대, 한국학중앙연구원	역총 884	
760	조설제 (趙說濟)	연계집 (硯溪集)	1895-1968	2권 2책	1973	석판본	계명대, 고려대	역총 2161	
761	조성부 (趙性孚)	신산집 (信山集)	1867-1918	5권 2책	1927	석판본	국립중앙도서관, 경기대, 고려대, 동국대, 전남대	역총 2874	
762	조성인 (趙性仁)	만절당유집 (晩節堂遺集)	1839-1924	4권 1책	1932	목활자본	국립중앙도서관, 경상대, 계명대, 전남대		
763	조성주 (趙性宙)	월산집 (月山集)	1841-1919	5권 3책	1939	목활자본	국립중앙도서관, 경상대, 고려대, 연세대, 한국학중앙연구원		
764	조성택 (趙性宅)	횡구집 (橫溝集)	1887-1950	4권 2책	미상	석판본	국립중앙도서관, 경상대, 연세대, 전남대		
765	조세환 (曺世煥)	시남집 (市南集)	1854-1941	4권 2책	1946	목활자본	국립중앙도서관, 경기대, 계명대, 고려대, 국민대, 단국대 율곡기념도서관, 영남대, 전남대		
766	조승기 (趙承基)	남주집 (南洲集)	1836-1912	8권 4책	1959	석판본	국립중앙도서관, 계명대, 고려대, 성균관대 존경각, 안동대, 연세대, 영남대, 전남대, 한국학중앙연구원	역총 1993-1994	
767	조영규 (趙映奎)	임파집 (林坡集)	1858-1933	8권 2책	1968	연활자본	고려대, 단국대 율곡기념도서관, 영남대, 전남대, 전주대	역총 2926	

번호	저자	문집명	생몰년	구성	간사년	판종	소장처	총서간행	비고
768	조용구(趙鏞求)	괴은유고(槐隱遺稿)	1882-1948	3권 1책	1985	신연활자본	국립중앙도서관		
769	조용상(曹庸相)	현재집(弦齋集)	1870-1930	7권 2책	1940	목활자본	국립중앙도서관, 계명대, 성균관대 존경각, 연세대, 원광대, 전남대, 전주대	역총 2147	
770	조용술(趙鏞述)	성당유고(省堂遺稿)	1901-1981	1책	미상	석판본	미상		
771	조용운(趙鏞韻)	죽암유고(竹庵遺稿)	1887-1970	1책	미상	미상	미상		
772	조용헌(趙鏞憲)	치재집(致齋集)	1869-1951	6권 3책	1969	신활자본	국립중앙도서관, 경기대, 고려대, 국민대, 단국대 퇴계기념도서관	역총 2031-2032	
773	조용화(趙鏞和)	청계유고(聽溪遺稿)	1907-1986	2권 1책	미상	신연활자본	부산대		
774	조원규(趙元奎)	경산집(景山集)	1905-1967	3권 1책	1978	신연활자본	전남대		
775	조유찬(曺有贊)	성재집(惺齋集)	1860-1934	7권 3책	1936	석판영인본	국립중앙도서관, 동아대, 사우당종택, 성균관대 존경각, 용인대		
776	조인석(趙寅錫)	석정집(石汀集)	1863-1931	10권 5책	1935	석판본	국립중앙도서관, 계명대, 동국대 경주캠퍼스, 연세대, 전남대, 한국학중앙연구원	역총 2812-2813	
777	조정규(趙貞奎)	서천집(西川集)	1853-1920	5권 3책	1922	목활자본	국립중앙도서관, 경상대, 계명대, 고려대, 동아대, 부산대, 성균관대 존경각, 전남대, 한국국학진흥원	역총 2148	
778	조정래(趙正來)	화헌집(和軒集)	1880-1945	6권 2책	1968	연활자본	고려대, 단국대 퇴계기념도서관, 영남대		
779	조정우(趙井愚)	심원당실록(尋原堂實錄)	1860-1933	2권 1책	1939	석판본	국립중앙도서관, 고려대, 동아대, 용인대		
780	조주원(趙周源)	만포집(晩浦集)	1851-1925	4권 2책	1956	석판본	국립중앙도서관, 고려대, 대구가톨릭대, 영남대, 한국국학진흥원	역총 1815	
781	조준교(趙準敎)	만산유고(晩山遺稿)	1864-1942	1책	미상	연활자본	미상		

번호	저자	문집명	생몰년	구성	간사년	판종	소장처	총서간행	비고
782	조창규(趙昌奎)	성암집(惺菴集)	1880-1948	5권 2책	1970	목활자본	국립중앙도서관, 전남대, 한국학중앙연구원		
783	조학래(趙學來)	중암유고(中巖遺稿)	1899-1964	4권 2책	1968	목활자본	계명대, 단국대 퇴계기념도서관, 성균관대 존경각, 용인대, 전남대	역총 1460	
784	조한규(趙瀚奎)	척암집(惕菴集)	1887-1957	6권 3책	1961	신활자본	경상대, 성균관대 존경각, 영남대, 용인대, 원광대, 춘호재		
785	조혁규(趙爀奎)	운초집(雲樵集)	1860-1921	2권 1책	1935	목활자본	국립중앙도서관, 계명대, 용인대, 원광대, 전남대, 한국학중앙연구원		
786	조현규(趙顯奎)	고암집(古庵集)	1874-1958	9권 4책	1971	석판본	국립중앙도서관, 계명대, 전남대, 한국국학진흥원	역총 2025-2026	
787	조현승(曺顯承)	남초유고(南樵遺稿)	1855-1925	1책	1955	신연활자본	전주대		
788	조형구(趙亨九)	약헌유고(約軒遺稿)	1855-1930	4권 2책	1941	목활자본	고려대, 전남대	역총 2556	
789	조호래(趙鎬來)	하봉집(霞峯集)	1854-1920	10권 4책	1924	목활자본	국립중앙도서관, 계명대, 연세대, 전남대, 전주대		
790	조홍순(趙弘淳)	노암유고(魯菴遺稿)	1860-1931	4권 2책	1979	석판본	국립중앙도서관, 고려대, 전남대, 충남대	역총 2869	
791	주시범(周時範)	수재유고(守齋遺稿)	1883-1932	4권 2책	1973	연활자본	국립중앙도서관, 경상대, 계명대, 용인대		
792	주영린(周永麟)	송석유고(松石遺稿)	1889-1953	1책	미상	석판본	미상		
793	주학명(周鶴明)	청암유고(晴庵遺稿)	1872-1926	2권 1책	1959	석판본	국립중앙도서관, 계명대, 영남대, 원광대, 전남대, 전주대		
794	채문기(蔡文基)	흠제집(欽齋集)	1881-1949	4권 2책	1967	석판본	대구가톨릭대	역총 1274	
795	채병달(蔡炳達)	우당집(愚堂集)	1879-1957	7권 4책	1973	필사본	국립중앙도서관, 계명대, 성균관대 존경각, 용인대	역총 2040-2141	

번호	저자	문집명	생몰년	구성	간사년	판종	소장처	총서간행	비고
796	채성원(蔡星源)	공산집(公山集)	1870-1932	9권 4책	1959	석판본	국립중앙도서관, 계명대, 대구가톨릭대, 전남대		
797	채헌기(蔡憲基)	남주집(南洲集)	1890-1963	5권 2책	1974	연활자본	국립중앙도서관, 계명대, 성균관대 존경각, 영남대, 한국국학진흥원		
798	채헌식(蔡憲植)	후담집(後潭集)	1855-1933	6권 3책	1962	석판본	국립중앙도서관, 경기대, 계명대, 고려대, 성균관대 존경각, 연세대, 용인대		
799	최경병(崔璟秉)	수당집(修堂集)	1865-1933	8권 4책	1939	목활자본	국립중앙도서관, 계명대		
800	최곤술(崔坤述)	고재집(古齋集)	1871-1953	2권 2책	1973	석판본	국립중앙도서관, 계명대, 남평문씨인수문고, 용인대	역총 1088	〈해제〉영남-51
801	최긍민(崔兢敏)	신암집(愼庵集)	1883-1970	4권 2책	1973	연활자본	국립중앙도서관, 경상대, 전남대, 전주대	역총 1978	
802	최기호(崔基鎬)	만암유고(晩庵遺稿)	1895-1967	2권 1책	1995	영인본	춘호재	역총 1578	
803	최대려(崔大呂)	겸와집(謙窩集)	1864-1926	6권 3책	1952	석판본	국립중앙도서관, 계명대, 영남대, 원광대, 한국국학진흥원	역총 1170	
804	최도섭(崔道燮)	청강집(聽江集)	1868-1933	6권 3책	1966跋	신활자본	경상대, 계명대, 영남대, 원광대		
805	최동익(崔東翼)	청계집(晴溪集)	1868-1912	8권 5책	1923	목활자본	국립중앙도서관, 경기대, 경상대, 고려대, 국민대, 동아대, 연세대, 원광대, 전남대, 한국국학진흥원	역총 1886	본집 8권 4책, 속집 2권 1책
806	최동준(崔東晙)	구재유고(矩齋遺稿)	1863-1921	5권 1책	1970	석판본	국회도서관, 연세대, 충남대		
807	최동희(崔東熙)	형산유고(馨山遺稿)	1886-1957	2권 1책	1974	석판본	국립중앙도서관, 계명대, 동국대, 부산대, 성균관대 존경각, 전남대, 전북대, 중앙대		
808	최명희(崔命喜)	노백재유고(老栢齋遺稿)	1851-1911	4권 2책	1937	연활자본	국립중앙도서관, 계명대, 단국대 퇴계기념도서관, 성균관대 존경각, 연세대, 충남대, 충남대, 한국학중앙연구원	역총 1633	

번호	저자	문집명	생몰년	구성	간사년	판종	소장처	총서간행	비고
809	최명희 (崔命熙)	효당집 (曉堂集)	1864-1941	6권 3책	1954	연활자본	국립중앙도서관, 경상대, 계명대, 성균관대 존경각, 한국국학진흥원	역총 1953	
810	최병식 (崔秉軾)	옥간집 (玉澗集)	1867-1928	7권 1책	1959	목활자본	계명대, 성균관대 존경각, 용인대, 원광대, 전남대	역총 881	
811	최병인 (崔炳寅)	항재유고 (恒齋遺稿)	1869-1917	2권 1책	1935	석판본	국립중앙도서관, 계명대, 성균관대 존경각, 안동대, 영남대, 전남대,	역총 1691	
812	최봉곤 (崔鳳坤)	수봉유고 (修峯遺稿)	1894-1961	9권 5책	1970	필사본	성균관대 존경각		
813	최시술 (崔蓍述)	경산집 (耕山集)	1839-1923	9권 4책	1927	목판본	국립중앙도서관, 계명대, 고려대, 동아대, 부산대, 성균관대 존경각, 연세대, 원광대	역총 378-379	
814	최연 (崔鍊)	무명재일고 (無名齋逸稿)	1859-1941	2권 1책	1961	석판본	국립중앙도서관, 동국대 경주캠퍼스, 용인대, 춘호재		
815	최우순 (崔宇淳)	서비집 (西扉集)	1832-1912	4권 2책	1920	목활자본	국립중앙도서관, 경상대, 계명대, 부산대, 성균관대 존경각, 영남대, 원광대, 전남대	역총 1276	
816	최원 (崔愿)	경암집 (敬菴集)	1896-1943	20권 6책	1970	석판본	국회도서관, 부산대, 연세대, 전북대		
817	최장한 (崔鏘翰)	간와집 (艮窩集)	1843-1923	7권 4책	1936	석판본	국립중앙도서관, 계명대, 성균관대 존경각, 숙명여대, 영남대, 전주대	역총 809	
818	최정모 (崔正模)	운계집 (雲溪集)	1858-1915	4권 2책	1924	석판본	국립중앙도서관, 경상대, 성균관대 존경각, 숙명여대, 영남대, 용인대, 원광대, 전남대, 한국학중앙연구원	역총 1827	
819	최정모 (崔禎模)	춘호집 (春湖集)	1892-1941	2권 1책	1975	연활자본	국립중앙도서관, 경상대, 계명대, 동국대, 성균관대 존경각, 영남대		
820	최찬 (崔瓚)	춘해유집 (春海遺集)	1856-1928	2권 1책	1968	석판본	국립중앙도서관, 경기대, 계명대, 고려대		
821	최창호 (崔暢鎬)	성재유고 (省齋遺稿)	1882-1948	2권 1책	1976	석판본	경상대	역총 2028	
822	최헌식 (崔憲植)	식헌집 (息軒集)	1846-1915	4권 2책	1917	목활자본	국립중앙도서관, 계명대, 대구가톨릭대, 동국대, 서울대 규장각, 영남대, 한국국학진흥원	역총 1077	

번호	저자	문집명	생몰년	구성	간사년	판종	소장처	총서간행	비고
823	최현달 (崔鉉達)	일화집 (一和集)	1867-1942	5권 5책	1959	석판본	국립중앙도서관, 계명대, 성균관대 존경각, 원광대, 전남대, 중앙대, 한국학중앙연구원	역총 1073-1074	
824	최홍락 (崔鴻洛)	송운집 (松雲集)	1898-1974	5권 5책	1978	석판본	고려대		
825	최홍모 (崔弘模)	심천집 (心泉集)	1878-1959	4권 2책	1968	연활자본	국립중앙도서관, 경상대, 계명대, 고려대, 국민대		
826	최환모 (崔煥模)	학계유집 (鶴溪遺輯)	1862-1947	2권 1책	1969	연활자본	경상대, 계명대, 국민대, 연세대	역총 1951	
827	최효습 (崔孝習)	춘암사고 (春菴私稿)	1874-1944	6권 2책	1948	목활자본	경상대, 고려대, 연세대, 한국학중앙연구원	역총 2899	
828	하겸진 (河謙鎭)	회봉집 (晦峰集)	1870-1946	50권 26책	1948	석판본	국립중앙도서관, 경상대, 단국대 퇴계기념도서관, 동아대, 성균관대 존경각, 영남대, 원광대, 전남대, 전주대		〈해제〉영남-52 목록 1책, 본집 48권 24책, 속집 2권 1책
829	하경락 (河經洛)	제남집 (濟南集)	1876-1947	8권 4책	1988	연활자본	국립중앙도서관, 경상대, 단국대 율곡기념도서관, 영남대, 용인대, 원광대		
830	하계락 (河啓洛)	옥봉집 (玉峯集)	1868-1933	3권 2책	1958	신연활자본	경상대, 사우당종택, 중앙대		
831	하계창 (河啓昌)	단포유고 (丹圃遺稿)	1885-1951	2권 1책	1968	목활자본	경상대, 계명대, 사우당종택, 전남대		
832	하긍호 (河兢鎬)	황계유고 (篁溪遺稿)	1846-1928	5권 1책	1947	영인본	국립중앙도서관	역총 1939	
833	하동규 (夏東奎)	금은유고 (琴隱遺稿)	1873-1943	2권 1책	1970	석판본	국립중앙도서관, 계명대, 고려대, 서울대 규장각, 전남대		
834	하봉수 (河鳳壽)	백촌집 (栢村集)	1867-1939	10권 4책	1959	신연활자본	국립중앙도서관, 계명대, 경기대, 경상대, 영남대		
835	하상팔 (河相八)	봉은유고 (鳳隱遺稿)	1895-1983	1책	1986	석판본	안동대, 한국국학진흥원		
836	하순봉 (河恂鳳)	해성유고 (海醒遺稿)	1901-1970	2권 1책	1980	석판본	국립중앙도서관, 경상대, 고려대	역총 1364	

번호	저자	문집명	생몰년	구성	간사년	판종	소장처	총서간행	비고
837	하식원(河植源)	만호유고(晩湖遺稿)	1887-1953	1책	미상	미상	미상		
838	하영태(河泳台)	관료집(寬寮集)	1875-1936	6권 3책	1959	신활자본	국립중앙도서관, 경상대, 계명대, 원광대	역총 2150	
839	하용문(河龍雯)	석정총고(石汀叢稿)	1913-1992	4권 2책	1992	연활자본	경상대, 부산대		
840	하용표(河龍杓)	월담유고(月潭遺稿)	1848-1921	3권 1책	1970	신활자본	경상대, 계명대, 용인대, 전주대,	역총 1944	
841	하용환(河龍煥)	운석유고(雲石遺稿)	1892-1961	4권 2책	1979	신연활자본	경상대, 중앙대	역총 2158	
842	하우(河寓)	잠재유고(潛齋遺稿)	1872-1963	2권 1책	1981	연인본	국립중앙도서관, 경상대, 한국학중앙연구원		
843	하우식(河祐植)	담산집(澹山集)	1875-1943	8권 4책	1959	신연활자본	국립중앙도서관, 경기대, 경상대, 계명대, 고려대, 모덕사, 전남대	역총 2857-2858	
844	하원순(河元淳)	청봉집(晴峰集)	1858-1924	3권 1책	1956	목활자본	국립중앙도서관, 계명대, 성균관대 존경각, 연세대, 전북대, 전주대	역총 1585	
845	하응로(河應魯)	니곡집(尼谷集)	1848-1916	4권 2책	1934	목활자본	동아대, 전남대	역총 2190	
846	하재구(河在九)	위수집(渭叟集)	1832-1911	4권 2책	1915	목판본	국립중앙도서관, 경희대, 계명대, 단국대 율곡기념도서관, 성균관대 존경각, 연세대, 영남대, 전남대, 전주대, 한국학중앙연구원	역총 2790	
847	하정근(河貞根)	묵재집(默齋集)	1889-1973	3권 2책	1977	연활자본	경상대, 경상대, 고려대, 단국대 율곡기념도서관	역총 2153	
848	하종락(河鍾洛)	소계유고(小溪遺稿)	1895-1969	4권 2책	1972	연활자본	경기대, 국민대, 용인대, 전남대, 전주대	역총 2050	
849	하치윤(河致潤)	학고유고(鶴皐遺稿)	1870-1913	4권 1책	1922	목활자본	국립중앙도서관, 경상대, 계명대, 원광대		
850	하헌진(河憲鎭)	극재집(克齋集)	1859-1921	4권 2책	1963	신활자본	경상대, 연세대, 영남대, 원광대	역총 1188	

번호	저자	문집명	생몰년	구성	간사년	판종	소장처	총서간행	비고
851	한우동 (韓右東)	후암유고 (厚巖遺稿)	1883–1950	12권 6책	1953	목판본	국립중앙도서관, 계명대, 고려대, 연세대, 영남대, 전남대		본집 10권 5책, 속집 2권 1책
852	한우석 (韓禹錫)	원곡집 (元谷集)	1872–1947	5권 2책	1961	연활자본	국립중앙도서관, 경상대, 계명대, 단국대 율곡기념도서관, 동아대, 영남대, 전북대	역총 2071	
853	한유 (韓愉)	우산집 (愚山集)	1868–1911	32권 16책	1912	목활자본	국립중앙도서관, 경기대, 계명대, 모덕사, 성균관대 존경각, 원광대, 전남대	역총 3339–3346	본집 31권 및 부록 1권 16책
854	허령 (許寧)	중계유고 (中溪遺稿)	1869–1939	3권 1책	1968	신연활자본	국립중앙도서관, 경상대, 계명대, 원관대, 전남대	역총 2196	
855	허만박 (許萬璞)	창애유고 (蒼崖遺稿)	1866–1917	6권 2책	1918	목활자본	국립중앙도서관, 경기대, 경상대, 계명대, 동아대		
856	허만책 (許萬策)	회당집 (晦堂集)	1890–1962	3권 1책	1972	신연활자본	경기대, 경북대, 경상대, 계명대, 영남대, 전남대		
857	허모 (許模)	관천유고 (觀川遺稿)	1876–1944	3권 1책	1966	연활자본	국립중앙도서관, 경상대, 계명대		
858	허병율 (許秉律)	영계집 (潁溪集)	1857–1918	4권 2책	1973	연활자본	국민대, 원광대	역총 681	
859	허숙, 허용 (許璛, 許墉)	내과연방집 (來果聯芳集)	1857–1942/ 1860–1933	5권 3책	1976	석판본	국립중앙도서관, 성균관대 존경각		
860	허신 (許信)	뇌산유고 (雷山遺稿)	1876–1946	6권 3책	1966	목활자본	국립중앙도서관, 경상대, 연세대, 충남대	역총 2069	
861	허온 (許瑥)	졸암유고 (拙菴遺稿)	1854–1927	2권 1책	1966	석판본	국립중앙도서관, 계명대		
862	허용두 (許容斗)	위암집 (渭巖集)	1851–1934	5권 2책	1960	목활자본	국립중앙도서관, 경상대, 계명대, 성균관대 존경각, 영남대, 원광대		
863	허유 (許愈)	후산집 (后山集)	1833–1904	19권 10책	1909	목판본	국립중앙도서관, 경기대, 경상대, 계명대, 고려대, 서울대 규장각, 숙명여대, 연세대, 영남대, 용인대, 전주대, 한국학중앙연구원	문총 327 역총 918–921	〈해제〉영남–53 목록 2권 1책, 본집 19권 9책
864	허종관 (許宗官)	청간집 (晴澗集)	1901–1973	1책	1997	미상	단국대 퇴계기념도서관		

번호	저자	문집명	생몰년	구성	간사년	판종	소장처	총서간행	비고
865	허찬 (許巑)	소와집 (素窩集)	1850-1932	10권 4책	1933	목활자본	국립중앙도서관, 경기대, 경상대, 계명대, 동국대 경주캠퍼스, 전남대, 전주대		
866	허채 (許埰)	금주집 (錦洲集)	1859-1935	15권 8책	1941	목판본	국립중앙도서관, 부산대, 성균관대 존경각, 영남대, 전남대, 충남대, 한국확중앙연구원	역총 3013-3015	
867	허혁 (許赫)	도촌유집 (陶村遺集)	1884-1950	2권 1책	1978	신연활자본	경상대, 춘호재	역총 1977	
868	허훈 (許薰)	방산집 (舫山集)	1836-1907	23권 12책	미상	목판본	국립중앙도서관, 대구가톨릭대, 동국대, 서울대 규장각, 한국국학진흥원	문총 327-328 역총 1046-1049	〈해제〉영남-54 목록 1책, 23권 11책
869	홍기우 (洪麒佑)	오은일고 (五隱逸稿)	1827-1912	2권 1책	1958	석판본	국립중앙도서관, 경기대, 국민대		
870	홍기호 (洪基鎬)	현산유고 (賢山遺稿)	1868-1938	2권 1책	1966	신활자본	원광대, 전남대	역총 2174	
871	홍범우 (洪範禹)	만송재유집 (晩松齋遺集)	1869-1938	1책	1962	석판본	한국국학진흥원		
872	홍승경 (洪承敬)	운초유고 (雲樵遺稿)	1876-1947	2책	1964	석판본	한국국학진흥원	역총 1565	
873	홍인우 (洪麟佑)	모와유고 (茅窩遺稿)	1836-1924	2권 1책	1957	석판본	국민대		
874	홍재겸 (洪在謙)	정산집 (靜山集)	1850-1930	9권 4책	1955	석판본	국립중앙도서관, 부산대, 영남대, 전남대, 한국국학진흥원		
875	홍재경 (洪在敬)	만산집 (晩山集)	1865-1949	4권 2책	1994	석판본	고려대		
876	홍재관 (洪在寬)	송포집 (松圃集)	1874-1949	6권 3책	1976	석판본	국립중앙도서관, 계명대, 단국대 퇴계기념도서관, 용인대		
877	홍재목 (洪在穆)	항산집 (恒山集)	1846-1929	4권 2책	1975	석판본	국립중앙도서관, 계명대, 고려대, 동국대, 성균관대 존경각, 안동대, 용인대	역총 2703	
878	홍재민 (洪在敏)	동계실기 (東溪實紀)	1872-1911	1책	미상	석판본	안동대, 한국국학진흥원		

번호	저자	문집명	생몰년	구성	간사년	판종	소장처	총서간행	비고
879	황간(黃侃)	매곡유고(梅谷遺稿)	1896-1952	2권 1책	1957	목활자본	국립중앙도서관, 경상대, 계명대, 전주대		
880	황기영(黃紀英)	죽오유집(竹塢遺集)	1862-1938	3권 1책	1941	석판본	국립중앙도서관, 경기대, 고려대, 한국학중앙연구원	역총 1344	
881	황도성(黃道性)	수봉집(壽峯集)	1880-1944	5권 2책	1960	목활자본	국립중앙도서관, 계명대, 영남대, 전남대, 한국국학진흥원		
882	황도연(黃道淵)	도은일고(道隱逸稿)	1857-1913	2권 1책	1966	석판본	경기대, 사우당종택, 안동대, 한국국학진흥원		
883	황병중(黃炳中)	고암집(鼓巖集)	1871-1935	4권 2책	1938	석판본	국립중앙도서관, 경상대, 고려대, 영남대, 원광대		
884	황부성(黃復性)	성재집(惺齋集)	1880-1933	4권 2책	1956	석판본	사우당종택, 용인대, 전남대		
885	황상기(黃相基)	호은유고(湖隱遺稿)	1905-1987	1책	미상	미상	미상		
886	황상기(黃祥基)	호원유고(湖園遺稿)	1905-1985	3권 1책	미상	신연활자본	경상대		
887	황지열(黃志烈)	초산시집(楚山詩集)	1846-1926	5권 2책	1928	목활자본	국립중앙도서관, 경상대, 계명대, 성균관대 존경각, 전주대		
888	황찬주(黃贊周)	기원집(綺園集)	1849-1924	6권 3책	1936	석판본	국립중앙도서관, 계명대, 고려대, 성균관대 존경각, 연세대, 영남대, 전남대, 한국학중앙연구원	역총 1814	
889	황학성(黃學性)	유계유고(柳溪遺稿)	1909-1950	1책	미상	연활자본	미상		국역『유계유고』(2020)
890	황헌(黃壚)	금주집(錦洲集)	1875-1972	4권 4책	1977	석판본	계명대, 단국대 퇴계기념도서관, 안동대, 성균관대, 전남대, 한국국학진흥원	역총 2023-2024	
891	황희수(黃熙壽)	덕암집(德菴集)	1855-1921	5권 2책	1937	목활자본	국립중앙도서관, 계명대, 고려대	역총 2895	